1



**Les régions du**
*(voir la carte à l'int*



# Barcelone et la Catalogne

**Collection Le Guide Vert sous la responsabilité d'Anne Teffo**

**Édition**
Anne Duquénoy, Julie Subtil

**Rédaction**
Célia Bénisty, Françoise Chaffin, Lisa Diez Gracia, Xavier Espinet, Chloé Hoorman, Guylaine Idoux, Hervé Kerros, Sarah Larrue, Pierre Plantier, Marie-Pascale Rauzier, Claire Rideau

**Cartographie**
Stéphane Anton, Michèle Cana, Constantin Cristian, Marie-Christine Defait, Leonard Pandrea, APEX Cartographie, DzMap Algérie

**Relecture**
Valérie Lajoinie

**Remerciements**
Didier Broussard, Éliane Bailly, Sybil Terrier

**Conception graphique**
Christelle Le Déan

**Régie publicitaire et partenariats**
michelin-cartesetguides-btob@fr.michelin.com
*Le contenu des pages de publicité insérées dans ce guide n'engage que la responsabilité des annonceurs.*

**Contacts**
Michelin Cartes et Guides
Le Guide Vert
46 avenue de Breteuil - 75324 Paris - Cedex 07
✆ 01 45 66 12 34 - Fax 01 45 66 13 75
cartesetguides.michelin.fr

**Parution 2011**

**Note au lecteur**
Michelin a apporté le plus grand soin à la rédaction de ce guide et à sa vérification. Toutefois les informations pratiques (formalités administratives, prix, adresses, numéros de téléphone, adresses Internet...) doivent être considérées comme des indications du fait de l'évolution constante de ces données.
Il n'est pas totalement exclu que certaines d'entre elles ne soient plus, à la date de parution du guide, tout à fait exactes ou exhaustives. N'hésitez pas à nous signaler toute omission ou inexactitude que vous pourriez constater ainsi que de nous faire part de vos avis et suggestions sur les adresses contenues dans ce guide.
Avant d'entamer toute démarche, formalités administratives ou douanières notamment, vous êtes invités à vous renseigner auprès des organismes officiels. Ces informations ne sauraient, de ce fait, engager notre responsabilité.

# Le Guide Vert, mode d'emploi

## Le Guide Vert, un guide en 3 parties

- **Organiser son voyage** : les informations pratiques pour préparer et profiter de son séjour sur place
- **Comprendre la destination** : les thématiques pour enrichir son voyage
- **Découvrir** la destination : un découpage en **régions**

*(voir carte générale dans le 1er rabat de couverture et sommaire p. 1)*

En ouverture de chaque **région,** retrouvez un **sommaire** et une **carte** qui indiquent :

- les villes et sites traités dans le chapitre
- les circuits conseillés

Pour chaque chapitre, consultez « **Nos adresses...** » :

- des informations pratiques
- des établissements classés par catégories de prix
- des lieux où boire un verre
- des activités à faire en journée ou en soirée
- un agenda des grands événements de l'année

## En fin de guide

- un **index général** des lieux et thèmes traités
- un **index** des cartes et plans du guide
- la légende des symboles du guide
- la liste de nos publications

## Et en complément de notre guide

- Créez votre voyage sur **Voyage.ViaMichelin.fr**

## Votre avis nous intéresse

- Rendez-vous sur **votreaviscartesetguides.michelin.fr**

# Sommaire

## 1/ ORGANISER SON VOYAGE

### ALLER EN CATALOGNE



### AVANT DE PARTIR



### SUR PLACE DE A À Z



### EN FAMILLE



### MÉMO



## 2/ COMPRENDRE LA CATALOGNE

### LA CATALOGNE AUJOURD'HUI



### ART ET CULTURE



### NATURE ET PAYSAGES



### HISTOIRE

# 3/ DÉCOUVRIR LA CATALOGNE

## 1 BARCELONE ET SES ENVIRONS



## 2 LA PROVINCE DE BARCELONE



## 3 LA COSTA BRAVA



## 4 LES PYRÉNÉES CATALANES



## 5 LES TERRES DE LÉRIDA



## 6 LA COSTA DAURADA ET LES TERRES DE L'ÈBRE



## 7 LA PRINCIPAUTÉ D'ANDORRE

# 1/ ORGANISER SON VOYAGE

*M. Barraud/Ojo Images/Photononstop*

# Aller en Catalogne

## En avion

Plusieurs compagnies assurent des vols directs entre Paris, Bruxelles, Zurich ou de nombreuses autres villes européennes, et l'aéroport de Barcelone *(voir ci-après)*.
En France, Paris, Lyon, Marseille, Nice, Bâle-Mulhouse, Bordeaux et Toulouse ont des liaisons directes et régulières avec Barcelone. L'été, Lille, Montpellier, Nantes, Rennes, Strasbourg assurent des liaisons saisonnières.
En Europe, Berne, Bruxelles, Genève et Luxembourg, offrent une liaison avec la Catalogne.
En dehors de Barcelone, les aéroports de **Lleida-Alguaire** (à Lérida), **Reus-Tarragone** et **Gérone-Costa Brava** *(voir détails ci-après)* accueillent des vols opérés essentiellement par des compagnies *low-cost* (Vueling ou Ryanair, entre autres). Les aéroports de **Gérone** et **Reus** offrent d'ailleurs une alternative à celui de Barcelone, du fait de sa proximité avec la capitale catalane et de ses liaisons régulières par autocar.

#### LIGNES RÉGULIÈRES

### Air France

Air France assure une dizaine de vols quotidiens au départ de Paris (Orly ou CDG) à destination de Barcelone. Prévoyez 1h50 de vol.
Autres vols directs vers Barcelone par Air France au départ de Lyon (1h20 de vol) et Bordeaux (1h15 de vol).
**Air France** – 14 av. de l'Opéra - 75001 Paris - ✆ 3654 (numéro national) - www.airfrance.com.
**Air France en Belgique** – Av. Louise 149 - boîte 31 - 10500 Bruxelles - ✆ 070 22 24 66 - www.airfrance.be.
**Air France en Suisse** – 15 rte de l'Aéroport - 1215 Genève - ✆ 022 827 87 87 - www.airfrance.ch.

### Iberia

La compagnie nationale espagnole dessert les aéroports de Barcelone (1h45 de vol) et de Reus-Tarragone (4h15 de vol dont 1h d'escale à Madrid). Tous les vols se font au départ d'Orly-ouest.
Autres vols Iberia au départ de Toulouse, Lyon, Marseille et Bordeaux, via Madrid, et des vols directs depuis Nice (comptez 1h05 de vol).
**Iberia en France** – Terminal Orly-ouest - ✆ 0 820 075 075 - www.iberia.fr
**Iberia en Belgique** – Av. Louise 54 - 10500 Bruxelles - ✆ 02 548 94 91.

### Tarifs

Pour un séjour organisé quelques semaines à l'avance, vous pouvez tabler sur un aller-retour entre 150 € et 250 € selon les horaires et d'autres paramètres, comme le taux de remplissage estimé de l'avion.
Au dernier moment, c'est bien entendu plus cher : comptez au minimum 320/350 €.

#### VOLS LOW-COST

Plusieurs compagnies à bas prix relient quotidiennement Paris-Orly à Barcelone :
**Vueling** – La compagnie propose un excellent rapport qualité-prix et dessert Lérida www.vueling.com.
**Easyjet** – www. easyjet.com
**Air Europa** – www.aireuropa.com

**Ryanair** – ✆ 0 982 682 073 - www.ryanair.com. Cette compagnie propose des vols à destination de Gérone ou Reus, au départ de l'aéroport de Paris-Beauvais. Elle dessert également Gérone depuis Charleroi en Belgique et Londres en Angleterre.
Des navettes routières relient Paris à l'aéroport de Beauvais depuis la Porte Maillot (comptez 15 € l'aller simple). La liaison Gérone-Barcelone (Estació del Nord) est assurée par la compagnie **Sagalés** (www.sagales.com) : comptez 12 € le trajet. Depuis Reus, vous pouvez rejoindre Barcelone en bus pour le même tarif. Calculez un temps assez large pour le retour, les compagnies de bus n'étant pas responsables des retards susceptibles de vous faire manquer votre vol.

### Tarifs

Pour tous ces vols, comptez autour de 50/55 €, auxquels il faut ajouter les taxes d'aéroport, la facturation des bagages et les frais de dossier, qui doublent allégrement le tarif de base. Attention, les compagnies peuvent également appliquer des surtaxes pour tous les bagages excédant 15 kg. Au final, la facture peut être élevée !

#### AÉROPORTS

### En Catalogne

**Barcelone** – ✆ 932 98 38 38 - www.aena.es. L'aéroport de **Barcelona-Prat** se trouve à 12 km au sud de Barcelone. Il est relié au centre-ville en 40mn par bus (départ toutes les 15mn en semaine) et en 20mn par rail (départ de la gare de Sants toutes les 30mn).
**Gérone** – ✆ 972 18 66 00 - www.girona-airport.net. L'aéroport de **Girona-Costa Brava** se situe à Vilobí d'Onyar, à 15 km au sud de Gérone. Lignes internationales low-cost et liaisons par bus jusqu'à l'Estació del Nord à Barcelone et les stations proches de la Costa Brava.
**Reus-Tarragone** – ✆ 977 77 98 00 - www.reus-airport.net - 12 km à l'ouest de Tarragone. Vols *low-cost* depuis Paris avec Ryanair.
**Lérida** – www.aeroportlleidaalguaire.com. L'aéroport de **Lleida-Alguaire** se trouve à 14 km au nord de Lérida. Inauguré en janvier 2010, c'est le dernier né des aéroports catalans, desservi par Vueling depuis Paris.

### En France

Pour connaître les horaires, l'état des vols en cours, les accès aux aéroports, les services en aérogare : ✆ 0 892 681 515 - www.aeroportsdeparis.fr
**Renseignements Roissy** – 24h/24 (aérogares 1 et 2) ✆ 01 48 62 12 12 (standard) ; pour les vols : ✆ 01 48 62 22 80.
**Renseignements Orly** – 24h/24 : ✆ 01 49 75 52 52 (standard) ; pour les vols : ✆ 01 49 75 15 15.

## En train

En attendant la mise en service du TGV Paris-Barcelone prévu pour… 2020 (selon les dernières estimations…), on peut toujours se rendre à Barcelone par les trains de nuit.
**SNCF** – ✆ 3635 - www.voyages-sncf.com. Depuis Paris (gare d'Austerlitz), le train Talgo *Joan Mirò* gagne Barcelone en voyage de nuit. Depuis Paris, Bruxelles, Genève par TGV et Talgo, on peut rejoindre Barcelone et la Costa Brava via Lyon, Montpellier et Perpignan.
**Renfe** – www.renfe.es. Le site Internet des chemins de fer espagnols permet de consulter tous les horaires et tarifs. Il existe également une agence Renfe à Paris : **Iberrail France** (57 r. de la Chaussée-d'Antin - 75009 Paris - ✆ 01 40 82 63 60).

| DISTANCES EN KM | Barcelone | Gérone | Lérida | Tarragone | Tortosa | Vielha |
|---|---|---|---|---|---|---|
| **Barcelone** | | 104 | 178 | 100 | 180 | 316 |
| **Gérone** | 104 | | 255 | 192 | 272 | 396 |
| **Lérida** | 178 | 255 | | 106 | 125 | 161 |
| **Tarragone** | 100 | 192 | 106 | | 87 | 269 |
| **Tortosa** | 180 | 272 | 125 | 87 | | 290 |
| **Vielha** | 316 | 396 | 161 | 269 | 290 | |

# Par la route

*Réseau routier p. 35.*
Située à l'extrémité nord-est de la péninsule Ibérique, la Catalogne est très facilement accessible depuis la France et bon nombre de pays d'Europe.

Les cartes Michelin National n° 734 Espagne et n° 721 France au 1/1 000 000 permettent de composer votre itinéraire. Depuis la France, le site **www.ViaMichelin.fr** vous propose d'étudier vos itinéraires (temps de parcours, distances, routes à suivre).

Les cartes Michelin Région n$^{os}$ 571 à 579 au 1/400 000 couvrent toute l'Espagne et la n° 574, plus particulièrement, la Catalogne. Cette dernière rendra service à ceux qui souhaitent éviter l'autoroute E 15 (A 9 en France et A 7 en Espagne) ou la route du littoral, toutes deux très encombrées durant les vacances d'été.

Les cartes Zoom n$^{os}$ 146 à 148 au 1/150 000 sont plus détaillées.

Passer les Pyrénées en traversant la principauté d'Andorre, la Cerdagne (Bourg-Madame) ou le Vallespir (col d'Ares) permettent d'aborder la Catalogne par l'intérieur, et de découvrir de merveilleux sites.

# En autocar

Les principales villes européennes sont reliées à Barcelone par les services d'autocar de la compagnie Eurolines. Se renseigner auprès des bureaux (6 bureaux à Paris et en région parisienne). Il existe 6 points de départs sur Paris (dont 1 à La Défense, 1 à Versailles et 1 Porte Maillot).

**Compagnie Eurolines** – Gare internationale de Paris-Gallieni - 28 av. du Gén.-de-Gaulle - 93170 Bagnolet - 0 892 899 091 (0,34 €/ mn) - www.eurolines.fr.

*Pour les transports sur place, voir p. 34.*

# Avant de partir

## Fiche d'identité

**Nom officiel** :
Généralité de Catalogne (Generalitat de Catalunya)
**Capitale** : Barcelone
**Superficie** : 31 895 km$^2$
**Population** : 7,4 millions d'habitants (2009) - Barcelone : 1,6 million (agglo 4,7 millions).
**Monnaie** : l'euro
**Langues officielles** : le catalan, le castillan et l'aranais

## Météo

Le **printemps** et l'**automne** sont généralement les saisons les plus favorables à une visite.
En **été**, lorsque la chaleur est écrasante, c'est le moment de visiter les régions montagneuses qui enregistrent des températures plus fraîches ; vous pouvez également profiter des joies de la mer ou vous reposer et vous distraire dans l'une des stations balnéaires animées du littoral. Il faudra néanmoins savoir composer avec le tourisme de masse et les embouteillages permanents sur les routes du littoral.
En **hiver**, les amateurs de sports d'hiver se rendront dans l'une des magnifiques stations des Pyrénées catalanes. Sur la Costa Brava, certains villages comme Cadaqués ou Tossa de Mar prennent des allures nostalgiques non dénuées de charme.
**Renseignements météo** – www.aemet.es - ✆ 906 330 003.
**Météo marine** – www.gencat.net/servmet/mar/previmar.htm.
**Un tableau des températures** (maximales en caractères romains, minimales en italique) vous est proposé ci-dessous.

## À emporter

Maillots de bain et chapeau pour la côte en été, pulls chauds pour l'intérieur des terres en hiver, la Catalogne n'est pas une région trop compliquée pour faire sa valise.

**TABLEAU DES TEMPÉRATURES**

| | jan. | fév. | mars | avr. | mai | juin | juil. | août | sept. | oct. | nov. | déc. |
|---|---|---|---|---|---|---|---|---|---|---|---|---|
| **Barcelone** | 13 *6* | 14 *7* | 16 *9* | 18 *11* | 21 *14* | 25 *18* | 28 *21* | 28 *21* | 25 *19* | 21 *15* | 16 *11* | 13 *7* |
| **Gérone** | 13 *2* | 14 *2* | 17 *5* | 19 *8* | 23 *11* | 27 *15* | 30 *17* | 29 *17* | 26 *15* | 21 *11* | 17 *6* | 13 *3* |
| **Lérida** | 9 *1* | 13 *1* | 18 *5* | 21 *8* | 25 *11* | 29 *15* | 32 *18* | 32 *18* | 28 *15* | 21 *10* | 15 *4* | 10 *2* |
| **Tarragone** | 13 *5* | 14 *6* | 15 *8* | 17 *10* | 20 *13* | 24 *17* | 26 *20* | 26 *20* | 25 *18* | 21 *14* | 17 *9* | 14 *6* |

Aux intersaisons, prévoyez un coupe-vent, des vêtements de pluie et des chaussures montantes pour les randonnées en montagne.

Les auberges de jeunesse proposent souvent des cuisines équipées avec le matériel nécessaire. Pensez à emporter des serviettes et un duvet pour économiser la location de draps et de linge de toilette. À Barcelone, où les noctambules rentrent à toute heure, des bouchons auditifs seront d'un grand secours pour la tranquillité de vos nuits.

En été, les grands axes sont très encombrés. Une carte très détaillée *(voir p. 10)* vous permettra de les éviter au profit des chemins buissonniers, qui vous amèneront par ailleurs à découvrir des régions plus pittoresques.

Les voyageurs équipés d'appareils photo numériques trouveront à Barcelone et dans la plupart des grandes villes de Catalogne des cartes mémoire (ou des cafés Internet pour y graver les photos sur CD).

*Voir aussi « Trousse à pharmacie » p. 16.*

# Adresses utiles

## OFFICES DE TOURISME

*Pour les offices de tourisme sur place, voir p. 25.*

### En France

**Casa de la Generalitat** – 1 r. de la Fusterie - 66 000 Perpignan - ✆ 04 68 35 17 14 - www.gencat.cat - lun.-vend. 9h30-13h, 14h-17h30. La seule représentation de la Catalogne en France.

### En Belgique

**Turisme de Catalunya** – R. de Châtelain, 49 - 1050 Bruxelles - ✆ 02 640 61 51 - lun.-vend. 9h-13h30, 14h30-18h.

**Office de tourisme espagnol** – R. Royale 97 - 1000 Bruxelles - ✆ 02 280 19 26 - www.tourspain.be.

### En Suisse

**Office de tourisme espagnol** – 15 r. Ami-Lévrier - 1201 Genève - ✆ 022 731 11 33 - ginebra@tourspain.es.

### Au Canada

**Office de tourisme espagnol** – 2 Bloor Street W - 34th floor - Toronto M4W 3E2 (Ontario) - ✆ (416) 961 31 31 - www.tourspain.toronto.on.ca.

## AMBASSADES ET CONSULATS

*Pour les représentations diplomatiques sur place, voir p. 21.*

### En France

**Ambassade d'Espagne** – 22 av. Marceau - 75008 Paris - ✆ 01 44 43 18 00 - www.amb-espagne.fr

**Consulat général d'Espagne** – 165 bd Malesherbes - 75017 Paris - ✆ 01 44 29 40 00.

### En Belgique

**Ambassade d'Espagne** – R. de la Science 19 - 1040 Bruxelles - ✆ 02 230 03 40.

**Consulat général d'Espagne** – Bd du Régent 52 - 1000 Bruxelles - ✆ 02 509 87 70.

### En Suisse

**Ambassade d'Espagne** – Kalcheweggweg 24 - 3000 Berne 16 - ✆ 031 352 04 12.

**Consulat général d'Espagne** – Marienstr. 12 - 3005 Berne - ✆ 031 356 22 20.

### Au Canada

**Ambassade d'Espagne** – 74 Stanley Av. - Ottawa K1M 1P4 (Ontario) - ✆ (613) 747 22 52.

**Consulat général d'Espagne** – 1 Westmount Sq. - suite 1456 - Montréal H3Z 2P9 - ✆ (514) 935 52 35.

## CENTRES ET INSTITUTIONS CULTURELS

### En France

**Institut Cervantes (centre culturel)** – 7 r. Quentin-Bauchart - 75008 Paris - ✆ 01 40 70 92 92.

**Centre d'études catalanes** – 9 r. Ste-Croix-de-la-Bretonnerie - 75004 Paris - ✆ 01 42 77 65 69. Cours du soir ouverts à tous, bibliothèque, expositions et conférences.

### En Belgique

**Centre culturel belgo-espagnol** – R. des Tanneurs 74 - 1000 Bruxelles - ✆ 02 512 78 32.

## LIBRAIRIES SPÉCIALISÉES

**Librairie catalane Pam de Nas** – 30 r. des Grands-Augustins - 75006 Paris - ✆ 01 43 54 04 84.

**Librairie espagnole** – 7 rue Littré - 75006 Paris - ✆ 01 43 54 56 26. - mar.-sam. 10h30-13h, 14h-16h. A pris le relais de la mythique librairie du 72 r. de Seine.

## AGENCES DE VOYAGES

Les voyagistes ont une offre de circuits relativement réduite sur la Catalogne, comparé à ce qui existe pour d'autres régions espagnoles, comme l'Andalousie. Les quelques circuits existants seront souvent des « autotours ». Vous trouverez, en revanche, de nombreuses offres de courts séjours à Barcelone ou de séjours plus longs sur la Costa Brava. De nombreux sites Internet proposent des séjours tout compris en hôtel dans de multiples points de la côte catalane.

### En France

**Donatello** – 20 r. de la Paix - 75008 Paris - ✆ 01 44 58 30 60 - www.donatello.fr. L'Espagne à la carte avec ce spécialiste du voyage sur mesure. Pour un week-end ou un séjour longue durée, à Barcelone, Gérone, Vic ou sur la Costa Brava, bon choix d'hébergements et de prestations.

**Pauli Voyages** – 8 r. Daunou - 75002 Paris - ✆ 01 42 86 97 04. Week-ends et séjours de durées variables à Barcelone, avec un large choix de catégories d'hébergement.

**Iberica Voyages** – 26 bd Beaumarchais - 75011 Paris - ✆ 01 40 21 88 88 - www.iberica.fr. Nombreux séjours sur la Costa Brava (Roses, L'Estartit, Platja d'Aro, Tossa de Mar, Blanes…) et la Costa Daurada (Sitges, Salou…), ainsi qu'à Gérone et à Tarragone.

**Clio** – 27 r. du Hameau - 75015 Paris - ✆ 0 826 101 082 - www.clio.fr. Propose deux circuits culturels en Catalogne. L'un de 7 j. : « Les hauts lieux de la Catalogne romane », 3j. en Catalogne française puis des étapes à Gérone et Barcelone, en passant par Besalú et Ripoll. L'autre de 4 j. : « Noël à Montserrat », qui permet une visite approfondie de Barcelone et une escapade à l'abbaye de Montserrat le jour de Noël.

**Intermèdes** – 60 r. La Boétie - 75008 Paris - ✆ 01 45 61 90 90 - www.intermedes.fr. Propose régulièrement des circuits culturels en Catalogne.

**La Balaguère** – Village - 65400 Arrens-Marsous - ✆ 05 62 97 20 21 - www.labalaguere.com. Le voyagiste spécialiste des Pyrénées propose, depuis plusieurs années, des circuits de randonnée en Catalogne tels que Collioure-Cadaqués, Barcelone-Montserrat ou encore la Garrotxa-Cadaqués. Catalogue disponible à la **Maison des Pyrénées** (15 r. Saint-Augustin - 75002 Paris - ✆ 01 42 86 51 86).

**Club Aventure** – 18 r. Séguier - 75006 Paris - ✆ 0 825 306 032 - www.clubaventure.fr. Randonnées de 8 j. entre Collioure et Cadaqués. Niveau facile, environ 5h de marche par jour.

### À Bruxelles

**Sunjets** – Antwerpselaan 12 - 1000 Bruxelles - ✆ 02 250 55 55 - www.sunjets.be. Quelques séjours clés en main à Barcelone.

**Interhome** – Av. Louise 226/228 - 1050 Bruxelles - ✆ 02 648 99 55 - www.interhome.be. Séjours balnéaires sur les côtes de Catalogne.

### À Genève

**Alvarez Benitez Voyages** – 2 pl. Montbrillant - 1201 Genève - ✆ 022 738 66 10 - www.alvarezvoyages.com.

**Cristal Voyages** – 14 r. Rousseau - 1201 Genève - ✆ 022 715 04 40 - www.cristal-voyages.ch. Très nombreuses offres de séjours et circuits en Espagne.

**Universal Tourisme** – 9 r. de Fribourg - 1201 Genève - ✆ 022 732 05 80 - www.universaltourisme.ch. Agence spécialisée sur l'Espagne et l'Amérique latine.

### Au Québec

**Exciting Tours** – 5050 Pare St. - suite 204 - Montréal H4P 1P3 - ✆ (514) 344 95 18 - www.exciting-tours.com. Offres promotionnelles pour des séjours balnéaires en hôtel.

**Sultana Tours** – 2015 Drummond St. - bureau 644 - Montréal H3G 1W7 - ✆ (514) 397 40 81 - www.sultanatours.com. Voyagiste spécialisé dans les destinations du pourtour méditerranéen.

## TOURISME DES PERSONNES HANDICAPÉES

**Cocemfe** (Confederación Española de Personas con Discapacidad física y orgánica) – Luis Cabrera, 63 - 28002 Madrid- ✆ 917 443 600 - www.cocemfe.es. Fournit des renseignements sur les installations adaptées.

En Catalogne, on peut consulter la **Federación Ecom** – Gran Via de les Corts Catalanes, 562-2° - 08011 Barcelona - ✆ 934 515 550 - www.ecom.es.

Les agences de voyages suivantes organisent des voyages et des séjours pour personnes handicapées : **Valinet** (www.valinet.org) ; **RB Travel** (✆ 902 160 850 - www.rbtravel.es) ; **Viajes 2000** (c/Aribau, 123 - 08036 Barcelona - ✆ 933 239 660 - www.viajes2000.com).

## SITES INTERNET

**www.spain.info** – Site de l'office du tourisme espagnol. Renseignements très complets sur les transports, l'hébergement, les loisirs sportifs et autres activités touristiques.

**www.gencat.net** – Informations touristiques de la Generalitat de Catalunya.

**www.catalunya.net** – Diverses informations sur la Catalogne.

**www.bcn.es** – Municipalité de Barcelone.

**http://actiunatura.catalunya.com** – Informations sur les activités de plein air en Catalogne : randonnée, cyclotourisme, ornithologie, aventure, etc.

**http://blancas.paginasamarillas.es ; www.paginas-amarillas.es** – Pour trouver une adresse en Espagne, l'équivalent de nos annuaires Pages blanches et Pages jaunes.

# Formalités

## DOCUMENTS IMPORTANTS

### Pièces d'identité

La carte nationale d'identité en cours de validité ou le passeport (même périmé depuis moins de 5 ans) sont valables pour les ressortissants des pays de l'Union européenne, d'Andorre, du Liechtenstein, de Monaco et de Suisse.

LE GUIDE VERT
toujours plus de destinations
à travers le monde...
MICHELIN
CHINE
Hong Kong
LE GUIDE VERT
MICHELIN
NOUVELLE ANGLETERRE
LE GUIDE VERT
MICHELIN
SARDAIGNE
LE GUIDE VERT
MICHELIN
MEXIQUE
LE GUIDE VERT
MICHELIN
SUD-OUEST AMÉRICAIN
LE GUIDE VERT
MICHELIN
THAÏLANDE
LE GUIDE VERT
MICHELIN
Une meilleure façon d'avancer

Les mineurs voyageant seuls ont besoin d'un passeport en cours de validité. S'ils n'ont que leur carte d'identité, il est demandé une autorisation parentale sous forme d'attestation délivrée par la mairie ou le commissariat de police.

### Véhicules

Pour le conducteur : permis de conduire à trois volets ou permis international. Le conducteur doit être en possession d'une autorisation écrite du propriétaire de la voiture, si celui-ci ne voyage pas à bord.
Outre les papiers du véhicule, il est bien entendu nécessaire de posséder la carte verte d'assurance. Munissez-vous également de gilets fluorescents et de deux triangles de présignalisation.

## DOUANES

La réglementation concernant les importations au sein de l'Union européenne est la même pour tous les pays membres : 800 cigarettes, 90 l de vin (ou 60 l de *cava*), 10 l d'alcool fort, 20 l d'alcool intermédiaire (type porto), etc.
La réglementation est différente si vous venez d'Andorre *(voir p. 503)*. Pour plus de détails, www.douane.gouv.fr.

## ANIMAUX DE COMPAGNIE

Pour les chats et les chiens, un certificat de vaccination antirabique de moins d'un an et un certificat de bonne santé sont exigés.
Vous ne trouverez cependant que très peu d'établissements et de plages acceptant les animaux. Votre animal de compagnie risque en outre de ne pas supporter la chaleur estivale.

## SANTÉ

*Voir aussi rubrique « Santé » p. 28.*

### Assurance santé

En cas de maladie ou d'hospitalisation, vous devez être en mesure de prouver que vous êtes affilié à une caisse d'assurance maladie dans votre pays d'origine. Procurez-vous avant le départ une **Carte européenne d'Assurance Maladie**. Celle-ci remplace les anciens formulaires E 110 et E 111, et s'obtient dans un délai de deux à trois semaines. Cette demande peut être effectuée par Internet : www.cerfa.gouv.fr.

### Trousse à pharmacie

Vous pourrez vous procurer tous les médicaments nécessaires en Catalogne, mais selon le type de séjour que vous envisagez, emportez une trousse avec le minimum essentiel (aspirine, pommade antiseptique, pansements, crème solaire...), en particulier si vous prévoyez une randonnée en montagne.
Dans les villages isolés des Pyrénées catalanes, les pharmacies se font plus rares. Enfin, en haute saison, particulièrement si vous êtes en camping, pensez aux répulsifs anti-moustiques.

### Vaccins

Aucun vaccin particulier n'est recommandé.

# Budget

### DEVISES

L'Espagne a adopté l'**euro** depuis le début de l'année 2002. Les ressortissants des pays non-membres de la zone euro peuvent changer leurs devises dans les aéroports, les banques, certaines gares, la plupart des hôtels et agences de voyages.
*Voir aussi la rubrique « Argent » p. 21.*

### VOYAGER MOINS CHER

#### Pour les jeunes

**Turisme Juvenil de Catalunya (TUJUCA)** – C/Rocafort 116-122 - 08015 Barcelone - ✆ 934 838 381 - www.tujuca.com
La **Carte Jeune EURO<26**, que délivrent le TUJUCA et d'autres organismes équivalents dans 27 pays, offre aux jeunes âgés de 14 à 25 ans toute une série de réductions dans les transports, pour les sorties culturelles, l'hébergement, etc.
La **carte d'étudiant** (à partir de 12 ans) donne droit également à de nombreuses réductions.

#### Pour les anciens jeunes

Les plus de 65 ans *(seniors* ou *jubilats* – retraités) ont droit à d'importantes réductions dans les transports, les accès aux monuments et aux spectacles. Ils bénéficient d'une réduction de 50 % dans de nombreux musées et peuvent entrer gratuitement dans les monuments du patrimoine national et ce, la plupart du temps, sans avoir à fournir le moindre justificatif.
La Renfe accorde des réductions variant en fonction de la destination et de la période aux plus de 60 ans munis d'une Carte Senior.

# Téléphoner en Catalogne

Pour appeler la Catalogne depuis la France, la Belgique et la Suisse, composer le 00 suivi du 34 (indicatif de l'Espagne), puis le numéro du correspondant à 9 chiffres.
*Pour téléphoner sur place, voir la rubrique « Téléphone » p. 32.*

# Se loger

*Retrouvez notre sélection d'hébergements dans « Nos adresses à… » situées en fin de description des sites de la partie « Découvrir la Catalogne ».* *Pour un choix plus large, consultez le Guide Michelin España & Portugal, mis à jour chaque année.*

### LES PRIX

Les hébergements sont classés dans ce guide par fourchette de prix et correspondent à quatre types de budget *(voir tableau p. 18)*. Concernant les hôtels (sauf autre précision), les prix indiqués sont ceux qui nous ont été communiqués par les hôteliers pour une chambre double en basse et en haute saison. Attention, les différences de prix sont parfois spectaculaires dans certaines villes côtières. À l'intérieur des terres, et en dehors des grandes villes, les prix restent stables toute l'année, mis à part lors de quelques événements particuliers comme les fêtes patronales ou les festivals.
Lorsque le prix du petit-déjeuner (*esmorzar* en catalan) n'est pas compris dans celui de la chambre (chose assez fréquente en Espagne), il est indiqué à la suite du symbole ☕. De nombreuses pensions ne proposent pas de petit-déjeuner, ce qui est signalé par l'absence du symbole ☕.

| NOS CATÉGORIES DE PRIX | | |
|---|---|---|
| | **Hébergement** | **Restauration** |
| **Premier prix** | jusqu'à 60 € | jusqu'à 15 € |
| **Budget moyen** | de 60 € à 100 € | de 15 € à 30 € |
| **Pour se faire plaisir** | de 100 € à 150 € | de 30 € à 50 € |
| **Une folie** | plus de 150 € | plus de 50 € |

Les cartes de crédit sont acceptées dans la plupart des établissements, sauf les plus modestes. Nous signalons les rares établissements où cela n'est pas le cas par le symbole ⊭.

## Tarifs réduits

Certaines chaînes hôtelières et bon nombre d'hôtels proposent des tarifs réduits le week-end. Il est également possible d'obtenir des coupons pour une ou plusieurs nuits à des prix très intéressants. Renseignez-vous à l'avance auprès des agences de voyages.

**NH Hoteles** – ☏ 902 115 116 (24h/24) - www.nh-hotels.fr. Offres spéciales le week-end, à partir de 128 € pour 2 nuits et 2 personnes.

**Bancotel** – ☏ 902 877 877 - www.bancotel.com. Chéquiers de cinq coupons, vendus exclusivement dans les agences de voyages ou par l'intermédiaire du site Internet. Hôtels de trois, quatre et cinq étoiles. Réductions intéressantes par rapport aux prix affichés.

**Halcón Viajes** – ☏ 807 227 222 - www.halcon-viajes.es. Promotions sur certains hôtels.

**Hoteles Meliá** – ☏ 800 919 130 - www.solmelia.com. Carte de fidélité MAS et offres spéciales le week-end.

### RÉSERVER

Vous pouvez réserver la plupart des hébergements à Barcelone via le site Internet **www.barcelonaturisme.com**.

Les campings de Catalogne sont référencés sur le site **www.campingsonline.com**, avec possibilité de réserver en ligne.

Les auberges de jeunesse sont répertoriées sur le site **www.xanascat.cat**.

Sur le site **www.espagne-facile.com**, vous pouvez effectuer des réservations de campings, hôtels, appartements et séjours partout en Espagne.

Presque systématiquement, on vous demandera de verser des arrhes lors de votre réservation et de communiquer votre numéro de carte bleue. Pensez, en haute saison, à confirmer votre réservation quelques jours avant d'arriver.

Vous pouvez également réserver à travers **www.booking.com**, site très fiable, qui propose une sélection d'hôtels dans chaque ville à des prix avantageux. Pas de paiement à la réservation, même si on laisse son numéro de carte de crédit en garantie.

### LES DIFFÉRENTS TYPES D'HÉBERGEMENT

## Hôtels

Le Secrétariat général du tourisme de la Generalitat de Catalunya édite chaque année un guide des hôtels (5 €). Ils y sont classés de une à cinq étoiles. Les prix varient selon les saisons mais aussi selon les localités. L'hébergement à Barcelone ou dans une station balnéaire de la Costa Brava peut se révéler nettement plus cher que dans les villes et villages de l'intérieur des terres.

En règle générale, comptez entre 40 et 120 € pour une chambre avec salle de bains.

### Paradors

Au chapitre de l'hôtellerie, les paradors de tourisme méritent une mention spéciale : la plupart sont installés dans des monuments historiques restaurés (châteaux, palais, monastères), et tous sont merveilleusement situés et pourvus de tout le confort.

Le prix moyen pour une chambre double y est rarement inférieur à 120/130 € (plus la TVA), mais ils proposent d'intéressantes formules valables le week-end ou pour un séjour de cinq nuits.

**Centrale de réservation des Paradores de Turismo** – Requena, 3 - 28013 Madrid - ✆ 902 547 979 - www.parador.es.

**Centrale de réservation en France** – Iberrail France - 57 r. de la Chaussée-d'Antin - 75009 Paris - ✆ 01 42 81 27 27 - service.paradores@iberrail.fr.

Les paradors sont indiqués sur les cartes Michelin par le symbole.

### Gîtes ruraux

La Direcció General de Turisme édite annuellement un guide complet intitulé *Guía de residències y casas de pagès* (maisons paysannes). Aucune association ne centralise les réservations pour toute la Catalogne. Néanmoins, il existe un certain nombre d'associations locales et de sites Internet disposant d'une centrale de réservation :

**www.turismerural.com** – Répertoire exhaustif des solutions d'hébergement rural dans toute la Catalogne.

**Turisme rural Girona** – ✆ 972 226 015 - www.gironarural.org.

**Associació Catalana d'Empresarios de Turisme Agrari** – ✆ 934 126 984.

**Actur** – ✆ 973 642 256 - www.actur.com. Guide pratique des hébergements dans la Vall d'Aran.

### Auberges de jeunesse

(Albergs de Joventut)

Les titulaires d'une carte de la Fédération internationale des auberges de Jeunesse peuvent séjourner dans les 46 auberges réparties dans toute la Catalogne. Les prix en haute saison vont de 20 € à 25 € la nuitée (petit-déjeuner compris) pour les plus de 26 ans, et de 18 € à 20 € la nuitée (petit-déjeuner compris) pour les moins de 26 ans.

**Xanascat** (auberges de jeunesses officielles de Catalogne) – ✆ (00 34 1) 934 838 341 - www.xanascat.cat.

### Camping, caravaning

La Catalogne possède un vaste réseau de campings. Une carte des terrains est disponible auprès des offices de tourisme. La carte Michelin Regional n° 574 indique les localités possédant au moins un terrain de camping, et la Direcciò General de Turisme édite chaque année un guide recensant les terrains existants.

Renseignez-vous aussi auprès de :

**Federaciò Catalana de Càmping i Ciutats de Vacances** – General Mendoza, 3 - 17002 Girona - ✆ 972 208 667.

**Associaciò de Càmping de Barcelona** – Gran Via de les Corts Catalanes, 608 - 08007 Barcelona - ✆ 934 125 955.

**Associaciò de Càmping de Lleida** – Av. Segre, 7 - 25007 Lleida - ✆ 973 248 858.

**Associaciò de Càmping de Tarragona** – Monterols, 8 - 43201 Reus - ✆ 977 342 784.

## Se restaurer

*Retrouvez notre sélection d'établissements dans « Nos adresses à… », en fin de description des principaux sites de la partie « Découvrir la Catalogne ». Pour un choix plus large, consultez le Guide Michelin España & Portugal, mis à jour chaque année.*

### LES PRIX

Les établissements sont classés dans ce guide par fourchette de prix et correspondent à quatre types de budget *(voir tableau p. 18)*. Sauf mention contraire, les tarifs indiqués correspondent à un repas complet (entrée, plat et dessert), service et taxes compris (hors boissons).

Il est dans les habitudes de laisser un **pourboire** s'élevant de 5 à 10 % de la note finale.

Si l'hébergement à Barcelone coûte relativement cher, la restauration offre un paysage plus contrasté. Dans les zones touristiques comme dans les quartiers populaires en marge du centre-ville, il est encore possible de trouver des établissements proposant un menu complet, vin compris, aux alentours de 10 €.

Autre piste : les bars à tapas, où il est aisé de faire un repas à bon compte, au coin du comptoir, si l'on parvient bien sûr à s'y faire une place…

Devenue depuis quelque temps une destination à la mode, la capitale catalane attire aussi une clientèle branchée, prête à dépenser pour une cuisine raffinée dans de beaux endroits, loin des bars à tapas et des restaurants traditionnels. Comptez minimum 40 € par personne (hors boissons) dans ce type d'établissement.

### TAPAS

Les prix indiqués dans ce guide correspondent au prix moyen d'une tapa. Les tapas (*tapes* en catalan) diffèrent d'un endroit à l'autre mais, en général, elles permettent toutes de manger à un prix raisonnable qui ne devrait pas dépasser les 20 €. Les tarifs se modulent bien entendu en fonction de l'appétit de chacun.

### BARS

Les bars sont des grands lieux de rencontre où toute occasion est bonne pour se retrouver. À midi, à l'heure de l'**apéritif**, tradition bien établie, on y boit entre amis un verre de vin en grignotant des **tapas** ou des *raciones* (la tapa en plus copieux). La télévision y est souvent omniprésente ainsi que les machines à sous. Ensuite, c'est l'heure du **café** : pour demander un café noir, précisez *solo* ou expresso, un café au lait, *café amb lleit*. Après le travail vient l'heure des *tertúlies* où l'on parle entre hommes de l'actualité, de politique et de football – en particulier des derniers exploits du F.C. Barcelona –, le tout ponctué de plaisanteries qui réjouissent tous les convives. En fin d'après-midi, on peut aller prendre un chocolat et des *xurros* (*churros* en espagnol), délicieux beignets torsadés, longs de 15 cm et gros comme le doigt. En été, ce sera plutôt une *orxata de xufa (horchata de chufa)*, boisson rafraîchissante extraite du souchet, ou un *granissat* (boisson glacée).

Les bars et les clubs sont également très fréquentés la nuit. Peut-être n'est-il pas inutile de préciser que les doses d'alcool servies en Espagne sont très sensiblement supérieures à ce qui est ordinairement servi dans d'autres pays !

*Voir aussi les rubriques « Restauration » p. 28 et « Gastronomie » p. 63.*

# Sur place de A à Z

## ACHATS

*Voir aussi la rubrique « Souvenirs » p. 29.*

### Horaires

Les magasins sont généralement ouverts de 10h à 14h et de 17h ou 18h à 20h30 ou 21h. Cependant, de plus en plus de commerces (grands magasins ou hypermarchés) restent ouverts pendant l'heure du déjeuner. Ils sont fermés le dimanche et les jours fériés, et certains même le samedi après-midi. Dans les localités côtières les plus touristiques, pendant la saison estivale, certains magasins et boutiques ne ferment parfois qu'à minuit.

### Pointures et tailles

Les mêmes qu'en France.

### Marchandage

Le marchandage est peu répandu en Catalogne, sauf dans certains magasins d'antiquités et de brocante, ou dans les grandes fabriques artisanales de céramique et de poterie, à condition bien entendu d'acheter une quantité intéressante pour le vendeur.

## AMBASSADES ET CONSULATS

*Pour les représentations diplomatiques à l'étranger, voir p. 12.*

### À Madrid

**Ambassade de France** – Salustiano Olozaga, 9 - 28001 Madrid - ✆ 914 355 560.

**Consulat de France** – Marqués de la Ensenada, 10 - 28004 Madrid - ✆ 913 197 188.

**Ambassade de Belgique** – Paseo de la Castellana, 18-6° - 28046 Madrid - ✆ 915 776 300.

**Ambassade de Suisse** – Núñez de Balboa 35 A-7° -28001 Madrid - ✆ 914 363 960.

**Ambassade du Canada** – Núñez de Balboa 35 -28001 Madrid - ✆ 914 233 250.

### À Barcelone

**Consulat de France** – Ronda Universidad, 22-4° - 08007 Barcelona - ✆ 934 878 140 - www.consulfrance-barcelone.org - lun.-vend. 9h30-13h30, permanence téléphonique pendant les heures d'ouverture en cas d'urgence.

**Consulat de Belgique** – Diputació 303-1° - 08009 Barcelona - ✆ 933 189 899 - lun.-vend. 9h-13h30.

**Consulat de Suisse** – Gran Via de Carles III, 94-7° - 08028 Barcelona - ✆ 933 309 211 - lun.-vend. 9h-12h30.

**Consulat du Canada** – Elisenda de Pinós, 10 - 08034 Barcelone - ✆ 932 042 700.

## ARGENT

*Voir aussi la rubrique « Budget » p. 16.*

### Change

Vous trouverez de nombreux bureaux de change dans le centre-ville de Barcelone et les principales stations balnéaires de la Costa Brava. Les banques et les grands hôtels changent également des devises, mais en appliquant une commission plus élevée.

### Banques

Ouvertes du lundi au samedi de 8h30 à 14h. En été, elles sont souvent fermées le samedi.

### Distributeurs de billets

Très nombreux dans les grandes villes et les stations touristiques du littoral, un peu plus rares ailleurs. Fonctionnent notamment avec la carte Visa internationale et Eurocard Mastercard.

### Cartes de crédit

Les chèques de voyage et les principales cartes de crédit internationales (dont la carte bleue Visa) sont acceptés dans presque tous les commerces, hôtels et dans bon nombre de restaurants.

En cas de **perte ou de vol de carte** : **Visa/Eurocard/Mastercard** – ✆ 933 152 512.
**American Express** – ✆ 932 170 070.
**Diners Club** – ✆ 933 021 428.

### Chéquiers

Les ressortissants de la zone euro peuvent en théorie utiliser leur chéquier. En pratique, ce mode de paiement est beaucoup moins répandu en Espagne qu'en France, et de nombreux commerçants ne l'acceptent pas. Par ailleurs, l'utilisation d'un chèque à l'extérieur de ses propres frontières entraîne le prélèvement d'une commission spécifique (le plus souvent élevée) par votre banque. Pour estimer le montant de cette commission, renseignez-vous auprès de votre établissement bancaire avant votre départ.

La formule **Ibercheque** (informations auprès d'Iberrail, ✆ 01 40 82 63 64) permet de disposer de chèques utilisables dans de nombreux hôtels ou permettant la location de voitures.

## CYCLOTOURISME

Les circuits de randonnée à pied ou à vélo se développent rapidement en Catalogne. À signaler, l'adaptation au cyclotourisme de voies ferrées désaffectées, les **« voies vertes »,** permettant de sortir des sentiers battus de façon ludique et agréable. Il existe pour l'instant cinq voies vertes. Vous trouverez plus de précisions sur les sites Internet suivants : www.viasverdes.com, www.viesverdes.org (Gérone), www.terra-alta.org.

Parallèlement, les **centres BTT** (équivalent des centres VTT existant en France) commencent à faire leur apparition. Il s'agit d'espaces en milieu naturel où sont élaborés différents circuits de difficulté variable, balisés et étudiés spécifiquement pour la pratique du VTT. Vous trouverez les informations sur le site www.turismedecatalunya.com/btt.

## DÉCALAGE HORAIRE

Été comme hiver, la Catalogne est à la même heure que Paris (GMT +1h).

## ÉLECTRICITÉ

Le courant fonctionne sur du 220 volts, comme en France. Les prises ont deux fiches rondes.

## HORAIRES

La matinée *(el matí)* dure jusqu'à 14h, heure à laquelle on prend le déjeuner (*dinar* ou *menjada*). Ensuite c'est la sieste et l'après-midi *(tarda)* commence vers 17h. Vers 20h, on pense à l'apéritif qui entame la soirée *(vespre)*. Le dîner *(sopar)* est servi à partir de 21h et la soirée peut se poursuivre fort tard.

### Magasins

*Voir la rubrique « Achats » p. 21.*

### Horaires de visite

Vous trouverez dans la partie « Découvrir la Catalogne » les horaires de visite et les prix des billets d'entrée aux monuments, musées, églises, etc. Tous les renseignements fournis sont donnés à titre indicatif, en raison de l'évolution incessante du coût de la vie et des variations fréquentes dans les horaires d'ouverture des monuments, notamment dans les petites localités où l'on n'est guère à cheval sur le règlement.

LE GUIDE VERT
RIEN NE REMPLACE
LE GUIDE VERT,
SAUF LE NOUVEAU !
MICHELIN
CÔTE D'AZUR
MEXIQUE
PARIS
THAÏLANDE
+ Clair
+ Complet
+ Pratique
+ Facile à utiliser

Ces renseignements s'adressent à des touristes voyageant isolément et ne bénéficiant pas de réductions. Les groupes peuvent obtenir, sur accord préalable, des conditions spéciales aussi bien pour les horaires que pour les tarifs.
N'hésitez pas à vous renseigner par téléphone avant d'entreprendre un parcours : des travaux de restauration peuvent entraîner la fermeture momentanée de certains monuments.
Généralement, les églises ne se visitent pas pendant les offices. Dans le cas où une église n'est ouverte que pendant les offices, il convient alors d'observer une attitude respectueuse.

### INTERNET

Aucun problème pour se connecter à Barcelone où les cafés Internet et *locutoris* sont légion. Certains fonctionnent avec des cartes à tarifs dégressifs selon la durée de connexion, d'autres avec des pièces de 1 € à insérer au fur et à mesure (toutes les 15mn env.). Surveillez votre crédit pour ne pas être coupé ! Les auberges de jeunesse sont souvent équipées et pratiquent un tarif similaire. Dans les grands hôtels, le prix de la connexion peut atteindre 3 ou 4 €/15mn.
Les stations balnéaires et touristiques de la côte sont bien entendu parfaitement équipées. En revanche, trouver un accès Internet dans les villages de l'arrière-pays est plus complexe. Vous pouvez toujours tenter la bibliothèque municipale (s'il y en a une), la plupart disposant d'un accès. Quelques bureaux de poste sont également équipés, mais la connexion peut être plus lente.

### JOURS FÉRIÉS

*Voir aussi « Agenda » p. 40 et « Des traditions profondes » p. 58.*
Établir une liste exhaustive se révèle difficile, car en Espagne, chaque communauté autonome et chaque localité ont leurs propres jours fériés. Aussi citerons-nous seulement ici les jours fériés communs à toute la Catalogne : 1er janvier *(Cap d'Any)*, 6 janvier *(Reis)*, Vendredi saint *(Divendres Sant)*, lundi de Pâques *(Pascua Florida)*, 1er Mai, 24 juin *(Sant Joan)*, 15 août *(Mare de Déu d'Agost)*, 11 septembre (*Diada*, Fête nationale de la Catalogne), 12 octobre *(Festa de l'Hispanitat)*, 1er novembre *(Tots Sants)*, 6 décembre *(Dia de la Constitució)*, 25 décembre et 26 décembre *(Nadal* et *Sant Esteve)*.

### LANGUE

*Voir aussi le chapitre « Langue et littérature » p. 86 et le lexique à l'intérieur de la couverture du guide.*
Le castillan et le catalan sont les langues officielles de la Catalogne, au même titre que l'aranais, même si cette dernière n'est réellement parlée que dans la Vall d'Aran *(voir p. 365)*. Dans la pratique, la langue nationale a totalement disparu de la signalisation et de la plupart des documents écrits (les restaurants affichent toutefois des menus en plusieurs langues… où le castillan ne figure pas toujours). Nous indiquons donc dans ce guide les termes catalans que vous rencontrerez le plus souvent.
Au niveau de la conversation, rassurez-vous : les catalans comprennent et parlent tous le castillan, et seuls certains « catalanistes » purs et durs feront mine de ne pas vous comprendre si vous tentez de placer votre meilleur castillan ; il y a fort à parier qu'ils vous répondront alors… en français.

### MÉDIAS

#### Presse

Les trois quotidiens nationaux les plus lus sont *El País* (www.elpais.es),

*El Mundo* (www.elmundo.es) et *ABC* (www.abc.es). Citons également *La Razón* (www.larazon.es) et *Público* (www.publico.es).

En **Catalogne**, les principaux quotidiens régionaux sont *La Vanguardia* (www.lavanguardia.es, édition en castillan), *El Periódico de Catalunya* (www.elperiodico.es, édition rouge en castillan, édition bleue en catalan), *Avui* (www.avui.cat) et *El Punt* (www.vilaweb.cat/www/elpunt), les deux derniers étant uniquement édités en catalan.

Côté **magazines**, *Cambio 16* (www.revistacambio.com), *Época* (http://revistaepoca.globo.com), *Tiempo* (www.tiempo.com) et *Interviú* (www.interviu.es) sont les nationaux les plus sérieux, avec le magazine catalan *El Temps* (www.eltemps.net).

### Télévision

Il existe deux chaînes nationales publiques, TVE 1 et TVE 2, et 5 chaînes privées, Tele 5, Antena 3, Cuatro, la Sexta et Canal Plus (payante). Quatre chaînes régionales publiques, TV 3, Canal 33, 3/24 et Barcelona Televisió émettent principalement en catalan ; la chaîne privée Td8 diffuse dans les deux langues.

## OFFICES DE TOURISME

*Pour s'informer depuis l'étranger voir p. 12.*

Sur les plans de villes de ce guide, les offices de tourisme sont signalés par le symbole **i**. Vous trouverez leurs coordonnées dans la rubrique « Se repérer » au début de chaque grande ville décrite dans la partie « Découvrir la Catalogne ». Dans les chapitres se référant à des régions étendues comme la Costa Brava ou la Costa Daurada, les offices de tourisme sont répertoriés au fil de l'itinéraire.

**Renseignements touristiques sur la Catalogne et par téléphone** : sur place : ✆ 906 301 282 (tlj sf w.-end et j. fériés 9h-20h) ; de l'étranger : ✆ (0034) 933 689 730.

Services relevant de la Generalitat de Catalunya, à **Barcelone** :

**Direcció General de Turisme** – Passeig de Gràcia 105-4° - 08008 Barcelona - ✆ 934 849 500.

**Consorci de Promoció Turística de Catalunya** (Consortium pour la promotion touristique de la Catalogne) – Passeig de Gràcia 105-3° - 08008 Barcelona - ✆ 934 849 900.

Un numéro de téléphone a été créé à l'attention des victimes : ✆ 902 200 320.

## PÊCHE EN EAU DOUCE

Les amateurs de pêche seront peut-être tentés de se livrer à leur activité favorite dans les torrents pyrénéens où abonde la truite commune, à l'exclusion cependant des petits fleuves de la partie orientale de la province de Gérone. En revanche, ces mêmes fleuves (riu Muga, riu Fluvià et riu Ter) sont connus pour offrir des espèces plus variées : black-bass, carpe, brochet, entre autres. L'Èbre pour sa part est plutôt le domaine des cyprinidés : barbeau et chevesne surtout, que l'on trouve aussi dans la partie basse du Segre ou du Llobregat.

La période de pêche dure du premier samedi de mars au 31 août, mais la pêche n'est pas autorisée partout, ni tous les jours de la semaine ; il convient donc de s'informer auprès des mairies sur les sections de rivières d'accès libre ainsi que sur les jours autorisés, ceux-ci différant souvent d'une commune à l'autre. En outre, le permis de pêche ne peut être obtenu par avance depuis le territoire français et doit être pris sur place. D'un coût approximatif de 6 €, il peut être obtenu en 24h sur présentation de la carte d'identité nationale en se rendant directement à l'administration compétente, le **Departament d'Agricultura, Alimentació i Acció Rural** à Barcelone *(voir rubrique « Plongée » ci-après)*. Ce département possède un service territorial **(Servei Territorial)** dans chacune des trois autres provinces catalanes : à **Gérone** (av. Sant Francesc, 29 - ✆ 972 417 650), à **Lérida** (Camp de Mart, 35 - ✆ 973 246 650) et à **Tarragone** (av. Catalunya, 50 - ✆ 977 250 845), ainsi que dans les terres de l'Èbre, à **Tortosa** (pl. Alfons XII, 7, 4t, 2a - ✆ 977 442 116).

## PLAGES

Depuis Portbou, à la frontière française, jusqu'au delta de l'Èbre, à l'extrême sud de la Catalogne, 580 km de côtes se succèdent, dont la moitié offre des plages de sable fin réputées.

La portion de côte la plus au nord est aussi la plus célèbre : la **Costa Brava** déroule une succession de calanques, falaises et petites plages, créant un panorama diversifié et en partie sauvage. Les adeptes de plages de sable mettront plutôt le cap sur la baie de Roses, avec 18 km de sable !

Moins spectaculaire, la **Costa de Barcelona-Maresme** étend jusqu'à Barcelone de petites plages enclavées entre la mer et l'autoroute.

Au sud de Barcelone, la **Costa del Garraf** offre une nouvelle alternance de criques.

Vous trouverez enfin la **Costa Daurada** et les vastes plages de sable ensoleillées, qui lui ont valu son nom.

Attention, derrière le cliché touristique, les plages catalanes ne présentent pas toujours un aspect idyllique : l'été, elles sont le plus souvent bondées, accessibles après de longues heures d'embouteillages, en particulier sur la Costa Brava. Pour éviter ces désagréments, essayez de dénicher de petites calanques *(calas)* moins fréquentées. Autre méthode : réservez à l'avance un hôtel suffisamment proche de la plage pour vous dispenser d'utiliser la voiture.

Le **Pavillon bleu**, drapeau européen des plages propres, a attribué des labels de qualité environnementale à une centaine de plages et marinas catalanes. Leur liste, réactualisée chaque année, est disponible sur www.blueflag.org.

Ajoutons que la Catalogne compte une soixantaine de **plages naturistes** (plus d'infos sur www. ccn-naturisme.org).

## PLONGÉE

### Les paysages sous-marins

En Méditerranée, à une profondeur variant de 5 à 15 m selon les lieux, les roches bien illuminées sont couvertes d'algues aux frondes rouges, vertes et ocre oscillant au gré des courants, ou en forme d'éventails ou de parasols. Dans cette épaisse couche végétale vivent les éponges rouges ou jaunes, les huîtres, les moules, les oursins, les mulets, les poulpes, des dizaines d'espèces qui consomment les algues et sont elles-mêmes consommées par d'autres espèces.

Plus bas, quand le paysage sous-marin est plongé dans la pénombre, se trouvent d'autres algues rouges abritant des colonies de faux coraux, d'ascidies, d'anémones de mer ; dans les cavités rocheuses se cachent la langouste, la galathée noire, la rascasse ou le mérou.

À l'abri des coups de mer se développe la prairie de posidonies, où se dissimulent une multitude de petits poissons argentés.

En dessous de 20 m, les algues calcaires et les coraux s'imbriquent, environnés sur le passage des courants par les gorgones. Dans cet enchevêtrement étrange vivent d'autres variétés d'éponges, de mollusques, de crustacés, et l'on y voit remonter roussettes et baudroies, raies et torpilles, qui évoluent en général sur les fonds détritiques.

### Pratiques sous-marines

Sur les côtes catalanes, la réserve marine des îles Medes est le site idéal pour pratiquer la **plongée sous-marine**. Mais quel que soit le site choisi, il faut être en possession d'un permis délivré par la Direction générale de la marine marchande espagnole (pour la Catalogne, se renseigner auprès des **Ports de la Generalitat** - C/del Dr Roux, 59-61 - 08017 Barcelona - ✆ 932 060 930 - www.portsgeneralitat.org) ou d'un titre étranger équivalent certifié par l'un des clubs adhérant à la **Federación Española de Actividades Subacuáticas** (représentation à Barcelone : Santaló, 15-17 - 08021 Barcelona - ✆ 932 006 769 - www.fedas.es). De plus, une autorisation spéciale à caractère temporaire doit être délivrée par l'autorité locale de la Marine.

Le permis de **pêche sous-marine** est délivré par la Direcció General de Pesca Marítima relevant du **Departament d'Agricultura, Alimentació i Acció Rural** (Gran Via de les Corts Catalanes, 612-614 - 08007 Barcelona - ✆ 933 046 776), sur présentation de la carte d'identité nationale et d'un certificat médical, ainsi que de la licence de la Fédération d'activités subaquatiques.

## POSTE

Les bureaux de poste, signalés par le nom *Correus*, sont ouverts du lundi au vendredi de 8h30 à 14h30 et le samedi de 9h30 à 13h. Pour envoyer du courrier en poste restante, indiquer le nom du destinataire, *Correus restants* et le nom de la ville précédé du code postal.

Les timbres *(sellos* ou *segells* en catalan) sont aussi en vente dans les bureaux de tabac *(estancs)* : pour envoyer une lettre en France, comptez 0,64 €.

## RANDONNÉE

La randonnée pédestre se pratique dans plusieurs *comarques* (régions) de Catalogne (voir p. 54), mais la destination phare des marcheurs reste les Pyrénées catalanes, et notamment le Parc national d'Aigüestortes. Les nombreux parcours permettent une grande variété d'excursions, la présence de refuges autorisant les itinéraires sur plusieurs jours. Si l'on veut observer gypaètes, aigles royaux, isards et loutres, il ne faut pas manquer de consacrer une ou deux journées à ce parc.

Les Pyrénées, comme les cordillères littorales, sont sillonnées de **sentiers de grande randonnée**, dont le balisage est harmonisé avec celui des autres pays d'Europe. Le réseau catalan, constitué d'une dizaine de sentiers présentant des variantes, dépasse les 3 000 km et permet une découverte différente de la nature et de petits villages méconnus.

On peut se procurer des topoguides dans les librairies spécialisées ou en s'adressant à la **Federació d'Entitats Excursionistes de Catalunya** - Rambla 41, principal - 08002 Barcelona - ✆ 934 120 777 - www.feec.org.

D'utiles informations peuvent être communiquées quant à la pratique de ces activités (noms et adresses de clubs, modalités pratiques, conditions d'hébergement) par les offices de tourisme des *comarques*. La liste ci-après récapitule ceux qui regroupent le plus grand nombre d'activités.

**Alt Urgell** – Valls d'Andorra, 33 - 25700 La Seu d'Urgell - ✆ 973 351 511 - www.laseu.org.
**Alt Ribagorça** – Carretera Caldes de Boí - 25527 Barruera - ✆ 973 694 000 - www.vallboi.com.
**Cerdanya** – Pl. Sant Roc, 9 - 25720 Bellver de Cerdanya - ✆ 973 510 229 - www.bellver.org.
**Garrotxa** –Hospici, 8 - 17800 Olot - ✆ 972 260 141 - www.turismegarrotxa.com.
**Pallars Jussà** – Pl. de la Creu, 1 - 25620 Tremp - ✆ 973 650 005.
**Pallars Jussà** – Av. Verdaguer, 35 - 25500 La Pobla de Segur - ✆ 973 680 257 - www.pobladesegur.org.
**Pallars Sobirà** – Camí de la Cabarena, s/n - 25560 Sort - ✆ 973 621 002 - www.pallarssobira.info.
**Ripollès** – Pl. Ajuntament, 3 - 17534 Ribes de Freser - ✆ 972 727 728 - www.vallderibes.com.
**Vall d'Aran** – Sarriulèra, 10 - 25530 Vella/Vielha - ✆ 973 640 110 - www.torismearan.org.
**Vall de Camprodon** – C-38 - 17867 Camprodon - ✆ 973 740 936 - www.valldecamprodon.org.

## RESTAURATION

*Voir aussi les rubriques « Se restaurer » p. 20. et « Gastronomie » p. 63.*

### Constitution d'un repas

Traditionnellement, il se compose d'un *primer* ou hors-d'œuvre *(entremès)* : crudités, charcuterie ; d'un *plat principal* comprenant viande *(carn)* ou poisson *(peix)* ; d'un *postres*, dessert comprenant fruits *(fruites)*, pâtisserie *(rebosteria)* ou glace *(gelat)*.
De petits restaurants sympathiques proposent un menu maison *(casolan)* accompagné de vin, de bonne qualité et à des prix raisonnables.
Les campeurs, ou ceux qui préfèrent louer un studio ou un appartement, trouveront dans toutes les villes, et surtout sur le littoral, des traiteurs qui proposent une grande variété de spécialités, salades et légumes.

### Boissons

L'**eau** *(aiga)* naturelle est servie en carafe *(gerro)* mais on peut préférer l'eau minérale en bouteille ; dans ce cas, demander *aiga mineral sense gas* (eau plate) ou *amb gas* (gazeuse). Le **vin** *(vi)* peut être blanc *(blanc)*, rouge *(negre,* ce qui signifie noir*)* ou rosé *(rosat)*. Il peut se servir en bouteille *(ampolla)*, plus rarement en pichet *(flascó)*.
La Catalogne est la patrie du **cava**, un vin pétillant. On y élabore aussi d'excellents vins légers dans l'Empordà, blancs fruités dans le Penedès, et rouges dans le Priorat.
La **bière** *(cervesa)* est servie à la pression *(pressió)* ou en bouteille *(ampolla)* ; les principales marques locales sont : San Miguel, Mahón, Aguila, Damm. Après un repas, on peut demander un *carajillo*, café arrosé de cognac ou de rhum.
La **sangría** peut se boire en guise d'apéritif, accompagnée de quelques tapas ; le **Cuba libre**, Coca et gin *(ginebra)* ou Coca et rhum *(rom)*, se boit bien frais avec de la glace. *(Voir aussi la rubrique « Bars » p. 20).*

## SANTÉ

*Voir aussi p. 16.*

### Premiers secours

**Urgences :** ✆ 112
**Urgences médicales** : ✆ 061

### Pharmacies

Les *farmàcies* (pharmacies) ont des horaires variables. À Barcelone, la plupart restent ouvertes toute la journée. Dans le reste de la Catalogne, les officines ouvrent en général de 8h à 13h et de 16h à 19h, voire 20h.
Pour obtenir la liste des pharmacies de garde à Barcelone : ✆ 934 810 060.

### Médecins et hôpitaux

Une consultation chez un médecin coûte entre 30 et 60 €, mais il n'est pas rare de voir des spécialistes demander le double. Le consulat de France à Barcelone vous fournira au besoin une liste des médecins parlant français ainsi que celle des hôpitaux et leurs spécialités (également disponible sur le site www.consulfrance-barcelone.org). Les délais pour obtenir un rendez-vous peuvent être très longs.

**Centre médical de Barcelone** – Av. Diagonal, 437 - ✆ 934 140 643 - www.bcm.es. Ouvert 24h/24, ce centre médical prend en charge les étrangers et les oriente au besoin vers des médecins ou hôpitaux plus spécialisés.

## SÉCURITÉ

Comme dans la plupart des grandes villes européennes, les pickpockets sévissent à Barcelone autour des principales zones touristiques telles que la Rambla, la Sagrada Família ou encore dans le métro. La nuit, tâchez d'éviter les quartiers de la plaça Réial et du Raval (l'ancien Barri Xino à la sulfureuse réputation), souvent associés à des rixes. Sur la Costa Brava, à la plage, ne laissez pas d'objets de valeur sans surveillance. Pour garer votre voiture, privilégiez bien entendu les parkings surveillés. L'arrière-pays est naturellement bien plus calme.

La principale recommandation concerne les voyageurs se déplaçant avec leur propre véhicule. Si la plupart des axes sont sûrs, des incidents sont régulièrement signalés sur certaines routes catalanes, notamment sur l'A 7 : agressions ou vols sur les aires d'autoroute, ou simulations d'accident pour forcer un véhicule à s'arrêter et en prendre ensuite possession sous la menace. Même si le nombre d'incidents de ce genre tend à se réduire chaque année, quelques consignes de bon sens restent valables lors de vos trajets routiers : ne vous arrêtez que dans des endroits fréquentés, fermez systématiquement votre véhicule et n'y laissez en vue aucun objet de valeur. Ces conseils sont également valables dans les grandes villes.

Dernier conseil : si vous devez faire appel à un dépanneur depuis une borne téléphonique au bord de la route, demandez le nom de la société qui vous dépannera ou l'immatriculation du véhicule qui doit arriver. Il est arrivé que de fausses dépanneuses partent avec des véhicules que leurs infortunés propriétaires n'ont jamais revus !

## SOUVENIRS

*Voir aussi les rubriques « Argent » et « Achats » p. 21.*

Si vous êtes de ces voyageurs qui aiment rapporter des souvenirs de la région qu'ils visitent, vous trouverez en Catalogne maints produits typiques à la fois originaux et créatifs. Votre choix pourra se porter sur des objets de tradition artisanale ou encore sur des produits plus actuels représentant le design catalan.

La communauté autonome a connu très tôt un important processus d'industrialisation, ce qui explique la disparition de nombreuses activités artisanales. Paradoxalement, certaines d'entre elles ont connu un large renouvellement avec la création d'écoles spécialisées d'arts décoratifs qui leur ont insufflé un nouvel élan et des lignes plus novatrices.

### Poterie

La poterie en Catalogne jouit d'une longue tradition. L'influence des confréries et des corporations contribua à l'essor du métier.

À **Breda**, on travaille la terre cuite depuis le 13e s. et l'aspect utilitaire d'origine a été préservé jusqu'à nos jours. À **Quart**, l'évolution a été encore plus importante, puisqu'on alternait entre la confection de poteries à l'usage de la cuisine et celle des pots de fleurs ou de la poterie purement décorative d'une grande originalité.

**Miravet** est un autre îlot de potiers de vieille tradition, célèbre pour ses mélanges de boues prélevées sur les rives de l'Èbre et d'argiles réfractaires des massifs montagneux voisins.

## Céramique

La qualité et la beauté de la céramique catalane lui valent son immense prestige. C'est à **La Bisbal d'Empordà** que le métier eut le plus fort impact après la création de l'école de céramique locale ; on remarquera plus particulièrement la beauté de sa céramique « fumée » et de sa cruche qui est l'un de ses produits les plus typiques.

**Verdú** a également compté dans l'histoire de la céramique puisque ce village est reconnu internationalement pour la texture et le chromatisme de ses « faïences noires ».

Les écoles modernes, comme l'école Massana à Barcelone, ont réussi à attacher à la céramique créative un authentique label de qualité. Leur travail a été d'adapter les méthodes traditionnelles à de nouveaux concepts.

## Bois

L'industrie du bois s'est révélée d'une importance cruciale dans les localités et les régions plantées de forêts. Ce fut le cas de La Cellera de Ter, la Vall del Ges (Torelló, Sant Vicenç de Torelló et Sant Pere de Torelló) et La Garriga, qui ont vu se développer toute une industrie consacrée à la fabrication artisanale de meubles.

**Sant Hilari Sacalm** est l'un des endroits où le bois est travaillé de la façon la plus originale : sa première spécialité est le brûlage partiel du bois une fois tourné, procurant un résultat d'une grande beauté.

## Design catalan

C'est la marque d'identité de la Catalogne moderne par excellence, reconnue et admirée dans le monde entier. L'un des grands apports du design catalan a été de l'introduire dans la rue sous la forme de mobilier urbain ; ainsi tout le monde pouvait en profiter au quotidien.

Mais il ne faut pas non plus oublier le vaste choix de produits utilitaires et ornementaux qui remportent le plus grand succès auprès des touristes en quête de souvenirs ou de cadeaux originaux.

## Travail du cuir

En Catalogne, le travail du cuir jouit d'une grande tradition. Aujourd'hui, la fabrication artisanale a cédé majoritairement le pas à l'industrie. La maroquinerie catalane a obtenu un renom largement mérité qu'elle doit à sa conception et à sa qualité.

## Mode

Autrefois célèbre pour la confection des indiennes (18e-19e s.), l'industrie textile catalane demeure l'une des plus importantes de l'État espagnol. La combinaison création-industrie est à l'origine du développement et du prestige de la mode catalane, qui compte dans ses rangs certains des créateurs et des marques les plus prisés actuellement (Toni Miró, Josep Font, Armand Basi, TCN, Custo, etc.).

## Autres

On mentionnera d'autres centres importants dans le domaine des arts traditionnels comme **Olot**, célèbre pour ses belles figures religieuses et pour l'organisation d'un grand marché d'artisanat, et **Sarral**, dont l'exploitation de l'albâtre remonte à l'époque romaine.

À Barcelone, le quartier de Gràcia est l'endroit parfait pour découvrir l'immense offre de produits artisanaux catalans et pour faire ses achats : vous y donnent rendez-vous une quarantaine d'ateliers artisanaux conservant la tradition d'une vingtaine de métiers.

### Produits de bouche

*Voir aussi « Gastronomie » p. 63.*

Les gourmets ne manqueront pas de ramener des charcuteries traditionnelles, particulièrement savoureuses dans les zones pré-pyrénéennes, notamment à **Olot** et à **Vic** (cette dernière étant réputée pour ses *llonganisses*).

Vous pouvez également profiter de la visite des celliers du Penedès ou d'ailleurs pour enrichir votre cave de crus catalans.

## SPORTS D'EAU VIVE

Le **canyoning** consiste à suivre le cours d'un torrent en combinant natation et escalade dans le franchissement des obstacles naturels. Cela nécessite une bonne forme physique ainsi que la volonté de se dépasser dans l'effort, tout en permettant de découvrir des paysages tout à fait étonnants.

Les torrents pyrénéens sont de parfaits terrains de jeux pour les amateurs de **rafting** et de ses variantes que sont l'hydrobob et l'hydrospeed, ou de **canoë-kayak**. C'est encore dans les *comarques* du Pallars, de la Vall d'Aran, de l'Urgell et de la Cerdagne que l'on trouve les torrents les plus propices, surtout au printemps, à la pratique de ces sports. La Noguera Pallaresa, dans la Vall d'Aran, est l'une des meilleures rivières d'eaux vives en Europe, et le rallye touristique international de Sort, chaque année à la mi-juillet, consacre cette réputation.

## SPORTS D'HIVER

La pratique du ski en Catalogne est récente. Le début de ce siècle ne connaissait que deux stations : La Molina et Núria, accessible uniquement par chemin de fer à crémaillère. L'amélioration et le développement du réseau routier ainsi que la généralisation du ski ont généré la création de nouvelles stations, aujourd'hui plus d'une quinzaine, disposant, en raison de leur jeunesse, d'installations de qualité. La plus réputée d'entre elles est **Baqueira Beret**, dans la Vall d'Aran, où la famille royale d'Espagne séjourne fréquemment. Signalons également les grandes stations d'Andorre *(voir p. 504)*.

Bien que le relief pyrénéen se prête peu à la pratique du ski de fond, la Catalogne s'efforce de répondre à tous les désirs des skieurs en aménageant des stations plus spécialement destinées à cette forme de glisse. Elles ne disposent pas, le plus souvent, de possibilités d'hébergement sur place.

**Associaciò Catalana d'Esquí i Activitats de Muntanya** – Camps i Fabrés, 3-11, 2n, 8a - 08006 Barcelona - ✆ 934 160 194 - www.catneu.net. Fournit toute l'information sur les stations, plus spécialement sur l'état de la neige.

## SPORTS NAUTIQUES

### Plaisance

Du nord au sud, de la province de Gérone à celle de Tarragone, la Catalogne dispose de près de cinquante **ports de plaisance** (embarcadères, marinas, bassins réservés, ports de plaisance) susceptibles d'accueillir les plaisanciers.

**Ports de la Generalitat** – C/ del Dr Roux, 59-61 - 08017 Barcelona - ✆ 932 060 930 - www.portsgeneralitat.org. Pour toute information sur les ports.

### Voile

La Catalogne est dotée de 7 **Stations Voile** (Estació Nàutica) offrant tout une gamme d'activités nautiques et d'hébergements associés : Roses - Cap de Creus (Costa Brava), L'Estartit - Îles Medes (Costa Brava), Palamós - Sant Antoni de Calonge (Costa Brava), Santa Susanna (Costa de Barcelona-Maresme), Vilanova i la Geltrú (Costa del Garraf), Salou - Cambrils - Mont-roig (Costa Daurada) et Sant Carles de la Ràpita (Costa Daurada). Informations complémentaires : **Associación Española de Estaciones Náuticas** - www.encatalunya.info.

La Catalogne dispose, en outre, de quelques plans d'eau intérieurs, le plus souvent des lacs de barrage, où l'on peut pratiquer voile, motonautisme ou barque. Si l'on pense en premier lieu au lac de Banyoles, aménagé pour certaines compétitions des Jeux olympiques de Barcelone (1992), il ne faut pas oublier le superbe réservoir de Boadella, au nord-ouest de Figueres, ni ceux de Sau, au nord-est de Vic, d'Oliana, au sud de La Seu d'Urgell, de Riba-roja et de Flix, sur l'Èbre.

### Parcs aquatiques

Délaissant les exercices purement sportifs, on peut se laisser tenter par les activités ludiques et les spectaculaires toboggans aquatiques des 7 parcs aquatiques le long des côtes de Catalogne : Aqua Brava à Roses (www.aquabrava.com), Aquadiver à Platja d'Aro (www.aquadiver.com), Water World à Lloret de Mar (www.waterworld.es), Isla Fantasia à Vilassar de Mar (www.illafantasia.com), Marineland à Palafolls (www.marineland.es), Aquopolis à La Pineda (www.aquopolis.es), Port Aventura Aquatic Park à Salou (www.portaventura.com) et Aqualeón à Albyana (www.aqualeon.es), doublé d'un parc animalier.

## TABAC

Les cigarettes sont moins chères qu'en France : comptez environ 4 € pour un paquet de blondes. Vous les trouverez dans les *estancs* (bureaux de tabac), les kiosques à journaux ou les distributeurs équipant la plupart des bars et restaurants.

La législation antitabac progresse en Espagne, et particulièrement en Catalogne. Une loi interdit désormais de fumer dans les lieux publics, bars et restaurants compris. Elle prévoit la création de zones « non-fumeurs » dans les grands établissements.

Les endroits plus petits ont le choix : ils se déclarent soit « fumeurs », soit « non-fumeurs ». Un autocollant le signale à l'entrée.

## TÉLÉPHONE

*Pour téléphoner en Catalogne depuis l'étranger, voir la rubrique « Téléphoner » p. 17.*

### Téléphoner sur place

Les cabines téléphoniques fonctionnent avec des pièces de 20 centimes à 2 €, des cartes de crédit ou des cartes téléphoniques *(targeta telefónica)*, en vente dans les bureaux de poste et dans les *estancs (10 €)*.

### Téléphoner à l'étranger
Pour appeler l'étranger depuis l'Espagne, composer le 00 suivi de l'indicatif du pays de destination (33 pour la France, 32 pour la Belgique, 352 pour le Luxembourg, 41 pour la Suisse) et du numéro du correspondant.

### Numéros utiles sur place
**Renseignements touristiques sur la Catalogne** : ✆ 934 849 900.
**Renseignements nationaux** : ✆ 11818.
**Renseignements internationaux** : ✆ 11825.

## THERMALISME

Le plus souvent admirablement situées au pied d'escarpements boisés, les villes thermales offrent un cadre reposant et le charme parfois nostalgique de leur environnement soigné et fleuri. Aujourd'hui, les cures de remise en forme voisinent avec les traditionnelles cures thermales.
Les services offerts et les installations sportives font de ces stations des lieux de vacances de plus en plus appréciés malgré leur côté parfois délicieusement désuet. Chacune est en outre un point de départ idéal pour des excursions en Catalogne.

### Quelques stations thermales
**Caldes de Boí** – 1 500 m d'alt. Station thermale et de montagne proche du Parc national d'Aigüestortes.
**Caldes d'Estrac** – À 45 km de Barcelone, sur le littoral du Maresme. La mer, la serra de Montnegre, le golf de Llavaneras sont quelques-uns des atouts de cette station assez connue.
**Caldes de Montbui** – Au nord de Sabadell, à 28 km seulement de Barcelone. Station proche du Parc naturel de Sant Llorenç del Munt.
**La Garriga** – Au nord de Granollers, au pied de la serra de Montseny. Entre mer et montagne, La Garriga, comme Caldes de Montbui, jouit d'un microclimat particulier.
**Caldes de Malavella** et **Santa Coloma de Farners** – Proches de Gérone et facilement accessibles par l'autoroute A 7, ces deux stations sont au cœur d'un environnement boisé (chênes-lièges).

## TOILETTES

Tous les établissements publics, bars, restaurants, musées, sont équipés de toilettes à la disposition des clients et des visiteurs, en général gratuites et le plus souvent très bien entretenues.
Dans toutes les stations balnéaires de la Costa Brava, des toilettes publiques sont installées à proximité des plages, au moins pendant la haute saison.

## TRANSPORTS

Si vous utilisez les bus ou les trains, votre budget ne sera pas trop sévèrement ponctionné. Les déplacements sont restés relativement bon marché.
La Generalitat de Catalogne fournit un service d'information très utile sur tous les moyens de transport : **www.mobilitat.org**.

### Avion
**Aéroports** – Outre l'aéroport international de Barcelone, la Catalogne est dotée de trois autres aéroports desservis par des lignes intérieures espagnoles : Tarragone-Reus, Gérona-Costa Brava et le dernier né, Lleida-Alguaire.
*Voir « En avion », p. 8.*

### Train
*Les renseignements concernant les principales gares et liaisons ferroviaires sont traités dans la rubrique « Nos adresses », en fin de description des sites.*
**Renfe** – ✆ 902 240 202 (rens. 24h/24, réservations 5h30-23h50) -

www.renfe.es. La compagnie espagnole des chemins de fer dispose d'un vaste réseau couvrant la totalité du territoire catalan.
Le **train à grande vitesse (AVE)** dessert désormais Lérida, Reus, Tarragone et Barcelone. Le réseau devrait être prolongé vers Gérone et Figueres courant 2011, en attendant de franchir un jour les Pyrénées…
**Ferrocarrils de la Generalitat de Catalunya** – ✆ 932 051 515 - www.fgc.net. La compagnie des **trains régionaux** exploite également les lignes de **trains touristiques** suivantes : le Ferrocarril Turístic de l'Alt Llobregat (Tren del Ciment), le train à crémaillère de la Vall de Núria *(voir p. 340)*, le train à crémaillère et les funiculaires de Montserrat *(voir p. 232)*, et le train à vapeur de Martorell-Enllaç à Monistrol de Montserrat.
**Gares vertes** – Elles se trouvent à proximité de différents sites naturels. Haltes idéales pour les amateurs de randonnée, de VTT et pour tous ceux qui souhaitent partir à la découverte de la beauté de la Catalogne rurale. Renseignements gares et lignes : www.renfe.es/medio-ambiente.

### Autocar

La Catalogne est parfaitement reliée au reste de l'Espagne ainsi qu'aux principales capitales européennes par les lignes de transport en autocar.
Les principales gares routières se situent à Barcelone (Estació del Nord), Gérone, Lérida et Tarragone. Quelques lignes locales assurent également les liaisons entre les différentes localités de la Costa Brava et des Pyrénées.
*Les renseignements concernant les principales gares routières, les compagnies d'autocars et leurs différentes liaisons sont traités dans la rubrique « Nos adresses », en fin de description des sites.*

## URGENCES

Pour toute la Catalogne, composez le ✆ **112** (urgences/pompiers). Pour les accidents de la route, composez le ✆ **088**.
**Autres numéros d'urgence :**
✆ **061** : urgences médicales, équivalent du SAMU en France. Vous pourrez être orientés vers le médecin ou l'hôpital le plus proche.
✆ **091** : police nationale.
✆ **092** : Guàrdia urbana.

## VOITURE

*Voir aussi la rubrique « Formalités » p. 14-16.*

### Location de voitures

Possibilités de location dans les aéroports, les gares, à la réception des grands hôtels et dans les principales agences de location :
**Avis** – ✆ 902 248 824 - www.avis.es.
**Budget** – ✆ 901 201 212 - www.eurorenting.org/budget.
**Europcar** – ✆ 902 405 020 - www.europcar.es.
**Hertz** – ✆ 902 220 024 - www.hertz.es.
Attention : même si, en Espagne, l'âge minimum légal pour conduire est de 18 ans, la plupart des agences de location refusent de louer aux moins de 21 ans.

### Réseau routier

La Catalogne dispose d'un excellent réseau routier dont les deux principales autoroutes sont : la **A 2-E 90** qui assure la liaison entre Saragosse, Lérida et Barcelone (ou Tarragone) ainsi que l'autoroute de la Méditerranée, la **A 7-E 15**, qui relie la frontière française (Le Boulou / La Jonquera) à la province de Tarragone et se poursuit au-delà vers Valence : cette voie est très pratique pour gagner les localités côtières ainsi que l'intérieur de la province de Gérone.
Pour se rendre dans les Pyrénées, il existe plusieurs possibilités :

au départ de Lérida, la **N 230** se dirige vers la Vall d'Aran et la **C 13** va en direction de l'Andorre ; au départ de Barcelone, la principale voie de communication est la **C 17** qui dessert Vic pour aboutir à Puigcerdà ; enfin, depuis la Costa Brava, la meilleure solution est de prendre la **N 260** qui relie les localités de Llançà, Figueres, Olot et Ripoll.

### Signalisation

Attention à ne pas confondre autoroutes **(autopistas)** et voies rapides **(autovias)**, risque d'autant plus grand que la signalisation routière de ces dernières est faite au moyen de panneaux à fond bleu, et ressemble donc à s'y méprendre à celle en usage sur les autoroutes françaises. Sur les **autopistas** (payantes pour la plupart), la signalisation se fait au moyen de panneaux à fond vert.

### Limitations de vitesse

**Autoroutes** (autopistas) – 120 km/h pour les voitures de tourisme ; 80 km/h pour les voitures avec remorque ou caravane.

**Voies rapides** (autovias, non autoroutières mais à chaussées séparées) – 100 km/h pour les voitures de tourisme et 80 km/h avec remorque ou caravane.

**Autres routes** – 80 km/h.

**Circulation en agglomération** – 50 km/h.

**Contrôles** – L'Espagne a désormais adopté le principe du permis à points et parsemé ses routes et autoroutes de radars. Attention donc aux contrôles : si, pour l'heure, vous ne risquez pas de perdre des points au-delà de la frontière, les amendes à régler peuvent être élevées.

### Alcoolémie

Le maximum autorisé est de 0,5 g/l. de sang. Attention, la loi peut changer et ce chiffre être revu à la baisse.

### Panne, accident

En cas de panne et d'arrêt au bord de la route, les feux de détresse ne sont pas suffisants, **deux triangles de signalisation sont obligatoires**. Ils doivent être placés à une distance de 50 m devant et derrière le véhicule.

**Assistance automobile** – **RACE** ✆ 900 112 222 ; **RACC** ✆ 902 106 106.

### Se garer en ville

Dans les grandes villes et sur la Costa Brava en haute saison, trouver à se garer tient du défi, d'autant que la police est intransigeante envers le stationnement gênant ou illicite. Heureusement, presque toutes les localités disposent de parkings municipaux convenablement placés, dans le centre-ville ou à proximité immédiate. Les tarifs à la journée varient de 13 à 25 € selon la saison et l'emplacement.

À l'intérieur des terres, dans les villages les plus touristiques, des parkings spéciaux ont été aménagés à l'entrée et les visites se font à pied – mais même là, trouver une place peut parfois relever de la gageure. Hors saison, il est évidemment plus facile de se garer.

### Cartes routières

Pour l'ensemble de la Catalogne, utiliser la **carte Michelin Régional n° 574** au 1/400 000 ou l'**Atlas routier Michelin Espagne & Portugal**.

Pensez également aux cartes **Michelin Zoom** plus détaillées (au 1/150 000) : n° 146 (Pyrénées orientales, Andorre), n° 147 (environs de Barcelone, Costa Brava), n° 148 (Costa Daurada, de Lérida à Tarragone).

### Inforoute

Vous obtiendrez des informations sur l'état des routes : www.dgt.es ou ✆ 902 123 505. Pour plus de précisions sur le réseau routier catalan, contacter le ✆ 938 891 642 (en espagnol uniquement).

### Carburants

Les prix de l'essence – *normal* (92 octanes), *super* (97 octanes) ou *sin plomo* (sans plomb), 1,11 € environ – varient selon les compagnies en fonction du prix maximum déterminé par le gouvernement chaque quinzaine. Il en va de même pour le *gasóleo* (diesel ; environ 1,05 €). Attention, on ne trouve pas de GPL en Espagne.

# En famille

Nous avons repéré pour vous un certain nombre de sites qui intéresseront vos enfants. Vous les repérerez dans la partie « Découvrir la Catalogne » grâce au pictogramme 👪. Le tableau ci-contre les recense, chaque site faisant l'objet d'une description détaillée dans le guide.

La Generalitat de Catalunya attribue aux villes les plus adaptées aux activités en famille un label « **Destinations de tourisme en famille** ». Actuellement, la plupart se situent sur le littoral. Renseignements sur le site Internet www.catalunyatourisme.com.

### PATRIMOINE, PLAGES ET FÊTES

En dehors des musées particulièrement destinés aux enfants *(voir liste ci-contre)*, n'hésitez pas à partir à la découverte de l'art et de l'architecture en famille. La Catalogne fourmille en effet de musées et de constructions hauts en couleurs et en fantaisie. C'est le cas notamment du **Teatre-Museu Dalí** à Figueres *(p. 312)*, de la **Fundació Joan Miró** à Barcelone *(p. 189)* et d'une grande partie des **édifices modernistes**, parmi lesquels se distinguent les réalisations d'Antoni Gaudí à Barcelone (**Sagrada Familia**, *p. 162*, **Casa Milà**, *p. 161*, **Casa Batlló**, *p. 161*, etc.).

Impossible d'omettre également toutes les activités liées à la **baignade**, que cela soit dans les nombreux parcs aquatiques *(voir liste p. 32)* ou en mer. Les grandes plages de sable de la Costa Brava (golfe de Roses) ou de la Costa Daurada sont particulièrement prisées des familles, d'autant que la plupart possèdent des zones de baignade surveillées.

Lors de l'organisation de votre séjour, pensez également à consulter le calendrier des **festivités**, toujours particulièrement animées et colorées en Catalogne. Nul doute que petits et grands reviendront enchantés des défilés de « géants et grosses têtes », des fêtes médiévales costumées ou des nombreuses fêtes patronales qui animent la belle saison catalane. Hors saison, vous aurez peut-être la chance d'assister au défilé des Rois mages du 6 janvier, la fête des enfants par excellence, ou à l'un des carnavals réputés de la région (février), comme celui de Solsona.

*Pour en savoir plus, voir « Agenda » p. 40 et « Des traditions profondes » p. 58. Les festivités sont également listées par localité, dans la rubrique « Nos adresses », en fin de description des sites.*

| SITES OU ACTIVITÉS À FAIRE EN FAMILLE | | | |
|---|---|---|---|
| **Chapitre du guide** | **Nature** | **Musée** | **Loisirs** |
| **Barcelone/façade maritime** | Plages Sant Sebastià et Nova Icária | Musée maritime | Aquarium géant |
| **Barcelone/Rambla** | | Musée de Cire | |
| **Barcelone/Ribera** | | Musée du Chocolat | Zoo du parc de la Ciutadella |
| **Barcelone/Montjuïc** | | | Poble Espanyol |
| **Barcelone/L'Eixample** | Parc Güell | | |
| **Barcelone/Tibidabo** | | Musée de la Science | Parc d'attractions |
| **Principauté d'Andorre** | | Musée de la Microminiature (Ordino)<br>Musée national de l'Automobile | Centre Caldea (escalade) |
| **Cadaqués** | Parc naturel du Cap de Creus | Casa-Museu Salvador Dalí | |
| **Cardona** | | Les mines de sel | |
| **Costa Brava** | Plages | | Excursion en bateau aux îles Medes ; Parc Aquàtic Aqua Brava (Roses) |
| **Costa Daurada** | Plages | | Port Aventura, Aqualeón Parc (Albinyana) |
| **Delta de l'Èbre** | Excursion en bateau sur le delta | | |
| **Figueres** | | Musée du Jouet | |
| **Gérone** | | | Vol en montgolfière, activités nautiques au lac de Banyoles |
| **Lérida** | | Musée de l'Automobile | |
| **Miravet** | | | Promenade en barque |
| **Olot** | Promenade en carriole à cheval dans la fageda d'en Jorda | | |
| **La Seu d'Urgell** | | | Parc Olímpic del Segre |
| **Tàrrega** | | Musée des Jouets et des Automates (Verdú) | |
| **Tremp** | Activités nautiques au lac de Sant Antoni | | |
| **Vielha** | | | Ski l'hiver, randonnée l'été |
| **Vilanova i la Geltrú** | | Musée des Curiosités maritimes et musée du Chemin de fer | |

# Mémo

## Agenda

Dans cette section, nous ne prétendons pas donner une liste exhaustive de toutes les manifestations en Catalogne. Nous ne citons que les principales. Certaines dates pouvant légèrement varier, nous vous recommandons de les vérifier auprès des offices de tourisme qui vous fourniront les calendriers des fêtes. Pendant les mois d'été, la plupart des villages célèbrent la fête de leur saint patron.

*Pour des explications complémentaires sur la nature de certaines fêtes, voir le chapitre « Des traditions profondes », p. 58.*

**JANVIER**

**Barcelone – Fira de Reis** (le 6 janv.) : arrivée des Rois mages par bateau et défilé - www.barcelonaturisme.com.

**Cadaqués – Sol Ixent** (le 1er) : fête du lever de soleil - www.cadaques.org.

**Igualada – Festes de Sant Antoni Abat** (Els Tres Tombs, le dim. précédant le 17 janv.) : bénédiction des chevaux - www.aj-igualada.cat.

**Vilanova i la Geltrú – Els Tres Tombs** (le 17 janv.) : l'une des fêtes les plus populaires de Catalogne, cavalcade avec défilé de géants, diables et dragons - www.firesifestes.com.

**Vilafranca del Penedès** – Festes de Sant Antoni Abat.

**FÉVRIER**

**Barcelone – Carnaval** (sem. précédant le merc. des Cendres) - www.barcelonaturisme.com.

**Solsona – Carnaval** (2 w.-ends prolongés à la mi-février) : on assiste notamment à la célèbre « pendaison de l'âne » - www.carnavalsolsona.com.

**Manresa – Festes de la Llum** (autour du 21 fév.) : week-end médiéval - www.festesdelallum.org.

**Sitges – Carnaval** : 7 jours de festivités - www.sitgestur.com.

**Vilafranca del Penedès – Carnaval**.

**Vilanova i la Geltrú – Carnaval** - www.vilanova.org/carnaval.

**MARS**

**Sitges – Ral-li Internacional de Cotxes d'època** : rallye international de voitures anciennes - www.sitgestur.com.

**PÂQUES**

**Cervera – Misteri de la Passió** (chaque dim. de mars à avr.) : l'une des plus anciennes représentations théâtrales de Catalogne, mettant en scène la vie du Christ.

**Tarragone – Vendredi saint** : processions religieuses avec des reconstitutions très convaincantes de la Passion - www.tarragonaturisme.cat.

**Verges (Costa Brava) – Processó de Dijous Sant** (Jeudi saint) : impressionnante procession où figurent tous les acteurs de la Passion, certains interprétant la *Dansa de la Mort* - www.verges.net.

**Vic – Mercat del Ram** (sam. précédant le dim. des Rameaux) : marché aux fleurs.

**AVRIL**

**Barcelone et le reste de la Catalogne – Fête de Sant Jordi**, patron de Catalogne et **Dia del Llibre i de la Rosa** (le 23) : les hommes offrent une rose aux femmes qui, en retour, leur offrent

ViaMichelin
Evitez les bouchons avec ViaMichelin Trafic pour iPhone
ViaMichelin Trafic
MARSEILLE
MICHELIN
Téléchargez gratuitement ViaMichelin Trafic sur votre iPhone et accédez en un clic à l'information trafic en temps réel sur le territoire français :
conditions de circulation,
aspects de sécurité (bouchon, trafic ralenti, etc.),
imprévus de la route (accidents, travaux, etc.),
affichage de tous les radars fixes.
Depuis un iPhone ou un iPod Touch :
Tapez « ViaMichelin » dans App Store pour accéder à l'ensemble des applications ViaMichelin. Le téléchargement nécessite de posséder un compte iTunes.
MICHELIN
Une meilleure façon d'avancer

un livre - www.barcelonaturisme.com.

**Montblanc** – **Setmana Medieval de Sant Jordi** (autour du 23) : semaine médiévale - www.setmanamedieval.org.

**Montserrat** – **Festa de la Mare de Deú** (le 27) : fête de la Vierge de Montserrat, patronne de Catalogne - www.abadiamontserrat.net.

**MAI**

**Barcelone** – Début de la **Fira de Sant Ponç** (le 11) : vente de plantes aromatiques et médicinales - www.barcelonaturisme.com.

**Figueres** – **Fires i festes de la Santa Creu** (le 3) - www.figueres.cat.

**Gérone** – **Temps de Flors** (1re quinz.) : Fête des fleurs - www.gironatempsdeflors.net.

**Lérida** – **Festa Major** (autour du 11) : nombreux spectacles durant 5 j. (défilés de carrosses et géants, bataille de fleurs, feux d'artifice) - www.paeria.es/cat.

**Lérida** – **Aplec del Cargol** (autour du 11) : fête de l'escargot - www.aplec.org.

**Ripoll** – **Fête de la laine et mariage paysan** (dim. suivant le 11 mai) : mariages à l'ancienne, tontes de mouton, bals et défilés de géants - www.ajripoll.org.

**Terrassa** – **Fira Modernista** : un plongeon en 1900.

**JUIN**

**Barcelone** – **Verbena** (nuit de la Saint-Jean, le 23) : feux et kermesses - www.barcelonaturisme.com.

**Berga** – **Patum** (Fête-Dieu) : l'une des fêtes les plus populaires ; danses au rythme des *timbalers* (tambourineurs), géants et grosses têtes - www.ajberga.cat.

**Sant Cugat del Vallès** – **Festa Major** (le 29) : avec la fameuse « danse de l'Éventail et du Bouquet » - www.festamajor.santcugat.cat.

**Sitges** – **Corpus Christi** (Fête-Dieu) : rues décorées de tapis de fleurs au passage de la procession - www.sitges.es.

**Sitges** – **Festival international de théâtre** - www.sitgestur.com.

**Solsona** – **Festa de Corpus** (Fête-Dieu) : danses, grosses têtes et géants - www.ajsolsona.net.

**Tarragone** – **Sant Joan** (fête de la Saint-Jean, le 24) : kermesse - www.tarragonaturisme.cat.

**Tarragone** – **Fête de la Saint-Pierre** (le 29) : fête du quartier maritime d'El Serrallo - www.tarragonaturisme.cat.

**Tàrrega** – Fira de Sillo i Ceramica (1re sem. de juin) : fête de la cruche et de la céramique ; exposition, vente.

**Terrassa** – **Festa Major** (le 29) : Castellers, défilés costumés et sardanes - www.terrassa.org.

**JUILLET**

**Calella de Palafrugell** – **Festival de Havaneras** (1er sam.) : chansons de marins interprétées dans les bateaux - www.palafrugell.net.

**Figueres** – **Festival international de musique** - www.figueresciutat.cat.

**Lérida** – **Festa dels Fanalets de Sant Jaume** (le 25) : défilés d'enfants vers la chapelle Santa Anna.

**Lloret de Mar** – **Festes de Santa Cristina** (le 24) : processions en mer et danses traditionnelles - www.lloret.org.

**Sant Feliu de Guíxols** – **Festes de la Mare de Deú del Carme** (le 16) - www.guixols.net.

**Sort** – **Ral-li Turístic Esportiu de la Noguera** (mi-juil.) : compétitions nautiques - www.sort.ddl.net.

**Tortosa** – **Festa del Renaixement** (pendant 4 j.) : fête de la Renaissance - www.festadelrenaixement.org.

## JUILLET-AOÛT

**Camprodon – Festival Issac Albéniz** (musique classique).
**Figueres – Festival Gresca a la fresca** : musique, théâtre, danse sur la place du théâtre (gratuit) et dans différents quartiers - www.figueresciutat.cat.
**Peralada – Festival international de musique** au château de Peralada (opéras, récitals lyriques, danse et théâtre). www.festivalperalada.com.
**Puigcerdà – Festa de l'Estany** : cavalcades et feux d'artifices.
**Ripoll – Festival international de musique** (dans le monastère et dans le cloître).

## AOÛT

**Bellver de Cerdanya – Fira de Sant Llorenç** (le 10) : grand marché de produits typiques des Pyrénées - www.bellver.org.
**Cervera – Aquelarre** (dernier w.-end d'août) : fête des sorcières et danse des « diables » - www.aquelarre.org.
**Sitges – Festa de Sant Bartomeu** (le 24) : danses et géants - www.sitgestur.com.
**Valls – Firagost** (déb. du mois) : l'une des plus importantes foires commerciales et industrielles de Catalogne - www.cambravalls.com/firagost.
**Vilafranca del Penedès – Festa Major de Sant Feliu** (fin du mois) : l'une des principales fêtes patronales de Catalogne, avec *castellers*, diables, géants et sardanes - www.festamajor.info.
**Vilanova i la Geltrú – Festa Major** (déb. du mois) : danses traditionnelles, concours de *castells* et théâtre en plein air.
**Toroella de Montigri - Festival international de Musiques** : se déroule sur la place principale, dans l'église gothique et le couvent des augustins - www.ca.festivaldetoroella.com.

## SEPTEMBRE

**Andorre – Fête nationale** et fête de la Vierge de Meritxell (le 8).
**Barcelone – Festes de la Mercè** (le 24) : tous les géants et grosses têtes de Catalogne se retrouvent avec les *correfocs* (dragons crachant le feu) pour défiler dans les rues - www.barcelonaturisme.com.
**Cardona – Festa Major i Correbou** (autour du 2e dim.) : lâcher de taureaux dans la rue, sardanes - www.cardona.cat.
**Castelló d'Empúries – Fêtes médiévales** (le 11) - www.castellodempuries.net.
**Figueres – Fira del Vi** (déb. mois) : fête du vin nouveau - www.figueres.cat.
**Lérida – Fira de Sant Miquel** (le 29) : foire de produits agricoles marquant le début des fêtes d'automne - www.paeria.es/cultura.
**Montblanc – Festival international de la céramique** (dernier w.-end).
**Olot – Festes de la Mare de Déu del Tura** (le 8) : avec un grand bal réunissant géants et grosses têtes - www.olot.org.
**Sant Joan de les Abadesses – Festa Major** (2e dim.) : on y pratique le rituel « Ball dels Pabordes » - www.santjoandelesabadesses.com.
**Tarragone – Festes de Santa Tecla** (le 23) : la plus grande fête tarragonaise, dix jours durant, avec de célèbres concours de *castells* - www.tarragonaturisme.cat.
**Tàrrega – Fira de Teatre al Carrer** (2e w.-end) : festival réputé de théâtre de rue - www.firatarrega.com.
**Vilabertran – Festival de musique, la Schubertiador** : manifestation de grand prestige, dans le monastère Santa Maria.

### OCTOBRE

**L'Escala (Costa Brava)** – **Festa de l'Anxova i de la Sal** (1er w.-end) : Fête de l'anchois - www.lescala.cat.
**Gérone** – **Feria de Sant Narcís** (dernier w.-end) - www.ajuntament.gi/web.
**La Seu d'Urgell** – **Fira de Sant Ermengol** (3e w.-end) : grande foire d'artisanat des Pyrénées - www.laseu.org/turisme.
**Sitges** – **Festival international du cinéma de Catalogne** - www.sitgestur.com.
**Tarragone** – Concours de Castells (1er dim. d'oct.) : tous les deux ans, concours de « châteaux humains » dans les arènes.
**Valls** – **Santa Ùrsula** (autour du 21) : l'une des plus grandes fêtes *castelleras* de Catalogne, où s'opposent les principales *colles* de *castells* locales - www.ajvalls.org.
**Verdú** – **Fête du vin** (w.-end le plus proche du 12).

### DÉCEMBRE

**Barcelone** – **Fira de Santa Llúcia** (le 13) : foire aux santons, une tradition très prisée en Catalogne - www.barcelonaturisme.com.
**Barcelone** – **Cant de la Sibil.la** (le 24) : à l'église Santa Maria del Mar, une cérémonie liturgique de grande beauté, remontant au Moyen Âge - www.barcelonaturisme.com.
**Sant Pere de Riudebitlles (Vilafranca del Penedès)** – **Misa del Gall** (le 24) : l'une des plus célèbres « messes du coq », la version catalane de la messe de minuit - www.firadelgall.com.
**Vielha** – **Pessebre Vivent** (le 24) : dans cette crèche vivante, l'une des plus connues de Catalogne, les santons sont remplacés par des habitants du village - www.vielha-mijaran.org.
**Vilafranca del Penedès** – **Fira del Gall** (sam. précédant Noël) : la foire du coq est un marché de Noël très fréquenté.

# Bibliographie

*Voir aussi le chapitre « Langue et littérature », p. 86.*

### GÉNÉRALITÉS

*La Catalogne*, Fransesc Granell PUF, coll. Que sais-je ?, 1992.
*La Catalogne,* Michel et Marie-Claude Zimmermann PUF, coll. Que sais-je ?, 1998.

### HISTOIRE

*Histoire de la Catalogne*, J.-C. Morera, L'Harmattan, 1992.
*Histoire de la Catalogne,* Michel et Marie-Claude Zimmermann, PUF, coll. Que sais-je ?, 1997.
*La Catalogne au tournant de l'an mil*, Pierre Bonnassie, Albin Michel, 1990.
*La Méditerranée catalane,* Pierre Deffontaines, PUF, coll. Que sais-je ?, 1975.
*La Guerre d'Espagne et ses lendemains*, Bartolomé Bennassar, Tempus, 2006.
*Hommage à la Catalogne,* George Orwell, 10/18. Témoignage sur la guerre civile à Barcelone, 1999.
*La Catalogne dans l'Espagne moderne*, Pierre Vilar, Flammarion, 1999.

### ART

#### Art roman et gothique

*Catalogne romane*, en 2 volumes, Juan Ainaud de Lasarte, Zodiaque (coll. La Nuit des Temps), 1995.
*L'Art gothique en pays catalan,* Jean Raynal, Privat, 2005.

#### Modernisme

*Guide Gaudí : L'exaltation de Barcelone*, Xavier Güell, Guides visuels, Hazan.
*Gaudí, demeures, parcs et jardins,* M.A. Crispa, B. Arnal et C. Bleton, Seuil, 2001.
*Gaudí bâtisseur visionnaire*, Philippe Thiébaut, Découvertes Gallimard, 2001.

*Barcelone Art nouveau*, photographies de Melba Levick, textes de Lluís Permanyer, Albin Michel, 1993.
*L'Art nouveau en Catalogne*, François Loyer, Taschen, 1997.
*Gaudí*, Joan Bergós, Flammarion, 1999.
*José Maria Jujol, architecte 1879-1943*, ouvrage collectif, Centre Pompidou, 1996.

### Peinture

*Peinture catalane*, Juan Ainaud de Lasarte, Skira, 1990.
*Dalí*, Ignacio Gómez de Liaño, Albin Michel, coll. Les Grands Maîtres de l'art contemporain, 1990.
*Dalí*, Ramón Gómez de la Serna, Flammarion, 2003.
*Joan Miró*, Jacques Dupin, Galerie Lelong, 2001.
*Les promenades de Picasso*, Jacques Perry et Jean-Marie del Moral, Chêne, 1996.
*Tàpies*, Victoria Combalia Dexeus, Albin Michel, coll. Les Grands maîtres de l'art contemporain.

## BARCELONE

*Barcelone, la ville des merveilles : histoire et civilisation*, Robert Hughes, Albin Michel, 1992. Le meilleur livre d'histoire sur la ville des prodiges.
*17 promenades dans Barcelone*, Xavier de Coster et Martine Lécluse, Casterman, coll. Découvrir l'architecture des villes, 1992.
*L'ABCdaire de Barcelone*, Camilla Panhard, Flammarion, 2001.
*Le Goût de Barcelone* (textes choisis), Jean-Noël Mouret, Mercure de France, 2001.
*Barcelone des avant-gardes*, Brigitte Léal et Elisée Trenc, Hazan, 2001.
*Barcelones*, Manuel Vázquez Montalbán, Seuil, 2002. Les diversités de la ville vues par un orfèvre du genre.
*Barcelone, jardin de sculptures*, Melba Levick (photographies) et Lluís Permanyer, Cercle d'Art, 1992.
*Les Gens du Raval*, Juan Colom, Fondation Henri Cartier-Bresson, catalogue d'exposition, 2006.
*Tàpies*, Gimferrer Pere, Ed. Galerie.

## ROMANS ET ESSAIS

Depuis les premières chroniques médiévales, les compositions des *trobadors* ou les grands classiques du 15e s., dit le Siècle d'Or catalan, jusqu'à la *Renaixença* romantique du 19e s. et le fécond et difficile 20e s., la littérature catalane témoigne d'une longue tradition. Elle est pourtant méconnue du public francophone, bien que de récentes traductions, de plus en plus nombreuses, permettent d'en découvrir les trésors.

### Grands classiques

**Ramon Llull** : *Principes et questions de théologie* (Cerf), *Le Livre des bêtes* (éd. Ad'hoc), *Livre de l'ami et de l'aimé* (La Différence, coll. Orphée).

**Ausiàs March** : *Chants d'amour et de mort* (La Différence, 1994).

**Ramon Muntaner** : *Les Almogavares : l'expédition des Catalans en Orient*, (Anacharsis, 2000.)

**Joanot Martorell** : *Lettres de bataille* (Corti, 1988). *Tirant le blanc*, (Anacharsis, 2003). Une œuvre fondatrice de la littérature catalane.

**Joan Maragall** : *Poèmes - Chant Spirituel. Coupe de Soleil.* Traduit par Albert Camus et Pierre Pages (Cheval de Troie, n° 2-3, 1947).

### Littérature d'hier...

**Salvador Espriu**, *La Peau de taureau, Les Rochers et la mer, Le Bleu* (Ombres, 1990), *Formes et Paroles* (Adam Biro, 1990), *Cimetière de Sinera* (Corti, 1991). Un des grands poètes catalans.

**Jacint Verdaguer** : *Canigó* (Terra Nostra, 2001). Le père de la poésie catalane.

**Josep Pla** : *Le Cahier gris* (Jacqueline Chambon). Ce « journal intime », qui évoque un monde rural en voie

de disparition, a marqué plusieurs générations de lecteurs.
**Miquel Llor** : *Laura* (Jacqueline Chambon, 1988).
**Josep María de Sagarra** : *Vie Privée* (Belfond, 1932). Chronique du temps qui passe à Barcelone sous la dictature de Primo de Rivera.
**Manuel de Pedrolo** : *Le Deuxième Matin du monde* (Hachette Jeunesse, 1993).
**Montserrat Roig** : *Mémoires de Barcelone* (La Sirène, 1993).
Pour ceux qui lisent l'espagnol, la trilogie de **José María Gironella** : *Los Cipreses creen en Dios, Un millón de muertos, Ha estallado la paz* (Booket). Une fresque familiale se déroulant à Gérone entre la dictature de Primo de Rivera et la victoire de Franco (Vous trouverez les deux premiers tomes se vendent sur www.antiqbook.fr, en français).

### ... et d'aujourd'hui

**Mercè Rodoreda** : *La Place du diamant* (Gallimard / L'imaginaire, 2006), *Tant et tant de guerre* (Gallimard / L'imaginaire, 2008), *Comme de la soie* (Actes Sud, 1993). Son roman le plus lu raconte la vie banale d'une femme banale pendant les années noires du franquisme. La plus célèbre des romancières catalanes.
**Joan Vinyoli** : *Promenade d'anniversaire* (La Différence, coll. Orphée, 1990).
**Jesús Moncada** : *Les Bateliers de l'Èbre* (Le Seuil, 1992).
**Carlos Liscano** : *La Route d'Ithaque* (10/18, 2006).
**Joan Sales** : *Gloire incertaine* (Tintablava, 2007).
**Joan Perucho** : *Le Hibou, histoires-presque-naturelles* (Julliard, 1988).
**Juan Marsé** : *Boulevard du Guinardó* (Le Seuil, Points, 2002), *Adieu la vie, adieu l'Amour* (Le Seuil, Points, 2004), *Teresa l'après-midi* (Le Seuil, Points, 2009), *Des Lézards dans le ravin* (Le Seuil, Points, 2002). Un des grands noms de la littérature espagnole d'aujourd'hui.
**Baltazar Porcel** : *Galop vers les ténèbres* (Actes Sud, 1993).
**Quim Monzó** : *Le Meilleur des mondes, Le Pourquoi des choses,* (Jacqueline Chambon, 1998).
**Eduardo Mendoza** : *Le Mystère de la crypte ensorcelée* (Le Seuil, Points, 1998), *Le Labyrinthe aux olives* (Le Seuil, Points, 1998), *La Ville des prodiges* (Points, Points Grands Romans, 2007), *L'artiste des dames* (Le Seuil, Points, 2003).
**Sergi Pàmies** : *Le Grand Roman de Barcelone, La Première Pierre, On ne peut pas s'étouffer avec des vermicelles (*Jacqueline Chambon). Le « meilleur auteur européen de nouvelles de la dernière décennie » selon un critique américain.

### Polars

**Manuel Vázquez Montalbán** : *Le Labyrinthe grec* (10/11, Grands Détectives), *Sabotage olympique* (Christian Bourgois), *La Joyeuse Bande d'Atzavara* (Seuil), *Galíndez* (Seuil), *Happy end* (éd. Complexe). Les enquêtes de Pepe Carvalho, détective désabusé et gastronome.
**Francisco González Ledesma** : *La Dame de Cachemire, Les Rues de Barcelone, le Dossier Barcelone, Méndez,* (L'Atalante et Gallimard). Plongée dans une Barcelone à la fois intime et sulfureuse. Nombre de ses romans mettent en scène un personnage marquant, l'inspecteur Méndez.

### Romans populaires

**Carlos Ruiz Zafón** : *L'Ombre du vent* (Grasset, 2004). Un roman-fleuve, best-seller haletant dans la Barcelone de l'après guerre civile. *Le Jeu de l'Ange* (Grasset, 2010) en reprend les lieux et certains personnages.
**Ildefonso Falcones** : *la Cathédrale de la mer* (Pockett, 2010). La Barcelone médiévale, au moment de la construction de Santa Maria del Mar.

Les lecteurs hispanophones (ou catalanophones) n'attendront pas la traduction en français de *Rere els Murs (Derrière les murs)* de **Núria Esponellà**, dont l'histoire se déroule dans le monastère de Sant Pere de Rodes.

### La Catalogne vue par les écrivains français

Parmi les nombreux écrivains ayant placé l'action de leur roman à Barcelone, deux écrivains français de renom se distinguent.

**André Pieyre de Mandiargues** : *La Marge* (Gallimard), qui relate une histoire de sexe et de mort, a remporté le prix Goncourt en 1967.

**Claude Simon** (prix Nobel 1985) : *Le Palace* et *Histoire* (Les Éditions de Minuit) évoquent la Barcelone de la guerre civile.

## Discographie

Lluís Llach, Ovidi Montllor, Raimon, Teresa Rebull, Maria del Mar Bonet, Marina Rossell, Pi de la Serra, Joan Manuel Serrat, Xabier Ribalta… La génération de la **Nova Cançó**, mouvement musical des années 1960 et 1970 qui défia la censure franquiste, donna corps à la chanson catalane et galvanisa le combat de la jeunesse contre la dictature.

Dans les années 1970, le **psychédélisme** catalan s'épanouit avec La Companyia Elèctrica Dharma, Pau Riba ou l'inclassable Jaume Sisa. Par la suite, le **rock** catalan s'est formé autour des groupes Lax'n'Busto, Ja t'ho diré, Sopa de Cabra, Els Pets, Dr Calypso, Sau, ou plus récemment Obrint Pas, Glissando, Aramateix, Cris Juanico, Sidonie (rock psychédélique), Gossos, Dusminguet ou Ojos de Brujo (rock flamenco).

Côté musique **électronique**, signalons Guillamino, Mishima, Facto Delafé y las Flores Azules, Refree ou encore Àngel Molina, DJ de renommée internationale.

Dans le registre **classique**, **Montserrat Caballé**, l'incontournable diva barcelonaise, est de retour sur les planches de l'Opéra de Barcelone incendié en 1994, où elle se produisit pour la première fois en 1962. Montserrat Caballé obtint un grand succès populaire et international en interprétant avec Freddie Mercury, le chanteur décédé du groupe Queen, *Barcelona*, l'hymne des Jeux olympiques de 1992.

**Pep Ventura** est l'un des compositeurs de sardanes les plus populaires.

Enfin, ne manquez pas un concert de L'**Orfeó Català**, la prestigieuse formation abritée par le Palau de la Música Catalana à Barcelone, devenue une véritable institution en Catalogne et une référence internationale.

## Filmographie

*Actrices*, Ventura Pons, 1996.

*Ami-Amant*, Ventura Pons, 1998.

*Caresses*, Ventura Pons, 1997.

*En construcción*, José Luis Guerín, 2001.

*En la Ciudad*, Cesc Gay, 2003.

*Ficció*, Cesc Gay, 2006.

*Gràcies per la propina*, Francesc Bellmunt, 1997.

*Jours d'août*, Marc Recha, 2007.

*Land and Freedom*, Ken Loach, 1994.

*L'Arbre aux cerises*, Marc Recha, 1999.

*L'Auberge espagnole*, Cédric Klapisch, 2001.

*La Ciutat cremada*, Antoni Ribas, 1976.

*Les Enfants perdus du franquisme*, Montse Armengou, Ricard Belis, 2002.

*Pandora*, Albert Lewin, 1951.

*Pau et son frère*, Marc Recha, 2001.

*Soldados de Salamina*, David Trueba, 2003.

*Tout sur ma mère*, Pedro Almodóvar, 1999.

*Vicky Cristina Barcelona*, Woody Allen, 2008.

# 2/ COMPRENDRE LA CATALOGNE

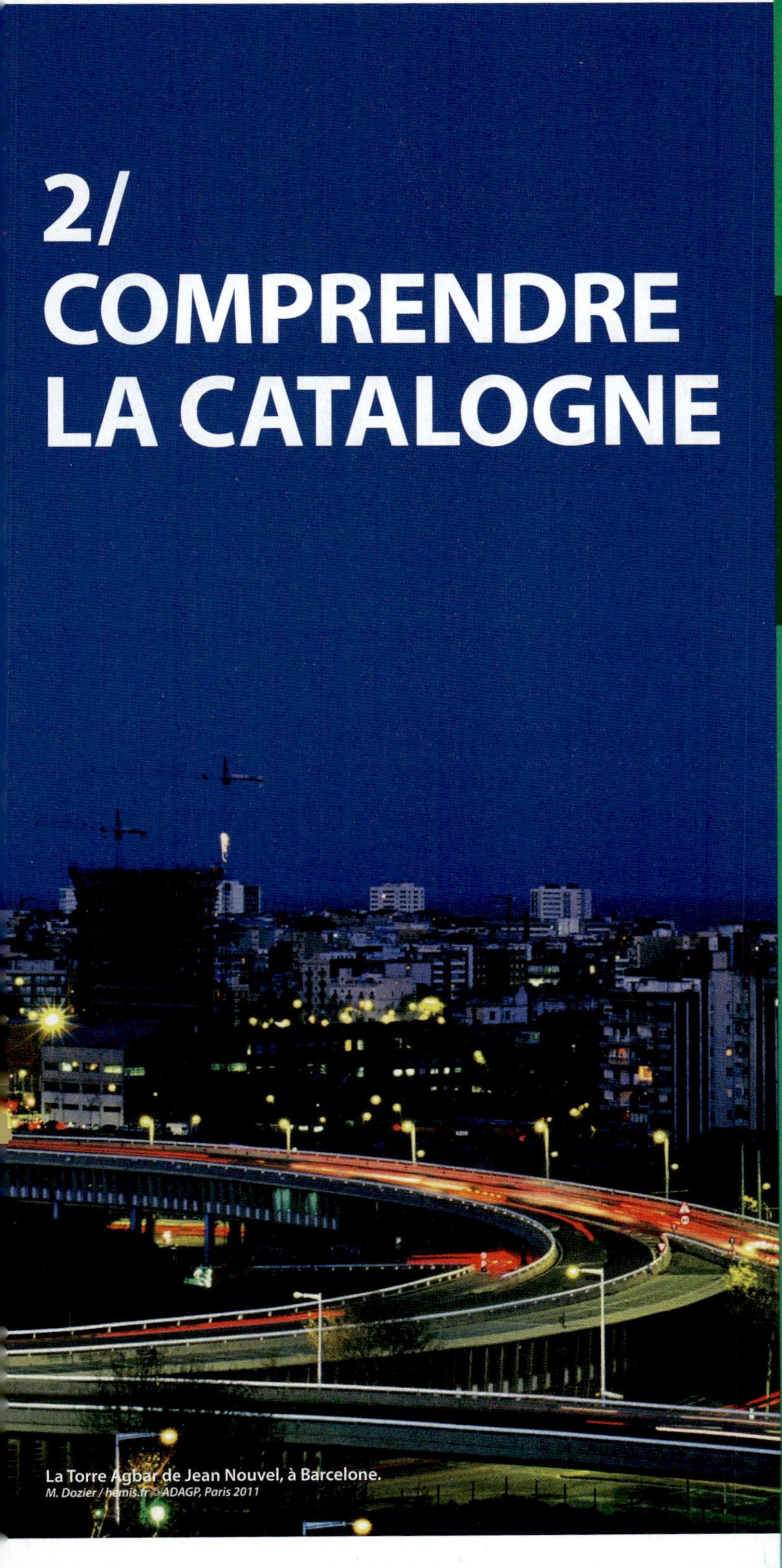

La Torre Agbar de Jean Nouvel, à Barcelone.
*M. Dozier / hemis.fr © ADAGP, Paris 2011*

# La Catalogne aujourd'hui

**Les Catalans tirent une grande fierté de leur histoire millénaire, qui leur a légué une identité forte. Les emblèmes les plus évidents en sont une langue, un drapeau et un gouvernement autonome. Mais cette « nation » – c'est ainsi que la Catalogne se définit dans son nouveau statut d'autonomie – est aussi résolument tournée vers l'avenir. La Catalogne, terre de pionniers, se révèle dans bien des aspects, que cela soit du point de vue économique ou du point de vue culturel, à la pointe de l'avant-garde espagnole.**

## La société catalane

La Catalogne a sa langue, son drapeau, son hymne, sa capitale, son gouvernement, sa gastronomie, son club de football et... son peuple ! Voilà des siècles que la société catalane cultive au quotidien son identité propre.

### QUI SONT LES CATALANS ?

#### Sept millions d'habitants

En 2005, pour la première fois de son histoire, la population catalane a franchi la barre des sept millions d'habitants. Elle atteint en 2009 les 7,4 millions. Cette croissance démographique est en partie due à un accroissement de l'immigration.

La capitale, Barcelone, et son agglomération concentrent plus de 60 % de la population catalane. Selon le conseil municipal de Barcelone, la population de la capitale catalane comptait 1,6 million d'habitants en 2009. L'agglomération (au sens large : il s'agit de ce que l'on appelle l'Àmbit metropolità), elle, atteignait le chiffre de 4,7 millions d'habitants. Ce n'est toutefois pas un record démographique puisque la population barcelonaise comptait déjà près de deux millions d'habitants en 1979.

Mais les années 1980 et 1990 ont été marquées par la recherche d'une meilleure qualité de vie, que certains sont partis chercher dans les villes-satellites de Barcelone. Après avoir diminué progressivement, la population barcelonaise a atteint son niveau le plus bas en l'an 2000, avec 1,5 million d'habitants. Ces dernières années, la tendance s'est de nouveau inversée : de plus en plus de jeunes reviennent vers le centre-ville, un mouvement qui provoque de vives tensions sur le marché immobilier.

#### Une immigration dynamique

Le besoin d'une main-d'œuvre à bon marché a entraîné un nouveau mouvement migratoire de grande ampleur, des ressortissants étrangers venus chercher du travail dans le bâtiment, l'hôtellerie ou les services à domicile.

Balade à vélo sur le Port Vell de Barcelone.
*K. Blackwell / MICHELIN*

Dans les années 1960 et 1970, les habitants du reste de l'Espagne (Andalousie et Estrémadure en premier lieu) sont venus s'installer en Catalogne pour faire tourner ses usines. Aujourd'hui, les immigrés arrivent d'Amérique latine, du Maghreb, d'Afrique subsaharienne et, moins nombreux, d'Europe de l'Est et d'Asie.

Depuis le début du 21e siècle, certains experts estiment le nombre de nouveaux arrivants à un demi-million. Ces dernières années, l'ampleur de cette vague migratoire a obligé le gouvernement catalan à élaborer une véritable politique d'intégration. À Barcelone, on recense environ 12 % d'immigrés, mais, fait nouveau, cette immigration se répartit désormais sur l'ensemble du territoire catalan, y compris dans les zones les plus reculées.

## VIVRE À L'HEURE CATALANE

Oui, la Catalogne est sur le même fuseau horaire que Paris ! Difficile à croire tant les habitudes de vie diffèrent. Il faudra d'abord garder à l'esprit qu'en Catalogne – comme dans toute l'Espagne –, la sieste est encore une institution. Cela vaut dans les commerces (la plupart ferment entre 13h30 et 16h30, voire 17h) mais aussi dans les musées, les écoles, les établissements de service public et les banques.

Il existe donc une sorte de décalage horaire catalan, et plus généralement espagnol. On déjeune ici bien plus tard qu'en France. Dans les restaurants, le service du midi débute parfois à 13h, plus souvent à 13h30-14h et s'achève à 16h ; le soir, il ne faut pas compter dîner avant 21h. Dans les boîtes de nuit, n'espérez pas trouver les pistes enfiévrées avant 2h ou 3h du matin. À Barcelone, sur les Ramblas, il n'est pas rare que les noctambules aient encore à faire la queue à la station de taxi à… 8h du matin !

## DES CATALANS PASSIONNÉS

### La passion du foot

Le F. C. Barcelone ? « Això és més que un club » (c'est plus qu'un club).

Cette maxime revient souvent à propos du **Barça**, le diminutif utilisé par tous les Catalans. Les jours de match, des cars emplis de supporters partent de toutes les villes catalanes pour rallier le stade. Véritable phénomène de société, l'emblématique club de *fútbol* barcelonais a fêté son centenaire en 1999 au Camp Nou, l'un des plus grands stades de football d'Europe, avec près de 100 000 places.
Le club *blau-grana* (bleu et grenat, la couleur de son maillot) est le grand rival du Real de Madrid, fondé en 1902. Un match entre les deux plus grands clubs espagnols donne lieu à des discussions enflammées aux terrasses des cafés.
*Voir aussi encadré p. 196.*

### La corrida

La **corrida**, vit des heures difficiles en Catalogne, attaquée à la fois par les défenseurs des animaux et par les catalanistes. Suite à une ILP (« Initiative législative populaire »), le *Parlament* a voté son interdiction sur tout le territoire catalan à partir du 1er janvier 2012. Sous réserve d'un coup de théâtre, les aficionados ne pourront donc assouvir leur passion que lors de la quinzaine de corridas qui seront organisées dans l'ultime bastion catalan de la corrida, la superbe plaça de Braus Monumental de Barcelone, entre avril et septembre 2011.
Cela dit, l'immémoriale passion des taureaux reste bien vivante dans les villages, en particulier dans la région du delta de l'Èbre, et se traduit par les **correbous**, lâchers de taureaux dans les rues, sans lesquels il n'est pas de fête digne de ce nom…

### L'incontournable sociabilité

En Catalogne, comme ailleurs dans la péninsule, la sociabilité se manifeste beaucoup dans la rue. On aime se retrouver, en famille ou entre amis, à l'heure du *passeig* (la promenade), un peu avant le dîner. Autre option très populaire : faire la tournée des bars à tapas, pour goûter avant tout le plaisir de la convivialité.
Vous remarquerez très vite que les Espagnols utilisent spontanément le tutoiement. La connaissance de quelques mots de catalan ne pourra que favoriser le contact avec la population, qui utilise très peu le castillan *(voir la rubrique « Langue » p. 24, le chapitre « Langue et littérature » p. 86 et le lexique dans la couverture de ce guide).*

## L'organisation politique et administrative

Les Catalans revendiquent davantage d'autonomie et de moyens financiers, n'hésitant pas pour cela à porter le débat sur la scène européenne.

#### LE DRAPEAU CATALAN

La **senyera**, le drapeau catalan, à quatre bandes (« barres ») horizontales rouges sur fond jaune, remonte à la tradition comtale de Barcelone. Il est décrit à partir du 13e s., bien que les armes catalanes aient déjà été trouvées dans le tombeau de Ramon Berenguer II dit « Tête d'Étoupe », décédé en l'an 1082. Avec Alfons Ier le Chaste, il devient en 1162 l'emblème de la confédération catalano-aragonaise, puis également, ultérieurement, celui des pays rattachés au royaume d'Aragon.
Selon la légende, Charles le Chauve, roi des Francs, demanda de l'aide au comte de Barcelone, **Wilfred le Velu** (Guifré el Pelós), lorsqu'il se fit attaquer par les Normands. Celui-ci répondit immédiatement à son appel. Le courage et la hardiesse de Wilfred et de ses chevaliers furent tels qu'ils réussirent à faire basculer la victoire du côté franc.

En signe de reconnaissance, le roi voulut accorder une faveur au comte catalan, dont les blessures reçues durant la bataille saignaient encore. Wilfred lui demanda des armoiries pour son bouclier, et le roi, mouillant quatre doigts de sa main droite avec le sang du blessé, dessina sur le bouclier du comte les quatre barres de la *senyera* catalane. Vous remarquerez aussi les nombreux autocollants figurant un âne, apposés sur les voitures immatriculées en Catalogne. C'est une race animale en voie d'extinction : le *burro catalàn* (l'âne catalan). Certains nationalistes voudraient que cette espèce protégée devienne l'emblème de la région.

### LA GENERALITAT

*Pour mieux comprendre l'évolution historique du statut de la Generalitat, voir « La Catalogne autonome » dans le chapitre « Histoire », p. 106.*

La Catalogne est l'une des 17 communautés autonomes de l'État espagnol. Les communautés autonomes sont totalement compétentes en matière notamment d'urbanisme, d'aménagement du territoire, de tourisme et d'assistance sociale, alors que le pouvoir décisionnaire en ce qui concerne la défense, la politique extérieure, la surveillance des frontières et la monnaie demeure entre les mains du seul État central.

L'institution d'autogouvernement est la **Generalitat**, formée par le Parlement de Catalogne *(el Parlament)*, le président de la Generalitat et le gouvernement catalan. Ses antécédents remontent à la Generalitat médiévale (14e s.), ou Diputació del General, ancienne commission permanente des Chambres (Corts) chargée de conseiller le roi. L'institution moderne a été créée en avril 1931, suite à la proclamation de la République. Son premier président fut **Francesc Macià**, populairement connu sous le nom sympathique de l'*avi* (le grand-père). En février 1939, les institutions de la Generalitat, présidée alors par **Lluís Companys**, s'exilèrent. Les présidents en exil assurèrent la continuité de la Generalitat jusqu'au retour de **Josep Tarradellas**, en 1977, lequel se rendit célèbre par cette phrase : « Ja sóc aquí ! » (Me voici !).

Aujourd'hui, le **Parlement**, élu au suffrage universel tous les quatre ans, représente le peuple catalan, élit le président parmi ses membres, élabore, discute et approuve les lois propres à la Catalogne. Le mode de représentation est celui d'une démocratie parlementaire dans laquelle le Parlement donne la responsabilité de former un gouvernement au candidat en mesure de réunir une majorité parlementaire suffisante.

Le **président** de la Generalitat, qui détient le plus haut degré de représentation de cette institution, propose, une fois élu, un gouvernement, ou conseil exécutif, dont il dirige et coordonne les actions. Le gouvernement catalan est formé de douze ministères, ou *conselleries*.

Le **Síndic de Greuges**, sorte de médiateur chargé de contrôler le fonctionnement de l'administration publique catalane afin de garantir le respect des droits et libertés du citoyen, et la **Sindicatura de Comptes**, organe chargé, lui, de contrôler la gestion économique, financière et comptable du secteur public catalan, dépendent du Parlement. L'organisation judiciaire propre culmine avec le Tribunal Superior de Justícia de Catalunya.

En ce qui concerne l'organisation territoriale, se superposent actuellement deux divisions administratives : celle de l'État espagnol, qui divise le territoire catalan en quatre provinces – Barcelone, Tarragone, Lérida et Gérone –, dotées de *diputaciones* (conseils généraux administrant les affaires locales), et celle de la Generalitat, divisée en 41 **comarques** représentées par les *Consells Comarcals*. Les conseils généraux comme les *Consells Comarcals* se constituent en fonction des résultats obtenus aux élections municipales.

### LES « COMARQUES »

La division actuelle de la Catalogne en *comarques* est fondée sur un décret de 1936 approuvé par la Generalitat de l'époque républicaine ; elle répond à une série de propositions et d'études antérieures, réalisées en vue d'une décentralisation en réaction au système, trop rigide en Espagne, de division par province. La *comarca*, subdivision administrative, est comparable par certains points aux départements français, même si sa superficie est nettement moindre. Les limites des *comarques* sont déterminées selon des critères géographiques, historiques (juridictions anciennes) et fonctionnels (marchés et services). Leurs dimensions sont variables mais, en général, les communes qui les composent ne sont pas éloignées de plus de 30 km du chef-lieu. Celui-ci concentre d'une part les établissements d'enseignement moyen, les établissements hospitaliers, les gares routières ou ferroviaires, etc. Dans ce chef-lieu se déroulent d'autre part chaque semaine les marchés.

Ainsi, des régions possédant leurs propres limites naturelles, tels l'Ampurdan, le Camp de Tarragona ou le Pallars, sont subdivisées en deux ou trois *comarcas* (Alt Empordà et Baix Empordà ; Alt Camp, Baix Camp et Tarragonès ; Pallars Jussà et Pallars Sobirà).

Il n'en demeure pas moins que les villes et les localités les plus importantes d'un point de vue économique et démographique exercent, dans le secteur des services, une influence « supracomarcale » facilitée par les moyens de communication actuels. La *comarca* est dirigée par un *Consell Comarcal* élu au suffrage indirect par les conseillers municipaux des communes qui la composent, siégeant au chef-lieu de ladite *comarca*. Actuellement, la Catalogne comprend 41 *comarcas*, de caractère et d'importance démographique très différents.

## LA CATALOGNE ET L'EUROPE

### Pour une Europe des régions

N'ayant aucune assurance d'obtenir plus de pouvoirs de la part du gouvernement espagnol, la Catalogne s'est lancée à l'assaut de l'Europe. En 2001, elle crée une « Convention catalane pour le débat sur le futur de l'Union européenne », qui réunit des journalistes, des universitaires et des hommes politiques. Celle-ci a remis ses conclusions en 2003, un document intitulé *80 propositions pour une nouvelle Europe*.

La Catalogne y défend une vision fédéraliste de l'Europe, tout en soulignant le rôle essentiel des régions dans la construction de l'identité européenne.

Elle revendique de nouvelles compétences pour les régions européennes qui disposent déjà d'une certaine autonomie et de pouvoirs législatifs. Son principal argument : selon elle, il n'est pas juste que de petits États soient représentés au niveau européen, alors que des régions dont le poids démographique et économique est supérieur sont écartées de ces institutions.

Elle suggère donc qu'une future Constitution européenne prévoie la participation des « nations sans État » à l'élaboration des lois concernant la langue, la culture ou encore l'éducation. La Convention souhaite aussi obtenir le droit de vote sur ces questions dans le cadre d'un « vote divisé », c'est-à-dire une répartition des voix espagnoles au Conseil européen entre chacune des 17 communautés autonomes espagnoles.

### Pour une langue reconnue

L'autre cheval de bataille de la Catalogne est la reconnaissance du catalan comme langue officielle de l'Union européenne. La Convention souligne que plus de sept millions de citoyens l'utilisent couramment – en Catalogne, mais aussi dans la communauté de Valence, aux Baléares, dans la partie orientale de l'Aragon, en Andorre et dans les Pyrénées-Orientales –, ce qui place le catalan au dixième rang des langues européennes les plus parlées au sein de l'Union.

En 2010, les élus catalans au Parlement national ont obtenu, comme les Basques ou les Galiciens, le droit d'intervenir dans leur langue… ce qui suppose la mise en place d'un service de traduction simultanée.

# Économie

Le proverbe selon lequel « les Catalans transforment les pierres en pains » comporte, comme la plupart des proverbes, une part de vérité. Nous faisons ici allusion d'une part au manque de richesse en matières premières du territoire catalan et, d'autre part, à l'ardeur au travail de ses habitants. De fait, l'économie catalane est, depuis bientôt deux siècles, l'une des plus dynamiques d'Espagne.

### UN HAUT NIVEAU DE VIE

Le niveau de vie est clairement supérieur à la moyenne nationale, en particulier dans la province de Barcelone. Ses sept millions d'habitants, soit 15 % de la population nationale, génèrent un peu plus de 18 % du PIB espagnol. Malgré une forte densité de population (191 hab./km$^2$ contre 77,8 hab./km$^2$ pour la totalité du pays), et en dépit de la crise économique qui frappe très durement le pays, le taux de chômage reste inférieur au taux national moyen (18 % en Catalogne, 20 % en Espagne) et son parc de véhicules de particuliers représente le cinquième du parc national. Un autre indicateur majeur de l'essor de l'économie catalane concerne le volume de ses exportations qui est égal à 25 % du volume global des exportations nationales.

### INDUSTRIE

#### L'usine de l'Espagne

La Catalogne est la **première région industrielle d'Espagne** avec trois secteurs clés : l'automobile, la chimie et le textile. Le secteur s'est surtout tourné vers les procédés de transformation manufacturière. Avec la révolution industrielle, la Catalogne s'est transformée en « usine de l'Espagne », en particulier pour la fabrication de tissus de laine et de coton ainsi que, plus récemment, celle de fibres synthétiques, ou pour les industries à haute technologie : chimie, pharmacie, mécanique de précision, et, aujourd'hui, constructions automobiles, composants automoteurs, équipementiers, matériel ferroviaire, pétrochimie, électronique, etc.

#### Les ressources énergétiques

La Catalogne a pu compenser son déficit permanent en ressources énergétiques par l'utilisation des cours d'eau, d'abord comme force mécanique puis, à partir de la fin du 19$^e$ s., comme énergie électrique, tirant ainsi le meilleur parti de son relief souvent accidenté. Durant ces dernières années, l'implantation d'un réseau de distribution en **gaz naturel** n'a cessé de se développer. Pour les années à venir, il faut espérer un développement croissant des énergies alternatives, les conditions naturelles du pays y étant propices.

L'importance de l'industrie rend l'économie catalane particulièrement vulnérable en période de crise et très dynamique en période de prospérité. Ainsi, le secteur connaît actuellement quelques difficultés. Ces dernières années, la région a perdu des dizaines de milliers d'emplois, notamment en raison de délocalisations d'usines vers des pays où la main-d'œuvre est moins chère.

### COMMERCE

C'est le secteur le plus important de l'économie catalane dont il est aussi, historiquement, l'une des sources, et ce depuis les débuts du Moyen Âge avec les consulats méditerranéens de la mer *(voir encadré « Le Consolat de Mar » p. 180)*.

Depuis, les Catalans n'ont eu de cesse d'étendre leur influence commerciale, recherchant constamment de nouveaux marchés : au 18$^e$ s. avec le Nouveau Monde, jusqu'à nos jours, dans le cadre de l'Union européenne…

Aujourd'hui, la Catalogne représente à elle seule le quart des exportations espagnoles, dont 70 % sont destinées à l'Union européenne avec, au premier rang, la France, suivie – loin derrière – de l'Allemagne, de l'Italie, du Portugal et du Royaume-Uni.

# LA CATALOGNE AUJOURD'HUI

## TOURISME

La Catalogne est une des premières régions touristiques d'Europe, avec près de treize millions de touristes étrangers et plus de cinq millions de touristes espagnols. Les Français sont les premiers visiteurs (plus de 50 %), suivis par les Allemands et les Belges.

L'offre touristique se situe surtout sur le littoral (en particulier sur la Costa Brava, vouée à un tourisme de masse) et à Barcelone, rendue plus attractive et accessible depuis les grands travaux des Jeux olympiques de 1992.

## IMMOBILIER

Tout comme le reste de la péninsule, il s'agit d'un des secteurs les plus dépendants de la conjoncture. Il s'est développé avec les grands flux migratoires des années 1950-1960 et avec l'explosion touristique des années 1960-1970.

À Barcelone, comme dans toutes les grandes villes espagnoles, la flambée des prix de l'immobilier rend difficile l'accession au logement. En 10 ans, les prix de l'immobilier se sont accrus de 180 % sans que les salaires suivent. Résultat : de nombreux jeunes ne parviennent plus à se loger et tardent du coup à s'émanciper du foyer parental. Récemment, des milliers de jeunes dans cette situation se sont rassemblés sur les places des grandes villes – dont Barcelone – pour réclamer la mise sur le marché locatif d'appartements vacants, qu'un rapport du ministère de l'Environnement a évalués à plus de deux millions. La Generalitat de Catalogne envisagerait des mesures visant à favoriser l'accès au logement.

## AGRICULTURE

C'est un secteur relativement peu important de l'économie catalane, même si l'agroalimentaire s'est mis à peser plus lourd ces dernières années.

L'agriculture s'est surtout orientée vers les cultures et les productions à grande valeur ajoutée : la floriculture et l'horticulture intensives dans le Maresme ; les vins et les vins champagnisés, dont l'emblématique *cava* *(voir p. 66)* ; l'olive « arbequina » dont on extrait une huile d'olive de grande qualité ; les fruits sucrés dans la plaine fertile de la région de Lérida ; le riz, les fruits acides et les vergers dans la région de Tortosa et dans le delta de l'Èbre ; les fruits secs dans la plaine de Tarragone et dans les régions voisines ; les céréales, les fourrages, les aliments pour bétail dans les régions de l'intérieur et de l'Ampurdan, etc.

L'extension de l'agglomération barcelonaise a entraîné un recul de l'agriculture périurbaine du delta du Llobregat. Elle a aussi perdu du terrain lors de la création de l'aéroport. Au nord de Barcelone, la production de légumes et de fleurs se réfugie sur les versants des collines et montagnes côtières, chassée de l'étroite plaine littorale par l'expansion des stations touristiques.

### La masía

Héritage culturel des villas romaines, la *masía*, ou mas, est l'exploitation agricole traditionnelle de la Catalogne. Son origine remonte au haut Moyen Âge ;

son caractère autarcique était alors d'une grande complexité. Presque toujours située dans les moyennes montagnes, à des altitudes inférieures à 1 500 m, et exceptionnellement dans des régions planes, sa production provenait des bois, des prés, des champs et des jardins qu'elle possédait.
Le centre du mas est la maison, dont l'étage principal sert de logis tandis que l'étage supérieur sert de grenier. L'étage inférieur peut avoir diverses fonctions : écurie, cave, moulin à huile, garde-manger, four, etc. Selon son importance, on trouve aussi des constructions secondaires : basses-cours, poulaillers, granges, volières, etc.
Les révoltes des campagnes du 15e s., la piraterie, le banditisme des 17e et 18e s. amenèrent la fortification des *masías* les plus importantes.
Actuellement, beaucoup de *masías* sont transformées en exploitations agricoles modernes à grand rendement. Elles se consacrent à des productions plus spécialisées, tandis que celles situées dans des zones moins fertiles ou plus montagneuses sont transformées en installations se consacrant à l'agrotourisme, en colonies de vacances ou en résidences secondaires individuelles.

### ÉLEVAGE

À l'exception de la zone pyrénéenne et prépyrénéenne, où une place relativement importante est donnée aux bovins et ovins, et où se maintient difficilement l'élevage traditionnel de chevaux, de mules et d'ânes – le *burro catalàn*, ou âne catalan, jadis célèbre, reprend du terrain –, l'élevage a toujours été considéré en Catalogne comme une activité secondaire. Néanmoins, on a assisté ces dernières années à un essor important des exploitations agricoles se consacrant à l'élevage de vaches laitières, de moutons, de poulets et de lapins.

### PÊCHE

Cette activité de longue tradition sur le littoral catalan se trouve limitée par la précarité écologique générale du bassin méditerranéen, ce qui a entraîné des fermetures partielles ou totales, comme dans le cas des alevins. Les 60 000 t annuelles extraites de la mer sont de toute évidence insuffisantes pour la consommation locale. Récemment, l'ostréiculture a fait son apparition dans le delta de l'Èbre où des élevages piscicoles (daurades notamment) ont été installés, tout comme sur le cours supérieur des rivières pyrénéennes (truites).

## Des traditions profondes

Le folklore catalan, aux racines méditerranéennes profondément ancrées, surprend par sa variété et son originalité. Tout en partageant les mêmes traditions que d'autres régions espagnoles, la Catalogne possède ses propres célébrations, parfois millénaires, qui reflètent la culture et la nature de ses habitants, certaines aussi célèbres que la **sardane**, les **castells** ou les feux de la Saint-Jean.

### FEUX, GÉANTS, CASTELLS ET… DANSES

Les fêtes populaires de la Catalogne reposent sur les fêtes du calendrier liturgique chrétien bien qu'elles conservent des racines païennes. Leur variété et leur éclat résultent de l'héritage d'une culture ancienne et de l'expression du caractère d'un peuple.

Les *castells*, un exercice d'équilibre.
*K. Blackwell / MICHELIN*

### Les feux

Le feu en est l'un des éléments les plus caractéristiques. Il est présent dans les bûchers ancestraux de la nuit de la **Sant Joan** (Saint-Jean) comme dans les *falles* pyrénéennes (troncs de sapins en flammes que les jeunes gens portent en descendant la montagne en procession), présent lors des grandes solennités aux spectaculaires feux d'artifice ou lorsque les assourdissants pétards éclatent en série, présent avec les bandes de démons et d'animaux fantastiques comme le dragon ou la *mula-guita* (monstre à cou de girafe dont la gueule vomit du feu). Les célèbres fêtes de la **Patum**, par lesquelles la ville de Berga célèbre la Fête-Dieu (ou Corpus), constituent une apothéose du feu *(voir p. 239)*.

### Géants et grosses têtes

Les géants **(gigants)** qui, accompagnés des pittoresques **cabeçuts** (nains à grosses têtes), défilent et dansent à travers les villages au son des chalumeaux et du tambour, font aussi partie des rites habituels des plus grandes fêtes. Une autre manifestation – partagée avec plusieurs pays européens – est celle des **balls de bastons**, quadrilles de jeunes qui dansent en faisant claquer leurs bâtons au rythme de la musique.

### Les castells

Les *castells* sont propres à la région du Camp de Tarragona (Reus, Tarragone, Valls qui en est le berceau) et du Penedès (El Vendrell, Vilafranca del Penedès, Vilanova i la Geltrú, Sitges). Ils ont cependant essaimé un peu partout en Catalogne, y compris au-delà de la frontière française, témoignant ainsi de l'impressionnante vitalité de cette tradition. Ces formations de châteaux humains, qui peuvent aller jusqu'à s'élever sur neuf étages, sont couronnées par le salut d'un enfant, l'*anxaneta*. Supportés par une solide *pinya* (groupe), ces échafaudages vivants rivalisent d'agilité pour réaliser les exercices les plus difficiles, toujours au son des chalumeaux et symbolisent la solidarité entre générations. Ils sont

de toutes les fêtes populaires, à l'occasion desquelles sont organisés des concours très appréciés.
*Voir aussi encadré p. 423.*

### La sardane et autres danses

La sardane est la danse catalane par excellence. Elle est pratiquée par tous et non pas exécutée par les seuls groupes folkloriques, l'occasion pour chacun de venir affirmer son identité catalane – la sardane était interdite sous le franquisme.
Les danseurs forment de vastes cercles en se tenant par la main (dans de très rares occasions, ils se tiennent simplement côte à côte, et la sardane est alors dite ouverte). La sardane se danse en couple – la danseuse se plaçant toujours à la droite du danseur –, qu'il convient de ne pas séparer : avis à ceux qui souhaiteraient se joindre à la danse ! Elle se compose de figures de durée longue ou courte combinant des pas sautés qu'il faut toujours compter, la position des mains, basses ou à hauteur des épaules, marquant les trottés courts ou longs.
La musique, codifiée au 19e s. par le compositeur **Pep Ventura** *(voir p. 89)*, est interprétée par des instruments à vent aux sons particulièrement plaisants : *flabiol* (sorte de chalumeau), *tibles* (petits hautbois au timbre champêtre), *tenores* (grands hautbois graves), qui n'existent qu'en Catalogne, auxquels s'ajoutent trompettes, *fiscornes* (puissants barytons), trombone, contrebasse et *tamborí* (tambourin servant à scander la mesure), l'ensemble constituant une **cobla**, groupe de douze instruments.
On danse généralement certains jours bien déterminés de la semaine, surtout le dimanche, sur de nombreuses places publiques et cela donne lieu à des rencontres (les *aplècs*) entre *colles* (équipes) de *sardaners*.
D'autres danses, moins universelles et exécutées en costume typique lors de fêtes locales, s'inspirent soit des danses seigneuriales, comme la **Dansa o Gala de Castellterçol et de Campdevànol**, soit des danses populaires, comme les **balls de gitanes** du Vallès et du Penedès, qui s'accompagnent de castagnettes et de *panderetas* (tambours basques).
N'oublions pas les *jotas* des régions de l'Èbre qui existent toujours grâce aux *esbarts dansaires*, groupes folkloriques parmi lesquels il convient de citer celui de Rubí.

### LES « FESTES MAJORS »

*Retrouvez les principales fêtes catalanes dans notre « Agenda » p. 40.*
Toute l'année se succèdent de nombreuses fêtes combinant les manifestations catalanes traditionnelles et les événements locaux. La fête du saint patron ou de la sainte patronne de chaque village ou quartier urbain constitue la **Festa Major**, grande fête locale qui dure au moins trois ou quatre jours. Les rues se parent, on monte des abris en toile pour le bal, on célèbre de solennels offices religieux avec processions, on organise des défilés *(pasacarrers)* avec des géants et des grosses têtes. Mais, aussi, on joue de la musique, on installe des manèges et des attractions foraines, on organise des compétitions sportives, des sardanes ou des danses folkloriques locales, le point d'orgue étant le feu d'artifice final.
L'été – notamment le jour de l'Assomption et celui de la Nativité de la Vierge – est, par essence, la période des *Festes Majors*.
Les plus célèbres, pour la diversité de leurs manifestations, sont celles de Vilafranca del Penedès, Lérida, Sitges, Solsona, Cardona, Valls, Olot, sans oublier celle du quartier de Gràcia à Barcelone.

## QUELQUES AUTRES FÊTES

### Fêtes d'automne

Les principales fêtes attachées au calendrier liturgique sont le jour de **Tots Sants** (Toussaint), avec l'apparition des marchands de marrons et des *panellets* (où sont présentés bonbons aux pignons, amandes et massepain), et la visite au cimetière. Le jour de la **Sant Martí** (saint Martin, 11 novembre), on tue le cochon et on goûte le vin nouveau dans les zones rurales.

### Fêtes d'hiver

La période de **Noël** *(Navitat)* est particulièrement riche. Il existe une grande tradition de réalisation de crèches dans chaque foyer, avec des figurines sculptées qui représentent la naissance de Jésus. Ces petits personnages se vendent en même temps que la mousse et le liège à la foire de Santa Llúcia (celle de Barcelone, devant la cathédrale, est très populaire). Les enfants donnent des représentations théâtrales dites *Pastorets*, reconstitutions de l'Adoration des bergers. Plus récentes, les *Pessebres Vivents* sont des crèches vivantes auxquelles participent les gens du lieu.
Durant la nuit de Noël *(Nadal)*, marquée par la *Misa del Gall* (la messe de minuit est dite messe du coq, car c'est l'heure à laquelle le coq chante pour la première fois), le *tió*, une vieille souche placée dans les foyers pour garantir l'abondance, procure bonbons et cadeaux aux enfants. Le grand repas de Noël (*escudella i carn d'olla*, chapon ou dinde farcie, *turrones* et *cava*) fait partie des traditions ainsi que celui de la Saint-Étienne (26 décembre), au cours duquel on mange les célèbres *canelones* (cannelloni à base de bœuf émincé et de poulet).
Comme dans le reste de l'Espagne, le jour des **Saints Innocents** (28 décembre), équivalent de notre 1er avril, permet de faire beaucoup de farces et de commettre nombre de plaisanteries.
La nuit du **Cap d'Any** – nuit de la Saint-Sylvestre – se fête de façon traditionnelle en mangeant, lorsque sonnent les douze coups de minuit, les douze grains de raisin destinés à donner du bonheur pendant les douze mois de l'année.
Lors de la **Fira de Reis** (Épiphanie, 6 janvier), le défilé des Rois mages attire des foules d'enfants, venus admirer les somptueux carrosses et récolter les pluies de bonbons lancées depuis les chars.
Les fêtes de **Sant Antoni Abad** (saint Antoine abbé, 17 janvier) correspondent à la traditionnelle bénédiction des animaux à sabots, notamment des animaux de selle. La *Cavalcade dels Tres Tombs*, avec ses chevaux couverts de fleurs et de grelots, parcourt les rues de nombreux villages.
Les fêtes de **carnaval** ont retrouvé aujourd'hui leur ancien éclat. Bals masqués, déguisements, mascarades, batailles de bonbons, enterrement de Sa Majesté Carnaval se succèdent tandis que l'on consomme une nourriture grasse et abondante. Les carnavals de Vilanova i la Geltrú, Solsona, Sitges, Reus, Barcelone et Platja d'Aro, entre autres, sont particulièrement brillants.

### Fêtes de printemps

Au cours de la **Semaine sainte**, les festivités commencent le dimanche des Rameaux *(Diumenge de Rams)* par la bénédiction des rameaux et des *palmones* – que les parrains offrent à leurs filleuls – de laurier et d'olivier. Issue du drame liturgique médiéval, la représentation de la Passion par les habitants des villes se maintient à Olesa, Esparreguera, Cervera et Ulldecona.
Les processions rassemblant corporations et confréries religieuses, avec leurs *encaputxats*

(participants dont la tête est couverte d'une cagoule), leurs *pasos* (chars sculpturaux figurant des scènes de la Passion), leurs soldats romains et leurs fanfares, sont encore nombreuses, notamment à Gérone, Tarragone, Vic, Esterri d'Àneu, Mataró, Badalona ou Banyoles.

Le Jeudi saint, la ville de Verges, dans la province de Gérone, intègre une représentation populaire de la Passion suivie d'une impressionnante **Dança de la Mort** (Danse de la Mort) qui rappelle les terribles épidémies médiévales de peste. Lors de cette procession, cinq personnages (deux hommes et trois enfants) déguisés en squelettes, défilent en sautillant au son du tambour. L'un d'eux brandit une faux, un autre secoue un drapeau noir, deux autres transportent des assiettes pleines de cendres et le dernier une horloge.

C'est lors de la **Pascua Florida** (Pâques fleuries), dite aussi *Pascua de Resurrecció*, que se manifeste l'une des plus anciennes traditions. Accompagnés à travers les rues et les logis de curieux instruments traditionnels, des hommes interprètent en chœur les *caramelles*, chants annonçant la fête de la Résurrection, et reçoivent en échange nourriture et argent pour le repas traditionnel du lundi. C'est encore à Pâques que les parrains offrent à leurs filleuls les **mones**, pâtisseries en forme de couronne dont la décoration faite à l'origine avec des œufs s'est peu à peu transformée en créations de chocolat plus ou moins sophistiquées représentant les visages populaires de l'actualité.

Le lundi de Pâques ont lieu les « roméries », pèlerinages vers l'une des nombreuses chapelles isolées ou un sanctuaire marial.

Le 23 avril, la **fête de Sant Jordi** – saint Georges, patron de la Catalogne – nous offre une beauté particulière et de superbes coloris : on célèbre alors le *Dia del Llibre i de la Rosa* (journée du livre et de la rose), dit aussi *Dia de Sant Jordi i Dia de Cervantes*, car Cervantes mourut ce jour-là. Les hommes offrent une rose aux femmes qui, en retour, leur offrent un livre. Toutes les villes s'emplissent alors de parades de roses rouges, cadeau galant ou d'amitié, et de livres présentés sur des stands aux couleurs catalanes. On y trouve pour l'occasion de nombreuses nouveautés éditoriales et les auteurs signent leurs ouvrages. À Montblanc, cette fête se traduit par une semaine médiévale à laquelle participent les habitants costumés ; on y vend des produits médiévaux et on y représente des épisodes de la légende du saint.

Au printemps ont lieu les réminiscences de l'arbre de mai *(árbol de mayo)*, mais le jour le plus animé est celui de la **Fête-Dieu** (Corpus), avec la spectaculaire *Patum* de Berga, les tapis de fleurs de Sitges, les *Enramades* de Sallent et d'Arbúcies, sans oublier le populaire *Ou com balla* du cloître de la cathédrale de Barcelone *(Voir p.133)*.

## Fêtes d'été

Le solstice d'été se fête la **nuit de la Sant Joan** (Saint-Jean, du 23 au 24 juin) avec des fêtes en plein air dont le feu est l'élément dominant : feux de joie, pétards, feux d'artifice. Dans le Pallars et la Vall d'Aran, les hommes descendent de la montagne jusqu'à la place du village avec de gros troncs enflammés *(falles)*.

Les processions maritimes pour la *Virgen del Carmé* (Vierge du Carmel le 16 juillet), le chant des *havaneras* sur la Costa Brava, les Fêtes de la moisson et des vendanges, les Fêtes du bétail, les concours de chercheurs de champignons, entre autres, achèvent le cycle.

La **Diada** (11 septembre) est la fête nationale de la Catalogne. On y commémore la résistance héroïque et la chute de Barcelone face aux forces des Bourbons en 1714. On procède à un dépôt de fleurs sur le monument de **Rafael Casanova**, ainsi qu'à des cérémonies de commémoration au *Fossar de les Moreres*.

### Traditions rurales

Balsareny, dans la province de Barcelone, accueille la **Festa dels Traginers** ou Fête des muletiers. Elle débute par un petit-déjeuner populaire, suivi du défilé de chars et se termine par des courses de chevaux, de mules et d'ânes.

Le 23 juin, veille de la Sant Jordi, ce sont les **Falles de Isil** (province de Lérida) : les jeunes du village vont dans la montagne y enflammer des branches de pin coupées un mois avant, puis les redescendent jusqu'à la place en formant un chemin de feu. Après la combustion d'un des gros troncs, la population entière se rend au cimetière.

La **Fête de la laine** de Ripoll organise des démonstrations de filature et de tonte, un festival folklorique et une noce campagnarde qui s'achève par un banquet sur la place du monastère.

## Gastronomie

*Voir aussi les rubriques « Se restaurer » p. 20 et « Restauration » p. 28.*

À la fois variée et de grande qualité, la cuisine catalane marie les influences montagnardes et maritimes. Les gourmets la découvriront en n'hésitant pas à pousser les portes des nombreux établissements – traditionnels ou d'avant-garde – qui font de la préparation des plats délicieux à base de produits de première qualité et arrosés des vins les plus adaptés, tout un art. Héritage de la

tradition médiévale, sucré et salé se mêlent volontiers : un mariage qui va, dans certaines régions, jusqu'à l'union des viandes et du chocolat ou des fruits (pommes et pêches farcies). C'est sans doute cette tradition qui a encouragé certains chefs catalans à donner libre cours à une créativité parfois débridée, souvent surprenante, sans pour autant tourner le dos à la cuisine de leur terroir.

### SUR LA TABLE

Typiquement méditerranéenne, la cuisine catalane a pour élément de base l'huile d'olive et utilise des matières de première qualité. La diversité du territoire catalan offre une grande variété de produits qui vont des excellents poissons des côtes, des escargots, de la charcuterie, des champignons, des fruits, des légumes de ses plaines agricoles au gibier ou aux fromages des zones de montagne.

### Pain avec tomates et charcuterie

Simple mais indissociable du peuple catalan, le *pa amb tomàquets* (tranche de pain de pays, frottée à la tomate et assaisonnée d'huile d'olive et de sel) se consomme accompagné de jambon ou de toute autre charcuterie, voire d'une omelette.

Les **charcuteries** catalanes sont célèbres pour leur qualité et leur variété. On les trouve conservées dans le sel (jambon, lard, échine), destinées à être cuisinées (saucisses et certaines variétés de *botifarres*, boudins catalans typiques), à déguster sèches (*llonganissa* – saucisson de la région de Vic –, *fuet* – saucisson sec –) ou encore cuites (*botifarres* blanches – sans sang – ou noires). Cette charcuterie, mélangée à des légumes verts, entre dans la composition de la salade catalane.

### La escudella i carn d'olla

Tout à fait approprié pour les journées froides, ce plat, l'un des plus typiques de la Catalogne, est un pot-au-feu mêlant des légumes en abondance, du porc, du veau et de la poule, dont le bouillon constitue la *escudella* proprement dite et que l'on sert après le *caldo de galets*, pâte épaisse en forme d'escargot souvent utilisée dans les potages.

### Légumes, escargots et champignons

Frits, l'oignon *(ceba)*, l'ail *(all)* et la tomate sont les composants de base d'un grand nombre de plats catalans. Le poivron ou piment doux *(pebrot)* et l'aubergine *(albergínia)* au four donnent la *escalivada* et, frits avec la courgette *(carbassó)*, la *samfaina*. N'oublions pas les fèves *(favas)* à la catalane et le *xató*, salade d'anchois et de thon, typique de la Costa de Garraf. Les escargots *(cargoles)* et les champignons *(bolets)* sont très appréciés et on les consomme seuls, en accompagnement ou en sauce : *cargoles dulces* ou *picantes*, *cargoles a la llauna* (escargots à la casserole), *conill amb cargoles* (lapin aux escargots), *sopa de fredolics* (potage aux petits-gris).

### Poissons et fruits de mer

On les prépare aussi bien grillés ou frits qu'au court-bouillon servis avec une sauce relevée *(zarzuelas)* ou en bouillabaisse à la tomate *(suquets)*. Cuisinés au sel, au four ou à la marinière, la daurade, le bar, le mérou sont délicieux. Plusieurs sauces accompagnent les poissons : l'aïoli, la *picada* (pignons, amandes, ail, pain grillé, pilés et allongés d'un bouillon) ou le *romesco* (vin avec de l'huile d'olive, des amandes pilées et des épices). L'anguille ne se trouve que dans le delta de l'Èbre. Les langoustines de Sant Carles de la Ràpita et les anchois de l'Escala et de Cadaqués sont réputés ainsi que les *espardenyes* (une variété de mollusques) de la Costa Brava. Le riz *(arros)* cuisiné avec le poisson occupe une grande place : *arros rossejat*, *arros negre*, etc.
La **morue** *(bacallà)* se consomme de différentes manières : la *esqueixada* (salade à base de morue crue dessalée et émiettée), brandade, *bacallà a la llauna*, etc.

### Viandes, volailles, gibiers

Les viandes de mouton, de bœuf et de veau préparées à la braise se servent avec l'aïoli, mais peuvent aussi être cuites à l'étouffée ou en fricandeau.
Le lapin *(conill)*, souvent cuit à la braise et accompagné d'aïoli, peut être cuisiné de manière plus surprenante : *amb xocolate* (au chocolat) ou *amb llagosta (*à la langouste).
La recette du *pollastre amb llagosta* (poulet à la langouste) est également typique. Le canard *(ànec)* donne de bons foies gras frais dans la zone pyrénéenne et sur la Costa Brava, tandis que les magrets sont caractéristiques, comme les recettes d'*ànec amb peras* (canard aux poires), *amb prunas* (aux prunes) ou *amb naps* (aux navets). On trouve aussi de délicieux civets ou étouffades de sanglier *(sanglar)* et de lièvre *(llebre)*.

### Deux spécialités méridionales

Les **calçots**, typiques de Valls, sont une variété d'oignons doux, cuits à la braise et servis en « tuiles », qui se trempent dans la *salvitxada* (variété de *romesco*). La *calçotada*, repas où les *calçots* constituent le plat d'honneur, est accompagnée d'un second plat de *costellas* (côtelettes) d'agneau et de *botifarres* à la braise. La **coca de recapte** est une tranche de pain très fine, cuite au four avec des oignons, des poivrons et d'autres légumes verts, garnie d'une saucisse ou de sardines.

### Desserts et douceurs

Le roi des desserts est la **crème catalane** *(crema catalana)*, crème renversée nappée d'un léger voile de sucre caramélisé. On ne manquera pas non plus le *mel i mató*, fromage blanc au miel, les *postres de music* (avec des amandes, des noisettes et des raisins secs) et les *prèssecs amb vi* (pêches au vin).
En pâtisserie, on trouve aussi une grande variété de *cocas dulces* (pâtes à pain très fines cuites au four, couvertes de sucre, de cannelle et parfois de fruits secs), le *pa de pessic* (biscuit), les *panellets*, les *carquinyolis* (biscuits croquants à l'amande) et les *pastissets* (gâteaux moelleux à l'anis).
Les gourmands connaissent bien le *turrón* (sucrerie à base de caramel, d'amandes et de noisettes) et, bien entendu, les fameux *xurros* (beignets saupoudrés de sucre).

## VINS

Depuis l'Antiquité, la Catalogne est une zone marquée par une importante tradition viticole, grâce à la fertilité des terres et aux conditions climatiques favorables. Ses vins sont protégés sous neuf

appellations d'origine contrôlée (D.O., *Denominació d'Origen*). Son vignoble de plus de 70 000 ha produit chaque année environ 3 000 000 hl de vin. Les vins blancs, les rosés, les vins rouges et bien sûr les *cavas* offrent une gamme étendue qui vous assure un bon choix pour accompagner la savoureuse gastronomie catalane.

**D.O. Empordà - Costa Brava** – Les plus connus sont les vins rosés de grande personnalité à l'arôme délicat ; ils sont frais et faiblement alcoolisés. Il existe aussi d'excellents vins rouges fruités et légers à consommer jeunes, ainsi que de généreux vins doux.

**D.O. Alella** – Produit essentiellement des vins blancs, secs ou doux, fruités et aromatisés. Bons vins rouges.

**D.O. Penedès** – C'est la région vinicole la plus importante de Catalogne avec une production supérieure à 1 500 000 hl de vin, qui comprend des vins blancs et rosés, frais et fruités faiblement alcoolisés, des vins rouges légers, doux et veloutés, et de généreux vins doux et secs.

**D.O. Conca de Barberà** – Produit des vins blancs faiblement alcoolisés et à la bonne acidité, des rosés légers et des vins rouges nouveaux.

**D.O. Tarragona** – On y élabore des vins blancs doux et légers, des vins rouges robustes, des rosés fins et élégants et des vins liquoreux.

**D.O. Priorat** – On remarquera en particulier les vins rouges de couleur grenat, robustes et aromatisés, et les généreux vins blancs secs ou doux.

**D.O. Terra Alta** – Produit des vins blancs, forts et aromatisés, des vins rouges avec du corps et des vins vieux de plus de 15°.

**D.O. Costers del Segre** – Vins blancs et rosés jeunes, légers et fruités, et vins rouges avec du corps, équilibrés et aromatisés.

**D.O. Pla de Bages** – Vins blancs faibles en alcool, rosés légers et vins rouges à consommer jeunes.

### La terre du cava

Le *cava* est un vin mousseux de qualité, élaboré selon la méthode champenoise traditionnelle.
Sa production remonte au 19e s., lorsque plusieurs familles de Sant Sadurní d'Anoia s'intéressèrent à la nouvelle technique d'élaboration champenoise et à l'emploi de variétés locales de raisin blanc.
En 1872, Josep Raventós, de la maison Codorníu, prépara les 3 000 premières bouteilles de *cava*.
Aujourd'hui, le *cava* est élaboré dans 160 communes à l'intérieur de sept communautés autonomes. Environ 95 % de la production espagnole de *cava*, soit 200 millions de bouteilles par an, est d'origine catalane et provient de la zone du Penedès, 40 km au sud de Barcelone.

# Art et culture

**Terre de carrefour entre plusieurs cultures, la Catalogne possède un patrimoine artistique et architectural particulièrement riche et original. Au fil des siècles, les différentes civilisations (grecque, romaine, wisigothique, musulmane, etc.) ont laissé leurs empreintes. Les styles ont évolué et se sont superposés. L'austérité romane, le flamboyant gothique, la Renaissance et le baroque – dans une moindre mesure – et surtout l'exubérance du modernisme ont marqué la région. En retour, la Catalogne a imprimé sa marque à chaque période, une autre preuve de l'extraordinaire force de son identité culturelle. Et sur cette terre pétrie d'art, où sont nés certains des plus grands artistes, il n'est pas étonnant que le design bénéficie actuellement d'une solide réputation internationale.**

## De la préhistoire à la conquête arabe

La Catalogne vit la convergence de plusieurs cultures préhistoriques européennes qui laissèrent derrière elles divers exemples de peintures rupestres. L'âge des métaux vit l'édification de nombreux monuments mégalithiques et les Ibères ont laissé quelques vestiges de leurs *oppidums*, notamment à Ullastret. La colonisation grecque fut éphémère et se réduisit aux comptoirs de Roses et Empúries. Il en subsiste pourtant des vestiges et des pièces intéressantes comme la statue d'Asclepio.

### L'HÉRITAGE ANTIQUE

Après quelques six siècles passés dans la région, les Romains ont laissé des vestiges exceptionnels. La ville romaine d'Empúries compte des villas décorées avec de superbes mosaïques.
Mais c'est sans nul doute à **Tarragone**, l'ancienne Tarraco, que l'héritage romain est le plus représentatif.
L'ancienne capitale de la province d'Hispanie citérieure (plus tard appelée Tarraconaise) conserve des témoignages encore imposants de son passé : murailles, forums, amphithéâtre, cirque, magnifique aqueduc, etc., ainsi qu'un important patrimoine de sculptures et de mosaïques aujourd'hui exposé dans ses musées.
Bien entendu, la profonde empreinte de la civilisation romaine s'observe surtout dans les villes fondées à cette époque : **Barcelone**, **Badalona**, **Gérone**, **Vic**, **Lérida**, **Tortosa**, **Mataró**.
Pour autant, il ne faut pas négliger les villas et les fameux thermes (appelés *caldes*) répartis sur tout le territoire catalan et moins encore le magnifique **mausolée de Centcelles**, près de Tarragone, avec ses belles mosaïques.

### L'ÉPOQUE WISIGOTHIQUE

La Catalogne conserve un petit nombre d'églises d'influence wisigothique à **Barcelone, Tarragone** et **Terrassa** (notamment

les fonts baptismaux dans le magnifique ensemble d'églises wisigothiques et romanes de l'ancien évêché d'Egara).
Vous pourrez y observer les deux éléments qui caractérisent l'art wisigothique : l'arc en fer à cheval et les bas-reliefs gravés de motifs géométriques et de compositions mêlant cercles et étoiles.

### L'ART MAURE

De l'occupation musulmane, il ne reste en Catalogne que de rares témoignages, les mosquées élevées lors de la domination arabe ayant cédé la place à des cathédrales dès la Reconquête. On parlera donc ici d'influence arabe, visible par exemple sur les chapiteaux de type califal du monastère de **Ripoll** et certains éléments de la crypte de la cathédrale de **Vic**.
Après la Reconquête, certains musulmans restèrent en terres chrétiennes et participèrent à la construction de petites églises aux arcs en fer à cheval (comme à **Sant Julià de Boada**) et des monastères **Sant Miguel de Cuixà** et **Sant Pere de Rodes**. Leurs techniques performantes et leur travail délicat en firent les artisans du **style mudéjar**, en vogue en Espagne du 11e au 15e s., mais peu représenté en Catalogne.

## L'art roman

Le style roman catalan est l'un des plus beaux d'Europe. Des petites églises rurales aux cathédrales, la Catalogne compte plus de 2000 édifices! Cet art solide et équilibré inspirera également la réalisation de nombreuses peintures, sculptures et objets de culte.

### L'ART ROMAN CATALAN

Le style roman, par lequel l'art catalan s'apparente à l'art européen de l'époque – celle de la formation politique du pays –, est aussi le premier à avoir son identité propre. Il fut introduit dans la région au 11e s. par les grands maîtres lombards et s'y imposa jusqu'au milieu du 13e s. Il se concentre surtout en « Catalunya Vella », au nord du chemin traditionnel vers l'Aragon, par opposition à la « Catalunya Nova » – régions léridane et tarragonaise –, qui ne fut reconquise sur les musulmans qu'au milieu du 12e s.

#### L'art préroman

Il se développe au cours du 9e et du 10e s. Sa caractéristique est l'arc en fer à cheval (dit outrepassé).
L'art préroman présente quelques exemples importants, comme les premiers monastères bénédictins (première phase de **Sant Pere de Rodes**, Porta Ferrada de **Sant Feliu de Guíxols**).

#### Le premier art roman

Le 11e s. est marqué par l'apparition de l'influence lombarde, avec des constructions austères décorées d'arcatures aveugles, de bandes verticales accolées aux murs (appelées bandes lombardes), d'absides au typique arc en plein cintre, de nefs individualisées par des rangées de piliers massifs supportant une lourde voûte en berceau.
Les humbles clochers-murs alternent avec de belles et élégantes tours de clochers.
Parmi les exemples intéressants de ce « premier art roman » : la magnifique série d'églises de la **Vall de Boí**, en pleine région pyrénéenne *(voir ci-après)*, l'église de **Bossóst**, les anciens monastères de **Cardona**, de **Sant Llorenç de Munt** et de **Breda**, ainsi que les clochers des cathédrales de **Vic** et de **Gérone**.

#### L'art roman pyrénéen

À partir du 11e s., la région pyrénéenne connaît une grande

Pantocrator de l'église Sant Climent de Taüll.
*R. Manent / MICHELIN*

fièvre constructrice donnant le jour au style roman pyrénéen, à la forte personnalité, différent du style roman catalan en général et affichant une extraordinaire diversité grâce à l'existence de plusieurs écoles architecturales.

Dans les *comarcas* de l'**Alta Ribagorça** et du **Pallars Sobirà**, ainsi qu'en **Andorre**, le premier style roman ou architecture lombarde du 11e s. se prolonge tout au long du 12e s. avec de faibles variations. Les églises conservant une grande unité de style présentent une architecture simple agrémentée d'importants éléments décoratifs muraux et de clochers aériens avec frises d'arcatures aveugles et plusieurs étages de baies géminées.

Pour leur part, les églises de la **Vall de Boí** (Santa María à Taüll, Sant Joan à Boí), et leurs clochers moins élevés, présentent des caractéristiques propres : un plan basilical à trois vaisseaux, trois absides et un toit unique sur charpente de bois.

Les églises de la **Vall d'Aran**, très semblables aux précédentes, mais surmontées d'une voûte en berceau, sont de construction plus tardive (12e-13e s.). Alors que nombre d'entre elles furent reconstruites postérieurement, elles conservent pour la plupart des éléments médiévaux parfois incorporés dans des clochers gothiques ou Renaissance (**Vielha**, **Betren**).

La peinture murale des Pyrénées est probablement la plus intéressante de tout l'art roman hispanique. À **Taüll**, on sera frappé par le réalisme des décors très stylisés des églises de Santa Maria et de Sant Climent ainsi que par leurs splendides coloris (*Voir aussi p. 361*).

## Le second art roman

Au 12e s. apparaît le « second art roman », avec une architecture plus complexe – nefs, transept, diverses absides, tours-lanternes, déambulatoire, etc. –, qui développe un décor sculpté de premier ordre, d'influences roussillonnaise, provençale et toulousaine dans les porches, sur les tympans des portails, dans les cloîtres.

Citons comme exemples la magnifique cathédrale de **La Seu d'Urgell**, italianisante, le cloître de la cathédrale de **Gérone**, le porche et le cloître de la cathédrale de **Tarragone**, les anciens monastères de Sant Pau del Camp **(Barcelone)**, **Ripoll** (cloître et porche exceptionnels), **Sant Cugat del Vallès**, Sant Pere de Galligants à **Gérone**, **Vilabertran**, Santa Maria de **L'Estany**, les églises de **Covet**, **Terrassa** et bien d'autres.

En « Catalunya Nova », il faut distinguer au 13e s. l'école de Lérida, qui laisse apparaître dans ses décorations de sculptures d'intéressants motifs d'inspiration arabe, en particulier dans les porches : cathédrale de **Lérida, Agramunt, Gandesa**, etc.

C'est là aussi que se trouvent les principales forteresses des Templiers et des ordres hospitaliers, comme le magnifique château de **Miravet**.

### PEINTURE, SCULPTURE ET ARTS DÉCORATIFS

À cet important patrimoine architectural, il convient d'ajouter en premier lieu les magnifiques peintures murales des absides de Sant Climent et de Santa Maria de **Taüll**, **Boí**, **Àneu**, **La Seu d'Urgell,** etc.

La plupart de ces peintures murales sont conservées au **Museu Nacional d'Art de Catalunya (MNAC) de Barcelone**, où se trouve l'une des collections de peinture romane les plus importantes du monde. Ne manquez pas non plus la visite du **Musée épiscopal de Vic**, qui rassemble des pièces d'une valeur et d'une beauté inestimable, ainsi que les musées diocésains de **Gérone**, **La Seu d'Urgell** et **Solsona**.

La finesse de l'art roman s'exprime également dans les superbes parements d'autels et les sculptures en bois – sculptures mariales, Christs en majesté, Descentes de Croix –, certaines conservées *in situ* et d'autres dans les musées cités précédemment.

Parmi les manuscrits illustrés, on remarquera surtout le *Beatus* de **La Seu d'Urgell** et celui de **Gérone**. Au musée capitulaire de la cathédrale de Gérone est conservée la célèbre tapisserie de la Création, magnifique broderie datant de l'époque romane.

### ENTRE ROMAN ET GOTHIQUE : LES MONASTÈRES CISTERCIENS

C'est en Catalunya Nova que furent édifiés à partir du 12e s. les trois grands monastères cisterciens de Catalogne : **Santes Creus**, **Poblet** et **Vallbona de les Monges**. Bien qu'entrepris sur le modèle roman, c'est le style gothique qui domine dans leur aspect définitif.

Conformément aux exigences de Bernard de Clairvaux dans sa réaction aux dérives des moines de Cluny, l'architecture cistercienne privilégie la pureté des lignes architecturales, la simplicité d'un plan fonctionnel basé sur la forme carrée du cloître (autour duquel s'articulent les lieux majeurs : église, dortoir, réfectoire, bibliothèque), et la sobriété du décor (pas de vitraux étincelants, pas de décor sculpté), rien ne devant distraire le moine de ses activités principales, la prière et l'étude. Dans le même esprit, l'apparition du gothique, avec l'arc brisé en particulier, permit de donner une plus grande amplitude aux édifices.

La longue histoire de ces monastères se traduit donc dans leur architecture, qui mêle, outre les styles roman et gothique, quelques éléments baroques et un décor parfois plus travaillé, témoins de l'assouplissement des pratiques des moines au fil du temps et de l'enrichissement des abbayes.

*Voir aussi encadré p. 438.*

# L'art gothique

L'art gothique catalan, qui se prolonge jusqu'au 16e s., présente des caractéristiques propres, tout en s'inscrivant dans un contexte européen, et subit des influences plus méditerranéennes que septentrionales. À l'extérieur, les édifices allient élégance et simplicité, tandis que les grandes salles rythment souvent les intérieurs spacieux.

## UN ART URBAIN

En Catalogne, l'art gothique coïncide avec une période d'extrême splendeur. Après la conquête des Baléares et du royaume de Valence, la Confédération catalano-aragonaise devient l'une des grandes puissances économiques de la Méditerranée.
À cette époque apparaît une classe sociale spécifiquement urbaine, la bourgeoisie. La fièvre de la construction s'empare des villes ; on rénove églises et cathédrales et on érige de nouvelles et importantes constructions : palais royaux, maisons seigneuriales, hôpitaux, murailles, sièges d'institutions politiques et de corporations citadines, bourses de commerce, couvents des nouveaux ordres mendiants.

### L'architecture gothique

Celle qui s'exprime en Catalogne possède une personnalité propre si on la compare à toutes les manifestations du même art à travers l'Europe. Plus proche des modèles du monde méditerranéen – Occitanie et Italie – que de ceux du nord, elle est caractérisée par sa forme épurée, son sens des proportions, avec une certaine préférence pour l'amplitude spatiale – et non pour l'élévation – et pour l'intégration des éléments structuraux.
L'arc brisé et la voûte d'ogives sont les éléments caractéristiques communs aux monuments gothiques. Ajoutons à cela les salles ou les nefs à arcs diaphragmes supportant la couverture de l'édifice.
La chronologie s'étend du milieu du 13e s. jusqu'au 15e s., le goût pour ce style se prolongeant jusqu'au début du 16e s.
Barcelone, l'un des grands ports de la Méditerranée, résidence habituelle des souverains de la confédération, possède un éblouissant patrimoine gothique *(voir ci-après)*.
Mais les monuments gothiques enrichissent aussi l'ensemble de la Catalogne (cathédrales, églises, monastères, châteaux, ponts, etc.).
Dans la zone touristique de la **Costa Brava**, c'est surtout le magnifique ensemble de la ville de Gérone qui retient l'attention : la cathédrale avec sa nef, la plus large de tout l'art gothique européen, le palais épiscopal, l'église de Sant Feliu, les murailles, les anciens couvents et les palais. Présentent également un très grand intérêt : Castelló d'Empúries, Peralada, Torroella de Montgrí, Tossa de Mar, Blanes, Hostalric et le monastère de Vilabertran, près de Figueres.
En **Catalogne centrale**, on remarquera surtout le monastère de Sant Cugat del Vallès, près de Barcelone, la collégiale Santa Maria de Manresa, connue sous le nom de « la Seu », le cloître de la cathédrale de Vic, et les peintures gothiques de Santa Maria de Terrassa.
Dans la région des **Pyrénées**, le cloître et les dépendances du monastère de Sant Joan de les Abadesses, le pont de Camprodon, l'église de Vielha.
Sur les terres de **Lérida**, la magnifique cathédrale, ou Seu Vella, qui domine la ville, est le monument le plus spectaculaire, sans oublier la Paeria, ou l'hôpital

Santa Maria. Ne manqueront pas non plus d'attirer l'attention : la cathédrale de Solsona, les églises de Balaguer – Santa Maria et le couvent Sant Domènec –, Cervera, et Guimerà.

En Catalogne méridionale, sur les terres de la **Costa Daurada**, sont érigés nombre de monuments de premier ordre : les cathédrales de Tarragone et de Tortosa, l'ensemble ceint de murailles de Montblanc, l'église Santa Coloma de Queralt, celles de L'Espluga de Francolí et d'Ulldecona.

### La peinture gothique

Les arts plastiques, étroitement liés à l'architecture dans un premier temps, acquièrent leur individualité et s'expriment sous la forme de retables, de sépultures, de stalles et de nombreux objets d'orfèvrerie. La peinture gothique est fortement marquée par les influences européennes : après une brève période linéaire ou franco-gothique, c'est l'essor du courant italianisant (14e s.), représenté par **Ferrer Bassa**, très influencé par l'école de Sienne et les frères Serra, auteurs des ravissantes Madones aux manteaux recouverts de fleurs, qui utilisent des bleus ciel, des verts et rouges d'une grande transparence sur fond d'or.

Puis le courant international (15e s.), influencé par les gothiques flamand, allemand et italien, se caractérise par son graphisme nerveux, quasi calligraphique et par l'emploi de teintes planes et vibrantes. Il est représenté, entre autres, par **Lluís Borrassà**, qui dirigeait un important atelier à Barcelone, le Valencien **Lluís Dalmau**, fervent admirateur des frères Van Eyck, **Jaume Ferrer** (père et fils), **Bernat Martorell**, auteur de la scène des *Noces de Cana* de la cathédrale de Barcelone, et surtout le grand **Jaume Huguet** dont on ne se lasse pas d'admirer le magnifique retable du Connétable (chapelle de Santa Àgata à Barcelone).

### La sculpture gothique

Dans le domaine de la sculpture, on remarquera la précision du décor, le petit répertoire d'éléments décoratifs végétaux ainsi que les hauts-reliefs ou petites têtes ornant les fenêtres, et les sculptures de miséricordes dans les **cors** (c'est-à-dire les parties de l'église réservées au clergé). Les noms de ses principaux représentants sont : Aloi de Montbrai et **Jaume Cascalls** – tombes royales de Poblet –, **Pere Joan** – grand retable de la cathédrale de Tarragone – et **Pere Sanglada**. Leurs œuvres, comme celles des meilleurs orfèvres de l'époque, ont été conservées soit *in situ*, soit dans les musées d'art et diocésains du pays.

### Le gothique à Barcelone

L'éblouissant patrimoine gothique barcelonais se substitua ou masqua les constructions romaines et romanes, à tel point qu'on surnomma le centre de la ville ancienne le « Barri Gòtic ». Il faut voir absolument : la cathédrale, le palais de la Generalitat – l'un des meilleurs exemples du gothique civil catalan –, une bonne partie de la mairie avec son emblématique salle des Cent, le Grand Salon du Tinell et la chapelle Santa Àgata du Palais royal, les anciennes Drassanes, qui constituent les chantiers navals médiévaux les mieux conservés du monde, la salle gothique de la Llotja (la Bourse de commerce), témoignage de l'importance maritime de la ville, l'hôpital de la Santa Creu, les très belles églises de Santa Maria del Mar et de Santa Maria del Pi, les maisons seigneuriales de la rue de Montcada, avec leurs jardins intérieurs caractéristiques, et le magnifique monastère de Pedralbes.

# Renaissance et baroque

En Catalogne, Renaissance et baroque sont moins importants que l'art gothique ou le modernisme. Certains attribuent cet état de fait à la décadence politique dont souffrait la région du 16e au 18e s., tandis que d'autres affirment que le discrédit dont est victime cette période a été provoqué par un certain nombre d'intellectuels liés au mouvement de la Renaixença (mouvement culturel et politique de revendication d'une identité catalane qui fleurit dans la seconde moitié du 19e s.).
En tous les cas à l'époque, il est clair que la Catalogne perd son hégémonie maritime après la découverte de l'Amérique, et que l'on assiste au transfert du pouvoir politique au centre de la péninsule avec l'avènement des Rois Catholiques.
En outre, bien des monuments religieux de cette période ont été fortement endommagés ou tout bonnement détruits, tant à la suite d'émeutes anticléricales que par les bombardements de la guerre civile. Malgré tout, le patrimoine a suffisamment de valeur et d'importance pour qu'on ne le néglige pas, et les monuments de cette période se trouvent surtout dans les zones urbanisées.

## LA RENAISSANCE CATALANE

### L'architecture au 16e s.

Dans certains endroits de Catalogne, la Renaissance fait un passage discret. En réalité, au 16e s., les corporations locales demeurent fidèles au gothique, comme on peut le voir dans des parties importantes du palais de la Generalitat à **Barcelone**.
Malgré tout se dressent encore certains exemples architecturaux dignes d'intérêt tels que le palais del Lloctinent, illustrant la transition du gothique à la Renaissance, et en particulier, la façade du palais de la Generalitat, ouvrage de Pere Blay.
À l'extérieur de Barcelone, on s'attardera sur la façade du château de **Perelada** et sur deux ouvrages commandés par Charles Quint : les splendides collèges royaux de **Tortosa** et la citadelle de **Roses**, qui fut édifiée pour prévenir la menace d'une attaque turque.
À **Tarragone**, l'archevêque Antoni Agustí (fin du 16e s.) favorise l'essor du style Renaissance dans le diocèse. On peut d'ailleurs en admirer certains exemples magnifiques dans la cathédrale.

### La sculpture au 16e s.

Au nombre des sculpteurs, le Valencien **Damià Forment** exécute le grand retable en marbre de l'église du monastère de **Poblet**.
Le tombeau de Ramon Folch de Cardona dans l'église de **Bellpuig**, fut quant à lui réalisé à Naples par un sculpteur italien, Giovanni Merliano, et mérite également d'être cité.

### La peinture au 16e s.

En Catalogne, la peinture n'assimile pas totalement la nouvelle influence italienne et se renferme sur elle-même. À **Gérone**, on mentionnera Joan Mates et le maître de San Félix, tandis que **Barcelone** est dominée par le Portugais Pere Nunyes, sans oublier le célèbre Joan de Borgonya (Jean de Bourgogne, auteur du retable de sainte Ursule).
Les arts appliqués connaissent un essor sans précédent et produisent des œuvres prodigieuses telles que des pièces d'orfèvrerie, de grandes grilles et de richissimes broderies.

## LE BAROQUE CATALAN

### L'architecture baroque

Le baroque, qui passe par Murcie et Valence avant de gagner la

Catalogne, produit des églises aux splendides façades ainsi que de remarquables édifices civils.
Parmi les œuvres religieuses les plus notables : les façades des cathédrales de **Gérone**, **Tortosa** et **Solsona**, celles de l'église du monastère de **Poblet** et des églises de Betlem et de la Mercè à **Barcelone**, ainsi que celle de l'église Santa Maria de **Montblanc**, les édifices dédiés à saint Ignace de Loyola à **Manresa**, la basilique Santa Maria de **Mataró**, la chapelle Nostra Senyora de la Cinta de la cathédrale de **Tortosa** et l'église de **Sant Llorenç de Morunys**.
Les bâtiments civils les plus importants sont le palau de la Virreina de **Barcelone**, l'université et l'hôtel de ville de **Cervera** ainsi que le palais épiscopal de **Solsona**.

### La sculpture baroque

La sculpture religieuse s'éloigne des schémas antérieurs et acquiert un pathétisme et une force inconnus jusqu'alors. Les retables méritent une mention particulière pour leur qualité et leur nombre. Parmi les artistes, il faut citer avant tout le génial **Pau Costa**, à qui l'on doit les splendides retables des églises Santa Maria de **Cadaqués** et d'**Arenys de Mar**, témoignant d'un travail d'une grande minutie.

#### DU NÉOCLASSICISME À L'ORIENTALISME

Apparus en Europe au 18$^{e}$ s., ces courants influencent les architectes, les peintres et les sculpteurs jusqu'au 19$^{e}$ s. Le néoclassicisme remet l'Antiquité au goût du jour, tandis que le romantisme propose une vision idéalisée du monde. Très à la mode, l'orientalisme est à l'origine de toute une série d'édifices de style hispano-mauresque.
Dans ce contexte « historiciste » coexistent l'architecture néoclassique et l'architecture néomédiévale débouchant sur l'éclectisme.
Dans le domaine de la peinture, c'est le paysagisme et la peinture historique qui s'imposent. Se détachent surtout les figures du réaliste **Ramon Martí Alsina** (1826-1894), très influencé par le naturalisme, et de **Marià (Mariano) Fortuny** (1838-1874), principal représentant de l'école orientaliste espagnole, dont les coloris lumineux et la technique épurée ont acquis une célébrité internationale.

## Du modernisme à nos jours

Dès la seconde moitié du 19$^{e}$ s., la Catalogne connaît un grand essor artistique. Le modernisme, qui côtoie d'autres courants similaires tout en développant sa personnalité propre, produit de magnifiques créations pleines d'imagination. Les premières décennies du 20$^{e}$ s. voient l'apparition des premiers mouvements avant-gardistes qui traversent la frontière française.

#### LE MODERNISME

Au 19$^{e}$ s., deux phénomènes particulièrement importants dans la vie catalane se produisent : la révolution industrielle, qui donne un élan économique décisif au pays et permet l'émergence d'une bourgeoisie d'affaires, et la **Renaixença**. Ce mouvement se développe parallèlement aux nationalismes européens influencés par le romantisme et propose une nouvelle vision de l'identité catalane.

Dans le domaine artistique, cette philosophie donne naissance au modernisme. Il est proche d'autres courants européens : Art nouveau (France et Belgique), Modern Style (Angleterre et États-Unis), Sécession (Autriche) et Jugendstil (Allemagne).

Le modernisme donne un nouveau sens esthétique et accorde une importance spéciale aux arts décoratifs et appliqués (verre, céramique, fer, métal, meubles, orfèvrerie, affiches et arts graphiques). Ce mouvement développe l'utilisation de nouveaux matériaux industriels tout en se présentant comme un art national associé au catalanisme politique.

## L'architecture moderniste

Libérée de la ceinture de murailles qui l'opprimait, **Barcelone** dispose d'une magnifique zone d'expansion (le quadrillage de l'Eixample). Elle devient la capitale du modernisme dès l'Exposition universelle de 1888 sous la houlette de trois grands architectes, **Antoni Gaudí** (1852-1926), **Lluís Domènech i Montaner** (1850-1923) et **Josep Puig i Cadafalch** (1867-1957) *(voir « Le modernisme à Barcelone », p. 120)*.

Le style moderniste se répand alors à travers toute la Catalogne, essentiellement dans les localités importantes où les hommes d'affaires se transforment en mécènes pour se faire bâtir de somptueuses demeures – le plus connu étant **Eusebi Güell**. On trouvera de beaux exemples de ce style principalement sur la frange côtière, dans les zones industrialisées, les lieux de villégiature et les régions agricoles méridionales. C'est le cas notamment à **Reus** (Domènech i Montaner), **Terrassa** (Lluís Muncunill), **Manresa** (Ignasi Oms), **Lérida** (F. Morea i Gatell), **Gérone** (Rafael Masó), **Mataró** (Puig i Cadafalch) et **Canet de Mar** (Domènech i Montaner). On trouve aussi certains monuments singuliers comme la magnifique crypte de la Colonia Güell, œuvre de Gaudí à **Santa Coloma de Cervelló** près de Barcelone.

En dehors du grand trio d'architectes cité précédemment, deux noms méritent également d'être cités : **Josep Maria Jujol i Gibert**, sans doute le disciple le plus doué et le plus imaginatif de Gaudí, qui s'est illustré à Sant Joan Despí, et **Bernardí Martorell i Puig**, auteur de plusieurs celliers modernistes, et d'un étonnant cimetière à Olius, près de Solsona.

## Les arts plastiques modernistes

Dans le domaine de la **peinture** moderniste, on retiendra les noms de **Ramon Casas** (1866-1932) et **Santiago Rusinyol** (1861-1931), dont les travaux sont très proches de l'impressionnisme français.

Ils sont suivis d'une deuxième génération avec des artistes comme Isidre Nonell, Joaquim Mir, le jeune Picasso et Hermenegild Anglada i Camarasa. La section d'art moderne du MNAC de **Barcelone**, le Cau Ferrat de **Sitges** et le musée de **Montserrat**, parmi tant d'autres, conservent de belles œuvres de ces artistes.

### LE NOUCENTISME

Apparu au début du 20e s., le noucentisme se développe en

réaction au modernisme. Il propose un retour aux sources classiques et méditerranéennes dans tous les domaines artistiques.

**Eugeni d'Ors** est l'idéologue du mouvement noucentiste (1911). Pour les arts plastiques, ce sont les peintres Torres-García, Joaquim Sunyer, le grand dessinateur Xavier Nogués, le fresquiste Josep Obiols qui marquent cette époque. En sculpture, ce sont Josep Clarà, Enric Casanovas et Esteve Monegal, influencés par un autre Catalan, du Nord celui-ci, Aristide Maillol.

## L'AVANT-GARDISME

### La première vague

Initié par les peintres fauvistes et cubistes installés en Catalogne française (Matisse, Braque, Picasso…), ce courant artistique est porté en Catalogne par des artistes aussi brillants que **Joan Miró** (1893-1983) et **Salvador Dalí** (1904-1989). Exposées pour la première fois à Barcelone en 1918 et 1925, leurs œuvres expriment le même désir de dépasser les cadres de la représentation classique et de s'affranchir de la réalité pour proposer une vision plus personnelle du monde.

Jeux de couleurs et d'images construisent un univers onirique et poétique offert à la rêverie du spectateur.

Les peintres bénéficient de l'appui de riches mécènes, au premier rang desquels le marchand barcelonais **Josep Dalmau**. Personnage clé de la première vague avant-gardiste, il finança de nombreuses expositions, ainsi que la création de la célèbre revue dadaïste *391*.

### La deuxième vague

La guerre civile et l'arrivée au pouvoir du général Franco contraignent à l'exil de nombreux artistes. L'avant-garde catalane renaît de ses cendres quelques années plus tard, grâce à un groupe de peintres constitué autour de la revue *Dau al Set* (1948-1954).

Cette deuxième vague avant-gardiste poursuit son chemin vers l'abstraction et expérimente de nouvelles techniques picturales comme les collages. Parmi ses plus grands représentants, on compte **Antoni Tàpies** (le plus connu sur le plan international ; une fondation à **Barcelone** lui est consacrée), Cuixart, Joan Ponç, Tharrats et Brossa.

Dans la seconde moitié du 20e s., les peintres avant-gardistes approfondissent leur démarche, associant divers matériaux pour sculpter la surface vierge de la toile. Inspirés par ce travail, de « jeunes » peintres, comme le Majorquin **Miquel Barceló** (né en 1957), ont acquis une renommée internationale.

## L'ART CONTEMPORAIN

L'art catalan connaît au cours des années 1970 l'essor de diverses tendances picturales souhaitant dépasser l'informel qui caractérisait la décennie précédente.

### Le conceptualisme catalan

L'un des mouvements les plus marquants qui se développe alors est le conceptualisme catalan. Il revendique l'emploi de nouveaux supports artistiques tels que la vidéo, l'installation et la performance. Les représentants les plus illustres sont, entre autres, A. Muntadas, F. Torres, R. Llimós, A. Miralda, C. Pujol et F. Abad.

Au cours des années 1980 surgit toute une série de jeunes peintres (F. Amat, F. García Sevilla, Zush, X. Grau) qui créent une peinture de style expressionniste en rapport avec les courants internationaux du moment. Les sculpteurs ne sont pas non plus en reste avec notamment Susana Solano et S. Aguilar.

### LA BARCELONE DE 1992

Avant d'accueillir les Jeux olympiques de 1992, Barcelone entreprit une large campagne de réhabilitation urbanistique et architecturale. Les meilleurs architectes locaux tels Bohigas, Martorell, Bofill et bien d'autres encore se joignirent à des professionnels étrangers de l'envergure de Meier et Isozaki pour remodeler des quartiers entiers, recouvrer la façade maritime, créer de nouveaux centres culturels et récréatifs, et projeter la construction d'immeubles de bureaux et de logement. Les nouveaux espaces paysagers furent agrémentés par les œuvres des sculpteurs les plus en vue, comme Chillida, Oteiza, Krier ou Lichtenstein. La Barcelone de 1992 est sans conteste l'un des fleurons les plus complets du monde artistique actuel.

Réalisé par l'architecte américain Richard Meier, le musée d'Art contemporain de **Barcelone** est l'un des lieux emblématiques de ces nouvelles tendances.

### L'architecture

Elle connaît une période d'essor particulièrement brillante dès les années 1960, avec des artistes et architectes tels que J.A. Coderch, Bohigas-Martorell-Mackay, H. Piñón et A. Viaplana. C'est à cette période également que débute le désormais célèbre **Ricardo Bofill**, qui fonde en 1963 son Taller de Arquitectura.
Cette époque de création et d'aménagement urbains atteint son apogée avec le profond remaniement de la ville de **Barcelone** pour l'accueil des jeux Olympiques en 1992 *(voir encadré)*. Depuis lors, nombre d'architectes de renom international (Norman Foster, Frank O. Gehry, Jean Nouvel, Santiago Calatrava, Ieoh Ming Pei et bien d'autres) interviennent dans la cité barcelonaise.

## LE DESIGN

La Catalogne bénéficie en ce domaine d'une reconnaissance internationale largement méritée, de par ses couleurs, ses textures, ses matières, son utilité, sa créativité et son originalité.
Les arts décoratifs catalans ont des racines historiques profondément ancrées. Au 18e s. fut fondée à Barcelone l'Escola de Nobles Arts destinée à stimuler la fabrication de nouveaux produits. Le développement définitif de la révolution industrielle s'est accompagné de l'émergence de nouvelles idées très créatives. Ainsi aux 19e et 20e s., le design n'eut de cesse d'évoluer malgré les intransigeances culturelles et le respect des techniques traditionnelles auxquels il dut se plier bien souvent.
Regroupant plusieurs musées et lieux d'exposition, le **DHUB** (Disseny Hub) de Barcelone marque la consécration du design, représenté en Catalogne par des artistes aussi importants qu'André Ricard, Miquel Milà, Óscar Tusquets et Javier Mariscal.

# ABC d'architecture

Les termes espagnols, sans équivalent en français, sont indiqués en italiques dans les pages de ce guide.

**Plan de la cathédrale de BARCELONE (13e-15e s.)**

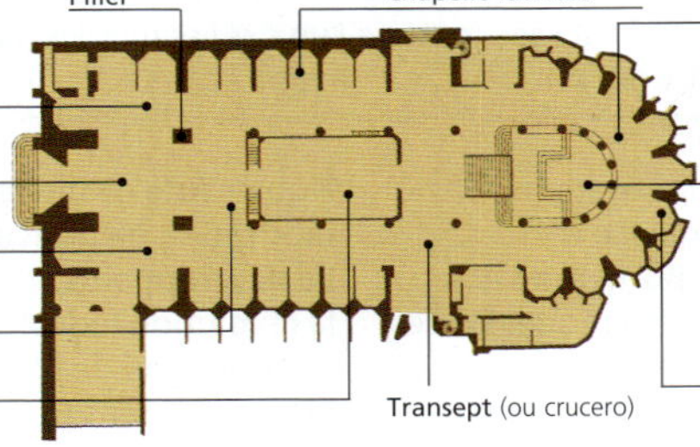


**Coupe d'une église**

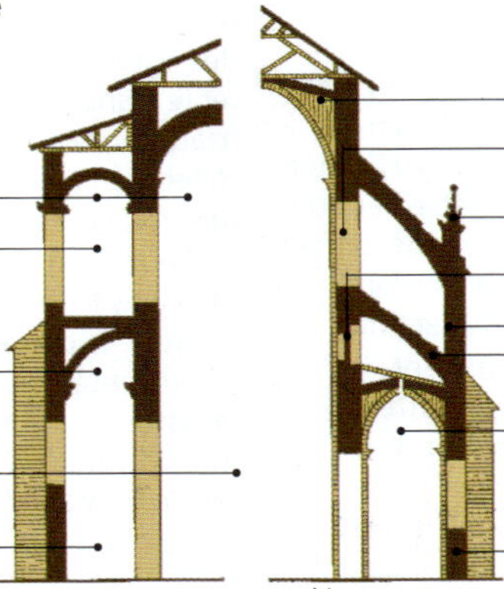


**Retables**

Les églises espagnoles sont fréquement décorées d'un retable monumental, dit *retablo mayor* (grand retable), qui s'élève souvent jusqu'aux voûtes. Il est placé derrière le maître-autel, lui-même situé dans *capilla mayor*.

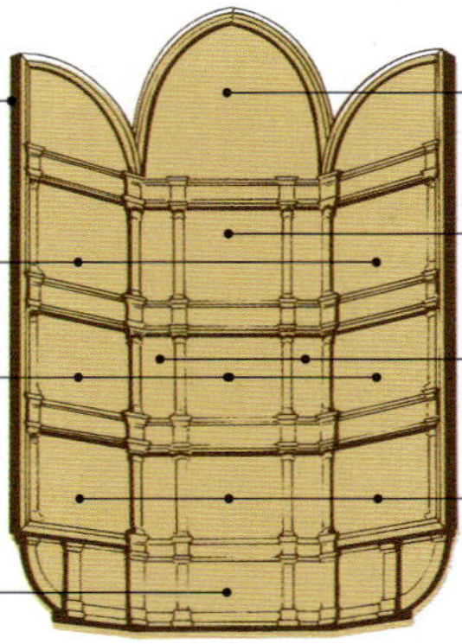


R. Corbel/MICHELIN

## Arcs

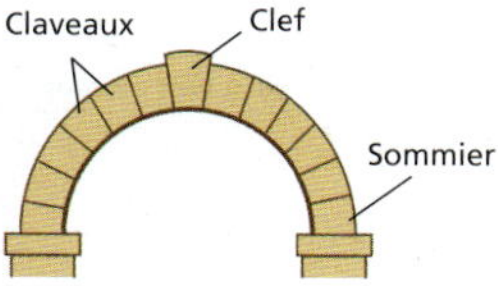


en plein cintre

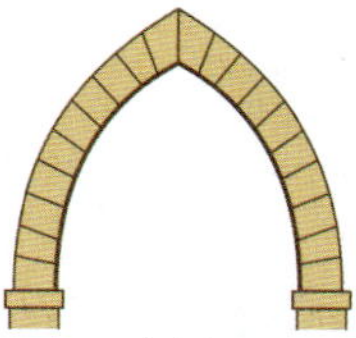

brisé

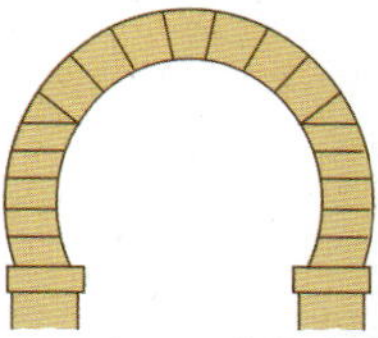

outrepassé, ou en fer à cheva

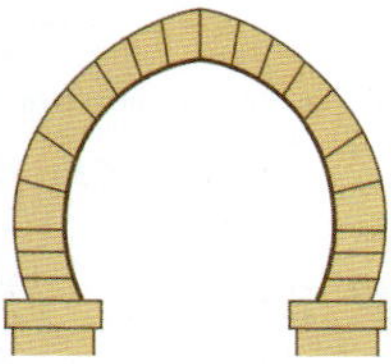

brisé outrepassé

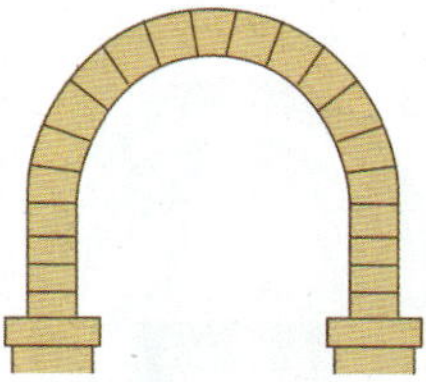

(en plein cintre) surhaussé

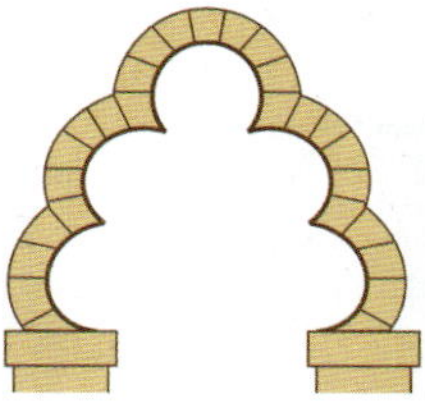

polylobé

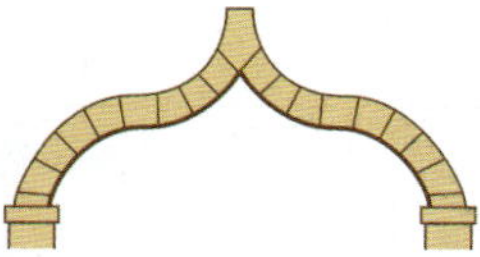

en accolade

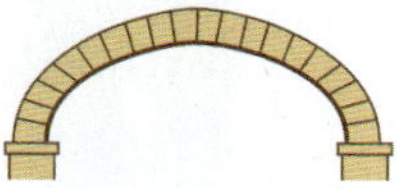

en anse de panier

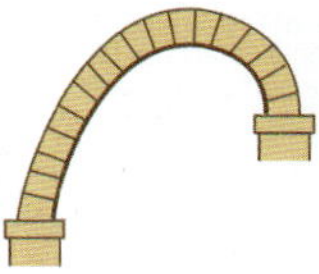

rampant

## Voûtes

en berceau plein cintre

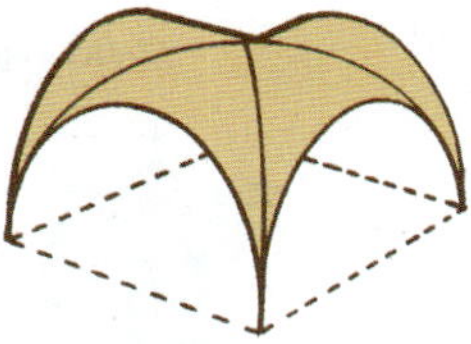

d'arête en plein cintre

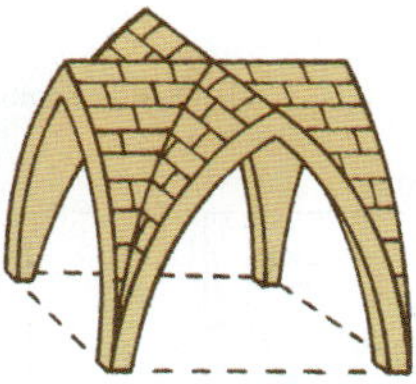

d'ogives

en éventail

en berceau brisé

Coupole sur pendentifs

**ESCUNHAU – portail de l'église Sant Pere (11e-12e s.)**

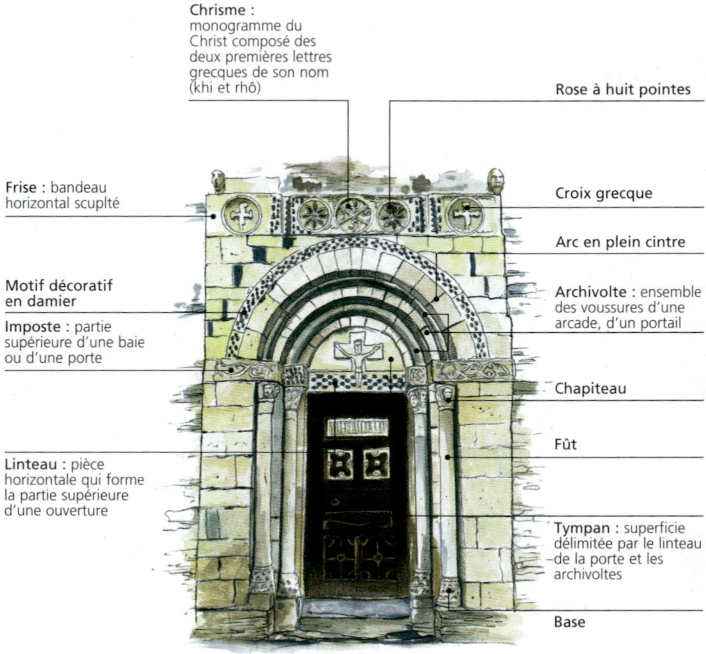


**TAÜLL – église Sant Climent (12e s.)**

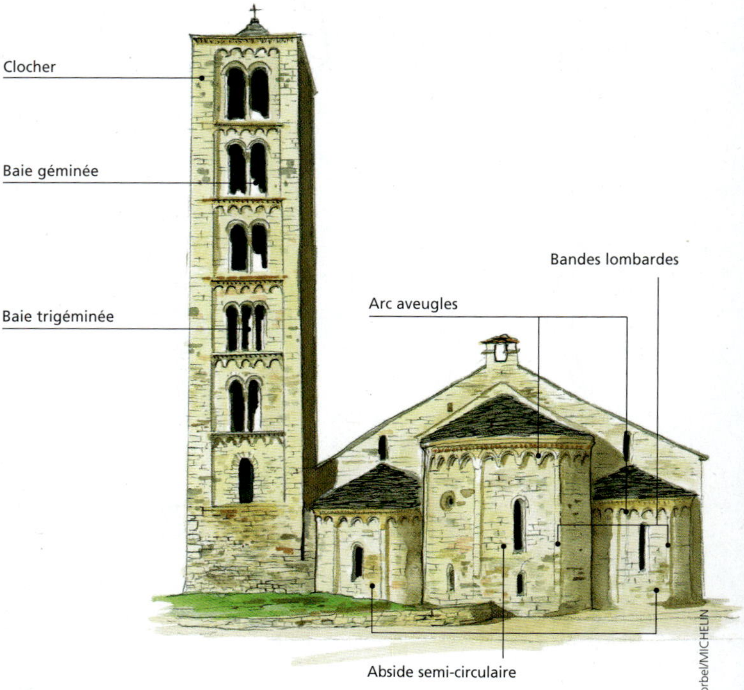


R. Corbel/MICHELIN

**POBLET – intérieur de l'église du monastère Santa Maria (12e-14e s.)**

R. Corbel/MICHELIN

TARRAGONA – Cathédrale (12e-14e s.)

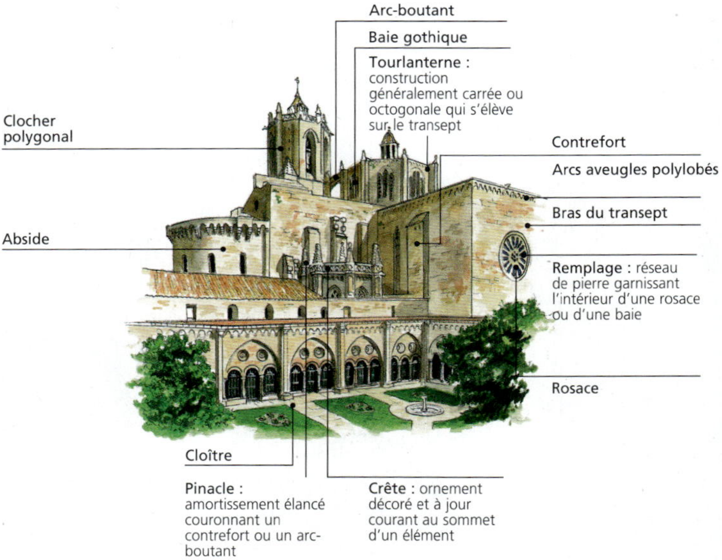


TORTOSA – Patio du collège Sant Lluís (16e s.)

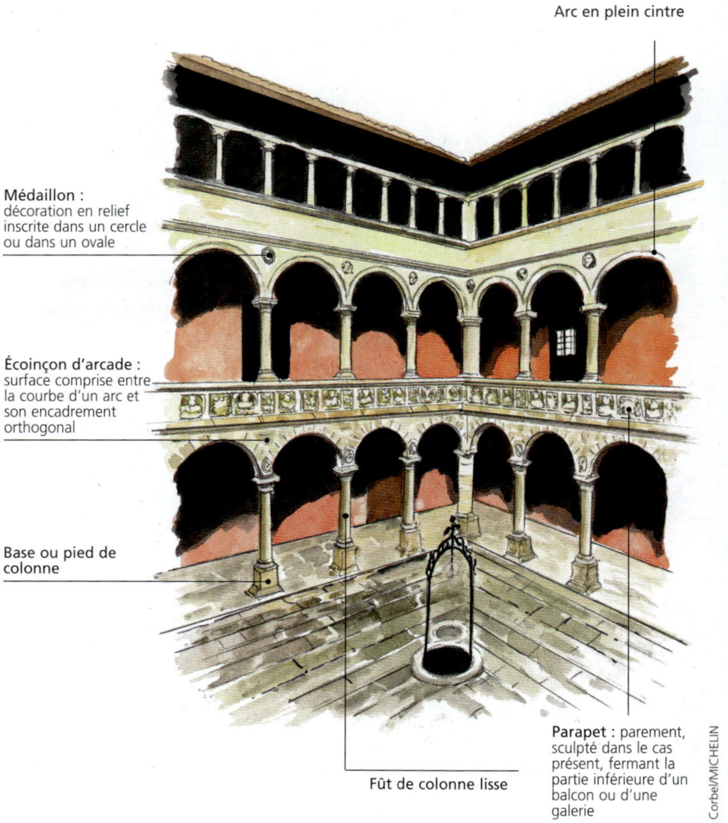


R. Corbel/MICHELIN

## GIRONA – portail de la cathédrale (18e s.)

R. Corbel/MICHELIN

# Quelques termes d'art

**Abaque** : pièce en forme de tablette qui couronne le chapiteau.
**Abside** : extrémité du chœur d'une église. Elle peut être semi-circulaire ou polygonale.
**Absidioles** : petites chapelles radiales s'ouvrant sur le déambulatoire dans une église romane ou gothique.
**Ajimez** : baie géminée en arc.
**Alfiz** : moulure rectangulaire qui encadre les arcs dans l'architecture arabe.
**Almohadillado** : bossage constitué de pierres de taille saillantes aux arêtes biseautées ou arrondies.
**Arcade** : ensemble constitué d'un arc et de ses supports dits jambages (ou piédroits).
**Archivolte** : ensemble de moulures concentriques, en retrait les unes par rapport aux autres, décorant la face externe d'un arc.
**Atlante** : statue masculine faisant fonction de colonne ou de pilier.
**Bandes lombardes** : bandes verticales de faible saillie, unies à leur sommet par de petites arcades soutenues par des corbeaux ou des modillons.
**Caisson** : compartiment creux compris entre les solives d'un plafond, parfois décoré.
**Camarín** : petite chapelle en arrière de l'autel, située au premier étage, où l'on vénère généralement une statue de la Vierge précieusement vêtue.
**Cariatide** : statue féminine faisant fonction de colonne ou de pilier.
**Chevet** : partie extérieure du chœur d'une église.
**Chœur** : espace autour du grand autel, séparé de la nef par des marches ou une clôture.
**Chrisme** : monogramme du Christ formé par les deux premières lettres de Christos en grec (X et P) auxquelles on peut ajouter les lettres alpha et oméga, qui représentent le début et la fin de toutes choses.
**Clef de voûte** : claveau central d'un arc cintré ou pièce, souvent décorée, située à l'intersection d'une croisée d'arcs.
**Console** : organe en saillie supportant une corniche, un balcon, par exemple.
**Contrefort** : renfort de maçonnerie appliqué sur les murs extérieurs pour diminuer les effets de la poussée.
**Cor** : partie de l'église réservée au clergé, généralement située, dans les cathédrales espagnoles, dans la partie centrale de la nef principale ; précédant l'autel, le cor peut être de plain-pied ou surélevé.
**Déambulatoire** : *voir Girola.*
**Écoinçon** : partie de mur triangulaire, comprise entre deux arcs successifs.
**Estípite** : pilastre en forme de pyramide tronquée dont la base est plus petite que la partie supérieure.
**Gâble** : fronton triangulaire aigu, typique du gothique. Il peut comporter une décoration massive ou ajourée.
**Géminé** : se dit de tout élément groupé par paire.
**Girola** : déambulatoire, galerie prolongeant les deux nefs latérales d'une église et faisant le tour du chœur.
**Grotesque** : décoration typique de la Renaissance qui associe des éléments végétaux, des êtres fantastiques et des animaux enlacés formant un tout.
**Jambages** : montants verticaux, souvent décorés, qui soutiennent un linteau ou un arc d'une porte ou d'une fenêtre.
**Lanterne** : construction circulaire couronnant une coupole et percée de baies pour laisser entrer la lumière.

**Linteau** : pièce horizontale placée au-dessus d'une baie et reliant deux jambages, piliers ou colonnes.
**Mâchicoulis** : parapet d'un château, en saillie, soutenu par des consoles et percé verticalement d'ouvertures.
**Meneau** : montant ou traverse divisant une ouverture en deux ou plusieurs compartiments.
**Miséricorde** : petite console visible quand les sièges des stalles sont levés, et servant aux moines à s'appuyer en donnant l'impression qu'ils sont debout.
**Modillon** : ornement en forme de console placé sous la saillie d'une corniche.
**Narthex** : vestibule précédant une basilique.
**Oculus** : petite fenêtre circulaire ou elliptique, dite aussi œil-de-bœuf.
**Pantocrator** : représentation du Christ triomphant, très fréquente au Moyen Âge, avec les Évangiles dans la main gauche et la main droite en attitude de bénédiction.
**Parteluz** : meneau vertical (pilier ou colonne) qui divise en deux l'ouverture ou la lumière d'un porche ou d'une fenêtre.
**Pendentif** : construction en triangle concave ménagée entre les arcs supportant une coupole. Cette adjonction permet de passer d'un plan carré à un plan circulaire.
**Péristyle** : jardin entouré de colonnes, typique des maisons grecques. Désigne aussi la galerie de colonnes entourant un bâtiment.
**Pilastre** : pilier adossé contre un mur.
**Pinacle** : couronnement en pointe – typique du gothique – d'un contrefort, d'un arc-boutant ou de la flèche d'une tour ; il est généralement décoré, ajouré.
**Plementería** : ensemble de pierres fermant, dans les voûtes gothiques, les espaces restant entre les arcs.
**Prédelle** : partie inférieure d'un retable (on l'appelle aussi banc).
**Stuc** : mélange de plâtre ou de chaux et de prèle (il peut aussi contenir de la poudre de marbre).
**Tambour** : élément architectonique cylindrique ou polygonal sur lequel s'élève une coupole semi-sphérique. Chacune des pièces cylindriques qui forment le fût d'une colonne (quand il ne s'agit pas de monolithe).
**Tour lanterne** : tour portée sur quatre grands arcs et percée de baies éclairant l'église. Elle s'élève sur la croisée du transept.
**Travée** : espace compris entre deux points d'appui.
**Triforium** : galerie circulant au-dessus des collatéraux et s'ouvrant sur la nef centrale.
**Trompe** : arc diagonal bandé placé dans les angles d'une construction carrée, permettant le passage d'un plan carré à un plan polygonal. On donne aussi ce nom aux petites voûtes tronquées supportant des constructions d'angle en encorbellement.
**Tympan** : surface intérieure d'un fronton. Espace généralement décoré, délimité par les archivoltes et le linteau dans les porches des églises.
**Venera** : ornement en forme de coquille Saint-Jacques, symbole des pèlerinages de Saint-Jacques-de-Compostelle.
**Voûte d'arêtes** : formée par la pénétration de deux voûtes en berceau de même diamètre se coupant à angle droit.
**Voûte en berceau** : succession d'arcs en plein cintre le long d'un axe longitudinal.
**Voûte sur croisée d'ogives** : voûte soutenue par deux arcs diagonaux dits ogives se croisant perpendiculairement à la clef de voûte et dont les arêtes renforcées de nervures saillantes délimitent quatre voûtins triangulaires.
**Yesería** : ouvrage de plâtre. Décor habituellement sculpté ou gravé et peint.

# Langue et littérature

Au 12e s., l'apparition des premières formes d'expression littéraire catalanes marque le début d'une longue histoire où se succéderont périodes de splendeur et de décadence parallèlement aux événements historiques. Ces dernières années, l'usage du catalan s'est normalisé, et le répertoire littéraire devient prometteur.

## LE CATALAN

Langue officielle depuis 1983, le catalan est une langue romane proche de l'occitan. D'origine lointaine, son usage s'est étendu au cours du Moyen Âge, au moment des grandes conquêtes de la royauté catalano-aragonaise. Il est aujourd'hui parlé dans toute la Catalogne, mais aussi dans la majeure partie de la communauté de Valence, la frange située à la frontière de l'Aragon, en Andorre, aux îles Baléares et dans le Roussillon.
Selon une étude menée en 2003 par l'Idescat, l'Institut de statistiques catalan, à la question « Quelle est votre langue ? », 49 % des Catalans répondent « le catalan » et 44 % « l'espagnol ».

## LES ORIGINES DE LA LITTÉRATURE CATALANE

Les modèles les plus anciens de littérature catalane datent du 12e s. (une traduction du *Forum Iudicum* et des homélies ont été retrouvées dans la paroisse d'Organyà).
L'étroite relation existant entre la Catalogne et la Provence pendant le haut Moyen Âge suppose l'adoption du provençal en tant que langue poétique.
Parmi les troubadours catalans de cette époque, on compte le créateur de la prose littéraire catalane **Ramon Llull** (1233-1315). Ne maîtrisant pas bien le latin, la langue scientifique par excellence, Ramon Llull choisit d'écrire en catalan, hissant cette langue, par la qualité de son écriture, au rang de langue littéraire à part entière.
Parmi les apports importants, on compte aussi **quatre grandes chroniques** : *El libre dels feyts*, dicté par Jaume Ier le Conquérant, la narration des faits liés au règne de Pere II le Grand par Bernat Desclot, le récit de l'expansion catalane en Méditerranée par Ramon Muntaner (à partir de 1325) et la chronique du règne de Pere III le Cérémonieux, ou le Cruel, rédigée par le roi lui-même avec l'aide de Bernat Descoll et d'autres collaborateurs.

## LE SIÈCLE D'OR

Le 15e s. est le siècle d'or du style lyrique catalan, très influencé par l'humanisme italien. L'une de ses figures les plus brillantes est valencienne, **Ausiàs March**, dont la poésie marque un tournant dans l'histoire littéraire catalane : il est le premier à abandonner le provençal, au profit du catalan.
La grande école de prosateurs est la chancellerie royale, influencée par l'humanisme, dont on remarquera en particulier **Bernat Metge**, auteur de *Lo Somni* (*Le Rêve*, 1399). Vers la même époque naît le roman chevaleresque en catalan, avec *Curial e Güelfa* (œuvre anonyme) et *Tirant lo Blanc*, œuvre du Valencien **Joanot Martorell**, une des sources du célèbre *Don Quichotte*. *L'Espill* (*Le Miroir*), de Jaume Roig, autre Valencien, peut être considéré comme le précurseur du roman picaresque espagnol du 16e s.

## LA DÉCADENCE

La perte du pouvoir politique entraîne, pour la littérature catalane, une longue période de décadence (16e-18e s.). Celle-ci va s'aggraver avec l'avènement des

Bourbons et le décret de Nueva Planta, par lequel on cherche à imposer une uniformisation à la française aux territoires de la couronne d'Aragon, en interdisant l'usage du catalan dans la langue administrative.

### LA RENAIXENÇA

La montée de la bourgeoisie commerçante et industrielle catalane et le romantisme (19e s.) sont à l'origine d'un mouvement de renouveau culturel, la **Renaixença**, engagé par **Bonaventura Carles Aribau** dans son *Oda a la Pàtria* (1833). Les grands poètes du siècle sont le prêtre **Jacint Verdaguer** (1845-1902), dont les poèmes épiques (*L'Atlàntida, El Canigó*) donnent une nouvelle vigueur au catalan savant à partir de son usage populaire, et **Joan Maragall** (1860-1911), dont l'œuvre éveille une forte résonance civique. **Àngel Guimerà** *(Terra Baixa)*, dramaturge de renommée mondiale, connaît une popularité considérable.

### LE CATALANISME

Au 20e s., la mise en place du catalanisme politique et son accès aux institutions publiques (la Mancomunitat présidée par Prat de la Riba) permettent, pour la première fois en deux siècles, la consolidation d'une « culture officielle ». Celle-ci sera décisive pour la modernité européenne et connue sous le nom de **noucentisme**.

Le principal mentor idéologique est **Eugeni d'Ors** (1882-1954), grand essayiste et habile polémiste. Quant à **Pompeu Fabra**, il pose les bases grammaticales et lexicales du catalan moderne.

Jusqu'à la guerre civile, la littérature catalane vit une période de splendeur qu'on ne peut comparer qu'aux brillants 14e et 15e s. Il convient de mettre en évidence les poètes de la catégorie de Josep Carner, Jaume Bofill i Matas (Guerau de Liost), Josep López Picó et Josep Sagarra, également célèbre dramaturge. On doit aussi rendre hommage à **Carles Riba**, poète lyrique, et à Joan Estelrich, tous deux créateurs de la Fondation Bernat Metge, qui se consacre à la traduction des œuvres classiques. Les courants avant-gardistes ont trouvé un écho auprès d'écrivains tels que l'anarchisant Joan Salvat-Papasseit ou Josep Vicenç Foix, qui associe la grande tradition d'un Ausiás March avec les tendances littéraires les plus avancées. Joan Oliver, poète et dramaturge, introduit le sens de la critique mordante et socialement engagée. En ce qui concerne l'art de la prose, citons Caterina Albert, qui, sous le pseudonyme de **Victor Català**, écrivit le premier grand roman moderne catalan (*Solitud*, 1906), et **Josep Pla** (1897-1981), indispensable à la connaissance de la Catalogne du 20e s.

La prohibition sévère de l'usage public de la langue catalane après

### LE THÉÂTRE CATALAN

D'ancienne tradition théâtrale, la Catalogne est le siège de nombreuses compagnies de réputation internationale. Aux côtés de Dagoll Dagom, La Cubana et Els Joglars, **La Fura dels Baus** est l'une des compagnies d'avant-garde les plus dynamiques de Catalogne. Après avoir conçu la cérémonie d'ouverture des Jeux olympiques de 1992, elle s'est lancée en 2004 dans un nouveau projet d'envergure internationale. À bord du *Naumon*, un ancien navire de marine marchande, elle a sillonné durant trois ans la Méditerranée, enrôlant de nouveaux acteurs à chaque escale (Italie, Grèce, etc.) et proposant de nombreux spectacles à bord et à terre !

la guerre civile se traduisit par un effondrement de la littérature, en particulier narrative. La littérature catalane de l'immédiat après-guerre est celle d'auteurs exilés, comme **Mercè Rodoreda** (*La Place du diamant*, 1960).
À partir des années 1960, les mouvements de défense linguistique prennent une certaine ampleur. Parmi les nouveaux poètes, on compte surtout Josep Palau i Fabre et Joan Vinyoli, et, parmi les narrateurs, **Joan Sales** (*Gloire incertaine*, 1956, le grand roman sur la guerre civile). Manuel de Pedrolo est un romancier préoccupé par la nécessité d'introduire les genres modernes dans une littérature trop traditionnelle ; Joan Fuster (*Nosaltres, els valencians*) est un brillant essayiste clairement pan-catalaniste.

### LES NOUVELLES GÉNÉRATIONS

Avec l'assouplissement de la dictature, la littérature catalane reprend de la vigueur. Elle gagne peu à peu une dimension internationale grâce à des poètes comme **Gabriel Ferrater** (1922-1972), auteur du magnifique recueil *Les Femmes et les Jours* (1968).
**Francisco González Ledesma** *(Les Rues de Barcelone)*, **Jesús Moncada** *(Les Bateliers de l'Èbre, Frémissante mémoire)*, **Quim Monzó** *(Le Meilleur des mondes)*, **Maria Mercè Roca** *(Basse saison, Les Escaliers de Port-Bou, Un temps pour perdre, Ça ressemble à l'amour)*, **Montserrat Roig** *(Le Chant de la jeunesse)* et **Ferran Torrent** *(Contre les cordes)* comptent parmi les grands. Il ne faut pas non plus oublier les incontournables **Juan Goytisolo** *(Juan sans terre)*, **Juan Marsé** *(Boulevard du Guinardó)*, **Eduardo Mendoza** (né en 1943) qui a atteint la notoriété internationale avec *Le Labyrinthe aux olives* (1982) et **Manuel Vázquez Montalbán** (1939-2003), dont le personnage du détective désabusé, Pepe Carvalho, est l'une des grandes figures de la littérature policière. Ces derniers ont par ailleurs choisi de s'exprimer en castillan.
Quant au roman populaire, il a récemment pris un bel essor, notamment avec **Carlos Ruiz Zafón**, auteur d'un best-seller, *L'Ombre du vent*.

## Quelques grandes figures catalanes

Terre féconde aux grands destins ? Au 20e s., la Catalogne a vu éclore de nombreuses personnalités de premier plan, et cela dans tous les domaines.

### ARTS

Voir aussi les écrivains, dans le chapitre précédent.
**Salvador Dalí** (1904-1989) – Célèbre peintre surréaliste *(voir p. 314)*.
**Joan Miró** (1893-1983) – Peintre majeur de l'Art moderne *(voir p. 190)*.
**Antoni Tàpies** (1923) – Né à Barcelone, l'artiste commence à peindre à 23 ans. Il se lance dans l'abstraction en 1953 et réalise des « œuvres champs de bataille » empreintes de graffiti, traces et glyphes. Le parcours de ce peintre majeur de la seconde moitié du 20e s. est retracé par sa fondation, créée à Barcelone en 1984 *(voir p. 159)*.
**Antoni Gaudí** (1852-1926) – Célèbre architecte barcelonais *(voir p. 120)*.
**Ricardo Bofill** (1939) – Cet architecte enfant de Barcelone a obtenu une reconnaissance internationale avec ses bâtiments postmodernes inspirés de l'époque antique. Il a créé un cabinet, Taller de Arquitectura.

**Javier Mariscal** (1950) – L'un des plus célèbres designers, connu pour la mascotte des JO (« Cobi »), ses dessins animés aux héros vagabonds *(Los Garriris)*. Originaire de Valence, il a fait de Barcelone sa ville adoptive.

### MUSIQUE

**Pep Ventura** (1819-1875) – Originaire de Figueres, ce musicien est considéré comme le « père » de la sardane moderne, qu'il codifia en introduisant des cuivres dans la *cobla* (orchestre). Il est l'auteur de plus de 400 sardanes, dont l'emblématique *Per tu ploro*.

**Pau** (Pablo) **Casals** (1876-1973) – Violoncelliste de génie, également chef d'orchestre et compositeur. Né à El Vendrell (Costa Daurada), il est l'un des plus grands musiciens de son temps, jouant dans les salles du monde entier et créant un orchestre de haut niveau à Barcelone. Républicain, il choisit l'exil à Prades (Pyrénées-Orientales) après la guerre civile et y crée un festival prestigieux (le festival Pablo Casals). Il meurt à Porto Rico, où il était installé pour créer l'orchestre symphonique *(voir p. 450)*.

**Montserrat Caballé** (1933) – Née à Barcelone, cette cantatrice soprano était réputée pour sa technique de *bel canto*. Elle se révèle en 1987 au grand public par son duo avec feu Freddie Mercury, devenu l'hymne des JO de Barcelone.

**Lluís Llach** (1948) – Né à Verges (Gérone), il est considéré comme le fondateur de la chanson moderne catalane. Sous Franco, avec son groupe Els Setze Jutges, il mène la lutte politique à travers ses concerts, souvent interdits par la censure, et doit d'ailleurs s'exiler à Paris durant cinq ans. Il rentrera en Catalogne à la mort de Franco, en 1976. Après 29 albums, Lluís Llach a mis fin à sa carrière en 2006.

### GASTRONOMIE

**Ferran Adrià** (1962) – Aussi encensé que critiqué, ce chef s'est taillé une réputation mondiale en créant une nouvelle gastronomie dite moléculaire. Situé sur la Costa Brava, son restaurant El Bulli (le bouledogue) sert des miniatures ultra techniques : air de carotte, olives sphériques, gingembre cuit à l'azote liquide, etc. Ce cuisinier de génie a pour l'heure décidé de prendre deux années sabbatiques *(voir p. 292)*.

### POLITIQUE

**Jordi Pujol** (1930) – Figure mythique du nationalisme catalan, il est resté président de la Generalitat durant 23 ans, jusqu'à ce que les socialistes l'emportent en 2003. Emprisonné sous l'ère Franco, il est érigé à sa sortie de prison comme le symbole de toute une nation. En 1980, il devient le premier président de la Generalitat, après avoir été le chef du parti nationaliste conservateur (CiU) et assume ce poste jusqu'en 2003. Depuis lors, il fait figure de « vieux sage » du catalanisme.

**Pasqual Maragall** (1941) – Il est le premier socialiste à accéder à la tête de la Generalitat, en 2003. Petit-fils du célèbre poète catalan Joan Maragall *(voir p. 87)*, il a été maire de Barcelone pendant les JO de 1992.

### SPORTS

**Pep Guardiola** (1971) – L'entraîneur emblématique du Barça depuis 2008. Formé au club – il commença comme ramasseur de balles avant d'y jouer pendant une dizaine d'années –, il a été appelé pour succéder à la tête de l'équipe à de brillants techniciens étrangers. Sa première saison, époustouflante (six titres remportés dont la prestigieuse Ligue des Champions) en a fait l'idole des *culés*.

# Nature et paysages

**Extrêmement variée, la Catalogne déroule un puzzle de paysages au nord-est de l'Espagne, sur un territoire à peine plus grand que celui de la Belgique (31 895 km$^2$). La région est limitée à l'ouest par l'Aragon, au sud par la Communauté valencienne, à l'est par 580 km de côtes sur la mer Méditerranée et au nord par la chaîne des Pyrénées qui marque la frontière française. Des cimes enneigées toute l'année aux immenses bancs de sable du delta de l'Èbre, des pâturages aux champs de vigne et d'oliviers, la Catalogne étire une infinité de reliefs et de paysages. Climat et végétation changent parfois en l'espace de quelques kilomètres, surprenant les voyageurs qui sillonnent pour la première fois la région.**

## Entre mer et montagne

Au nord-ouest, un relief montagneux où culminent les plus hauts sommets des Pyrénées (atteignant pour certains plus plus de 3 000 m !) ; au sud-est, les immenses bancs de sable du delta de l'Èbre où le ciel semble se confondre avec l'eau… Entre ces deux extrêmes, le relief catalan se décline en une infinité de nuances : cimes enneigées tout au long de l'année, chaînes de montagne boisées le long du littoral, garrigues arides et rocailleuses, petites criques rocheuses et longues plages de sable fin.

En s'enfonçant dans l'arrière-pays, le voyageur découvre le relief escarpé des cordillères littorales, des massifs montagneux parallèles à la frange maritime, étirée sur 580 km. Dernier élément du puzzle catalan : les grandes plaines de Vic et Lérida, qui s'étendent à perte de vue.

### UN PEU DE GÉOLOGIE

Le relief catalan doit avant tout son origine à deux grandes étapes géologiques.
Au cours de la première étape, à la fin de l'ère primaire, le massif de l'Èbre et les Baléares ont émergé des océans, lors du plissement hercynien. La seconde étape, le plissement alpin de l'ère tertiaire, a donné naissance aux Pyrénées et aux cordillères littorales. Un volcanisme localisé a entraîné la formation des reliefs plus doux de la Garrotxa : ses trente cônes volcaniques lui confèrent toujours un aspect très singulier, protégé au sein du **Parc naturel de la zone volcanique de la Garrotxa** *(voir p. 330)*, tandis qu'un phénomène d'effondrement a entraîné la

Parc national d'Aigüestortes i Estany de Sant Maurici.
*K. Castells / Office de Tourisme de la Catalogne*

formation des fosses tectoniques de la Cerdagne, dans les Pyrénées, et de la dépression prélittorale.

En 2004, dans un village proche de Barcelone, des scientifiques catalans ont découvert un squelette de singe hominoïde, peut-être un lointain cousin de l'Homo sapiens. Cette découverte unique a permis d'exhumer un être qui pourrait être vieux de 13 millions d'années!

## LES PYRÉNÉES CATALANES

Entre l'Espagne et la France, les Pyrénées forment une frontière naturelle longue de 230 km, séparant la péninsule Ibérique du reste du continent européen.

### Les hautes Pyrénées

Dominées par les hauts pics de la Vall d'Aran à l'ouest, les montagnes plongent vers la mer dans la zone escarpée du cap de Creus, à l'est, près de Cadaqués et de la frontière française.

Au fil du temps, les glaciers ont modelé le relief, creusant vallées et cirques lacustres dans les roches (essentiellement gneiss, ardoises, schistes et marbres). Les torrents qui dégringolent des versants ont poursuivi ce travail d'érosion, découpant dans les roches les plus tendres de spectaculaires gorges, comme celles de Tresponts et du défilé de Collegats.

### Les pré-Pyrénées

Parallèlement aux Pyrénées s'étend un ensemble de chaînes subsidiaires, les pré-Pyrénées. Elles forment la zone de transition avec les terres basses de la dépression centrale et perdent progressivement de l'altitude et de l'amplitude en se rapprochant de la mer.

Constitués essentiellement de roches calcaires, les ensembles pré-pyrénéens les plus importants sont le massif de Montsec, les serras de Boumort, de Port del Comte, del Cadí, de Moixeró et de Pedraforca.

### Un terrain de jeu naturel

Aujourd'hui, l'impressionnante chaîne montagneuse constitue une zone touristique très fréquentée. Entrecoupée de profondes vallées, elle possède de nombreuses microrégions à la fois historiques et naturelles, qui ont conservé et entretiennent une forte personnalité. Parmi celles-ci, citons la Vall d'Aran (qui possède sa propre langue dérivée de l'occitan), la Ribagorça, le Pallars, l'Alt Urgell, la Cerdagne (Cerdanya), le Ripollès et l'Ampurdan (Empordà).

Certes, aujourd'hui, l'exode rural a vidé nombre des vallées. Les politiques régionales tentent de les réanimer, en particulier en misant sur l'essor du tourisme vert, dont les Espagnols en général et les Catalans en particulier sont de plus en plus friands. À la beauté des paysages et aux coutumes ancestrales parfois préservées, s'ajoutent aujourd'hui diverses possibilités de pratiques sportives : les sports d'hiver, les excursions, l'escalade, les sports d'aventure, la chasse et la pêche dans les régions où cela est autorisé.

## LES TROIS CORDILLÈRES LITTORALES

Moins élevés que la grande chaîne pyrénéenne, trois massifs sont parallèles à la côte : la cordillère littorale *(cordillera litoral)* et la chaîne pré-littorale *(cordillera prelitoral)*, séparées par la dépression prélittorale *(depresió prelitoral)*.

### La cordillère littorale

Baptisée « cordillère catalane », elle s'étend de l'embouchure du Ter, au nord, jusqu'à Sitges, au sud. Elle culmine à 759 m d'altitude dans le massif de Montnegre et se compose d'une succession de massifs de faible altitude, parallèles à la côte.

La diversité géologique des massifs explique l'alternance de sites côtiers découpés ou au profil plus doux. Les *serras* plongent abruptement dans la mer au sud de la Costa de Garraf et de la Costa Brava, tandis qu'elles restent en retrait des zones littorales sableuses de la Costa de Barcelona-Maresme et des plages situées au sud de l'embouchure du Llobregat.

Les espaces naturels boisés de la cordillère catalane contrastent avec la concentration urbaine et démographique de la côte. Le calme et la tranquillité règnent à quelques kilomètres des plages bondées en été.

### La cordillère prélittorale

Beaucoup plus imposante, elle

s'étend au sud du fleuve Ter jusqu'à la limite sud de la Catalogne, au-delà du delta de l'Èbre. Elle culmine à 1 709 m au Turó de l'Home. Elle inclut les serras de Montseny, de Montserrat et de Montsant, ainsi que les montagnes de Prades et le massif dels Ports.
Relativement isolés, ces massifs possèdent une grande diversité morphologique et abritent plusieurs parcs naturels.

**La dépression prélittorale**
Située entre les deux cordillères, elle abrite les régions les plus peuplées de Catalogne : le Gironès, la Selva, le Vallès, le Penedès et la plaine *(el Camp)* de Tarragone. Certaines de ces agglomérations possèdent un riche patrimoine architectural (Gérone, Tarragone, Terrassa, Vilafranca del Penedès). La façade littorale de la province de Tarragone, connue par les

**HYDROGRAPHIE CATALANE**

Le fleuve le plus abondant de toute la Catalogne est l'**Èbre**, de régime pluvio-océanique ; il naît dans la cordillère cantabrique, passe par les terres méridionales de Catalogne, se faufile à travers les précipices des montagnes du système méditerranéen et, après son passage à Tortosa, débouche sur un immense delta. C'est dans sa vaste cuvette que les eaux des grandes rivières des Pyrénées occidentales – le Segre et ses affluents, la Noguera Ribagorçana et la Noguera Pallaresa – sont recueillies.
Bien moins important, le **Llobregat**, qui prend sa source près de Berga et se jette dans la mer immédiatement au sud de Barcelone après 170 km, a longtemps servi de frontière entre la Catalunya Vella, au nord, et la Catalunya Nova restée musulmane jusqu'au début du 12e s.

voyageurs sous le nom de **Costa Daurada**, présente de longues plages de sable fin. Plus au sud se trouve le **delta de l'Èbre**, l'une des zones humides les plus importantes de la Méditerranée occidentale, créée par le dépôt des alluvions du fleuve. Ce vaste delta aux paysages comparables à ceux de la Camargue offre un refuge de choix aux oiseaux migrateurs. Ses terres sont propices à la riziculture.

### LA PLAINE INTÉRIEURE

Elle est formée d'une série de plate-formes plus ou moins travaillées par l'érosion, dont l'altitude varie de 750 m depuis la faille pré-pyrénéenne à 200 m au pied de la cordillère prélittorale.
On y compte plusieurs bassins d'érosion comme la plaine de Vic, celle du Bages, la Conca d'Ódena ou celle de Barberà.
Ces bassins sont séparés par de hauts plateaux tels la Segarra, le Moianès et le Lluçanès, ainsi que, dans la zone occidentale, par des plaines comme celles constituées par les terrasses et les dépôts d'alluvions du Segre aux environs de Lérida.
D'un point de vue touristique, cette plaine est parsemée de localités très attachées à leurs traditions et ayant souvent conservé un remarquable patrimoine architectural ; il s'agit parfois de sièges épiscopaux (Lérida et Vic), parfois de petites cités fortifiées comme Montblanc, ou bien de localités dotées de monastères cisterciens comme c'est le cas à Poblet, Santes Creus ou Vallbona de les Monges.

## Un climat contrasté

Le climat général de la Catalogne est de type méditerranéen, caractérisé par des étés secs et chauds et des hivers doux et pluvieux. Mais la diversité morphologique de la région entraîne d'importantes variations climatiques. Ne soyez pas étonné en ouvrant le journal ou en regardant la télévision : quand les vallées pyrénéennes sont noyées sous la pluie, un soleil radieux peut briller au-dessus des plages à quelques dizaines de kilomètres de là !

### Soleil sur la côte

Sur le littoral, abrité entre mer et montagne, le beau temps est au rendez-vous presque toute l'année, avec des variations de température minimes (la température moyenne annuelle est de 15 °C !) et de faibles précipitations.
Vent sec venu du nord, il arrive que la tramontane *n* se déchaîne sur la côte ; mais ces violentes tempêtes hivernales restent cependant assez rares.

### Un arrière-pays plus arrosé

Dans les montagnes du littoral, l'air maritime, chargé d'humidité, se refroidit en s'élevant, provoquant ainsi des précipitations nettement plus abondantes que sur la côte. Au-delà, vers l'intérieur des terres, l'influence de la mer se fait moins sensible mais les contrastes thermiques sont plus importants.

### Rigueur en haute montagne

À partir de 2000 m règne un climat de haute montagne : les hivers longs et froids s'accompagnent d'importantes précipitations (plus de 1000 mm contre 500 sur la côte). Les températures peuvent descendre jusqu'à -5 °C sur les hauts sommets. Cas particulier, la **Vall d'Aran**, la plus occidentale des vallées pyrénéennes de Catalogne, est un lieu singulier au climat atlantique ; une forte humidité et des pluies régulières pendant toute l'année le caractérisent.

## Flore et faune

La Catalogne est une petite réserve botanique et faunistique à elle toute seule ! Des marais aux hauts sommets, des plages aux plaines, les variations du relief et du climat offrent une belle diversité dans les biotopes.

La végétation méditerranéenne, abondante sur la plus grande partie du territoire, côtoie les bois de pins noirs des hautes Pyrénées et les steppes de la région de Lérida. Avec ses chamois et ses castors sur les sommets, ses langoustes et ses flamants roses près des plages, la Catalogne est habitée d'animaux à tous les étages.

### Maquis et steppe

Sur la plus grande partie du territoire catalan, la faune et la flore appartiennent au **domaine méditerranéen**. Les chênes verts, les pins et les pins parasols abondent.

Dans les régions les plus arides, une végétation caractéristique de la steppe se développe, avec des maquis de chênes kermès et d'épines noires (à l'intérieur des terres) ou de lentisques, sans oublier les palmiers nains (sur le littoral).

Les sentiers protégés du Parc naturel du Cap de Creus permettent d'observer la faune caractéristique du littoral catalan : des batraciens (crapaud commun, lézard ocellé et tortue d'Hermann), des rapaces (aigle de Bonelli, faucon pèlerin et grand duc) ou encore des oiseaux marins (mouette, sterne, puffin des Baléares et cormoran huppé).

Le Parc naturel couvre également une zone sous-marine, avec des fonds d'une grande richesse.

### Au royaume des pins

La moyenne montagne, entre 700 et 1200 m d'altitude, est le domaine des chênes rouvres et des pins, les hêtres s'implantant uniquement dans les zones les plus humides.

Ces arbres boisent les contreforts des Pyrénées, le Montseny, les montagnes de Prades et le massif dels Ports. Plus haut, entre 1000 et 2300 m, le niveau subalpin se caractérise par la présence de bois de conifères (pins noirs et sapins) et de prés.

### Des isards au sommet

Au-delà, entre 2 300 et 3 000 m, se trouve l'étage alpin. Les Pyrénées et les sommets les plus hauts du Montseny sont couverts d'une végétation de **haute montagne**, où apparaissent des espèces boréo-alpines et des prés de **fétuques**.
C'est aussi le domaine des castors et des loutres, qu'on peut observer dans les zones lacustres. Dans le Parc naturel national d'Aigüestortes i Estany de Sant Maurici, les **isards** (équivalents des chamois dans les Alpes) peuplent les tertres les plus difficiles d'accès. On y croise aussi des marmottes, des perdrix des neiges, des coqs de bruyère ou encore des rapaces.
Dans certaines hautes vallées survivent des papillons rares, en particulier dans la Vall d'Aran.

### Deux riches zones humides

La Catalogne possède deux grandes zones marécageuses. Le **delta de l'Èbre**, protégé par un parc naturel, est un site privilégié pour l'observation des oiseaux : plus de 300 espèces y nichent à l'année, rejointes par les oiseaux migrateurs selon les saisons.
La richesse piscicole est aussi exceptionnelle, avec des bars, des daurades, des langoustes et les seules anguilles de Catalogne.
Moins étendu, le **Parc naturel dels Aiguamolls de l'Empordà**, à proximité d'Empúries sur la Costa Brava, n'en est pas moins intéressant, avec ses oiseaux aquatiques (flamant rose, martin-pêcheur, sarcelle d'été, etc.) et ses amphibiens (grenouilles et crapauds).

## Les enjeux environnementaux

La Catalogne a été l'une des régions espagnoles les plus en avance dans le domaine environnemental, peut-être parce que son littoral avait déjà beaucoup souffert d'une urbanisation anarchique. C'est également le seul lieu de la péninsule où s'est développé jusqu'à présent un mouvement écologiste de grande amplitude. Son gouvernement, la Generalitat, a créé dès la fin des années 1980 une Direction de l'environnement. Parmi les préoccupations majeures : la sauvegarde des paysages et le spectre des pénuries d'eau.

### Une côte défigurée

Depuis près d'un demi-siècle, le littoral catalan a subi les assauts du tourisme de masse, parfois dévastateur.
Au nord de Barcelone, la **Costa de Barcelona-Maresme** a particulièrement souffert. Elle est aujourd'hui défigurée par une fade succession de résidences secondaires, d'hôtels et de complexes commerciaux et industriels sans âme. L'ensemble est encadré par l'autoroute et une ligne de plages quasi continue, bondée l'été.
Sur la **Costa Brava**, la situation est plus contrastée : des portions très préservées alternent avec les stations balnéaires, où les promoteurs immobiliers s'en sont donné à cœur joie, souvent dans l'anarchie la plus complète. Heureusement, depuis quelques années, certaines municipalités tentent de mettre un peu d'ordre en réalisant des aménagements publics. Classé depuis 1998, le Parc naturel du Cap de Creus est ainsi l'endroit le plus sauvage de la côte. Malgré l'afflux de milliers de visiteurs dans ses ruelles, **Cadaqués** a réussi à conserver son authenticité, et même les constructions récentes sont l'œuvre d'architectes renommés qui respectent le style local.
En matière de pollution du littoral,

la Catalogne a subi bien des avanies par le passé. Attirés par les plages dès les années 1950, les touristes ont submergé des villages côtiers qui n'étaient pas véritablement équipés pour traiter d'importants volumes d'eaux usées.
L'adoption d'un ambitieux programme d'assainissement a heureusement produit ses effets. La qualité des eaux de baignade s'est nettement améliorée. Les rivages catalans comptent aujourd'hui une centaine de plages classées « Pavillon bleu ».

**Prises de conscience**

Pour ne plus reproduire les erreurs du passé, le gouvernement espagnol a favorisé la mise en place de plus de 200 réserves naturelles à travers tout le pays.
La Catalogne abrite ainsi un parc national et onze parcs régionaux. Le degré de protection varie, plus important dans un parc national, où l'environnement est littéralement « mis sous cloche ».
Mais même dans les parcs régionaux, la visite est soumise à une série de règles de base, destinées à préserver l'environnement naturel.
Plus largement, ces dernières années, la population catalane s'est plusieurs fois mobilisée pour la sauvegarde des paysages.
Un exemple récent : la création à travers les Pyrénées d'une ligne à très haute tension, destinée à connecter les réseaux français et espagnol. Ce projet a rassemblé contre lui une forte opposition populaire, inquiète du « massacre » du territoire qu'il pouvait entraîner. Une solution de compromis a été trouvée. La future ligne devrait finalement remplacer celle de 400 000 volts déjà en place depuis 1964, mais son tracé initial a été modifié afin d'éviter certaines zones naturelles protégées.
La prise de conscience semble aussi en marche dans le secteur énergétique.
En 2000, Barcelone a joué les précurseurs, obligeant les immeubles les plus gourmands en eau à s'équiper de chauffe-eau solaires. La même mesure a depuis été adoptée par de nombreuses municipalités catalanes.

**La bataille de l'eau**

Comme d'autres régions espagnoles, la Catalogne doit faire face depuis quelques années à des pénuries en eau de plus en plus préoccupantes, en particulier à Barcelone et dans son agglomération.
Le sujet soulève de vastes débats dans la région et ailleurs. Certains en appellent à un transfert des eaux du Rhône par des canalisations enterrées. Ce projet très controversé, qui date des années 1990, et qui est périodiquement relancé, n'a pour l'instant pas abouti. Ses opposants font valoir qu'une meilleure gestion de l'eau pourrait, sinon résoudre, du moins réduire les besoins en eau de la capitale catalane. Des millions de mètres cubes sont pompés chaque année dans la nappe phréatique afin d'éviter l'inondation du métro, avant d'être rejetés dans la mer…
Le gouvernement central a préféré opter pour le développement des usines de dessalement d'eau de mer. Le littoral méditerranéen espagnol en compte actuellement une quinzaine.
Autre sujet de discorde, un projet de détournement des eaux de l'Èbre vers les régions du sud de l'Espagne a été abandonné par le gouvernement espagnol en 2004, au soulagement de nombreuses associations écologistes qui s'étaient élevées contre ce projet, craignant notamment que cela n'entraîne des conséquences irréparables sur l'écosystème du delta de l'Èbre.

# Histoire

**Des temps gréco-romains jusqu'à nos jours, l'histoire catalane est une longue suite d'événements dominée par une indéniable vocation méditerranéenne, un esprit des plus entreprenants, sans compter une identité politique et culturelle profondément ancrée dès le 9e s.**

## Une longue marche vers l'autonomie

Occupée par les Grecs, tant de fois envahie et dominée – par les Romains, les Wisigoths, les Maures ou les Bourbons –, la Catalogne est sortie comme renforcée de cette histoire mouvementée, pétrie d'influences diverses. La région a traversé les siècles en conservant son identité propre, à la fois institutionnelle, culturelle, linguistique et politique, jusqu'à s'affirmer, en juin 2006, comme une « nation » à part entière.

### L'ANTIQUITÉ

#### Tribus ibères et comptoirs grecs

La culture **ibère** apparaît dans le sud de la péninsule dès le néolithique (vers 3 000 av. J.-C.), mais elle n'est attestée en Catalogne que vers 800 av. J.-C. Organisés en tribus, dont certaines ont laissé leur nom à la toponymie contemporaine, les Ibères ont développé une civilisation encore assez mal connue – leur alphabet n'a toujours pas été déchiffré –, mais qui semble s'être affinée au contact des peuples étrangers. Au premier rang de ceux-ci, les **Grecs**, qui établissent un comptoir à **Rhode** (Roses), un peu avant 776 av. J.-C. et fondent **Empúries** vers 575 av. J.-C.

#### La romanisation

Les Romains débarquent en Catalogne en 218 av. J.-C. afin de lutter contre les Carthaginois. Ils étendent peu à peu leur mainmise sur la région en installant plusieurs bases militaires avant d'incorporer l'Espagne à leur empire (197 av. J.-C.).
La romanisation est particulièrement active à partir du 1er s. av. J.-C., quand **Tarraco** (Tarragone) devient capitale de la province romaine, appelée Tarraconaise. D'autres cités se développent, telles **Bàrcino** (Barcelone) ou **Ilerda** (Lérida). Comme à leur habitude, les Romains équipent la région de voies et d'ouvrages d'art, comme l'aqueduc proche de Tarragone.
Ils lèguent en outre à la Catalogne d'une part le droit romain, sur lequel se base le droit catalan, d'autre part le latin, langue mère de la langue catalane.
Certains historiens pensent que le **christianisme** a été introduit dans la péninsule à Tarraco, où, selon la tradition, prêcha saint Paul.

### WISIGOTHS ET MAURES

#### Le royaume wisigoth

La décadence puis la chute de l'Empire romain ouvrent la voie à de nouveaux conquérants. Les **Barbares** envahissent la Catalogne à partir du 3e s., avec des incursions des Francs et des Alamans, le

Retable de Jaume Huguet (15e s.), dans la chapelle Santa Àgata à Barcelone.
*A. Serrano / hemis.fr*

passage des Vandales et surtout l'installation des Wisigoths. Ceux-ci, largement romanisés, s'emparent du pays et fondent le **royaume wisigoth de Toulouse** (419-507) qui s'étend de l'Aquitaine à la pointe sud de l'Espagne.
À la fin du 5e s., repoussés jusqu'aux Pyrénées par les Francs, ils exercent une domination qui se limite à la Septimanie (actuel Languedoc-Roussillon) et au territoire espagnol (507-711). Mais leur État est de plus en plus faible et miné par des dissensions internes. C'est d'ailleurs lors d'une querelle dynastique que l'un des prétendants appelle à son secours les Sarrasins.

### L'expansion omeyyade

En **711**, les **Arabes** de la dynastie omeyyade conquièrent le royaume wisigoth et s'installent en Espagne. Ils y fondent l'émirat, puis le califat de Cordoue. Ils prennent pied en Catalogne en 720, mais leur présence y sera de courte durée. Lors de leur tentative d'expansion vers le nord, ils essuient leur première défaite lors de la **bataille de Poitiers**, en **732**.

Conduits par Charlemagne puis par Louis le Pieux, les Francs reconquièrent rapidement la Cerdagne et le comté d'Urgell, avant de reprendre le contrôle de Gérone (785) puis de Barcelone (805). En 812, les Arabes sont repoussés au sud du fleuve Llobregat, qui va marquer durant plus de trois siècles – et malgré quelques incursions sporadiques à Barcelone – la frontière entre terres chrétiennes et musulmanes. Ces dernières se retrouvent éclatées en plusieurs principautés indépendantes, les **taïfas**, après la chute du califat de Cordoue en 1031.

## L'ÂGE D'OR CATALAN

Pour se préserver de nouvelles invasions, Charlemagne crée la **Marche d'Espagne** (801), zone tampon entre l'Empire carolingien et les Maures, qui comprend, outre le Toulousain et le Nîmois, plusieurs comtés catalans (Roussillon, Cerdagne, Urgell, Barcelone, Pallars, Ribagorça, Gérone, Vic, Ausona), gouvernés par des nobles locaux

# Les dates clés de la Catalogne

- **7e s. -3e s. av. J.-C.** – Présence grecque à Roses (Rhode) et Empúries.
- **218 s. av. J.-C.** – Conquête romaine.
- **711** – Invasion des **Omeyyades**, qui, dès 716, s'emparent de la Catalogne.
- **801** – Création de la **Marche d'Espagne** par Charlemagne.
- **9e s.** – **Wilfred le Velu**, comte de Barcelone, obtient son indépendance.
- **12e s.** – Réunion des comtés catalans par le comte de Barcelone, **Ramon Berenguer IV** qui, épouse la fille de Ramire II d'Aragon ; leur fils, **Alfons Ier**, deviendra roi d'Aragon et comte de Barcelone.
- **1229-1442** – Expansion territoriale : le royaume conquiert Majorque (1229), le Pays valencien (1245), la Sicile (1282), puis la Sardaigne (1323), et enfin Naples (1442).
- **1283** – Institutionnalisation des **Corts Catalanes.**
- **1359** – Création de la **Generalitat** par les *Corts Catalanes*.
- **1410** – Mort sans héritier direct de Martí l'Humà, roi d'Aragon. La couronne passe à la dynastie de Trastamare après le compromis de Caspe (1412).
- **1469** – Mariage de l'infant Fernando II d'Aragon avec Isabel de Castille.
- **1516** – La mort de Fernando entraîne la réunion des couronnes de Castille et d'Aragon sous l'égide du futur Charles Quint.
- **1640-1652** – **Soulèvement** de la Catalogne contre Felipe IV.
- **1659** – **Traité des Pyrénées** : une partie de la Catalogne est cédée à la France.
- **1702-1714** – **Guerre de Succession** : le vainqueur, Felipe V de Bourbon, abolit les institutions catalanes.
- **1792** – Création du *Diario de Barcelona*.
- **1808-1814** – **Guerre d'Indépendance** (Guerra del Francés) contre l'invasion napoléonienne.
- **1833** – Début de la **Renaixença**, période de l'éveil culturel catalan.
- **1846-1849** – Guerre des Matiners (deuxième guerre carliste).
- **1855** – **Première grève générale** en Catalogne.
- **1888** – Exposition universelle à Barcelone.
- **1901** – Fondation de la Lliga Regionalista autour de Prat de la Riba.
- **1909** – **Semaine tragique** (Barcelone).
- **1911** – Fondation de la **Confédération nationale du travail, CNT**.
- **1914** – Création de la **Mancomunitat de catalunya**, embryon de gouvernement autonome.
- **14 avril 1931** – Proclamation de la **Première République catalane**, qui se transforme en **Generalitat** de Catalogne et obtient un statut d'autonomie.
- **1934** – Companys, président de la Generalitat.
- **1936** – Triomphe du Front populaire. Début en juillet de la **guerre civile**.
- **1938** – Bataille de l'Èbre.
- **1939** – La conquête de Barcelone par les nationalistes marque le début de l'ère franquiste (1939-1975).
- **1873** – Proclamation de la Première République espagnole le 11 février et République catalane à Barcelone le 8 mars.
- **1975** – **Juan Carlos Ier**, roi d'Espagne.
- **1977** – En octobre, retour de **Josep Tarradellas**, président de la Generalitat en exil.
- **1979** – **Statut d'autonomie**.
- **1980** – Premières élections autonomes : victoire de la CiU (Convergencia i Unió) ; Jordi Pujol, président de la Generalitat.
- **1992** – **Jeux olympiques** à Barcelone.
- **2006** – Nouveau statut d'autonomie approuvé par référendum.
- **2010** – Le Tribunal constitutionnel déclare non conformes à la Constitution certaines dispositions du nouveau statut.

qui se reconnaissent vassaux des Francs.

L'affaiblissement du pouvoir central va permettre à ces comtés de s'affranchir assez rapidement de cette vassalité. C'est ainsi que **Wilfred le Velu** (Guifré el Pelós, 874-897), d'abord comte d'Urgell et de Cerdagne, va peu à peu unir la Catalogne chrétienne en devenant comte de Barcelone, de Gérone et d'Ausona. Il obtient de l'empereur Charles le Chauve l'indépendance et le droit de laisser son comté à ses descendants. C'est le début de la formation politique de la Catalogne en une société féodale chrétienne.

## Les comtes de Barcelone

Durant les siècles suivants, la maison de Barcelone va affermir sa puissance sur la **Catalunya Vella**, la Catalogne chrétienne, fondant des monastères comme celui de Ripoll où s'illustre le célèbre **abbé Oliba** *(voir p. 337)*, obligeant peu à peu les seigneurs féodaux à se soumettre à leur autorité et guerroyant contre les Maures.

En épousant Douce de Provence, **Ramon Berenguer III le Grand** (1097-1131) étend l'influence catalane sur la rive gauche du Rhône. Mais c'est sous le règne de son successeur, **Ramon**

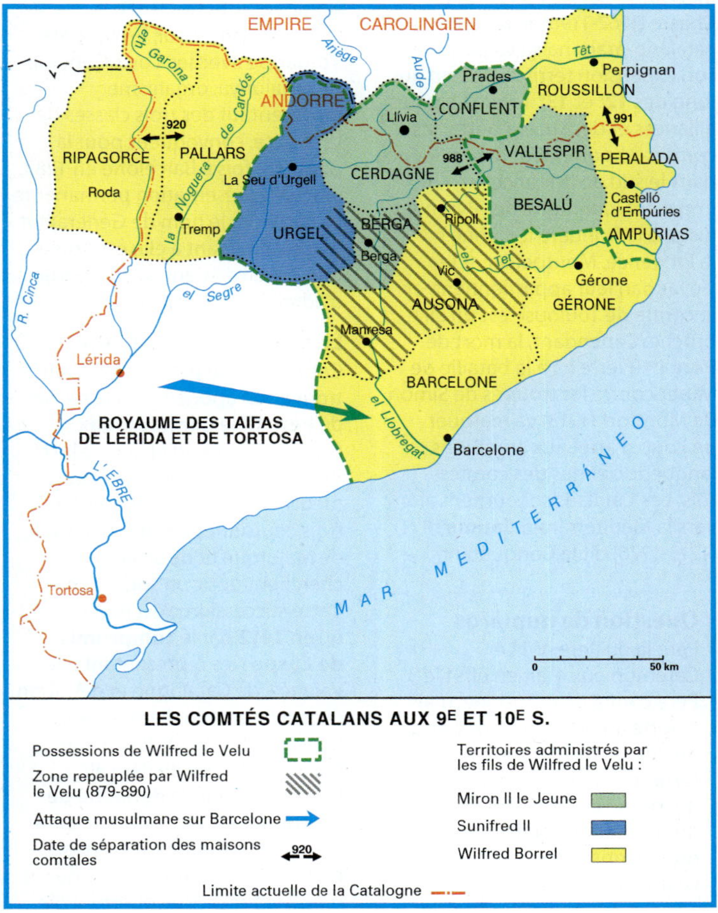

**Berenguer IV** (1131-1162), que la Catalogne et l'Aragon vont s'unir : en épousant la jeune Pétronille, héritière du royaume d'Aragon, le comte va léguer à ses descendants le titre de roi. Par ailleurs, après avoir obtenu du pape le privilège de croisade, il reconquiert Tortosa (1148) et Lérida (1149) sur les musulmans, occupe définitivement Tarragone et réunit ainsi à ses terres, la Catalunya Nova, qu'il s'empresse de repeupler en faisant appel à des colons venus de la « vieille Catalogne » ou du Languedoc.

### Expansion territoriale

Inaugurée par **Alfons Ier** dit le Chaste (1162-1196), la royauté catalano-aragonaise va poursuivre son expansion territoriale tout au long des **12e et 13e s.** Par le jeu des alliances et des suzerainetés, les comtes-rois étendent leur influence dans le sud de la France en imposant leur règne des Pyrénées jusqu'à la frontière italienne : la Provence, Montpellier et le Gévaudan leur appartiennent, et le comte de Toulouse est un allié proche. Cependant, la mort de **Pere Ier** (Pierre Ier) à la bataille de Muret contre les troupes de Simon de Montfort (1213) va marquer un coup d'arrêt aux ambitions languedociennes des comtes-rois. Les Catalans se tournent alors vers la Méditerranée. **Jaume Ier** (1213-1276) dit le Conquérant (« El Conqueridor ») s'empare de **Majorque** (1229), de **Minorque** (1231), soumet **Ibiza** (1235), et se lance dans la conquête du **royaume de Valence** (1238). En 1258, il solde la domination catalane sur les provinces occitanes françaises par le **traité de Corbeil** conclu avec Saint Louis. Celui-ci renonce à sa suzeraineté sur les comtés catalans et Jaume Ier abandonne ses prétentions sur le Languedoc. Désormais, la couronne aragonaise est une puissance avec laquelle il faut compter en Méditerranée, prenant pied en **Sicile** (1282), en **Sardaigne** (1329) et à **Majorque** (1229), et s'étendant même jusqu'à Naples et Athènes (1311).
Sur le plan intérieur, le royaume s'organise avec les Corts Generals de Catalunya, organisme représentatif des trois classes de la société, convoquées pour la première fois à Barcelone en 1283, et leur représentation permanente qui prendra le nom de Generalitat. Barcelone quant à elle est dotée du Consell de Cent (1265) chargé d'administrer la ville.

#### Question de numéros

Pere III ou Pere IV ? Le Cérémonieux était en effet le 3e Pere comte de Barcelone, mais il porte aussi le numéro IV en sa qualité de roi d'Aragon. Mais en terres catalanes, c'est le comté qui prime et c'est donc cette numérotation catalane que nous avons choisi d'utiliser dans ce guide.

### La succession castillane

Cette brillante période qui avait trouvé son apogée sous le règne de **Pere IV le Cérémonieux** (1336-1387) prend fin avec **Martí l'Humà** (Martin l'Humain), qui meurt en 1410 sans héritier. Les trois couronnes réunies d'Aragon, de Majorque et de Sicile se cherchent donc un souverain. Cette succession n'est réglée qu'en **1412** par le **compromis de Caspe** : les représentants de Valence, de Catalogne et d'Aragon élisent Fernando d'Antequera, le second fils du roi Joan Ier de Castille et neveu de Pere III, intronisant ainsi la **dynastie de Trastamare**. Cette dernière aura quelques difficultés à s'imposer en raison de l'autoritarisme de ses représentants : une guerre civile

### LES PREMIÈRES INSTITUTIONS POLITIQUES CATALANES

Les **Corts Catalanes** (13e-18e s.) sont une assemblée politique convoquée et présidée par le roi. En 1283, on les institutionnalise et on les réglemente. Elles comprennent les représentants des trois classes sociales : la noblesse, le clergé et la bourgeoisie. Leurs fonctions sont législatives (lois décidées entre le roi et ses sujets), économiques (subventions accordées au souverain) et judiciaires. Entre 1218 et 1706, on les convoque 72 fois. Felipe V les supprime en 1709.
En 1359, les *Corts Catalanes* créent la **Generalitat**, un pouvoir délégué assumant la représentation de la totalité des compatriotes. Ayant un rôle politique et judiciaire, c'est sous son contrôle que les territoires catalans sont gouvernés.

éclatera même sous le règne de Joan II (1462).

## LA DOMINATION CASTILLANE

### L'alliance Castille-Aragon

La Catalogne entre dans une période de déclin. En **1469**, l'infant **Fernando d'Aragon** épouse **Isabel de Castille**. C'est l'amorce d'une unité entre deux puissants royaumes et l'éloignement du pouvoir de Barcelone. Parallèlement, la **découverte de l'Amérique** en **1492** déplace les échanges commerciaux de la Méditerranée à l'Atlantique, déclenchant ainsi le déclin des ports catalans. Survenue la même année, l'expulsion des Juifs d'Espagne va se révéler une catastrophe économique.
En 1516, Carlos Ier d'Espagne, petit-fils de Fernando et Isabel, héritier de la maison de **Habsbourg** et futur empereur **Charles Quint**, réunit officiellement les couronnes de Castille et d'Aragon. C'est la fin de l'indépendance catalane, même si les institutions sont conservées.

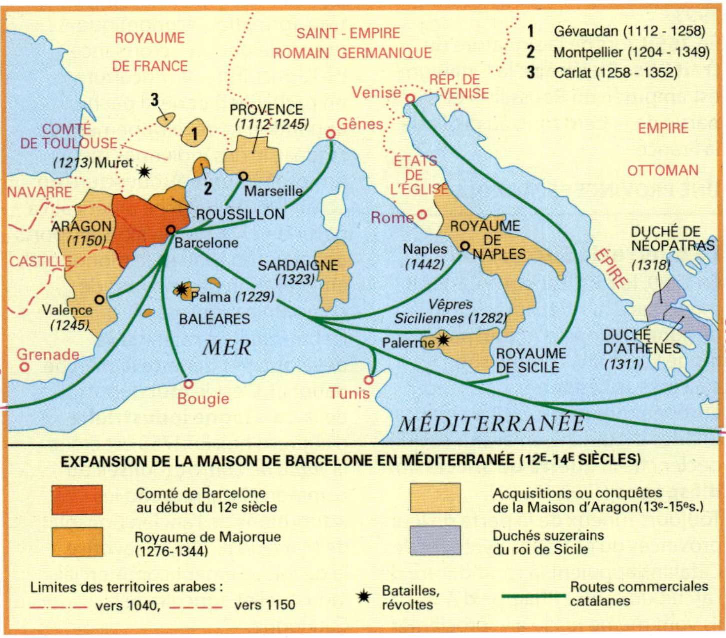

EXPANSION DE LA MAISON DE BARCELONE EN MÉDITERRANÉE (12E-14E SIÈCLES)

### Le temps des crises

Au cours des 16e et 17e s., les épidémies, les révoltes paysannes, les pestes, le banditisme et les incursions turques fragilisent durablement la Catalogne.

Les difficultés économiques sont de plus en plus sensibles, alors même que la pression fiscale s'alourdit. La Couronne pioche dans la bourse de ses sujets pour financer les guerres hispaniques, entre autres, la guerre de Trente Ans contre la France.

La colère gronde. En 1640, la Catalogne se soulève contre Felipe IV. C'est l'épisode sanglant du **Corpus de Sang** (1640), suivi de la **guerre des Moissonneurs** (Guerra dels Segadors). Les insurgés sont secondés par la France, qui convoite l'ancien comté de Barcelone. Le conflit prend fin en **1652**, quand Don Juan José d'Autriche entre à Barcelone, étouffant la rébellion et consacrant la domination castillane. De ce conflit, les Catalans ont conservé un poème, *Els Segadors,* qui, mis en musique, est devenu l'hymne officiel de la Catalogne en 1993.

En **1659**, lors de la signature du **traité des Pyrénées**, la Catalogne est amputée du Roussillon et d'une partie de la Cerdagne au profit de la France.

## UNE PROVINCE ESPAGNOLE

### La guerre de Succession

En 1700, le roi d'Espagne Carlos II meurt sans héritier après avoir désigné Philippe d'Anjou, petit-fils de Louis XIV, comme son successeur. Les autres puissances européennes poussent l'archiduc Charles d'Autriche en avant, ce qui déclenche la **guerre de Succession d'Espagne** (1702-1714).

Toujours furieux de la perte de leurs provinces du nord des Pyrénées, les Catalans appuient la candidature de l'archiduc contre Philippe d'Anjou : ils vont même jusqu'à le proclamer officiellement roi à Barcelone en 1705 ! Barcelone est assiégée et ses défenseurs, dirigés par **Rafael Casanova**, ne se rendent qu'après une héroïque résistance le **11 septembre 1714** (célébrée aujourd'hui comme **fête nationale catalane**). Philippe d'Anjou, l'emporte et devient le roi Felipe V.

Après la victoire du Bourbon, la Catalogne est durement soumise : le décret de **Nueva Planta** impose le droit castillan, supprime la Generalitat et les universités de Barcelone et de Lérida au profit d'une nouvelle, établie à Cervera. Le catalan est interdit en tant que langue officielle, cédant la place au castillan. La fameuse citadelle de Barcelone est construite pour surveiller ce peuple turbulent, tandis que la vieille cathédrale de Lérida est transformée en caserne.

### Le rattrapage économique

Pendant la seconde moitié du 18e s., la Catalogne s'intègre peu à peu à la nation espagnole tout en s'affirmant nettement sur le plan économique. Une grande transformation économique et sociale débute : croissance de l'agriculture (la viticulture, en particulier) et de la pêche, apparition et développement de l'industrie des indiennes (tissus en coton imprimé), ouverture du commerce au marché américain à partir de 1778 (jusqu'alors les ports andalous en avaient le monopole), amélioration des moyens de communication, etc.

La bourgeoisie catalane se développe et pénètre le marché national. C'est le tout début de la **Catalogne industrielle** d'aujourd'hui. En 1758 est créée la *Junta de Comerç* (Conseil du commerce) qui reprend les attributions de l'ancien Consolat de Mar *(voir p. 180)*, et favorise le développement commercial, industriel et agricole de la Catalogne.

Mais une nouvelle invasion française déclenche la **guerre d'Indépendance** (1808-1814), plus connue comme la **Guerra del Francés** (« guerre du Français »). Les troupes napoléoniennes soumettent durement Gérone, Barcelone et Tarragone, donnant un coup d'arrêt provisoire à l'essor économique.

À partir de 1826, l'apparition de la première **machine à vapeur** à Barcelone marque symboliquement l'élan définitif vers l'industrialisation de la Catalogne, qui ira de pair avec l'apparition du prolétariat manufacturier. L'industrie métallurgique se développe, les forges et les hauts-fourneaux se multiplient, le chemin de fer apparaît (ligne Barcelone-Mataró en 1848), des banques sont fondées. Si l'euphorie industrielle s'accompagne parfois de vives tensions sociales, l'Exposition universelle de Barcelone (1888) consacre le *leadership* de la capitale catalane.

### Une monarchie en crise

La mort de Fernando VII en **1833** marque le début d'une longue période de crise pour la monarchie espagnole, déjà fragilisée par les guerres napoléoniennes.

Les **guerres carlistes** impliquent la Catalogne à plusieurs reprises, les revendications politiques étant étroitement liées aux crises ouvrières : soulèvement de Barcelone (1835), rébellion des artisans barcelonais contre le régent (1842), **guerre des Matiners** (1846-1849). Le général Prim, un catalan, renverse Isabel II lors de la révolution de Septembre (1868), et installe sur le trône Amédée de Savoie dont le règne sera éphémère. Les *pronunciamentos* (coups d'État) se succèdent à un rythme effréné.

L'instabilité politique aboutit à la proclamation de la Première République espagnole, le 11 février 1873, et à celle de la **République catalane à Barcelone**, le 8 mars. Mais la dynastie des Bourbon revient sur le trône en 1874, avec l'avènement d'Alfonso XII.

## L'AFFIRMATION POLITIQUE DE LA CATALOGNE

### La Renaixença

Profitant de l'affaiblissement du pouvoir central, la Catalogne commence à s'organiser politiquement. Le premier congrès catalaniste a lieu en 1880. En 1901, l'intellectuel **Enric Prat de la Riba** réunit plusieurs groupes au sein de la **Lliga Regionalista**.

Parallèlement, de 1901 à 1909, les mouvements ouvriers se développent. En **1909**, la reprise de la guerre du Maroc et le système de recrutement provoquent une grève générale à Barcelone, qui se transforme en une insurrection populaire, très violemment réprimée : c'est la **semaine tragique**. Après avoir enterré leurs morts, bon nombre d'ouvriers, séduits par les thèses anarchistes, fondent une grande centrale syndicale anarcho-syndicaliste : la **Confédération nationale du travail (CNT)** qui restera largement majoritaire à l'intérieur du mouvement ouvrier catalan jusqu'à la guerre civile.

Dans le même temps, en 1914, les *diputaciones* (conseillers généraux) s'associent, après des négociations avec le gouvernement de Madrid, pour former la **Mancomunitat de Catalunya**, présidée par Prat de la Riba, première ébauche d'un gouvernement autonome. Mais l'avènement de la dictature de Primo de Rivera, avec l'appui de la bourgeoisie catalane quelque peu inquiète de l'agitation ouvrière (1923-1930), supposa non seulement la prohibition et la persécution des organisations ouvrières, mais aussi une dure attaque contre le catalanisme culturel et politique.

### La Generalitat restaurée

En 1931, l'Espagne instaure la IIe République après des élections municipales triomphales pour les partis républicains.
Dans la foulée, **Francesc Macià**, leader de l'ERC – Esquerra Republicana Catalana, parti rassemblant des formations nationalistes et fédéralistes – proclame la **République catalane** depuis le balcon du Palau de la Generalitat à Barcelone. Après des négociations avec Madrid, il est décidé de préparer un statut d'autonomie et de reprendre la dénomination historique de Generalitat. Ce statut, dit « de Núria » (du nom de la localité où il a été rédigé), est approuvé en 1932 par référendum. À la mort de Macià (fin 1933), **Lluís Companys** lui succède et proclame, le 6 octobre 1934, un « État catalan de la République fédérale espagnole ». La réaction est immédiate : les forces armées assiègent le palais de la Generalitat, ses dirigeants sont arrêtés et le statut d'autonomie est suspendu. Il ne sera rétabli qu'après les élections législatives de 1936.
En **1936**, le Front populaire remporte les élections législatives. Libéré, le gouvernement catalan reprend ses fonctions à la tête de la Generalitat restaurée. L'Espagne connaît une période de vives tensions : les conservateurs se tournent vers l'armée, qui se soulève en juillet ; l'échec du coup d'État (notamment en Catalogne) entraîne la **guerre civile**. La Catalogne s'y engage dans le camp républicain, payant un lourd tribut humain lors de la bataille de l'Èbre (1938). Le 26 janvier 1939, les troupes franquistes entrent dans Barcelone.

### Les années de plomb

L'arrivée au pouvoir du **général Franco** en 1939 signe l'arrêt de mort de l'autonomie catalane. La Generalitat est supprimée, Lluís Companys fusillé et l'usage du catalan interdit. Des dizaines de milliers de Catalans choisissent l'exil, notamment en France. Parmi eux, quelques personnalités emblématiques, comme le violoncelliste Pau Casals et le linguiste Pompeu Fabra.
À la fin des années 1950, l'Espagne sort de son isolement diplomatique : l'économie catalane se redresse, largement favorisée dans les années 1960 par l'arrivée du tourisme. Les années 1960 sont également celles du développement d'une opposition au régime, associé à un renouveau culturel catalan, que symbolise notamment la *Nova Cançó* *(voir p. 47)*.

## LA CATALOGNE AUTONOME

*Pour comprendre le fonctionnement administratif de la Generalitat, voir « La Catalogne aujourd'hui », p. 53.*

### L'autonomie retrouvée

En **1975**, la mort de Franco, qui met fin à 40 ans de dictature en Espagne, et la restauration de la monarchie avec **Juan Carlos**, ouvrent des temps nouveaux. L'Espagne fait son entrée dans le concert des nations démocratiques : des premières élections libres sont organisées en 1977 pour désigner une assemblée constituante. Le 29 septembre, le Premier ministre Adolfo Suárez, rétablit par décret la Generalitat. Son président en exil, **Josep Tarradellas**, rentre alors à Barcelone et prononce la phrase devenue célèbre : *Ja sóc aqui ! (« Me voici ! »).*
En **1979**, la Catalogne obtient un **statut d'autonomie** : la région est dotée d'une institution

d'autogouvernement, la **Generalitat** *(voir « La Catalogne aujourd'hui », p. 53)*. En 1980, les premières élections amènent au pouvoir le parti nationaliste de droite modérée, Convergencia i Unió (CiU). **Jordi Pujol** devient président de la Generalitat. Il sera reconduit six fois à ce poste, jusqu'aux élections de novembre 2003.

## Une « nation » catalane ?

Avec le départ de Jordi Pujol, c'est une page de l'histoire politique de la Catalogne qui se tourne… d'autant que, contre toute attente, une coalition menée par les socialistes parvient à emporter la majorité des 135 sièges du Parlement catalan. La présidence de la Generalitat est donc confiée en 2003 au secrétaire général du Parti socialiste catalan (PSC), **Pasqual Maragall**, maire emblématique de Barcelone (1982-1997), qu'il a contribué à transformer considérablement avec les Jeux olympiques de 1992.

Ce changement politique modifie quelque peu la donne, d'autant qu'il est suivi, un an plus tard, par la victoire du socialiste **José Luis Rodriguez Zapatero** aux élections nationales.

Or, voilà longtemps que certains partis catalans espéraient obtenir de Madrid davantage de compétences et de moyens. Il était assez peu envisageable de négocier la modification de l'« Estatut » avec un gouvernement conservateur, traditionnellement plus centralisateur.

En janvier 2006, le gouvernement central et les partis catalans parviennent à un accord global sur le **nouveau statut d'autonomie** de la Catalogne *(Estatut d'Autonomia de Catalunya)*, décrite comme « nation » dans son préambule. Approuvé par le Parlement catalan, ce statut est soumis à référendum le **19 juin 2006** : il est plébiscité par 73,9 % des électeurs de Catalogne, en dépit d'un taux d'abstention supérieur à 50 %.

Cependant, Maragall, atteint par la maladie, profite des élections anticipées de novembre 2006 pour céder sa place. La CiU est majoritaire en voix, mais c'est la coalition tripartite, constituée du PSC, des nationalistes de gauche de l'ERC et des écologistes, qui l'emporte. **José Montilla Aguilera** (PSC), premier « immigré de l'intérieur » (il est andalou), devient le nouveau président de la Generalitat.

Certaines dispositions du nouveau statut de 2006 étaient cependant toujours vivement contestées par les conservateurs. Pour certains, le terme de « nation » utilisé pour définir la Catalogne pourrait ouvrir la voie à l'indépendance. De même, l'obligation de connaître la langue catalane retirerait au castillan son statut de langue co-officielle.

Appelé à valider ou à déclarer non conformes à la Constitution 114 des 223 articles du statut, le Tribunal constitutionnel du royaume, après quatre ans de délibérations, a rendu sa décision le 28 juin 2010. Son rejet du terme de « nation » et du caractère obligatoire du catalan, a mis le feu aux poudres : certains partis catalanistes se sont déclarés prêts à une épreuve de force avec Madrid et une manifestation de soutien à l'Estatut a réuni plus d'un million de personnes dans les rues de Barcelone le 10 juillet. Les nouvelles élections régionales prévues pour l'automne 2010 pourraient ainsi voir le retour des modérés de la CiU, menée par **Artur Mas**.

# 3/ DÉCOUVRIR LA CATALOGNE

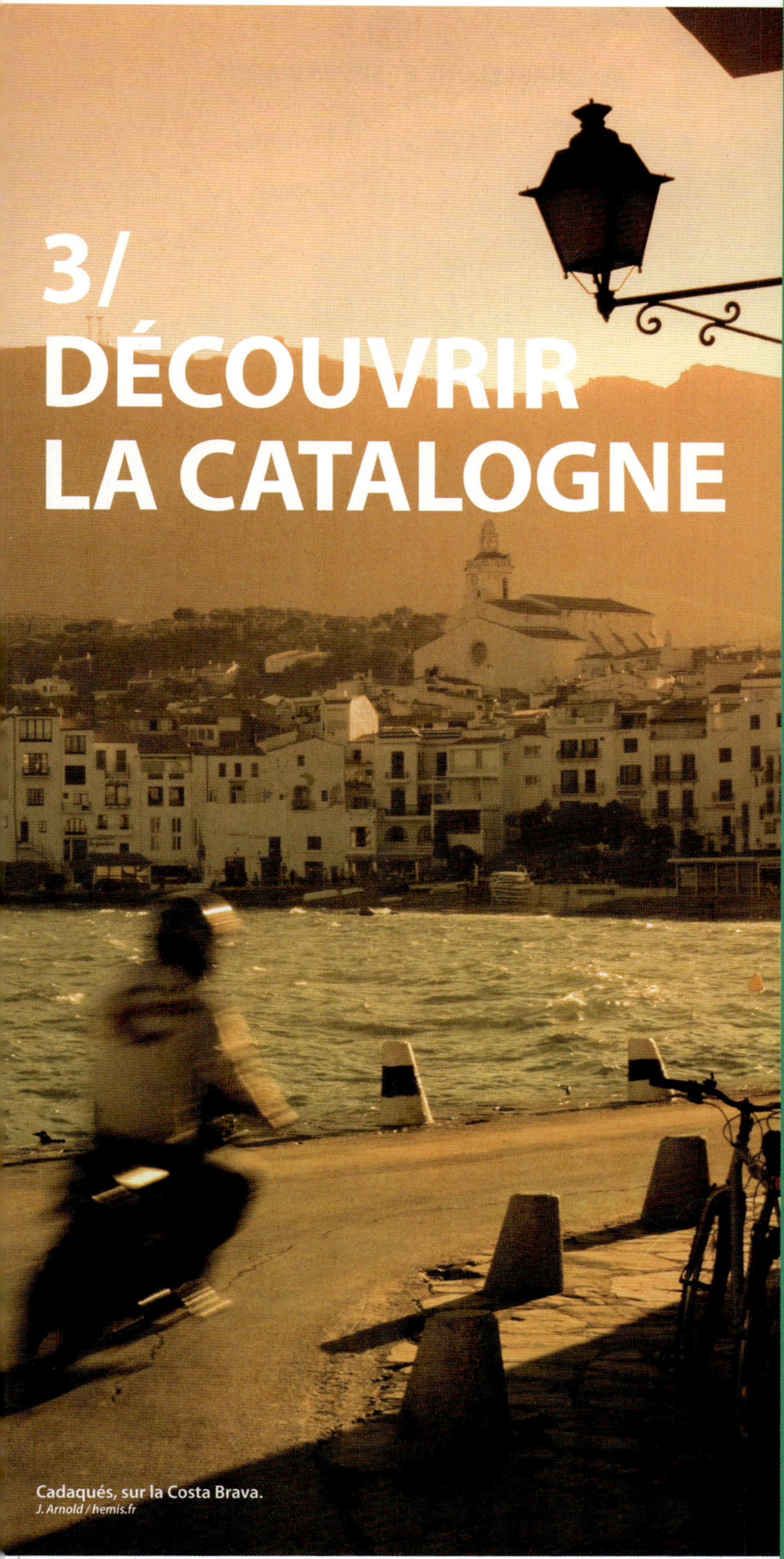

Cadaqués, sur la Costa Brava.
*J. Arnold / hemis.fr*

# BARCELONE ET SES ENVIRONS

# Barcelone 1

## Barcelona

★★★

Carte Michelin Regional 574

Plan Michelin Barcelone 41 – Province de Barcelona

# BARCELONE ET SES ENVIRONS

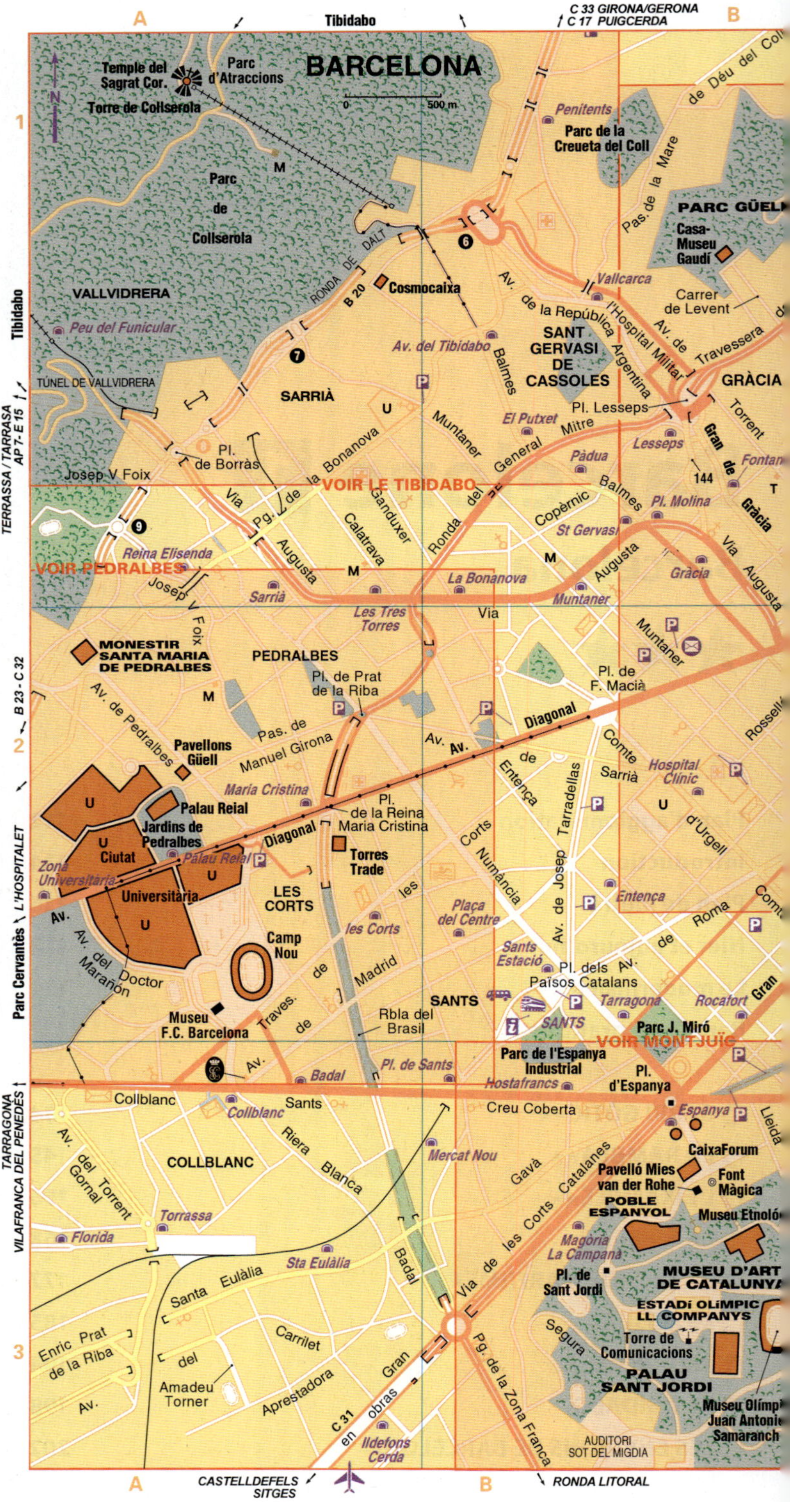

# BARCELONE

Casas : Lleó i Morera, Amatller, Batlló................ Y
Centre de Cultura Contemporàna de Barcelona (Centre d'Estudis i de Recursos Culturals)........... R
Museu Egipci de Barcelona.................................. M1

# Barcelone

**Barcelona**

★★★

1 621 537 Barcelonais (Barcelonins en catalan) – Province de Barcelona

## NOS ADRESSES PAGES 122, 143, 153, 166, 175, 183, 193, 197 ET 201

### S'INFORMER

Il existe plusieurs bureaux d'information touristique à Barcelone. Tous disposent d'un centre d'appels unique : ✆ 932 853 834 (réservation hôtels, infos générales…) et d'un site Internet très complet : **www.barcelonaturisme.com** donnant de nombreuses informations sur les manifestations, les pass et les hébergements. Notez enfin qu'ils sont tous fermés le 1er janv. et le 25 déc. Principales adresses à retenir :

**Catalunya** – *Pl. Catalunya, 17 (sur la place, en sous-sol, côté Corte Inglés) - 9h-21h.* Ce bureau principal, souvent pris d'assaut, peut s'occuper de votre hébergement.

**Aéroport** – *9h-21h - fermé 1er janv., Vend. saint, 1er Mai, 11 sept., 25 et 26 déc.* Un bureau dans chaque terminal.

**Estació de Sants** – *Pl. dels Països Catalans, dans le hall de la gare - de mi-juin à mi-sept. : 8h-20h ; reste de l'année : lun.-vend. 8h-20h ; w.-end et j. fériés 8h-14h.*

**Sant Jaume** – *Ciutat, 2 (Ajuntament) - lun.-vend. 9h-20h, sam. 10h-20h, dim. et j. fériés 10h-14h - fermé 1er janv. et 25 déc.* Recherches d'hébergements et informations diverses.

**Rambla** – *Rambla dels Estudis 115 -10h-21h.*

**Cabines d'informations** – *Plaça d'Espanya, Sagrada Familia, Mirador de Colom et autres lieux d'affluence.*

Pour vos escapades dans la région : **Turisme de Catalunya** – *Pg. de Gràcia, 105 - www.catalunyaturisme.com - lun.-sam. 10h-19h, dim. et j. fériés 10h-14h.*

*Les sites Internet dignes d'intérêt sont répertoriés dans « Nos adresses ». p. 122.*

### SE REPÉRER

Carte de région B2 (p. 110) – *carte Michelin Regional n° 574 H36 – plan Michelin Barcelone 1/12 000 n° 41.* Située entre les fleuves Besòs et Llobregat, et protégée à l'arrière par la serra de Collserola, la capitale de la Catalogne a su rester une agréable ville maritime à dimension humaine. Elle jouit d'un climat doux aux hivers agréables et aux étés chauds. La circulation à Barcelone est plutôt facile, que ce soit en transports en commun, bien organisés, ou en voiture, malgré quelques points très encombrés aux heures de pointe, en particulier les boulevards ceignant le centre-ville. Deux périphériques, la Ronda de Dalt, au nord-ouest, et la Ronda Litoral, le long de la mer, font le tour de la ville. On pénètre dans Barcelone par l'Avinguda Diagonal ou la Gran Via de les Corts Catalanes, qui traversent toute la ville et se rejoignent à la plaça de les Glòries Catalanes, au bas du quartier de l'Eixample. Dans ce quartier, la circulation est facilitée par la largeur des avenues à 4 ou 5 files de voitures en sens unique. Le grand nombre de scooters fluidifie le trafic automobile.

### SE GARER

Vous trouverez de nombreux parkings dans le centre-ville de Barcelone mais les tarifs sont élevés *(de 19 à 25 € la journée, voir liste p. 124)*. Le stationnement gratuit étant impossible, tâchez de trouver un arrangement avec un hôtel ou une pension pour vous simplifier la vie. Les parkings sont surveillés, cela vaut mieux : vols et dégradations ne sont pas rares sur les voitures immatriculées à l'étranger. Bref, abandonnez la voiture le plus tôt possible et empruntez les transports en commun, aussi simples que commodes. Le métro fonctionne bien, il est même climatisé l'été.

### À NE PAS MANQUER

Pour aller à l'essentiel, partez à la découverte de l'architecture moderniste du passeig de Gràcia et de la Sagrada Familia et flânez dans la vieille ville, notamment dans le quartier de la Ribera, haut lieu de la *movida* locale. Les amateurs d'art se rendront au musée d'Art contemporain (MACBA), au musée d'Art de Catalogne (MNAC) et au Museu Picasso. Si vous le pouvez, consacrez une soirée au Palau de la Música Catalana, pour assister à un concert dans un cadre exceptionnel.

### ORGANISER SON TEMPS

Comptez au minimum trois jours pour faire le tour des principaux sites de la ville. Planifiez à l'avance vos visites afin de profiter de réductions avec la *Barcelona Card (voir p. 125)*. Adaptez-vous au rythme de vie local : des matinées calmes, idéales pour visiter la ville, puis des dîners tardifs pour goûter à l'ambiance des bars et restaurants.

**Suggestion de programme pour un week-end de 3 jours à Barcelone :**

**Jour 1 :** promenade dans les ruelles du Barri Gòtic *(p. 134)* et de la Ribera *(p. 168)*, visites du Palau de la Mùsica Catalana *(p. 165)*, du Museu Picasso *(p. 169)* et de Santa Maria del Mar *(p. 172)*, soirée dans le Barri Gòtic. **Jour 2 :** visites de la Casa Milà *(p. 161)*, de la Casa Batlló *(p. 161)* et de la Sagrada Familia *(p. 162)*, suivies d'une flânerie au Parc Güell *(p. 164)*, soirée à Gràcia. **Jour 3 :** visite de Montjuïc (MNAC, Fundació Miró, Poble Espanyol…) *(p. 185)*, retour sur la Barceloneta en téléphérique *(p. 182)*, déjeuner en bord de mer suivi d'un après-midi plage ou shopping.

### AVEC LES ENFANTS

Côté nature, faites-leur découvrir les plages barcelonaises et les créatures fantastiques du parc Güell. Côté musées, découvrez ensemble ceux de la Science, du Chocolat, de Cire et le Musée maritime. Pour vous détendre en famille, profitez enfin de l'aquarium géant, du zoo du parc de la Ciutadella, du Poble Espanyol et du parc d'attractions du Tibidabo.

**Ouverte sur la mer, Barcelone, capitale économique et politique de la Catalogne, est l'une des villes les plus attrayantes et les plus cosmopolites de l'État espagnol. La magie de cette cité fascinante opère vite, que ce soit sur les élégantes avenues de l'Eixample ou dans les ruelles médiévales des quartiers anciens. Rares sont les villes mêlant avec un tel naturel tradition et modernité, art et histoire, culture et vie. Vous y découvrirez d'étonnants édifices modernistes, de magnifiques musées, de majestueuses églises gothiques coexistant sans complexe avec des boutiques au design décoiffant et des bars envahis en fin de journée par une jeunesse catalane volontiers exubérante.**

# BARCELONE ET SES ENVIRONS

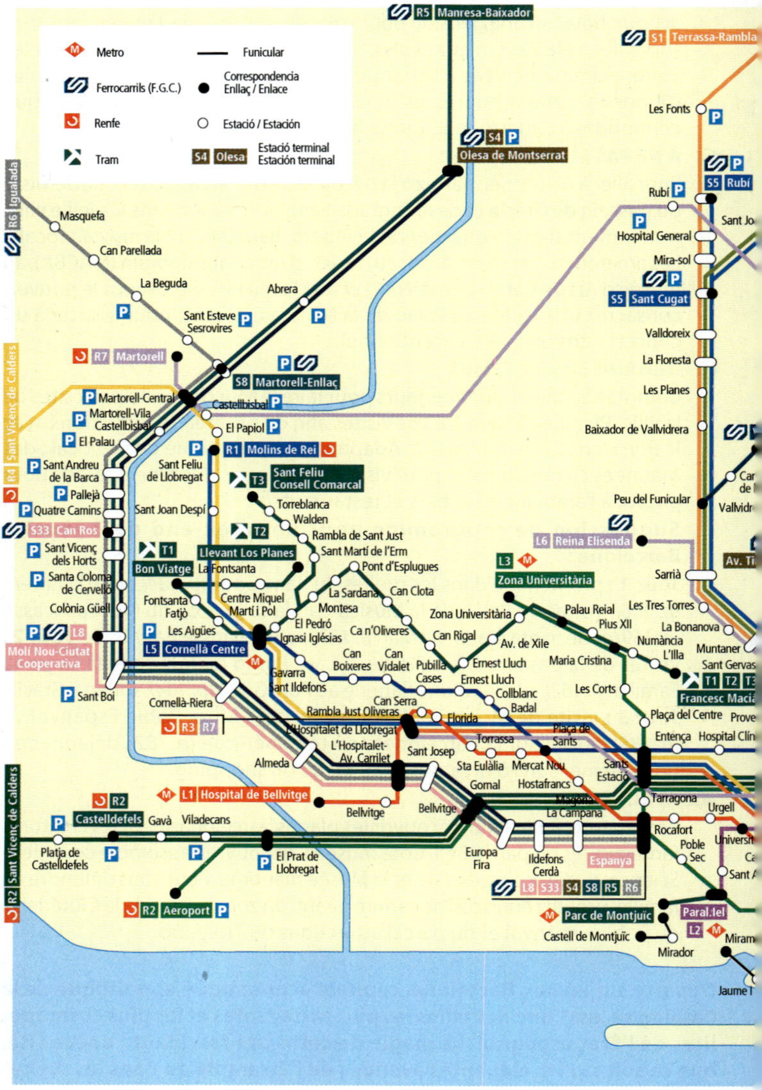

# BARCELONE

R4 Manresa
Sabadell Nord
S2 Sabadell-Rambla
Sabadell Centre
Sabadell-Estació
Sabadell Sud
Sant Quirze
S55 Universitat Autònoma
Bellaterra
Barberà del Vallès
Cerdanyola Universitat
Cerdanyola del Vallès
Sant Cugat del Vallès
Montcada i Reixac Santa Maria
Montcada i Reixac Manresa
Montcada Bifurcació
R3 Vic
Les Franqueses del Vallès
Granollers-Canovelles
Parets del Vallès
Mollet Santa Rosa
Santa Perpètua de Mogoda
Montcada Ripollet
Mollet Sant Fost
La Llagosta
Montmeló
Montcada i Reixac
R2 Nord
Maçanet-Massanes
R2
L11 Can Cuiàs
Ciutat Meridiana
Torre Baró Vallbona
Torre del Baró
Casa de l'Aigua
vidrera-Superior
Tibidabo
Vall d'Hebron
L5
Montbau
Mundet
Valldaura
Canyelles
L3
Trinitat Nova
Trinitat Nova L4
Trinitat Nova L11
El Coll La Teixonera
El Carmel
Roquetes
Pl. del Funicular
Penitents
L7
Horta
Vallcarca
Llucmajor
Via Júlia
Trinitat Vella
L9 Can Zam
Singuerlin
El Putxet
Vilapicina
Pàdua
Lesseps
Virrei Amat
Sant Andreu Arenal
Torras i Bages
Baró de Viver
Santa Coloma
Alfons X
Pl. Molina
Fontana
Guinardó Hospital de Sant Pau
Maragall
Congrès
Fabra i Puig
Sant Andreu Comtal
L1
Església Major
Fondo
Gràcia
Joanic
Sant Pau Dos de Maig
Camp de l'Arpa
L9 La Sagrera
Onze de Novembre
Can Peixauet
Diagonal
Verdaguer
La Sagrera
Navas
L10
Bac de Roda
Bon Pastor
Llefià
Girona
Sagrada Família
Encants
El Clot-Aragó
L4 La Pau
Artigues Sant Adrià
La Salut
Monumental
St. Martí
Verneda
L10 Gorg
Badalona Pompeu Fabra
Passeig de Gràcia
Tetuan
Can Jaumandreu
St. Martí de Provençals
Besòs
Encants de Sant Adrià
Sant Roc
L2
T5 Glòries
Gorg
Pep Ventura
Arc de Triomf
La Farina
Ca l'Aranyó
Esproceda
La Catalana
T5
R1
Urquinaona
Auditori Teatre Nacional
Pere IV
Alfons
Sant Joan Baptista
Marina
Fluvià
El Magnànim
Parc del Besòs
La Mina
T4 Estació de Sant Adrià
Jaume I
Bogatell
Poblenou
Besòs Mar
Wellington
Selva de Mar
Fòrum
Can Llima
Central Tèrmica del Besòs
Ocata
Llacuna
El Maresme Fòrum
Montgat
Barceloneta
T4 Ciutadella / Vila Olímpica
Badalona
Montgat Nord
El Masnou
R2 Estació de França
Maçanet-Massanes
L6 L7 S1 S2 S5 S55
Sebastià

# Hier et aujourd'hui

## ORIGINES

Selon la tradition locale, c'est Hercule (Heraklès) qui aurait fondé Barcelone. Sur un plan strictement historique, on sait que la région était occupée par les Ibères plusieurs siècles avant notre ère. Ils habitaient dans des bourgs parsemant la plaine située entre le Besòs et le Llobregat. Mais la cité n'est réellement fondée qu'en 237 av. J.-C. par les Carthaginois, avant de passer sous le contrôle des Romains. C'est sous l'empereur Auguste que **Bàrcino**, forme latine du nom ibère *Barkeno*, est élevée au rang de colonie romaine. C'était alors une modeste bourgade posée sur une petite butte, connue plus tard sous le nom de « Mons Taber » et aujourd'hui située au centre de la ville. Attirés par la proximité de la mer et par la douceur du climat, nombre d'anciens soldats romains se retirent dans la colonie et font la prospérité de la bourgade. Les remparts édifiés au 4e s. et le temple d'Auguste sont les principaux vestiges romains.

## L'ÉPOQUE DES COMTES

Après une brève domination musulmane, la ville, libérée par l'empereur Louis le Pieux, fait partie de l'Empire carolingien : elle se situe en limite de la Marche d'Espagne, zone frontière créée afin d'éviter une possible progression des musulmans vers le nord. La domination carolingienne se prolonge jusqu'au milieu du 10e s., moment où naît la Catalogne historique avec l'implantation définitive de la dynastie comtale à Barcelone sous le règne de Borrel II, descendant du mythique Wilfred le Velu (Guifré el Pelós), premier souverain indépendant.

Après s'être imposée aux autres comtés, une période de grande splendeur commence pour la ville : les comtes bâtissent la cathédrale, le palais épiscopal, la Pía Almoina, toujours dans un style roman très simple mais auquel les influences mozarabes et françaises combinées donnent toute sa personnalité.

Avec **Ramon Berenguer IV**, la maison comtale de Barcelone devient au 12e s. maison royale, apportant à la Couronne la prépondérance économique et politique. Avec le 13e s. débute une période de grande prospérité, Barcelone développant alors un important réseau commercial. Les navires transportant ses produits dominent le trafic maritime du bassin occidental méditerranéen. Ses marchands font aussi du commerce avec des contrées lointaines et les bénéfices spectaculaires qu'ils dégagent en font très vite les habitants les plus puissants de la ville *(voir « Carrer de Montcada », p. 168)*.

La puissance de la ville, devenue le centre politique de la couronne d'Aragon, se reflète rapidement dans son splendide développement architectural. On commence à construire des édifices gothiques échappant pratiquement à toute influence mudéjare. Pendant ces siècles, la ville forge sa personnalité, se dotant d'organes d'autogouvernement (Consell de Cent, Generalitat). C'est dans le Barri Gòtic que se concentrent tous les organes dirigeants, civils, royaux et religieux, faisant de ce quartier le symbole de la prospérité de la ville.

Avec le règne des Rois Catholiques, la Cour quitte Barcelone et la ville entre dans une période de décadence qu'accentue la découverte du Nouveau Monde, la plupart des activités commerciales étant transférées de la Méditerranée à la façade atlantique.

## LA GUERRE DE SUCCESSION D'ESPAGNE

Le 11 septembre 1714, après une résistance désespérée, Barcelone doit se rendre aux troupes du nouveau roi Bourbon d'Espagne, Felipe V. La prise de la ville met fin à la guerre de Succession au cours de laquelle la Catalogne a pris le parti de l'archiduc Charles d'Autriche contre celui de Philippe d'Anjou, candidat français au trône espagnol. L'assaut de Barcelone marque la déroute politique la plus importante de l'histoire de la ville et sa reddition a pour conséquence non seulement l'abolition de ses instances dirigeantes, comme la Generalitat et le Consell de Cent, mais aussi la perte de son autonomie politique. D'autres réformes politiques suivent, comme la suppression du système légal et constitutionnel et l'interdiction d'employer la langue catalane dans les écoles et les tribunaux. C'est à cette époque qu'est créé le quartier de la Barceloneta et, pour parer à d'éventuelles rébellions, que Montjuïc est fortifié et la citadelle élevée. On interdit aux Barcelonais de construire dans un rayon de 2 km en dehors des murs, ce qui correspond à la portée des canons. Cependant, ce siècle connaît une période de croissance démographique et économique sans précédent et, vers la fin du 18e s., le nombre d'habitants de Barcelone a triplé. Surgit alors une dynamique industrielle fondée sur la production et l'exportation d'articles en coton. Pendant cette époque, Barcelone consolide sa position de premier centre industriel de la péninsule Ibérique.

## DE LA BARCELONE INDUSTRIELLE À LA VILLE ACTUELLE

Barcelone est profondément remodelée par la révolution industrielle des 18e et 19e s. C'est alors que quelques-uns des secteurs emblématiques de la ville (les Ramblas ou la Barceloneta) acquièrent leur aspect actuel. Une période de forte croissance économique et démographique rend nécessaire la démolition des remparts (1854) et permet d'initier, avec le Plan Cerdà *(voir « L'Eixample : la modernisation de la ville », p. 158)*, un processus d'urbanisation qui transforme la ville en un important centre métropolitain. Barcelone augmente alors sa superficie en englobant les anciennes municipalités périphériques (actuels quartiers de Gràcia, Sants, Horta, Sarrià, Les Corts, Sant Andreu de Palomar, Sant Martí de Provençals).

L'**Exposition universelle de 1888** voit la consécration du modernisme, mouvement artistique lancé par la bourgeoisie barcelonaise *(voir p. 120)*. Avec le changement de siècle et les tentatives de l'anarcho-syndicalisme pour imposer son hégémonie (création de la CNT en 1911), Barcelone éprouve d'impitoyables luttes politiques. Après l'Exposition universelle de 1929, la ville prend un nouveau visage, tronqué par l'explosion de la guerre civile (1936-1939). La capitale catalane est l'une des villes où la répression de l'après-guerre est la plus sévère. Néanmoins, le rattrapage économique des années 1950 lui est favorable et le contexte politique et culturel lui permet d'affronter la transition démocratique. En recouvrant ses institutions et son autonomie, Barcelone retrouve également son rôle de capitale administrative, économique et culturelle. La célébration des **Jeux olympiques de 1992** s'accompagne du développement de grands projets d'urbanisme (remodelage de la façade maritime, restauration de la vieille ville, construction d'équipements à Montjuïc, aménagement de boulevards périphériques, etc.) et d'initiatives culturelles (Centre de culture contemporaine, réhabilitation du musée d'Art de Catalogne, création du musée d'Art contemporain de Barcelone, installations universitaires…), témoignant du dynamisme jamais démenti de la cité.

## Le modernisme

Le modernisme, qui se développa entre 1890 et 1920, est la version catalane personnalisée de mouvements similaires : l'Art nouveau en France, le Modern Style en Angleterre, le Jugendstil en Allemagne. L'architecture moderniste, fruit d'une recherche liée aux possibilités des nouveaux matériaux industriels et aux techniques modernes de construction, se distingue par l'adoption de lignes sinueuses, de différents éléments décoratifs comme les vitraux ou les *trencadís* (éclats de céramique) et l'usage du métal.

*Les principaux édifices modernistes se trouvent dans l'Eixample (voir p. 156). Pour plus de détails sur le modernisme, voir aussi le chapitre « Art et Culture » p. 74).*

### LES GRANDS ARCHITECTES

**Antoni Gaudí i Cornet** (1852-1926) – Né à Reus au sein d'une humble famille de chaudronniers, il fit ses études d'architecture à Barcelone tout en travaillant dans différents cabinets d'architectes et d'entrepreneurs. Sa production personnelle, réalisée en grande partie à Barcelone, peut se diviser en quatre étapes. La première étape, qui va de 1878, année de l'obtention de son diplôme, jusqu'à 1882, est marquée par la communion de l'architecte avec l'idéologie coopérativiste : toutes ses œuvres ont alors un caractère urbain et social et il construit notamment l'usine de la coopérative La Obrera Mataronense.

L'étape suivante va de 1883, où il commence à travailler sur le projet de la Sagrada Familia, à 1900. Cette période est caractérisée par une volonté marquée de dépasser l'historicisme en faveur d'une plastique et de structures architecturales propres, deux aspects clés pour comprendre le style Gaudí. Ce sont des années d'intense activité, où il fait la connaissance d'**Eusebi Güell** et construit notamment le palais Güell (1886-1891), les pavillons Güell (1884-1887), la maison Vicens (1883-1885) et la Casa de los Botines, à León (1891-1894). Cette période le voit faire un usage emphatique, très libre et personnel, de l'art musulman et des styles gothique et baroque. C'est aussi la période où Gaudí invente un nombre considérable de systèmes et de mécanismes, montrant par là ses idées révolutionnaires en matière d'architecture, surtout en ce qui concerne la finition d'intérieurs.

De 1900 à 1917 a lieu l'étape la plus novatrice, celle où il développe un style propre et original : le parc Güell (1900-1914), la Casa Milà – dite La Pedrera – (1906-1910) et la rénovation de la maison Batlló (1904-1906).

Casa Batlló, œuvre d'Antoni Gaudí.
A. Rodriguez / fotolia.com

De 1918 à sa mort accidentelle – il périt écrasé sous un tramway –, il est obsédé par la Sagrada Familia, cherchant à harmoniser les aspects symboliques de l'église et sa future fonctionnalité.
Homme intensément religieux, son attitude face à l'architecture témoigne d'une volonté de perfection absolue et apparaît comme la justification transcendantale de son travail et de son œuvre, le tout mêlé à un sentiment nationaliste très fort. Figure de proue du complexe mouvement moderniste, il a été, sans aucun doute, le meilleur architecte catalan et l'un des artistes les plus remarquables du 19e s. Son style mêle la dextérité manuelle et une recherche architecturale s'inspirant toujours des formes de la nature.
**Lluís Domènech i Montaner** (1850-1923) – Cet architecte, historien et politicien barcelonais étudia à Barcelone et à Madrid, où il obtint son diplôme en 1873. C'est en 1888, à l'occasion de l'Exposition universelle, qu'il réalisa ses premières œuvres originales : l'Hôtel International et le restaurant du parc de la Ciutadella. Ses œuvres les plus importantes, au style très personnel, utilisant la brique et le fer forgé et décorées de céramique vernie polychrome et d'abondants thèmes floraux, sont le palais de la Musique catalane (1905-1908), la maison Lleò i Morera (1905) et l'hôpital Sant Pau (1902-1912).
Ses recherches eurent surtout pour but de déterminer les caractéristiques d'un art national catalan. L'ensemble de son œuvre architecturale et sa personnalité en ont fait l'une des figures principales du modernisme. Il adhéra successivement à différents partis politiques, fonda aussi le journal *El Poble Català*, et sut faire la part tant à l'engagement politique qu'à l'écriture, en publiant des ouvrages sur l'architecture et l'histoire de la Catalogne.
**Josep Puig i Cadafalch** (1867-1956) – Architecte, historien d'art et homme politique né à Mataró, il dirigea en 1895 la construction de la maison Martí, où plus tard s'installa le populaire café Els Quatre Gats. Déjà s'y manifestent les caractéristiques de son style : appropriation des formes du gothique septentrional et prédominance des arts appliqués, que l'on retrouve à Barcelone dans la maison Amatller (1900), la maison Macaya (1901) et la maison Quadras (1905), dite Casa de les Punxes. De plus, il mena à bien plusieurs chantiers de restauration d'églises et donna un nouvel élan aux recherches archéologiques d'Empúries à travers l'Institut d'Estudis Catalans, dont il fut cofondateur.
Il adhéra à la Lliga de Catalunya et collabora aux hebdomadaires *La Veu de Catalunya* et *La Renaixença*, où ses articles étaient particulièrement percutants. Conseiller municipal, député provincial, il s'exila pendant la guerre civile espagnole à Paris où il poursuivit ses études sur l'art roman en Catalogne.

# BARCELONE PRATIQUE

## INFORMATIONS UTILES

*Les offices de tourisme sont répertoriés en début de chapitre.*

### Numéros utiles

**Barcelone information** – ✆ 010.
**Urgences diverses** – ✆ 112.
**Urgences médicales** – ✆ 061.
**Pharmacies de garde** – ✆ 934 810 060.
**Police nationale** – ✆ 091.
**Barcelona OK** – ✆ 906 301 282 (pour vous aider dans vos démarches en cas de vol).
**Trains** – Renfe (lignes internationales) : ✆ 934 90 11 22 ; Renfe (lignes intérieures) : ✆ 902 24 02 02.
**Poste centrale** – ✆ 934 868 050.
**Aéroport** – ✆ 932 98 38 38.
**Gare routière Barcelone Nord** – ✆ 932 656 508 et 902 260 606.

### Argent et change

Vous trouverez des **distributeurs de billets** un peu partout sur les principaux axes de la ville. Tous les campings autour de Barcelone en possèdent également.

Les principaux **bureaux de change** se trouvent à l'aéroport *(8h-23h)*, à l'Estació de Sants *(tlj sf dim. 8h-22h)*, à l'office de tourisme de la plaça de Catalunya (9h-21h). De plus, la plupart des banques, ainsi que les réceptions des grands hôtels, peuvent changer des devises.

### Renseignements sur Internet

**www.bcn.es** : site de la municipalité, en catalan, espagnol et anglais.

**www.barcelonaturisme.com** : site de l'office de tourisme, en catalan, espagnol, anglais et français.

**www.gencat.net** : site de la Généralité proposant des informations en catalan, espagnol, anglais et français.

**http://barcelona.lanetro.com** : tout type de renseignement sur Barcelone.

**www.barcelona-on-line.es** : abondante source d'information et liens avec d'autres pages, en catalan, espagnol et anglais.

**www.timeout.com/barcelona** : tout type d'information, en anglais.

**www.guiadelociobcn.es** : programme hebdomadaire très complet des cinémas, spectacles, expositions, etc. En espagnol.

## TRANSPORTS

Les aménagements urbains entrepris lors des Jeux olympiques de 1992 ont fait de Barcelone une ville aux communications aisées. Le quadrillage de l'Eixample s'est vu complété par la construction des « Rondas », boulevards périphériques de 40 km qui décongestionnent le centre *(voir « Se repérer » en début de chapitre)*.

### Aéroport de Barcelona El Prat

Il se trouve à 10 km au sud-est de la capitale catalane. La plupart des grandes compagnies sont désormais accueillies au nouveau terminal T1. ✆ *932 983 838.*

**Liaisons avec le centre-ville** – Le **bus A1** et **A2** conduisent depuis les terminaux T1 et T2 à la plaça de Catalunya via la plaça Universitat. Fréquence : toutes les 15mn entre 6h et 24h (aéroport), 5h30 et 23h15 (dans le sens du départ). Prix du billet : 5 € (AR 8,56 €). Comptez de 30 à 45mn.

Le **train** dessert la gare de Barcelona Sants (17mn de trajet), puis la plaça de Catalunya (23mn) et l'Arc de Triomf (26mn). Prix : 2,20 €. Fréquence : toutes les

30mn dans les deux sens entre 6h et 23h. Rens. sur www.renfe/es/cercanias/barcelona.

En **taxi**, comptez environ 25 € depuis le terminal T2 et 30 € depuis le T1 pour vous rendre au centre-ville, plus un supplément pour chaque bagage.

## Gares ferroviaires

**Estació de Barcelona-Sants** – *Pl. dels Països Catalans, s/n - ☎ 934 901 122 (lignes internationales) et ☎ 902 240 202 (lignes nationales) - www.renfe.es*. Gare de départ et d'arrivée des principales lignes nationales et internationales. Évitez les files d'attente ! De nombreux trains au départ de l'Estació de Sants marquent des arrêts en centre-ville aux gares **Passeig de Gràcia** et **Plaça de Catalunya**. Pour gagner du temps, tâchez d'attraper un train dans l'une de ces deux gares plutôt que de courir à l'Estació de Sants, un peu excentrée. En outre, vous attendrez moins pour l'achat des billets.

**Estació de França** – *Av. Marquès de l'Argentera, s/n, face au parc de la Ciutadella - ☎ 902 240 202*. Quelques lignes internationales, notamment depuis la France (gare d'Austerlitz).

## Gare routière

**Estació del Nord** – *Carrer d'Ali Bei 80, au nord de l'Arc de Triomf - ☎ 932 656 508 et 902 260 606*. La majorité des compagnies opérant à Barcelone y ont concentré leurs guichets. Départs et arrivées toutes destinations (Espagne et Europe), notamment des bus Eurolines *(voir en début d'ouvrage « Organiser son voyage ; Aller en Catalogne » p. 10)*.

## Transports en commun

Grâce à leurs horaires et à leur prix, ils sont un moyen privilégié pour parcourir la ville. Le métro, les chemins de fer de la Generalitat de Catalunya, les tramways, dont le « Tramvia Blau » (tramway historique desservant le Tibidabo), et les lignes d'autobus métropolitains permettent de rallier n'importe quel point de Barcelone. ♿ Accueil des personnes handicapées dans nombre de stations.

**Titres de transport** – Les tickets sont vendus dans les stations de métro aux guichets ou à des distributeurs automatiques (paiement en pièces, billets ou cartes de crédit). Le **bitllet senzill** (1,40 €) est valable pour un trajet unique (avec correspondance) et n'est valable que pour le métro ou le bus (le bitllet senzill d'autobús s'achète dans le véhicule).

Si vous séjournez plusieurs jours, vous aurez intérêt à vous procurer des **cartes (targetes)**, valables pour tous les transports urbains. La **T-Dia** est valable une journée pour un nombre de voyages illimités (de 5,90 € pour 1 zone à 16,90 € pour 6 zones). La **T-10** non nominative vous donne droit à 10 voyages, chacun limité à 1h15 (7,85 € pour 1 zone). Les **bitllets d'oci i Turisme** sont des cartes valables 2 j. (11,20 €), 3 j. (15,90 €), 4 j. (20,40 €) ou 5 j. (24,10 €).

Si vous êtes titulaires de la **Barcelona Card** *(voir p. 125)*, les transports sont gratuits pendant la durée de validité de la carte. Voir également **Barcelona Bus Turístic** *(p. 125)*.

**Métro** – *☎ 933 187 074 - www.tmb.cat*. Les stations de métro *(voir plan p. 116-117)* sont repérées sur les plans de ce guide (symbole ◉). Le réseau TMB compte 5 lignes : L1 (Hospital de Bellvitge / Fondo), L2 (Paral.lel / Pep Ventura), L3 (Zona Universitària / Trinitat Nova), L4 (Trinitat Nova / La Pau), L5 (Cornellà Centre / Horta), auxquelles s'ajoutent des prolongements périphériques

(L9, L10, L11). Les lignes L6, L7 et L8 relèvent des FGC (Ferrocarriles de la Generalitat de Catalunya, *voir « Trains régionaux » ci-contre*). Horaires des rames : dim.-jeu. 5h-0h ; vend.-sam. 5h-2h. Fréquence de 5 à 9mn selon les lignes. Notez que les rames sont climatisées l'été.

Dans certaines stations de métro (entrées à tourniquet), il faut introduire son ticket du côté gauche… Par ailleurs, sachez que les billets multivoyages ont une fâcheuse tendance à se démagnétiser.

**Autobus métropolitains** – *932 987 000 - www.tmb.cat.* Les nombreuses lignes permettent de se rendre facilement d'un point de la ville à un autre. Les bus de jour fonctionnent de 5h à 22h, quelques lignes de nuit (Nit Bus, reconnaissable au « N ») roulent entre 22h et 5h. La plupart des bus de nuit partent de la plaça de Catalunya. Un plan de bus est disponible à l'office de tourisme. Quelques lignes utiles : la 25 relie l'hôpital de la Santa Creu et la Sagrada Familia au parc Güell ; la 24 assure la liaison entre le parc Güell et le passeig de Gràcia (La Pedrera).

**Tramway** – *902 193 275 - www.trambcn.com.* Dim.-jeu. 5h-0h, vend.-sam. 5h-2h. Il compte 6 lignes : **T1, T2, T3** au départ de Francesc Macià jusqu'à Bon Viatge, Sant Martí de l'Em et Consell Comarcal ; la **T4** relie Estació de Sant Adrià à Ciutadella i Vila Olímpica ; la **T5** relie Glories à Gorg et la **T6** l'Estació de Sant Adrià à Gorg. S'y ajoute le Tramvia blau pour le Tibidabo.

**Funiculaires** – Funicular de Montjuïc : Paral.lel / Parc de Montjuïc ; Funicular del Tibidabo : Plaça del Funicular / Tibidabo ; Funicular de Vallvidriera : Peu del Funicular / Vallvidriera Superior. Les cartes de transports fonctionnent pour ces trois funiculaires.

## Taxi

Reconnaissables à leurs couleurs jaune et noir, les taxis constituent un moyen pratique et rapide de circuler dans Barcelone. Les taxis libres se repèrent à leur lumière verte sur le toit. Vous n'aurez aucun problème pour en trouver autour des principaux sites touristiques et en centre-ville. Le soir, vous pouvez aisément changer de quartier pour 5 à 10 €. La prise en charge coûte 1,80 €.

**Radio Taxi Barcelone** – *933 033 033.* **Servi Taxi** – *933 300 300.* **Taxis équipés pour les personnes handicapées** – *934 208 088, 933 222 222 ou 933 070 707.*

## Voiture

Même si l'on circule plutôt aisément dans Barcelone, ne comptez pas trop sur votre voiture pour la découvrir. D'une part les distances sont relativement courtes et la ville se découvre très aisément à pied ou grâce aux transports en commun, d'autre part les parkings affichent des tarifs élevés.

**Parkings**

**Gare routière Estació del Nord** – *À côté du métro Arc de Triomf ou Marina - Alí Bei, 54 - 932 658 164.* Parking vaste (2,67 €/h, 31,85 €/j.).

**Parking Urquinaona** – *Pl. Urquinaona, 11 - 933 188 941 (2,50 €/h, 20 €/j.).*

**Parking de Glòries** – *Pl. de les Glòries Catalanes - 932 651 047.* Un peu excentré mais plus économique (5 €/j., 20 €/ sem.).

**Parking Catalunya** - *Pl. de Catalunya.* Vaste et central, mais parfois bondé, situation oblige (comptez 15 €/24h).

Il existe également de nombreux parkings privés, souvent plus onéreux (et plus petits), mais qui peuvent se révéler bien pratiques… pour peu qu'ils soient situés près d'une bouche de métro.

La police barcelonaise ne plaisante pas avec le stationnement. Si la voiture est enlevée par la fourrière, les frais de gardiennage sont calculés à l'heure. Tâchez donc de la récupérer au plus vite en téléphonant (902 364 116). Un petit triangle portant votre numéro d'immatriculation, collé à l'emplacement où était garé le véhicule, permet de s'assurer que celui-ci n'a pas été volé…

**Location de voitures**

**Avis** – *902 13 53 31 (centrale de réservation) - www.avis.es.*

**Hertz** – *902 40 24 02 (centrale de réservation) - www.hertz.es.*

**Atesa** – *902 10 01 01 - www.atesa.es.*

Toutes ces sociétés possèdent plusieurs agences à Barcelone, à l'aéroport et en ville.

### Trains régionaux

**Ferrocarrils de la Generalitat de Catalunya –** *932 051 515 - www.fgc.es.* Ils relient la plaça d'Espanya aux villes de l'ouest de Barcelone comme Manresa ou Montserrat. Autres départ de la plaça de Catalunya pour Sant Cugat del Vallès et Terrassa.

Trois lignes urbaines : L6, L7 (Catalunya / Les Planes ou Av. Tibidabo) et L8 (Espanya / Molí Nou Ciutat Cooperativa). Fonctionnent avec les mêmes tickets que le métro.

### Vélo

138 km de pistes cyclables, voilà qui permet de circuler sans trop de danger. Prudence toutefois.

**Bicing** – Ces vélos en libre-service ne sont pas prévus pour les visiteurs occasionnels, aussi vaut-il mieux louer un vélo.

**Location** – **Barceloneta Bikes** – *Mestrança, 49 (Barceloneta) - 600 673 696.* 3 €/h, 10 €/j.

**Bike rental** – *Rauric, 20 (Barri Gòtic) ou Maspons, 12 (Eixample) - 666 057 655 - www.bikerentalbarcelona.com.* Possibilité de livraison à votre hôtel ou en tout lieu de votre choix. De 20 € à 25 € selon modèle pour 4h, 24 € à 30 € la journée.

## VISITE

### Horaires

Musées et monuments sont en général ouverts tous les jours sauf le lundi. Les jours fériés, l'horaire d'ouverture est restreint à la demi-journée.

### Billets combinés et réductions

Les cartes mentionnées ci-dessous donnent droit à différentes réductions :

**Barcelona Card** – *www.barcelonaturisme.com.* Valable 2 j. (27 €), 3 j. (33 €), 4 j. (37,50 €) ou 5 j. (44 €) consécutifs, elle permet l'accès gratuit à tous les transports en commun de Barcelone et aux principaux musées de la ville et donne droit à des réductions pour d'autres musées, des spectacles, loisirs, boutiques, bars et restaurants. Achat dans les offices de tourisme de la plaça de Catalunya et la plaça de Sant Jaume.

**Barcelona Bus Turístic –** Ce bus touristique (avec audioguides en 10 langues) est une manière commode de découvrir la cité en sautant de l'une à l'autre des trois lignes, rouge, bleue et verte (44 arrêts dont 6 points de correspondance).

La **ligne bleue** dessert depuis la plaça de Catalunya, la Ribera et le Barri Gòtic, la colline de Montjuïc et le passeig de Gràcia ; la **ligne**

**rouge** conduit à Pedralbes, au départ du Tramvia Blau (pour le Tibidabo), au parc Güell et à la Sagrada Familia ; la **ligne verte** dessert la Vila Olímpica et les plages de Poblenou.
Billet pour 1 j. (22 €, enf. 4-12 ans 14 €) ou pour 2 j. consécutifs (29 €, enf. 18 €). Achat de la carte dans les offices de tourisme ou dans les points de vente TMB. Les bus circulent de 9h à 20h30 (en hiver 19h, sf 25 déc. et 1er janv.) entre les 40 arrêts répartis dans Barcelone.
**La Ruta del modernisme** – *www.rutadelmodernisme.com. Voir « S'informer » dans « l'Eixample » p. 156.*
**Arqueo ticket** – Donne accès aux 5 musées possédant un fonds archéologique (14 €, valable un an).
**Articket** – *✆ 902 101 212 - 6 mois de validité - 22 €.* Permet de visiter 7 sites touristiques majeurs : le Museu National d'Art de Catalunya, la Fundació Joan Miró, la Fundació Antoni Tàpies, le Centre de Cultura Contemporània de Barcelona, le centre culturel Caixa Catalunya, le Museu d'Art Contemporani de Barcelona et le Museu Picasso.

## HÉBERGEMENT

La recherche d'un hôtel à Barcelone peut se révéler ardue. En raison du grand nombre de touristes et des prix accrus, il convient de réserver sa chambre dans un délai suffisant et d'en vérifier le coût au moment de la réservation. En effet, dans la plupart des établissements, les prix augmentent en haute saison (entre le printemps et l'automne). Sachez que la plupart des pensions et petits hôtels ne proposent pas de petit-déjeuner. Nous donnons ici un certain nombre d'adresses choisies pour leur situation, leur caractère ou leur rapport qualité-prix.
Cette sélection a été répartie en quatre catégories répondant à tous les budgets. Pour chacune, les hôtels sont classés dans l'ordre ascendant des prix.
Sauf mention contraire, les prix indiqués correspondent au tarif d'une chambre double en basse et haute saison, petit-déjeuner non compris *(voir le tableau p. 18, pour l'équivalence des catégories et des prix)*. Les établissements appliquent une taxe de 7 %, comprise dans les prix que nous indiquons.

### Barri Gòtic C2

Grand rendez-vous de la jeunesse internationale, le Barri Gòtic, au cœur de Barcelone, affiche une forte concentration d'auberges de jeunesse et d'hébergement bon marché.
Les hôtels sélectionnés ci-après sont positionnés sur le **plan du Barri Gòtic p. 135**, et repérables grâce à des pastilles numérotées en bleu (①). Ces numéros sont indiqués à la suite du nom de chaque établissement.

#### BUDGET MOYEN

**Pensio Coral** ⑨ – *Calella, 1 - Jaume I - ✆ 933 176 841 - www.hostalcoral.com - 25 ch. : 63 €.* Bon rapport qualité-prix pour cette pension bien située, au sud de la pl. Sant Jaume, et assez récemment agrandie et rénovée. Les chambres sont impeccables, lumineuses et équipées d'un frigo.
**Hostal Levante** ③ – *Bxd. de Sant Miquel, 2 - Liceu - ✆ 933 179 565 - www.hostallevante.com - 53 ch. : 55/65 € - 7 appart. pour 4 à 9 pers. 30 €/pers.* Accueil très sympathique dans un vieux bâtiment du quartier. De grandes chambres sont réparties sur plusieurs étages autour d'une cour intérieure. Basique, mais d'un bon rapport qualité-prix.

**Hostal Layetana** ① – *Pl. Ramon Berenguer el Gran, 2 - Jaume I - 933 192 012 - www.hostallayetana.com - 20 ch. : 62/65 €.* Bien située au cœur du Barri Gòtic, cette pension familiale dispose de chambres propres avec ou sans salle de bains, certaines avec vue sur les murailles de la cathédrale. Terrasse et vaste salon communs.

**Hotel Call** ⑦ – *Arc de Sant Ramon del Call, 4 - Liceu - 933 021 123 - www.hotelcall.net - - 26 ch. : 70 €.* Hôtel sobre et bien tenu, bénéficiant d'un bon emplacement au cœur du Barri Gòtic. Les chambres sont spacieuses et claires. Bon rapport qualité-prix pour un établissement de cette gamme. Réduction de 5 % à partir de 3 nuits.

**Hostal Sol i K** ⑤ – *Cervantes, 2, 2° 1a - Liceu - 933 188 148 - www.solyk.com - 14 ch. : 55/80 €.* Un des rares hôtels du centre à la fois abordable et plein de style ! Moderne et lumineuse, chaque chambre est différente, décorée avec goût : poutres apparentes, tête de lit travaillée par des artistes locaux en mosaïques, Skaï capitonné, bois… Avec ou sans salle de bains privée, la plupart des chambres ouvrent sur un petit balcon. Sanitaires communs impeccables et accueil attentionné. Une bonne adresse ! Accès Internet wifi.

### UNE FOLIE

**Hotel Barcelona Catedral** ⑥ – *Capellans, 4 - Catalunya ou Liceu - 933 042 255 - www.barcelonacatedral.com - - 80 ch. : 125/295 € - 18,50 €.* Superbement situé à deux pas de la cathédrale, cet hôtel moderne propose des chambres vastes, dotées de tout le confort et décorées avec beaucoup de goût. Beau patio intérieur pour se poser au calme entre deux balades, et agréable terrasse. Une excellente adresse.

## La Rambla C2

Idéal pour être au cœur de Barcelone, le quartier des Ramblas compte de nombreux hôtels, des plus délabrés aux plus luxueux. D'une manière générale, ces établissements présentent l'inconvénient d'être bruyants de jour comme de nuit. Attention : côté Raval (l'ancien Barri Xino), les nuits sont parfois agitées, et certaines rues pas toujours très sûres…

Les hôtels sélectionnés ci-après sont positionnés sur le **plan de la Rambla p. 148**, et repérables grâce à des pastilles numérotées en bleu (①). Ces numéros sont indiqués à la suite du nom de chaque établissement.

### BUDGET MOYEN

**Huespedes Fontsomera** ⑨ – *Tallers, 6-8 - Catalunya - 933 017 168 - - 8 ch. : 49/65 €.* À une vingtaine de mètres de la Rambla et proche de la plaça de Catalunya, agréable petite pension offrant un bon rapport qualité-prix. Les chambres sont bien tenues et relativement vastes pour Barcelone.

**Hostal La Terrassa** ⑧ – *Junta del Comerç 11 (Raval) - Liceu - 933 025 174 - www.laterrassa-barcelona.com - - 47 ch. : 45/70 €.* Bonne adresse, très bien située (derrière le Liceu) dans une rue relativement calme la nuit, qui doit son nom à l'agréable terrasse de l'immeuble. Chambres avec ou sans salle de bains. Attention, certaines sont sans fenêtres ! Un bon rapport qualité-prix.

**Hotel Condal** ① – *Boquería, 23 - Liceu - 933 181 882 - www.hotelcondal.es - 53 ch. : 86 € - 3 € env.* À deux pas de la Rambla,

1

sur une rue commerçante conduisant au cœur du Barri Gòtic. Chambres très confortables et bien tenues, agencées autour d'un puits de lumière traversant tout l'immeuble. Pour le calme, préférez les étages du haut.

**Hotel Gat Xino** ⑥ – *Del Hospital, 155 (Raval) - Sant Antoni - 933 248 883 - www.gatxino.com - - 35 ch. : 95 €.* Atmosphère branchée et décoration design scandinave dans les tons vert et blanc. Les chambres sont fonctionnelles, soignées et confortables. Grande terrasse *lounge* avec vue sur les toits. Séjour minimum de deux nuits exigé.

#### POUR SE FAIRE PLAISIR

**Hotel Continental** ③ – *Rambla de Canaletes, 138-2º - Catalunya - 933 012 570 - www.hotelcontinental.com - 35 ch. : 97/117 €* . Dans la partie haute de La Rambla, non loin de la célèbre fontaine de Canaletes. Les chambres ont un style bien différencié. Le goût anglais domine avec la profusion des tissus et des rideaux. Certaines sont équipées d'un micro-ondes.

**Hotel Cortés** ⑤– *Santa Ana, 25 - Catalunya - 933 179 112 - www.hotelcortes.com - 48 ch. : 125 €* . Sans le moindre charme mais fonctionnel et bien situé dans une rue piétonne à deux pas de la Rambla et de la plaça de Catalunya. Confort convenable et vue plongeante sur l'église Santa Ana pour les chambres qui donnent sur l'arrière.

**Hotel Gaudí** ⑦ – *Nou de la Rambla, 12 - Liceu - 933 179 032 - www.hotelgaudi.es - - 73 ch. : 128 €* . Situé en face du palais Güell. Hall dans le goût moderniste. Les chambres sont spacieuses ; celles des étages supérieurs sont dotées de terrasses ménageant une vue surprenante sur la ville et les toits du palais Güell.

#### UNE FOLIE

**H10 Racó del Pí** ⑪ – *Del Pí, 7 - Liceu - 933 426 190 - www.h10hotels.com - 37 ch. : 189/209 € - 16 €.* Dans une rue piétonne à deux pas de la célèbre plaça del Pí, un immeuble du 18e s. abrite cet hôtel raffiné au décor intérieur mêlant l'ancien à un design résolument contemporain. Chambres confortables, accueil agréable et situation unique.

### L'Eixample B-D 1-2

Côté hébergement, le très chic quartier de l'Eixample affiche une offre nettement plus dispendieuse que la vieille ville. On y trouve la plupart des hôtels de luxe de Barcelone.

Les hôtels sélectionnés ci-après sont positionnés sur le **plan de l'Eixample p. 157**, et repérables grâce à des pastilles numérotées en bleu (①). Ces numéros sont indiqués à la suite du nom de chaque établissement.

#### BUDGET MOYEN

**Hostal Central** ⑤ – *Ronda Universitat, 11 - Universitat - 933 022 420 - www.hostal-central.net - 16 ch. : 62 €.* Dans un immeuble rénové, les chambres, avec ou sans salle de bains, peuvent accueillir jusqu'à 4 personnes. Claires et propres, certaines disposent d'un balcon. Café ou thé offert le matin. Atmosphère conviviale.

**Hostal HMB** ③ – *Bonavista, 21 - Diagonal - 933 682 013 - www.hostalhmb.com - 13 ch. : 60/70 €.* Située dans une ruelle calme à deux pas de la fameuse Pedrera, cette pension tenue par un Français amoureux de la région propose des chambres modernes et coquettes avec salle de bains privée, certaines avec balcon. Elle dispose aussi d'une vaste chambre avec terrasse pour 4 pers. *(107 €).*

**Hesperia Carlit** ① – *Diputació, 383 - Tetuán - 935 052 600 et 902 397 398 (centrale de réservation) - www.hoteles-hesperia.es - - 38 ch. : 64/95 € - 10,50 €.* Hôtel récent de la chaîne Hesperia qui, fidèle à son image, a très joliment réhabilité un vieil édifice moderniste et décoré les chambres avec beaucoup de soin. L'emplacement est plutôt bien trouvé, dans une partie de l'Eixample où fourmillent les petits bars et restaurants.

**Hotel Ginebra** ⑧ – *Rambla de Catalunya, 1 - Catalunya - 933 171 063 - www.hotelginebra.net - - 11 ch. : 92 €.* Dans un bel immeuble bourgeois, de belles chambres fort bien tenues. Celles donnant sur la plaça de Catalunya sont dotées d'un double vitrage, ce qui limite heureusement le bruit. Très bon emplacement au cœur de Barcelone. Chiens acceptés.

**Hotel Urquinaona** ⑨ – *Ronda de Sant Pere, 24 - Urquinaona - 932 681 336 - www.hotelurquinaona.es - - 18 ch. : 98,50 € - 5,75 € - rest. 10/18 €.* Petit hôtel central attirant une clientèle jeune. Chambres fonctionnelles et très bien tenues aux murs en stuc. Sanitaires modernes, salle Internet et modeste salon où le petit-déjeuner est servi.

POUR SE FAIRE PLAISIR

**Hotel Paseo de Gracia** ⑪ – *Pg. de Gràcia, 102 - Diagonal - 932 155 824 - www.hotelpaseodegracia. es - - 33 ch. : 95/115 € - 4 €.* Une affaire familiale qui tourne depuis 40 ans et dispose de chambres confortables et joliment décorées réparties entre les 6e, 7e et 8e étages. Si vous avez le choix, optez pour celles du 8e avec balcon et vue plongeante sur le passeig. Le salon cossu aux canapés en cuir ne manque pas de charme. Une bonne adresse, réservation vivement conseillée.

**Hotel Granvía** ⑦ – *Gran Vía de les Corts Catalanes, 642 - Catalunya - 933 181 900 - www.hotelgranvia.com - - 53 ch. : 82/120 € - 11,45 €.* Cette ancienne résidence de banquier datant du 19e s. fut transformée en hôtel en 1936. Un charme incontestable et des prix relativement modérés.

## La Ribera C-D 2

Idéal pour les sorties nocturnes, cet ancien quartier de pêcheurs n'a qu'une offre d'hébergement très limitée.

Les hôtels sélectionnés ci-après sont positionnés sur le **plan de la Ribera p. 171**, et repérables grâce à des pastilles numérotées en bleu (①). Ces numéros sont indiqués à la suite du nom de chaque établissement.

PREMIER PRIX

**Pensió Ciudadela** ⑤ – *Del Comerç, 33 - Barceloneta - 933 196 203 - www.pension-ciudadela.com - - 10 ch. : 57 €.* Les chambres repeintes par le sympathique propriétaire sont d'un goût très personnel (bleu vif et motifs marins), mais restent de bonnes dimensions, propres et bien équipées... et la pension n'est qu'à deux pas du mercat del Born.

BUDGET MOYEN

**Hotel Hesperia Metropol** ③ – *Ample, 31 - Jaume I - 933 105 100 - www.hesperia-metropol.com - - 71 ch. : 60/195 € - 11,50 €.* Ce plaisant hôtel est proche du front de mer, dans une petite rue du vieux quartier, entre la poste et la basilique de la Mercè. Ravissant vestibule dans un patio fermé. Chambres spacieuses et fonctionnelles.

1

**Pensió 2000** ⑦ – *Sant Pere Més Alt, 6 - Urquinaona - ✆ 933 104 252 - www.pensio2000.com - 7 ch. : 75/80 € - ☕ 6 €.* Impeccablement tenue, cette pension familiale installée dans un grand appartement au calme, dispose de chambres spacieuses et claires avec ou sans salle de bains, et d'un agréable patio intérieur où est servi le petit-déjeuner. Une bonne adresse qui se remplit vite, réservez.

**Hotel Banys Orientals** ① – *Argenteria, 37 - Jaume I - ✆ 932 688 460 - www.hotelbanysorientals.com - ▤ - 56 ch. : 100 € - ☕ 10 €.* Cet ancien édifice restauré avec goût dissimule l'un des plus charmants hôtels design de Barcelone. Lignes épurées, parquet couleur ébène, lits à baldaquin modernes, les chambres allient confort et élégance. Son restaurant, le Senyor Parellada, est excellent.

## La façade maritime C-D 2-3

Le logement dans la Barceloneta ou à proximité n'est pas plus cher que dans la vieille ville, mais plus rare. Idéal pour ceux qui souhaitent surtout profiter de la plage.

Les hôtels sélectionnés ci-après sont positionnés sur le **plan de la façade maritime p. 181**, et repérables grâce à des pastilles numérotées en bleu (①). Ces numéros sont indiqués à la suite du nom de chaque établissement.

### PREMIER PRIX

**Pensió Palacio** ⑦ – *Pg Isabel II, 10 - Barceloneta - ✆ 933 193 609 - 10 ch. : 50/60 €.* Accueil très agréable dans cette pension discrète et bien située pour ceux qui veulent profiter de la plage et des lieux de sortie de la Ribera. Les chambres sont correctes, avec salles de bains communes ou privées. Accès Internet gratuit et petite cuisine à disposition.

### BUDGET MOYEN

**Pensión Segre** ⑨ – *Simon Oller, 1 - Drassanes - ✆ 933 150 709 - www.pension45.com - 24 ch. : 70 €.* Cette pension sobre mais bien tenue jouxte l'église de la Mercè proche de la Barceloneta. En optant pour l'une des deux vastes chambres (6 et 8 pers.) dotée de balcons, vous bénéficierez d'un prix avantageux. Idéal en famille ou entre amis.

**Hotel Folch Marina** ③ – *Del Mar, 16 - Barceloneta - ✆ 933 103 709 - www.hotelmarinafolchbcn.com - ▤ - 11 ch. : 70 €.* En cas d'absence, s'adresser au restaurant Perú de l'autre côté, au même niveau, sur le passeig Joan de Borbó. Compte tenu de l'emplacement, bon rapport qualité-prix pour cet hôtel très bien tenu, aux chambres modernes et donnant sur le port. Les chambres du dernier étage ont un petit balcon.

**Hotel Oasis** ⑤ – *Pl. del Palau, 17 - Barceloneta - ✆ 933 194 396 - www.hoteloasisbarcelona.com - ▤ -105 ch. : 80/101 € - ☕ 8 €.* Bien situé à quelques pas du port, cet hôtel propose des chambres basiques, peut-être un peu trop pour le prix, mais néanmoins bien tenues et bien équipées. Salles de bains spacieuses.

**Hesperia del Mar** ① – *Espronceda, 6 (au coin du pg Garcia Parla) - Poblenou - ✆ 935 029 700 - www.hesperiadelmar.es - ▤ - 84 ch. : 64/111 € - ☕ 15 €.* Situé à proximité de la plage de la Nova Mar Bella, cet hôtel fonctionnel dispose de chambres bien équipées dotées de mobilier moderne. Idéal pour un séjour balnéaire…

## EN SOIRÉE

Les quartiers les plus fréquentés la nuit sont **le Raval,** parfois un peu « limite » (dans le quartier de la Rambla), le quartier de la **plaça Reial** (entre Rambla et Barri Gòtic), la **Vila Olímpica** (clientèle internationale et branchée dans les boîtes du front de mer), l'**Eixample** (surtout par la communauté gay, d'où son surnom de Gayxample) et **Pedralbes** (boîtes chic pour la jeunesse dorée).

**Jamboree** – *Pl. Reial, 17 - Liceu - 933 017 564 - tlj jusqu'à 5h.* Une belle cave voûtée en pierres accueille jazzmen locaux et internationaux (dont Chet Baker dans les années 1960), et des concerts de soul, de funk, etc. Ambiance décontractée.

**La Paloma** – *Tigre, 27 - Universitat - 933 016 897 - jeu.-sam. 6h-9h30, 11h30-5h, dim. 6h-9h30.* Une des salles les plus populaires et les plus réputées de Barcelone. Depuis 1904, date de son ouverture, elle n'a cessé d'être la référence des nostalgiques qui dansent au rythme de son orchestre. Bonne alternative aux nombreuses discothèques actuelles.

**Luz de Gas** – *Muntaner, 246 - Universitat - 932 097 711 - www.luzdegas.com - tlj sf dim. à partir de 23h.* Un ancien théâtre Belle Époque héberge ce bar fréquenté par les plus « branchés ». Un jour par semaine, spectacles musicaux divers (country, jazz, soul et salsa).

**Otto Zutz** – *Lincoln, 15 - Fontana - 932 380 722 - tlj sf lun. 23h-5h.* Joue en alternance les rôles de discothèque et de salle de spectacles.

**Luz de Gas (Port Vell)**– *Moll del Diposit - Barceloneta - 934 842 326 - www.luzdegas.com - avr.-sept. : 12h-3h.* L'un des bars les plus courus pendant les mois d'été « mouille » au port. Sa terrasse se déroule sur le quai tandis que les touristes recherchent plutôt une place à l'intérieur du séduisant bateau en bois. Musique et piste de danse.

**Mojito Bar** – *Moll d'Espanya-Maremàgnum, Local 059 - Drassanes - à partir de 17h.* L'une des adresses les plus prisées du Maremàgnum, où le choix de musique caribéenne est particulièrement soigné.

**Marina Port Olympic** – *Pg Maritime Port Olympic - Ciutadella-Vila Olímpica.* La marina est très vite devenue l'une des principales zones animées de Barcelone. Forte concentration d'établissements pour tous les goûts (restaurants, pubs, établissements de restauration rapide, cafés, glaciers, et bars attrayants comme le Gran Casino). Discothèques variées : à noter l'immense Luna Mora qui ne désemplit pas.

**La Terrazza** – *Av. Marquès de Comillas - Espanya - 934 231 285 - www.laterrrazza.com - vend.-sam. 0h-6h de juin à sept., 15-20 €.* Envie de danser à l'air libre ? Ne manquez pas l'institution estivale des noctambules barcelonais : un club à ciel ouvert au cœur du Poble Espanyol depuis 1995. Programmation musicale soignée (électro, house, funk) et ambiance festive.

**Bikini** – *Déu i Mata, 105 - Maria Cristina - 933 227 254 - tlj sf lun. à partir de 23h.* Située dans l'Illa Diagonal, cette discothèque animée accueille également des concerts.

## SPECTACLES

Plaça de Catalunya, juste à côté de l'office du tourisme, le bureau de la **Caixa Catalunya** (9h-21h30) offre des réductions de 50 % pour les représentations de théâtre.

1

**Publications** – Hebdomadaires, la *Guía del Ocio* et le *Time Out* sont des mines d'informations pour connaître les activités culturelles. *La Butxaca*, un mensuel gratuit propose une programmation jour par jour des concerts et spectacles. L'Institut culturel édite chaque semestre la *Guía de los Museos de Barcelona*, mine d'informations sur les expositions, les horaires d'ouverture, les tarifs, etc. On peut trouver à l'aéroport et dans les bureaux de tourisme toute la gamme des publications éditées par le service d'Indústria, Comerç i Turisme de la Généralité de Catalogne.

**Cinémas** – Les séances commencent en général vers 16h et s'achèvent après minuit, une séance supplémentaire *(extra)* ayant lieu le vendredi et le samedi passé minuit. Quelques salles proposent des réductions certains jours de la semaine, généralement le lundi ou le mercredi (jour du cinéphile). Les salles de cinéma **Verdi, Casablanca** et **Renoir** projettent en général des exclusivités ; la **Filmoteca de Catalunya** propose des cycles consacrés à des metteurs en scène de prestige.

**Théâtres** – Barcelone compte de nombreuses salles réputées. Le **Teatre Nacional de Catalunya**, le **Lliure**, le **Poliorama** et le **Mercat de les Flors** sont quelques-unes des salles les plus prestigieuses.

**Salles de spectacle** – Les grands concerts pop qui se donnent à Barcelone ont en général pour cadre le **Palau Sant Jordi**, le **vélodrome d'Horta**, la **plaça de Toros Monumental** et le **Sot del Migdia**, situé au centre même de Montjuïc.

Le **Festival del Grec** commence fin juin et se prolonge jusqu'à la première semaine d'août, sur plusieurs scènes, parmi lesquelles le **Teatre Grec de Montjuïc**. Le **Festival de Tardor**, similaire au précédent mais moins connu, se déroule en automne. Le **Palau de la Música Catalana**, le **Gran Teatre del Liceu** et l'**Auditori** sont les salles de concerts les plus importantes de Barcelone.

**Tauromachie** – Barcelone reste la seule ville de Catalogne à organiser des corridas. Elles se déroulent à la **plaça de Braus Monumental** *(Gran Via de les Corts Catalanes, 747-749 - Ⓜ Monumental, voir p. 163)* entre la fin avril et les fêtes de la Mercè (fin sept.), à raison d'une vingtaine par saison. Guichets sur place. Inutile de réserver à l'avance sauf pour les affiches exceptionnelles. Billets de 25 à 100 €. Notez que l'accès aux corridas est (en principe) interdit aux moins de 14 ans.

### PLAGES

☺ Depuis 1992, sept **plages de sable** ont été aménagées de part et d'autre du Port Olímpic. Surveillées et équipées en saison, elles sont l'un des atouts de Barcelone.

### Au sud du Port Olímpic

**Platja Sant Sebastià** – Ⓜ *Barceloneta*. Centrale, plutôt familiale, bondée l'été.

**Platja Barceloneta** – Ⓜ *Barceloneta*. À 20mn à pied des Ramblas, touristique et bondée l'été. Nombreux surfeurs.

### Au nord du Port Olímpic

**Platja Nova Icária** – Ⓜ *Ciutadella*. L'une des plus prisées, des sportifs (surtout les volleyeurs) comme des familles.

**Platja del Bogatell** – Ⓜ *Poblenou/Llacuna*. Petite plage assez calme, familiale.

**Platja de la Mar Bella** – Ⓜ *Selva de Mar*. Avec une zone nudiste.

**Platja de la Nova Mar Bella** – *Selva de Mar/Besòs Mar.* Appréciée pour sa palette de sports nautiques.
**Platja del Llevant** – *El Maresme.* Dernière-née des plages de Barcelone (2006). La moins fréquentée car la plus éloignée.

## AGENDA

**Fira de Reis (arrivée des Rois mages)** – *6 janvier.* Dans l'après-midi, les Rois mages arrivent à Barcelone par bateau. Après cet étrange débarquement, en début de soirée, évolue un long défilé sur les principales artères. Au cours de cette manifestation sont distribués des bonbons.
**Carnaval** – *Février.* Le carnaval barcelonais dure une semaine et prend fin avec « l'enterrement de la sardine », le mercredi des Cendres.
**Sant Jordi** – *23 avril.* Fête de saint Georges, patron de Catalogne Le même jour que la Sant Jordi, date anniversaire de la mort de Cervantès, a lieu le **Jour du livre et de la rose** (Dia del Llibre i de la Rosa), qui voit traditionnellement les amoureux échanger un livre et une rose : les Ramblas deviennent alors une immense librairie en plein air.
**Fira de Sant Ponç** – *Le 11 mai, dans la rue de l'Hospital.* De nombreux vendeurs proposent plantes aromatiques et médicinales, miel, confitures, etc. Cette vente marque le début de la Fira de Sant Ponç.
**« Comment danse l'œuf » (Ou com balla)** – *En juin, fête associée à la Fête-Dieu.* Sur le jet d'eau du cloître de la cathédrale (ainsi que dans d'autres édifices du Barri Gòtic), un œuf « danse » toute la journée sans jamais toucher le sol.
**Verbena** – *La veille du 24 juin, fête de Sant Joan (Saint-Jean).* La *Verbena* est une kermesse pendant laquelle Barcelone devient un « enfer » où éclatent les pétards et crépitent les feux d'artifice. Les « diables » participent au *contrefoc*, spectacle pyrotechnique très animé. Les gens envahissent les rues et la fête se prolonge jusqu'au petit matin. Par tradition, on mange la *coca* – tarte décorée de pignons, de fruits ou de crème fraîche – et on boit le *cava* (vin pétillant).
**Festa major de Gràcia** – *6 jours à partir du 15 août.* Une fête de quartier à ne manquer sous aucun prétexte, pour son ambiance, comme pour les décors parfois délirants des églises.
**Fête nationale** – *11 septembre.* Elle commémore l'entrée dans Barcelone des troupes de Felipe V.
**Festes de la Mare de Déu de la Mercè** – *24 septembre.* Quand tous les géants et grosses têtes de Catalogne se retrouvent avec les *correfocs* (dragons crachant le feu) pour défiler dans les rues.
**Fira de Santa Llúcia** – *8 décembre.* La foire de sainte Lucie permet d'acheter tous les articles de décoration et objets spécifiques à Noël. Une foire analogue se déroule devant la Sagrada Familia.
**Cant de la Sibil.la** – *24 décembre.* À l'église Santa Maria del Mar, cérémonie liturgique de grande beauté, remontant au Moyen Âge.

# Barri Gòtic

★★

## NOS ADRESSES PAGES 122 ET 143

**S'INFORMER**
**Point d'information touristique Sant Jaume** – *Ciutat, 2 (Ajuntament) - lun.-vend. 9h-20h, sam. 10h-20h, dim. et j. fériés 10h-14h - fermé 1er janv. et 25 déc.*

**SE REPÉRER**
Plan de Barcelone C2 (p. 112-113), plan de quartier (ci-contre) – Le Barri Gòtic s'étend au sud-est de la plaça de Catalunya jusqu'à la façade maritime, délimité à l'est et à l'ouest par la via Laietana et la Rambla. Quatre stations de métro situées à la lisière de ce quartier permettent d'y accéder : Catalunya (L1/L3) au nord, Drassanes (L3) au sud, et Liceu (L3) toutes deux sur la Rambla, et Jaume I (L4) à l'est sur la via Laietana.

**À NE PAS MANQUER**
La plaça del Rei, poumon du quartier gothique, bordée par certains des plus beaux bâtiments médiévaux de la ville.

**ORGANISER SON TEMPS**
Effectuez votre visite du quartier en suivant un axe nord-sud. Vous aurez ainsi moins de monde en matinée à la cathédrale, et pourrez conclure votre journée par une promenade tardive le long de la façade maritime.

**Au cœur de la ville, dans un dédale de rues bordées de vieux bâtiments, le Barri Gòtic reste l'un des quartiers les plus vivants de Barcelone. Ainsi appelé en raison de ses bâtiments gothiques des 13e, 14e et 15e s., il est, en fait, beaucoup plus ancien puisqu'on y a trouvé des vestiges romains. De cette période subsistent des parties de la muraille barcelonaise (4e s.), visibles en certains endroits. Au cours du 19e s., la plupart des monuments ont fait l'objet d'une soigneuse restauration, qui a donné au quartier son élégante physionomie. L'avenue piétonne Portal de l'Àngel, qui quitte la plaça de Catalunya pour pénétrer le quartier, et la rue Portaferrissa et ses voisines, qui le relient à la Rambla, comptent parmi les rues les plus commerçantes et les plus fréquentées du quartier.**

## Se promener Plan de quartier

### Plaça Nova

C'est ici, sur un ces replats formés par les portes de la ville, que commençait l'extrême ouest du *cardo* romain, auquel on accédait par une porte flanquée de deux tours cylindriques qui subsistent encore de nos jours. La place fut aménagée à partir de 1355, lors de la première extension de la ville. Les dimanches et jours fériés, les Barcelonais se rassemblent ici pour danser les populaires sardanes. Sur le côté gauche, la place est fermée par la façade baroque du **Palau del Bisbat** (palais épiscopal). En face, le **Col.legi d'Arquitectes**, arbore des sgraffites de Picasso.
*Prendre l'étroite carrer dels Arcs.*

## Dalí Barcelona

*Arcs, 5 - ✆ 933 181 774 - www.dalibarcelona.com - tlj 10h-22h - 8 €.*
Siège du Reial Cercle Artistic de Barcelona, le **palais Pignatelli** aux allures faussement gothiques – il s'agit en réalité d'une reconstruction plus vraie que nature effectuée en 1968 – présente sur deux niveaux la collection permanente **Dalí Barcelona**. Dans cet espace un peu surchargé, vous ne verrez pas de tableaux mais une quarantaine de sculptures réalisées par Salvador Dalí dans les années 1970, parmi lesquelles l'*Éléphant cosmique* (1974). Le tout est accompagné de dessins préparatoires et d'aquarelles, de céramiques, de nombreuses photos de l'artiste et de la maquette de *La Falla* (pièce destinée à être brûlée) qu'il exécuta pour les fêtes de Valence de 1954.
*Revenir sur la plaça Nova et tourner à gauche.*

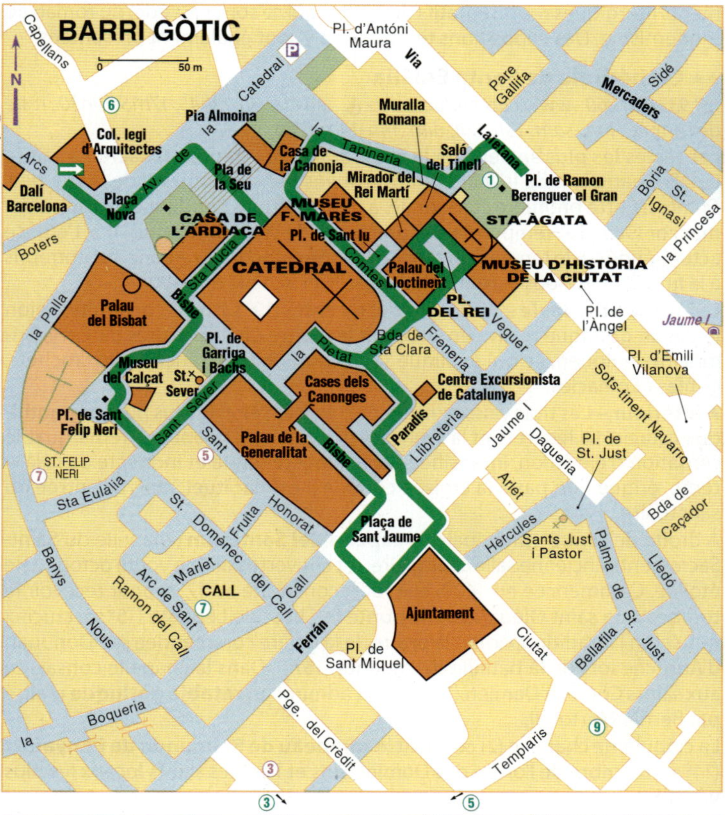


SE LOGER

- Hostal Layetana ........ ①
- Hostal Levante ........ ③
- Hostal Sol i K ........ ⑤
- Hotel Barcelona Catedral ........ ⑥
- Hotel Call ........ ⑦
- Pensio Coral ........ ⑨

SE RESTAURER

- El Gran Café ........ ③
- El Pintor ........ ⑤
- El Portalón ........ ⑦
- Els Quatre Gats ........ ⑨

## Pla de la Seu

Reliant la plaça Nova à la via Laietana, l'**avinguda de la Catedral** est une large promenade, paradis des adeptes du roller. Une volée de marches conduit à la Pla de la Seu, aménagée en 1421 au pied de la cathédrale, et qui accueille chaque 8 décembre, la Fira de Santa Llúcia, version locale du marché de Noël. La place est encadrée par les maisons de la Pía Almoina, de la Canonja et de l'Ardiaca.

## Casa de la Canonja

*Accès par l'av. de la Catedral, 4 - ✆ 933 152 213 - www.cultura.arqbcn.cat - ♿ - mar.-sam. 10h-14h, 17h-20h, dim. 11h-14h - fermé lun. et j. fériés - 6 € (-7 ans gratuit).*
L'ancienne résidence des chanoines (1546) conserve de curieux détails sculptés. À sa droite se trouve le bâtiment de la **Pia Almoina**, institution de bienfaisance créée en l'an 1009 pour venir en aide aux pauvres de la ville. Les deux bâtiments, réhabilités, abritent le **museu Diocesà de la Pia Almoina** (musée diocésain), où sont exposés tableaux, sculptures, pièces d'orfèvrerie et vêtements liturgiques représentatifs des styles qui se sont succédé, du roman au modernisme. Des expositions temporaires y sont également présentées.

## ★★ Cathédrale de Santa Eulàlia

*✆ 933 428 260 - www.catedralbcn.org - ♿ - en été : 8h-12h45, 17h15-19h30 ; reste de l'année : lun.-sam. 13h-17h, dim. 14h-17h - 5 €.*
Les restes les plus anciens de la cathédrale, ou « Seu », consacrée à sainte Eulalie, patronne de la ville, furent trouvés dans le sous-sol de la rue dels Comtes. Cette première cathédrale, à demi détruite pendant l'invasion d'Almanzor (985), fut remplacée par une autre de style roman au 11e s. L'édifice actuel, érigé sur le terrain jouxtant l'ancienne cathédrale romane, fut entrepris à la fin du 13e s., sous le règne de Jaume II, et achevé en 1450.

La **façade principale** et la flèche sont récentes (19e s.), mais construites selon le dessin gothique réalisé en 1408 par le maître Charles Galtès dit Carli, originaire de Rouen, ce qui explique sa décoration très française de crochets, gables et pinacles.

★ **Intérieur** – Les trois vaisseaux ont été réalisés selon le plus pur style gothique catalan. La légèreté et la sveltesse des piliers donnent une remarquable sensation d'élévation, intensifiée par la lumière ténue et indirecte de la lanterne, érigée non pas à la croisée comme il est habituel, mais à l'entrée du sanctuaire.

À droite de l'entrée principale, la **capella del Santíssim** (chapelle du Saint-Sacrement), ancienne salle capitulaire, est couverte par une voûte octogonale étoilée. Commencée en 1400, elle fut reconstruite au 17e s. pour recevoir le tombeau de saint Olégarius. Elle abrite le Christ de Lépante (15e s.), crucifix qui, selon la tradition, ornait la proue de la galère commandée par Don Juan d'Autriche lors de la bataille de Lépante (1571). Dans la chapelle consacrée aux saints Côme et Damien (1), on peut admirer un **retable gothique** réalisé par Bernat Martorell.

La cinquième chapelle (2) contient le **tombeau de Raimundo de Penyafort** (14e s.), membre de l'ordre des Dominicains et l'un des saints locaux les plus vénérés.

**Chevet** – Sous le maître-autel et la croisée, la **crypte de sainte Eulalie★** est couverte par une voûte nervurée très basse. Vous remarquerez les intéressants détails sculptés du perron conduisant à la chapelle ; le sarcophage de la sainte est une pièce d'albâtre réalisée par des artistes toscans au 14e s. À droite du *presbyterium* (espace devant l'autel), contre un mur, se trouvent les **tombeaux** (3) des fondateurs de la cathédrale romane : Ramon Berenguer Ier et son épouse Almodis.

Les chapelles du déambulatoire abritent des retables gothiques et baroques, dont un chef-d'œuvre, la **Transfiguration★**, de Bernat Martorell, œuvre classique de la peinture catalane.

Dans la branche orientale du transept, au-dessus de la porte Sant Iu (saint Yves), se trouve l'orgue monumental.

**Terrasse** – *Montée en ascenseur dans une chapelle du déambulatoire* (4) - *fermé j. fériés - 2,20 €.* Des passerelles métalliques, dominées par les imposantes silhouettes des tours et de la tour-lanterne de la cathédrale dispensent une promenade singulière offrant de splendides **vues★★** des ruelles étroites de la vieille ville, du réseau d'avenues de l'Eixample et de la montagne de Montjuïc, jusqu'à la façade maritime d'un côté et la serra de Collserola de l'autre.

★★ **Cor** – *Fermé fêtes et j. fériés - 2 €.* La perspective du vaisseau principal est tronquée, comme dans nombre de cathédrales espagnoles, par cette enceinte fermée de murs gothiques finement sculptés. Elle présente deux rangées de stalles polychromes : celle du haut, dont les riches dossiers sont ornés d'aiguilles minutieusement travaillées, fut réalisée vers la fin du 14e s., celle du bas vers le milieu du 15e s.

En l'an 1519, à l'occasion d'une réunion de l'ordre de la Toison d'or, les dossiers furent décorés des armoiries de chaque chevalier. Chargé de cette tâche,

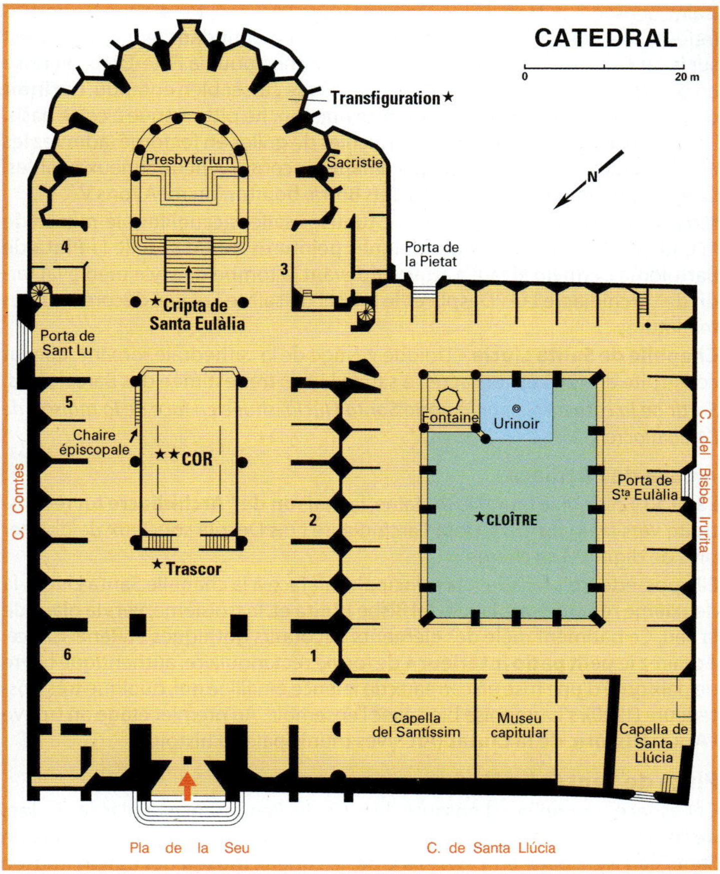


1

Jean de Bourgogne réalisa l'un des ensembles héraldiques les plus extraordinaires d'Europe. Il ne faut pas manquer d'admirer aussi la finesse et l'humour des scènes ornant les miséricordes des stalles. On monte à la **chaire épiscopale** *(trona)* contiguë par un escalier en pierre rehaussé de deux ouvrages en fer forgé : une balustrade aux fleurs de lis et une porte. La chaire octogonale en bois est décorée de nombreuses figurines.

Le **trascor★** (façade postérieure du cor) du 16e s., en marbre blanc, est l'œuvre de Bartolomé Ordóñez (achevée après sa mort par Pierre Villar). Il présente des bas-reliefs retraçant le martyre de sainte Eulalie, vierge dont le culte s'est développé au 4e s.

Dans le bas-côté gauche, on passe devant la **chapelle de la Vierge de Montserrat** (5), patronne de la Catalogne, connue sous le nom de « la Moreneta », dont le culte se développa autour de la montagne du même nom, où l'on créa un monastère au début du 4e s.). Plus loin, le **retable de saint Marc** (6), baroque, honore le patron des cordonniers : il a remplacé une œuvre originale d'Arnau Bassa (1346) aujourd'hui conservée à la cathédrale de Manresa *(voir p. 234 et plus spécifiquement le retable p. 236).*

★ **Cloître** – *Mat. et fin apr.-midi.* Voilà sans conteste l'un des endroits les plus sereins de la ville. Quatre galeries aux voûtes en croisée d'ogives servent d'écrin à un patio où palmiers et orangers enserrent une fontaine dédiée à Sant Jordi (saint Georges), patron de la Catalogne et de l'Aragon, tandis que treize oies (référence à la légende de Sainte Lucie) déambulent dans leur enclos. C'est sur le jet d'eau de la fontaine que, chaque année pour la Fête-Dieu, on pose un œuf qui « danse » toute la journée… sans se casser bien entendu. L'**urinoir** du 15e s., à côté de la fontaine, apporte une touche pittoresque à cette oasis. Les chapelles des galeries ont été enrichies de grilles en fer forgé (admirez les détails floraux du 14e s.) et quelques chapelles conservent de curieux retables. Dans le mur nord est inhumé Mossén Borrá, bouffon du roi Alfons V.

**Museu capitular** – *1 €.* Deux somptueuses salles accueillent le musée de la Cathédrale. On y conserve quelques peintures du 15e s., telle la **Pietà** de Bartolomé Bermejo. Il faut s'attarder devant la tombe de style médiéval tardif de l'archidiacre Luis Desplà et le missel de sainte Eulalie, décoré de fines miniatures.

**Chapelle de Santa Llúcia** – Unique vestige de la cathédrale romane, elle fut construite en 1268 et consacrée à sainte Lucie, très estimée des Barcelonais.

*Sortir de la cathédrale par la porte Santa Llúcia, située en face de la maison de l'Archidiacre.*

## ★ Casa de l'Ardiaca

Bâtie au 12e s. sur la muraille romaine, la **maison de l'Archidiacre** fut reconstruite vers la fin du 15e s. pour l'archidiacre Luis Desplà soucieux de donner plus de dignité à sa charge.

Elle possède trois façades : la principale fait face à la chapelle Santa Llúcia, la deuxième regarde vers la rue del Bisbe Irurita et, la troisième, vers la place de la Seu. Ce bâtiment mêle des éléments décoratifs gothiques et Renaissance. Admirez le petit **patio intérieur★** de forme rectangulaire, authentique havre de paix orné d'une frise en carreaux de faïence émaillée qui, quoique très postérieure (1920), s'harmonise bien avec l'ensemble. Au premier étage on trouve l'**Arxiu Històric de la Ciutat** (Archives municipales d'histoire).

## Plaça de Sant Felip Neri

Cet espace tranquille est entouré de maisons Renaissance déplacées ici lors de l'ouverture de la via Laietana. C'est ici que s'élève l'église néoclassique de Sant Felip Neri, bâtie en 1752, et à côté, le curieux **museu del Calçat** (musée

Façade d'un immeuble dans le Barri Gòtic.
*B. Pérousse / hemis.fr*



de la Chaussure), installé dans l'ancien siège de la corporation des cordonniers. Parmi ses collections (outils et, bien sûr, chaussures), vous ne manquerez pas la « chaussure de Colomb », de même « pointure » que celle que porte la fameuse statue du navigateur à l'extrémité des Ramblas. ✆ *933 014 533 - mar.-dim. 11h-14h - 2 €.*

*Prendre la rue Sant Felip Neri et revenir à la rue del Bisbe Irurita par la rue Sant Sever.*

## Carrer del Bisbe Irurita

La carrer Sant Sever conduit à la petite **plaça de Garriga i Bachs**, où la porte Santa Eulàlia donne accès au cloître de la cathédrale.

En face, sur le mur latéral de l'église baroque **Sant Sever** (portail sculpté sur donnant sur la rue du même nom) se trouve un monument élevé à la mémoire des Barcelonais exécutés au garrot en 1809 à la Ciutadella par les troupes napoléoniennes, œuvre de **Josep Llimona** (1864-1934).

Sur le côté droit de la carrer del Bisbe, jusqu'à la place Sant Jaume, se dresse la longue façade du Palau de la Generalitat, relié par une galerie néogothique (1929) sur voûte en étoile aux anciennes **Cases dels Canonges** (maisons des Chanoines), remarquable exemple de construction du 14e s.

## Plaça de Sant Jaume

Sur cette place se croisaient jadis les deux rues principales de la ville romaine : le *cardo* et le *decumanus*. C'était, à l'époque, le forum, et ça l'est toujours en quelque sorte, puisque s'y font face les deux bâtiments qui symbolisent la puissance de la ville et de la Catalogne : l'hôtel de ville et le palais de la Généralité.

**Palau de la Generalitat** – ✆ *902 012 345 - ♿ - visite guidée les 2e et 4e dim. du mois, le mat. ; le reste du temps sur réserv. - gratuit.* Avant de devenir le symbole de l'exécutif de la communauté catalane, la **Generalitat** *(voir p. 53)* fut à l'origine une commission du Parlement catalan constituée de deux représentants de chaque classe (clergé, noblesse et bourgeoisie urbaine), dont la mission principale consistait à percevoir les impôts pour le compte du roi d'Aragon. Le palais est un édifice à trois étages, construit au début du 14e s. dans le style gothique mais modifié ultérieurement. La **façade** donnant sur la place de Sant Jaume, érigée vers 1600 par Pere Blay, est un des rares exemples barcelonais de l'architecture de la Renaissance.

**Ajuntament (Casa de la Ciutat)** – *934 027 000 - ♿ - visite guidée (30mn) w.-end 10h-14h.* Faisant face au palais de la Généralité. L'hôtel de ville fut construit dans le dernier tiers du 14e s., mais sa façade principale, de style néoclassique, est largement postérieure (fin 18e s.). La **façade latérale**, gothique, sur la carrer de la Ciutat est plus ancienne (vers 1400) et plus intéressante. Sa porte est décorée d'une représentation en pierre de l'archange saint Raphaël ainsi que les armoiries de la ville et du roi.

L'aménagement d'origine a presque totalement disparu, car plusieurs transformations ont détruit les pièces des 16e et 17e s. On peut cependant admirer le **Saló de Cent★**, salle de réunion du **Consell de Cent**, noyau du futur conseil municipal, qui administra la ville de 1372 à 1714. Malgré les modifications, elle conserve une remarquable richesse ornementale : peintures murales de Josep Maria Sert, œuvres de Josep Clarà et Josep Maria Subirachs, etc.

### Carrer Paradís

Cette rue coudée doit son nom au jardin qui s'y trouvait jadis. Au n° 10, un édifice gothique accueille le **Centre Excursionista de Catalunya**, célèbre club d'alpinisme fondé en 1876.

C'est ici qu'à l'époque romaine, avait été édifié en l'honneur d'Auguste, le principal temple de la ville, dont les vestiges sont visibles dans la cour (derrière une grille). Quatre **colonnes corinthiennes★**, plaquées sur un mur curieusement badigeonné de vert, témoignent du passé romain de la ville.

La carrer Paradís débouche dans la carrer de la Pietat, qui longe une partie du chevet de la cathédrale et est bordée à gauche par les façades gothiques des maisons des Chanoines. En face s'ouvre la porte du cloître de la cathédrale, dite porte de la Pietat.

*Rejoindre la Baixada de Santa Clara.*

### ★★ Plaça del Rei

Cette place, qui accueille souvent des concerts ou des pièces de théâtre, est le poumon du quartier gothique. On peut y contempler quelques-uns des plus importants bâtiments médiévaux de la ville : c'est l'**ensemble (conjunt) monumental de la plaça del Rei** qui comprend le Palais royal, la chapelle Santa Àgata, le palais du Lieutenant et la Casa Clariana-Padellàs (siège du musée d'Histoire de la ville, *voir ci-dessous*).

### ★★ Museu d'Història de la Ciutat

*Jaume I - Plaça del Rei, s/n (entrée sur la carrer del Veguer - 933 562 122 - www.museuhistoria.bcn.cat - ♿ - tlj sf lun. 10h-14h, 16h-19h (juin-sept. 10h-20h) ; dim. et j. fériés 10h-15h. - fermé 1er janv., 1er Mai, 24 juin, 25 déc. - 6 € (-7 ans et 1er sam. du mois apr.-midi gratuit).*

Le musée d'Histoire de la ville occupe la **Casa Clariana-Padellàs** (15e s.), bel exemple d'architecture civile gothique, qui porte le nom d'une noble famille barcelonaise. La demeure fut transférée, pierre par pierre, depuis son site d'origine – rue dels Mercaders – jusqu'à la plaça del Rei.

La visite débute dans des salles qui nous familiarisent avec la fondation de la ville romaine, pour se poursuivre par une promenade au milieu des vestiges de l'ancienne ville romaine, découverts dans le sous-sol de la place. Ce tronçon du parcours traverse toute la place avant d'aboutir au Grand Palais royal, dont le salon du Tinell et la chapelle Santa Àgata peuvent être visités.

## LE « CALL » DE BARCELONE

Call (ou « petite rue »), tel était le nom du quartier où vivait l'une des communautés juives les plus prospères de la Méditerranée, jusqu'à son expulsion de la péninsule en 1492. Il en subsiste, derrière le Palau de la Generalitat, un ensemble de ruelles aux noms évocateurs de leur passé lointain (carrer del Call, de Sant Domènech del Call, baixada de Santa Eulàlia, carrer dels Banys Nous). Mais, si l'on excepte la toponymie, il ne subsiste pas grand-chose de l'ancien quartier Juif. La présence juive à Barcelone est cependant bien documentée : on sait ainsi qu'une partie importante de la population de ce ghetto était composée d'artisans, courtiers, cambistes et libraires. Nombre de ces Juifs étaient propriétaires d'immeubles, pas seulement dans le quartier mais aussi dans le voisinage du cimetière communautaire, situé sur la colline de Montjuïc.

Si vous êtes intéressés par la découverte de ce quartier, vous pouvez vous adresser au Museu d'Història de la Ciutat *(voir p. 140)*, qui organise des promenades guidées dans le Call, ou vous rendre au **Centre d'Interpretació del Call** *(Placeta Manuel Ribé - ✆ 932 562 100 - mar.-vend. 10h-14h, sam. 11h-18h, dim. et j. fériés 11h-15h - gratuit).*

Depuis avril 2010, suite à une découverte archéologique dans les sous-sols de la Casa Morell, il est possible de visiter d'anciens entrepôts à grains témoignant de la prospérité et de l'histoire de la communauté juive du Call. Ces entrepôts dissimulent les vestiges de trois *tabernae* d'époque romaine. Il s'agit de l'**Espai Arqueològic de la Domus Romana i les Sitges Medievales** *(Casa Morell - Fruita 2 - ✆ 933 151 111 - www.museuhistoria.bcn.es - w.-end et j. fériés 10h-15h - visite limitée à 12 pers.).*

1

★★★ **Ville romaine et wisigothique** – Dans le sous-sol de la plaça del Rei se cache la ville romaine et wisigothique. Étrange – voire envoûtante – promenade souterraine parmi des pans de muraille, des ruelles, des maisons, des échoppes et des ateliers d'époque romaine. Au nombre des vestiges, signalons une fabrique de salaisons, une laverie, une fabrique de vin (reconnaissable à ses nombreuses amphores), ainsi que l'ensemble épiscopal de la Barcelone wisigothique.

Le souterrain conduit à deux salles aux voûtes romanes en berceau qui faisaient partie de l'ancien palais des Comtes. On y trouve quelques sculptures, épigraphes, et bustes du 1er au 4e s.

Plus loin, la salle Jaume Ier présente de grandes peintures murales gothiques (13e s.), découvertes en 1998.

**Palau Reial Major** – Le palais fut la demeure des comtes de Barcelone avant de devenir celle des rois d'Aragon qui, d'une façon générale, préféraient résider en dehors de la cité, jugée un peu trop rebelle. L'édifice, dont la construction débuta aux 11e et 12e s. en prenant appui sur la muraille romaine, ne cessa de s'agrandir pour atteindre vers la fin du 14e s. sa taille actuelle. Au 16e s., une aile fut occupée par le tribunal de l'Inquisition. La façade possède une structure monumentale avec de grands arcs adossés et surbaissés, résultant de la réunion des contreforts.

★★ **Chapelle de Santa Àgata** – Cette chapelle palatine fut bâtie par Jaume II au 14e s. avant d'être consacrée à sainte Agathe au 17e s. Décorée de bois polychrome, elle abrite le merveilleux **retable du Connétable★★** (1465) de Jaume Huguet, commandé par le connétable Pierre de Portugal, et représentant des scènes de la vie de la Vierge et de Jésus. Remarquez sur le panneau central l'Adoration des Rois mages, l'un des thèmes dominants de la peinture catalane, et sur la partie haute, un calvaire.

**Mirador del Rei Martí** – Du haut de cette tour on découvre une **vue★★** privilégiée sur toute la vieille ville, dominée par la coupole de l'église de la Mercè, au fond côté port.

**Saló del Tinell** – Construit entre 1359 et 1362, c'est une grande pièce de 17 m de haut, avec une couverture à deux versants soutenue par six monumentaux arcs en plein cintre. Selon la tradition, c'est dans cette salle de banquet que les Rois Catholiques reçurent Christophe Colomb à son premier retour d'Amérique (1493).

## Palau del Lloctinent

Le palais du Lieutenant fut construit de 1549 à 1557 pour servir de résidence aux « lieutenants » du roi, c'est-à-dire les vice-rois de Catalogne, après l'unité espagnole.

Ses trois façades, donnant sur la plaça del Rei, la Baixada de Santa Clara et la rue dels Comtes sont très dépouillées. Le style gothique tardif prédomine avec des éléments Renaissance.

L'entrée principale, carrer dels Comtes, conduit à un ravissant **patio**, avec de grands arcs au rez-de-chaussée. À l'étage, vous découvrirez une galerie toscane et un élégant escalier.

*Poursuivre par la carrer dels Comtes.*

## Plaça de Sant Iu

Cette toute petite place est toujours animée par des mimes ou des musiciens qui rendent agréable la promenade dans les ruelles. Elle dessert la cathédrale et le musée Frederic Marès.

## ★ Museu Frederic Marès

*Liceu - Plaça de Sant Iu, 5 - ☏ 932 563 500 - www.museumares.bcn.es - fermé pour rénovation muséographique jusqu'au printemps 2011 ; en attendant, des écrans interactifs installés dans le patio donnent un aperçu des collections.*

Il n'a fallu pas moins de trois musées pour présenter au public les incroyables collections rassemblées par le sculpteur **Frederic Marès** (1893-1991). Deux sont situés en dehors de la ville (à Arenys de Mar et à Montblanc, *voir p. 256 et 434*). Celui-ci est aménagé dans des dépendances du Palau Reial Major.

La collection du musée se répartit en deux sections :

**Section sculpture** – Occupant deux étages et la crypte du palais, elle est composée d'œuvres majeures de la sculpture espagnole, classées chronologiquement.

Vous remarquerez bien entendu l'impressionnante **collection★** de crucifix et calvaires en bois polychrome (12e au 14e s.) ainsi que celle de **Vierges à l'Enfant★** romanes et gothiques, une **Mise au tombeau★** du 16e s., composée de six personnages, et **La Vocation de saint Pierre★**, marbre du 12e s. réalisé par le Maître de Cabestany, sculpteur catalan dont l'œuvre est très présente en Languedoc-Roussillon. Admirez la singulière expression des visages avec leurs yeux ovales semblant jaillir de leurs orbites.

**Gabinete del coleccionista** – On pourra avoir un coup de cœur pour ce « cabinet de curiosités » où est exposé le fruit de l'infatigable quête d'un collectionneur aussi redoutable qu'impénitent, et qui ne manquera pas de vous laisser bouche bée. Des milliers d'objets de la vie quotidienne, classés par thèmes, occupent les vastes salles : éventails, bijoux, peignes, gants, pipes, blagues à

tabac, jeux de cartes, cannes, montres, boucles, rosaires, faïences, tickets et billets, vénérables appareils photo, composent un véritable petit musée de l'objet quotidien, du plus humble au plus précieux.
On accède enfin à l'**atelier** (reconstitué) de l'artiste.
*Poursuivre la rue dels Comtes puis s'engager à droite vers la rue de la Tapineria.*

### Plaça de Ramon Berenguer el Gran

Derrière la statue équestre de Ramon Berenguer III, dit le Grand, œuvre de Josep Llimona, s'étend un petit square un peu pelé, mais largement ouvert sur la **via Laietana**. Cette large percée fut ouverte entre 1907 et 1926 afin de relier le quartier de l'Eixample au port et sépare aujourd'hui le Barri Gòtic du quartier de la Ribera.
Du côté opposé se dresse une importante partie de la **muraille romaine** (4e s.) qui se prolonge vers la carrer de la Tapineria et la carrer de las Murallas Velles. Hautes de 18 m avec deux étages aux fenêtres en arcs semi-circulaires, trois des sept tours d'origine sont entièrement conservées. Au 13e s., elles furent reliées par des voûtes afin de permettre la construction de la chapelle Santa Àgata du Palau Reial qui se dresse au-dessus de ces vestiges.
*Pour poursuivre la balade dans le quartier de la Ribera (voir p. 168), il suffit de traverser la via Laietana à hauteur du métro Jaume I et de prendre en face la carrer Princesa.*



## NOS ADRESSES DANS LE BARRI GÒTIC

Pour les hébergements et les sorties, voir p. 126.

### RESTAURATION

Les restaurants ci-dessous sont positionnés sur le **plan p. 135**.

#### PREMIER PRIX

**El Portalón (Tapas)** ⑦ – *Banys Nous, 20 - Liceu - 933 021 187 - - tlj sf dim. et j. fériés 9h-0h, cuisine 13h-16h, 19h30-22h30 - fermé 15 j. en août - menu 12/15 €, tapas 6/15 €, carte env. 20 € env.* Une des rares adresses encore authentiques du Barri Gòtic. Dans une vaste salle de pierres apparentes, tapas et plats du jour sont servis sur des petites tables bistrot. Ambiance touristique en salle, mais très catalane au bar.

**El Gran Café** ③ – *Avinyó, 9 - Jaume I - 933 187 986 - www.restaurantelgrancafe.com - 13h-16h30, 19h30-0h30 - menu 14 €, carte 18/25 €.* Un grand classique barcelonais pour manger catalan. Menu avantageux à 12 € le midi (en semaine). À la carte, assez bon rapport qualité-prix, même si on a parfois la sensation de surtout payer le cadre élégant de la brasserie.

### POUR SE FAIRE PLAISIR

**Els Quatre Gats** ⑨ – *Montsió, 3 bis - Catalunya - 933 024 140 - 30/35 € - tlj sf dim. 17h-2h.* Symbole de la Barcelone moderniste et bohème, ce café, aménagé en 1896 dans la Casa Martí réalisée par Puig i Cadafalch, fut le rendez-vous des artistes tels que Ramon Casas, Isidre Nonell, Santiago Rusinyol ou Picasso, qui y exposa pour la première fois et dessina le menu. Le cadre inchangé mérite le coup d'œil, ne serait-ce que pour y prendre un verre en début de soirée. Formule du déjeuner intéressante, prix plus élevés pour le dîner.

**El Pintor** ⑤ – *Sant Honorat, 7 - Jaume I - 933 014 065 - www.gruptravi.com - - 36/41 €.* Cuisine variée aux saveurs catalanes dans un cadre rustique avec poutres apparentes et murs de bois brut. Un lieu des plus agréables.

### PETITE PAUSE

**Gelateria Pagliotta** – *Jaume, 1 - Jaume I - 933 105 324 - www.pagliotta.com -8h-1h30.* Une belle gamme de glaces artisanales sans sucre, spécialement créée pour les diabétiques, une bonne idée !

### ACHATS

**Avinguda del Portal de l'Àngel** – *Catalunya.* Si les boutiques de souvenirs plus ou moins estampillés aux couleurs du Barça gagnent du terrain, l'offre est variée et c'est ici que l'on rencontre les spécialistes des travaux d'aiguille et de la passementerie.

**Carrer de la Palla** et **carrer Banys Nous** – *Liceu.* Remarquables pour leurs commerces d'objets anciens de grande réputation.

**Marché de la plaça de la Catedral** – *Liceu.* Un marché proposant les objets anciens les plus insolites se tient ici le jeudi.

**Marché de la plaça de Sant Josep Oriol** – *Liceu.* Samedi et dimanche, vente de miroirs, meubles, tableaux et ustensiles anciens.

**Boutique du Museu d'Història de la Ciutat** – *Baixada de la Llibreteria - Jaume I.* À ne pas manquer si vous souhaitez ramener un souvenir de qualité de de Barcelone.

**Cerería Subirà** – *Baixada de la Llibreteria, 7 - 933 152 606 - Jaume I.* Fondé en 1761 par Paulí Subirà, ce magasin de cierges et bougies, à la décoration 19e s., est le plus ancien de la ville. Au-delà des cierges traditionnels, grand choix de modèles plus profanes et de coloris.

**La Manual Alpargatera** – *Avinyó, 7 - Jaume I - 933 010 172 - www.lamanual.net - lun.-sam. 9h30-13h30, 16h30-20h - fermé oct.-nov.* Le lieu incontournable pour se procurer d'authentiques espadrilles catalanes, indispensables pour danser la sardane… et si agréables à porter en été.

**Art Escudellers** – *Escudellers, 23-25 - Liceu - 934 126 801 - 11h-23h.* Immense magasin de la vieille ville, distribué sur deux étages. Ses vitrines exhibent une multitude de faïences et autres produits artisanaux classés par région. Le choix de produits catalans est bien sûr le plus grand. Vous y trouverez aussi bien des articles d'art de la table ou de décoration de salle de bains que des accessoires pour le jardin. Au sous-sol, un coin est réservé à la vente des vins catalans et notamment du fameux *cava*.

# La Rambla

★★

## NOS ADRESSES PAGES 122 ET 153

**S'INFORMER**

**Cabine d'information touristique Rambla** – *Rambla dels Estudis 115 - 9h-21h - fermé 1er janv. et 25 déc.*

**SE REPÉRER**

Plan de Barcelone C 2-3 (p. 112-113), plan de quartier (p. 148) – Située entre le Barri Gòtic et le Raval (le légendaire Barri Xino, *voir encadré p. 152*), cette longue avenue étire son sillon depuis la plaça de Catalunya jusqu'au Monument de Colomb, face à la mer. L'artère se divise en cinq tronçons : la partie haute est la Rambla de Canaletes, puis elle devient Rambla dels Estudis, Rambla de les Flors, Rambla dels Caputxins et enfin Rambla de Santa Mònica, où elle rejoint la mer. Trois stations de métro la desservent du nord au sud : Catalunya (L1/L3), Liceu (L3) et Drassanes (L3).

**À NE PAS MANQUER**

Un café au lait *(café amb llet)* sur les terrasses de la plaça Reial.

**ORGANISER SON TEMPS**

Prenez le temps de déambuler sur le terre-plein central réservé aux piétons, où se produisent mimes, clowns, caricaturistes, statues vivantes… dans une ambiance très bigarrée et surtout très changeante selon l'heure à laquelle vous passez. Attention, bien entendu, aux pickpockets, très actifs de jour comme de nuit.

**AVEC LES ENFANTS**

Le Museu de Cera (musée de Cire).

**La plus célèbre des promenades barcelonaises est aussi connue sous le nom de « las Ramblas » car sectionnée en cinq tronçons portant des noms différents. S'étendant de la plaça de Catalunya au Monument de Christophe Colomb, sur un kilomètre de long, l'artère constitue un univers entier à elle seule. Une foule dense et bigarrée s'y presse à toute heure, flânant entre les kiosques, les vendeurs d'animaux exotiques, les artistes de rue et les terrasses de cafés. La Rambla fut aménagée entre les 15e et 17e s. à l'emplacement d'un torrent dont elle tient son nom et devint, au 19e s., la promenade emblématique que l'on connaît aujourd'hui.**

## Se promener Plan de quartier

*Partir de la plaça de Catalunya.*

### Rambla de Canaletes A1

La Rambla de Canaletes, partie de l'avenue la plus proche de la plaça de Catalunya, doit son nom à une fontaine : selon la légende, le visiteur qui boit son eau est assuré de revenir à Barcelone. Il n'est pas inhabituel de rencontrer dans cette partie piétonne des Ramblas de petits groupes discutant de thèmes les plus inattendus, les discussions les plus fougueuses se rapportant au football ou à la politique.

1

### Église de Santa Anna A1

*Accès par la carrer Santa Anna, première rue sur la gauche de la Rambla Catalunya.*

Encaissée entre les maisons environnantes, cette église romane sobre et élégante appartenait autrefois à un ancien monastère dont subsiste un petit cloître aux arcs en ogive et aux fines colonnettes.

### Rambla dels Estudis A1-2

Cette seconde partie de la Rambla doit son nom à la première université de Barcelone qui s'y élevait jadis. On la nomme aussi **Rambla dels Ocells** (Rambla des oiseaux) car on y trouve un des kiosques vendant des oiseaux (qui participent à l'animation sonore des lieux)… ainsi que d'autres animaux plus ou moins exotiques. Mais cette activité pourrait bientôt disparaître sous la pression des animalistes, assez influents en Catalogne.

*Tourner à gauche dans la rue commerçante de Portaferrissa.*

### Palau Moja A2

Ancienne demeure du grand poète **Jacint Verdaguer** (1845-1902), ce palais baroque de la fin du 18e s., a subi les influences françaises (retour à un certain classicisme et sobriété dans les lignes).

Il abrite aujourd'hui le siège du bureau du Patrimoine culturel de la Generalitat et accueille des expositions temporaires.

*Revenir sur la Rambla et la traverser.*

### Église de Betlem A2

Les premières crèches publiques furent organisées dans cette église de style baroque (17e et 18e s.), qui faisait partie du couvent des jésuites. Seule la monumentale façade baroque sur la carrer Carme a été sauvegardée après qu'un incendie eut détruit l'intérieur en 1936. On en remarquera les grandes colonnes torses.

*Reprendre la carrer Carme.*

### Antic Hospital de la Santa Creu A2

Ce complexe hospitalier représente l'une des plus importantes initiatives du règne de Martí Ier. Avant sa fondation (1401), les hôpitaux, dispersés dans la ville, étaient à la charge des Églises et des ordres religieux. Avec la construction de l'hôpital de la Sainte-Croix, on a non seulement regroupé les services sanitaires de Barcelone mais aussi doté la ville d'un ensemble architectural civil.

C'est par la carrer Carme que l'on pénètre dans l'étroit patio accédant aux édifices monumentaux de l'ancien hôpital. Sur la droite se trouve la façade en pierres taillées de la **maison de convalescence**, dont le dépouillement cache un vestibule aux exubérantes plinthes de mosaïque polychrome et un calme patio à deux étages de colonnes toscanes. De nos jours, c'est le siège de l'Institut d'Études Catalanes. Sur la gauche, on peut voir la façade du **collège de Chirurgie**, actuelle faculté de médecine.

Au fond, on accède au patio central correspondant actuellement aux jardins Rubio y Lluch.

★ **Patio central** – L'amplitude de ce patio gothique rectangulaire et paysager produit un effet impressionnant. Deux escaliers centraux conduisent aux immenses salles des étages supérieurs où étaient soignés les malades et abritant aujourd'hui la **bibliothèque de Catalogne** (à l'usage exclusif des membres), créée en 1914.

À côté se trouve l'**école Massana**, école des Beaux-Arts.

*Rejoindre la Rambla au niveau de l'église de Betlem.*

La Rambla.
*J. Malburet / MICHELIN*

1

## Rambla de les Flors A2

Si la partie haute des Ramblas semble vouée aux sonorités, la Rambla de les Flors, ou **Rambla de Sant Josep**, explose de couleurs.

Quintessence de la ville, cette étroite allée flanquée de platanes transplantés du parc de la Devesa de Gérone *(voir p. 272)* à la fin du 19e s. se faufile entre les étals des fleuristes et la foule des passants. Le très réputé peintre catalan **Ramon Casas** (1866-1932), initiateur de l'impressionnisme en Catalogne, l'immortalisa dans de nombreux tableaux et épousa même une belle fleuriste.

Jadis, de nombreux édifices religieux s'élevaient le long de ce tronçon, mais révolutions et incendies ont transformé l'allée en une longue suite de terrasses de cafés, d'hôtels et de boutiques de souvenirs, très animés en particulier pendant la période estivale.

## ★ Palau de la Virreina A2

À la fin du 18e s., Manuel de Amat, qui avait été gouverneur du Chili puis vice-roi du Pérou, et dont la célébrité tient pour l'essentiel à sa liaison avec une actrice péruvienne devenue la fameuse Périchole de Mérimée puis d'Offenbach, revint à Barcelone avec une grande fortune. Il fit construire ce somptueux palais, mélange de styles baroque et rococo. Les dépendances et le patio aménagés en **Centre de la Imatge** (« de l'image ») servent de cadre à des expositions temporaires.

## La Boqueria / Mercat de Sant Josep A2

Ce marché traditionnel, recouvert d'une belle verrière aux armatures en fer forgé, est le plus important de la ville. Il présente un mélange bigarré de senteurs et de couleurs qui attire nombre de touristes. C'est surtout dans la matinée lorsque l'animation atteint son point culminant qu'il faut aller découvrir l'atmosphère du marché et, pourquoi pas, en profiter pour tuer une petite fringale à l'un des kiosques ou des comptoirs qui ponctuent les lieux.

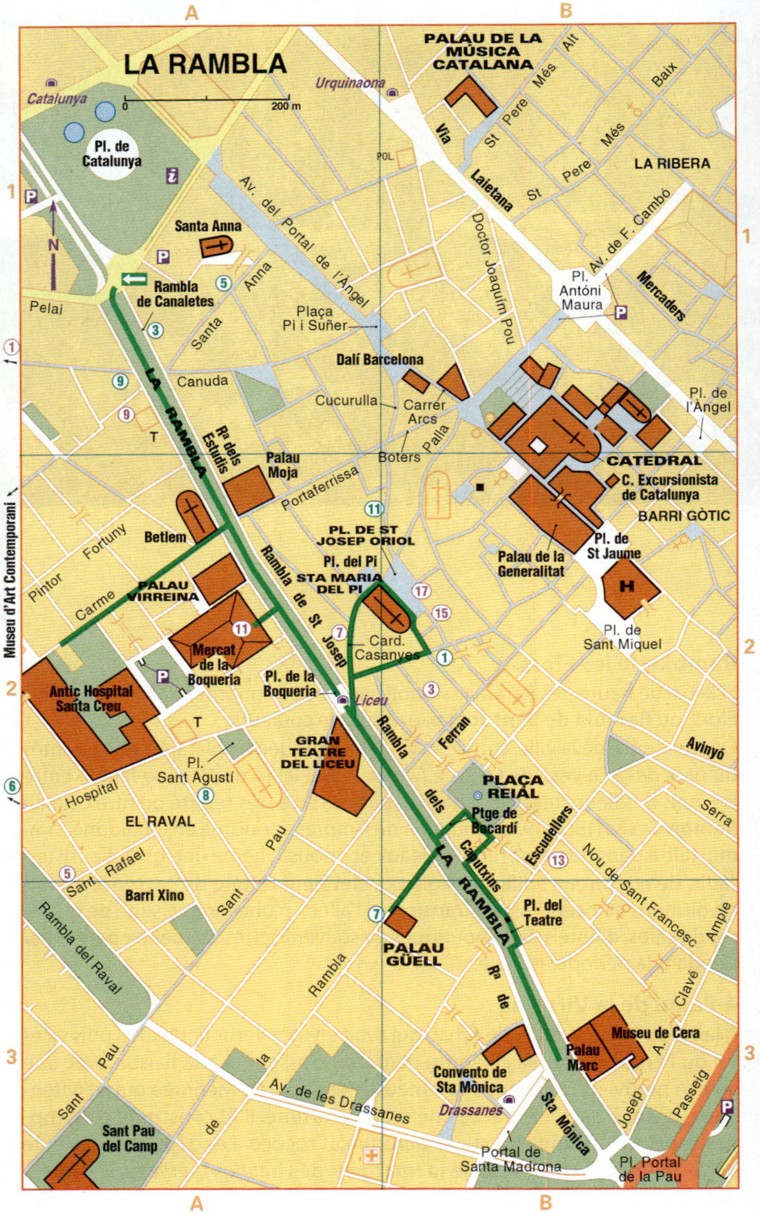


**SE LOGER**

- Hotel Condal ........ 1
- Hotel Continental ........ 3
- Hotel Cortés ........ 5
- Hotel Gat Xino ........ 6
- Hotel Gaudí ........ 7
- Hostal La Terrassa ........ 8
- Huespedes Fontsomera ........ 9
- H10 Racó del Pí ........ 11

**SE RESTAURER**

- Ca l'Estevet ........ 1
- Can Culleteres ........ 3
- Casa Leopoldo ........ 5
- Irati ........ 7
- Jullivert Meu ........ 9
- Kiosko Universal ........ 11
- Los Caracoles ........ 13
- Mesón Jesús ........ 15
- Taller de Tapas ........ 17

### Rambla dels Caputxins A-B 2-3

Au début de cette partie de la Rambla, également appelée la **Rambla del Centre**, vous pourrez observer le pavement dessiné au centre de l'allée par Joan Miró à hauteur de la **pla de la Boqueria** (A2), minuscule placette située juste avant la façade du Liceu. Remarquez aussi l'étrange décor de la boutique qui fait le coin de la place : cette **Casa Bruno Quadros** appartenait jadis à un marchand de parapluies aux goûts quelque peu orientaux.

*Prendre à gauche la carrer Cardenal Casanyas.*

### ★ Basilique de Santa Maria del Pi A-B 2

Cette grande basilique gothique du 14e s. abritait un nombre important de chapelles, et beaucoup de cérémonies privées et collectives y étaient célébrées. En effet, tout le secteur était occupé par diverses corporations dont les confréries avaient élu siège à l'église Santa Maria del Pi.

Elle se dresse sur la plaisante petite **plaça del Pi**, où s'élève toujours *(n° 1)*, à côté de maisons ornées de sgraffites, le bâtiment de l'archiconfrérie du Très Pur Sang, dont les membres devaient, en pénitence, accompagner les condamnés à mort jusqu'à l'échafaud.

La façade principale de l'église donne sur cette place, et son ornement le plus significatif est une **rosace** de grande taille, flanquée de deux tours inachevées.

L'**intérieur★** présente la structure typique des églises gothiques catalanes (une seule nef et des chapelles latérales). L'absence de décoration met en valeur les éléments purement architecturaux, et le volume de la nef apporte du caractère à l'ensemble.

### ★ Plaça de Sant Josep Oriol B2

Devant l'imposante façade latérale de Santa Maria del Pi, cette place, très fréquentée, accueille le monument érigé à la mémoire du dramaturge **Àngel Guimerà** (1845-1924). C'est l'un des endroits les plus prisés des touristes et de la bohème, car ses terrasses sont fréquentées par des peintres, des musiciens et des poètes qui donnent une touche « montmartroise » à ce coin de Barcelone.

*Retourner à la Rambla.*

### ★ Gran Teatre del Liceu A2

*Le théâtre a été totalement reconstruit à la suite du tragique incendie de 1994. ✆ 934 859 900 - www.liceubarcelona.com - ♿ - 9h45-13h - fermé j. fériés et août - 8,50 € (-10 ans gratuit).*

Créé par la société culturelle Liceu Filhàrmonico-Dramàtic Barcelonès, ce théâtre fut inauguré en 1847. Le premier bâtiment, œuvre de J. O. Mestres et M. Garriga i Roca, construit sur les terrains de l'ancien couvent des Trinitaires, fut inauguré en 1847. Dévasté en 1861, puis en 1994 par des incendies, mais à chaque fois reconstruit, il fut en outre victime d'un grave attentat fomenté en 1893 par des groupes anarchistes qui avaient pris pour cible ce lieu de rencontre de la bourgeoisie industrielle et financière.

La salle du Liceu (une des plus grandes d'Europe) a été le cadre de la première de plusieurs œuvres de compositeurs prestigieux comme Richard Wagner. Elle a accueilli les ballets de Diaghilev ainsi que les plus grandes voix, à commencer par l'emblématique cantatrice catalane, Montserrat Caballé.

*Prendre à droite la rue Nou de La Rambla.*

**BARCELONE, TERRE D'OPÉRA**

La présence du Liceu a développé chez les Barcelonais un vif intérêt pour l'opéra. Quelques-uns des principaux représentants du monde lyrique sont passés par le Centre dramatique du Liceu. Parmi les plus connus, citons la soprano **Montserrat Caballé**, dont le timbre est l'un des plus puissants de la scène internationale et qui s'est notamment distinguée par son interprétation de *Lucrèce Borgia* ; **José Carreras**, dont l'admirable voix de ténor excelle dans l'exécution des œuvres de Verdi ; **Victoria de los Ángeles** (1923-2005), soprano à la tessiture pure et souple qui révélait toutes ses qualités dans les *lieder*, et **Jaume Aragall**, ténor que ses grandes facultés vocales ont spécialisé dans le répertoire italien.

### ★★ Palau Güell B3

*Liceu - Nou de la Rambla, 3 - fermé pour restauration jusqu'au printemps 2011 - 933 173 974 - www.palauguell.cat - mar.-sam. 10h-14h30 - fermé lun., dim. et j. fériés - gratuit.*

Cette spectaculaire demeure fut construite par Gaudí de 1886 à 1890. Elle a beau être une œuvre de jeunesse, elle reflète l'idée personnelle de l'architecture qu'avait Gaudí, et son désir de dépasser le style historiciste en vogue à cette époque.

Sur la **façade★**, en pierre blanche, se mêlent des symboles catalans comme le dragon et les « quatre barres », ornés de motifs imaginaires et des initiales d'**Eusebi Güell**. Elle présente deux grands arcs paraboliques à l'entrée, et de magnifiques grilles en fer forgé, encadrées par deux serpents.

L'emploi innovant de matériaux (remarquez dans le hall le plancher imitant un dallage de briques), le traitement de la lumière, utilisée comme un élément d'intégration des différents espaces, l'emploi du bois pour les plafonds à caissons des salons sont certaines des clés que nous dévoile la visite de cette magnifique demeure. Le grand **salon central** (occupant trois étages) est la salle la plus remarquable avec sa superbe coupole parabolique percée de petits yeux laissant filtrer la lumière et évoquant la voûte céleste.

Comme dans ses autres constructions, sur la terrasse, Gaudí laisse libre cours à son imagination : les sols ondulent et les oniriques cheminées, autour de la lanterne du grand salon, sont tapissées de mosaïques.

*Revenir à la Rambla et la traverser.*

### ★★ Plaça Reial B2

Cette grande place piétonnière fut créée entre 1840 et 1850 sur le terrain de l'ancien couvent de capucins, selon les plans de Francesc D. Molina, qui s'inspira à la fois des boulevards français et des places castillanes.

Cet harmonieux ensemble architectural est constitué de bâtiments uniformes, ponctués d'arcades. Les premiers sont ornés en haut de médaillons à l'effigie de certains grands navigateurs et explorateurs. Sur la place subsistent deux réverbères – dessinés par le jeune Gaudí – et une touffe de palmiers.

L'endroit est devenu l'un des coins incontournables de la nuit barcelonaise. Sous les arcades fleurissent les *cervecerías* (bars à bière), et le dimanche se tient un marché aux timbres et monnaies. Ne pas oublier de visiter le **passeig Bacardí** (B2), galerie de fer et de verre très parisienne d'aspect.

La place est reliée par un passage à la **carrer de Ferran**, longue avenue commerçante qui va vers la place de Sant Jaume, et de l'autre côté à la **carrer dels Escudellers**, gagnée par l'ambiance du Barri Xino. C'est entre ces deux rues,

en remontant vers la place de Sant Jaume, que se trouve la **carrer d'Avinyó**, dont les anciennes maisons closes inspirèrent Picasso pour peindre son tableau *Les Demoiselles d'Avignon* (1907).
*Revenir à la Rambla.*

### Pla del Teatre B3

Sur cette esplanade se dressent l'ancien Théâtre principal et le monument à la mémoire du dramaturge satirique Frederic Soler, mieux connu sous le nom de **Pitarra**. Caricaturistes, peintres et maîtres du tarot se sont approprié le secteur et l'ont transformé en un lieu animé très prisé des touristes.

### Rambla de Santa Mònica B3

Elle marque la jonction de la Rambla avec la mer. Dans cette large promenade se trouvent le **Palau Marc**, bel édifice néoclassique dont le patio intérieur couvert est le siège du département de Culture de la Generalitat, et l'ancien couvent de Santa Mònica, désormais **Centre d'Art Santa Mònica** accueillant des expositions temporaires d'art contemporain. *Sta Mònica, 7 - 933 162 810 - www.centredartsantamonica.net - mar.-sam. 11h-20h, dim. et j. fériés 11h-15h - fermé lun., 1er et 6 janv., 25 déc. - gratuit.*

### Museu de Cera (Musée de Cire) B3

*Pg de la Banca, 7 - Drassanes - 933 172 649 - www.museocerabcn.com - juil.-août : 10h-22h ; reste de l'année : lun.-vend. 10h30-13h30, 16h-19h30, w.-end 11h-14h, 16h30-20h30 - 12 € (-11 ans 7 €).*
Installé depuis 1973 dans un hôtel particulier du 19e s. Sur sa façade, quelques sculptures anciennes côtoient *Superman* et *C-3P0*, le fameux androïde de La *Guerre des étoiles*. Plus de 360 figures reproduisent des personnages célèbres – tirés de la réalité ou de la fiction – d'époques et de domaines divers. Le café **El Bosc de les Fades** vaut le coup d'œil : il s'agit d'une grotte ténébreuse qui représente une forêt enchantée – il arrive même que des orages y éclatent ! Parfait pour se poser avec les jeunes enfants après la visite du musée.
*La promenade de la Rambla peut se prolonger par celle de la façade maritime* *(voir p. 177).*



## À voir aussi Plan de quartier

#### CÔTÉ RAVAL

### ★★ Museu d'Art Contemporàni de Barcelona (MACBA)

A1 sur plan p. 181

*Universitat - Plaça dels Àngels, 1 - 934 120 810 - www.macba.es - - juil.-sept. : lun. et merc.-vend. 11h-20h (jeu. et vend. 11h-0h) ; reste de l'année 11h-19h30, sam. 10h-20h, dim. et j. fériés 10h-15h - fermé mar. (sf j. fériés), 1er janv., 25 déc. - 7,50 € (-14 ans et +65 ans gratuit).*
Réalisé par l'architecte américain Richard Meier, cet **édifice**★★ se rattache à la tradition rationaliste méditerranéenne privilégiant la lumière naturelle. Devant la façade blanche du musée, la place à laquelle on accède depuis la Rambla par une des rues les plus sympathiques du quartier, carrer de Bonsuccès, que prolonge la carrer Elisabets, constitue un agréable parvis. Là, contrastant avec les lignes géométriques du musée, l'ancienne église gothique du couvent dels Àngels, désormais restaurée, accueille un espace d'expositions temporaires baptisé **capella MACBA**.

### LE BARRI XINO (BARRIO CHINO)

Le fameux Barri Xino, ou **Raval**, évoque ce lieu de débauche et de perdition qui inspira tant d'écrivains (Juan Marsé, Camilo José Cela ou, chez nous, André Pieyre de Mandiargues et Jean Genet). Ce quartier portuaire volontiers canaille (et largement idéalisé) a été profondément remodelé et réhabilité, entaillé par une avenue (la Rambla del Raval) bordée de cafés, et ponctué d'équipements culturels au premier rang desquels figure le MACBA. Les marins en goguette ont cédé la place aux artistes et aux étudiants… Bref, il semblait avoir trouvé une nouvelle respectabilité. Sauf que : sympathiquement multiculturel de jour, à la nuit tombée, le quartier est envahi par des hordes de jeunes touristes parfois avinés, qui le disputent aux junkies et aux prostitué(e)s au grand dam des riverains qui multiplient les protestations sur des banderoles affirmant *« Volem un barri digne »*…

Les vastes salles blanches du musée constituent le cadre parfait d'une **collection permanente★**, composée de quelque 1 500 œuvres de la seconde moitié du 20e s., où une place particulière est accordée aux apports catalans et aux tendances étrangères ayant particulièrement marqué l'art contemporain en Catalogne.

On y trouve des œuvres représentatives du constructivisme et de l'abstraction (*Beschwingte Bindungen*, de Paul Klee, deux mobiles d'Alexander Calder, le *Concetto Spaziale* de Lucio Fontana, la *Femme dans la nuit* de Joan Miró, *Planos de color con dos maderas superpuestas*, de Joaquín Torres García et les magnifiques variations autour de la *Desocupación no cúbica del espacio*, de Jorge Oteiza) ; des travaux d'une nature plus expérimentale (*Réserve des Suisses morts*, de Christian Boltanski, *Monsalvat* et *Bilderstreit*, d'Anselm Kiefer et *Portrait*, de Muntadas), ainsi que des pièces représentatives des années 1980 (*Tríptic de Granada*, de Joan Hernández Pijuan, *Dues creus negres*, d'Antoni Tàpies, *Pintura 2* – hommage à Joan Miró – d'Albert Ràfols-Casamada, *Black Flower*, de José Maria Sicilia).

Il faut également citer *Saison des pluies 2* (1990), œuvre du Majorquin Miquel Barceló, interprétation personnelle de la pluie en tant que symbole de la fécondité et de la régénération, et *Asociació Balnearia 2* (1987), sculpture monumentale de Susana Solano, où la robustesse du fer forgé trouve son complément dans les troncs d'arbre empilés le long du mur, créant ainsi un contraste saisissant entre la diversité de la nature et la froideur de la construction humaine.

Le MACBA présente, en outre, de superbes expositions temporaires, des cycles de conférences et des concerts. La bibliothèque spécialisée est remarquable.

### **Centre de Cultura Contemporània de Barcelona** (CCCB)

(Centre de culture contemporaine de Barcelone)

*Universitat - Montalegre, 5 - 933 064 100 - www.cccb.org - ♿ - de déb. juin à mi sept. 11h-20h ; reste de l'année : 11h-14h, 16h-20h, merc.-sam. 11h-20h, dim. et j. fériés 11h-19h - fermé lun. (sf j. fériés), 1er janv., 25 déc. - 4,50 € (-16 ans et merc. gratuit).*

Une partie du MACBA, le CCCB et le Centre d'études et de ressources culturelles occupent l'ancienne Casa de la Caritat (maison de la Charité), de la fin du 18e s.

L'édifice, remodelé par les architectes Piñón et Viaplana, associe dans son singulier **patio★** la décoration originale – réalisée à partir de sgraffites et de mosaïques reproduisant des motifs floraux – et les tendances modernes. L'élément le plus marquant est la gigantesque paroi de verre qui s'élève sur un côté et reflète les toitures de l'édifice.
Le CCCB accueille des conférences, des expositions temporaires et diverses manifestations en rapport avec la culture contemporaine.

### Centre d'Estudis i de Recurses Culturals

(Centre d'études et de ressources culturelles)

*Universitat - Montalegre, 7, à côté du CCCB - 934 022 565 - ♿ - tlj sf w.-end et j. fériés 8h-21h.*

Il faut pénétrer sous le porche de ce Centre d'études consacré à la recherche, pour découvrir l'harmonieux **Pati Manning** (18e s.), à deux étages de galeries sur colonnades, lui aussi décoré de sgraffites et de mosaïques.

### Église de Sant Pau del Camp A3

*Paral.lel. - accès par la carrer de Sant Pau - lun.-sam. 10h-13h20, 16h-19h20 - 3 €.*

Cette église (fin du 10e s.), qui faisait partie de l'ancien monastère bénédictin, fut pillée lors d'un raid des Almoravides et, beaucoup plus tard, incendiée pendant la Semaine tragique de 1909. De style roman lombard, elle est bâtie selon un plan cruciforme. La façade est décorée d'arcatures aveugles soutenues par des supports sculptés. Quelques éléments wisigothiques y sont visibles : deux chapiteaux de marbre portant deux impostes à entrelacs sur lesquelles reposent l'archivolte et de beaux reliefs des Tétramorphes et de la Main du Très-Haut. La lanterne octogonale, baroque, est surmontée d'un clocher ajouré.
L'intérieur, à nef unique, présente de sobres proportions. La chapelle du Saint-Sacrement, ancienne salle capitulaire, est accessible par le bras droit du transept. Véritable splendeur, le petit **cloître★** (11e-12e s.), avec sa galerie d'arcs trilobés et ses colonnes géminées, est l'un des endroits les plus agréables de l'ensemble.

1

## NOS ADRESSES AUTOUR DE LA RAMBLA

Pour les hébergements et les sorties, voir p. 126.

### RESTAURATION

Les restaurants ci-dessous sont positionnés sur le **plan p. 148**.

#### PREMIER PRIX

**Irati (Tapas)** ⑦ – *Cardenal Casanyes, 17 - Liceu - 933 023 084 - 11h-23h30 - tapas : 2 €, ración : 15 €.* Une taverne basque typique, proche du Teatre del Liceu. Certaines recettes sont concoctées au barbecue.

**Mesón Jesús** ⑮ – *Cecs de la Boqueria, 4 - Liceu - 933 174 698 - menu du midi à 10 €, du soir 15 € - tlj sf w.-ends et j. fériés 13h-16h, 20h-23h - fermé 15 j. en août.* Une ambiance familiale dans une salle peinte à la chaux et aux tables ornées de vichy rouge et blanc. Spécialités catalanes, excellent rapport qualité-prix.

**Jullivert Meu** ⑨ – *Bonsuccés, 7 - Catalunya - 933 180 343 - 13h-1h - 12/15 €.* Joli restaurant de spécialités catalanes assorties d'un grand choix de tapas.

On mange sous une collection de pichets en terre cuite, et d'appétissants jambons trônent derrière le bar. Les salles, en rez-de-chaussée et à l'étage, affichent un style taverne avec leurs tables en bois et leurs pierres et poutres apparentes. Service stylé.

### BUDGET MOYEN

**Taller de Tapas** ⑰ – *Pl. Sant Josep Oriol 9 - Liceu - 933 018 020 - 9h30-24h, dim 12h-24h - env. 20/25 €.* L'art du *tapeo* est souvent rude pour les étrangers qui peinent à se frayer un chemin jusqu'au comptoir et à se faire entendre. Cet établissement propose donc une large gamme de tapas variées que vous choisirez à la carte, une fois installé en salle ou en terrasse. Portions généreuses et de qualité permettent de composer un repas à la mesure de chaque appétit.

**Kiosko Universal** ⑪ – *À gauche en entrant dans la Boqueria par la Rambla - Liceu - tlj sf lun. 8h-17h - - 20/30 €.* Un discret comptoir rectangulaire au cœur du marché. Assis sur de hauts tabourets, on savoure de délicieux *entrepans* (sandwichs), des *tortillas de patatas* fondantes, des fruits de mer frais et des poissons grillés.

**Ca l'Estevet** ① – *Valldonzella, 46 - Universitat - 933 024 186 - fermé dim., j. fériés - - menu 9,20 €, carte 20/35 €.* Situé près du CCCB. Ce petit restaurant où l'on retrouve un service de type familial est décoré de jolis azulejos et de photographies de personnages en vue. Cuisine catalane de qualité.

**Can Culleteres** ③ – *En Quintana, 5 - Liceu - 933 173 022 - 13h30-16h, 21h-23h - 25/35 €.* Une cuisine raffinée traditionnelle et de très bonnes spécialités ibériques dans l'un des plus vieux restaurants de Catalogne. Les murs sont décorés d'azulejos. Grande cave.

### POUR SE FAIRE PLAISIR

**Los Caracoles** ⑬ – *Escudellers, 14, à l'angle de la rue Nou de Sant Francesc - Liceu - 933 012 041 - www.loscaracoles.es - - 13h-0h - 35/45 €.* Ce restaurant emblématique fut fondé en 1835. Les azulejos, les tonneaux de vin, les peintures et les photos qui ornent les murs lui donnent un cachet particulier. Cuisine régionale et traditionnelle.

### UNE FOLIE

**Casa Leopoldo** ⑤ – *Sant Rafael, 24 - Liceu - 934 413 014 - fermé dim. et j. fériés soir, lun. - 50/75 €.* Le célèbre détective Pepe Carvalho, création de Manuel Vázquez Montalbán, est un des habitués de ce classique barcelonais. Sa décoration est faite de thèmes taurins (la patronne est la veuve d'un torero, tombé sous la corne d'un taureau à la Monumental en 1974), de photos dédicacées de personnalités et d'une singulière collection de bouteilles. Spécialités de poisson à la plancha et de morue *a la braz*.

### PETITE PAUSE

**Cafè de l'Òpera** – *Rambla, 74 - Liceu - 933 177 585 - 8h30-2h30.* Ce café de vieille tradition est l'un des endroits les plus réputés de Barcelone. Sa façade moderniste, son histoire et son ambiance 19e s. en font un lieu à ne pas manquer.

**Pastelería Escribà** – *Rambla de les Flors, 83 - Liceu - 933 016 027 - 8h-21h.* Célèbre établissement installé dans un vieil entrepôt de style moderniste (1820). Aujourd'hui, on y sert, dans la salle du fond ou en terrasse, de délicieux gâteaux et des plats salés accompagnés d'une boisson. Bonne adresse pour une halte en pleine Rambla.

## BOIRE UN VERRE

**Margarita Blue** – *Josep Anselm Clavé, 6 - Drassanes - 934 125 489 - 19h-3h.* Son décor décalé (miroirs de toutes tailles et formes, objets insolites, lampes hors d'âge) en a fait un des endroits les plus courus de Barcelone. Diverses représentations ont lieu toutes les semaines. Cuisine tex-mex. Verres à petits prix servis sur fond musical.

**London Bar** – *Nou de la Rambla, 34 - Liceu - 933 185 261.* Ouvert depuis 1909, il était prisé des gens du cirque. Son ambiance particulière a attiré Hemingway, Miró et bien d'autres encore.

**Glaciar** – *Pl. Reial, 3 - Liceu - 933 021 163.* Ce classique barcelonais était autrefois le lieu de rencontre des écrivains, des artistes. Son agréable terrasse est un lieu de passage obligé pour ceux qui veulent prendre un verre en plein air.

## ACHATS

**Carrer del Pi** – *Liceu.* Grand nombre de petits magasins spécialisés : bijouterie, articles de cadeau, layette, cartes de vœux insolites et autres.

**Carrer Petritxol** – *Liceu.* Concentration d'établissements où l'on peut acheter des articles en rapport avec les beaux-arts, de la papeterie, des animaux en peluche de toutes les tailles, sans oublier les maquettes des bâtiments les plus remarquables de Barcelone.

**Plaça Reial** – *Liceu - dim. 9h-12h.* Ravissante place où se tient le marché de la philatélie et de la numismatique le dimanche matin. Point de rencontre également des collectionneurs de cartes postales anciennes, de pin's, de cartes téléphoniques. Les plus jeunes y trouveront aussi leurs images de prédilection.

**La Boqueria** – *Rambla, 91 - Liceu.* Marché central installé dans un bâtiment en verre et fer de la fin du 19e s. On y trouvera les denrées d'excellente qualité, les plus variées de Barcelone.

**Mercat de Sant Antoni** – *Comte d'Urgell, 1 - Sant Antoni.* Installé à l'extérieur du marché municipal du même nom, il n'ouvre que le dimanche matin. Indispensable pour les amateurs de vieux magazines, journaux d'époque, bandes dessinées, timbres-poste et toutes sortes de livres épuisés, à des prix très attractifs.

**Boutique du Museu d'Art Contemporàni de Barcelona** – *Pl. dels Àngels, 1 - Universitat.* Des créations des designers barcelonais d'avant-garde.

# L'Eixample

★★

## NOS ADRESSES PAGES 122 ET 166

### S'INFORMER

**La Ruta del modernisme** – *www.rutadelmodernisme.com*. Ce circuit, qui part du palais Güell *(p. 150)* et aboutit au parc Güell *(p. 164)*, permet, grâce à ses panneaux d'information et à la signalisation au sol (carreaux rouges), de repérer les bâtiments modernistes les plus caractéristiques de la ville. Procurez-vous le petit guide accompagné d'une carte des monuments, la *Guía de la Ruta del Modernisme*, en vente en librairie et dans les centres du modernisme *(voir ci-dessous)*. Il permet d'obtenir un talon de réduction à l'entrée des sites. Tarif : 12 € ; 5 € (-18 ans gratuit) pour les personnes accompagnant le porteur du guide. Validité : un an.

Voici les coordonnées des trois centres du modernisme :

**Centre d'information touristique de Barcelone** – *Pl. de Catalunya, 17.*

**Hôpital de la Santa Creu i Sant Pau** – *C. Sant Antoni Maria Claret, 167.*

**Pavillons Güell** – *Av. de Pedralbes, 70.*

Renseignements touristiques également à la **cabine d'information de la Sagrada Família** – *juil.-sept. : 10h-20h ; oct.-juin : 10h-16h.*

### SE REPÉRER

Plan de Barcelone BD 1-2 (p. 112-113), plan de quartier (ci-contre) – Situé au nord-ouest du Barri Gòtic, le vaste quartier de l'Eixample déroule ses larges avenues du nord de la Gran Via de les Corts Catalanes (l'artère qui traverse Barcelone parallèlement à la mer via la plaça d'Espanya) jusqu'au quartier de Gràcia. Perpendiculairement, le passeig de Gràcia divise le quartier en Eixample Esquerra (gauche) et Eixample Dret (droite).

Stations de métro proches des principales curiosités : Catalunya (L1/L3), Passeig de Gràcia (L2/L3/L4) au centre, Sagrada Familia (L2/L5), Glòries (L1), Lesseps (L3) pour le parc Güell.

### À NE PAS MANQUER

La Sagrada Família, le Palau de la Música Catalana et les maisons modernistes du passeig de Gràcia.

### ORGANISER SON TEMPS

Prévoyez une longue journée pour arpenter les principales curiosités du quartier de l'Eixample et munissez-vous d'un plan du métro afin d'éviter quelques longues marches. En dehors des visites incontournables, jetez un œil aux boutiques, en particulier les pharmacies et les boulangeries, qui ont souvent conservé leur cadre moderniste d'origine.

### AVEC LES ENFANTS

Le parc Güell et ses singuliers bâtiments aux allures de contes de fées.

**Né de la nécessité d'agrandir et de moderniser Barcelone, l'Eixample fut la principale vitrine de la bourgeoisie barcelonaise du 19e s. et du début du 20e s., le véritable miroir de son essor économique et culturel. Les années 1850 assistent à l'émergence de la Renaixença, mouvement littéraire directement lié à cette classe dominante, qui précéda et**

**inspira le modernisme. N'hésitez pas à parcourir les avenues tête en l'air, pour admirer la profusion des nouveaux matériaux utilisés à l'époque – céramique, verre polychrome, fer forgé – apportant une touche originale aux façades monumentales.**

## Se promener Plan de quartier

### Plaça de Catalunya B2

Cette immense place, d'une superficie comparable à celle de la place de l'Étoile à Paris, est le point de rassemblement des Barcelonais lors des grands événements, qu'il s'agisse d'une victoire importante du Barça ou de la remise

SE LOGER
- Hesperia Carlit ..... 1
- Hostal HMB ..... 3
- Hostal Central ..... 5
- Hotel Granvía ..... 7
- Hotel Ginebra ..... 8
- Hotel Urquinaona ..... 9
- Hotel Paseo de Gracia ..... 11

SE RESTAURER
- L'Arrosseria Xàtiva ..... 1
- Casa Calvet ..... 2
- La Porta 13 ..... 3
- La Provença ..... 5
- O'Gràcia ..... 7
- Origen 99,9% ..... 9
- Tapa Tapa ..... 10
- Tragaluz ..... 11

Illa de la Discòrdia Casas : Lleó i Morera, Amaltier, Baltió ..... Y

Museu Egipci de Barcelona ..... M 1

1

## Une extension rationnelle

### L'EIXAMPLE : LA MODERNISATION DE LA VILLE

La croissance économique du début du 19e s. avait engendré chez les Barcelonais le désir de se libérer du cercle de murailles médiévales qui empêchait le développement de leur ville. En diverses occasions, et profitant de moments de désordre, les gens avaient déjà essayé de détruire les remparts, mais on les avait aussitôt reconstruits. Finalement, en 1851, la municipalité de Barcelone demanda officiellement que la ville cesse d'être une place forte. Trois ans plus tard, les murailles étaient abattues.

En 1859 est lancé un appel d'offres pour distribuer l'espace dans lequel la ville de Barcelone devait s'étendre. La municipalité choisit l'architecte local Antoni Rovira pour mener à bien le projet, mais le gouvernement central imposa celui de l'ingénieur **Ildefons Cerdà** (1815-1875). Alors que le plan de Rovira prévoyait des axes radiaux qui auraient fait de la vieille ville le noyau central de Barcelone, Cerdà, qui avait une réelle vision du futur et le souci d'une meilleure répartition sociale, conçut un réseau de rues de 20 m de large, parallèles à la mer, dont les carrefours avec de grandes avenues perpendiculaires s'effectueraient en chanfrein. Seule entorse à ce quadrillage parfait : l'avinguda Diagonal, voie principale de la nouvelle ville qui devait conduire à la plaça de les Glòries, alors supposée devenir la place centrale de la cité. En réalité, cette dernière fut longtemps reléguée à un rôle périphérique, en raison de la force d'attraction de la plaça de Catalunya. Le plan d'urbanisme rationnel de Cerdà prévoyait également l'aménagement de jardins intérieurs au cœur des pâtés de maisons, mais ce projet ne fut pas suivi. Cinquante ans plus tard, Barcelone avait quintuplé sa superficie et son plan est globalement toujours celui de cet immense quartier, comme on peut l'apprécier sur les vues aériennes de la ville.

La construction de l'Eixample coïncida avec l'une des périodes les plus brillantes de la société barcelonaise. Le développement économique et industriel avait provoqué l'éclosion d'une bourgeoisie vigoureuse et prospère, dont le souci majeur était de faire de Barcelone une grande ville, quasiment une « capitale », capable de rivaliser avec Madrid. Cette croissance économique se concrétisa dans le domaine artistique par le **modernisme**, avatar local de l'Art nouveau, et devenu le symbole visuel de l'Eixample grâce au génie de trois architectes majeurs *(voir p. 120)*. Flâner par ces rues savamment ordonnées, c'est découvrir la grande richesse de l'architecture moderniste avec ses nombreux bâtiments pleins de fantaisie et dotés de décors extraordinaires.

### LES RUES DE L'EIXAMPLE

En 1863, **Víctor Balaguer**, écrivain connu, historien et homme politique, était chargé officiellement de choisir les noms des nouvelles rues. Interprétant parfaitement le sentiment patriotique du mouvement littéraire **Renaixença**, dont il était l'un des animateurs, il revendiqua noms et faits célèbres de l'histoire de la Catalogne. Ainsi, les premières rues reçurent le nom des institutions gouvernementales catalanes du Moyen Âge : Corts, Diputació, et Consell de Cent. Les suivantes furent baptisées aux noms des principales composantes du royaume d'Aragon : Aragó, Valencia, Mallorca, Provença, Rosselló, Sardenya, etc. et l'on ne manqua pas d'honorer les grandes figures de l'histoire : Balmes, Aribau, Muntaner, Casanova et bien d'autres.

Plaça de Catalunya.
B. Gardel / hemis.fr



en cause des droits de la Catalogne… Ce trait d'union entre la vieille ville et l'Eixample (« L'Extension ») a été aménagé en 1927 par Francesc de P. Nebot. Toujours animée, la place est bordée d'immeubles de tous styles abritant des commerces bien connus (le grand magasin El Corte Inglés, la Fnac…), et de grands cafés, allant de l'octogénaire **Café Zurich** qui a su préserver son atmosphère presque viennoise malgré les modernisations, au **Hard Rock Café** où l'ambiance est naturellement toute autre.

Ce nœud de communications urbaines (le sous-sol est le point de rencontre de plusieurs lignes de métro et de trains) est orné entre autres de sculptures de Llimona et de Gargallo, et d'une copie de la *Deesa* de Josep Clarà, chef-d'œuvre du noucentisme *(voir p. 76)*, œuvres que la circulation incessante permet difficilement d'apprécier.

### ★ Rambla de Catalunya A-B 2

Cette promenade relie la **Gran Vía de les Corts Catalanes**, axe principal de la ville, à l'**Avinguda Diagonal**. Dans ce quartier très animé, les immeubles vieillots de style historiciste alternent avec des structures de fer et de verre et avec des bâtiments plus contemporains, composant une mosaïque variée et surprenante.

### ★★ Fundació Antoni Tàpies A2

*Aragó, 255 - ✆ 934 870 315 - www.fundaciotapies.org - ♿ - mar.-dim. 10h-20h - fermé 25-26 déc., 1er et 6 janv. - 7 €.*

Créée par l'artiste en 1984, cette fondation est installée dans le bâtiment moderniste de l'ancienne **Editorial Montaneri Simón★**, œuvre de Lluís Domènech i Montaner. Cet imposant bâtiment de brique rouge porte en haut de sa façade une grande sculpture de tubes d'aluminium réalisée par **Tàpies**, *Núvol i Cadira (Nuage et Chaise)*, emblème de la fondation, représentant l'univers symbolique de l'artiste.

L'intérieur, formé de deux niveaux principaux et d'un sous-sol, est un vaste espace éclairé d'une lumière zénithale traversant la coupole et la pyramide du toit.

Présenté par roulement, le fonds du musée, essentiellement des œuvres léguées par Tàpies, constitue la collection la plus complète de l'artiste et illustre son parcours depuis 1948.

Vous remarquerez notamment les toiles relevant de la fameuse « serie matérica », où Tàpies s'est interrogé sur le papier mural, considéré comme miroir ou métaphore du temps. L'expressivité de cette surface rugueuse est mise en relief par les symboles que l'artiste y a introduits (un bout de papier et différentes lettres). Les diverses nuances de couleur s'ajoutent aux crevasses et aux plis du matériau pour créer une atmosphère dramatique.

Le musée organise également des expositions temporaires d'artistes contemporains.

La bibliothèque, qui a conservé les étagères de bois de la maison d'édition, possède un important fonds de documents sur l'art du 20e s., des archives sur l'œuvre de Tàpies et une importante section consacrée à la culture et aux arts orientaux qui ont tant influencé l'œuvre du peintre.

### Museu Egipci de Barcelona - Fundació Arqueològic Clos A2 M1

*Passeig de Gràcia - València, 284 - 934 880 188 - www.museuegipci.com - lun-sam. 10h-20h, dim. et j. fériés 10h-14h - fermé 1er janv., 25-26 déc. - 11 € (étudiants et +60 ans 8 €).*

Installé en l'an 2000 dans un bâtiment spécialement aménagé pour accueillir des collections en plein développement, cet intéressant musée privé possède environ 600 pièces représentatives des diverses périodes de la civilisation égyptienne, en sus de quelques pièces de la période romaine. La collection exposée selon des critères didactiques se divise par thème. Du fonds exposé, on retiendra en particulier les sarcophages, les momies et les masques funéraires qui témoignent de l'importance de la religion et de la vie d'outre-tombe dans l'esprit des Égyptiens, ainsi qu'une luxueuse collection de bijoux, et d'objets d'intérieur. Une statue de Ramsès II et deux statues de grande qualité (Ancien Empire) méritent également qu'on s'y attarde.

### ★★ Passeig de Gràcia A-B 2

À l'origine, cette « promenade » reliait Barcelone proprement dite (c'est-à-dire la vieille ville) au village de Gràcia, mais avec la construction de l'Eixample, elle est devenue au cours du 19e s. la zone résidentielle de la haute bourgeoisie. De riches industriels, femmes luxueusement vêtues et politiciens reconnus se promenaient le long de cette large avenue.

Les **lampadaires★** de cette artère sont l'un des symboles de son identité. Dessinés par Pere Falqués en 1900, ils démontrent l'attrait du modernisme pour des matériaux tels que le fer et la céramique.

Le passeig regroupe les plus beaux bâtiments de l'architecture caractéristique de ce changement de siècle, spécialement ceux de Gaudí, Domènech i Montaner et Puig i Cadafalch regroupés dans « l'Îlot de la discorde ».

### ★★ Illa de la Discòrdia A2 Y

*Passeig de Gràcia entre les rues Consell de Cent et Aragó.*

« L'Îlot de la discorde » doit son nom aux trois immeubles élevés par les trois architectes les plus importants du modernisme, comme s'il s'agissait de rivaliser en un même lieu. Mais la traduction en catalan a fait perdre le sel du jeu de mots contenu dans le castillan « **manzana de la discòrdia** », allusion au jugement de Pâris chargé d'accorder la pomme d'or à la plus belle des déesses, « manzana » signifiant en espagnol à la fois « pomme » et « pâté de maisons ».

**LE PASSEIG DE GRÀCIA VU PAR JOSEP PLA**

« Un de ses charmes les plus évidents lui vient de son plan incliné, doux mais marqué. Les rues légèrement en pente, juste ce qu'il faut, rendent élégant le pas de ces dames, donnant à leurs mouvements une certaine grâce élancée. Dans ce sens, le passeig de Gràcia a beaucoup fait pour la ville. »

★ **Casa Lleó i Morera** – *À l'angle du passeig de Gràcia et de la rue Consell de Cent.* Ce grand édifice en pierre (1905) fut bâti par Domènech i Montaner. La décoration d'inspiration végétale se concentre sur les balustrades et autour des baies. Les éléments les plus intéressants sont la crête décorative et la niche qui couronnent l'immeuble.

★ **Casa Amatller** – Ce bâtiment de Puig i Cadafalch (1900) possède une belle façade avec des fresques aux motifs floraux, bordée par un pignon qui s'échelonne sur différents niveaux. Ce n'est plus le délire gaudien, mais les grandes baies vitrées gothiques – très au goût de l'architecte – et les grilles de balcons et de portails sont d'une finesse exquise.

★★ **Casa Batlló** – *Pg. de Gràcia, 43 - ✆ 932 160 306 - www.casabatllo.es - 9h-20h - fermé 1er et 6 janv., 25-26 déc. - 16,50 € avec audioguide.* Œuvre magistrale de Gaudí, dans sa pleine maturité, la maison (1904-1906) présente une **façade** recouverte de disques de céramique et de verre colorés ainsi qu'un étonnant toit revêtu d'écailles. À l'époque, les singulières baies de son étage principal lui valurent le surnom de « maison des Os ou des Bâillements ». Si l'extérieur éblouit par le dynamisme et la profusion d'images et de couleurs, l'intérieur n'est pas en reste. Gaudí détruisit la rectitude pour créer une œuvre d'une cohérence esthétique et d'une beauté sans pareilles. Les escaliers, la toiture, les patios, les encadrements des portes et des fenêtres, l'emploi de la lumière, tout est pensé jusqu'au moindre détail, telle la pièce d'un puzzle, pour cadrer dans cet univers prodigieux qui s'inspire directement de la nature. L'ondulation des formes procure une sensation d'apaisement atteignant son point d'orgue avec le plafond en spirale du salon principal. En fin de visite, ne manquez pas les façades polychromes de la terrasse à l'arrière, avec ses balcons de fer forgé.

Outre ces bâtiments emblématiques, la Illa de la Discòrdia comprend d'autres demeures modernistes, comme la **Casa Ramon Mulleras** (1911), œuvre d'Enric Sagnier, ou la **Casa Bonet** de Jaume Brossa.

### ★★★ Casa Milà (La Pedrera) A2

*Diagonal – Provença, 261 - ✆ 902 400 973 - www.fundaciocaixacatalunya.org - mars-oct. : 9h-20h ; nov.-fév. : 9h-18h30 - fermé 1er, 6 et 1ère sem. en janv., 25-26 déc. - 9,50 € (-12 ans gratuit).*

C'est l'une des plus célèbres réalisations de Gaudí. Appelé communément La Pedrera (« la Carrière »), ce bâtiment a été construit grâce au mécénat de la noble famille des Milà. Le projet initial prévoyait d'achever les façades ondulantes par un hommage à la Vierge Marie, mais Pere Milà rejeta l'idée à cause de l'atmosphère anticléricale (assez virulente) qui régnait à Barcelone au début du 20e s. Gaudí quitta alors le chantier, laissant quelques cheminées inachevées.

Le bâtiment est une authentique explosion de fantaisie. Sa présence sur le passeig de Gràcia est imposante et dépasse en beauté tous les bâtiments qui l'entourent. La **façade**★★ faisant montre d'une architecture pleine de

subtilités rappelle le mouvement de la mer. Admirez notamment les **grilles** des fenêtres et les garde-fous en fer forgé des balcons.
La terrasse et El Pis (l'Appartement) sont ouverts à la visite.
★ **Combles et terrasse** – *Accès par ascenseur.* Les arcs paraboliques des combles ont planté un singulier espace, qui accueille l'**Espai Gaudí**, où études, maquettes, photos et films retracent la vie et l'œuvre de l'architecte. Depuis les combles un escalier permet d'accéder à la surprenante terrasse pour une promenade dans une forêt magique aux formes capricieuses et aux volumes courbes, peuplée d'inquiétants « guerriers » de céramique. De là s'offrent de spectaculaires **vues★** sur Barcelone, et notamment sur la Sagrada Familia.
★ **El Pis** – À l'étage, l'**Appartement** se compose de deux sections : une exposition sur la Barcelone de l'époque et la fidèle reconstitution de l'intérieur d'une demeure bourgeoise du début du 20e s. qui présente avec force détails le mobilier, les appareils électroménagers et les ustensiles de la vie quotidienne d'une famille aisée en ce temps-là.
Une fois redescendu, ne manquez pas de jeter un œil depuis le patio vers le haut : des formes sinueuses et fantasmagoriques propres à donner le vertige !
L'entresol accueille des expositions temporaires.

### Avinguda Diagonal A-B 2

Cette longue avenue traverse la ville, traçant une diagonale d'est en ouest. Sur le haut de la Diagonal se trouvent la **cité universitaire** et le **Camp Nou**, stade du FC Barcelone *(voir p. 197)*.
*Sur la plaça de Joan Carles I, prendre la Diagonal à droite.*
On passe devant la **Casa Quadras** (n° 373), un beau bâtiment moderniste de Puig i Cadafalch (1904), aux influences gothiques.

### ★ Casa Terrades (Casa de les Punxes) A2

Cet édifice (1905) est plus connu sous le nom de **Casa de les Punxes** en raison de sa toiture en forme d'aiguilles, autre témoignage d'ingéniosité dans l'architecture de Puig i Cadafalch. C'est dans cette œuvre que l'influence du style néogothique est le plus sensible.
*Place Mossèn Jacint Verdaguer, bifurquer à gauche dans la rue de Mallorca.*

### ★★★ La Sagrada Familia B1

*☏ 932 073 031 - www.sagradafamilia.cat - ♿ - avr.-sept. 9h-20h; reste de l'année 9h-18h - 11 € (-18 ans et retraités 9 €).*
Consacrée à la Sainte Famille et à saint Joseph, patron des ouvriers, c'est l'œuvre la plus connue d'Antoni Gaudí. Pour son créateur, il s'agissait d'une expiation du matérialisme du monde moderne et une expression de la fraternité et de la solidarité entre les peuples.
S'inspirant de l'église du Sacré-Cœur de Paris, Josep M. Bocabella, fondateur d'une confrérie à la dévotion de saint Joseph, avait conçu l'idée de faire construire une église néogothique pour accueillir son association. Le chantier débuta en 1882, mais les travaux furent arrêtés à cause de différents conflits internes. L'année suivante, Gaudí fut associé au projet et, après avoir terminé la crypte, il remplaça le plan initial par un autre beaucoup plus ambitieux. Durant les quarante années qu'il consacra à cette œuvre, le génial architecte rendit chaque jour plus complexe le caractère symbolique d'une église jusqu'à le rendre hermétique.
Ce révolutionnaire projet gaudien prévoyait un plan en forme de croix latine avec cinq vaisseaux et un transept à trois vaisseaux. Il devait y avoir trois façades : celle de la Nativité, située à l'est dans le bras droit du transept, celle

consacrée à la Passion et à la Mort, dans le bras opposé, et, pour terminer, la façade de la Gloire, au sud.

Les quatre tours de chaque façade symbolisaient les douze apôtres, tandis que la grande tour sur l'abside était le symbole de la Vierge. Quatre grandes tours consacrées aux évangélistes entouraient la flèche sur la croisée, symbole imposant du Christ. La nef centrale devait ressembler à une forêt de colonnes.

À la mort de Gaudí, seules avaient été réalisées la crypte, l'abside et la façade de la Nativité. Malgré de vives polémiques, les travaux pour mener à bien ce vaste projet ont repris. **Josep Maria Subirachs** (né en 1927) a réalisé à la fin des années 1980 les sculptures très controversées (et un peu anguleuses) de la façade de la Passion, entrée actuelle du sanctuaire.

**Intérieur** – Il se visite dans le vacarme des engins de chantier, ce qui n'enlève rien à la fascination exercée par le monument ; dans l'état actuel des choses, vous aurez un aperçu saisissant de l'impressionnante forêt de colonnes de la nef, voulue par Gaudí et apercevrez quelques vitraux, notamment la rosace réalisée par Joan Vila-Grau (2001). Les tours (accès par ascenseur) offrent une **vue panoramique★★** exceptionnelle.

★★ **Façade de la Nativité** – Quatre tours de 115 m de haut surmontent les trois portails de cette pompeuse façade. À gauche se trouve le portail de l'Espérance, parachevé par le symbole de Marie et des scènes de la Sainte Famille. Au centre, le portail de la Charité est décoré d'une profusion de motifs floraux ; en haut du seuil apparaît l'arbre généalogique de Jésus et son monogramme. Le portail de la Foi, avec le symbole de saint Joseph et des sculptures sur l'enfance de Jésus et la Visitation, se trouve à droite.

**Crypte** – On y descend par un escalier situé dans l'abside. Elle renferme le tombeau de Gaudí bien que les besoins de l'actualité aient nécessité son aménagement en musée où sont présentés des plans, des maquettes, des dessins des différentes étapes de construction et des projets non encore réalisés.

*Suivre la carrer de la Marina jusqu'à la Gran Via de les Corts Catalanes.*

**Plaça de Braus Monumental** B2

Édifice en briques inauguré en 1914, les **arènes** de Barcelone arborent un style résolument néomudéjar comme nombre d'autres arènes espagnoles. Elles peuvent contenir près de 20 000 spectateurs venus assister à divers spectacles et évènements musicaux. Elles ont notamment accueilli en 1965 l'unique concert donné par les Beatles dans la capitale catalane, et, onze ans plus tard, les tout aussi mythiques Rolling Stones. Vous pourrez peut-être encore assister à des corridas jusqu'à fin 2011... *(voir p. 132).*

*Poursuivre au-delà de la Gran Via jusqu'à la carrer de Ribes.*

## Auditori municipal B2

*Glòries ou Monumental.*

Il fait partie, avec le Théâtre national de Catalogne *(en face)*, d'un des ensembles culturels les plus importants de Barcelone. Création de l'architecte navarrais Rafael Moneo (1999), l'Auditorium est un bâtiment aux lignes architecturales épurées. Ses trois salles, qui ont reçu les noms de musiciens catalans, ont rapidement fait de cet endroit un haut lieu de la programmation musicale (tous genres confondus) de la ville.

## Teatre Nacional de Catalunya B2

*Glòries ou Monumental - Gran Via de les Corts Catalanes, au sud de la plaça de les Glòries Catalanes.*

Le bâtiment qui abrite ce théâtre, construit par Ricardo Bofill, est une synthèse de modernité et de classicisme architectural. On y accède par un vestibule en

verre conçu comme une serre, qui contient des palmiers et d'autres espèces de plantes. La grande salle, où sont données les représentations les plus importantes, adopte la forme des amphithéâtres classiques ; on y remarquera l'élégance de l'ornementation. La petite salle, également remarquable, est destinée à accueillir d'autres spectacles et manifestations (danse, musique, etc.).
*Continuer vers la plaça de les Glòries Catalanes.*

### Torre Agbar D1 sur plan p. 112-113

*Glòries ou Monumental. Av. Diagonal, de l'autre côté de la plaça de las Glòries Catalanes.*
On peut ne pas aimer cette tour en forme de concombre (inspirée selon les dires de l'architecte **Jean Nouvel** par les pains de sucre de la montagne de Montserrat et par certains projets de Gaudí). Elle a été commandée pour la compagnie des eaux de la ville. Culminant à 142 m de hauteur (un peu moins que les tours jumelles du Port Olímpic, *voir p. 183*), elle est dotée d'un système high-tech qui lui permet d'illuminer sa façade de couleurs vives à dominantes rouge et bleue, et sans cesse changeantes. Du 32e et dernier étage, la vue est, naturellement, superbe.
*Revenir à la Sagrada Familia par le même chemin ou par le métro depuis la station Monumental (L2).*

### Avinguda de Gaudí B1

Elle associe les deux architectes les plus importants du modernisme : Lluís Domènech i Montaner et Antoni Gaudí. En effet, cette large allée piétonne prend naissance au pied de la façade de la Nativité et s'étend jusqu'à l'entrée de l'hôpital Saint-Paul, œuvre de Domènech i Montaner.

### ★ Hospital de Sant Pau B1

Le bâtiment de brique rouge construit entre 1902 et 1912 occupe une superficie de plus de 10 000 m$^2$. Dans la réalisation de cette œuvre monumentale, l'architecte Domènech i Montaner avait comme collaborateurs, entre autres, les prestigieux sculpteurs **Pablo Gargallo** et **Eusebi Arnau**. Les pavillons modernistes sont ornés de mosaïques en céramique vernissée à thèmes mythologiques et historiques. Désaffecté de ses fonctions hospitalières depuis juin 2009, l'ancien hôpital est entré dans un long processus de réhabilitation visant à mettre en valeur son architecture et ses éléments décoratifs. Régulièrement, des journées portes ouvertes permettent aux visiteurs de découvrir les lieux, ou plutôt de les redécouvrir : nombre de Barcelonais y sont nés ou y ont été hospitalisés un jour ou l'autre. Les projets de reconversion de l'édifice sont encore à l'étude, mais une partie devrait abriter le siège de l'Union pour la Méditerranée ainsi que l'Université des Nations Unies du sud de l'Europe.

### ★★ Parc Güell A1

*Bus 92 depuis l'Hospital de Sant Pau - Lesseps (L3) puis fléchage. Olot, 1 - 934 132 400 - www.bcn.cat/parcsijardins - 10h-18h (21h aux beaux jours) - gratuit.*
La plus connue des commandes faites par Güell à Gaudí devait être une cité-jardin qui n'a en fait jamais été réalisée comme telle.
Le parc s'ouvre sur deux singuliers bâtiments en forme de champignon, propres aux contes de fées. Un escalier présidé par un dragon composé d'ingénieuses mosaïques mène jusqu'à la **salle des Cent Colonnes**. La vue de cet ample espace, prévu pour servir de marché et qui, en réalité, n'a « que » 86 colonnes doriques très penchées, est superbe. Dans la mosaïque du toit, tout en ondulations, sont encastrés des éclats de céramique : les fameux *trencadís*.

Au-dessus de cette salle se trouve la grande place circulaire, extraordinaire **mirador** sur la ville, entourée par le célèbre et interminable **banc ondulant★★**, où la fantaisie chromatique de Gaudí semble sans limites.

La visite de cet endroit magique, où imaginaire et réalité se confondent, doit se compléter avec celle de la **Casa-Museu Gaudí★**. La maison, où vécut l'architecte de 1906 à 1926, permet d'apprécier une belle collection de meubles conçus par Gaudí. *Carretera del Carmel (Parc Güell) - ✆ 932 193 811 - www.casamuseugaudi.org - avr.-sept. :10h-20h ; oct.-mars :10h-18h - fermé 1er et 6 janv., 25-26 déc. - 5,50 €.*

## À voir aussi Plan de quartier

### ★★ Palau de la Música Catalana B2

*Urquinaona - Sant Francesc de Paula, 2 - ✆ 902 442 882 - www.palaumusica.org - visites guidées en angl., esp. ou catalan 10h-15h30 - 10 € (-16 ans 8 €).*

Ce singulier monument aux fortes connotations politiques se trouve dans l'étroite rue de Sant Pere més Alt. C'est sans aucun doute le symbole le plus marquant de la bourgeoisie catalane du début du 20e s. et l'un des chefs-d'œuvre du modernisme.

Élevé par **Domènech i Montaner** *(voir p. 121)* entre 1905 et 1908, il conjugue le fort sentiment nationaliste de l'époque avec une volonté culturelle nettement internationale. Siège de l'**Orfeó Català**, organisme créé en 1891 par Lluís Millet (1867-1914) pour diffuser et encourager la musique populaire catalane, c'est la plus importante salle de concerts de Barcelone.

Le bâtiment, édifié dans un secteur aux ruelles étroites, a été agrandi et transformé en 1989, et, récemment, on a réhabilité les immeubles voisins afin d'offrir une belle vision d'ensemble sur le spectaculaire **extérieur★**. Sa décoration faite de mosaïques colorées et le groupe sculpté représentant la chanson populaire – situé à l'angle supérieur de l'entrée principale – ont été réalisés par Miquel Blay.

À l'intérieur de la salle de concerts, on peut admirer les baies vitrées et l'imposante **coupole inversée★★**, en verre polychrome, véritable merveille ornementale qui apporte une certaine délicatesse à cet ensemble grandiloquent.

À gauche de la scène, un buste de **Josep Anselm Clavé** (1824-1874), musicien fondateur de nombreuses chorales populaires, symbolise la musique catalane. À droite, rappelant le fort impact de la musique de Wagner sur les cercles musicaux de Barcelone, se dresse l'extraordinaire **Chevauchée des Walkyries** à côté d'un buste de Beethoven, allusion à la musique internationale. Ces dynamiques sculptures de Gargallo sont les compléments des curieuses **silhouettes de mosaïque** et du **buste en relief**, étalage d'imagination créatrice qu'Eusebi Arnau a placé au fond de la scène. Un luxe de détails insolites parsème cet espace surprenant dont la pompeuse atmosphère est adoucie par les fauteuils travaillés, les mosaïques à peine visibles et les jeux de couleurs des vitraux.

### Parc de la Creueta del Coll A1 (AB1 p. 112 sur le plan de Barcelone)

*Vallcarca - Mare de Déu del Coll, 89 - au nord du parc Güell.*

Cette carrière abandonnée est devenue un parc agrémenté d'un lac artificiel où la natation est autorisée l'été. La monumentale sculpture en pierre *Elogio del Agua (Éloge de l'eau)* d'Eduardo Chillida est suspendue au-dessus de l'eau.

## NOS ADRESSES DANS L'EIXAMPLE

Pour les hébergements et les sorties, voir p. 126.

### RESTAURATION

Les restaurants ci-dessous sont positionnés sur le **plan p. 157**.

#### PREMIER PRIX

**Origen 99,9 %** ⑨ – *Enric Granados, 9 - Universitat - 934 531 120 - www.origen99.com - service continu dès 12h30 - 8/15 €.* L'originalité de ce restaurant-épicerie fine est de travailler à 99,9 % des produits et recettes traditionnelles catalanes, servis en petites portions à toute heure de la journée. Voici donc l'endroit idéal pour découvrir les saveurs régionales sucrées ou salées. La franchise compte deux autres adresses dans le quartier El Born et à Gràcia.

**La Porta 13** ③ – *Perill, 13 - Diagonal - 932 076 428 - lun.-vend. 9h-20h30 - menus 9/13 €.* Cette bonne petite adresse du midi, éclatante de couleurs, propose deux menus simples, différents chaque jour. Bien aussi pour une pause sucrée sur fond musical (tartes maison).

#### BUDGET MOYEN

**Tapa Tapa** ⑩ – *Pg de Gràcia, 44 - Passeig de Gràcia - 934 883 369 - 8h-1h30 - 20/30 € selon l'appétit.* Offrant le même concept que le Taller de Tapas *(voir p. 154)*, cette succursale de la chaîne Tapa Tapa est judicieusement située juste en face de la Illa de la Discòrdia. Autre avantage, on peut y déjeuner à une heure « française » sans faire la queue (à l'heure catalane, c'est une autre histoire…). Une adresse bien pratique, donc, pour une pause dans la découverte du modernisme.

**O'Gràcia** ⑦ – *Pl. de la Revolució de Setembre de 1866, 15 - Joanic - 932 133 044 - mar.-sam. 13h-16h, 20h30-0h - fermé 26 août-11 sept. - 25/35 €.* Cette cuisine méditerranéenne d'inspiration franco-catalane propose un menu du midi d'un excellent rapport qualité-prix (env. 10 €). Aux beaux jours, on s'installe en terrasse sur l'agréable placette de la Revolució. L'endroit est très réputé pour ses desserts.

**La Provença** ⑤ – *Provença, 242 - Provença - 933 232 367 - restofi@terra.es - - 27/35 €.* Situé non loin du passeig de Gràcia. Établissement agréable à la décoration soignée et gaie. Belle carte proposant des plats régionaux. Excellent rapport qualité/prix.

**L'Arosseria Xàtiva** ① – *C/ Torrent d'en Vidalet, 26 - Joanic - 932 848 502 - www.arrosseriaxativa.com. tlj 10h-16h30, 20h-0h - fermé dim. soir - 30 €.* Si vous ne devez manger qu'une seule paella à Barcelone, c'est ici au cœur du quartier de Gràcia ! Une trentaine de variétés de riz *(arrosses)* vous sont proposées par ces spécialistes valenciens et servis copieusement dans des poêles individuelles, ce qui permet à chacun de choisir sa propre spécialité.

#### UNE FOLIE

**Tragaluz** ⑪ – *Pg de la Concepció, 5 - Diagonal - 934 870 621/196 - www.grupotragaluz.com - 13h-16h, 20h30-0h - à partir de 55/60 €.* Sur deux étages, plus une mezzanine, ce restaurant déploie un agréable dédale d'escaliers et de baies vitrées donnant sur un jardin. L'ambiance très cosy et branchée annonce la nécessité d'un budget conséquent. Au rez-de-chaussée, carte « simplifiée » plus abordable.

**Casa Calvet** ② – *Casp, 48 - Urquinaona - 934 124 012 - www.casacalvet.es - fermé dim., j. fériés, Sem. sainte, 3 sem. août - - 55/70 €.* Installé dans les anciens bureaux d'une société textile, dans un très bel exemple de bâtiment moderniste conçu par Gaudí. À l'intérieur, les poutres de fer et les planchers de bois créent un cadre idéal. Cuisine méditerranéenne traditionnelle, mais créative.

### PETITE PAUSE

**Laie** – *Pau Claris, 85 - Diagonal - 933 027 310 - www.laie.es - lun.-sam. 10h-21h.* À l'étage d'une vaste librairie, un confortable salon de thé où l'on peut se poser au frais en consultant la presse du jour.

### BOIRE UN VERRE

**Café Vienés** – *Pg de Gràcia, 132 - Passeig de Gràcià - 932 553 000 - www.hotelcasafuster.com.* Haut lieu de rencontres des intellectuels dans les années 1950, le café du luxueux hôtel Casa Fuster (l'un des derniers projets de Domènech i Montaner) mérite le coup d'œil. Plafond doré, colonnades en marbre rosé, la décoration allie design et modernisme. Grand choix de cafés, thés et cocktails.

**Berlin** – *Muntaner, 240, à l'angle de l'Av. Diagonal - Diagonal - 932 006 542 - lun.-merc. 10h-2h, jeu.-sam. 10h-3h, en août 17h-2h.* Ambiance conviviale dans ce petit bar aux lignes modernes et épurées. On y prend un verre en écoutant de la bonne musique, les soirs d'été sur sa terrasse improvisée au coin de la rue.

**La Fira** – *Provença, 171 - Hospital Clínic - 933 237 271 - mar.-jeu. 23h-3h, w.-end 23h-5h - entrée 10 € le w.-end.* Un incontournable des nuits barcelonaises, décoré d'une collection d'automates et d'attractions foraines. Idéal pour boire un verre dans une auto-tamponneuse. Musique pop-rock, ambiance très joviale.

### ACHATS

**Bulevard Antiquaris** – *Pg. de Gràcia, 55 - Pg de Gràcia.* Plus de 70 boutiques consacrées à la peinture et à l'ancien.

**Mercat de la Concepció** – *Aragó, 313 - Girona.* Marché moderne situé dans un bâtiment récemment réaménagé. Innombrables étals de primeurs.

**Els Encants Vells** – *Pl. de les Glòries Catalanes - Glòries - lun., merc., vend., sam.* Marché aux puces dans la grande tradition. Ne pas hésiter à marchander.

**El Cortes Inglés** – *Pl. de Catalunya, 14 - Catalunya - 933 063 800 - www.corteingles.es - 10h-22h.* Rien de vraiment authentique derrière l'austère façade grise, mais l'adresse est incontournable. Produits de beauté, vêtements… La version espagnole des Galeries Lafayette.

**Vinçon** – *Pg de Gràcia, 96 - Diagonal - 932 156 050 - www.vincon.com - lun.-sam. 10h-20h30.* Véritable temple du design, cette enseigne barcelonaise s'étend sur 2 étages. De l'ustensile de cuisine au mobilier contemporain, de quoi dénicher des cadeaux originaux et branchés. Du 1er étage, vue insolite sur l'arrière de La Pedrera.

# La Ribera

★

## NOS ADRESSES PAGES 122 ET 175

### SE REPÉRER

Plan de Barcelone CD 2 (p. 112-113), plan de quartier (p. 171) – Situé au nord-est du Barri Gòtic, ce quartier branché est délimité par la Ronda de Sant Pere au nord et l'avinguda Marquès de l'Argentera au sud. L'axe principal qui permet d'y pénétrer, la carrer de la Princesa, coupe le quartier en deux entre le parc de la Ciutadella et la plaça Àngel. Deux stations de métro desservent le quartier : Jaume I (L4) et Urquinaona (L1/L4) au nord.

### À NE PAS MANQUER

En journée, le musée Picasso ; le soir, l'ambiance du Born.

### ORGANISER SON TEMPS

Si les touristes sont très nombreux en journée dans la carrer de Montcada, le quartier du Born dévoile son vrai visage en fin d'après-midi et reste animé jusqu'aux petites heures de la nuit.

### AVEC LES ENFANTS

Le zoo du parc de la Ciutadella et le museu de la Xocolata.

**En sillonnant ce quartier qui fut longtemps l'un des plus prospères de Barcelone, cette promenade explore deux des mondes essentiels de l'histoire locale : celui des marchands, dont les grandes demeures se concentraient sur le secteur le plus proche du port, et celui des artisans, dont les corporations avaient leurs sièges dans la partie haute de la Ribera. Témoin de la puissance économique de la Barcelone médiévale, ce quartier est aujourd'hui investi par les artistes, les boutiques de mode et les adresses branchées.**

## Se promener Plan de quartier

*Au départ de la place Antoni Maura, suivre l'avinguda de Francesc Cambó.*

### Mercat de Santa Catarina A2

Ouvert en 1848, le plus vieux marché de Barcelone a été doté en 2004 d'un toit ondulant en mosaïque colorée aux motifs de fruits et légumes, réalisé par l'architecte catalan Enric Miralles et son épouse italienne Benedetta Tagliabue. À l'intérieur, l'**Espai Santa Catarina** met en valeur les vestiges de bâtiments précédents, notamment l'ancien couvent dominicain de Santa Catarina qui fut le premier siège du Conseil des Cents. *Lun.-merc. et sam. 8h30-14h, jeu.-vend. 8h30-20h - gratuit.*

*Suivre, derrière le marché, la carrer Giralt i Pellissier en direction du sud-est. Traverser la carrer de la Princesa et entrer, en face, dans la carrer de Montcada.*

### ★★ Carrer de Montcada B2

Le commerce maritime a joué un rôle fondamental dans l'histoire de la ville quand, aux 13e et 14e s., la marine barcelonaise dominait le trafic du bassin occidental de la Méditerranée, notamment vers les Baléares, la Sardaigne, la Sicile et l'Italie méridionale. Les dynasties de marchands ayant acquis un grand

Toits du mercat de Santa Catarina.
*A. Serrano / Sime / Photononstop*



prestige social formèrent une solide oligarchie qui régna sur la ville jusqu'à une période récente, et la rue de Montcada fut la meilleure « vitrine » pour les parades de cette nouvelle classe sociale.

En effet, symbole de la grande expansion maritime des Catalans en Méditerranée, cette rue, qui doit son nom à la puissante et noble famille **Montcada** *(voir encadré p. 170)*, réunit en un ensemble unique hôtels particuliers et demeures aristocratiques datant pour la plupart de la fin du Moyen Âge. Son tracé rectiligne reliait le centre-ville avec le secteur du port, jadis appelé Vilanova del Mar.

### ★ Palau Berenguer d'Aguilar B2

*Montcada, 15.* Après avoir traversé la carrer de la Princesa, première rue de la ville à avoir été pavée, ce palais est le premier de ces hôtels particuliers. Cette magnifique résidence, modifiée aux 15e et 18e s., conserve un grand nombre d'éléments de l'architecture typique des demeures nobles de la Barcelone médiévale, inspirées des palais des marchands italiens.

La façade, très solennelle et sobre, concentre sa décoration autour des fenêtres de l'étage inférieur, et présente des balcons en fer forgé ajoutés ultérieurement.

Le **patio central★** qui comporte un escalier conduisant au niveau supérieur, ou étage noble, est égayé par des arcades ouvertes, des moulures décoratives et différents ustensiles (jarres à huile, vin et eau) qui rappellent le passé marchand des propriétaires. Ce palais, et ses voisins, le **Palau Castellet** (n° 17), le **Palau Meca**, édifice baroque (n° 19), et le **Palau Finestres** (n°23) abritent le **Museu Picasso**.

### ★★ Museu Picasso B2

*Jaume I - Montcada, 15 - ☎ 932 563 000 - www.museupicasso.bcn.es - ♿ - mar.-dim. 10h-20h - fermé lun., 1er janv., 1er Mai, 24 juin, 25-26 déc. - 9 € (-16 ans gratuit).*

Témoignage de la relation entre l'artiste et Barcelone, ce musée est l'hommage de Picasso à la ville où il se forma en tant qu'artiste et séjourna de 1895 à son départ pour Paris (1903).

**LES MONTCADA**

La famille Montcada (dont le nom est francisé en Moncade), qui a laissé son nom à une célèbre rue de Barcelone, était une noble famille prétendant descendre des premiers ducs de Bavière. Au 12e s., elle avait acquis par mariage les vicomtés de Béarn et de Bigorre. Guillaume Raymond de Moncade, vicomte de Béarn et sénéchal de Catalogne, avait épousé en secondes noces une fille naturelle du roi Pierre II d'Aragon. D'autres alliances furent encore contractées avec la famille royale, la plus brillante étant, en 1322, le mariage du roi Jaume II avec Elisenda de Montcada, qui fondera plus tard le monastère Santa Maria de Pedralbes *(voir p. 195)*.

La section consacrée à la jeunesse de l'artiste est des plus remarquables. On y trouve des dessins de son enfance, des exercices libres et des œuvres d'inspiration académique : *La Première Communion* (1896) et *Science et Charité* (1897). De la « période bleue », première manifestation du style personnel de Picasso, on retiendra quelques pièces intéressantes : *Los Desamparados* (1903) et *El Loco* (1904). La série de **Las Meninas★** comprend 58 huiles, dont 44 inspirées de l'œuvre de Vélasquez. Modifiant les couleurs de l'œuvre originale, Picasso utilise les gris et le noir pour symboliser le deuil ; les jaunes et les bleus lumineux ne se retrouvent qu'autour des personnages innocents, le reste baignant dans une atmosphère sombre et dramatique. L'ensemble est complété par différentes toiles consacrées au thème des colombes – symbole de paix et de liberté –, quelques paysages et d'autres pièces importantes : *Portrait de Jacqueline*, *Piano*, et *L'Arlequin*.

### Palau del Marquès de Llió B2

*Montcada, 12.* Comme le palais précédent, il s'inscrit dans la typologie du gothique catalan : patio central, escalier conduisant à l'étage noble et rez-de-chaussée destiné aux dépendances. Les éléments de style qui le distinguent furent réalisés au cours d'une transformation effectuée au 18e s. Le corps supérieur de la façade présente une galerie ouverte qui servait apparemment à étendre les pièces de laine. Les fins triplets de la façade sont très typiques.

Tandis que sa cour accueille l'agréable Café Tèxtil, le palais abrite le **DHUB Montcada**, émanation des museus del Disseny Hub *(voir « Pedralbes » p. 196)*, qui présente des expositions temporaires thématiques (design, arts graphiques, etc.). *Mar.-sam. 11h-19h, dim. 11h-20h, j. fériés 11h-15h - 4,20 €.*

### Museu Barbier-Mueller d'Art Precolombi B2

*Jaume I - Montcada, 14 - 933 104 516 - www.barbier-mueller.ch/barcelone/presentation-10.html - ♿ - mar.-vend. 11h-19h, sam. 10h-19h, dim. et j. fériés 10h-15h.- fermé lun., 1er janv., Vend. saint, 1er Mai, 24 juin, 25-26 déc. - 3 € (-16 ans gratuit).*

Hébergé dans l'élégant **Palau Nadal**, édifice du 12e s. restauré au 18e s., ce musée présente une collection d'art précolombien, sans doute restreinte, mais d'une grande qualité (sculptures, pièces d'orfèvrerie, céramiques et tissus), représentative de presque toutes les civilisations antérieures à la découverte de l'Amérique.

### Casa Cervelló-Giudice B2

*Montcada, 25.* Cette maison, qui répond aux critères des palais gothiques catalans du 15e s. (patio et escalier desservant l'étage noble), fut habitée par la noble famille des Cervelló et, plus tard, par les Giudice, banquiers génois. L'intérieur abrite la **galerie Maeght**.

## Palau Dalmases B2

*Montcada, 20.* C'est la demeure qui présente la plus grande richesse décorative. De construction ancienne, comme en témoigne la voûte de sa chapelle de style médiéval tardif, elle a été reconstruite à la fin du 17e s., après que la famille Dalmases l'eut achetée.

La transformation du bâtiment fut étroitement suivie par les Dalmases mêmes, fabricants de tissus qui s'étaient enrichis dans le commerce du textile. Ce sont eux qui dessinèrent les **frises★** d'une grande splendeur décorant la rampe de l'escalier couvert du patio – orné de colonnes torsadées à cannelures (colonnes salomoniques) et de treilles entrelacées – et représentant des sujets mythologiques, tels l'Enlèvement d'Europe et le Char de Neptune.

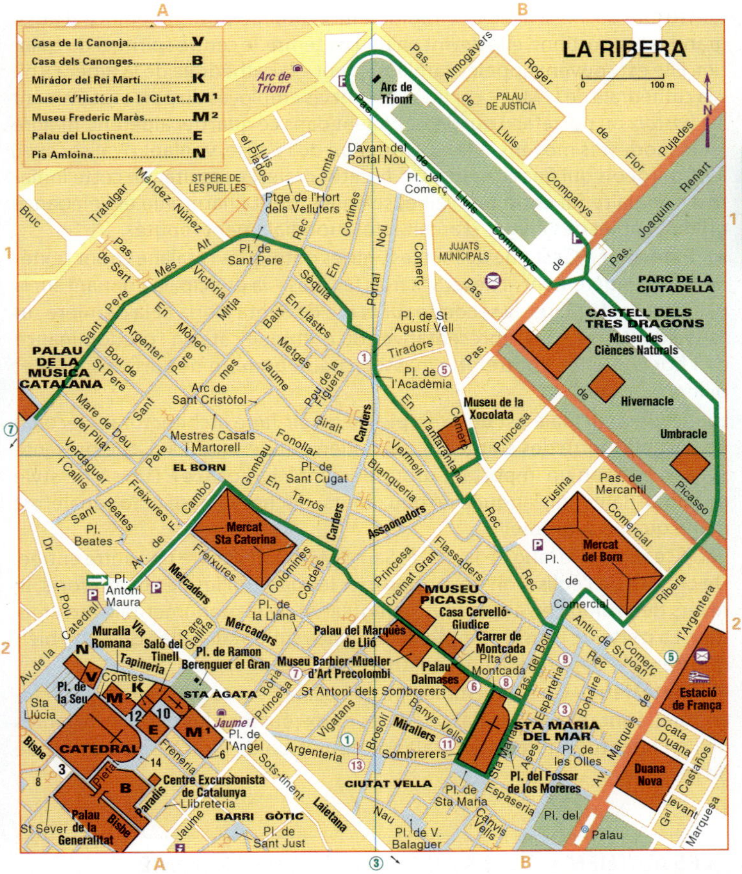


| SE LOGER | | |
|---|---|---|
| Hotel Banys Orientals....(1) | Cal Pep....(3) | **INDEX DES RUES** |
| Hotel Hesperia Metropol....(3) | Comerç 24....(5) | Garriga i Bachs (Pl.de)....3 |
| Pensió Ciudadela....(5) | El Xampanyet....(6) | Llibreteria (Bda de la)....6 |
| Pensió 2000....(7) | El Nou Celler....(7) | Montjuïc del Bisbe....8 |
| | Euskal Etxea....(8) | Rei (Pl. del)....10 |
| SE RESTAURER | Granja Latejana....(9) | Sant Lu (Pl. de)....12 |
| | Mar de la Ribera....(11) | Santa Clara (Bde de)....14 |
| Bar Mundial....(1) | Senyor Parellada....(13) | |

Actuellement, une partie de ce bâtiment est réservée aux expositions de la **salle Montcada**.

*L'extrémité de la rue Montcada donne, sur la droite, sur le chevet de l'église Santa Maria del Mar et, sur la gauche, sur le passeig del Born.*

### ★★ Cathédrale de Santa Maria del Mar B2

*Lun.-sam. 9h-13h30, 16h30-20h, dim. 10h-13h30, 16h30-20h - gratuit.*

« ¡ Santa Maria ! » était l'un des cris de guerre de l'armée et des marins catalans. Jaume Ier jura, après la conquête de Majorque, de consacrer une cathédrale à la Vierge. Cent ans plus tard, lorsque les flottes catalanes dominaient la Méditerranée, l'église Santa Maria del Mar était construite. Si la cathédrale était le centre de l'ancienne ville comtale, Santa Maria présidait le quartier où habitaient marins et marchands, les nouveaux héros de la ville.

Construite au 14e s. avec une rapidité inhabituelle pour un édifice d'aussi grandes proportions, elle devint en peu de temps le centre spirituel du quartier. Elle est souvent appelée familièrement « la cathédrale de la Ribera » ou « la cathédrale de la Mer », car les marins et les employés du port (notamment les *bastaix* ou portefaix) qui demeuraient dans ce quartier aidèrent, malgré leurs modestes moyens, à la construction de l'église, voulant rivaliser avec les bourgeois qui finançaient alors la cathédrale. Le résultat de cette initiative populaire fut cette merveilleuse église, dont l'harmonie et l'élégance ont fait l'objet des éloges d'architectes mondialement réputés.

★★ **Extérieur** – C'est une des seules églises gothiques catalanes dont l'extérieur soit entièrement achevé. Ses trois façades – la principale donnant sur la place de Santa Maria, la seconde sur la rue de Santa Maria et la dernière sur l'allée du Born – sont représentatives du gothique catalan : prédominance de l'horizontalité, contreforts massifs, grand nombre de surfaces nues et piliers octogonaux.

La façade principale est un exemple de savoir-faire architectural. Décorée de part et d'autre des statues de saint Pierre et de saint Paul, elle présente sur son tympan un important groupe sculpté. La **rosace**★ (15e s.), de style gothique flamand, flanquée de deux tours-clochers à base octogonale, est d'une qualité suprême.

L'édifice s'étend le long de la rue de Santa Maria, où s'ouvre une autre entrée. De ce côté de l'église, on peut apprécier les gargouilles des contreforts, le revers des vitraux et, avant tout, la régularité de la monumentale architecture. La porte de l'abside (entrée habituelle), située sur l'allée du Born, bien que de style gothique, a été construite en 1542.

★★★ **Intérieur** – On est d'emblée frappé par la beauté de ce prodige architectural. Santa Maria del Mar réunit les deux réussites les plus importantes de l'architecture gothique catalane : épuration des formes et amplitude de l'espace.

#### LES MATHÉMATIQUES AU SERVICE DE L'HARMONIE

L'harmonie de Santa Maria del Mar est fondée sur des calculs précis : la nef centrale mesure 13 m et les collatéraux 6,5 m. La largeur totale de l'ensemble est égale à la hauteur des bas-côtés et la différence entre ces derniers et la nef centrale est identique à la largeur des collatéraux. Entre les contreforts de ces derniers se trouvent les chapelles disposées par groupes de trois.

Au lieu d'adopter la structure habituelle de corridors placés côte à côte, l'architecte conçut trois vaisseaux de grande hauteur, séparés par de sveltes piliers octogonaux. Avec cette disposition, on obtient un effet d'une grande légèreté puisque les supports intérieurs sont réduits à leur plus simple expression. Le maître-autel est entouré par une curieuse forêt de colonnes, qui se rejoignent en formant une voûte nervée.
Ses dimensions procurent une indicible sensation de paix et de légèreté. Le regard se perd dans cette perspective aérienne et l'espace silencieux et troublant enveloppe le spectateur de sa solennelle immobilité. L'effet produit est encore mieux la nuit.
Bien qu'après les désordres anticléricaux de 1936 la décoration intérieure ait complètement disparu, il reste encore dans la nef des pierres portant des inscriptions associées au monde de la mer (dockers, fabricants de voiles, ou portefaix). Il n'est pas étonnant de voir le maître-autel surmonté de la sculpture votive d'une embarcation du 15e s., au pied de la Vierge à l'Enfant.

**Fossar de les Moreres** B2
En longeant l'église sur son flanc est, on atteint cette petite place au sol de briques crues bordée de vieilles demeures aux façades rosées. Depuis 1999, une flamme y brûle en permanence pour honorer la mémoire des martyrs de 1714, victimes du terrible siège de Barcelone et de la dure répression qui s'ensuivit.
*Faire le tour complet de l'église pour profiter de l'ambiance populaire de la plaça Santa Maria et revenir vers le passeig del Born par la carrer de les Sombreres.*

1

**Mercat del Born** B2
Du 13e au 18e s., le centre de la ville se situait autour du passeig del Born avant de se déplacer sur la Rambla. Les nobles de la rue de Montcada suivaient les tournois – le mot « born » veut dire tournoi – qui se déroulaient dans le quartier et le peuple fréquentait cette promenade où se tenaient de nombreuses fêtes populaires.
Au bout de l'allée, où habituellement s'installent des étals de bazar et d'articles de cuir, est édifié le marché, œuvre de Josep Fontseré (1874). Sa structure métallique est l'un des premiers exemples d'architecture industrielle réalisés en Espagne. En 2002, le marché, alors désaffecté, devait être reconverti en bibliothèque municipale lorsqu'on y découvrit fortuitement d'importants vestiges de la cité médiévale. Ces habitations avaient été détruites sur l'ordre de Felipe V par leurs propres habitants après 1714 afin de fournir les pierres nécessaires à la construction de la citadelle. Vu l'état exceptionnel des vestiges, il a été décidé de reconvertir le marché en parc archéologique.
Tout le secteur qui l'entoure a retrouvé une nouvelle vie grâce aux nombreuses galeries marchandes qui s'y sont installées.

**Museu de la Xocolata** (Musée du Chocolat) B1
*Jaume I - Comerç, 36 - 932 687 878 - www.pastisseria.com - tlj sf mar. 10h-19h, dim. 10h-15h - 4,30 €.*
Après une rapide introduction, le musée présente d'amusantes sculptures en chocolat réalisées par différents grands noms de la pâtisserie. Notez celle en chocolat blanc à l'effigie de *Floquet de Neu* (Flocon de neige), unique exemplaire au monde de gorille albinos en captivité, décédé en 2003 au zoo de Barcelone.
La salamandre colorée du parc Güell, la Sagrada Familia ou la Casa Battló ne sont pas moins appétissantes. L'exposition présente en parallèle les modes de fabrication et l'histoire du cacao.

## ★ Parc de la Ciutadella B 1-2

Après la longue période de résistance – un an et demi ! – opposée par Barcelone au siège de Felipe V (1714), celui-ci décida de construire une citadelle d'où il pourrait surveiller une ville jugée un peu trop rebelle. En 1715 débuta la construction d'un ensemble de bâtiments et de remparts, selon les innovations françaises en matière de fortifications, qui nécessita la démolition de plus de mille maisons du quartier de la Ribera, celles précisément dont on a retrouvé les vestiges sous le mercat del Born *(voir p. 173)*. Ainsi ce quartier marin, densément peuplé et d'une grande activité économique, fut rasé en grande partie. La citadelle devint, comme le château de Montjuïc, le symbole de la répression aux yeux de la population, et l'une des principales revendications du nationalisme catalan au 19e s. était sa démolition. Celle-ci intervint après la révolution libérale de 1868 et, à son emplacement, fut créé un parc public où, plus tard, se tint l'Exposition universelle de 1888.

L'accès au parc, le **passeig de Lluís Companys** est une large avenue conduisant à l'intérieur de l'enceinte depuis l'**Arc de Triomf**, porte d'accès à l'Exposition.

★★ **Castell dels Tres Dragons** (B1) – Ce monumental bâtiment néogothique en fer et brique rouge, réalisé par Domènech i Montaner en 1887 abritait le restaurant de l'Exposition. À l'extérieur, on peut remarquer les grandes fenêtres d'inspiration gothique, les créneaux de style roman et les panneaux en céramique sur lesquels sont peintes des figures allégoriques et des images fantastiques. Il abrite le **Museu des Ciènces Naturals★** (musée des Sciences naturelles, *✆ 933 196 912 - www.bcn.cat/museuciencies - mar.-vend. 10h-18h30, w.-end et j. fériés 10h-20h, dim. mat. - 5,30 €, -16 ans et 1er dim. du mois gratuit)*, dont la section de zoologie présente une collection de tous les groupes zoologiques dans son exposition permanente intitulée « Sistemática del Reino Animal ». Ne manquez pas la salle des enregistrements sonores d'animaux. La section géologie présente une collection de minéraux et de fossiles.

**Hivernacle i Umbracle** (B1) – Il s'agit de deux serres, l'une en verre et en fer dessinée par Josep Amargós (1884), la seconde en brique et en bois créée par Josep Fontseré (1883). L'Hivernacle s'est reconvertie en café, tandis que l'Umbracle abrite des espèces subtropicales.

★ **Cascade** – Construite par Josep Fontseré avec la participation de Gaudí, encore étudiant en architecture, cette cascade monumentale est précédée par une large place circulaire. Juste à côté se trouve un petit étang où il est possible de louer des barques.

**Plaça de Armes** – Cet espace rectangulaire paysager au centre du parc conserve les seuls vestiges de l'ancienne forteresse : **l'arsenal**, bel édifice baroque où siège actuellement le Parlement de Catalogne, le palais du Gouverneur (transformé en école) et la chapelle.

Sur la place s'étale un étang ovale au centre duquel se trouve la sculpture, très connue, *Desconsol (Chagrin)*, œuvre de Josep Llimona.

## ★ Parc Zoològic B1 sur le plan p. 181

*Parc de la Ciutadella, s/n - ✆ 932 256 780 - www.zoobarcelona.com - tlj 10h-18h (19h juin-sept.) - fermé 25 déc. apr.-midi - 16 € (-12 ans 9,60 €).*

Le zoo occupe une bonne moitié de la superficie du parc de la Ciutadella *(voir ci-dessus)*. S'il a perdu sa vedette emblématique, le gorille albinos Flocon de Neige, il présente une large sélection d'animaux parmi lesquels des dauphins dressés. Le lieu est présidé par la célèbre *Dama del paraguas (La Femme au parapluie)*, sculpture représentant une jeune femme vêtue à la mode de l'époque (1884).

*Pour terminer cette balade, il est possible de revenir vers le Barri Gòtic (voir p. 134) par la carrer de la Princesa. Autre option, pour parfaire la découverte de la Ribera : explorer le lacis de ruelles qui se déploie au nord du quartier. En flânant au gré de ses envies, on rejoint la carrer Sant Pere Mes Alt. Cette rue semi-piétonne mène agréablement vers le Palais de la musique catalane (voir p. 165).*

## À voir aussi Plan de quartier

**Parc Estació del Nord** B1 sur plan p. 181
*Almogàvers, 75 - Arc de Triomf ou Marina.*
Il comprend toute la vaste esplanade qui entoure l'ancienne gare du Nord, reconvertie en gare routière. Une sculpture singulière en faïence bleu et blanc, de Beverly Pepper, anime cet espace et sert en même temps de toboggan « magique » pour les plus petits.

## NOS ADRESSES DANS LA RIBERA

Pour les hébergements et les sorties, voir p. 126.

### RESTAURATION

Les restaurants ci-dessous sont positionnés sur le **plan p. 171**.

BUDGET MOYEN

**El Xampanyet (Tapas)** ⑥ – *Montcada, 22 - Jaume I - 933 197 003 - fermé dim., lun. et août - tapas et raciones : 3-6 €.* S'il est une institution dans la carrer Montcada, c'est bien cette très ancienne taverne décorée d'azulejos et réputée pour ses tapas (charcuterie essentiellement).

**Euskal Etxea (Tapas)** ⑧ - *Placeta Montcada, 1-3 - Liceu - 933 102 185 - fermé dim. soir, de déb. août à mi-août - tapas/raciones 3,50 €/25 €.* Tout proche de l'église Santa Maria del Mar. Comptoir à l'entrée et tables au fond pour goûter tranquillement le *txacolí* et les excellentes tapas basques.

**Mar de la Ribera** ⑪ – *Sombrerers, 7 - Jaume I - 933 151 336 - tlj sf dim. et lun. midi 13h-15h45, 20h45-23h30 - fermé 15 j. en août - menu midi : 9 € - carte : 15/25 €.* Un peu cher à la carte, mais le menu complet du midi à 7,50 € est un régal. Au calme, dans une vaste pièce qui a conservé son plafond en bois peint d'origine, très beaux fruits de mer du marché. Idéal pour les amateurs de gambas et de *chipirones* frais. Formule huîtres et verre de vin en saison.

**Cal Pep (Tapas)** ③ – *Pl. de les Olles, 8 - Barceloneta - 933 107 961 - tlj sf dim. et lun. midi 13h30-15h30, 20h30-23h30 - fermé en août - tapas : 5/20 €.* Un bar à tapas traditionnel devenu une institution de la ville pour ses exquises tapas élaborées selon les derniers arrivages du marché : des fruits de mer aux artichauts grillés en passant par la charcuterie de pays, on se régale au comptoir dans une atmosphère animée. Le restaurant au fond du bar, nettement plus coûteux, affiche souvent complet. Pensez à réserver et à arriver tôt si vous souhaitez atteindre le comptoir.

**Bar Mundial (Tapas)** ① – *Pl. St Agustí Vell, 1 - Arc de Triomf - 933 199 056 - mar.-dim. 13h-16h, 20h-0h - fermé les 3 premières sem. d'août - tapas : 6/20 € - planchas pour 2 pers. : 40/50 €.* Fondé en 1925 par le grand-père qui en avait fait le QG de son

1

club de boxe, ce bar populaire familial ne désemplit pas, mêlant une clientèle éclectique dans une ambiance bon enfant. Et pour cause, les rations sont généreusement servies et les tapas de mer (gambas, poulpe, coquillages…) fraîches et goûteuses. Si vous souhaitez vous asseoir à une table, il est préférable de réserver.

**El Nou Celler** ⑦ – *Princesa, 16 - Jaume I - 933 104 773 - lun.-sam. 8h-23h30 - 15/30 €.* À deux pas de la carrer Montcada, cette grande taverne souvent bondée sert à toute heure des repas sans prétention. Plats du jour généralement bons et copieux, et honorables paellas pour satisfaire la clientèle étrangère, nombreuse dans ce secteur.

**Senyor Parellada** ⑬ – *Argenteria, 37 - Jaume I - 933 105 094 - tlj midi et soir - fermé 25 déc. - 21/34 €.* Issu d'une famille de restaurateurs de *fonda* (relais de diligence), Ramòn Parellada fit, il y a 25 ans, figure de pionnier lorsqu'il ouvrit cet élégant établissement au cœur du Born. Une cuisine classique et raffinée qui fait la part belle aux spécialités catalanes : *esqueixada amb escalivada* (morue aux poivrons grillés fondants), exquis agneau au four à l'ail, *paella* de viandes et poissons… Idéal pour découvrir la gastronomie régionale à un prix raisonnable. Réservation conseillée le w.-end.

**Granja Latejana** ⑨ – *L'Esparteria, 9 - Barceloneta - 933 102 250 - tlj sf lun. 19h-1h - 18/40 €.* Un sol de guingois, de vieilles tables en bois, des cruchons et des bouteilles de vin, et côté assiettes, des assortiments de fromages, de la charcuterie ou des salades composées. On recommande chaleureusement les petites saucisses pimentées flambées au rhum !

### POUR SE FAIRE PLAISIR

**Comerç 24** ⑤ – *Comerç, 24 - Jaume I - 933 192 102 - fermé août, 25 déc. - 45/64 €.* Innovation et avant-gardisme règnent dans cet établissement mi-bar mi-restaurant. Les tables sont des comptoirs et les sièges des tabourets. Cuisine informelle et créative. Menu de dégustation.

## PETITE PAUSE

**Tomo II** – *Argenteria, 61 - Jaume I - 13h30-1h.* Un glacier de poche qui propose des mini-cornets pour les gourmands aux petits appétits (1 €). Délicieux sorbets artisanaux (figue, mangue…).

## BOIRE UN VERRE

**La Champanyeria** – *Reina Cristina, 7 - Barceloneta - 933 100 839 - 15h30-22h - fermé du 13 août au 3 sept.* Entre le Born et le port Vell, un grand classique du quartier pour débuter la soirée. Habitués et touristes avisés se mêlent coude à coude sous les jambons suspendus, dans une ambiance joviale où le *cava* coule à flots à bon prix.

## ACHATS

**El Rei de la Màgia** – *Princesa, 11. Jaume I - lun.-sam. 11-21h.* Une boutique sur le thème de la magie qui fascinera les prestidigitateurs en herbe.

# La façade maritime

★

## NOS ADRESSES PAGES 122 ET 183

### S'INFORMER

**Point d'information touristique Mirador de Colom** – *Pl. Portal de la Pau - nov.-avr. : 10h-18h30 ; mai-oct. : 9h-20h30 - fermé 1er janv. et 25 déc.*

### SE REPÉRER

Plan de Barcelone C-D 2-3 (p. 112-113), plan de quartier (p. 181) – Le Port Vell et le quartier de la Mercè sont accessibles au bas de la Rambla. De là, en suivant la mer, on atteint le quartier de la Barceloneta qui forme une virgule dans la mer, au sud du parc de la Ciutadella. En suivant vers le nord le passeig de la Barceloneta, longeant la plage, vous arrivez au Port olympique (repérable à ses deux gigantesques tours), au-delà duquel se trouvent d'autres plages, jusqu'à la sortie de Barcelone. La ligne de bus nº 14 parcourt la façade maritime jusqu'à la Vila Olímpica (le Village olympique). En métro, descendez à la station Drassanes (L3) pour le Port Vell, à la station Barceloneta (L4) pour le nord-est du quartier et à la station Ciutadella-Vila Olímpica (L4) pour le Port olympique.

### À NE PAS MANQUER

Une petite pause ensoleillée sur la plage.

### ORGANISER SON TEMPS

Tâchez de finir votre promenade par le superbe panorama offert par le téléphérique reliant la Barceloneta à Montjuïc.

### AVEC LES ENFANTS

L'Aquàrium et le Museu Marítim.

**Du bas de Montjuïc jusqu'à l'embouchure du Besòs, cet espace rassemble des quartiers aux ambiances différentes : le vieux port, la Barceloneta, le Port olympique, les plages de Poblenou. Si la ville a renoué avec son identité méditerranéenne, c'est grâce, en partie, à la réhabilitation de sa façade maritime : vous trouverez ici peu de visites culturelles mais des promenades agréables assurées.**

### QUAND BARCELONE RETROUVE SON PORT

La réhabilitation du secteur portuaire barcelonais a débuté avec le projet urbain du **Moll de Bosch i Alsina** ou **Moll de la Fusta** (quai du Bois), promenade bordée de palmiers qui dispose d'une large terrasse surélevée. Utilisé jusqu'au milieu du 20e s. pour stocker le bois avant l'embarquement, ce quai est devenu l'un des secteurs les plus dynamiques de la ville ; on y respire un air chargé de modernité – voir les sculptures d'artistes contemporains tels Robert Krier et Roy Lichtenstein –, qui contraste avec la paisible vision des bateaux amarrés au port et des flottilles de plaisance du Club nautique et du Club maritime.

# Se promener Plan de quartier

*Partir de la plaça Portal de la Pau, en bas de la Rambla.*

## ★★ Les Drassanes A2

Ces anciens chantiers navals, ou arsenal royal, situés à l'extrémité de la Rambla, près du monument de Colomb, sont les plus importants et les plus complets de l'époque médiévale au monde. En outre, ils constituent l'un des meilleurs exemples d'architecture civile gothique catalane.

Pendant le règne de Pere III le Grand (v. 1240-1285), on éleva un bâtiment composé d'un patio fortifié entouré de porches et de tours de défense aux angles. Pere IV, dit le Cérémonieux (1319-1387), élargit les porches est et ouest et les transforma en salles voûtées composées de huit nefs parallèles où l'on pouvait travailler sur trente galères à la fois. Vers la fin du 16e s., les chantiers devinrent propriété de la Generalitat qui y ajouta huit nefs de plus de 100 m. Mais la découverte du Nouveau Monde marqua la prédominance de l'Atlantique sur la Méditerranée et, par voie de conséquence, la décadence des galères. Démantelées, les Drassanes furent transformées en quartier d'artillerie, cédé à la ville en 1936 par les autorités militaires. La partie la plus ancienne abrite aujourd'hui le **Museu Marítim**.

## ★ Museu Marítim A2

*Drassanes - Av. de les Drassanes, s/n - 933 429 920 - www.mmb.cat - 10h-20h - fermé 1er et 6 janv., 25-26 déc. - 6,50 € (7-16 ans 3,50 €).*

Les magnifiques chantiers navals médiévaux constituent le cadre splendide de ce remarquable musée. Ce dernier permet d'effectuer une passionnante promenade à travers l'histoire de la marine catalane en proposant une visite interactive parmi des pièces de grande valeur.

Outre les collections de bateaux et de figures de proue, dans l'espace consacré à la cartographie, on remarquera le portulan de Gabriel de Vallseca (1439), carte nautique de la Méditerranée qui appartint à Amerigo Vespucci.

La grande nef centrale abrite la pièce la plus spectaculaire du musée : la reproduction, grandeur nature, de la **galère royale de Don Juan d'Autriche★★**, vaisseau qui commanda les troupes chrétiennes à Lépante (1571), construite à cet endroit, dont on admirera l'ornementation sculptée et les peintures allégoriques.

Le billet d'entrée comprend également la visite du **pailebote (goélette) Santa Eulàlia**. Ce trois-mâts (1918) mouille au Moll de Bosch i Alsina, sur le Port Vell, au-delà de la Rambla de Mar.

La Rambla del Mar et le Maremagnum.
*I. Pompe / hemis.fr*

**Monument a Colom** (Monument de Colomb) A2
*933 025 224 - juin-sept. :9h-20h30 ; oct.-mai : 10h-18h30 - fermé 25-26 déc. et 1er janv. - 2,50 € (-12 ans 1,50 €).*
Sur la place Portal de la Pau, juste devant les Drassanes, surgit le monument érigé à la mémoire de Christophe Colomb. Construit en 1886 par Gaietà Buïguas, il commémore la réception que les Rois Catholiques donnèrent en l'honneur du navigateur génois après son premier voyage en Amérique. Une grande colonne en fonte sur une base de pierre porte la statue du découvreur.

1

À l'époque de sa construction, cette statue représentait tout un symbole de progrès en raison du matériau utilisé, le fer. Aujourd'hui, elle est l'une des marques de l'identité de Barcelone, plus par le prestige que lui ont attribué les Barcelonais que par sa beauté. Du haut de l'étroite tour *(l'ascension est déconseillée aux personnes souffrant de vertiges ou de claustrophobie)*, 52 m plus haut, s'ouvre un beau **panorama**★ de la ville.

★ **Port Vell** A-B 2
Le **vieux port** est devenu un secteur de loisirs très fréquenté. Traversant le port, que ferme sur la gauche le **World Trade Center** dessiné par Ieoh Ming Pei, une passerelle de bois, la **Rambla del Mar**, permet de gagner le Moll d'Espanya, qui réunit l'**Aquàrium** *(voir ci-après)*, le complexe **Maremagnum**, grand centre commercial avec restaurants, terrasses animées, cinéma multisalles, bars et discothèques, et l'**IMAX**, avec son spectaculaire écran à 180°, qui propose des films en trois dimensions. *Moll d'Espanya, s/n - 932 251 111 - www.imaxportvell.com - séance : 8,10 € (journée)/12,10 € (soirée).*

★ **Aquàrium** B2
*Drassanes - Moll d'Espanya del Port Vell, s/n - 932 217 474 - www.aquarium-bcn.com - - juil.-août 9h30-23h ; reste de l'année : lun.-vend. 9h30-21h, w.-end et j. fériés 9h30-21h30 - 17 € (4-12 ans 12 €, + 60 ans 14 €).*
Voici l'un des plus grands zoos marins d'Europe. Une vingtaine de bassins permettent de voir évoluer toutes les espèces méditerranéennes et des spécimens tropicaux. Au cours de la visite, on emprunte, sous le regard circonspect des requins et autres espèces méditerranéennes, l'**Oceanari**, un tunnel de méthacrylate transparent long de 80 m. Un espace ludique et pédagogique à la fois, **Explora**, permet aux plus jeunes de participer à des activités interactives.
*Revenir sur la terre ferme par la Rambla del Mar et suivre à droite, depuis la Rambla Santa Mònica, la carrer de Josep Ansem Clavé.*

### ★ La Mercè A1

*Drassanes.*

La basilique actuelle, consacrée à la patronne de Barcelone, date de 1760. En dépit des dommages subis pendant la guerre civile, les deux façades sont parfaitement conservées. La façade principale, sur la place de la Mercè, est le seul exemple barcelonais de façade baroque légèrement courbe. Dans la rue Ample, la seconde, de style Renaissance, fut transportée jusqu'ici depuis une église voisine en 1870.

La coupole, de facture éclectique de la fin du 19e s., est surmontée par une statue monumentale de la Mare de Déu de la Mercè (Vierge de la Merci), visible depuis plusieurs points dans la ville.

L'intérieur, à vaisseau unique avec des chapelles latérales et un court transept, présente une riche décoration à base de revêtements de marbre et de grandes fenêtres aux jalousies très travaillées. La belle **statue★** gothique représentant la **Mare de Déu de la Mercè**, réalisée par Pere Moragues (1361), est particulièrement intéressante.

*Poursuivre par la carrer de la Mercè.*

### Via Laietana B 1-2

Cette grande artère rectiligne, qui traverse la vieille ville en direction du port, fut ouverte dans la première décennie du 20e s., entraînant le déplacement ou la démolition de nombreux bâtiments importants *(voir aussi p. 143)*.

*Traverser la via Laietana et poursuivre par le passeig d'Isabel II.*

### ★ La Llotja B1

À l'origine, la **Bourse de commerce** se trouvait sous un porche à l'air libre où se négociaient les marchandises débarquées au port. Les relations commerciales de Barcelone s'intensifiant, il fallut agrandir ces installations et, à la fin du 14e s., les marchands entreprirent la construction d'un vaste bâtiment, qui devint le siège du Consolat de Mar (consulat de la Mer, *voir encadré p. 182*). L'imposant édifice actuel a été reconstruit à la fin du 18e s. dans le style néoclassique.

La façade principale sur la rue del Consolat de Mar, tout comme les façades latérales, ont été réalisées selon les tendances françaises au monumentalisme. Actuellement, le bâtiment est le siège de la chambre de commerce et d'industrie. De l'édifice médiéval ne subsiste que la grande **salle gothique★★**, dont les énormes proportions n'ont d'égale que la « loggia » de Florence. Ses trois nefs, séparées par de triples arcades en plein cintre, sont une réponse strictement méditerranéenne au gothique élancé des pays septentrionaux.

### Porxos d'en Xifré B1

Après la découverte de l'Amérique, de nombreux Catalans partirent y faire fortune. Beaucoup d'entre eux, après leur réussite comme agents commerciaux ou à la tête de petites affaires, revinrent à Barcelone. Ces *indianos*, comme on les a appelés, devenus des personnages influents grâce à leur richesse ostentatoire, prirent l'habitude de se faire construire de magnifiques demeures privées à Barcelone ou dans leur village d'origine.

Ce fut le cas de **Josep Xifré i Cases** (1777-1856), marchand de son état, qui après avoir amassé une grosse fortune à Cuba, devint l'homme le plus riche de Barcelone. L'ensemble de bâtiments néoclassiques à arcades qu'il fit construire (et où la famille Picasso logea à son arrivée dans la ville en 1895) abrite actuellement un labyrinthe de magasins très fréquentés.

*Continuer par l'avenue Marquès de l'Argentera.*

# LA FAÇADE MARITIME

| SE LOGER | | |
|---|---|---|
| Hesperia del Mar ... 1 | Pensión Segre ... 9 | Agut ... 2 |
| Hotel Folch Marina ... 3 | | Bar Daguiri ... 3 |
| Hotel Oasis ... 5 | SE RESTAURER | Can Solé ... 5 |
| Pensió Palacio ... 7 | Agua ... 1 | 7 Portes ... 7 |

**Duana Nova** (Nouvelle Douane) B1

Le bâtiment détruit par un incendie en 1777 fut reconstruit dans un style néo-classique aux tendances rococo. Depuis 1902, il est le siège de la préfecture (Delegació del Govern).

★ **Estació de França** (Gare de France) B1

Bâtie en 1929, cette énorme **structure de fer**, couverte d'un toit de verre, est toujours le point de départ de lignes ferroviaires. Elle accueille aussi, de temps à autre, de grandes manifestations culturelles.

*Revenir en arrière jusqu'à la plaça d'Antoni López et prendre à gauche le Moll del Dipòsit.*

## LE « CONSOLAT DE MAR »

Les marchands furent les véritables moteurs de l'économie catalane dès le 12e s. Ils nouèrent des relations avec les pays d'Afrique et du Levant, y créant des *alfondics*, dépôts dont l'implantation facilita l'expansion catalane en Méditerranée. Mais vendre suppose une réglementation. Les commerçants d'outre-mer en vinrent bientôt à créer le consulat de la Mer, sorte d'assemblée corporative ayant pouvoir de juger n'importe quel litige du commerce maritime. Les conflits étaient résolus selon des règles élaborées par les commerçants eux-mêmes. Ce règlement, qui envisageait tous les cas de figure, y compris les règles concernant l'abordage des navires et les pertes en mer, fut rédigé dès 1258 et édité pour la première fois en 1484. Le *Llibre del Consolat de Mar* eut une influence notable sur toute la Méditerranée car il constituait le **premier traité de droit maritime** au monde. L'institution de la Llotja se généralisa dans l'ensemble du monde méditerranéen et l'on comptait 56 consuls autour de la Méditerranée au 14e s. Valence, Palma de Majorque et Perpignan avaient des centres du même type, mais celui de Barcelone, symbole du pouvoir et de la richesse du commerce catalan, était le plus puissant et influent.

### Palau de Mar B1

Sur le Moll del Dipòsit se distingue nettement la silhouette massive du Palau del Mar, un ensemble d'édifices de brique du début du 20e s. qui abritaient les entrepôts généraux du port de Barcelone. Une partie héberge aujourd'hui le Museu d'Història de Catalunya.

### Museu d'Història de Catalunya B1

*Barceloneta - Plaça de Pau Vila, 3 - ☎ 932 254 700 - www.mhcat.cat - ♿ - mar.-sam. 10h-19h, dim. et j. fériés 10h-14h30 - fermé lun., 1er et 6 janv., 25-26 déc. - 4 € (-18 ans 2,10 €).*

Il propose un parcours à travers l'histoire de la Catalogne, de la préhistoire à l'époque contemporaine. D'intéressantes expositions temporaires mettant en scène divers thèmes historiques y sont présentées. Les locaux accueillent aussi le **Centre de documentation historique de Catalogne**, qui possède un riche patrimoine bibliographique et audiovisuel.

### ★ La Barceloneta B1

Ce quartier fut bâti à partir de 1752 sur une langue de terre jusqu'alors encombrée de baraquements.

Conçu par un ingénieur militaire, J. Martín de Cermeño, il fut dessiné selon un plan régulier (dix-huit rues dont quinze parallèles au port) et abrita bientôt une population de pêcheurs et de marins. Malgré des transformations immobilières, la Barceloneta a conservé son atmosphère populaire très méditerranéenne avec ses ruelles rectilignes inondées de soleil, ses restaurants où le poisson est roi… et sa plage.

L'église de **Sant Miquel del Port★**, élégant édifice de 1753, préside la plaça de la Barceloneta, et est le noyau de ce quartier qui s'étend du parc de la Citadelle à la mer.

De la **Torre de Sant Sebastià**, le **Transbordador Aeri del Port** *(juin-sept. : 11h-20h ; reste de l'année : 10h45-19h - ttes les 15mn - 12,50 € AR)* conduit au sommet de la colline de Montjuïc en survolant le port d'une hauteur de 70 m. Depuis les cabines, vous découvrirez une **perspective★★** privilégiée de la Barceloneta et ses quais.

*Suivre à pied le passeig Marítim qui longe les plages ou emprunter le métro à la station Barceloneta vers Ciutadella-Vila Olímpica (L4).*

### ★ Vila Olímpica B1

Si la Barceloneta conserve une grande partie de son charme traditionnel, la Vila Olímpica est un des secteurs les plus modernes et les mieux aménagés de la Barcelone actuelle. Construite sur la zone côtière de **Poblenou** pour loger les 15 000 sportifs qui participaient aux JO de 1992, elle a apporté un grand dynamisme à toute la façade maritime.

Le projet d'aménagement est l'œuvre d'un cabinet barcelonais dirigé par **Josep Martorell**, **Oriol Bohigas**, **David MacKay** et **Albert Puigdomènech**, et les différents immeubles ont été confiés à des architectes locaux qui ont reçu les prix de la FAD (Foment de les Arts Decoratives : Société d'encouragement aux Arts décoratifs).

Ornée de beaux jardins, ponctués de sculptures contemporaines, de larges avenues, la Ville olympique attire aux beaux jours la foule venue profiter des plages réhabilitées (**Bogatell, Somorrostro, Nova Icària**), des nombreux cafés, bars et restaurants et des centres commerciaux.

Reconverti en port de plaisance, le **Port Olímpic★★**, conçu par l'ingénieur Joan Ramon de Clascà, est devenu l'une des plus grandes zones de loisirs de la ville. 1

Parmi les édifices marquants de cette zone, vous ne pourrez pas manquer les **deux tours**, de 153 m : la **Torre Mapfre**, dessinée par Íñigo Ortiz et Enrique de León, présente des façades en verre. La seconde abrite l'**Hotel Arts Barcelona**. La structure de fer de cette tour, réalisée par Bruce Graham et Frank O. Gehry, donne une sensation de solidité doublée d'une gracilité certaine. Du haut de ces tours, la **vue★★★** est un véritable émerveillement ; par beau temps, il est possible de voir se profiler à l'horizon l'île de Majorque. C'est ce même **Frank O. Gehry** qui a dessiné le gigantesque poisson d'or qui veille sur le port.

En arrière, **Poblenou** est devenu un quartier branché dont les lofts attirent nombre d'artistes et de « bobos » du lieu.

## NOS ADRESSES SUR LA FAÇADE MARITIME

Pour les hébergements et les sorties, voir p. 126.

**RESTAURATION**

Les restaurants ci-dessous sont positionnés sur le **plan p. 181**.

**PREMIER PRIX**

**Bar Daguiri** ③ – *Grau i Torras, 59 bajos - Barceloneta - ✆ 932 215 109 - 10h-0h - menu du jour 8/12 €.* En bord de plage, cette paisible terrasse aux nappes colorées est idéale le midi lors d'une journée de farniente. Le menu du jour composé d'une salade, sandwich et dessert est rafraîchissant. Agréable aussi au petit-déjeuner (jusqu'à 13h, formule de 3 à 6 €) ou pour une pause sucrée, salée ou glacée.

**POUR SE FAIRE PLAISIR**

**Agut** ② – *Gignàs, 16 - Jaume I - ✆ 933 151 709 - fermé dim. soir, lun., août - 30/36 €, formule déj. 12 €.* Situé près du Moll de la

Fusta, dans un secteur de ruelles étroites, cet établissement sert depuis plus de 75 ans les meilleures recettes catalanes. Vaste salle au charme désuet : murs boisés, nappes blanches, etc. Réservation conseillée.

**7 Portes** ⑦ – *Pg d'Isabel II, 14 - Jaume I - 933 193 033 - www.7portes.com - - 45 € env.* Fondé dans le premier tiers du 19e s., ce restaurant emblématique propose des plats s'inscrivant dans la tradition catalane.

**Can Solé** ⑤ – *Sant Carles, 4 - Barceloneta - 932 215 012 - www.cansole.cat - tlj sf dim. soir et lun. 13h15-16h, 20h-23h - fermé 2 sem. en août - 40/55 €.* Sur la Barceloneta, une excellente adresse, réputée pour ses recettes de fruits de mer, traditionnelles et finement élaborées. Dans ce joli restaurant décoré d'azulejos, le service est soigné. Réservation recommandée.

**Agua** ① – *Pg Marítim de la Barceloneta, 30 - Ciutadella-Vila Olímpica - 932 251 272 - www.aguadeltragaluz.com - fermé 24 et 25 déc. - - tapas : 2,50 à 12 €, carte : 45/55 €.* Vastes locaux décorés de meubles design et de sculptures africaines. La terrasse, très courue en été, est l'endroit idéal pour un dîner tranquille face à la mer. Cuisine méditerranéenne et paellas.

### PETITE PAUSE

**Xiringuito Escribà** – *Platja del Bogatell - Rda Litoral Mar, 42 - Ciutadella-Vila Olímpica - 932 210 729 - tlj sf lun. 11h-17h, vend.-dim. 9h-23h.* Située face à la mer dans un cadre privilégié, cette « buvette » existe depuis 1906 et est devenue un haut lieu barcelonais, attirant les foules en été. Délicieux fruits de mer servis sur fond musical.

### BOIRE UN VERRE

**Sal Café** – *Pg Marítim de la Barceloneta - Barceloneta - 932 240 707 - lun.-jeu. 12h-0h, vend.-sam. 12h-2h.* Ce bar-restaurant design à la décoration *seventies* orange et noir, bénéficie d'un site privilégié, au bord de la plage de la Barceloneta.

### ACHATS

**Pla del Palau** – *Barceloneta.* De nombreux bazars proposent autour des Porxos d´en Xifré des articles électroménagers et des appareils électroniques à des prix intéressants.

**Maremagnum** – *Moll d´Espanya 5 - Drassanes - 932 258 100.* Ce vaste espace diversifie les activités commerciales et de loisirs ; ses boutiques recèlent les objets les plus insolites comme les vêtements griffés.

### ACTIVITÉS

**Las Golondrinas** – *934 423 106 - www.lasgolondrinas.com.* La société Golondrinas propose des promenades en bateau. Deux possibilités au départ d'El Portal de la Pau, en face du Monument de Colomb : visite du port à bord d'un brise-lames *(35mn - 6,50 €)* ou croisière dans une embarcation de type catamaran *(1h30 - 13,50 € pour le port et la côte ; 11,50 € pour le grand tour du port).*

**Barcelona Mar** – *932 853 832 - www.barcelonaturisme.com - juil.-sept. : merc. et sam. 17h30 ; avr.-juin et oct. : merc. et dim. 11h - durée 2h - dép. du Port olympique (Centre Municipal de Vela - CMV, Moll de Gregal) - 34 €.* Sortie en mer à bord d'un voilier, pour découvrir Barcelone depuis la mer et apprendre les rudiments de la navigation.

# Montjuïc

## NOS ADRESSES PAGES 122 ET 193

### S'INFORMER

**Cabine d'information touristique Plaça Espanya** – *Plaça d'Espanya / av. Maria Cristina ; juil.-sept. : 10h-20h ; oct.-juin : 10h-16h.*

### SE REPÉRER

Plan de Barcelone B-C 3 (p. 112-113), plan de quartier (p. 187) – Culminant à 173 m entre les embouchures des fleuves Besòs et Llobregat, la « montagne des Juifs » se dresse au sud-ouest du port. On y accède par un **téléphérique**, le **Transbordador Aeri del Port** (*10h45-19h, juin -sept. 11h-20h, toutes les 15 mn, 9 €, AR 12,50 €)* au départ de la Torre (tour) de St-Sebastià, située sur le port du côté de la Barceloneta, ou par le **funiculaire** qui monte jusqu'à mi-hauteur de la colline, au départ de la station de métro Paral.lel (L2/L3). Sinon, depuis la station Plaça d'Espanya (L2/L3), des **escaliers mécaniques** permettent d'accéder au MNAC sans trop peiner. Autre option : le **bus** n° 55, qui passe par la plaça d'Espanya et traverse Montjuïc jusqu'au téléphérique.



### À NE PAS MANQUER

La fondation Joan Miró et les sections d'art roman et gothique du musée national d'Art catalan (MNAC).

### ORGANISER SON TEMPS

Sans être la partie la plus attrayante de Barcelone, Montjuïc concentre un grand nombre d'attractions touristiques et culturelles majeures. Une journée ne sera pas de trop pour visiter le MNAC, la fondation Joan Miró et vous offrir une longue promenade sur l'avinguda de Miramar. Prévoyez de bonnes chaussures pour le chemin de ronde autour du fort.

### AVEC LES ENFANTS

Le Poble Espanyol.

**Grand parc verdoyant en surplomb du port, la colline de Montjuïc est un véritable poumon pour Barcelone, offrant, en plus de ses musées, de superbes vues sur la ville. Son usage n'a pas toujours été si pacifique : en raison de sa position stratégique, elle a été utilisée dès le Moyen Âge à des fins militaires.**

### MÉTAMORPHOSE D'UNE COLLINE

Vers la fin du 18e s., les étranges profils rocheux de Montjuïc – il ne faut pas oublier que beaucoup de bâtiments barcelonais furent construits avec la pierre provenant des carrières du mont – ont servi de source d'inspiration aux artistes et graveurs. Les jardins qui couvrent les versants de cette colline furent aménagés à partir de 1915 par le prestigieux jardinier français Jean Claude Nicolas Forestier (1861-1930), assisté par Nicolau Rubió i Tudurí. Mais c'est l'Exposition universelle de 1929 qui vit la transformation de la colline avec la construction d'importants édifices, dont certains ont été réhabilités pour accueillir les Jeux olympiques de 1992.

# Se promener Plan de quartier

## Plaça d'Espanya et Fira Barcelona

Depuis la **plaça d'Espanya**, dominée par une fontaine monumentale ornée de sculptures de **Miquel Blay** (1866-1936), on accède à l'enceinte du **parc des expositions** (Fira Barcelona). Deux **tours** inspirées du campanile de Venise lui servent d'entrée. De là s'ouvre une **vue★** spectaculaire sur l'avenue de la Reina Maria Cristina bordée par les pavillons de la Fira Barcelona, et que domine la grande **Font Màgica**, fontaine lumineuse conçue par l'architecte et pyrotechnicien Carles Buïguas, fils du créateur du Monument de Colomb *(les jets d'eau lumineux s'animent en été : jeu.-dim. 21h30-23h ; reste de l'année : vend.-sam. 19h, 19h30, 20h, 20h30)*. L'imposante silhouette du Palais national, siège du musée national d'Art catalan, clôt la perspective, au-delà de quelques belles volées d'escaliers (escalators sur les côtés).

## CaixaForum

*Marqués de Comillas, 6-8 au coin de carrer de Mèxic - ✆ 934 768 630 - http// obrasocial.lacaixa.es - lun.-dim. 10h-20h (22h le sam.) - gratuit.*

Le centre culturel de la fondation « La Caixa » est installé dans l'ancienne usine de textile Casaramona, bel édifice moderniste de brique dessiné par **Josep Puig i Cadafalch**. Son entrée a été revue par l'architecte japonais **Arata Isozaki** qui a conçu un atrium lumineux en demi sous-sol. Le centre abrite des expositions temporaires de qualité, un audorium, une salle de cinéma, et une installation permanente de Joseph Beuys, *Espace de douleur* (1983).

## ★★ Pavelló Mies van der Rohe

*Av. Marqués de Comillas - ✆ 934 234 016 - www.miesbcn.com - ♿ - 10h-20h - 4,50 €).* Parmi les bâtiments construits pour l'Exposition universelle de 1929, le **pavillon** Mies van der Rohe fut considéré comme l'un des modèles de l'architecture rationaliste. Démonté après l'exposition, il a été reconstruit à l'identique en 1986. Siège de la fondation portant le nom de l'architecte, il abrite des expositions temporaires.

## ★★★ Museu Nacional d'Art de Catalunya (MNAC)

*Parc de Montjuïc, s/n (Palau Nacional) - ✆ 936 220 376 - www.mnac.cat - ♿ - mar.-sam. 10h-19h, dim. et j. fériés 10h-14h30 - fermé lun., 1er janv., 1er Mai, 25 déc. - 8,50 € (-14 ans et 1er dim. du mois gratuit).*

Le musée national d'Art catalan est installé dans le Palais national de Montjuïc, édifice pompeux doté d'un manège, le fameux **Salon ovale**. Construit pour l'Exposition universelle de 1929, et précédé d'une esplanade, il domine la plaça d'Espanya, Fira Barcelona et une partie de la ville. La visite, qui peut être très longue (l'idéal serait de le visiter en plusieurs fois), s'organise autour de cinq sections disposant chacune d'un accès signalisé à partir du vaste hall.

**★★★ Section d'art roman** – *Au rez-de-chaussée à gauche.* Visite indispensable ! Aux 12e et 13e s., les vallées pyrénéennes virent l'essor d'un art populaire très expressif et d'une grande maturité. La collection est spectaculaire, surtout en ce qui concerne la peinture murale, magnifiquement mise en valeur. Les fresques sont exposées dans des « chapelles » recréant le cadre des églises de l'époque. On y remarque l'influence des mosaïques byzantines : le dessin surligné de noir, la composition en frises superposées, l'absence de perspective et les attitudes rigides. Néanmoins, les détails réalistes et expressifs font de cet art solennel une création réellement autochtone.

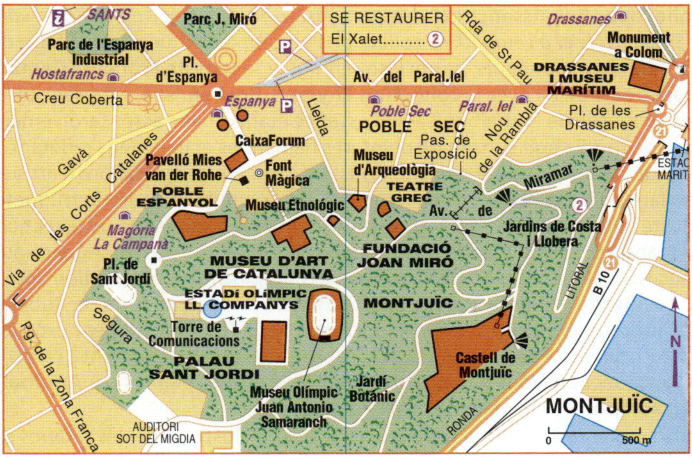


Les œuvres les plus remarquables sont les peintures (12e s.) provenant de l'église Sant Joan de Boí *(voir p. 361)* représentant la lapidation de saint Étienne, le fauconnier, le Paradis et l'Enfer, les absides latérales de l'église Sant Quirze de Pedret (fin du 11e s., *voir p. 239 et à « Solsona », p. 371*), l'ensemble de Santa Maria de Taüll (12e s., *voir p. 361*), qui présente une profusion d'images présidée par une belle Épiphanie, et, pour terminer, Sant Climent de Taüll *(voir p. 361)*, dont l'abside, ornée d'un extraordinaire **Pantocrator**, constitue l'un des chefs-d'œuvre de la peinture romane. Remarquer la volonté anti-naturaliste et la subtile géométrisation des formes.

1

Les beaux **parements** sont divisés en deux catégories : ceux qui sont simplement formés d'une plaque peinte, tels ceux de Sant Martí d'Ix et de la Seu d'Urgell ou celui des Apôtres, et ceux en relief, comme celui de l'église Santa Maria de Taüll. Dans les salles consacrées à la sculpture, également magnifiques, on s'attardera sur le **Pantocrator de Battló**, un Christ en Croix polychrome du 12e s.

Le musée possède également une magnifique **collection**★ de chapiteaux, d'orfèvrerie et d'émaux.

La section se termine par les peintures de la salle capitulaire de **Sigena** (1200), qui développent un programme iconographique complet et témoignent d'un grand changement de style avec des figures beaucoup plus naturalistes et beaucoup plus en mouvement.

★★ **Section d'art gothique** – *Au rez-de-chaussée à droite.* L'itinéraire à travers le monde gothique catalan du 13e au 15e s. prouve l'importance de la peinture sur panneau. On remarquera les retables en pierre attribués à **Jaume Cascalls**, une importante collection gothique internationale regroupant les plus importants peintres de Barcelone (**Guerau Gener**, **Joan Mates**, **Ramon de Mur**, **Joan Antigó**, **Bernat Despuig** et **Jaume Cirera**). Une salle est consacrée à **Bernat Martorell**, mettant ainsi en évidence les particularités de l'artiste, qui donne une grande importance au détail et aux nuances picturales ; la fameuse *Vierge des Consellers* de **Lluís Dalmau** se trouve également dans cette salle. Vous pourrez contempler une belle série de peintures du grand **Jaume Huguet**, parmi lesquelles *La Consécration de saint Augustin*. Enfin, ne manquez pas les œuvres du **maître de La Seu d'Urgell** et, en fin de section, l'espace consacré à la sculpture funéraire des 14e et 15e s.

**Collections Renaissance et baroque** – *Au rez-de-chaussée à droite juste avant le Salon ovale et à l'étage*. Ces collections ont été constituées sur la base de dons de collectionneurs, parmi lesquels figure le **legs de Francesc Cambó**, avant de s'enrichir avec la **collection Thyssen-Bornemisza**, exposée autrefois au musée de Pedralbes. La Renaissance étant arrivée assez tardivement en Espagne, il s'agit surtout de peintures flamandes et italiennes reflétant le goût de la bonne société catalane. Vous verrez quelques réalisations d'artistes catalans et espagnols, comme Ayne Bru, Pere Nunyes et Pedro Berruguete, encore influencés par le gothique. Parmi les grandes œuvres de cette section, ne manquez pas **La Vierge d'Humilité★** chef-d'œuvre de Fra Angelico aux douces tonalités mises en valeur par une extraordinaire ornementation dorée, et **La Vierge et l'Enfant avec sainte Élisabeth et saint Jean** de Rubens. Le Tintoret, Sebastiano del Piombo, Quentin de La Tour (splendides portraits), El Greco *(Saint Pierre et saint Paul)*, Cranach le Vieux sont également à l'affiche de cette section. Vous remarquerez enfin les fresques peintes par **Annibale Carracci** pour la chapelle Herrera de Rome.

La peinture de la période **baroque** ($17^{e}$-$18^{e}$ s., s'illustre avec des œuvres de Zurbarán (*L'Immaculée Conception*), de Vélasquez *(Saint Paul)* et de Ribera *(Martyre de saint Bartolomé)*.

**Section d'art moderne** – *À l'étage, sur la gauche*. Anciennement présentée au musée de la Ciutadella, cette collection (provenant en partie de la collection d'art moderne catalan de **Carmen Thyssen-Bornemisza**) montre l'extraordinaire foisonnement de création artistique qui s'empara de Barcelone entre le $19^{e}$ s. et la guerre civile espagnole. Tous les mouvements (de l'académisme au surréalisme en passant par le noucentisme, l'impressionnisme, etc.) et les grands noms sont là, de l'orientaliste Marià (Mariano) Fortuny à Pablo Picasso (*Femme au chapeau*, 1937) en passant par Ramon Casas et sa fameuse gouache *(Casas et Pere Romeu sur un tandem, 1897)*, Santiago Rusinyol, Isidre Nonell (*La Paloma*, 1904), Joaquim Mir et Joaquim Sunyer, sans oublier un Salvador Dalí insolite (*Portrait du père de l'artiste*, 1925). La sculpture n'est pas oubliée avec Josep Llimona, Pablo Gargallo et Julio González. Enfin, vous vous attarderez dans les salles consacrées au modernisme, richement représenté, notamment par du mobilier dessiné par Gaudí.

**Cabinet de dessins, gravures et affiches** – *Une salle dominant le Salon ovale*. Sélection d'œuvres dont se détache la collection moderniste rassemblée par Fortuny.

**Cabinet numismatique** – *Deux salles dominant le Salon ovale*. Les passionnés ne manqueront pas cette riche collection de monnaies ayant eu cours en Catalogne, des pièces des colonies grecques d'Empúries et de Roses, jusqu'aux cartes de crédit contemporaines…

### ★ Poble Espanyol

*Av. Marquès de Comillas, 13 - ✆ 935 086 300 - www.poble-espanyol.com - lun. 9h-20h, mar.-jeu. 9h-2h, vend. 9h-4h, sam. 9h-5h, dim. 9h-21h - 8,50 € (4-12 ans 5,50 €).*

Cette suggestive reproduction de bâtiments caractéristiques des différentes régions espagnoles fut construite par **Miquel Utrillo** (1862-1934), père du peintre montmartrois bien connu, et Xavier Noguès pour l'Exposition de 1929. La Plaza Mayor, place aux larges arcades, où sont célébrées kermesses et fêtes folkloriques, est le noyau de ce site. Marchés majorquins, façades baroques de Valence, maisons galiciennes ou places castillanes se côtoient dans ce parcours qui reconstitue l'histoire architecturale de l'Espagne. Le remarquable **Barrio Andaluz** (Quartier andalou), où la blancheur des façades

Panorama depuis la colline de Montjuïc.
F. Horstmann / fotolia.com



n'est altérée que par les couleurs des géraniums et des œillets, transporte le visiteur au cœur de l'Andalousie.

Ce « village », devenu peu à peu un véritable centre de loisirs, héberge plus de 40 boutiques et des ateliers d'artisans, ce qui en fait le plus grand centre artisanal du pays. Vous y trouverez en outre divers bars et restaurants, un « tablao » flamenco, des activités dédiées aux enfants et quelques discothèques parmi les plus réputées de la ville. Pour autant, l'art n'est pas oublié avec les deux fondations ci-dessous :

★ **Fundació Fran Daurel** – *10h-19h, gratuit.* Elle abrite une collection d'**art contemporain**, où sont représentés nombre de grands artistes espagnols des années 1950 à nos jours (Tàpies, Saura, Equipo Crónica, Chillida, Picasso, Miró, Dalí, Mompó, Barceló, etc.) : en tout quelque 300 tableaux que complète un jardin des sculptures.

**Espai Guinovart** – Vous y découvrirez une sculpture pleine de gaieté de **Josep Guinovart** (1927-2007), *Contorn-Entorn*.

### Plaça de Sant Jordi

Elle constitue un magnifique **mirador** sur l'embouchure du Llobregat et la mer. Au centre de cette place se dresse la **statue équestre de saint Georges**★ (Sant Jordi), imposante sculpture de bronze dans laquelle Josep Llimona se détache de la traditionnelle image triomphaliste donnée à ce saint, lui conférant une grande expressivité.

### ★★★ Fundació Joan Miró

*Parc de Montjuïc, s/n - ✆ 934 439 470 - www.bcn.fjmiro.es - ♿ - mar.-sam. 10h-19h (jeu 10h-21h30), dim. et j. fériés 10h-14h30 - fermé lun., 1er janv., 25-26 déc. - 8 € (-15 ans gratuit).*

Le **bâtiment**★★ qui abrite la fondation a été construit par **Josep Lluís Sert** (1902-1983), ami personnel du peintre. C'est l'une des plus belles œuvres du rationalisme méditerranéen, dont l'architecture se caractérise par la mise en relation de l'espace intérieur et extérieur, à la recherche d'un équilibre entre

paysage et bâtiment. Le traitement de la lumière, qui s'infiltre verticalement dans les salles par de larges lucarnes, est très significatif de cette attitude. En 1988, Jaume Freixa agrandit l'édifice en respectant la conception originale de Sert.
Le fonds constitué par le Miró lui-même, réunissant plus de 10 000 œuvres, tant peintures, sculptures et dessins que collages et œuvres graphiques, représente la majeure partie des collections exposées. Une petite collection d'art contemporain créée un an après la mort du peintre représente l'hommage à Miró d'artistes tels que Chillida, Saura, Duchamp, Max Ernst ou Rauschenberg.
Depuis 1990 est exposée à la Fondation la **Font de Mercúrio★** d'Alexandre Calder, fontaine créée en 1937 pour le Pavillon espagnol de l'Exposition universelle de Paris et évoquant Almadén, ville où l'on trouve les mines de mercure les plus importantes du monde et qui fut l'une des plus touchées par la guerre civile.
Il convient également de signaler le **jardin des Sculptures**, un très agréable espace en plein air où sont exposées différentes œuvres de jeunes artistes catalans.
Enfin, la Fondation accueille régulièrement des expositions temporaires d'art contemporain.

## JOAN MIRÓ (1893-1983)

Joan Miró est sans conteste l'une des figures de proue de l'avant-gardisme européen du 20e s. Son œuvre intègre certains des aspects de ce mouvement tout en créant un langage nouveau, très personnel, fondé sur la spontanéité et la force expressive.
Né à Barcelone, il fit des études commerciales puis entra aux Beaux-Arts. Une grave maladie, pendant sa jeunesse, le contraignit à faire un long séjour dans une ferme de la campagne tarragonaise. Installé à Paris entre 1921 et 1922, il y peint **La Masía**, tableau marquant l'abandon de la peinture figurative pour le symbolisme qui caractérise son œuvre. Le début de la guerre civile espagnole coïncide ensuite avec un retour de Miró au langage figuratif, au travers duquel il montre son rejet total des événements qui l'entouraient.
Entre 1939 et 1941, il réalise la série des vingt-trois **Constellations**, dans lesquelles il exprime son horreur de la Seconde Guerre mondiale, d'un point de vue très poétique. Les différents éléments qui font partie de ces compositions (la femme, la nuit ou le Soleil) deviendront dès lors des éléments constants de son œuvre. Dans sa maturité, on observe une prédominance pour les grands formats et, réalisés avec une simplicité et une élégance sans précédent, ses dessins acquièrent une grande importance.
Le langage de Miró est une recherche sur les couleurs et les symboles. Sa peinture mêle la gaieté et le tragique dans le dessein de décrire l'homme prisonnier de ses instincts. Ceci se révèle par l'utilisation systématique d'objets pointus et de symboles sexuels au milieu d'une atmosphère magique de grande poésie.
Les oiseaux, les étoiles – logotype de la Caixa de Pensions de Barcelone –, la femme et la Lune sont des symboles récurrents dans l'œuvre de l'artiste catalan car, à travers leur caractère ambivalent et mystérieux, ils renforcent la tension poétique. En raison de la profonde affection qui se dégage de ses tableaux, où l'usage de couleurs, de plans et de figures primaires évoque un état de grande pureté intérieure, on a parfois associé le nom de Joan Miró au monde des enfants.

★ **Anella Olímpica** (Anneau olympique)
Construit pour être le cadre des principales épreuves sportives des JO de 1992, l'Anneau olympique occupe une immense esplanade sur la partie haute de la montagne. Le stade olympique et le Palau Sant Jordi forment le cœur de cette zone totalement vouée au sport. L' **Estadi Olímpic Lluís Companys★** conserve la façade de 1929 et fut totalement remanié à l'intérieur pour les Jeux olympiques de 1992. *Passeig Olímpic - ☏ 934 262 089 - tlj sf match ou concert : 10h-18h (oct.-avr.), 10h-20h (mai-sept.) - gratuit.* Les mordus de sport visiteront le **Museu Olímpic i de l'Esport Juan Antonio Samaranch** (musée Olympique et du Sport), consacré aux Jeux de 1992 et à leur mascotte, création du designer Javier Mariscal. *Mar.-sam. 10h-20h, dim. et j. fériés 10h-14h30, fermé lun. - 4,50 €).*
Le **Palau Sant Jordi★★** est un singulier palais des sports couvert par une grande structure métallique, œuvre du grand architecte japonais Arata Isozaki. *Passeig Olímpic, s/n - ☏ 934 262 089.*
Les autres ouvrages intéressants sont le pavillon de l'INEFC (l'université du sport), réalisé par l'agence de Ricardo Bofill, et la grande **tour de télécommunications**, œuvre de Santiago Calatrava qui conjugue beauté et modernisme. Quant à la **piscine Bernat Picornell**, désormais ouverte au public, elle attire les amateurs de natation.

**Jardí Botánic**
*Av. Montanyans, 25.* Situé à côté du Palacio Nacional, il possède une remarquable collection de plus de 2 000 plantes méditerranéennes.

**Castell de Montjuïc** (Château de Montjuïc)
*Carretera de Montjuïc, 66.* C'est en 1640 que fut bâti le premier château, au pied duquel les troupes catalanes gagnèrent la bataille du 26 janvier 1714 contre le Bourbon Felipe V. Détruit pendant la guerre de Succession, il fut reconstruit au 18e s. et prit l'allure d'une forteresse en étoile avec de larges remparts et fortins.
Le château, qui, comme la citadelle, était jusqu'au milieu du 19e s. l'un des points stratégiques du système défensif de Barcelone, pouvait aussi servir de base pour attaquer la ville, ce que fit le général Espartero qui, en 1842, pointa les canons vers Barcelone mutinée contre le pouvoir central. Pendant longtemps, il servit également de prison militaire et c'est là qu'en 1909 on fusilla le pédagogue anarchiste **Francesc Ferrer**, puis en 1940 le président de la Generalitat, **Lluís Companys**… puis bien d'autres.
Ce symbole honni de la répression franquiste, transformé en Musée militaire, est devenu depuis la fermeture de celui-ci un lieu de promenade, aux vues exceptionnelles sur le port et la ville. Après les travaux de restauration, le château devrait abriter un Centre international de la paix, un « Espace de mémoire » consacré à l'histoire du château et un Centre d'interprétation de la colline de Montjuïc, qui traitera de la « montagne » sous ses différents aspects (géologique, naturaliste, humain…).

**Jardí de Costa i Llobera**
*Rte de Miramar, 1.* Il s'agit du jardin exotique le plus vaste de Barcelone, avec toutes sortes d'espèces.

**Avinguda de Miramar**
Cette esplanade située au nord de la montagne offre – surtout la nuit – une belle **vue panoramique★** de la ville et du port avec ses bateaux éclairés. Des terrasses permettent de profiter agréablement du climat sans être incommodé

par la chaleur. Le **Transbordador Aeri del Port** *(voir p. 185)* relie ce mirador à la Torre (tour) de Sant Sebastià, située sur le port à la Barceloneta *(voir p. 182)*.

### ★ Teatre Grec

Ce théâtre en plein air, entouré de beaux jardins et construit en 1929 sur le modèle de celui d'Épidaure, a comme arrière-scène le mur rocheux d'une carrière abandonnée. En été, il devient une scène exceptionnelle pour les manifestations du **Festival del Grec** *(voir p. 132)*.

### ★ Museu d'Arqueologia de Catalunya

*Pg de Santa Madrona, 39-41 - ✆ 934 246 577 - www.mac.es - mar.-sam. 9h30-19h, dim. et j. fériés 10h-14h - fermé lun. - 3 € (- 16 ans et +65 ans gratuit). Attention : suite aux réorganisations en cours, des salles peuvent être fermées à la visite.*

Créé en 1935 à l'initiative de l'illustre archéologue **Pere Bosch Gimpera** (1891-1974), il fait partie d'un ensemble comprenant les musées homologues d'Empúries, Gérone, Olèrdola et Ullastret.

L'archéologie catalane possède une grande tradition, que l'on constate avec les nombreuses fouilles effectuées sur tout le territoire catalan. On peut suivre les différentes étapes de l'histoire de l'homme à travers les pièces exposées : paléolithique, néolithique, âges du bronze et du fer, monde ibérique, colonisations grecque et phénicienne, culture romaine et époque wisigothique. Les différents objets présentés (outils, amphores, mosaïques ou sculptures votives) sont caractéristiques de chacune de ces périodes. La bibliothèque spécialisée (40 000 volumes), qui offre déjà une base solide pour la recherche, est complétée par d'autres services comme **l'atelier expérimental pour aveugles**, qui apprend la reconnaissance tactile du matériau archéologique.

### Museu Etnològic

*Pg. de Santa Madrona, s/n - ✆ 934 246 807 - www.museuetnologic.bcn.cat - oct.-mai : lun. et jeu. 10h-19h, mar., vend.-sam. 10h-14h ; juin-sept. : mar.-sam. 10h-18h, dim. et j. fériés 10h-14h, 15h-20h - fermé lun., 1er janv., Vend. saint, 1er Mai, 24 juin, 25-26 déc - 3,50 €.*

Construit en 1973 à l'emplacement d'un petit pavillon de l'Exposition universelle, il comporte trois niveaux, deux destinés à l'exposition des collections et le troisième, en sous-sol, où se trouvent les ateliers de restauration et l'entrepôt. La plupart des expositions sont temporaires, bien que de longue durée. Le fonds ethnologique provient de peuples indigènes d'Afrique, d'Australie, d'Amérique centrale et de certaines régions d'Asie.

## À voir aussi Plan de quartier

### Parc Joan Miró

*À côté des arènes, à deux pas de la plaça d'Espanya - Ⓜ Tarragona.*

Connu sous le nom de « L'Escorxador » (l'abattoir), ce parc se trouve derrière la **Plaça de Braus de Les Arenes**, arènes inaugurées en 1900, désaffectées aujourd'hui et relookées par Richard Rodgers qui devait en faire un centre de loisirs. Las, les promoteurs de l'affaire ayant fait faillite, le chantier s'est arrêté.

Principal intérêt du parc : l'immense sculpture de Joan Miró intitulée *Dona i Ocell (Femme et Oiseau)*, qui s'élève 22 m au-dessus d'un petit bassin.

### Parc de l'Espanya Industrial

*Rector Triadó - Sants-Estació.*

Situé à l'ouest de la gare de Sants, cet espace a été réalisé entre 1982 et 1985 sur les terrains d'une friche industrielle. Dans la partie basse de l'espace, un étang permet de s'adonner au canotage. L'esplanade supérieure arbore des sculptures de métal (Nagel, Palazuelo, Anthony Caro…) évoquant le passé industriel de la ville. Mais il faut reconnaître que l'ensemble est aujourd'hui bien dégradé.

### Poble Sec et Paral.lel

Au pied du Montjuïc, entre la plaça d'Espanya et la mer, s'étend l'ancien quartier industriel du **Poble Sec**, devenu aujourd'hui une zone résidentielle. Il est bordé par la grande **avinguda del Paral.lel**, ainsi appelée car elle passe exactement sur le parallèle 41° 44' de latitude nord. Au début du 20e s., l'avenue était un secteur de théâtres, cabarets et spectacles frivoles, souvent bas de gamme, que l'on appelait le **Montmartre de Barcelone**.



## NOS ADRESSES À MONTJÜIC

### RESTAURATION

Peu de solutions sur la colline. Vous pourrez vous restaurer légèrement à la cafétéria de la Fundació Miró ou, bien sûr, vous attabler dans l'un des établissements du Poble Espanyol.

Le restaurant ci-dessous est positionné sur le **plan p. 187**.

UNE FOLIE

**El Xalet** ② – *Av. Miramar, 31 - 933 249 270. - www.gruptravi.com - 55/62 €.* Un peu cher peut-être, mais la vue magnifique sur la cité justifie une halte dans ce restaurant éloigné de l'animation du centre-ville. Trois salles superposées (celle du haut pivote sur son axe) pour goûter une cuisine locale agrémentée d'un soupçon de fantaisie.

### PETITE PAUSE

**MNAC** – Une petite buvette sans prétention déploie ses tables sur la terrasse du MNAC, en haut des marches conduisant à la Font Màgica. Idéal pour une halte bien méritée en profitant de la vue.

### ACHATS

**Boutique de la Fondació Joan Miró** –*Parc de Montjuïc, s/n - Funicular de Montjuïc - mar.-sam. 10h-20h, dim. 10h-14h30.* Une large gamme d'objets rattachés à l'univers du génial artiste catalan, mais aussi les dernières nouveautés du design contemporain. Dans la librairie, on trouvera une vaste sélection d'ouvrages sur l'art, l'architecture et le design.

# Pedralbes

## NOS ADRESSES PAGES 122 ET 197

**SE REPÉRER**
Plan de Barcelone A2 (p. 112-113), plan de quartier (ci-dessous) – Situé au nord-ouest de la plaça de Catalunya, ce quartier est relié au centre-ville par l'avinguda Diagonal, qui remonte tout droit vers la colline de Pedralbes. Le monastère Santa Maria se trouve plus haut, au bout de l'avenue Pedralbes, perpendiculaire à l'avinguda Diagonal. En métro, descendez à la station Palau Reial (L3).

**À NE PAS MANQUER**
Les splendides peintures murales de la chapelle Saint-Michel, dans le monastère Santa Maria de Pedralbes.

**ORGANISER SON TEMPS**
Vous pouvez conjuguer une visite du quartier de Pedralbes en matinée avec une excursion au Tibidabo l'après-midi. Dans ce cas, de Pedralbes, prenez le train FGC à la station Reina Elisenda (L6), près du monastère Santa Maria, et changez à Francesc Macià pour prendre la L7 jusqu'à la station Av. del Tibidabo *(pour l'accès sur place, voir p. 198)*.

**L'ancien village de Pedralbes – qui doit son nom à la profusion de pierres blanches (« pedres albes ») de la montagne – est aujourd'hui un prestigieux quartier résidentiel et universitaire de Barcelone. Avec ses nombreux parcs et jardins, Pedralbes est un but de promenade idéal pour qui veut rompre avec l'agitation du centre-ville.**

Cloître du monastère de Pedralbes.
*E. Solodovnikova / fotolia.com*

1

## Se promener Plan de quartier

### ★★ Monastère de Santa Maria de Pedralbes

*Baixada del Monestir, 9 - ✆ 932 039 282 - mar.-dim. et j. fériés 10h-14h - fermé lun., 1er janv., 1er Mai, Vend. saint, 24 juin, 25 déc. - 4 € (-16 ans gratuit).*

Fondé en 1326 par Elisenda de Montcada, quatrième et dernière épouse de Jaume II, il accueille depuis le 14e s. une communauté de clarisses.

La plaça del Monestir s'ouvre devant l'entrée de l'**église★**, spacieuse construction à nef unique et chapelles latérales, abritant le mausolée de la reine Elisenda. L'intérieur est divisé dans le sens de la longueur en deux parties dont l'une seulement se visite, l'autre, séparée par un mur et une grille, étant réservée à la communauté religieuse. Sur la façade latérale du monastère, on peut observer les contreforts de l'église et le **clocher** en forme de prisme qui a tant impressionné Le Corbusier. À droite, un escalier raide monte jusqu'à la porte fortifiée dont la tour abritait la prison du couvent.

★ **Cloître** – Magnifique exemple du gothique catalan du 14e s., il comporte trois niveaux. Les deux du bas, aux arcs en lancette reposant sur des colonnes cannelées, entourent un merveilleux jardin d'orangers et de palmiers. Dans la galerie du cloître sont ouvertes au public quelques cellules et dépendances.

À droite de l'entrée se trouve la **chapelle Saint-Michel**, petite pièce aux parois recouvertes de **peintures murales★★★** (1346) de **Ferrer Bassa**. Cet artiste, formé à l'école italienne du Trecento, réussit à harmoniser la méticulosité de l'école de Sienne et les volumes des maîtres toscans. Dans la partie supérieure, des scènes de la Passion du Christ entourent une composition qui a pour thème le Calvaire ; les délicates peintures de la Vierge dans la partie inférieure sont des plus belles.

### EL « BARÇA » ? « AIXÓ ÉS MÉS QUE UN CLUB »

Le 22 octobre 1899, un comptable d'origine suisse, Joan Camper, fit publier dans un quotidien une annonce afin de prendre contact avec les amateurs de football, sport presque inconnu encore en Espagne. Trente jours plus tard, dans un gymnase barcelonais, douze jeunes gens fondaient le Fútbol-Club Barcelona. Les membres du club, le plus important de la ville avec le RCD Espanyol, portent des maillots à bandes bleu et grenat et ses supporters sont appelés « culés », car en se promenant les jours de match autour du premier stade du FCB, on pouvait contempler les postérieurs de 6 000 personnes assises sur des gradins à claire-voie. Depuis sa création, le « Barça », diminutif utilisé par tous les Catalans, a compté dans ses rangs les meilleurs entraîneurs et joueurs du monde, rivalisant ainsi avec son ennemi juré : le Real Madrid. Il doit son palmarès impressionnant – il a remporté plusieurs fois la Ligue espagnole, la Coupe de l'UEFA, la Coupe d'Europe en 1992 et la Ligue des Champions en 2009 – à son équipe de football mais aussi à ses autres sections (basket, hand-ball, hockey sur glace), dont le renom sur le plan international est aussi grand. Le prestige du club est tel que l'on dit souvent à son propos : « Aixó és més que un club » (C'est plus qu'un club) pour mettre en évidence le fait que sa popularité l'érige en phénomène de société.

### ★ Pavellons Güell

*Av. de Pedralbes, 7 - ✆ 933 177 652 - ♿ - le mat. - gratuit.*
Ces anciennes écuries furent réaménagées par Gaudí pour y installer la résidence d'été de son mécène Eusebi Güell. Admirez la remarquable **grille** en fer forgé décorée d'un dragon.

### Palau Reial de Pedralbes

*Av. Diagonal, 686 - Ⓜ Palau Reial.*
Le palais, inspiré des palais italiens de la Renaissance, et ceint de beaux jardins, fut construit entre 1919 et 1929 pour servir de résidence au roi d'Espagne Alfonso XIII. Aujourd'hui, il est le cadre fastueux des **musées du Pôle du design** *(voir ci-après).*

**Jardins** – Conçus par l'ingénieur Nicolau Rubió i Tudurí, les jardins de Pedralbes étalent une large variété de bougainvillées, de cyprès, de pins et de cèdres provenant de diverses latitudes.

### Museus Disseny Hub (Musées du Pôle du design)

*Dans le Palau Reial - ✆ 932 563 465 - www.dhub-bcn.cat - mar.-dim. 10h-18h, j. fériés 10h-15h - fermé 1er janv., Vend. saint, 25 déc. - 4,20 € (dim. gratuit à partir de 15h).* Créé par l'Institut culturel barcelonais, le **DHUB (Disseny Hub)** a pour ambition d'étudier et de faire connaître les arts décoratifs et le design. Il rassemble plusieurs sections, les musées des Arts décoratifs, de la Céramique et du Textile, ainsi qu'un cabinet d'art graphique organisant des expositions en divers lieux de la ville.

★ **Museu de les Arts Decoratives** – *1er niveau.* Riche de collections très diverses (mobilier, horlogerie, carrosses, papiers peints, etc.), il nous propose un parcours intitulé « De l'objet unique au design industriel » à travers des objets de tous les jours, de l'époque médiévale à aujourd'hui (la période moderniste est particulièrement bien illustrée). Des coffres, des secrétaires, des chaises, des lampes, des bahuts, des flacons, permettent de se faire une idée de l'évolution des mœurs, ainsi que des percées technologiques.

**Museu Tèxtil i Indumèntaria** – Le musée du Textile et du Vêtement propose une exposition permanente intitulée « El cos vestit » (le corps vêtu), voyage à travers la mode du 16e s. à nos jours. Vous y verrez notamment des créations de couturiers espagnols (Balenciaga, Paco Rabanne) ou internationaux (Dior, Lagerfeld…).

**Museu de la Ceràmica** – Le musée de la Céramique présente par roulement des collections parmi lesquelles se distinguent les productions catalanes et valenciennes, et notamment celles d'Alcora (18e et 19e s.). Dans la partie contemporaine, ne manquez pas les œuvres du célèbre céramiste catalan **Josep Llorens Artigas**, à côté de celles de Picasso et de Miró.

### Camp Nou

*Av. Aristides Maillol, s/n - Les Corts (L3) - ✆ 934 963 600 - www.fcbarcelona.cat - lun.-sam. 10h-20h, dim. et j. fériés 10h-14h30 - fermé 1er et 6 janv., 25 déc. - 8,50 € (-13 ans 6,80 €).*

La capacité d'accueil du stade du FC Barcelona (qui doit être agrandi selon un projet dessiné par Sir Norman Foster) est de près de 99 000 spectateurs. Ses vastes installations abritent le **Museu FC Barcelona**, où les amateurs contempleront les trophées obtenus par le fameux Barça tout au long de son histoire, ainsi que de nombreuses photographies retraçant la rivalité séculaire avec le Real Madrid.



## À voir aussi Plan de quartier

### Parc Cervantes

*Av. Diagonal, 706 - Zona Universitaria.*

Au-delà de la zone universitaire, ce vaste parc de neuf hectares en pente douce, abrite une importante **roseraie (roserar)** couvrant près de la moitié de sa superficie. Pas moins de 220 variétés sont représentées, pour un total de 10 000 rosiers. Voilà qui ne peut que ravir les amateurs ! Pour en profiter au mieux, visitez le parc entre avril et novembre. C'est alors un lieu idéal pour se promener ou pratiquer la course à pied.

### ★ Torres Trade

*Gran Via de Carles III - Maria Cristina.*

Cet ensemble de tours cylindriques à base ondulée, beau symbole de l'architecture barcelonaise, a été réalisé en 1968 par Josep A. Coderch.

## NOS ADRESSES À PEDRALBES

### RESTAURATION

Le restaurant ci-dessous est positionné sur le **plan p. 194**.

#### UNE FOLIE

**Via Veneto** ① – *Ganduxer, 10 - Maria Cristina - ✆ 932 000 724 - www.viavenetorestaurant.com - fermé sam. midi, dim., août - ▤ - 71/94 €.* Un véritable classique : plus de trente ans d'expérience cautionnent la cuisine catalane de ce restaurant très connu. Décoration dans le style Belle Époque. Cave choisie et variée.

### ACHATS

**L'Illa Diagonal** – Av. *Diagonal, 545 - Maria Cristina - www.illa.com.* Centre commercial dû au crayon des architectes Rafael Moneo et Ignasi de Solà-Morales : comprend un hôtel, des écoles, des palais des congrès et d'innombrables librairies, boutiques de vêtements, cadeaux, accessoires, etc.

# Le Tibidabo

## NOS ADRESSES PAGES 122 ET 201

### SE REPÉRER

Plan de Barcelone AB1 (p. 112-113), plan de quartier (p. 200) – Posé sur les hauteurs au nord-ouest de la ville, le Tibidabo est accessible en voiture par la très belle (et très sinueuse) route en direction de Sant Cugat del Vallès. Le **Tibibus** (départ plaça de Catalunya, au coin de la Rambla de Catalunya, 2,60 €) fonctionne lorsque le parc d'attractions est ouvert. La ligne 7 du **train FGC** depuis Catalunya conduit à la station Av. del Tibidabo : c'est là que, sur la plaça Kennedy, le vénérable **Tramvia Blau (tramway bleu)**, aux voitures plus que centenaires prend le relais (4,10 € AR) jusqu'au pied du funiculaire *(voir ci-après)*. Ce tramway est en service lorsque le parc d'attractions du Tibidabo est ouvert. Le reste du temps, un bus assure la liaison (env. 2 km). Le **funiculaire**, lui, fonctionne toute l'année *(sf 25-26 déc., 1er et 6 janv. - 4 € AR)*. Au départ de la plaça del Dr-Salvador-Andreu, il vous conduit, au terme d'un trajet d'une longueur de 1 130 m (dénivelé 275 m), à proximité du parc d'attractions et au temple du Sacré-Cœur.

### À NE PAS MANQUER

L'ascension au sommet du temple du Sacré-Cœur.

### ORGANISER SON TEMPS

Arrivez tôt pour la visite du temple du Sacré-Cœur afin de jouir des lumières matinales sur Barcelone.

### AVEC LES ENFANTS

Le parc d'attractions du Tibidabo et le CosmoCaixa (musée de la Science).

**Juché dans la chaîne de Collserola, le Tibidabo surplombe Barcelone à 532 mètres d'altitude. La montagne est dominée par la tour de télécommunications, dite « tour de la Collserola », dessinée par Norman Foster, devenue un point de repère pour tous les Barcelonais. C'est un but de promenade apprécié, surtout le dimanche, quand les familles viennent profiter du bon air ou des joies du parc d'attractions construit à flanc de montagne. Les amoureux du modernisme pourront y compléter leur visite de Barcelone avec le temple du Sacré-Cœur, ou simplement jouir des panoramas offerts sur la capitale catalane et la Méditerranée.**

## Se promener Plan de quartier

### Temple del Sagrat Cor (Temple du Sacré-Cœur)

*Pl. del Tibidabo - ✆ 934 175 686 - crypte : 8h-19h, gratuit ; temple (accès par l'ascenseur) : mat. et apr.-midi, 2 €.*

Construit au début du 20e s. autour d'un ermitage, sur un projet d'Enric Sagnier, le temple affiche un style oscillant entre le néogothique et le modernisme. Il fut achevé en 1909 et abrite des **fresques**★ remarquables, dont se détache un ensemble représentant des anges consacrant le temple à la gloire de Dieu.

Belle vue depuis la roue sur la colline du Tibidabo.
*I. Pompe / hemis.fr*

1

Les escaliers mènent d'abord à l'ancien ermitage, construit en 1886 près du sommet de la montagne. Empruntez ensuite l'ascenseur pour gagner, à 542 m, la plate-forme encadrée par les sculptures géantes des douze apôtres. Un escalier en colimaçon grimpe enfin à la statue en bronze d'un Christ aux bras ouverts. Dominant Barcelone, elle constitue un point de repère aussi visible que la tour de Collserola voisine.

## Parc d'Atraccions du Tibidabo

*Pl. del Tibidabo, 3-4 - ✆ 932 117 942 - www.tibidabo.es - ♿ - de déb.-juil. à mi-sept : merc.-dim. (horaires variables) ; reste de l'année : w.-end et j. fériés - fermé du 6 janv à déb. mars - 25 € (-120 cm 9 €, -90 cm gratuit), musée des Automates 4 €.*

Situé à 532 m d'altitude dans la chaîne de Collserola, le doyen des parc d'attractions espagnols renferme également le singulier **musée des Automates**.

Du parc même comme du temple du Sacré-Cœur, on bénéficie d'une **vue panoramique★★** extraordinaire sur la ville, la mer et les environs.

## Torre de Collserola

*✆ 934 069 354 ou 932 117 942 - www.torredecollserola.com - merc.-dim. 11h-14h30, 15h30-17h ou 18h selon saison - 5 €.*

En contrebas du temple du Sacré-Cœur, la tour de télécommunications de Collserola fut achevée en 1992 par l'architecte britannique **Sir Norman Foster** dans le cadre des grands travaux d'aménagement des Jeux olympiques. La tour culmine à 298 mètres de hauteur.

Une plateforme est accessible aux visiteurs à 115 mètres, offrant des vues panoramiques sur Barcelone et sa baie.

## CosmoCaixa, Museu de la Ciència

*Au pied du Tibidabo - Isaac Newton, 26 - Ⓜ Av. del Tibidabo (L7) (L3) - ✆ 932 126 050 - www.cosmocaixa.com - ♿ - mar.-dim. 10h-20h - fermé lun. (sf j. fériés), 1er et 6 janv., 25 déc. - 3 € (-16 ans 2 €).*

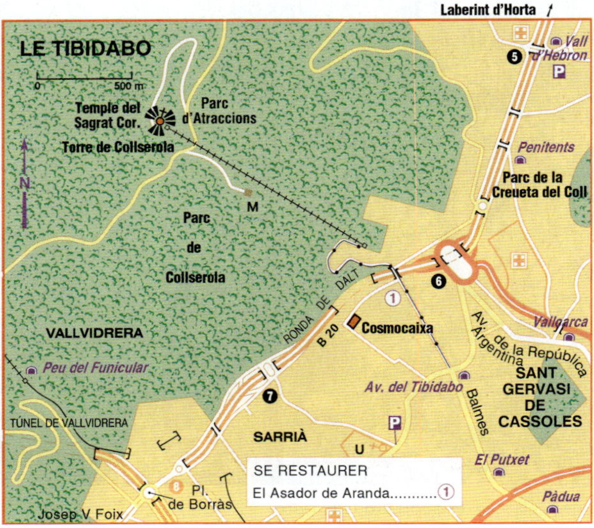


Idéal à visiter avec les plus jeunes, ce musée moderne, logé dans un bâtiment du début du 20e s., conjugue l'intérêt scientifique et les loisirs. Vous y découvrirez entre autres un pendule de Foucault, une forêt inondée, un mur géologique… et différents ateliers où vous pourrez réaliser des expériences aussi étonnantes que ludiques.

# À voir aussi Plan de quartier

## Parc forestal de Collserola

*Rte de Vallvidriera à Sant Cugat, accès en funiculaire, station Peu del Funicular.*
Vaste espace (8 000 ha) sur les hauteurs de la ville, idéal pour se mettre au vert ou se balader à vélo.

## Laberint d'Horta

*Quartier d'Horta-Guinardó - Pg Castanyers, 1 - Mundet (L 3) - ♿ - de 10h au coucher du soleil - 2,17 € (-14 ans 1,38 €).*
Peuplé tout d'abord par des paysans, auxquels succéda une population ouvrière, ce quartier se situe au pied du Collserola. Il abrite le Laberint d'Horta (au nord), ancienne propriété du 18e s. marquée par une belle maison bâtie pour Joan Antoni Desvalls i d'Ardena (1740-1820), aristocrate et scientifique réputé de son vivant. De style néogothique, l'édifice arbore également des éléments d'influence arabe ajoutés plus tardivement. Le palais est malheureusement aujourd'hui très dégradé.
Le parc, orné de sculptures de personnages mythologiques, de niches et de pavillons, doit son nom à un bucolique labyrinthe de cyprès taillés. Il comprend une partie néoclassique dessinée par un paysagiste italien au 18e s. et un jardin romantique aménagé au 19e s.

## NOS ADRESSES AU PIED DU TIBIDABO

### RESTAURATION

Le restaurant ci-dessous est positionné sur le **plan ci-contre**.

#### BUDGET MOYEN

**El Asador de Aranda** ① – *Av. del Tibidabo, 31 - station de Ferrocarrils Avinguda Tibidabo, puis tramway bleu - ✆ 934 170 115 - www.asadordearanda.com - fermé dim. soir* - ▤ - *25/30 €*. Installé dans l'ancien hôtel particulier moderniste de Frare Blanc, sur le flanc du Tibidabo. Ses salons conservent tout le charme d'antan et s'enorgueillissent d'une cuisine où triomphe l'agneau de lait. Repas servis en terrasse l'été.

### PETITE PAUSE

**Mirablau** – *Manuel Arnús, 2 - au pied du funiculaire - ✆ 934 185 667 - 11h-5h*. Sur le flanc du Tibidabo, à proximité du point de départ du funiculaire. Bar bien tenu et agréable terrasse ouvrant sur de magnifiques vues de Barcelone, illuminée les nuits d'été.

1

# Les environs de Barcelone

### S'INFORMER

**Office de tourisme de Sant Joan Despí** – *Camí del Mig, 9 - 08970 Sant Joan Despí - ✆ 934 806 000 - www.sjdespi.com.* L'office de tourisme pourra vous remettre un plan de la ville et des principales curiosités.

**Centre d'information de la Colònia Güell** – *Claudi Güell, s/n - 08690 Santa Coloma de Cervelló - ✆ 936 305 807 - coloniaguell@terra.es.*

### SE REPÉRER

Carte de région (p. 110) – Les sites décrits dans ce chapitre se situent dans un rayon de 20 km autour de Barcelone. À l'ouest, Sant Joan Despí et Santa Coloma de Cervelló où se trouve la Colònia Güell : les deux sites sont rapidement accessibles par la N II. Accès à Sant Joan Despí par la ligne de tramway T3 (arrêt Sant Martí de Lerm). Au nord-ouest, si vous souhaitez vous rendre au monastère de Sant Cugat del Vallès, nous vous recommandons de suivre la BP 1417 : ce trajet, guère plus long qu'en empruntant l'autoroute, est bien plus agréable.

### À NE PAS MANQUER

Le grand cloître roman du monastère de Sant Cugat del Vallès, l'église de la Colònia Güell.

### ORGANISER SON TEMPS

Sant Joan Despí et Santa Coloma de Cervelló sont des communes voisines et peuvent être visitées en une seule journée. Nous vous conseillons de refaire étape à Barcelone avant de consacrer une seconde journée à la visite du monastère de Sant Cugat del Vallès et de ses environs.

**Si les environs balnéaires de Barcelone, avec la Costa de Barcelona-Maresme (p. 253) ou Sitges (p. 210), sont particulièrement attrayants, l'intérieur des terres recèle également quelques trésors méritant d'y consacrer un ou deux jours. Au programme, architecture religieuse, avec le monastère de Sant Cugat del Vallès, ou exubérance moderniste, comme à Sant Joan Despí, où s'est illustré un disciple doué (mais peu connu) de Gaudí, Josep Maria Jujol i Gibert. Vous pourrez aussi compléter votre connaissance de l'œuvre de Gaudí en visitant l'église de la Colònia Güell, où l'architecte catalan mit au point les innovations qui présidèrent par la suite à la construction, entre autres, de la Casa Batlló ou de la Sagrada Familia à Barcelone.**

## Découvrir

### LE PATRIMOINE MODERNISTE

#### ★ Sant Joan Despí

*17 km à l'ouest par la B 10-N II ou par le tramway T3 depuis Francesc Macià (arrêt Sant Martí de Lerm).*

Dans la banlieue de Barcelone, sur l'axe reliant Madrid à la capitale catalane, Sant Joan Despí devint, à la charnière des 19e et 20e s., l'un des lieux de villégiature privilégiés des riches Barcelonais. Il subsiste de cette époque de nombreuses demeures modernistes, regroupées dans le centre-ville.

*Départ rue Jacint Verdaguer (à l'est de l'église), 1h.*

Aux n^os^ 28 et 30 se dresse la **Casa Unifamilial**, une maison à façade asymétrique décorée de mosaïques où domine le vert, et coiffée de quatre fruits, à l'image de ceux que l'on retrouve à la Sagrada Familia de Barcelone.

Juste en face se trouve la **Casa Rovira**, dont la façade est signée de l'architecte **Josep Maria Jujol i Gibert** (1879-1949), disciple de Gaudí avec lequel il collabora sur de nombreux projets, notamment La Pedrera et le parc Güell. L'ensemble affiche un style plus classique, l'intervention de Jujol se faisant sentir essentiellement sur le fronton arrondi décoré de sgraffites. L'édifice est malheureusement en assez mauvais état.

En face, la **Torre Serra Xaus** est l'œuvre du même architecte. De la façade aux formes originales et sinueuses se dégage une massive tour carrée aux motifs bleu et rouge évoquant des oiseaux mythiques et des motifs floraux. Cette demeure trouve son écho de l'autre côté du carrefour avec la **Villa Jujol** (1932), une petite maison aux allures balnéaires et au jardin planté de hauts palmiers.

*Emprunter la carrer de Llobregat.*

Vous débouchez sur la plaça de Catalunya, que semble écraser la **Casa Can Negre★★**, sans doute l'œuvre la plus marquante de Jujol à Sant Joan Despí. Construite entre 1915 et 1930, elle abrite aujourd'hui le Centre d' Estudis Jujol. On y retrouve toute l'influence de Gaudí, avec des petits bancs aux mosaïques bleues similaires à ceux du parc Güell, ou encore des formes ondulantes évoquant l'univers marin. Notez les lignes osseuses des arcs de fer forgé soutenant la terrasse. 1

Plus au nord, dans le passeig de Canalies, la **Casa Auriga★**, conçue par l'architecte **Ignasi Mas i Morell** (1881-1953), utilise le même type de décorations que la Casa Rovira. Le toit a été aménagé en large terrasse colorée.

Plus surprenante est la **Torre de la Creu★**, à nouveau signée Jujol et appelée aussi localement Casa dels Ous (« Maison des Œufs »). Cette grande tour aux formes arrondies est dominée par plusieurs niveaux de terrasses décorées de mosaïques et de ferronneries. Remarquez l'admirable grille en fer forgé du jardin.

Rejoignez le centre-ville en faisant un crochet par la **carrer de Montjuïc** où de nombreuses autres façades rappellent le passé moderniste de la ville, en particulier les n^os^ 28, 26 et 20, avec de beaux frontons caractéristiques du style.

## ★ La Colònia Güell

*À Santa Coloma de Cervelló. Quitter Sant Joan Despí par la C 245 en direction de Sant Boi. Sortir sur la BV 2002, puis suivre les indications jusqu'à la Colònia Güell. En train FGC lignes S4, S8 et S33 depuis Plaça d'Espanya (arrêt Colònia Güell, 20mn environ).*

La construction de la Colònia Güell, classée au Patrimoine mondial de l'Unesco en 2005, fut commencée à la fin du 19e s. sur la commune de **Santa Coloma de Cervelló**, à l'initiative d'**Eusebi Güell**. Ce dernier projetait d'y installer une usine textile moderne, en remplacement de celle qu'il possédait déjà à Barcelone. L'industriel souhaitait créer une véritable cité ouvrière comprenant, outre l'usine et ses bureaux, des maisons, des commerces, des équipements culturels et une église. De nombreux architectes furent appelés à travailler sur le projet, en particulier **Antoni Gaudí** auquel fut confiée la construction de l'église.

**Église** – *✆ 936 305 807 - visite de l'église 10h-15h sf pendant les messes (11h-13h le dim.) - 4 €.* Les travaux commencent en 1908, selon un projet prévoyant deux

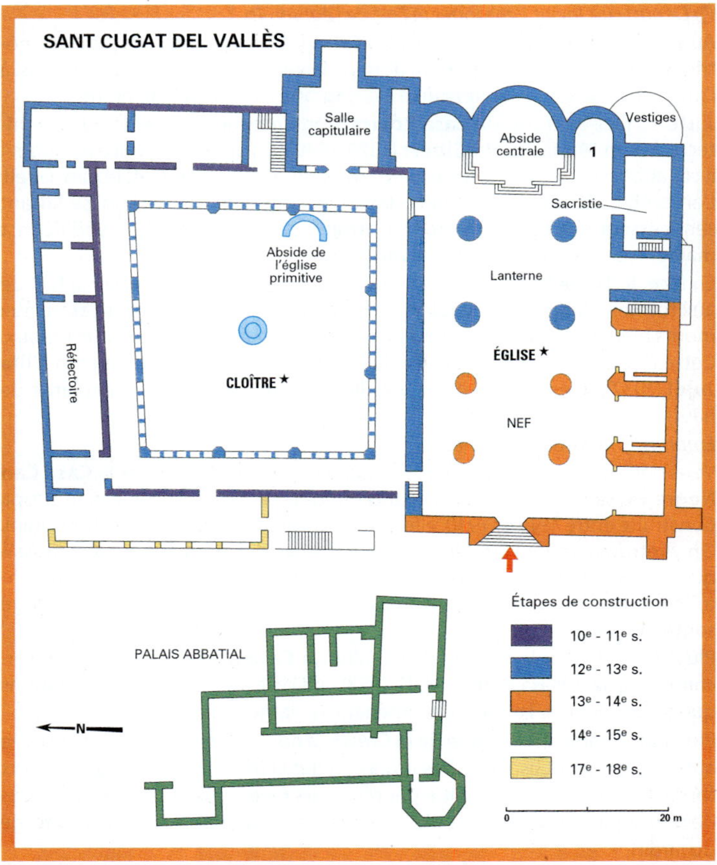


nefs et une tour centrale de 40 m de haut. En 1914, alors que seule la nef inférieure est achevée, Eusebi Güell décide d'abandonner le projet. Gaudí aura néanmoins eu le temps de tester de nombreuses innovations architecturales, qu'il met ensuite à profit dans l'édification de la Sagrada Família à Barcelone. Notez la parfaite utilisation des formes et des matériaux qui caractérise l'architecte catalan, avec notamment les deux coquillages géants servant de bénitier, et le toit de briques éclairé par les compositions florales polychromes des vitraux. Remarquez aussi le confessionnal aux formes ondulantes.

Hormis l'église, aucun bâtiment ne se visite ; aussi est-il vivement conseillé de se rendre à l'office de tourisme *(voir « S'informer » plus haut)* où une exposition retrace les principales étapes de l'évolution de la cité. Un itinéraire *(env. 30mn)* est proposé en complément.

## LE PATRIMOINE MÉDIÉVAL

### ★★ Monastère de Sant Cugat del Vallès

*18 km au nord-ouest par la BP 1417. En train FGC ligne S4, S2 depuis Catalunya, 25mn env. ✆ 936 759 951 - www.museu.santcugat.cat - ♿ - tlj sf lun. 10h-13h30, 15h-18h - fermé lun., 1er et 6 janv., 25-26 déc. - 3 € (-16 ans gratuit).*

L'**ancienne abbaye bénédictine** se trouve au cœur de la petite ville à laquelle elle a donné son nom. Cet ancien camp romain devint célèbre parce que saint Cucufat (Cugat) et ses compagnons y subirent le martyre en l'an 303 selon la tradition. Ils furent égorgés, victimes de la dernière persécution de Dioclétien. Sur la tombe du martyr, on construisit, entre le 12e et le 14e s., les bâtiments monastiques qui étaient fortifiés au départ.

De l'ancienne enceinte abbatiale demeurent encore l'église (aujourd'hui église paroissiale), le cloître et la salle capitulaire, transformée en chapelle (chapelle du Saint-Sacrement, ou del Santissím). L'ancien palais abbatial est un édifice gothique remanié au 18e s., et fait office de rectorat.

★ **Église** – Édifié au 12e s., ce sanctuaire à trois vaisseaux et trois absides semi-circulaires est un magnifique exemple de transition entre le roman et le gothique. La partie la plus ancienne est la tour (11e s.), décorée de bandes lombardes. La tour-lanterne érigée à la croisée et la coupole octogonale qui la couvre témoignent d'une évolution du style d'origine. D'autres modifications furent également réalisées, notamment l'adjonction de trois chapelles latérales.

La façade, unie, couronnée de créneaux et consolidée de contreforts, fut achevée peu avant 1350. Une grande rosace ajourée contraste avec les archivoltes de la porte.

On peut admirer, à l'intérieur, le beau **retable de Tous les Saints★** (1), du 14e s., où, sur un thème marial, l'auteur, Pere Serra, parvient à donner dynamisme et expressivité aux personnages.

★ **Cloître** – C'est l'un des plus grands cloîtres romans (11e-12e s.), avec ses 144 colonnes qui encerclent le jardin. On remarquera tout particulièrement les magnifiques **chapiteaux★** du maître **Arnau Cadell** (le plus ancien sculpteur catalan à avoir laissé son nom à l'histoire), reliés deux à deux par un même abaque. Plusieurs styles ornementaux y sont développés : le corinthien (à feuilles d'acanthe et figures géométriques), le figuratif (oiseaux, sirènes et animaux fantastiques) ou le tableau historié (scènes bibliques et scènes de la vie quotidienne). Le chapiteau le plus intéressant est celui du pilier d'angle nord-est, où le sculpteur s'est représenté lui-même au travail et a gravé son nom.

Dans la seconde moitié du 16e s., on ajouta une galerie supérieure, avec de belles colonnes toscanes soutenant des arcs en plein cintre.

Le 29 juin, pour la fête de saint Pierre, l'une des plus anciennes danses du folklore catalan, la danse de l'éventail et du bouquet *(Ball del Ventall i Ram)* se tient à Sant Cugat del Vallès.

## Barberà del Vallès

*21 km au nord de Barcelone par la C 31 puis C 58 (sortie sur la N 150 en direction de Barberà del Vallès) et à 5 km de Sant Cugat del Vallès.*

Barberà del Vallès est aujourd'hui une « banlieue sud » de **Sabadell**, ville la plus peuplée du Vallès occidental, dont le passé industriel valut le surnom de « Manchester catalane ».

**Église de Santa Maria de Barberà** – *Au bout de la Ronda de Santa Maria, sur la plaça del Milenario. Demander la clé au gardien. 93 711 21 01.* Elle fut bâtie au 11e s. selon un plan à nef unique et trois absides distinctes. Sur le bras droit du transept s'élève une tour-clocher rectangulaire à toiture pyramidale. L'ornementation des murs – arcs et bandes lombardes – ajoute une touche d'aisance architecturale à l'effet coloriste du bossage.

Les peintures de l'abside (12e et 13e s.), d'une grande perfection et en parfait état de conservation, développent des thèmes propres au style roman.

1

# La province de Barcelone 2

Carte Michelin Regional 574 – Province de Barcelona



Museu Maricel de Mar, à Sitges.
*A. Serrano / hemis.fr*

# LA PROVINCE DE BARCELONE

LA PROVINCE DE BARCELONE
PERPIGNAN
PERPIGNAN
SANT FELIU DE GUÍXOLS
C
D
C
D
1
2
3
Queralbs
Molló
Rocabruna
Camprodon
Beget
Ribes de Freser
Sant Joan de les Abadesses
Figueres
Pantà de Boadella
El Manol
El Fluvià
El Ser
Ripoll
Olot
Parc NATURAL DE LA ZONA VOLCÀNICA DE LA GARROTXA
Banyoles
Torelló
Rupit i Pruit
Sant Pere de Casserres
Girona
El Ter
Pantà de Susqueda
Pantà de Sau
Vic
Oristà
L'Estany
Tona
Seva
Viladrau
Arbúcies
Moià
El Brull
PARC NATURAL DEL MONTSENY
Montseny
S. Marçal
Montseny
Breda
Campins
Hostalric
Castell de Palafolls
Lloret de Mar
Blanes
Tordera
Sant Celoni
PARC NATUREL DE MONTNEGRE CORREDOR
Palafolls
Malgrat de Mar
Pineda de Mar
Caldes de Montbui
Granollers
Calella
Sant Pol de Mar
Canet de Mar
Arenys de Mar
Caldes d'Estrac
Terrassa
Sabadell
Argentona
Mataró
Costa de Barcelona-Maresme
Alella
Vilassar de Mar
Premià de Mar
El Masnou
Sant Cugat del Vallès
Le Tibidabo
BARCELONA
Montjuïc
Castelldefels
0 10 km
BARCELONA ★★★ Vaut le voyage
Sitges ★★ Mérite un détour
Cardona ★ Intéressant
El Masnou À voir
Circuit conseillé avec ville de départ
N

# Sitges

★★

27 668 Sitgetans – Province de Barcelona

## NOS ADRESSES PAGE 214

### S'INFORMER

**Office de tourisme** – *Pl. Eduard Maristany ,2 - ✆ 938 944 251 - www.sitges-tur.cat - 15 juin-15 sept. : lun.-sam. 9h-20h, dim. 10h-14h ; reste de l'année : lun.-vend. 9h-14h, 16h-18h30, sam. 10h-14h, 16h-19h, dim. 10h-14h.*
Autre antenne : *Sínia Morera, 1 - ✆ 938 945 004 ou 602 103 428 - tlj sf lun.*

### SE REPÉRER

Carte de région B3 (p. 208-209) – *carte Michelin Regional 574 I35.* Sitges se trouve sur la zone côtière du **Parc naturel du Garraf**, d'origine karstique, à mi-chemin entre Barcelone (45 km au nord-est) et Tarragone (53 km au sud-ouest), auxquelles elle est reliée par l'autoroute (sortie 31) ou la route côtière.

### À NE PAS MANQUER

Le carnaval, fin février.

### ORGANISER SON TEMPS

Évitez les week-ends et les mois d'été si vous voulez visiter la ville au calme. Les vendredi et samedi, les Barcelonais, notamment la communauté gay, s'y donnent rendez-vous pour faire la fête. Par conséquent, attendez-vous à ce que les hôtels du centre-ville soient bruyants.

**Sitges, l'un des centres touristiques les plus fréquentés de la Catalogne, est une belle ville aux contrastes marqués. Progressiste, joyeuse et impudente, elle a su résister à plus de 80 ans de fréquentation sans rien perdre de son charme. Ses larges plages – Sant Sebastià et La Ribera – attirent les touristes de toutes nationalités. De luxueuses villas coexistent avec des demeures modernistes, un air de fête semble animer les rues ; les gens y sont tolérants et chaleureux. La ville, stimulée par cette ambiance cosmopolite, offre une grande diversité de loisirs.**

## Se promener Plan de ville

### ★★ LA VIEILLE VILLE

*Une demi-journée de visite.*

Massée sur le cap rocheux appelé La Punta, la vieille ville est une véritable mosaïque de bâtiments pittoresques. L'**église de Sant Bartomeu et Santa Tecla**, face au passeig de la Ribera, domine ce bel ensemble, où les demeures modernistes côtoient de petites maisons blanches, témoignages du passé maritime de la ville.

Au début du 20ᵉ s., poètes et peintres découvrirent dans ces étroites ruelles pavées l'authentique esprit de Sitges et son inépuisable vitalité.

Le front de mer de Sitges, dominé par l'église de Sant Bartomeu et Santa Tecla.
*Tourisme Espagnol*

## ★★ Museu del Cau Ferrat E2

*Fonollar, s/n - ✆ 938 940 364 - fermé pour travaux de restauration depuis janv. 2010 - 3,50 € (-12 ans et 1er merc. du mois gratuit) ; entrée combinée avec le Museu Maricel et Can Llopis 6,40 €.*

2

Le **musée du Fer forgé** occupe la maison qui, à partir de 1891, fut la résidence du peintre et écrivain **Santiago Rusinyol** (1861-1931). Ce dernier encouragea la pratique d'activités artistiques et culturelles, comme les Fêtes modernistes de Sitges (1892-1899), proposant des spectacles de théâtre, des expositions, des concerts, etc.

Cette ancienne maison de pêcheurs, du 16e s., fut remodelée par Francesc Rogent, architecte néomédiéviste, qui y ajouta quelques éléments gothiques, comme le toit en bois polychrome. Devenue musée en 1933, cette maison expose différentes collections de peinture, d'objets en fer forgé, de sculptures et de céramiques, léguées à la ville par l'artiste. Les salles du rez-de-chaussée composent l'image emblématique du musée. Les murs d'un bleu indigo contrastent avec le soubassement et la multitude d'objets en céramique.

**Peinture** – Parmi les nombreux tableaux, signalons deux œuvres du Greco (*La Madeleine pénitente* et *Le Repentir de saint Pierre*), que Rusinyol avait achetées à très bas prix à Paris et qu'il avait rapportées à Sitges, organisant à cette occasion une véritable procession avec ses amis artistes.

Des tableaux de Picasso, Casas, Llimona, Nonell, Zuloaga et de Rusinyol lui-même *(La Poésie, la Musique et la Peinture)* complètent ce précieux ensemble.

### ROMAINS ET MODERNISTES

Selon la tradition, Sitges occupe l'emplacement de l'ancienne cité romaine de Súbur, mentionnée par Strabon et Pline. Vers la fin du 19e s., elle fut découverte par les modernistes (Santiago Rusinyol, Ramon Casas et Miquel Utrillo), qui la choisirent pour accueillir d'importantes manifestations artistiques.

**Fer forgé** – *Étage supérieur.* Cette collection, formée d'objets d'époques et de styles différents, a donné son nom au musée. Le visiteur sera surpris par la profusion de heurtoirs, serrures, clés et autres candélabres. Parmi les pièces les plus intéressantes figurent un ensemble de poignées de porte du 16e s., dont quelques-unes sont fort curieuses, ainsi qu'un buste reliquaire polychrome de sainte Marthe (17e s.).

### ★ Museu Maricel de Mar E2

*Fonollar, s/n - ✆ 938 940 364 - fermé pour travaux de restauration depuis avr. 2010 - fermé lun., 1er janv., 24 août, 23 sept., 25-26 déc. - 3,50 € (-12 ans et 1er merc. du mois gratuit) ; entrée combinée avec le Museu del Cau Ferrat et Can Llopis 6,40 €.*
Une arche enjambant la rue relie le Palau Maricel de Mar, demeure construite en 1910 pour le milliardaire américain **Charles Deering** (l'héritier des tracteurs John Deere), et le Palau Maricel de Terra, ancien hôpital médiéval largement remodelé à la même époque. Après le départ de l'Américain, l'ensemble

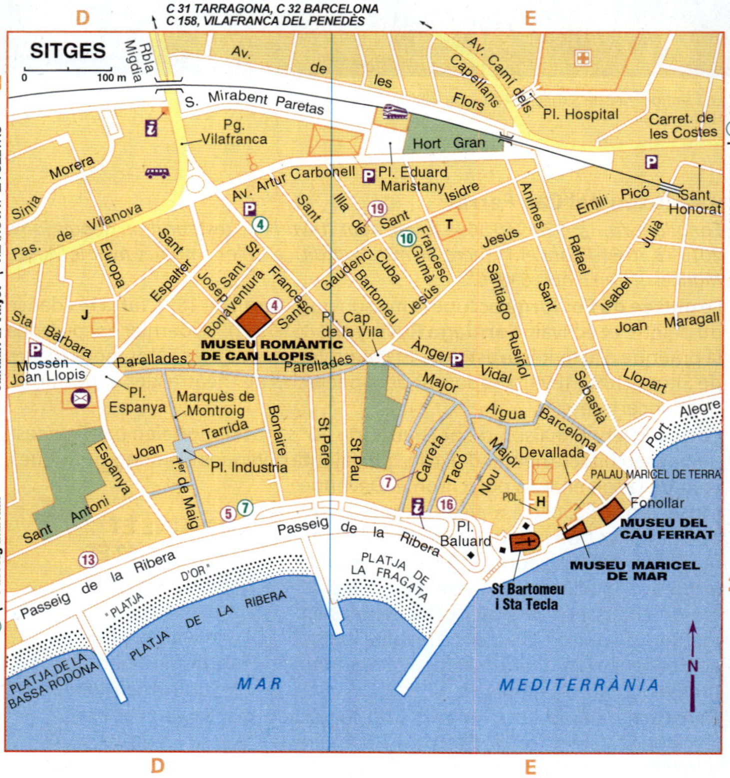


| SE LOGER | | SE RESTAURER | |
|---|---|---|---|
| Hotel Estela | 1 | Gabriel | 4 |
| Hotel Galeón | 4 | El Velero | 5 |
| Hotel Platjador | 7 | La Nansa | 7 |
| Hotel Romántic y La Renaixença | 10 | La Pinta | 13 |
| Hotel Subur Marítim | 13 | Maricel | 16 |
| | | Oliver's | 19 |

resta un peu à l'abandon jusqu'à la reconversion de la partie « maritime » en musée en 1970 afin d'abriter des pièces léguées par le docteur Jesús Pérez Rosales, ainsi que la pinacothèque municipale. Le Palau de Terra accueille quant à lui des congrès.

Le Palau de Mar s'est enrichi de mosaïques gothiques authentiques, comme celle de San Miguel de la Torre, ramenée de Castille. D'autres éléments modernes furent ajoutés : chapiteaux, collages aux thèmes humoristiques, reproductions de sculptures Renaissance et peintures murales se rapportant à la Première Guerre mondiale, réalisées par Josep Maria Sert.

Dans ce musée sont exposées des pièces très variées : retables gothiques, sculptures baroques, meubles Renaissance et instruments de musique de différentes époques. Située dans une petite pièce aux chapiteaux romans, la collection de sculptures modernistes montre des œuvres aussi importantes que le *Repos* et la *Gitane adolescente* de Rebull.

### ★ Can Llopis D1

*Sant Gaudenci, 1 - ✆ 938 942 969 - mar.-sam. 9h30-14h, 15h30-18h30 (16h-19h en été), dim. et j. fériés 10h-15h - fermé lun., 1er janv., 24 août, 23 sept., 25-26 déc. - 3,50 € (-12 ans et merc. gratuit) ; entrée combinée avec le Museu Maricel et le Museu del Cau Ferrat 6,40 €.*

Avec Can Papiol de Vilanova i la Geltrú *(voir p. 217)*, elle constitue le **Museu Romántic**. Cette demeure seigneuriale, bâtie en 1793, est un témoignage de la prospérité de Sitges au 19e s. Les différentes salles, décorées de meubles anglais et de somptueux rideaux, évoquent la vie de cette époque. Dans cette atmosphère de rêve sont exposés des automates, des boîtes à musique et des dioramas qui instruisent sur le développement de la mode. Au deuxième étage est exposée la **collection Lola Anglada**, intéressant ensemble de poupées des 17e, 18e et 19e s., provenant de toute l'Europe et réalisées en papier mâché, bois et porcelaine.



## À voir aussi

### Passeig Marítim Hors plan

*Sortir par le passeig de la Ribera.*

Cette promenade longe les plages de La Ribera et de la Bassa Redonda. Longue de trois kilomètres, bordée de villas, de piscines, d'hôtels et de terrasses de cafés, elle forme l'une des plus importantes promenades de front de mer bordant la côte catalane. Au début se trouve une statue du Greco, œuvre de Josep Reynés, érigée en 1898. Juste en face, côté mer, un autre « monument » : une guinguette que le journaliste César González Ruano affubla en 1913 du sobriquet de *chiringuito*, mot désignant à Cuba un petit café. Depuis, ce terme désigne toutes les paillotes de plage en Espagne. Ce *chiringuito* fondateur compta parmi sa clientèle toutes les célébrités du lieu, de Miquel Utrillo à Eugeni d'Ors.

### Sanctuaire du Vinyet Hors plan

*Sortir par le passeig de Vilanova.*

Ce sanctuaire néoclassique (18e s.) se trouve à l'ouest, près de la route de Vilanova i la Geltrú. Il abrite Notre-Dame du Vinyet, délicate sculpture du 12e s., vénérée dans toute la région.

## NOS ADRESSES À SITGES

### TRANSPORTS

**Gare ferroviaire** – *Pl. Eduard Maristany - ✆ 902 240 202 - www.renfe.es.* Depuis Barcelone, prendre la ligne 2 à la gare de Sants (un arrêt également à la station Passeig de Gràcia) en direction de Sant Vicenç de Calders. Compter un peu plus de 30mn de trajet.

**Gare routière** – *Pg de Vilafranca, s/n.* La liaison Barcelone-Sitges est assurée par la compagnie **Mon Bus** *(✆ 938 937 060 - www.monbus.org).* Départs de Barcelone depuis la Ronda Universitat, 33, et arrivée à Sitges, Pg de Vilafranca. Relie également Sitges à l'aéroport de Barcelona Prat.

**Location de voitures** – **Sitges** - *Marqués de Montroig, 21 - ✆ 938 949 926.* **Europcar** - *Artur Carbonnell, 27 - ✆ 938 110 517.* **Avis** - *España, 24 - ✆ 938 940 287.* **Crismar** - *Centre commercial Oasis - local 27 - ✆ 938 102 742.*

### HÉBERGEMENT

Succès oblige, Sitges est une ville chère. Malgré une abondante offre hôtelière, il est plus que prudent de réserver, notamment le week-end et en été.

#### BUDGET MOYEN

**Hotel Platjador** – *Pg. de la Ribera, 35 - ✆ 938 945 054 - www.hotelsitges.com - avr.-oct. - 59 ch. : à partir de 85 €.* Situé en front de mer, cet hôtel est le lieu idéal pour profiter de la plage. Chambres confortables malgré une décoration quelque peu désuète. Salle à manger sobre proposant un menu. Plaisant bar agrémenté d'une jolie terrasse au cinquième étage.

#### POUR SE FAIRE PLAISIR

**Hotel Galeón** – *Sant Francesc, 46 - ✆ 938 940 612 - www.hotelsitges.com - avr.-oct. - 74 ch. : 109/115 € - rest. 10,45 €.* Hôtel central installé dans deux bâtiments. Chambres sobres mais très agréables, dotées de salles de bains complètes. Pendant les chauds après-midi d'été, vous serez tenté par un plongeon dans la piscine.

**Hotel Romántic y La Renaixença** – *Sant Isidre, 33 - ✆ 938 948 375 - de mi-mars à fin oct. - 74 ch. : 101/128 €.* L'hôtel occupe deux édifices du 19e s. qui conservent la décoration de l'époque et un certain charme désuet. Les chambres sobres mais accueillantes sont équipées de salles de bains quelque peu vieillottes. Son atout majeur : le ravissant patio arboré.

**Hotel Estela** – *Av. Port d'Aiguadolç - ✆ 938 114 545 - www.hotelestela.com - 64 ch. : 109/140 € - rest. 24 €.* Situé en face du port de plaisance, cet hôtel moderne est dans son ensemble une véritable œuvre d'art. Les chambres sont meublées au goût du jour et dispensent de merveilleuses vues sur la mer. Les plus belles sont décorées par des artistes catalans de renom.

#### UNE FOLIE

**Hotel Subur Marítim** – *Pg Marítim - ✆ 938 941 550 - www.hotelsuburmaritim.com - 46 ch. : 134/191 € - rest. 21/27,50 €.* Situé en front de mer, l'hôtel occupe un édifice moderne et une ancienne villa d'été. Les chambres, toutes avec terrasse et salle de bains, sont très confortables. Demandez la suite dans l'ancienne maison du garde.

### RESTAURATION

#### PREMIER PRIX

**La Pinta** – *Pg. de la Ribera, 58-59 - ✆ 938 940 999 - 15 €.* Nombreux fruits de mer, mais aussi de belles assiettes de jambon. L'ambiance est plutôt réservée et le service un peu austère, mais les tarifs sont raisonnables pour un restaurant en front de mer.

### BUDGET MOYEN

**Gabriel** – *Sant Gaudenci, 9 - ✆ 938 943 046 - tlj sf lun. 19h30-0h - formule à 25 € avec buffet en entrée et plat.* Une excellente cuisine franco-catalane à savourer dans un décor coloré, composé d'affiches parisiennes anciennes et éclairé le soir à la bougie. Accueil très sympathique.

### POUR SE FAIRE PLAISIR

**Oliver's** – *Isla de Cuba, 39 - ✆ 938 943 516 - fermé lun., de mi-déc. à mi-janv. (slt le soir sf w.-end et j. fériés) - ▤ - 30 à 45 €.* Petit établissement familial doté d'une salle soignée et d'un bar avec comptoir. Le mobilier et le plafond en bois créent une ambiance chaleureuse et accueillante. Cuisine internationale et service aimable.

**La Nansa** – *Carreta, 24 - ✆ 938 941 927 - fermé mar. et merc., janv., 1 sem. mai - ▤ - 34/43 €.* Le grand classique à Sitges. Établissement familial orné de motifs marins où vous redécouvrirez la cuisine catalane de toujours. Produits frais, bonne cave et excellents desserts. Bon rapport qualité/prix.

**El Velero** – *Pg de la Ribera, 38 - ✆ 938 942 051 - www.elvelero.com - 38/50 €.* Cuisine de la mer de qualité à savourer dans un cadre accueillant en face de la plage. Le loup *(llobarro)* au four est un régal ! Belle carte de vins.

### UNE FOLIE

**Maricel** – *Pg de la Ribera, 6 - ✆ 938 942 054 - fermé mar. soir, merc., de mi-nov. à fin nov. - ▤ - 60 €.* Restaurant classique situé sur la promenade de front de mer. Plats méditerranéens et créatifs cuisinés avec soin. De sa carte très variée, on retiendra particulièrement les poissons et les fruits de mer, toujours accompagnés des excellents crus de la cave.

## EN SOIRÉE

**Carrer del Primer de Maig** – Plusieurs cafés-bars-musicaux sont alignés au bas de la rue, vers le passeig Marítim.

**Discoteca Ruta 66** – *Bonaire, 12 - ✆ 938 945 635 - juil. : jeu.-sam. 0h-6h ; août : 0h-6h ; juin et sept : vend.-sam. 0h-6h.* Ambiance latino puis musique pop à partir de 3h.

## AGENDA

**Carnaval** – *Fév. ou mars selon les années.* Pendant sept jours, les rues de Sitges s'emplissent de personnages masqués, bouffons, lutins, formant des cortèges bruyants. L'un des carnavals les plus réputés et les plus débridés de Catalogne. Puritains s'abstenir !

**Rallye international de voitures anciennes Barcelone-Sitges** – *déb. mars.* Depuis 1958, de très belles voitures du début du 20e s. y participent, avec des conducteurs en costume d'époque.

**Festes de Corpus Christi** – *Juin, pendant la Fête-Dieu.* À la coutume de couvrir d'herbes odorantes le chemin emprunté par la procession de la Fête-Dieu s'est substituée celle de créer des tapis de fleurs sur l'ensemble du parcours. Le concours de tapis de fleurs de Sitges est le plus célèbre d'Espagne.

**Festival international de théâtre** – *Courant juin.* L'une des principales manifestations culturelles de la ville.

**Festa de Sant Bartomeu** – *24 août.* Cette fête possède un caractère populaire très marqué. Les gens envahissent les rues en dansant la *moixiganga* d'origine baroque. Géants et grosses têtes courent parmi la foule dans les ruelles du quartier ancien et un grand feu d'artifice clôt la fête.

**Festival international de cinéma de Catalogne** – *Oct.* Un festival prestigieux consacré au cinéma fantastique.

# Vilanova i la Geltrú

★

65 890 Vilanovins – Province de Barcelona

## NOS ADRESSES PAGE 219

### S'INFORMER

**Office de tourisme** – *Pg del Carme, en bas de la Rambla de Joan Baptista Pirelli, dans un pavillon face au port - ✆ 938 154 517 - www.vilanovaturisme.net - juil.-août : mar.-sam. 10h-20h, dim. 10h-14h, 17h-20h ; le reste de l'année : mar.-vend. 10h-13h, sam. 10h-14h, 17h-20h, dim. et j. fériés 10h-14h.*

### SE REPÉRER

Carte de région B3 (p. 208-209) – *carte Michelin Regional 574 I35.* Voisine de Sitges (à 12 km au sud-ouest), cette ville côtière est proche de l'autoroute reliant Barcelone (50 km au nord-est) à Tarragone (46 km au sud-ouest). Elle est facilement accessible en train depuis Sitges, le trajet ne prenant que quelques minutes (départ toutes les 20mn). La carrer de La Unió (l'Union) parcourt l'ancienne frontière entre les deux villages.

### À NE PAS MANQUER

Pour les amateurs, la plus grande collection de locomotives à vapeur d'Europe au musée du Chemin de fer.

### AVEC LES ENFANTS

Le musée du Chemin de fer, ainsi que le musée des Curiosités maritimes, ce dernier rassemblant des merveilles inattendues dans un décor digne de la caverne d'Ali Baba.

**Le chef-lieu de la région du Garraf, de longue tradition maritime, est établi dans une petite baie. Vilanova possède un important port de pêche et de plaisance. Plus calme et plus familiale que sa célèbre voisine Sitges, ses plages de sable fin aux eaux peu profondes sont ses principaux atouts touristiques, sans compter son centre-ville qui recèle plusieurs musées. Prospère ville commerciale, elle devint célèbre au 18e s., grâce aux exportations et aux industries du coton. Sur la Rambla, longue artère qui traverse toute la ville, se trouvent les principaux commerces. Le passeig Marítim, bordé de villas modernistes, est une zone de distraction fréquentée.**

## Se promener

### ★ Can Papiol

*Major, 32 - ✆ 938 930 382 - fermé pour travaux.*

Cette élégante demeure forme, avec Can Llopis à Sitges *(voir p. 213)*, le **Museu Romántic**. Construite entre 1790 et 1801 par la famille Papiol, elle reflète bien l'esprit de la bourgeoisie industrielle du 19e s., à la fois dévote et éprise de luxe.

L'austérité règne dans la bibliothèque, riche de plus de 5 000 volumes datant du 16e au 19e s., dans la chapelle privée, qui abrite les reliques de sainte

Constance, et dans la salle de réception, décorée de grisailles illustrant des thèmes religieux.

Dans les chambres, en revanche, on apprécie les très beaux meubles, choisis avec un extrême raffinement. Pendant la guerre d'indépendance, le **général Suchet** (1770-1826), commandant en chef de l'armée napoléonienne, auquel la victoire à Lérida puis la prise de Tortosa, de Tarragone et de Montserrat vaudront le bâton de maréchal de France, logea dans la chambre meublée en style Louis XVI qui présente des détails d'une grande élégance (remarquer la décoration du lit). La cuisine, ornée de carreaux de faïence du 19e s., est l'un des endroits les plus intéressants.

À l'entresol et au rez-de-chaussée se trouvent les différentes dépendances : four, économat, cuisine de service et écuries pour les chevaux de selle et de trait.

### ★ Biblioteca-Museu Víctor Balaguer

*Av. Víctor Balaguer, s/n - ✆ 938 154 202 - www.victorbalaguer.cat - ♿ - mar.-vend. 10h-14h, 17h-19h (jeu. 19h-21h), sam. 11h-14h, 17h-19h, dim. et j. fériés 11h-14h - fermé lun., 1er, 6 et 17 janv., 1er Mai, 5 août, 25-26 déc. - 3 €, 1er dim. du mois et jeu. apr.-midi gratuit.*

Ce musée, créé en 1884 à l'initiative de **Víctor Balaguer** (1824-1901), poète, historien et homme politique catalaniste ami de Frédéric Mistral, est installé dans un bâtiment éclectique d'inspiration gréco-égyptienne décoré de fresques en façade.

Au-dessus de la porte d'entrée apparaît l'inscription latine *Surge et ambula* (Lève-toi et marche), tandis qu'en pénétrant, sur la gauche se trouve la bibliothèque riche de 40 000 ouvrages. La première salle à droite présente le noyau de la collection de Balaguer, composée essentiellement de peintures et de sculptures du 19e s. réalisées entre autres par Alsina, Rusinyol, Casas et Fortuny. Au même niveau sont exposés de curieux exemples d'**art philippin**, issus de l'Exposition universelle de 1888, quelques pièces archéologiques locales et la collection d'**art égyptien** cédée par le diplomate et archéologue **Eduardo Todà i Güell**, également connu comme le restaurateur du monastère de Poblet *(voir p. 437 et 441)*.

À l'étage, la **collection d'art contemporain** est constituée d'œuvres d'artistes catalans de renom des années 1950 et 1960 (Ràfols Casamada, Hernández Pijuan, Guinovart et Tharrats), et le **legs 56** réunit d'intéressants tableaux de petit format des 19e et 20e s. Est encore exposée une intéressante collection

### GASTRONOMIE

La réputation gastronomique de Vilanova n'est plus à faire. Le poisson, accommodé avec les excellents produits de l'intérieur du pays, donne des plats succulents, comme la **sopa blanca** (soupe blanche), à base de daurade, de mie de pain et d'aïoli, ainsi que l'**all cremat** (ail brûlé), ragoût incluant différentes sortes de poissons, une grande quantité d'ail, des tomates et des pommes de terre. Cependant, la grande spécialité culinaire de Vilanova est le **xató**, salade composée de scarole, de morue dessalée et émiettée, de thon, d'anchois frais, accompagné d'une délicieuse sauce à base de piment fort, d'amandes, de noisettes, d'ail et de vinaigre.

Pendant le carnaval, on procède à la populaire *xatonada*, où le *xató* est servi avec plusieurs sortes d'omelettes (à la *botifarra*, aux artichauts et aux haricots secs), et l'on termine par le dessert traditionnel : la **meringue**.

de peintures des 16e et 17e s. (El Greco, Murillo, Carducho, Maino, Carreño et Orente) provenant pour l'essentiel des monastères castillans victimes de la loi d'expropriation de 1836.

★ **Museu del Ferrocarril** (Musée du Chemin de fer)
*Proche de la gare - pl. Eduard Maristany, s/n - ✆ 938 158 491 - www.museo-delferrocarril.org - mar.-dim. 10h30-14h30, 16h-18h30 (août : 11h-14h, 17h-20h - fermé 1er et 6-7 janv., lun. de Pâques, 1 sem. en juin, 24-31 déc. - 4,50 € (-12 ans 3,50 €).*
Ce musée présente la collection de locomotives la plus complète d'Espagne. Locomotives à vapeur aussi illustres que la *Mikado 141-F-2348* et la *Santa Fe*, anciens équipements ferroviaires et une grande plaque tournante forment les principales curiosités.
Le musée propose une visite culturelle de Vilanova à bord du **train touristique**, train d'époque effectuant un parcours amusant à travers la ville.

**Château de la Geltrú**
Restauré au début du siècle par l'architecte Josep Font i Gumà, cet édifice médiéval, qui abrite les archives municipales, comporte des éléments datant du 12e au 15e s. Les parties les plus anciennes sont les murs extérieurs, le donjon et quelques curieuses baies décorées de céramique vernissée.

**Museu de Curiositats Marineres Roig Toqués**
(Musée des curiosités maritimes)
*Alexandre de Cabanyes, 2 - ✆ 938 154 263 - fermé provisoirement - gratuit.*
Créé en 1948, il présente les objets les plus insolites relatifs à la marine. Parmi les nombreuses pièces entassées dans les vitrines et sur les étagères, signalons les plus exotiques : la cloche du destroyer *Sánchez Barcáiztegui* (1926), une carte dessinée par Christophe Colomb, une barque sculptée dans un grain de blé de 2 mm et une magnifique figure de proue du 19e s.

**Masía d'en Cabanyes -**
**Centre d'Interpretació del Romanticisme - Terra XIX**
*Pl. Beatriu de Claramunt, 7 - ✆ 938 115 715 - de mi-juil. à mi-sept. : jeu. et w.-end 10h-14h, 17h30-21h30 ; reste de l'année : jeu. et w.-end 10h-14h - 2,80 €.*
Cette élégante maison seigneuriale du 18e s. de style néoclassique a été aménagée en musée. On y découvre, d'une part, différents objets personnels du poète romantique **Manuel de Cabanyes** et, d'autre part, une exposition sur l'histoire du Garraf romantique du 19e s.

## NOS ADRESSES À VILANOVA I LA GELTRÚ

### HÉBERGEMENT

**POUR SE FAIRE PLAISIR**

**Hotel Ribes Roges** – *Joan d'Austria 7 - 938 150 361 - - 12 ch. : 73/86 €* . Coquet hôtel familial qui tire son nom de la grande plage, toute proche. Chambres confortables et agréable terrasse-patio au calme.

**Ceferino** – *Pg Ribes Roges, 2 - 938 151 719 - www.hotelceferino.com - 28 ch. : 75/107 € - 9,50 €*. Face à la plage, un hôtel confortable et accueillant. Chambres standard et supérieures, ces dernières étant rénovées et pimpantes. Agréable salon-bar et restaurant.

### RESTAURATION

**POUR SE FAIRE PLAISIR**

**La Fitorra** – *Isaac Peral, 4 (Hotel Cesar) - 938 151 125 - www.hotelcesar.net - fermé dim. soir, lun., 1re quinz. janv., 2 sem. nov. - - 40 € env.* Ce restaurant compte plusieurs petites salles très accueillantes. On retrouve des éléments modernistes dans la décoration. Cuisine méditerranéenne.

**UNE FOLIE**

**Peixerot** – *Pg Marítim, 56 - 938 150 625 - www.peixerot.com - fermé dim. soir - 55 €*. Une institution dans la région. Spécialités de poissons et fruits de mer et *arrosses* (riz) réputés. Service stylé et efficace.

### BOIRE UN VERRE

**La Farmácia** – *Pg Marítim, 6.* *Cavas* et autres vins du Penedès servis au verre ou à la bouteille dans une ancienne pharmacie à l'ambiance joviale.

### AGENDA

**Els Tres Tombs** – *Janv. pour la fête de Sant Antoni Abat.* Il s'agit avant tout d'une fête sur le thème du cheval et des attelages. Un défilé accompagné de géants, de diables, de nains et de dragons attire une foule bruyante venue danser au rythme des trompettes et des tambours.

**Carnaval** – *Fév. Carnestoltes*, souverain de ces fêtes, règne sur la ville prise d'assaut par les *comparses* masqués ou déguisés en bouffons ou en lutins. Le dimanche du carnaval a lieu la fameuse « guerre des caramels », qui mobilise toute la population.

**Festa Major** – *Déb. août.* Manifestations folkloriques : danses traditionnelles, *castells* et théâtre en plein air.

# Vilafranca del Penedès

★

35 864 Vilafranquins – Province de Barcelona

NOS ADRESSES PAGE 224

**S'INFORMER**

**Office de tourisme** – *Cort, 14 (pl. de la Vila) - ☏ 938 181 254 - www.vilafranca.com - tlj sf dim. et lun. mat. 9h-13h, 16h-19h.*

**SE REPÉRER**

Carte de région B3 (p. 208-209) – *carte Michelin Regional 574 H35.* La ville se trouve dans la plaine du Penedès, au milieu d'un agréable paysage de vignes et de champs de céréales. Située à une trentaine de kilomètres de la mer (en retrait de Vilanova i la Geltrú), elle est desservie par l'autoroute AP 7 (sorties 28, 29 et 30), reliant Barcelone (à 54 km au nord-est) et Tarragone (à 54 km au sud-ouest).

**SE GARER**

Parking souterrain dans le centre-ville, plaça del Penedès.

**À NE PAS MANQUER**

Le splendide retable gothique du couvent Sant Francesc, œuvre majeure de Lluís Borrassà.

**ORGANISER SON TEMPS**

Une journée suffit pour effectuer un circuit dégustatif et quelques pauses dans les nombreuses caves du Penedès.

**Vilafranca del Penedès, chef-lieu de « comarca », porte fièrement son titre de « capitale du vin ». Ses excellents crus, protégés par un label d'appellation d'origine et auxquels la région doit sa prospérité, ont favorisé récemment le développement l'œnotourisme. La ville s'enorgueillit également d'un intéressant patrimoine monumental et de quelques manifestations célèbres (carnaval, Festa Major, Fira del Gall).**

## Se promener

*Face à la plaça del Penedès s'ouvre la Rambla de Sant Francesc qui conduit vers la vieille ville. Tout au bout, prendre sur la gauche la carrer Sant Pere.*

### ★ Ancien couvent de Sant Francesc

*☏ 938 172 868 - visite guidée sur demande uniquement.*

Cet ancien couvent franciscain, aujourd'hui siège de l'hôpital comarcal et du Musée lapidaire (fragments d'architecture et pierres tombales romaines), se dresse sur la gauche de la **Rambla de Sant Francesc**.

L'**église**, qui conserve son portail roman, abrite le précieux **retable gothique de la Presentació de la Mare de Deu i Sant Jordi★★** (14e s.), l'une des plus importantes œuvres attribuées à **Lluís Borrassà**. Son style très raffiné met en scène un saint Georges d'une grande élégance ; à ses côtés figure une curieuse représentation de la Vierge enfant.

Caves Codorníu, à Sant Sadurní d'Anoia.
J. Balanya / MICHELIN

Signalons, dans le **cloître** gothique (14e s.), les deux fontaines de style rococo montrant le sermon de saint François aux oiseaux et celui de saint Antoine aux poissons ; la diversité des bateaux naviguant sur la mer ne manque pas d'étonner.

*Revenir à la Rambla et prendre en face la carrer dels Consellers. Cette rue piétonne se prolonge par la carrer de la Cort, également piétonne, qui s'enfonce dans la vieille ville.*



### Plaça de la Vila

La place principale de la vieille ville s'ouvre sur la place à arcades de Sant Joan. Outre un marché, on y trouve la **chapelle Sant Joan**, bel exemple d'architecture romane de transition. L'abside est percée de grandes fenêtres de style gothique primitif et surprend par la pureté exceptionnelle de ses lignes. Le lieu, désaffecté au culte, accueille aujourd'hui des expositions. En face, la **Casa de la Vila** (hôtel de ville) est un palais d'origine gothique dont la façade a été remodelée par l'architecte moderniste Eugeni Campllonch i Parés, également auteur de la **Casa Jané Alegret** (1902) au n° 28 de la carrer de la Cort.

*Sur la droite de façade de la Casa de la Vila, prendre la carrer Santa Maria.*

### Basilique de Santa Maria

La majestueuse silhouette de cette basilique domine le quartier ancien. Doté d'une seule nef aux proportions élégantes, l'édifice est un des plus anciens exemples du style gothique en Catalogne (1285-1484). La crypte (16e s.) est voûtée sur croisée d'ogives, très surbaissée. À l'intérieur, remarquer un groupe de sculptures de style moderniste représentant la Descente de Croix et réalisé par **Josep Llimona**.

Le **clocher**, séparé, domine la ville du haut de ses 52 m *(possibilité d'y monter sur demande à l'office de tourisme).*

*Contourner l'église sur votre gauche.*

### Plaça Jaume I

Autour de cette esplanade se dressent plusieurs bâtiments médiévaux : le Palau Reial *(voir ci-après)*, le **Palau Baltà**, demeure gothique du 14e s. à laquelle fut ajoutée une tribune à la fin du 19e s., et la **Casa Gomà** (15e-16e s.), ancienne résidence de l'évêque couronnée par une galerie d'arcs surbaissés.

**Palau Reial** (Palais royal) – *Pl. Jaume I, 1 - ✆ 938 900 582 - fermé pour travaux de restauration.* Ce bel exemple d'architecture civile gothique a été édifié à la fin du 13e s. ; c'est ici, selon la chronique, que mourut Pere III le Grand (1285). Les collections du **Museu de Vilafranca★** devraient réintégrer l'édifice à la fin des travaux. La collection Pladellorens se compose de vingt-cinq peintures à l'huile, formant un bel échantillon de la peinture catalane du 19e s., et de différents objets décoratifs. La collection Bonet réunit quant à elle un millier de céramiques du 16e au 19e s. Le legs Manuel Trenchs compte un important fonds pictural (artistes catalans), une intéressante collection de sculptures illustrant des thèmes religieux et divers objets liturgiques. Signalons également une collection ornithologique « comarcale », présentation très exhaustive de la faune autochtone et migratoire.

★★ **Vinseum (Museu de les Cultures del Vi de Catalunya)** – *Pl. Jaume I, 5. - ✆ 938 900 582 - www.vinseum.cat - mar.-sam. 10h-14h, 16h-19h, dim 10h-14h. - fermé lun., 1er Mai, 25-26 déc., 1er et 6 janv. - 5 €.* Situé dans une dépendance contemporaine du Palais royal, ce lieu se veut, plus qu'un musée, un centre culturel consacré au monde du vin. On y découvre donc, au fil d'une présentation aussi didactique qu'attrayante, tout ce qui a trait à la culture de la vigne et à la vinification, mais aussi toute la civilisation qui s'est développée autour du vin : des bouteilles et verres (certains, appartenant à la curieuse collection Toby Jug), aux chansons à boire, en passant par l'art de la dégustation. Bref, une excellente introduction à une balade œnophile dans le Penedès, où plus de soixante caves et *cellers* sont ouverts à la visite *(rens. exhaustifs sur le site www.enoturismepenedes.cat).*

## À proximité Carte de région

### Caves Torres, à Pacs del Penedès B3

*4 km à l'ouest par la BP 2121 en direction de St Martí Sarroca - ✆ 938 177 487 - www.torres.es - lun.-sam. 9h-17h, dim. et j. fériés 9h-13h - fermé 1er et 6 janv., 25-26 déc. - 6 € (dégustation incluse).*

Au cours d'un parcours touristique est expliqué le processus de fabrication des célèbres vins et cognacs de Miguel Torres.

### Sant Sadurní d'Anoia B3

*12 km au nord par la C 243.*

Située au nord du ravin de Lavernó, près du río Anoia, Sant Sadurní d'Anoia est la ville du **cava** par excellence. Ce vin mousseux, qui s'apparente au champagne *(voir encadré ci-contre)*, s'exporte aux quatre coins du monde et reste inséparable de toute festivité espagnole qui se respecte. Plus de soixante entreprises se consacrent à sa production, parmi lesquelles les plus prestigieuses du genre, Codorníu et Freixenet.

★ **Caves Codorníu** – *✆ 938 913 342 - www.codorniu.com - visite sur réservation préalable : lun.-vend. 9h-17h, w.-end et j. fériés 9h-13h - 3 €.* La *masía* Codorníu appartenait à la famille Raventós, qui introduisit en Catalogne la technique champenoise d'élaboration des vins mousseux. L'ancienne *masía* fut modernisée entre 1896 et 1906 par **Josep Puig i Cadafalch**, l'un des maîtres du moder-

**SANT SADURNÍ D'ANOIA, LE PAYS DU « CAVA »**

Le vin champagnisé catalan s'élabore à partir du vin du Penedès, idéal en raison de sa douceur et de son arôme. Le vin, auquel on ajoute un peu de sucre et de levure, est mis en bouteilles dans les classiques *ampolles* (bouteilles) à *cava*, où se produit une deuxième fermentation. Les bouteilles sont rangées dans les caves, empilées d'abord, puis disposées dans les pupitres, où on les change fréquemment de place pour éviter que la lie ne s'accumule sur le bouchon. Après avoir extrait tous les résidus, on bouche définitivement les bouteilles avec les muselets, si caractéristiques. La préparation exige, néanmoins, quelques mois de vieillissement dans l'obscurité de la cave. C'est le Conseil régulateur de l'appellation *cava* qui garantit la qualité du produit.

nisme *(voir p. 121)*, qui y édifia des bâtiments très intéressants. Voir notamment le pavillon des Expéditions (aujourd'hui salle de réception) éclairé par des verrières en cristal coloré, dont la voûte typiquement catalane est cloisonnée de grands arcs paraboliques. Dans les complexes structures souterraines – cinq niveaux de caves ! – s'élaborent et vieillissent les *cavas*.

**Caves Freixenet** – *Joan Sala, 1 - ✆ 938 917 096 - www.freixenet.es - visite sur demande préalable - 6 €.* Dans cet ensemble industriel de style moderniste, construit entre 1918 et 1929 par **Josep Ros i Ros**, on suit pas à pas l'élaboration du prestigieux *cava* : vidéo de présentation de l'entreprise, petit train pour découvrir les installations et dégustation.

## Capellades B3

*22 km au nord par la C 15 (route d'Igualada).*

Le **Museu-Molí Paperer** (musée-moulin papetier), installé dans un moulin à papier du 18e s., permet de voir fabriquer du papier selon les anciennes techniques. *Pau Casals, s/n - ✆ 938 012 850 - www.mmp-capellades.net - visite guidée (1h) lun.-vend. 10h-14h, w.-end et j. fériés 11h-14h (août : 12h-14h) - fermé 1er et 6 janv., 25-26 déc. - 5,50 € (-18 ans, retraités 3 €).*

## Igualada B2

*33 km au nord par la C15.*

Située sur la rive droite de l'Anoia, Igualada est une active ville commerçante, qui doit sa renommée à l'industrie textile et à la maroquinerie. Au centre de la ville, la Rambla de Sant Isidre regroupe de nombreux commerces. Igualada compte de remarquables édifices modernistes disséminés dans toute la ville. Le plus intéressant est l'**Asilo del Santo Crist**, réalisé par Rubió i Bellver en 1931.

**Église de Santa Maria** – Édifiée au 17e s., l'église ne comporte qu'un vaisseau à chapelles latérales et abrite un somptueux **retable** baroque (1718) réalisé par Josep Sunyer et Jacinto Moretó. En partie détruit en 1936, le sanctuaire fut restauré par l'architecte Cèsar Martinell.

**Couvent de Sant Agustí** – Son harmonieux **cloître** Renaissance (15e s.), aux arcs en plein cintre et colonnes d'ordre toscan, est remarquable.

**Museu de la Pell d'Igualada i Comarcal de l'Anoia** – *Dr Joan Mercader, s/n - ✆ 938 046 752 - juil.-août : mat. ; reste de l'année : mat. et apr.-midi, dim. et j. fériés mat. - fermé lun., 1er janv., 25 déc. - 3,40 €.* Installé dans l'ancienne usine textile Cal Boyer, ce musée se consacre en grande partie à l'**artisanat du cuir** (*pell* en catalan). Y sont exposés différents outils traditionnels et d'autres objets ayant trait à ce travail. Une collection de maroquins du 15e au 19e s., des besaces du 16e s. et quelques selles sont particulièrement intéressantes.

2

## NOS ADRESSES À VILAFRANCA DEL PENEDÈS

### HÉBERGEMENT

#### À Vilafranca del Penedès

POUR SE FAIRE PLAISIR

**Casa Torner i Güell** – *Rambla Sant Francesc, 26 - ✆ 938 174 755 - www.casatorneriguell.com - P - 14 ch. : 140 €.* Derrière une façade moderniste, un établissement raffiné où s'impose le design contemporain. Le restaurant a bonne réputation *(voir « Restauration »).*

#### Vers Sant Sadurní d'Anoia

BUDGET MOYEN

**Hotel Sol i Vi** – *Can Bas - Lavern - 4 km au sud-ouest de Sant Sadurní d'Anoia par la C 243 A dir. Vilafranca, puis à gauche - ✆ 938 993 204 - fermé 2 sem. en janv. - P - 25 ch. : 75 € - 7,50 € - rest. 20 €.* La tranquillité du cadre et les rangs de vignes qui entourent cet hôtel sont ses principaux attraits. Bon rapport qualité/prix. Restaurant très fréquenté par les locaux.

### RESTAURATION

#### À Vilafranca del Penedès

POUR SE FAIRE PLAISIR

**Cal Ton** – *Casal, 8 - ✆ 938 903 741 - fermé j. fériés le soir, lun., Sem. sainte, août - - 39/49 € env.* Ce restaurant central puise dans les recettes traditionnelles catalanes. Une agréable véranda faisant office de terrasse d'hiver complète les salles. Menu gastronomique digne d'intérêt.

**Casa Torner i Güell** – *Rambla Sant Francesc, 26 - ✆ 938 174 755 - tlj sf lun. et dim. soir 13h30-15h30, 20h30-22h30 - 35/55 €.* Le restaurant de l'hôtel Casa Torner i Güell *(voir « Hébergement »)* propose, entre autres, un menu de saison qui ne manque pas d'inventivité.

#### À Sant Sadurní d'Anoia

POUR SE FAIRE PLAISIR

**La Cava d'en Sergi** – *València, 17 - ✆ 938 911 616 - www.lacavadensergi.com - fermé lun., 1er-20 août, Sem. sainte - - 33/37 €.* Cet établissement propose une cuisine du marché agrémentée de touches créatives réussies. Salle moderne et service attentionné.

### BOIRE UN VERRE

#### À Vilafranca del Penedès

**Arunha, Terra de Vins** – *Coll, 7 (au bout de la Rambla Sant Francesc) - ✆ 938 181 031 - lun.-jeu. 9h30-13h30, 16h-0h, ven. 9h30-13h30, 17h-0h30, sam. 10h-13h30, 18h-0h30, dim. et j. fériés 19h-0h.* Une œnothèque pour vous faire une idée de la richesse des crus de la région.

### AGENDA

**Carnaval de Vilafranca** – *Févr. ou mars.* L'un des plus réputés de la région.

**Festa Major de Sant Feliu** – *Fin août-déb. sept.* La fête patronale de Vilafranca del Penedès est réputée pour ses *castellers*. Diables, géants, nains et sardane.

**Fira del Gall** – *Sam. précédant Noël.* La foire du coq de Vilafranca est un marché très fréquenté, où l'on trouve toutes sortes de volailles et les fameux œufs blonds de Vilafranca. La « Missa del Gall » (messe du coq), le 24 déc., est une ancienne tradition pratiquée dans de nombreux villages. L'une des plus pittoresques se tient à Sant Pere de Riudebitlles, dans le Penedès.

**Festes de Sant Antoni Abat** (Fêtes de saint Antoine abbé) – *Dim. précédant le 17 janv., à Igualada.* Bénédiction des animaux domestiques.

# Terrassa

210 941 Terrassencs – Province de Barcelona

NOS ADRESSES PAGE 227

**S'INFORMER**

**Office de tourisme** – *Raval de Montserrat, 14 - 937 397 019 - www.terrassa.org - lun.-vend. 9h-14h, 17h-19h, sam. 10h-14h, 17h-20h, dim. 10h-14h.*

**SE REPÉRER**

Carte de région C2 (p. 208-209) – *carte Michelin Regional 574 H36.* Cette ville de la grande ceinture industrielle de Barcelone, connue pour son industrie textile, se trouve dans la partie occidentale de sa *comarca*, à proximité de la C 16 qui relie la capitale catalane avec le centre des Pyrénées.

**À NE PAS MANQUER**

L'ensemble architectural des églises Sant Pere.

**ORGANISER SON TEMPS**

En été, préférez un hébergement hors de la ville. Les bons hôtels sont rares et le climat étouffant.

**La ville de Terrassa, dont l'origine remonte au municipium romain d'Ègara, est cernée par le cirque de montagnes du Parc naturel de Sant Llorenç del Munt i Serra d'Obac. Au fil des rues, divers exemples d'architecture industrielle et d'immeubles modernistes reflètent l'essor économique de la ville au début du 20^e^ s. Le joyau architectural de Terrassa reste cependant le singulier ensemble préroman des églises Sant Pere.**

2

## Se promener

### ★★ Églises Sant Pere - La Seu d'Ègara

(Complexe épiscopal d'Ègara)

*Pl. del Rector Homs, s/n - 937 833 702 - mar.-sam. 10h-13h30, 16h-19h, dim. 11h-14h - fermé lun. et j. fériés - gratuit.*

Au centre d'un quartier assez hétérogène, le remarquable ensemble d'églises Sant Pere, Santa Maria et Sant Miquel a rouvert intégralement après une dizaine d'années de travaux de restauration. Bâtis sur les vestiges de l'ancien évêché wisigothique d'Ègara (5e s.), les trois édifices actuels datent pour l'essentiel des 9e-12e s. D'influence pyrénéenne, ils présentent un intérêt artistique exceptionnel et abritent d'importants vestiges romains et wisigothiques.

★ **Sant Miquel** – Ancien baptistère à plan carré et abside heptagonale, construit au 9e s. La coupole est soutenue par huit colonnes, dont quatre dotées de chapiteaux romans , les quatre autres, de chapiteaux wisigothiques. L'abside est décorée de peintures murales préromanes (9e-10e s.). La crypte possède trois absidioles dotées d'arcs en fer à cheval.

★ **Santa Maria** – Il s'agit d'un exceptionnel exemple du style roman lombard. À l'entrée, admirez les vestiges d'un pavement en mosaïque provenant de l'ancienne basilique (5e s.). Cette construction présente un plan en croix latine, une tour-lanterne et une coupole octogonale surmontée d'un clocher à deux niveaux. L'intérieur illustre 500 ans de peinture religieuse. L'abside arbore des restes de peintures murales préromanes (9e-10e s.). Dans l'absidiole du transept, contemplez la représentation du **martyre de Thomas Beckett** (13e s.), où un Christ Pantocrator aux couleurs vives préside différentes scènes de la vie du saint. Mais le chef-d'œuvre de Santa Maria se trouve dans le bras gauche du transept. Le **retable des saints Abdon et Sennen★★**, de Jaume Huguet, constitue, par sa variété chromatique et sa conception avancée, un magnifique exemple de peinture « moderne » du 15e s.

**Sant Pere** – La construction de cette église rustique au plan trapézoïdal, à la croisée romane, a commencé au 6e s. Elle conserve, encastré dans l'abside, un rare **retable de pierre★**.

### ★ Museu de la Ciència i de la Tècnica de Catalunya

*Rambla d'Ègara, 270 - ✆ 937 368 966 - www.mnactec.cat - juil.-août : mar.-dim. 10h-14h30 ; reste de l'année : mar.-vend. 10h-19h, w.-end et j. fériés 10h-14h30 - fermé lun., 1er et 5-6 janv., 24-26 et 31 déc. - 3,50 € (-18 ans 2,50 €).*

Ce musée est installé dans l'ancienne usine Vapor Aymerich, Amat i Jover, construite en 1909 par Lluís Muncunill. Le **bâtiment** est un bel exemple d'architecture industrielle moderniste. Dans la nef centrale, à côté des restes des chaudières et des énormes cheminées – symboles visuels de la ville de Terrassa –, sont exposées de remarquables machines, témoins des progrès scientifiques liés à l'industrialisation.

### ★ Masía Freixa

Cette maison bourgeoise (1907), abritant aujourd'hui le conservatoire de musique, est située dans le parc Sant Jordi. On peut déceler dans cette œuvre de **Lluís Muncunill** (1868-1931) les caractéristiques fondamentales de l'architecture moderniste : absence de lignes droites, profusion de détails décoratifs et étirement des formes. Remarquez l'utilisation répétitive de l'arc parabolique, auquel Muncunill avait fréquemment recours.

### Museu de Terrassa

*Salmeron, 17 - ✆ 937 857 144 - mat. et apr.-midi, dim. mat. - fermé lun. et j. fériés - gratuit.* Le château-chartreuse de Vallparadís (13e s.) abrite un musée consacré à l'histoire de Terrassa et à ses monuments les plus importants.

### Museu Tèxtil

*Salmeron, 25 - ✆ 937 315 202 - www.cdmt.es - tte la journée - fermé lun. et j. fériés - 3 €.* Il présente un panorama exhaustif de l'élaboration du textile et un parcours à travers la mode du 19e s. Remarquez les belles étoffes orientales, dont quelques-unes de style copte (4e s.).

### Basilique de Sant Esperit

Située à côté de l'emblématique **tour du château-palais** (12e s.), au beau milieu du quartier ancien, la basilique abrite un superbe **Christ gisant**, groupe sculpté de style Renaissance dû à Martí Diez de Liatzasolo.

## À proximité Carte de région

### Caldes de Montbui C2

*23 km au nord-est par la C 1415A jusqu'à Castellar del Vallès, puis la C 1473.*

*Pl. de la Font del Lleó, 20 (au rez-de-chaussée du musée) - ✆ 938 654 140 - tlj sf lun. 11h-14h, 17h-20h, dim. et fêtes 11h-14h.*

À l'abri de la montagne du Farella, Caldes était, à l'époque romaine, l'une des stations thermales les plus fréquentées de la péninsule, attirant les curistes en raison de la température des eaux (76 °C). La ville est également célèbre pour sa production de **carquinyolis**, croquants aux amandes.

**Thermes romains** – Les ruines se trouvent à côté de la **Font del Lleó** (source du Lion), sur la place du même nom. L'ensemble est composé d'une piscine entourée de galeries voûtées en plein cintre.

**Museu Thermalia** – *Pl. de la Font del Lleó, 20 - ✆ 938 654 140 - oct.-avr. : mar.-sam. 10h-14h, 16h-19h, dim. 10h-14h ; mai-sept. : mar.-sam. 11h-14h, 17h-20h, dim. 11h-14h - fermé lun., 1er et 6 janv., 25 déc. - 3,15 €.* C'est l'ancien hôpital Santa Susana, situé au cœur de la ville, qui accueille ce musée. On y expose différents objets relatant les origines du thermalisme. La vie et l'œuvre du sculpteur **Manolo Hugué** (1872-1945), qui habita la ville, y sont également évoquées.

**Église de Santa María** – Le beau **portail** baroque, aux six colonnes cannelées et torsadées ornées de grappes de raisins, en est l'élément le plus remarquable. À l'intérieur, la **Majestat de Caldes★** (12e s.), est un crucifix de bois où le Christ porte tunique et couronne de roi. Brûlé pendant la guerre civile, on parvint à sauver la tête du Christ et la statue fut entièrement reconstituée par la suite.

## NOS ADRESSES À TERRASSA

### HÉBERGEMENT

#### BUDGET MOYEN

**Tàrrega** – *Tàrrega, 17-19 - ✆ 937 363 640 - www.hoteltarrega.com - ▤ - 12 ch. : 80 € - pas de petit déj.* Établissement doté de chambres modestes mais bien équipées, avec salles de bains modernes et très correctes. Une très bonne option dans sa catégorie.

### RESTAURATION

#### À Terrassa

#### BUDGET MOYEN

**La Terrassa del Museu** – *Rambla d'Ègara, 270 - ✆ 937 894 446 - tlj sf lun. - 25/30 €.* Agréable bar-restaurant avec terrasse au-dessus du Museu de la Ciència. Cuisine du marché.

#### À Caldes de Montbui

#### PREMIER PRIX

**El Divino (Tapas)** – *Pl. del Àngel, 1 - Caldes de Montbui - ✆ 938 626 787 - 8h-23h30 - tapas 1,80/5,50 €, carte 10/15 € env.* Au centre du village, doté d'une terrasse sur la place, ce bar sert tapas et sandwichs.

### ACHATS

**Pastisseria Casabayó** – *Pl. Font del Lleó, 6 - Caldes de Montbui - ✆ 938 654 910.* Pâtisserie réputée fondée en 1860. L'arôme qui s'exhale de son four en est la meilleure publicité. Parmi les spécialités les plus prisées figurent les délicieux *crecs* ou les populaires *carquinyolis de Caldes*.

### AGENDA

**Fira Modernista de Terrassa** – *Mai.* Un plongeon dans les années 1900 avec spectacles, expositions et animations au parc de Sant Jordi, dans le centre et sur le passeig d'Ègara.

**Festa Major de Terrassa** – *Une sem. autour du 29 juin.* Concerts, défilés costumés, spectacles, *castells*, sardanes.

# Serra de Montserrat

**Muntanya de Montserrat**

★★

Province de Barcelona

## NOS ADRESSES PAGE 232

### S'INFORMER

**Office de tourisme** – *Pl. de la Creu, face aux funiculaires - ✆ 938 777 777 - www.montserratvisita.com et www.abadiamontserrat.net - juin-sept : 9h-18h45, w.-end : 9h-19h45 ; oct.-mai : 9h-17h50.* Entre autres informations, on y trouve les topoguides des randonnées (plusieurs niveaux de difficulté).

### SE REPÉRER

Carte de région B2 (p. 208-209) – *carte Michelin Regional 574 H35.* Le massif de Montserrat se trouve entre les dépressions pré-littorale et centrale de la Catalogne, sur un axe perpendiculaire qui descend des Pyrénées jusqu'à la Méditerranée. Les deux villes les plus proches sont Manresa, à 22 km au nord, et Terrassa, à 19 km à l'est. Toutes deux sont d'importants pôles industriels à l'intérêt touristique plus que limité et contrastent avec la fréquentation de la serra de Montserrat.

Il est conseillé d'arriver par l'ouest depuis Igualada : la petite route N II[A] (qui longe l'autoroute A2) offre de belles **vues**★★ de la montagne où s'élancent des dents rocheuses, capricieusement alignées d'est en ouest. Depuis Manresa au nord (C 55), on obtient aussi une belle et captivante image. Pour accéder directement au téléphérique de Montserrat, il faut emprunter la C 55 et le prendre près de Monistrol de Montserrat à la gare de Monistrol Aeri.

### SE GARER

Le parking du monastère a une capacité d'accueil très limitée ; mieux vaut arriver le plus tôt possible ou laisser sa voiture à la gare du train à crémaillère à Monistrol ou à celle du téléphérique (parkings aménagés). *Voir « Nos adresses », rubrique « Transports », pour l'accès au site.*

Serra de Montserrat.
*J. Malburet / MICHELIN*

**À NE PAS MANQUER**
Le beau panorama depuis Sant Jeroni, le point culminant de la serra à 1 236 m d'altitude.

**ORGANISER SON TEMPS**
Visitez Montserrat de préférence hors saison, et choisissez un jour de semaine plutôt que le week-end où le site est très fréquenté.

**Ses énormes roches et solides conglomérats éocènes, sculptés par l'érosion du vent et de l'eau, font de cette montagne un site naturel d'une beauté impressionnante. Ses abruptes roches ruiniformes en pain de sucre évoquent des silhouettes humaines, des objets inanimés et des animaux de toute sorte. « El Centinela » (la Sentinelle), « Las Agujas » (les Aiguilles) et « El Loro » (le Perroquet) sont quelques-uns des noms dont la fantaisie populaire a baptisé les roches fantastiques de Montserrat. Source d'inspiration de musiciens (Wagner y situa l'action de son opéra « Parsifal »), de poètes (Verdaguer y écrivit le célèbre poème « Virolai »), de géographes et de voyageurs, le « Monte Serrado » (mont Fermé) est, en outre, le centre de dévotion marial le plus important de Catalogne.**

2

# Découvrir

## LE MONASTÈRE

*938 777 701 - www.montserratvisita.com - ♿ - tte la journée - gratuit.*
Au 9e s., les moines bénédictins de Ripoll reçurent du comte Wilfred le Velu un des cinq ermitages existant sur la montagne de Montserrat. En 1025, l'**abbé Oliba**, abbé de Ripoll *(voir p. 337)*, y fonda une petite communauté qui acquit bientôt une grande importance. Au 12e s., l'ancien édifice roman fut transformé et agrandi dans le style gothique, devenant une florissante abbaye qui s'émancipa de Ripoll en 1410. C'est au 15e s. que Montserrat connut son apogée : l'érudition des moines, la richesse de la communauté, le nombre et la ferveur des pèlerins témoignent de l'importance acquise par le monastère. Quand Giuliano della Rovere, futur pape **Jules II**, savant et mécène de la Renaissance, en fut abbé, Montserrat s'enrichit de nombreuses œuvres d'art.

En 1812, les Français pillèrent et détruisirent le monastère, puis, en 1835, la loi de *desamortizacíon* (sécularisation) eut raison des dernières richesses de l'abbaye, qui ne fut plus surveillée alors que par un seul moine. La recons-

truction entamée en 1858 ne fut achevée qu'en 1968, c'est pourquoi les bâtiments actuels n'offrent que peu d'intérêt artistique. Enfin, sachez qu'en 1970, 300 intellectuels catalans s'enfermèrent dans le monastère pour réclamer à la dictature le respect des droits de l'homme.
Au fond de l'**église** (15e s.), obscure mais fastueusement décorée, se trouve la célèbre Vierge noire ou Moreneta.

### ★★ La Moreneta

Cette statue repose sur le maître-autel de l'église et, pour la voir de près, il faut accéder à une niche par la chapelle du collatéral droit. Il s'agit d'un très bel exemple de sculpture romano-catalane (fin du 12e s.), qui, selon la légende, fut trouvée par des bergers dans une des grottes de la montagne. On aurait alors décidé de la transférer à Manresa mais la Vierge résista, montrant ainsi sa ferme volonté de rester à Montserrat…
Sa couleur noire, qui est à l'origine de son nom familier (la « brunette »), est attribuée à diverses causes : la fumée des cierges, la réaction chimique du vernis ou l'oxydation du bois. Sainte patronne de la Catalogne depuis 1881 et symbole du catalanisme, la Moreneta est vénérée par les nombreux pèlerins qui, après l'avoir priée, allument un cierge en son honneur.
Les offices religieux célébrés dans la basilique sont accompagnés de beaux chants grégoriens et les cérémonies de Pâques et Noël revêtent une grande solennité. Créée au 12e s., l'**Escolania** (manécanterie) est l'une des plus anciennes chorales d'enfants au monde. Les cinquante garçons qui la composent chantent tous les jours (sauf le samedi) le virelai et le salve à 13h (12h le dimanche et fêtes religieuses), les vêpres, le motet polyphonique et le salve montserratina à 18h45.

### Museu de Montserrat

*938 777 777 - lun.-vend. 10h-17h45, w.-end et j. fériés 10h-17h30 - visite audioguidée - 6,50 €.*
C'est dans un bâtiment dessiné par **Josep Puig i Cadafalch** en 1929 que sont rassemblées six collections. La première, consacrée à l'archéologie de l'Orient biblique (Mésopotamie, Égypte, Grèce, Terre sainte et Chypre), présente, entre autres, un sarcophage égyptien du 13e s. av. J.-C.
La seconde collection rassemble des œuvres de toutes les époques sur le thème de la **représentation de la Vierge de Montserrat**.
Deux importantes collections de peintures recèlent des **œuvres classiques du 13e au 18e s.** (Berruguete, El Greco, Tiepolo, Caravage…) et des **œuvres modernes des 19e et 20e s.** (artistes catalans ou assimilés tels que Fortuny, Rusinyol, Nonell, Picasso, Dalí, Tàpies…, mais aussi impressionnistes comme Monet, Sisley, Degas, Pissarro ; et encore Chagall, Braque, Rouault, etc.).
On découvre également la **collection Phos Hilaron** (« Lumière joyeuse »), qui présente une belle sélection d'**icônes** byzantines et slaves, et la collection d'**orfèvrerie religieuse**.

## Se promener

Déclarée parc naturel par la Generalitat en 1987, la montagne de Montserrat offre de belles possibilités de balades et randonnées. Le cadre, superbe, n'a cependant pas été épargné par la nature : deux incendies ont ravagé la forêt en 1986 et en 1994, et, en 2000, des pluies diluviennes ont entraîné de catastrophiques glissements de terrain et l'inondation d'une partie du monastère.

# SERRA DE MONTSERRAT

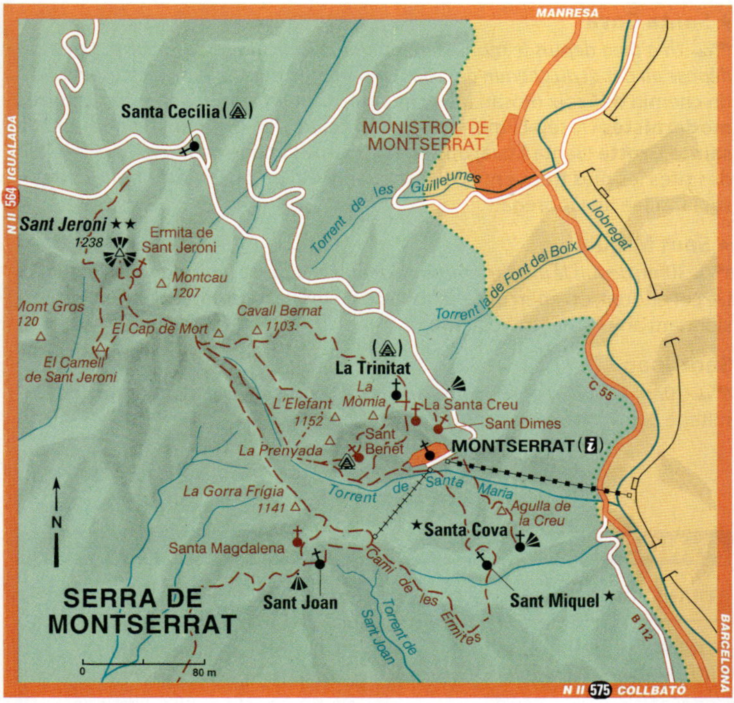




## ERMITAGES ET BELVÉDÈRES

Dès la fin du 9e s., il existait à Montserrat treize ermitages situés aux endroits les plus élevés de la montagne. Ces ermitages, organisés en trois groupes distincts portant des noms bibliques et de pénitents du désert – Tabor, Thèbes et Thébaïde –, subsistèrent jusqu'à l'occupation de l'armée napoléonienne (1811-1812). Bien qu'ils soient désormais à l'abandon, ils constituent un but d'agréables promenades en raison de la beauté des sites.

### Ermitage de La Trinitat

*45mn à pied.* Cet ermitage se trouve au milieu d'une plaine bucolique à l'abri des montagnes de « l'Elefant » (l'Éléphant), « La Prenyada » (la Femme enceinte) et « La Mòmia » (la Momie).

### ★★ Sant Jeroni

*On y accède par une piste forestière (1h30).* Depuis le mirador, situé sur le point le plus élevé du massif (1 236 m), s'offrent de magnifiques vues **panoramiques★★** des Pyrénées et de la côte catalane.

### Ermitage de Santa Cecilia

*4h30 à pied depuis Sant Jeroni.* Jusqu'au 16e s., ce fut un monastère bénédictin sans atteindre, cependant, l'importance de celui de Santa Maria. La belle **église★** romane comporte trois vaisseaux, trois absides ornées de bandes lombardes et un simple clocher asymétrique.

### ★ Santa Cova

*1h à pied depuis le monastère ou par le funiculaire de la Santa Cova qui dépose au début du chemin de croix.* Le parcours depuis le monastère mène à un chemin de Croix (Rosari Monumental) dont les stations sont des **œuvres modernistes** (Josep Llimona et Antoni Gaudí). La promenade aboutit à la **sainte Grotte** (Santa Cova) où serait apparue l'image de la Vierge. C'est l'un des sites les plus fréquentés du sanctuaire et l'on observe de belles **vues★** sur la vallée du Llobregat.

### ★ Sant Miquel

*30mn depuis le monastère, ou 1h depuis la gare du funiculaire de Sant Joan.* De cet endroit, on aperçoit la silhouette du monastère, tapie dans un impressionnant amphithéâtre rocheux.

### Sant Joan

*30mn depuis la gare du funiculaire de Sant Joan.* Beau panorama de l'ermitage Sant Onofre suspendu à une roche.

## NOS ADRESSES À MONTSERRAT

#### TRANSPORTS

**Train à crémaillère (Cremallera)** – *Depuis la gare de Monistrol Vila jusqu'au monastère - 902 312 020 - www.cremallerademontserrat.com - 15mn de trajet, fréquence : ttes les 20mn entre 8h30 et 20h30 (quelques variations saisonnières) - 7,25 € AR (8,25 € en hte sais.).*
**Téléphérique (Aeri)** – *De la gare de Monistrol Aeri au monastère - 932 377 156 - www.aeridemontserrat.com- 5mn de trajet - mars-oct. : 9h40-19h, reste de l'année : 10h10-18h45 - 8,50 € AR.*
**Funiculaires** – Sur place, il existe deux funiculaires à proximité du monastère : le **funicular de Sant Joan** *(fermé en janv.-fév. - 7,20 € AR)* conduit à proximité de l'ermitage du même nom. Le **funicular de Santa Cova** *(fermé 3 sem. en fév. - 2,90 € AR ; billet combiné avec le funiculaire de Sant Joan 8,10 €)* permet de descendre jusqu'à la grotte miraculeuse.
**Billets combinés** – Le billet **TransMonserrat** *(15,35 €)* inclut le trajet en train FGC (ligne R5) depuis Barcelone *(station : plaça d'Espanya - départ ttes les heures à partir de 8h35)* jusqu'à Monistrol de Montserrat, le train à crémaillère jusqu'au monastère, l'accès à l'espace audiovisuel et aux funiculaires. Le billet **Tot Montserrat** *(32,15 €)* propose la même chose avec en plus un repas (self-service) et l'entrée au musée de Montserrat.

#### HÉBERGEMENT

Attention, les hébergements de Montserrat affichent vite complet.

**PREMIER PRIX**

**Cel.les Abat Marcet** – *Pl. Abat Oliba - réserv. à l'office de tourisme - 938 777 701/777 - www.montserratvisita.com, rubrique « On dormir » - 92 appart. : 28,90/56,45 € pour 2 pers.* Les cellules où logeaient jadis les pèlerins ont été réaménagées en studios et appartements modernes pouvant accueillir jusqu'à 4 pers.

BUDGET MOYEN

**Hotel Abat Cisneros** – *Pl. Monestir - réserv. à l'office de tourisme - ✆ 938 777 701 - www.montserratvisita.com - ♿ - 82 ch. : 67/111 € ☕ (suppl. pour les chambres avec vue sur la montagne) - rest. 27,50 €, carte env. 35 €.* Installé dans le monastère, à l'intérieur d'un édifice historique qui servit de gîte aux pèlerins depuis le Moyen Âge, cet hôtel, modernisé et agrandi dans la première décennie du 21e s. invite à la détente et à la paix intérieure. Chambres rénovées. Une salle à manger chaleureuse a été aménagée dans les anciennes écuries voûtées.

**Hotel Can Missè** – *Amadeu Vives, 9 - Collbató - 3,5 km au sud de Montserrat par la B 112 - ✆ 937 779 061 - www.canmisse.com - fermé vac. de Noël - P - 11 ch. : 75/95 € - ☕ 7 € - rest. 15 €.* Ample demeure aristocratique située au centre d'un village très proche du parc naturel. Les locaux conservent leur style rustique d'origine malgré une restauration complète. Chambres confortables, chaleureuses parties communes où le bois domine.

## RESTAURATION

De la Sem. sainte à nov., vous pourrez vous restaurer sur place au self-service du **Restaurant de Montserrat**, situé à l'entrée du site *(12h-16h, env. 23 €)*, ou à **La Cafétéria**, postée un peu plus loin *(12h-20h)*. Le soir et hors saison, le seul restaurant ouvert sur le site est celui de l'hôtel Abat Cisneros.

POUR SE FAIRE PLAISIR

**Ristol Viladecavalls** – *Antoni Soler Hospital, 1 - Viladecavalls (sur la C 6 dir. Terrassa, sortie 26) - ✆ 937 882 998 - www.ristol.com - 27/41 €.* Cuisine locale de saison qui ne s'écarte que rarement des grands classiques (plusieurs préparations de *bacallà*, notamment). Cadre contemporain. Une halte sans prétention à l'écart de la foule.

UNE FOLIE

**El Cingle** – *Pl. Major - Vacarisses (à l'est de Montserrat sur la BV 1211, accès depuis la route de Terrassa C 58) - ✆ 938 280 233 - www.elcingle.com - dim.-merc., déj. seulement - ▤ - menu 71 €, carte 53/71 €.* Ses deux salles accueillantes sont ornées de tableaux modernes. La salle extérieure, surmontée d'un auvent en bois, donne sur la serra. La propriétaire des lieux, Montse Estruch, est aux fourneaux, et c'est avec maîtrise et savoir-faire qu'elle nous présente une carte actuelle et créative. L'établissement compte parmi les très bonnes adresses gastronomiques de Catalogne.

## AGENDA

**Fête de la Vierge de Montserrat** – *27 avr.* Fête religieuse célébrant la patronne de Catalogne.

# Manresa

★

76 558 Manresans– Province de Barcelona

NOS ADRESSES PAGE 240

### S'INFORMER

L'office de tourisme et le point d'information de Manresa se complètent, l'un étant fermé l'après-midi, l'autre le w.-end.

**Office de tourisme** – *Via de Sant Ignasi, 40, bxs - ✆ 938 784 090 - www.manresaturisme.cat - lun.-vend. 9h-14h, w.-end 10h-14h, 17h-20h.* L'office de tourisme propose plusieurs circuits de découverte de la ville, le plus intéressant étant la **Ruta ignasiana**, qui regroupe les lieux associés au séjour de saint Ignace de Loyola *(voir encadré).*

**Point d'information** – *Pl. Major, 1, Ajuntament - ✆ 938 782 301 - www.ajmanresa.cat - lun.-vend. 9h-14h, 16h-19h.*

### SE REPÉRER

Carte de région B2 (p. 208-209) – *carte Michelin Regional 574 G35.* Capitale de la *comarca* du Bages et de la Catalogne centrale, la « Minorisa » romaine se dresse sur la rive gauche du Cardener et sur différentes collines, ou *puigs* (Puigcardener, Puig Mercadal, Puig de Sant Bartomeu, etc.). En voiture, l'accès est facile depuis Barcelone (66 km au sud) par la C 16. Liaisons en train et en bus (env. 1h de trajet) depuis la capitale catalane.

### SE GARER

Laissez la voiture au parking del Mercat, à proximité de la carrer de Vic (en suivant la direction du centre).

### À NE PAS MANQUER

La basilique ; la grotte Santa Cova ; le pont Vell et le Món Sant Benet à Sant Fruitós de Bages.

**Manresa est pour l'essentiel un grand centre industriel plein de vie et de mouvement. Dans le centre-ville, les usines plus ou moins délabrées se mêlent aux couvents. Si ce curieux mélange donne un aspect quelque peu ingrat à la cité, Manresa conserve toutefois de remarquables édifices modernistes (rue del Arquitecte Oms, le Casino ou encore la Casa Jorba) et les traditions ancestrales y cohabitent avec une riche vie commerciale. Mais c'est avant tout le patrimoine lié à Saint Ignace de Loyola qui justifie le déplacement.**

## Se promener Plan de ville

*Du parking del Mercat, gagner la plaça Major par la carrer del Born, puis à gauche la carrer de Sant Miquel, toutes deux piétonnes.*

### Plaça Major B2

Le charme discret de cet ensemble urbain tient à ses quelques terrasses de cafés et à la façade de la **Casa de la Ciutat** (actuel *Ajuntament*, hôtel de ville)

Pont Vell de Manresa.
*J. Cami / Age Fotostock*

datant du 18e s. et arborant un grand blason. À l'intérieur se trouve la **salle du Conseil municipal**, où furent rédigées les fameuses « Bases » de Manresa *(voir encadré p. 236)*.

2

### Palau de Justícia B2

Remarquable exemple d'architecture civile baroque, il fut restauré à plusieurs reprises.

### ★★ Basilique-Collégiale de Santa Maria B2

*☏ 938 721 512 - lun.-vend. 9h30-13h30, 16h-19h45, w.-end et j. fériés 9h30-14h, 17h-20h - entrée 1 €, musée 1 €.*

Celle que les Manresans appellent « la Seu » domine la rivière depuis la plateforme stratégique de Puigcardener, révélant la pureté de ses lignes architecturales. La construction de cet édifice, l'un des plus représentatifs de l'art gothique catalan, commença en 1322 sous la maîtrise de Berenguer de Montagut, principal maître d'œuvre de Santa Maria del Mar à Barcelone. Les travaux se prolongèrent jusqu'à la fin du 16e s. mais la façade principale, néogothique, ne fut réalisée qu'en 1915.

#### SAINT IGNACE DE LOYOLA (1491-1556)

L'histoire de Manresa est associée à la vie du saint qui y vécut quelques mois. Page et officier des Rois Catholiques, Ignace de Loyola, après avoir reçu une blessure au cours du siège de Pampelune, connut huit mois de convalescence, durant lesquels, par ses lectures, il se rapprocha de la religion. En 1522, après avoir séjourné à Arantzazu et à Montserrat, il se retira huit mois dans une grotte de Manresa pour faire pénitence et rédiger ses fameux **Exercices spirituels**. En 1528, il se rendit à Paris, où il décida de se consacrer à l'évangélisation. Il fut ordonné prêtre en 1537 et fonda en 1540, à Rome, la **Compagnie de Jésus** dont le pape Paul II approuva les statuts. Il fut canonisé en 1622.

### LES « BASES » DE MANRESA

Les 25, 26 et 27 mars 1892 se tint à Manresa la première assemblée de l'Union catalane, présidée par l'architecte Lluís Domènech i Montaner *(voir p. 121)*. On y approuva 17 articles qui jetaient les bases d'une éventuelle constitution régionale catalane. Les nombreuses compétences exécutives, législatives et judiciaires réclamées par le projet prévoyaient notamment que le catalan soit la seule langue officielle en Catalogne, même dans les relations avec l'État espagnol, et que seuls les Catalans aient accès aux charges publiques exercées sur le territoire.

L'**intérieur★★**, sans transept et présentant un déambulatoire dans l'enceinte polygonale de l'abside, est exceptionnel. La disposition originale des contreforts met en valeur la grandeur de la nef centrale (18,5 m de large), l'une des plus vastes d'Europe. Deux rosaces circulaires et une trentaine de grandes baies à vitraux polychromes historiés, aux dimensions surprenantes pour la Catalogne, donnent à la Seu une solennité et une luminosité exceptionnelles. À l'extérieur s'élancent les 18 arcs-boutants doubles.

Autour du cloître de style Renaissance subsistent quelques arcs romans (11e s.) avec des colonnes et des chapiteaux très primitifs qui faisaient partie du portique.

Dans la **crypte**, sous le maître-autel, se trouvent les reliques de saint Maurice, de saint Fruitós et de sainte Inés, patrons de la ville. La décoration en marbre, œuvre de Jaime Padró, constitue l'un des meilleurs ensembles de l'art baroque académique.

La collégiale recèle des pièces aussi remarquables que le monumental **polyptique du Saint Esprit★**, plus grand retable gothique de Catalogne. Réalisé en 1394 par Pere Serra sur commande de la corporation des tanneurs, il porte sur la **prédelle** un magnifique tableau représentant le Saint Enterrement, de Lluís Borrassà. Remarquez aussi le **retable de saint Marc★**, d'**Arnau Bassa** (1346) : autrefois exposé à la cathédrale de Barcelone, c'est l'une des œuvres les plus représentatives du courant italianisant dans la peinture gothique catalane (observez la scène des trois cordonniers à l'ouvrage).

**Museu Històric** – Outre une importante collection d'objets liturgiques du 10e au 20e s., le trésor recèle un splendide **parement d'autel★** brodé à Florence par Geri Lapi (14e s.).

### ★★ Santa Cova ou Cova de Sant Ignasi B2

*Camí de la Cova, s/n - ✆ 938 751 579 - mat. et apr.-midi - donation (église), 1 € (grotte).*

C'est dans cette cavité formée par l'érosion du Cardener, connue comme la Sainte Grotte ou grotte de saint Ignace, qu'Ignace de Loyola rédigea ses *Exercices spirituels*.

Après sa canonisation, la grotte fut décorée de fastueuses sculptures de Joan et Francesc Grau (retable d'albâtre du maître-autel), de Josep Sunyer (médaillons d'albâtre) et du jésuite aragonais Miguel Sesé, auteur de stucs très originaux.

À côté fut construite une **église★** (18e s.), typique de l'architecture jésuite. L'exubérante façade baroque contraste avec la simplicité décorative et l'équilibre des lignes de l'intérieur. De part et d'autre du maître-autel, adossées aux pilastres entre les chapelles, on voit les statues de saint Ignace et d'autres saints qui furent membres de la Compagnie de Jésus (François-Xavier, François Borgia, Louis de Gonzague, etc.).

# MANRESA

| SE LOGER | | SE RESTAURER | |
|---|---|---|---|
| Hotel Els Noguers | 1 | Aligué | 1 |
| Hotel Món | 7 | L'Angle | 4 |
| | | La Cuina | 7 |

Une **galerie**★ relie l'église à la Sainte Grotte. Sa pompeuse décoration composée d'abondants marbres, stucs, mosaïques, vitraux et métaux, fut réalisée dans un style d'inspiration Renaissance entre 1915 et 1918. La structure et plusieurs détails ont été réalisés par le jésuite Martín Coronas. On remarque quelques sculptures de bronze de Josep Llimona et certains hauts-reliefs de Joan Flotats, représentant des scènes de la vie de saint Ignace relatives aux *Exercices spirituels*.

Sur le côté gauche de l'église se dresse un grand **édifice néoclassique moderne** (19e s.) qui abrite le couvent jésuite.

## ★ Pont Vell B2

Malgré toutes ses restaurations, le Vieux Pont est l'un des symboles les plus typiques de Manresa. Il possède la silhouette classique en dos d'âne des

ponts médiévaux de tradition romaine, avec l'arc central plus élancé et les sept autres en dégradé symétrique.
*Revenir au palais de justice et prendre la via Sant Ignasi.*

**Museu Comarcal** B1
*Via Sant Ignasi, 40 - ✆ 938 741 155 - www.museudemanresa.cat - vend.-sam. 10h-14h, 17h-20h, dim. et fêtes 10h-14h, lun.-jeu. sur RV.*
Situé dans le bâtiment de l'ancien collège Saint-Ignace, il réunit une exceptionnelle **collection d'art baroque**. D'autres sections sont consacrées à l'art médiéval, à l'archéologie et à la peinture moderne.

## À proximité Carte de région

### ★★ Món Sant Benet, à Sant Fruitós de Bages B2
*8 km au nord par la carrer de Vic puis la N 141. Traverser Sant Fruitós puis suivre en direction de Navarcles le fléchage Món Sant Benet (3 km) - ✆ 902 875 353 - www.monstbenet.com - monastère et résidence Ramon Casas : mar.-vend. 10h-14h, w.-end et j. fériés 10h-17h (18h de Sem. Sainte à fin oct) ; Fundació Alícia et jardin potager : sam., dim. et j. fériés à 10h30, 12h, 12h30 - toutes les visites sont guidées et la réservation préalable recommandée - visite de l'ensemble : 19,50 € ; monastère seul : 9,50 € ; résidence Casas : 7,50 € ; billet combiné monastère et résidence Casas : 14,75 € ; Fundació Alícia et jardin : 4,50 €. Comptez 3h pour une visite complète.*
Cette ancienne abbaye bénédictine fondée au 10e s. a été remaniée à plusieurs reprises, au point qu'elle offre aujourd'hui un témoignage architectural sur les périodes romane, gothique, baroque et moderniste. L'ensemble est extraordinaire ; les vieilles pierres forment un contraste délicat avec la frondaison du paysage et l'ensemble prend tout son éclat en automne.
Aujourd'hui, Sant Benet est devenu un centre polyvalent où l'on trouve un musée (le monastère à proprement parler), un centre de congrès avec hôtel et restaurant et un centre de recherche en technologie culinaire.
**Le monastère** – La partie qui se visite comprend l'église, le cloître, la salle haute (au-dessus du cloître) et le cellier. À travers des projections multimédia et des jeux de lumière, on découvre plus de mille ans d'histoire du lieu. L'**église** est un bel exemple roman du 12e s., avec une abside libre et deux autres construites en saillie sur les murs du transept. Le clocher de base préromane est une tour massive. Le **cloître**★ est l'un des plus caractéristiques de l'art roman catalan (13e s.). Ses arcs sont soutenus par une double rangée de colonnes aux chapiteaux soigneusement sculptés (motifs végétaux et scènes bibliques, mythologiques et allégoriques).
**« Un jour dans la vie de Ramon Casas »** – Au 19e s., le monastère est racheté par la mère du peintre moderniste **Ramon Casas** (1866-1932) qui transforme en 1924 les lieux en résidence d'été. Le témoignage de son passage est évoqué à travers un itinéraire « sensoriel » où images, sons et odeurs font la part belle à la collection d'arts décoratifs réunie par l'artiste.
**Fundació Alícia** – Un bâtiment contemporain abrite ce centre international de recherche en technologie culinaire placé sous le patronage du célèbre cuisinier **Ferran Adrià**. Au cours d'un parcours ludique, les visiteurs assisteront à une démonstration de cuisine expérimentale et s'interrogeront sur le rôle des sens, parfois trompeur, dans la perception culinaire. La visite se complète par la découverte d'un jardin potager **(Hort de la cuina)** où sont cultivés légumes et fruits oubliés, notamment de nombreuses variétés de pommes.

**« LA PATUM » DE BERGA**

Au mois de juin, pendant la Fête-Dieu, a lieu « la Patum », l'une des festivités les plus populaires de Catalogne. Tout le monde danse au rythme des *timbalers* (tambourineurs) tandis qu'éclatent les pétards, et que géants et grosses têtes envahissent les rues. Si la fête, d'origine lointaine, a pour but de parodier la lutte du Bien – personnifié par l'archange saint Michel – et du Mal, elle célèbre en même temps une bataille contre les Arabes, symbolisée à un moment donné par l'assaut de la foule contre des cavaliers pour leur bloquer le passage.

## Excursion Carte de région

### Berga et ses environs B1

*48 km au nord de Manresa par la route de Vic (C 25) puis la C 16 - E 9.*

*Àngels, 7 - 938 211 384 - www.ajberga.cat - lun.-sam. 10h-14h, 18h-20h, dim. et j. fériés 11h-14h, 18h-20h - fermé 25-26 déc., 31 déc., 1er janv.*

Capitale de la « comarca » du Berguedà, cette localité prépyrénéenne de 17 160 habitants se trouve dans la la vallée du Llobregat au pied de la chaîne du Queralt, non loin du Parc naturel de Cadí-Moixeró *(voir p. 344)*. Dans le centre historique, de tortueuses rues escarpées évoquent le passé médiéval de la ville tandis que, vers le sud, s'étire la ville moderne aux larges promenades et avenues. Ville de longue tradition commerciale, elle vit depuis longtemps de son importante industrie textile. En 1770, les frères Farguell inventèrent la « Berguedana », une machine qui révolutionna à l'époque l'industrie du coton.

2

La **carrer Major** est à la fois l'artère principale de la vieille ville et une rue commerçante animée. Les rues et constructions avoisinantes sont d'origine médiévale. Se dressent également quelques édifices modernistes.

★ **Sant Quirze de Pedrets** – *2 km à l'ouest de Berga. Quitter la ville par le chemin du Pedret puis garer la voiture sur le pont de pierre.* Sant Quirze est l'un des principaux exemples de l'art préroman catalan. Notez les deux ensembles picturaux, auxquels l'église doit sa renommée, conservés respectivement par le Musée diocésain de Solsona et le musée d'Art catalan de Barcelone *(voir p. 371 et 186)*. La dernière restauration a rendu à l'église son aspect du 10e s., son portail (13e s.) a également été restauré et les peintures murales, qui recouvraient l'abside centrale (orant du 10e s. conservé à Solsona), ainsi que les absidioles nord et sud, ont été reproduites. Dans l'absidiole sud, la scène illustre une Vierge à l'Enfant, avec à sa droite les vierges sages et à sa gauche les vierges folles.

★ **Santa Maria de Queralt** – *4 km à l'ouest. Prendre la route de Sant Llorenç de Morunys puis la BV 4242 vers Rasos de Peguera. Accès par le funiculaire ou l'escalier.* La **route** traverse une pinède touffue et monte jusqu'au sanctuaire, juché à 1 024 m d'altitude. Le **panorama**★★ y est sublime. Vers le nord apparaît la chaîne du Cadí, avec les massifs de Puigllançada, le Comabona et le Pedraforca, cernés d'un écran de montagnes majestueuses. Au sud s'étend la plaine ondulée du bas Berguedan, où voisinent les terres cultivées et les usines de textile, aux silhouettes imposantes. Au fond, recouvertes d'un fin brouillard, se profilent les montagnes de Montserrat.

Le dernier dimanche du mois de juin a lieu l'**aplec de Sant Pere de Madrona** (rassemblement de Saint-Pierre de Madrona), où les participants reçoivent des bouquets de fleurs sauvages et la clé du saint.

## NOS ADRESSES À MANRESA

### HÉBERGEMENT

#### BUDGET MOYEN

**À Manresa**

**Hotel Els Noguers** – *Av. Països Catalans - Rte C 55, km 29 - 938 743 258 - P - 30 ch. : 85 € - 4 € - rest. 13 €.* Édifice moderne aux chambres fonctionnelles. Bar-cafétéria lumineux. Idéal pour un moment de détente.

**À Berga**

**Hotel Estel** – *Sant Fruitós, 39 - 938 213 463 - www.hotelestel.com - P - 37 ch. : 60/75 € - 6 €.* Hôtel convivial situé dans une des avenues à l'entrée de la ville. Sobre et fonctionnel.

#### UNE FOLIE

**Au monastère de Sant Benet**

**Hotel Món** – *Camí de Sant Benet - 938 759 400 - www.montsbenet.com - 85 ch. : 115/350 € - 12 €.* Un bâtiment résolument contemporain abrite cet hôtel de grand confort dont les chambres donnent sur le sanctuaire.

### RESTAURATION

Manresa a deux spécialités : le **bacallà a la manresana** (ragoût de cabillaud avec des épinards, des raisins secs, des pignons, des prunes et des œufs durs) et le **conill a la manresana** (lapin avec des champignons, de l'eau-de-vie et de la cannelle).

#### POUR SE FAIRE PLAISIR

**À Manresa**

**La Cuina** – *Alfons XIII, 18 - 938 728 969 - fermé jeu - 35/45 €.* Au cœur de la vieille ville, ce restaurant sans prétention sert des spécialités locales à une clientèle d'habitués.

**Aligué** – *Barriada El Guix, 8 - sur la rte de Vic - 938 732 562 - www.restaurantaligue.es - fermé dim. soir, lun. soir, de mi-août à fin août - - 39/55 €.* Restaurant convivial apprécié des locaux. Il compte deux salles, l'une classique et l'autre plus fonctionnelle. Formule et menu gastronomique.

**À Berga**

**Sala** – *Passeig de la Pau, 27 - 938 211 185 - www.restaurantsala.com - fermé dim. soir, lun. - - 40/52 €.* Restaurant moderne situé sur une promenade ombragée proche du centre. Sa salle à manger, répartie sur deux niveaux et aux murs rehaussés de stuc vénitien, invite à la dégustation de plats régionaux.

#### UNE FOLIE

**Au monastère de Sant Benet**

**L'Angle** – *Camí de Sant Benet - 938 759 400 - www.restaurantangle.com - menu 65/86 €.* Les gourmets de la région s'y précipitent pour déguster une cuisine inventive, inspirée des principes du grand Ferran Adrià.

### AGENDA

**Festa de la Llum** – *Autour du 21 fév.* La Fête de la lumière célèbre un événement qui aurait eu lieu le 21 février 1345 : une énigmatique lumière provenant de Montserrat éclaira la ville. Ce fait aurait entraîné les travaux d'aménagement de la Sèquia, qui permirent d'acheminer l'eau du Llobregat jusqu'à Manresa. Un week-end médiéval précède la fête et, le jour même, un spectacle son et lumière raconte le miracle.

# Cardona

★

5 187 Cardonins – Province de Barcelona

NOS ADRESSES PAGE 243

**S'INFORMER**

**Office de tourisme** – *Av. del Rastrillo - 938 692 798 - www.cardona.cat - avr.-oct. : lun.vend. 10h-14h, 17h-19h, sam. 10h-14h, 17h-20h, dim et j. fériés 10h-14h ; nov.-mars : dim.-vend. et j. fériés 10h-14h, sam. 10h-14h, 16h-18h - fermé 25-26 déc., 1er janv., 10-11 sept.*

**SE REPÉRER**

Carte de région B2 (p. 208-209) – *carte Michelin Regional 574 G35.* À 94 km au nord-ouest de Barcelone et à 20 km au sud-est de Solsona *(voir p. 370)*, Cardona domine la vallée du Cardener, une zone de terres calcaires, où les cultures méditerranéennes font place à un paysage pré-pyrénéen serein, riche de forêts de hêtres et de conifères. En arrivant, suivre la direction « Castell-Col.legiata » par une route en lacets jusqu'à l'av. del Rastrillo qui longe l'enceinte monumentale.

**SE GARER**

Parking gratuit en haut du village, dans les derniers lacets montant à la collégiale.

**À NE PAS MANQUER**

La crypte de la collégiale de Sant Vicenç.

**ORGANISER SON TEMPS**

Partez tôt à la découverte de la Muntanya de la Sal (« montagne de sel ») pour profiter des lueurs rasantes du matin.

**AVEC LES ENFANTS**

Offrez-leur un « voyage au centre de la terre » en leur faisant découvrir les galeries des mines de sel.

2

**Ce gros village à l'allure médiévale et aux étroites rues à arcades s'accroche aux versants d'une colline dominée par l'impressionnant ensemble du château et de la collégiale Sant Vicenç. Dans les environs, à droite du Cardener qui traverse la ville basse, les sédiments salins forment l'étonnante « montagne de sel », tandis qu'à gauche se trouvent la grande plaine cultivée de Cardona et quelques oliveraies.**

## Découvrir

### CASTELL I CANÒNICA SANT VICENÇ DE CARDONA

*Suivre la direction « Parador » - 938 684 169 - mar.-dim. 10h-13h, 15h-17h (juin-sept. 18h) - fermé lun. 1er et 6 janv., 25-26 déc. - 3 € (-18 ans 2 €, + 65 ans gratuit). Visites guidées : réservez au 902 400 475 ou 938 692 475 - 5 € (-16 ans et + 65 ans 3,75 €).*

La collégiale et le château forment une masse confuse : c'est à peine si l'on distingue où commence et où s'achève chaque construction. Du village, l'ensemble, entouré de bastions, est impressionnant.

### ★ Castell

Véritable citadelle se dressant sur une butte (589 m), la silhouette dorée du château domine le village et offre de merveilleuses **vues★** sur la montagne de sel. Fortifiée par Wilfred le Velu, cette place forte fut le berceau de la puissante famille des Cardona, une des plus influentes du royaume catalano-aragonais, que l'on surnommait les « seigneurs du sel ». Plus tard, le château fut le dernier bastion à résister aux Bourbons lors de la guerre de Succession d'Espagne. Reconstruit au 18e s., il abrite aujourd'hui le parador Ducs de Cardona *(voir « Nos adresses »)* mais garde quelques éléments du 11e s. : la collégiale et la **Torre de la Minyona** (tour de la Demoiselle). Selon la tradition, cette tour ronde démantelée au 18e s. servit de prison à Adélaïde, fille d'un vicomte de Cardona.

### ★★ Collégiale de Sant Vicenç

C'est l'un des joyaux de l'art roman lombard de Catalogne. Édifiée en 1040, la collégiale est suspendue sur un petit promontoire de couleur ocre, et l'effet que produit son exceptionnel **emplacement★** est surprenant. La façade principale, à l'ouest, est très austère et ne présente qu'une simple rosace et un porche à trois arcs. Les peintures murales des 12e et 13e s. qui décoraient ce narthex sont exposées au MNAC à Barcelone *(voir p. 186)*. À l'**intérieur★**, la beauté règne : les collatéraux, recouverts de voûtes d'arêtes, servent de contreforts à la nef centrale, voûtée en berceau. La magnifique abside est décorée de bandes lombardes, tandis que dans le transept s'élève une lanterne octogonale sur pendentifs.

La **crypte★** constitue à elle seule une petite église composée de trois vaisseaux, aux voûtes d'arêtes, reposant sur six gracieuses colonnes, aux chapiteaux tronconiques. Orson Welles y tourna en 1965 quelques scènes du film *Falstaff*. On remarquera le mausolée de style Renaissance de quelques-uns des ducs. Devant la collégiale se trouve un charmant cloître gothique du 16e s.

## Se promener

### Le village médiéval

Face à l'office de tourisme se déploie un lacis de ruelles à portiques où subsistent quelques demeures seigneuriales médiévales.

**Museu de la Sal Josep Arnau** – *Pl. Santa Eulàlia, 411-13- ✆ 938 690 858 - www.museodelasal.com - lun., vend.-sam. 11h-13h30, 17h-20h, dim. 11h-13h30 - 4 €.* Installé dans les soubassements d'une ancienne boucherie, ce musée présente une intéressante collection de cristallisations salines et de sculptures en « pierre de sel » réalisées par des artisans locaux.

Dans le prolongement de plaça Santa Eulàlia, la carrer de la Fira conduit à la place du même nom où se tiennent l'Ajuntament et, sous les portiques d'Aimines, le **Centre Cardona Medieval** *(fermé pour travaux)*, espace muséographique où l'on propose également des visites guidées de la vieille ville.

Retour par la pittoresque plaça del Mercat et la carrer Escasany.

# À proximité Carte de région

**★★ Parc cultural de la Muntanya de la Sal** (Montagne de sel)
*3 km au sud-ouest par la carr. de la Mina qui débute près des piscines - 938 692 475 - www.salcardona.com - mar.-vend. 10h-15h, w.-end 10h-18h ; descentes à la mine : en sem. 11h30 et 13h30, w.-end ttes les 30mn - fermé lun., du 22 déc. au 23 janv., 16 sept., 4 déc. - 11 € (-12 ans 6 €, retraités 8,50 €).*
Exploitée depuis l'époque romaine, la mine de sel de Cardona est une montagne haute de 170 m, comptant de nombreux gisements. Il s'agit d'un phénomène géologique unique. Quand le sel se cristallise dans ses interminables galeries (certaines atteignent 1 000 m de profondeur), il se forme d'importantes stalactites et stalagmites transparentes. La visite de l'une des galeries vous transportera dans un monde magique.

## NOS ADRESSES À CARDONA

### HÉBERGEMENT

UNE FOLIE

**Parador Ducs de Cardona** – *Alcázar - 954 141 010 - www.parador.es - - 63 ch. : 160/171 € - 17 € - rest. 32 €.* À son cadre privilégié, dans le château médiéval qui surplombe toute la vallée, s'ajoute la décoration minutieuse évoquant des époques révolues, comme notamment les lits à baldaquin. Excellent service.

### RESTAURATION

PREMIER PRIX

**Bar Centro (Tapas)** – *Pl. de la Fira, 21 - 938 691 135 - tapas : 4-5 € ; carte : 15 € env.* Grand assortiment de tapas, sandwichs et *plats combinats* (assiettes composées).

### AGENDA

**Festa Major i Correbou** – *Autour du 2e dimanche de sept.* Cardona entretient cette tradition taurine purement catalane. Le *correbou* se tient le dernier dimanche de septembre sur la plaça de la Fira, où, pour l'occasion, des arènes sont aménagées. Défilés costumés et sardanes.

# Vic

★★

39 844 Vigatans – Province de Barcelona

NOS ADRESSES PAGE 251

**S'INFORMER**

**Office de tourisme** – *Carrer de la Ciutat, 4 (derrière l'hôtel de ville) - ✆ 938 862 091 - www.victurisme.cat - lun.-sam. 10h-14h, 16h-20h, dim. et j. fériés 10h-13h.*

**SE REPÉRER**

Carte de région C1-2 (p. 208-209) – *carte Michelin Regional 574 G36.* Située au centre de la plaine de Vic, à 66 km au nord de Barcelone, la ville est entourée de montagnes dans un beau site naturel. Elle constitue un excellent point de départ pour la découverte de la serra del Montseny, au sud-est de la localité *(voir les « Circuits conseillés »).* Entièrement piéton, le centre historique se niche au cœur d'une ceinture de *ramblas* (boulevards) à sens unique (sens inverse des aiguilles d'une montre).

**SE GARER**

Plusieurs parkings souterrains autour du centre, notamment sur la Rambla Davallades (proche de la plaça Major).

**À NE PAS MANQUER**

Une longue flânerie dans les ruelles du centre historique, une pause sur la spectaculaire plaça Major et la dégustation d'une *llonganissa*, saucisson sec très renommé.

**ORGANISER SON TEMPS**

L'hébergement à Vic est rare, donc cher. Il est plus avantageux de loger dans les environs et de visiter la ville dans la journée.

**À mi-chemin entre mer et Pyrénées, l'ancienne capitale de la tribu ibérique des Ausetanos est aujourd'hui une ville dynamique, commerçante et industrielle, célèbre pour sa charcuterie. Elle dissimule un magnifique centre ancien, où l'on découvre, au fil des ruelles étroites et pavées, de nombreuses maisons seigneuriales, un superbe musée d'art médiéval et une plaça Major qui compte parmi les plus belles de Catalogne.**

## Se promener Plan de ville

### LE VIEUX QUARTIER

#### ★ Plaça Major A1

Cette belle place à arcades, dont l'ampleur ne manque pas d'étonner, constitue le centre névralgique de la ville. Malgré l'hétérogénéité de l'architecture – les demeures modernistes y cohabitent avec les palais d'origine gothique ou baroque –, l'ensemble présente clairement une unité de lieu. Sous ses arcades s'alignent terrasses et boutiques. Connue sous le nom de Mercadal, du

# VIC

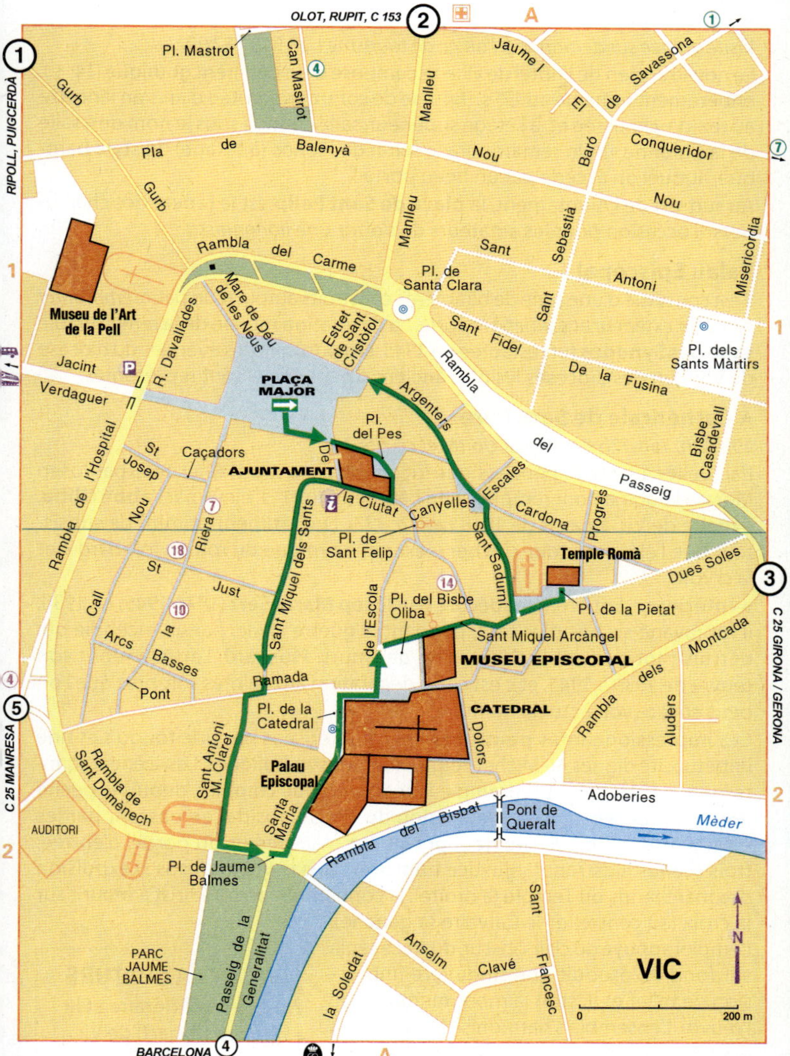


| SE LOGER | SE RESTAURER | |
|---|---|---|
| Hotel Balmes........ 1 | Boccatti........ 4 | El Jardinet........ 14 |
| Hotel NH Ciutat de Vic........ 4 | El Caliu........ 7 | Opera Barroca........ 18 |
| Parador de Vic-Sau........ 7 | Cal' "U"........ 10 | |

fait de sa vocation commerciale immémoriale, elle accueille chaque samedi un **marché** particulièrement animé ; celui du samedi précédant le dimanche des Rameaux est le plus fréquenté.

### ★ Ajuntament A1

*Visite guidée sur demande à l'office de tourisme - ✆ 938 862 091.*
Le noyau ancien de l'hôtel de ville se compose d'un bâtiment gothique (14e s.), entièrement remanié au 17e s. (Bourse de commerce dotée d'arcs en lancette au rez-de-chaussée et, à l'étage supérieur, salle connue sous le nom de « salle de la Colonne »). On remarquera le salon de Plenos (à l'étage) de style baroque, auquel on accède par un beau portail.
Au sud-est de l'Ajuntament, la **plaça de Sant Felip** est le repère des charcutiers : l'occasion pour les amateurs de s'offrir une *llonganissa*.

### Palau Episcopal A2

Il est constitué d'une série de bâtiments construits autour d'un patio. *Emprunter l'escalier extérieur et sonner à la porte.* La décoration murale de la remarquable **salle des Synodes** fut restaurée en 1845. Les portraits des évêques du diocèse de Vic, l'un des diocèses les plus anciens d'Espagne, y sont représentés.

### ★ Cathédrale de Sant Pere A2

*10h-13h, 16h-17h - gratuit sf cloître et crypte 2 €.*
L'actuelle cathédrale néoclassique fut construite entre 1781 et 1803 par Josep Morató i Codina pour remplacer un bâtiment du 11e s. élevé par **l'abbé Oliba**, évêque de Vic à partir de 1018 *(voir p. 337)*. Du bâtiment primitif ne subsistent que l'élégante tour-clocher – exemple typique du roman lombard – et la crypte.
★ **Intérieur** – Entièrement décoré par **Josep Maria Sert** (1874-1945) en 1930, il fut ravagé six ans plus tard, pendant la guerre civile, par un incendie qui détruisit totalement la décoration des murs. Plus tard, l'artiste reprit son œuvre de 1939 à 1945, et c'est cette décoration aux teintes sombres que l'on peut encore voir actuellement.
Ces impressionnantes **peintures★★**, caractérisées par une fougue et une impétuosité dignes de Michel-Ange, sont très symboliques. Les scènes gigantesques illustrent un programme iconographique complet, depuis le péché originel (transept) jusqu'à la Passion du Christ (abside) en passant par les évangélistes et le martyre des apôtres (nef). Au-dessus du portail d'entrée, trois scènes illustrent l'injustice humaine dans la vie de Jésus : l'expulsion des marchands du Temple (à droite), la condamnation du Christ à mourir sur la croix (au centre) et le Calvaire (à gauche).
L'emploi appuyé du clair-obscur, du tracé sépia sur fond or, produit une singulière impression de relief et accroît la monumentalité de l'œuvre. L'ensemble s'harmonise bien avec les grandes dimensions de la nef et ses piliers cannelés. Remarquez dans le déambulatoire l'ancien **retable★★** du maître-autel, en albâtre. Sculpté au 15e s. par **Pere Oller**, Il est consacré à la Vierge et à saint Pierre, représentés au centre. En face, dans un tombeau gothique, repose le chanoine Bernat Despujol, qui ordonna la réalisation du retable.
★ **Cloître** – Les galeries s'ouvrent par de grands arcs du 14e s., garnis de beaux rem-

#### VIC ET LA CULTURE

Le Cercle littéraire et la Troupe (Esbart) de Vic ont donné d'éminentes figures de la *Renaixença* catalane (Verdaguer, Collell et Martí Genís). Rappelons également que Vic est la ville natale du grand penseur **Jaume Balmes** (1810-1848).

Parement d'autel de la Mare de Déu del Coll, Museu Episcopal de Vic.
*Museu Episcopal de Vic*

plages gothiques, sur le patio où se dresse, surmonté de sa statue, le mausolée de Jaume Balmes, le brillant philosophe né à Vic. Remarquez, dans l'une des galeries, le sarcophage contenant les restes de J. M. Sert ainsi que sa dernière œuvre, une Crucifixion qui devait remplacer celle se trouvant dans l'église.

2

Sur le côté nord de la place de la cathédrale, notez deux belles demeures modernistes, la **Casa Bayés** et la **Casa Colomer**, toutes deux dessinées par l'architecte Josep Pericas.

### ★★★ Museu Episcopal A2

*Pl. Bisbe Oliba, 3 - ✆ 938 869 360 - www.museuepiscopalvic.com - ♿ - avr.-sept. : mar.-sam. 10h-19h, dim. et j. fériés 10h-14h ; reste de l'année : mar.-vend. 10h-13h, 15h-18h, sam. 10h-19h, dim. et j. fériés 10h-14h - fermé lun., 1er et 6 janv., Pâques, 25-26 déc. - 5 € (-18 ans et retraités 3 €).*

Fondé en 1891 et installé dans un édifice moderne en 2002, ce splendide musée présente une très riche collection d'œuvres romanes et gothiques provenant du diocèse de Vic et de Solsona, ainsi qu'un précieux ensemble d'étoffes et de vêtements. D'autres intéressantes sections consacrées à l'archéologie, à l'art lapidaire, au verre, au cuir, à l'orfèvrerie, à la forge et à la céramique complètent les collections de l'un des musées majeurs de la Catalogne.

★★★ **Section romane** – Au nombre des splendides œuvres exposées, on s'attardera plus particulièrement sur la **Descente de Croix d'Erill la Vall**, ensemble de sculptures représentant cinq personnages, le tableau du **Baldaquin de Ribes de Freser**, ainsi que sur un remarquable ensemble de **parements d'autel**. On appréciera l'évolution de ces derniers, depuis un grand hiératisme jusqu'au souci plus marqué des aspects narratifs ; l'*autel de Lluça* marque le début de la transition vers le gothique. On pourra également admirer les peintures murales de l'abside de l'église Santa Maria d'El Brull et de l'église Sant Sadurní d'Osomort, sans oublier les sculptures à l'effigie de la Vierge et du Christ.

★★★ **Sections gothiques** – Le style gothique pénètre en Catalogne vers 1275 et y demeure jusqu'à la fin du 15e s. De la première période, on retiendra le magnifique retable d'albâtre que **Bernat Saulet** sculpta pour l'église de Sant Joan de les Abadesses et qui relate la Passion, la Résurrection et l'Ascension du Christ ; à noter également, l'ensemble de Vierges à l'Enfant, notamment la **Vierge de Boixadors**, l'élégant parement d'autel de Bellver de Cerdanya et certaines parties d'un retable de **Pere Serra**.
Le 15e s. voit l'introduction du gothique international en Espagne avec notamment deux grandes figures : **Lluís Borrassà** (dans la première période) et **Bernat Martorell** (dans la seconde). La collection de retables issue de ce courant est tout à fait impressionnante. On doit au génial Borrassà le retable de **saint Antoine et sainte Marguerite** et le monumental retable de **sainte Claire**. Le retable de Guimerà, réalisé par **Ramon de Mur**, et le retable de Verdú de Jaume Ferrer II sont également dignes d'intérêt.
Les peintures de **Jaume Huguet** signalent l'amorce de la transition vers la Renaissance.
★★ **Tissus et vêtements** – Magnifique exposition de tissus du 3e au 18e s. et de vêtements liturgiques (14e-19e s.). On s'attardera sur la belle étoffe hispano-arabe du parement d'autel du **Drap de les Bruixes** (12e s.).

### Temple Romà A2

On ignore à quelle divinité ce temple romain était consacré. Bâti au 2e s., il se compose d'une petite *cella* de 10 m de long sur 12 m de haut et d'un atrium dont les colonnes lisses à base ionique sont surmontées de chapiteaux corinthiens. Une grande partie de l'ensemble a été restaurée. Autour sont encore visibles quelques vestiges du palais des Montcada (11e s.) qui dissimula le temple durant des siècles.

## À voir aussi Plan de ville

### Museu de l'Art de la Pell (Musée de la Tannerie) A1

*Arquebisbe Alemany, 5 - ✆ 938 833 279 - ♿ - mar.-sam. 11h-14h, 17h-20h, dim. et j. fériés 11h-14h - fermé 1er et 6 janv., 25-26 déc. - gratuit.*
La précieuse collection léguée par le tanneur Andreu Colomer Munmany servit à la création de ce singulier musée de la Tannerie. Sont exposés des objets de différents styles, époques et origines ; les différentes techniques du travail du cuir sont commentées.

## À proximité Carte de région

### ★ Monastère de Sant Pere de Casserres C1

*17 km au nord-est. Quitter Vic par la C 153 en direction de Roda de Ter ; après 5,5 km, prendre à droite la BV 5213 en suivant les panneaux « Tavèrnoles y Parador ». Au niveau du parador, suivre à gauche une petite route plus ou moins goudronnée (3,5 km). ✆ 937 447 118 - www.santperedecasserres.com - de mi-sept. à fév. : 11h-17h30 ; de mars à mi-juin : 10h-17h30 ; de mi-juin à mi-sept : 10h-19h - fermé lun., 2e quinz. janv. et 25 déc. ; ouverture exceptionnelle les lun. fériés (dans ce cas fermeture le mar. suivant) - 3 € (-7 ans gratuit).*
Juste avant d'atteindre le parador, garez-vous donc sur la droite pour bénéficier d'une belle **vue**★★ du lac de Sau qu'encadrent des escarpements élevés.
Le petit monastère roman de Sant Pere de Casserres jouit d'un **emplacement**★★

privilégié à l'extrémité d'une longue et étroite péninsule qui plonge dans les eaux du lac de Sau. La visite de ses dépendances nous révèle la vie monastique d'une petite communauté au 11e s. Un documentaire donne des explications sur la légende et l'histoire du monastère.

# Excursion Carte de région

### ★ Rupit i Pruit D1

*34 km au nord-est par la C 153.*

Ce pittoresque village s'inscrit dans un cadre de grandes chênaies alternant avec des prés. On y voit la spectaculaire cascade du **Salt de Sallent**. Dans la rue del Fossar se trouve la forge *(ferreria)*, maison typique reproduite au Poble Espanyol de Barcelone.

# Circuits conseillés Carte de région

## SERRAS DU SUD-OUEST

*76 km. Circuit tracé sur la carte de région p. 208-209.*

*Quitter Vic par l'ouest puis prendre la C 25 dir. Manresa, qui traverse un beau paysage boisé au milieu des montagnes. À la sortie 164, bifurquer sur la C 670 en direction d'Oristà.*

### Oristà C2

La route d'Oristà descend le versant nord de la montagne, offrant des panoramas de la plaine. Dans cette petite localité de la partie médiane de la vallée de la Riera Gavarresa, on remarquera l'**église Sant Andreu** (18e s.), au centre du village, qui possède une curieuse crypte préromane.

*Revenir jusqu'à la C 25 et poursuivre en face sur la C 59 vers L'Estany.*

### ★ L'Estany C2

C'est par une agréable route secondaire au milieu des bois que l'on accède à cette petite bourgade qui doit son nom à un étang asséché au 16e s.

★ **Monastère de Santa Maria** – *938 303 040 - mar.-dim. 10h-14h - fermé lun., 1er janv., 25 déc. - 3 €.* Ce monastère en plein centre du village fut l'un des hauts lieux de la réforme augustinienne du 11e s. Construit au 11e s. et converti en collégiale séculière au 18e s., il conserve autour du cloître un remarquable ensemble de bâtiments des 14e et 17e s., anciennes dépendances canoniales.

L'**église** est une œuvre romane (12e s.) comprenant une seule nef et trois absides, qui présente au transept une jolie **tour** reconstruite au 15e s. Attenante à l'église, la chapelle du Saint-Sacrement est l'ancienne salle capitulaire.

Le **cloître**★ est la partie la plus remarquable du monastère. Chaque galerie se compose de dix arcs reposant sur neuf paires de colonnes et portant 72 élégants **chapiteaux**★★. Ceux de la galerie nord, de style roman, représentent Adam et Ève ainsi que des scènes de la vie du Christ, de l'Annonciation à la Crucifixion. Des motifs décoratifs (palmes, feuilles d'acanthe et griffons), taillés avec un grand souci des proportions, abondent sur ceux de l'aile occidentale. L'exécution parfaite des entrelacs et la géométrie du corridor sud attestent d'une réalisation ultérieure. La partie orientale s'égaye de scènes profanes (mariages, musiciens, etc.) tirées du répertoire des céramiques de Paterna.

Au **musée du monastère** *(entrée par le cloître)* sont exposés de nombreux éléments architecturaux découverts durant sa restauration, quelques sculptures

et pièces d'orfèvrerie ainsi qu'une collection de faïences et de céramiques.
*Poursuivre par la C 59 vers le sud.*

### Moià C2

La **route★★** serpente à travers un paysage boisé, avant d'amorcer sa descente sur Moià. Cette station d'été est connue pour la fête populaire du « **Pollu** », curieux personnage masqué qui sème la panique dans la ville. Moià est la patrie de **Rafael Casanova**, héros du 11 septembre 1714.

## ★ SERRA DE MONTSENY

*170 km env. (4h). Circuit tracé sur la carte de région p. 208-209.*
Ce grand massif granitique, appartenant à la chaîne prélittorale catalane, couvert d'un épais tapis végétal où l'on trouve hêtres et chênes-lièges à profusion, est parcouru par de nombreuses sources.
Au sud-ouest se trouve le **Parc natural del Montseny**, qui s'étend sur 17 372 ha, avec le Matagalls (1 695 m), les Agudes (1 644 m) et le Turó de l'Home (1 707 m) comme points culminants.

### De Vic à Sant Celoni C-D 2

*60 km env. (1h30). Quitter Vic par le sud et 6 km plus loin prendre à gauche la B 520.*
Après la forêt de pins et de hêtres, la route traverse le charmant village de **Viladrau**, réputé pour ses eaux, puis redescend, laissant sur la droite un horizon montagneux. Plus loin, la descente par la corniche (GI 543) offre un large panorama des versants du Montseny. À partir d'**Arbúcies**, la route (GI 552) court parallèlement au lit rocailleux de la rivière et arrive à une bifurcation.
En prenant la GI 553 sur la gauche (à hauteur de Can Llopard), apparaît **Hostalric** au sommet d'une petite colline volcanique. Le village conserve une partie de ses **murailles★** médiévales (13e-15e s.) et un ancien château fort.
On quitte Hostalric par la C 35 (en direction de Barcelone). Après 6,5 km, la GI 552 à droite conduit à **Breda**. Cet important centre de poterie doit sa renommée au remarquable **monastère Sant Salvador★** dont subsiste l'église gothique, aux dimensions très équilibrées, le patio et le monumental **clocher★★** roman à cinq étages.
*Revenir à la C 35 et gagner Sant Celoni.*

### Sant Celoni D2

Sant Celoni se trouve dans la vallée du Tordera, dans une zone accidentée par les versants du massif du Montnegre. Le vieux quartier s'organise autour de la carrer Major où sont situés les commerces. L'élément le plus remarquable de la localité est la magnifique **façade★** baroque (18e s.) de l'**église de Sant Martí**, avec des sgraffites en forme de retable (allégories, les saints Celoni et Ermenter et une sorte de balustrade décorative).

### ★★ De Sant Celoni à l'ermitage Sant Marçal D2

*29 km au nord par la très étroite et tortueuse BV 5114, compter 45mn aller.*
La route grimpe en lacet à partir de Campins, offrant de belles **vues** sur la plaine côtière et la Méditerranée.
Les deux kilomètres du **parcours** précédant le barrage de Santa Fe (1 130 m d'altitude) s'effectuent en corniche. Á 7 km, adossé aux escarpements du Matagalls, se trouve l'**ermitage de Sant Marçal** (1 260 m).
*Retourner à Sant Celoni ou couper à Santa Fe de Montseny vers Montseny (13,5km d'une route de montagne très étroite et parfois escarpée).*

## ★ De Sant Celoni à Tona par Montseny C-D 2

*43 km (env. 1h).*

Ce **circuit** donne une idée d'ensemble de la cordillère. Après la riche plaine de Tordera et celle de Montseny, la route grimpe au milieu de paysages agrestes pour redescendre vers Tona, en passant devant l'église romane d'**El Brull** et la **tour Santa Maria de Seva**.

## NOS ADRESSES À VIC

### TRANSPORTS

**Gare routière** – *Pare Gallisa - ✆ 938 891 917.* La compagnie de bus **Sagalés** *(✆ 902 130 014 - www.sagales.com)* assure plusieurs liaisons quotidiennes avec Barcelone.

**Gare ferroviaire** – *Pl. de l'Estació, 4 - ✆ 902 240 202 - www.renfe.es.* Liaisons quotidiennes avec Barcelone et Puigcerdà.

### HÉBERGEMENT

#### POUR SE FAIRE PLAISIR

**Hotel Balmes** – *Francesc Pla « el Vigatà », 6 - ✆ 938 891 272 - www.hoteljbalmes.com - 50 ch. : 102 €.* À 20mn à pied du centre-ville, un grand hôtel moderne et sobre, sans charme particulier, mais tout confort.

**Hotel NH Ciutat de Vic** – *Pg Can Mastrot - ✆ 938 892 551 - www.nh-hotels.com - 36 ch. : 67/146 € - 11,50 € - rest. 20 €.* Proche de la grand-place, ce bâtiment à la façade discrète est doté du niveau de confort que l'on retrouve dans les hôtels de cette chaîne. Il offre à ses clients un service attentif et un équipement complet.

**Parador de Vic-Sau** – *Carretera de Roda de Ter (C 153), à 15 km au nord-est de Vic - ✆ 938 122 323 - wwx.parador.es - 39 ch : 143/155 € - 15 € - rest. 31 €.* Avec son allure de mas catalan, son architecture massive en pierres apparentes domine le paysage. Les chambres sont spacieuses et confortables, suffisamment bien équipées et décorées pour rendre le séjour mémorable. Ne manquez pas le restaurant où la cuisine de chef est servie dans un décor tout aussi soigné.

### RESTAURATION

**Spécialités** – Vic propose un grand choix de spécialités gastronomiques, surtout dans le domaine de la **charcuterie**. À Vic, on décerne le label « Denominación de Calidad Llonganissa » aux saucissons, aux diverses saucisses (crue, aux œufs, blanche ou noire), et aux *somalla, fuet* et *bulls*. Le *pa de pessic* est une sorte de pain d'épices très mou et rond. Dans toute la région, vous pourrez demander l'*aiguanaf*, eau-de-vie locale.

#### PREMIER PRIX

**El Caliu** – *La Riera, 13 - ✆ 938 895 271 - fermé dim. soir, lun. et mar. soir - 10/13 €.* Dans une salle ornée d'anciennes photos et de tableaux, une cuisine traditionnelle catalane.

#### BUDGET MOYEN

**Opera Barroca** – *La Riera, 16 - ✆ 649 682 988 - fermé dim. soir et lun. - menu déj. 10 €, carte 20/25 €.* Décor éminemment baroque pour ce minuscule restaurant proposant des spécialités de poissons et de riz. Service un peu lent.

2

### POUR SE FAIRE PLAISIR

**El Jardinet** – *Corretgers, 6 - ☏ 938 862 877 - fermé dim. soir et lun. - 28/35 €.* Une institution vigatane qui propose une cuisine de marché dans une atmosphère détendue. Petit patio fleuri intérieur.

**Cal' «U »** – *La Riera, 25 - ☏ 938 863 504 - www.restaurantcalu.com - fermé dim. soir, lun. et mar. soir - env. 40 €.* Restaurant à l'étage d'une demeure du 18e s., avec des fresques et des lustres extraordinaires. Le cadre justifie le détour, plus que la cuisine, somme toute banale.

**Boccatti** – *Mossèn Josep Gudiol, 21 - ☏ 938 895 644 - fermé dim. soir, merc. soir, jeu., de mi-avr. à fin avr., de mi-août à fin août - ▤ - 33/50 €.* Ce petit restaurant s'enorgueillit d'une excellente carte de poissons et de fruits de mer. La salle conserve le comptoir de l'ancien bar qui confère à l'ensemble un côté informel. Son seul inconvénient : ses prix plutôt élevés.

### PETITE PAUSE

**Mr Coffee Shop** – *Miquel Arcàngel, 2.* Dans les soubassements d'une demeure moderniste proche de la cathédrale, une cafétéria-glacier à la belle salle voûtée.

### ACHATS

**Marché** – *Mar. et sam. sur la pl. Major.* Celui du samedi est particulièrement animé et permet de goûter les spécialités de charcuterie locale.

### AGENDA

**Mercat del Ram** – *Sam. précédant le dim. des Rameaux.* Marché aux fleurs et vente d'animaux.

# Costa de Barcelona-Maresme

★

Province de Barcelona

## NOS ADRESSES PAGE 257

**S'INFORMER**
Les offices de tourisme sont répertoriés au fil du texte.

**SE REPÉRER**
Carte de région C3-D2 (p. 208-209) – *carte Michelin regional 574 H 37-38, G 38.* La Costa de Barcelona-Maresme démarre immédiatement au nord de Barcelone et s'étend jusqu'à la Costa Brava. Le littoral s'étire sur 53 km, entre Alella, la porte sud, et Palafolls, la porte nord.
Proche de la capitale catalane et bien desservie par la N II et l'autoroute A 19, la région s'est développée comme zone résidentielle.

**À NE PAS MANQUER**
Une dégustation de vin blanc à Alella.

**ORGANISER SON TEMPS**
La façade maritime de la Costa de Barcelona-Maresme n'est pas la plus séduisante de la Catalogne. N'hésitez pas à sillonner l'arrière-pays ou même à vous y baser le temps de votre séjour.

2

**Mer et montagne, stations balnéaires et paisibles villages de l'arrière-pays, vignes, pinèdes et forêts de chênes sont autant de caractéristiques de cette frange côtière catalane qui s'étend de Barcelone à la Costa Brava, dans la région de Gérone. Abritée par la chaîne littorale, elle jouit d'un climat agréable, avec des ciels dégagés et lumineux, et offre un profil rectiligne, aux longues plages, que seuls viennent troubler quelques escarpements rocheux.**

### UNE TERRE DE PASSAGE

Sur ces terres, traversées par la via Augusta, la marche des siècles a laissé d'intéressantes empreintes : les nombreux châteaux qui remémorent l'époque médiévale, les tours de défense (16e et 17e s.) attestant de l'infatigable harcèlement des pirates, les belles églises baroques et les demeures modernistes. Le commerce maritime fut l'une des principales bases du développement de la zone. L'ouverture en 1848 de la **première ligne de chemin de fer** d'Espagne (Barcelone-Mataró) amena un progrès considérable dans la région. Les attraits touristiques, sportifs ou gastronomiques – les **fraises** du Maresme sont excellentes – sont répartis entre les villages côtiers, dits « de Mar », et ceux de l'arrière-pays, dits « de Munt » ou « de Dalt ».

# Circuits conseillés

## D'ALELLA À MATARÓ

*20 km (env. 2h). Circuit tracé sur la carte de région p. 208-209.*

### Alella C3

Sous l'intense luminosité de ce village estival et résidentiel poussent de précieux vignobles, protégés par une appellation d'origine. Alella est surtout connu pour ses excellents blancs.

★ **Celler cooperatiu Alella vinícola** (Coopérative vinicole)– *Àngel Guimerá, 70 - ☏ 935 403 842 - visite guidée (1h30- 2h) sur demande (minimum 8 pers.) - 5 €.* Œuvre de l'architecte moderniste Jeroni Martorell, ses grandes voûtes abritent les témoins de l'expansion de l'industrie vinicole. Le contraste entre les anciens fûts et les cuves métalliques modernes est frappant.

### El Masnou C3

Ville traditionnellement vouée à la marine à voile, elle a connu un remarquable développement avec l'extension du port de plaisance qui a provoqué du même coup davantage d'intérêt pour sa plage, déjà l'une des plus fréquentées des Barcelonais. Localité toute en longueur s'étirant au pied de l'église Sant Pere, El Masnou est devenue une ville résidentielle très animée en été.

**Museu municipal de Nàutica** – *Josep Pujadas Truch, 1A (3e ét.) - ☏ 934 505 002 - www.elmasnou.cat - mar.-vend. 17h-20h, sam. 11h-15h, 17h-20h, dim. et j. fériés 11h-14h - fermé 15-31 août.* Ce musée aborde différents thèmes liés à la mer et au développement de la cité : archéologie sous-marine, vie maritime locale (types de pêche et d'embarcations), commerce, etc., le tout agrémenté d'une vidéo.

### Vilassar de Mar D3

Pionnière dans la floriculture (ses plantations d'œillets datent de 1923), elle est aujourd'hui l'une des premières localités d'Espagne pour la production de fleurs et de plantes ornementales. Elle disposait par le passé d'importants arsenaux et son collège de la Marine marchande vit passer de futurs capitaines, pilotes et marins de prestige. Le **passeig Marítim**, classique et noble, avec ses palmiers et ses jardins, adopte un tracé rectiligne face à la plage de gros sable.

**Museu de la Marina** – *Av. Eduard Ferrés i Puig, 31 - ☏ 937 502 121 - sam. 11h-14h, 17h-20h, dim. 11h-14h.* Dans une villa moderniste, instruments de navigation, mobilier, vaisselle et cartes marines font revivre la saga des voyages transatlantiques.

### Argentona C-D2

Célèbre pour ses fontaines, cette localité de l'arrière-pays est environnée d'agréables bois de chênes verts et de pins. Le centre urbain présente un aspect raffiné et élégant.

**Museu del Càntir** – *Pl. de l'Església, 9 - ☏ 937 972 152 - www.museucantir.org - mat. et apr.-midi, dim. mat. - fermé lun., 1er et 6 janv., 24 juin, 25-26 déc. - 2 € (dernier dim. du mois gratuit).* Importante collection de cruches, dont l'utilisation demeure vivace dans toute la région.

### ★ Mataró D2-3

*Dans les locaux de l'Ajuntament - La Riera, 48 - ☏ 937 582 100 - www.mataro.org - juil.-août : 10h-13h, 17h-20h ; dim. et j. fériés 10h-14h - sept.-juin : 10h-13h, 17h-19h ; dim. et j. fériés 10h-14h.*

Port de Mataró.
*L. Campion / MICHELIN*

Chef-lieu de la *comarca*, Mataró est un centre industriel actif dont le développement constant s'est effectué autour d'un nœud de communications. L'ample **passeig Marítim** constitue une agréable promenade le long de la mer. La plage, avec ses équipements de loisirs, accueille quelques organisations sportives.

À l'ouest, le **port de plaisance**, le plus important de la côte de Barcelona-Maresme avec sa capacité de 1 100 postes d'amarrage, voit son animation accrue par la présence d'un bassin pour bateaux de pêche, d'une cale aux grues puissantes et d'une vaste zone commerciale groupant commerces et restaurants modernes. En centre-ville, voir les nombreuses constructions modernistes, réalisées pour la plupart par Puig i Cadafalch.

**Museu de Mataró** – *El Carreró, 17 - ✆ 937 582 401 - de mi-juin à mi-sept. : tte la journée ; reste de l'année : tte la journée, w.-end et j. fériés mat. et apr.-midi - fermé lun., 1er et 6 janv., Vend. saint, lun. de Pâques, 1er Mai, 27 juil., 25-26 déc. - gratuit.* Situé en plein centre, dans un curieux édifice du 16e s., le musée expose différentes découvertes archéologiques ainsi que des objets liés à l'histoire de Mataró et de la *comarca* du Maresme.

**Église de Santa Maria** – L'église baroque se dresse sur le site de l'ancien forum romain. En y pénétrant, on est d'emblée frappé par ses dimensions. Dans la chapelle située dans le bras gauche du transept, on signalera le retable baroque d'El Roser.

**Ensemble archéologique Torre Llauder** – *Av. Roma, s/n - ✆ 937 981 858 - w.-end et j. fériés mat. - fermé lun., 1er et 6 janv., Vend. saint, lun. de Pâques, 1er Mai, 27 juil., 25-26 déc. - gratuit.* Situé à l'extrémité sud de la ville, ce gisement a permis de mettre au jour une ville du 1er s. av. J.-C. On identifiera sans peine les bains, les chambres ainsi que les porches.

## DE CALDES D´ESTRAC À PALAFOLLS

*30 km ( env. 2h30). Circuit tracé sur la carte de région p. 208-209.*

### Caldes d'Estrac ou Caldetes D2

Ce beau village proche de la mer fut à l'origine du tourisme en Catalogne à la fin du 19e s. en raison de la qualité de ses sources thermales – des eaux chlorées qui jaillissent à 39° C.

### Arenys de Mar D2

*Riera Pare Fita, 31 (Ed. Calisay) - 937 957 750 - www.arenysdemar.cat - été : lun.-sam. 9h-14h, jeu.-sam. 17h-21h ; dim. et j. fériés 9h30-14h - hiver : lun.-vend. 9h-14h, lun.-jeu. 17h-20h.*

L'histoire d'Arenys de Mar a toujours été centrée sur la mer. La ville, qui connut jadis un grand prestige commercial, est devenue une station estivale dynamique, dont les plages de gros sable, bien entretenues, attirent un grand nombre de vacanciers. La plage la plus remarquable est celle de Cabaye qui se déploie sur plus de 500 m. Isolée par un massif montagneux de l'influence climatologique continentale, Arenys jouit d'un microclimat printanier, même en hiver.

Les immeubles résidentiels alternent avec les maisons de pêcheurs, constituant un véritable puzzle architectural. Des discothèques, des pubs et tout un ensemble d'équipements de loisirs, auxquels il faut ajouter les fêtes de plein air, y attirent la foule en été. Le port de plaisance, l'un des meilleurs de Catalogne, est le théâtre d'importantes compétitions nautiques. Il occupe la majeure partie du port mixte, fermé par le môle d'accostage des navires de pêche dont le retour donne lieu à une vente de poissons à la criée.

**Église de Santa Maria** – Cette église du 16e s., à la façade baroque (18e s.), abrite le merveilleux **retable★★** de Pau Costa, œuvre de grandes dimensions où le plus petit détail fut traité avec la méticulosité propre au style baroque.

**Museu Marès de la Punta** – *Carrer de l'Església, 43 - 937 924 444 - tlj sf lun. mat. et apr.-midi, dim. mat. - 3 € (entrée combinée avec le Museu Mollfulleda de Mineralogía).* La dentelle aux fuseaux est, avec les *ametlles* (amandes), l'un des symboles d'Arenys. À l'hôpital Xifré, siège du musée, on peut apprécier la virtuosité et la finesse de ces réalisations.

**Museu Mollfulleda de Mineralogía** – *Carrer de l'Església, 37 - 937 924 444 - tlj sf lun. mat. et apr.-midi, dim. mat. - 3 € (entrée combinée avec le précédent).* Riche collection de minéraux.

**Cimetière municipal** – *937 957 750 - tlj sf lun. mat. et apr.-midi, dim. et j. fériés mat. - gratuit.* Situé en haut du chemin de La Pietat, il a été chanté par le poète **Salvador Espriu** (1913-1985) dans son livre *Cementeri de Sinera (Les Cimetières de Sinera).* Ses allées accueillent des **monuments funéraires** réalisés par des sculpteurs modernistes.

### Canet de Mar D2

*Ctra N-II, s/n - 937 940 898 - www.canetdemar.org - été : 9h-14h, 17h-21h, dim. 10h-14h, 17h-21h ; hiver : merc.-sam. 9h-14h, dim. 10h-14h.*

Entouré de collines boisées, Canet dispose d'une vaste plage qui s'étire le long de la promenade maritime, et s'enorgueillit d'un intéressant ensemble d'édifices modernistes parmi lesquels il convient de citer la **Casa-Museu de Domènech i Montaner**. Dans la partie la plus haute de la ville se trouve le **sanctuaire de la Miséricorde**, où se vénère la Vierge du même nom. *Riera Gavarra, 2 - 937 954 615 - horaires variables - 2 €.*

### Sant Pol de Mar D2

Dans cette merveilleuse localité côtière pleine de lumière, on peut respirer les parfums de la Méditerranée. Depuis les années 1960, sa vocation résidentielle n'a fait que s'accroître. De tous les points de la cité, on peut voir la silhouette de Sant Pau, ermitage qui la domine et offre de très belles **vues** sur la mer.

### Calella D2

*Sant Jaume, 23 - ☏ 937 690 559 - www.publintur.es/calella - lun.-sam. 9h-13h30, 15h-19h, j. fériés 9h-13h30 - fermé dim.*

Localité cosmopolite, bondée en été, Calella est la véritable capitale touristique du Maresme. Les innombrables terrasses, restaurants, tavernes typiques et discothèques sont, avec sa plage de gros sable pur, ses principaux attraits.

### Palafolls D2

Sur les collines qui encadrent le village, à 150 m d'altitude, s'élèvent les ruines du **château**, qui dominent la partie basse du cours du Tordera et la plaine fertile qu'il arrose. Construit entre les 12e et 15e s., il présente trois belles enceintes restaurées et une chapelle aux murs ornés de motifs décoratifs.

## NOS ADRESSES SUR LA COSTA DE BARCELONA-MARESME

#### TRANSPORTS

**En train** – **Renfe** : *☏ 902 240 202 - www.renfe.es*. Départs de l'aéroport de Barcelone toutes les 30mn ou de la station de Sants toutes les 10mn. Compter 45mn de trajet jusqu'à Mataró. Le train longe la Costa de Barcelona-Maresme jusqu'à Maçanet, au-delà de Blanes, avec des arrêts à chaque station balnéaire.

**En autocar** – Départs depuis l'Estació Nord par la compagnie **Barcelona Bus** *(☏ 932 320 459)*. 25mn de trajet jusqu'à Mataró. Le bus poursuit également jusqu'à Maçanet.

Depuis Mataró, il est possible de rejoindre en bus l'intérieur des terres, vers Granollers puis Vic (départs de la gare routière).

#### HÉBERGEMENT

### Circuit d'Alella à Mataró

PREMIER PRIX

**Hotel Cabrils** – *Emilia Carles, 31 - Cabrils - 12 km au sud-ouest de Mataró par la C 31 - ☏ 937 532 456 - fermé de fin déc. à fin janv. - P - 19 ch. : 50 € - ☕ 2,50 € - rest. 9,70 €.* Petit hôtel modeste et simple. Bon rapport qualité/prix malgré la présentation et le confort un peu rustique des chambres. Animaux familiers acceptés.

BUDGET MOYEN

**Hotel Colón** – *Colón, 6 - Mataró - ☏ 937 905 804 - www.hotelcolonmataro.com - ▤ - 52 ch. : 69/79 € - ☕ 11 €.* Sa localisation centrale près de la plage et du port parle d'elle-même. Les chambres au mobilier et à la décoration désuets sont tout de même assez confortables. Certaines sont dotées d'une terrasse. Service agréable et prévenant.

**Hotel Torino** – *Pere Grau, 21 - El Masnou - ☏ 935 552 313 - www.hoteltorinoelmasnou.com - fermé 25 déc. - 13 ch. : 70 € - ☕ 7 € - rest. 11 €.* Hôtel central et familial, à la fois moderne et simple. Son petit nombre de chambres confortables et fonctionnelles en fait un établissement tranquille

2

et personnel. Coquette salle à manger.

**Hotel NH Ciutat de Mataró** – *Camí Ral, 648 - Mataró - 937 575 522 - www.nh-hoteles.com - - 101 ch. : 69/161 € - 11,50 € - rest. 37 €.* Édifice à la façade moderne situé dans une artère importante desservant la localité. Les chambres impeccables sont en rapport avec le style de cette chaîne hôtelière de qualité. Des appartements en duplex sont également proposés. Le restaurant, bien connu pour sa cuisine du marché, mérite une attention toute particulière.

### Circuit de Caldes d'Estrac à Palafolls

#### PREMIER PRIX

**Camping Roca Grossa** – *Ctra N II, km 665 - Calella - 937 691 297 - www.rocagrossa.com - 400 pl. : 7,10 €/pers., enf. : 6,25 €, tente : 7,10 €, voiture : 7,10 € - ouvert fév.-nov.* Proximité de la plage et facilité d'accès aux restaurants et discothèques de Calella.

#### POUR SE FAIRE PLAISIR

**Hotel Sant Jordi** – *Turisme, 80 - Calella - 937 661 919 - www.hotelsantjordi.com - - 49 ch. : 80/140 € - rest. 25 €.* Dans une rue parallèle à la plage, un hôtel à taille humaine, aux chambres confortables et sobrement décorées. Piscine de taille olympique. Au restaurant, cuisine « fusion » dans le goût actuel.

**Gran Sol (école hôtelière)** – *Ctra N II, s/n - Sant Pol de Mar - 937 600 051 - www.hotelgransol.info - P - 44 ch. : 63/150 € - 9 €. - Rest. 20/34 €.* En bord de route. L'activité d'école hôtelière est largement compensée par des chambres fonctionnelles, toutes disposant d'une terrasse avec vue sur mer.

## RESTAURATION

### Circuit d'Alella à Mataró

#### PREMIER PRIX

**Can Laru** – *Sant Simó, 3 - Mataró - 937 903 234 - 11 €.* Petit restaurant situé derrière l'église, doté d'une salle fraîche et conviviale. Ambiance de quartier, plats copieux et produits frais.

**Antic Celler d'en Mar** – *Muralla de Sant Llorenç, 14 - Mataró - dîner seult - 20h-0h.* Une jolie salle de caractère aménagée dans l'ancienne muraille. Récemment reprise par une nouvelle équipe, cette institution propose des charcuteries et des grillades de viandes et de poissons.

#### POUR SE FAIRE PLAISIR

**Hostal de la Plaça** – *Pl. de l'Església, 11 - Cabrils - 12 km au sud-ouest de Mataró par la C 31 - 937 531 902 - www.hostaldecabrils.cat - fermé dim. soir, lun. sf j. fériés, de déb. sept. à déb. oct. - - 32/44 €.* La restauration est l'activité principale de cet établissement qui propose également des chambres personnalisées d'un niveau de confort correct. Deux salles à manger au rez-de-chaussée et plusieurs salles privées au premier étage. Cuisine classique catalane.

**El Celler d'Argentona** – *Bernat de Riudemeya, 6 - Argentona - 937 970 269 - www.cellerargentona.com - fermé dim. soir, lun. - - 32/51 €.* Cette cave rustique et intime conserve deux pressoirs du 18e s. et d'anciens azulejos aux murs. Le cadre idéal pour jouir d'une cuisine qui s'inspire du livre de recettes traditionnelles. Spécialités catalanes (cabillaud) et gibier.

**El Nou Cents** – *Del Torrent, 21 (pl. Las Teresas) - Mataró - 937 993 751 - www.elnou-cents.*

*com - fermé dim., Sem. sainte, août -* ▤ *- 36/48 €.* À la suite d'une réhabilitation complète de ses locaux, ce restaurant a acquis élégance et un haut niveau de confort. Il dispose d'un hall d'entrée, de plusieurs salles et d'une cuisine ample et moderne où sont préparés des produits de saison.

### Circuit de Caldes d'Estrac à Palafolls

UNE FOLIE

**El Hogar Gallego** – *Ànimes, 73 - Calella - ✆ 937 662 027 - www.elhogargallego.com - fermé lun. -* ▤ *- autour de 55 €.* Le vivier à l'entrée et l'exposition de produits de la mer reflètent le type de cuisine de l'établissement. Spécialités de poissons et de fruits de mer composent le gros de la carte traditionnelle. Les salles du restaurant se distribuent sur plusieurs niveaux que dessert un ascenseur panoramique.

**Hispània** – *Real, 54 - Arenys de Mar - ✆ 937 910 457 - www.restauranthispania.com - fermé dim. soir, mar., Sem. sainte, oct. -* ▤ *- 60/80 €.* Tout proche de la route. Le classicisme ponctué de détails modernes de la salle principale contraste avec la grande simplicité des deux autres salles. L'excellente qualité des poissons et fruits de mer fidélise la clientèle depuis un demi-siècle.

#### ACHATS

**Miracle** – *Riera, 35 - Mataró - ✆ 937 904 443 - www.miracle.es.* Située en plein centre historique, cette entreprise familiale, fondée en 1885, est célèbre pour ses pâtisseries, ses confiseries et ses cafés très recherchés. Une des spécialités de la maison : les *carrils de Mataró*, biscuits secs en forme de train qui rendent un bel hommage à la première ligne de chemin de fer espagnol, qui reliait Barcelone à Mataró à l'époque.

#### EN SOIRÉE

**À Mataró** – La vie nocturne est localisée vers le port de plaisance et la Ronda de Barceló.

**À Calella** – Grand rendez-vous des noctambules de la région, Calella ne manque pas de terrasses animées en été. Bars de nuits et discothèques assurent l'ambiance toute la nuit sur le front de mer et dans les petites rues du centre. Il n'y a qu'à choisir l'ambiance qui vous convient.

## N°1 mondial des pneumatiques avec 16,3 % du marché

## Une présence commerciale dans plus de 170 pays

## Une implantation industrielle au cœur des marchés

**72** sites industriels dans **19** pays ont produit en 2009 :

- **150** millions de pneus
- **10** millions de cartes et guides

## Des équipes très internationales

Plus de **109 200** employés* de toutes cultures sur tous les continents dont **6 000** personnes employées dans les centres de R&D en Europe, aux États-Unis, en Asie.

*102 692 en équivalents temps plein

# Le groupe Michelin en un coup d'œil

## Michelin présent en compétition

À fin 2009

- **24h du Mans**
  12 années de victoires consécutives
- **Endurance 2009**
  • 6 victoires sur 6 épreuves en Le Mans Series
  • 12 victoires sur 12 épreuves en American Le Mans Series
- **Paris-Dakar**
  Depuis le début de l'épreuve, le groupe Michelin remporte toutes les catégories (auto, moto, camion)
- **Endurance moto**
  Champion du monde 2009
- **Trial**
  Tous les titres de champion du monde depuis 1981 (sauf 1992)

# Michelin, implanté près de ses clients

**72 sites de production dans 19 pays**

- Algérie
- Allemagne
- Brésil
- Canada
- Chine
- Colombie
- Espagne
- Etats-Unis
- France
- Hongrie
- Italie
- Japon
- Mexique
- Pologne
- Roumanie
- Royaume-Uni
- Russie
- Serbie
- Thaïlande

**Un centre de technologies réparti sur 3 continents**

- Amérique du Nord
- Asie
- Europe

**Production de caoutchouc naturel**

- Brésil

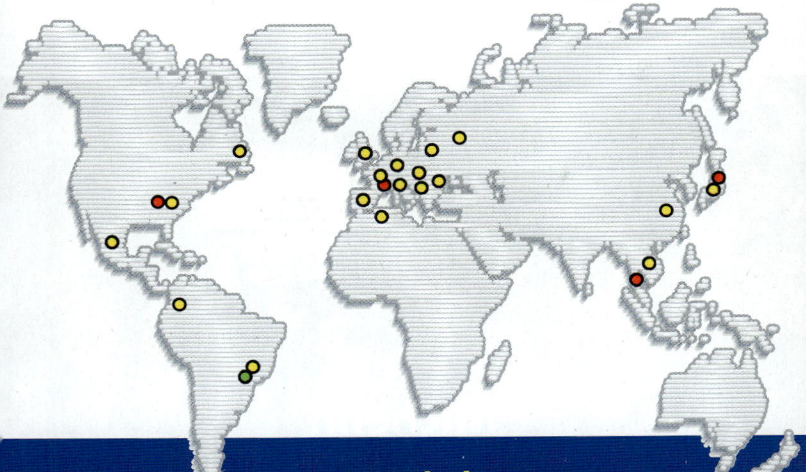

## Notre mission

**Contribuer, de manière durable, au progrès de la mobilité des personnes et des biens en facilitant la liberté, la sécurité, l'efficacité et aussi le plaisir de se déplacer.**

# Michelin s'engage pour l'environnement

**Michelin, 1er producteur mondial de pneus à basse résistance au roulement, contribue à la diminution de la consommation de carburant et des émissions de gaz par les véhicules.**

Michelin développe, pour ses produits, les technologies les plus avancées afin de :

- diminuer la consommation de carburant, tout en améliorant les autres performances du pneumatique ;
- allonger la durée de vie pour réduire le nombre de pneus à traiter en fin de vie ;
- privilégier les matières premières à faible impact sur l'environnement.

Par ailleurs, à fin 2008, 99,5 % de la production de pneumatiques en tonnage est réalisé dans des usines certifiées ISO 14001*.
Michelin est engagé dans la mise en œuvre de filières de valorisation des pneus en fin de vie.

*certification environnementale

**Deux roues**

**Distribution**

**Partenaire des constructeurs, à l'écoute des utilisateurs, présent en compétition et dans tous les circuits de distribution, Michelin ne cesse d'innover pour servir la mobilité d'aujourd'hui et inventer celle de demain.**

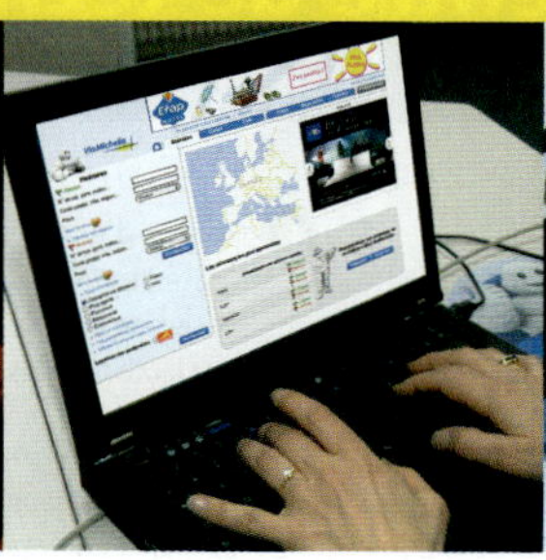

**Cartes et Guides**

**ViaMichelin**
des services d'aide au voyage

**Michelin Lifestyle**
des accessoires pour vos déplacements

# MICHELIN
# joue l'équilibre des performances

- **Longévité des pneumatiques**
- **Économies de carburant**
- **Sécurité sur la route**

... les pneus MICHELIN vous offrent les meilleures performances, sans en sacrifier aucune.

# Le pneu MICHELIN
# un concentré de technologie

**1 Bande de roulement**
Une épaisse couche de gomme assure le contact avec le sol. Elle doit évacuer l'eau et durer très longtemps.

**2 Armature de sommet**
Cette double ou triple ceinture armée est à la fois souple verticalement et très rigide transversalement. Elle procure la puissance de guidage.

**3 Flancs**
Ils recouvrent et protègent la carcasse textile dont le rôle est de relier la bande de roulement du pneu à la jante.

**4 Talons d'accrochage à la jante**
Grâce aux tringles internes, ils serrent solidement le pneu à la jante pour les rendre solidaires.

**5 Gomme intérieure d'étanchéité**
Elle procure au pneu l'étanchéité qui maintient le gonflage à la bonne pression.

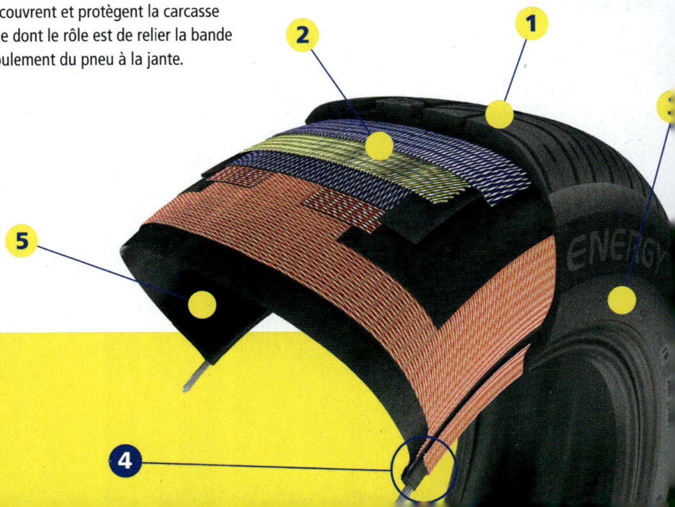

# Suivez les conseils du bonhomme MICHELIN

**Pour gagner en sécurité :**

- Je roule avec une pression adaptée.
- Je vérifie ma pression tous les mois.
- Je fais contrôler régulièrement mon véhicule.
- Je contrôle régulièrement l'aspect. de mes pneus (usure, déformations).
- J'adopte une conduite souple.
- J'adapte mes pneus à la saison.

www.michelin.com
www.michelin.(votre extension pays - ex : fr pour France)

# LA COSTA BRAVA

# La Costa Brava 3

Carte Michelin Regional 574 – Province de Girona

# Gérone

**Girona**

★★

96 188 Gironins – Province de Girona

## NOS ADRESSES PAGE 276

### S'INFORMER

**Office de tourisme** – *Joan Maragall, 2 (hôpital Santa Caterina) - ✆ 872 975 975 - www.girona.cat/turisme - lun.-vend. 8h-20h, sam. 8h-14h, 16h-20h, dim. et j. fériés 9h-14h.*

### SE REPÉRER

Carte de région A2 (p. 260) – *carte Michelin Regional 574 G38.* Située à un carrefour routier, la ville est très bien desservie : l'A 7, en provenance de la France, passe par Figueres, puis la relie à Barcelone (97 km au sud-ouest), la C 66 va à Besalú, et la C 25 assure la liaison avec Vic (79 km au sud-est). Pour gagner le littoral, vous avez le choix entre la C 66 (Palafrugell) et la C 65 (Sant Feliu de Guíxols).

### SE GARER

Situé sur la rive droite de l'Onyar, le centre historique de Gérone est en grande partie interdit aux voitures. Garez-vous dans la partie moderne de la ville ; les parkings sont nombreux aux abords de la voie principale, la Gran Via Jaume I. Privilégiez le parking Santa Caterina, très bien situé.

### À NE PAS MANQUER

Pour conclure votre visite de la ville, faite une promenade sur les murailles pour jouir d'une belle vue sur les toits et les clochers de Gérone.

### ORGANISER SON TEMPS

Pour comprendre les vifs contrastes de Gérone, il faut visiter le vieux quartier avec ses belles constructions romanes et gothiques (comptez une journée), puis se diriger vers la ville nouvelle, où les grandes pierres de taille de la cathédrale et des églises cèdent la place aux édifices modernistes et aux blocs de bureaux (comptez une demi-journée). Gérone est connue pour ses ponts et ses larges avenues qui invitent à la promenade.

### AVEC LES ENFANTS

Un vol en montgolfière au-dessus de Gérone *(voir « Nos adresses à Gérone » p. 279)* ; les activités nautiques au lac de Banyoles.

**La ville historique et monumentale de Gérone fut le siège épiscopal et l'ancienne capitale du comté médiéval du même nom. Elle bénéficie d'un site privilégié, au confluent du Ter et de l'Onyar. Ce dernier constitue l'axe de la ville, qu'il traverse entièrement. Le vieux quartier qui se dresse sur la rive droite de la rivière, sur le flanc d'une colline autrefois entourée de murailles, présente tout un réseau de charmantes rues et places et de nombreux édifices nobles. La ville moderne s'étend dans la plaine, entre la rive gauche de l'Onyar et le parc de la Devesa.**

Sur les rives de l'Onyar.
*D. Chapuis / MICHELIN*

## Se promener Plan de ville

### ★★ LA VIEILLE VILLE (FORÇA VELLA)

*Partir de l'office de tourisme, installé dans l'extension moderne de l'hôpital Santa Caterina.*

Les édifices de grande allure et les différents éléments architecturaux des rues et des places personnalisent fortement ce quartier de l'ancienne Gérone. Les bâtiments de pierre grise et les recoins surprenants associés à des espaces caractéristiques confèrent à ce secteur un attrait singulier. On ne peut parler de cette ville sans évoquer la rue de la Força, les abords de la cathédrale, et des rues aussi symboliques que les carrers dels Ciutadans, de Sant Domènec ou **Ballesteries**. Le conglomérat de façades et de galeries se reflétant dans les eaux de l'Onyar offre l'une des images les plus pittoresques de Gérone.

### Hospital Santa Caterina A2

Cet édifice baroque est désormais serti dans le bâtiment de verre de la **Seu de la Generalitat de Catalunya**, inauguré en avril 2010. Sur la plaça Pompeu Fabra, on peut admirer sa façade néoclassique très élégante et austère. Le bâtiment abrite, entre autres, l'office de tourisme, une grande librairie catalane et un auditorium. Ce dernier, aménagé dans l'ancienne chapelle, devrait bientôt accueillir un tableau monumental, *Le Grand Jour de Gérone*, œuvre de Ramon Martí i Alsina relatant un épisode du siège de la ville en 1809.

*Au bout de la pl. P. Fabra, traverser en biais la pl. Catalunya qui recouvre la rivière.*

### ★ Rambla de la Llibertat B2

S'étirant le long de l'Onyar, bordée de cafés et de commerces, la Rambla de la Llibertat est la principale voie d'entrée dans la vieille ville et l'une des plus animées. Au-delà du pont de pierres, des arcades médiévales abritaient jadis un grand marché. La Rambla se prolonge par la carrer de l'Argenteria, beaucoup plus étroite mais tout aussi animée, qui mène au pont de Sant Agustí.

## La « ville des sièges »

C'est sous ce surnom que l'on connaît la ville de Gérone, qui, du fait de sa position stratégique, eut à subir de nombreux sièges au cours de son histoire. Les plus lourds de conséquences furent menés par les armées napoléoniennes au début du 19e s.

### DES ROMAINS À CHARLEMAGNE

L'origine de Gérone, qui remonterait au 8e s. av. J.-C., est mal connue. Ce que l'on sait avec certitude cependant, c'est que les Romains s'y installèrent et lui attribuèrent le nom de **Gerunda**. Sa position stratégique sur le tracé de la via Augusta nécessita d'en faire une place forte et la partie la plus élevée – zone entourant aujourd'hui la cathédrale – fut fortifiée d'une enceinte triangulaire. De ces remparts, qui avaient pourtant résisté aux multiples assauts tout au long de l'histoire et étaient restés presque intacts jusqu'en 1895, il ne reste aujourd'hui que quelques fragments.

Avec la création d'un évêché au 5e s., la ville acquit de l'importance et, la population augmentant considérablement, des foyers d'habitation s'établirent autour d'édifices religieux hors des murs, foyers qui seront à l'origine des futurs quartiers.

La domination musulmane, dès 716, ne dura que soixante-dix ans, ce qui explique le peu de vestiges témoignant de cette présence. Libérée par Charlemagne, la ville fit partie de la Marche d'Espagne, ligne défensive de l'Empire franc, et fut la capitale d'un comté qui, en 793 puis en 827, subit les assauts des troupes musulmanes avant de se fondre quelques années plus tard dans celui de Barcelone.

### LA PÉRIODE DE SPLENDEUR

Du 9e au 11e s., la riche et puissante Église de Gérone, profitant des pouvoirs conférés par les comtes, exerça une influence grandissante sur la vie politique catalane. En même temps, le quartier juif voyait ses activités se développer.

Aux 11e et 12e s., l'essor de la ville se poursuivit, marqué par la construction des quartiers bourgeois de Santa Maria, Sant Pere, Sant Feliu et du Mercadal.

En 1285, le roi de France Philippe III le Hardi, qui soutenait les prétentions de son fils Charles de Valois au trône de Sicile, engagea la « croisade d'Aragon » contre Pere III. Il s'empara de Gérone après un long siège, mais une épidémie de dysenterie et une victoire navale des Catalans sur la flotte française obligèrent les Français à se retirer.

Au 14e s., Gérone était la ville la plus peuplée de Catalogne après Barcelone, mais des événements malheureux – mauvaises récoltes, épidémies et luttes internes – ruinèrent cette prospérité économique.

La ville se releva pourtant au 16e s., mais fut à nouveau en partie détruite durant la guerre des Moissonneurs (1640-1652).

Finalement, le redressement catalan au 18e s. permit à Gérone de retrouver la prospérité antérieure à la crise du 14e s.

### LA « GUERRE DU FRANÇAIS »

Au début du 19e s., la guerre d'indépendance contre l'envahisseur napoléonien, communément appelée ici la « guerre du Français », ruina la ville une fois de plus. Gérone fut en effet soumise à trois sièges par les troupes

de Napoléon. Le 20 juin 1808, la ville était assiégée par l'armée française et, malgré le mauvais état des fortifications, un petit nombre de soldats soutenus par la population civile réussit à repousser les assauts. Le 22 juillet de la même année, une deuxième offensive française fut également repoussée par le peuple. La position stratégique qu'occupait la ville sur la route de la France poussa Napoléon à l'assiéger de nouveau en mai 1809. Le gouverneur militaire, **Álvarez de Castro** (1749-1810), mena en cette occasion la défense de la ville et, après sept mois d'une résistance qui vit Gérone perdre la moitié de sa population, le pacte de capitulation fut signé.
Le retard démographique et économique qui s'ensuivit s'accompagna d'un nouveau déclin. C'est la répartition des terres décidée par Mendizábal qui y mit un terme après 1835 en assurant l'installation de manufactures sur les terres récupérées, en particulier sur les biens de l'Église. Gérone devint alors une cité industrielle et la ville assuma les idées progressistes et libérales les plus avancées.

## LA GÉRONE MODERNE

Après la destruction des remparts en 1895 fut approuvé un projet d'extension, moins ambitieux que celui de Barcelone, qui contribua cependant à améliorer l'image de Gérone. Les rénovations urbaines se succédèrent tout au long des vingt premières années du 20e s., menées notamment par l'architecte **Rafael Masó**, qui réalisa de nombreux édifices pour la haute société dans la zone d'expansion de la ville. Après la guerre civile, à partir de 1950, la ville retrouva progressivement l'expansion économique qui devait se consolider dix ans plus tard. Cet essor, rendu possible en grande partie par le tourisme, s'accompagna de l'arrivée de nombreux immigrants et de la montée en puissance des mouvements culturels et politiques catalanistes.

## GÉRONE ET LE JUDAÏSME

Après Barcelone, Gérone est la ville catalane où la présence juive fut la plus importante. Le prestige de son école cabalistique et le rôle des hommes qu'elle a formés se confondent avec les nombreux souvenirs qui subsistent encore.
L'ancien quartier juif, très visité, se situe dans une zone qui va du dernier tronçon de l'actuelle **carrer de la Força** jusqu'à la cathédrale. Lors de sa formation, vers le milieu du 13e s., il prit le même nom que celui de Barcelone : **Call**. Les Juifs étaient obligés de résider ce ghetto, et les accès et ouvertures donnant du côté de la ville chrétienne étaient murés (on aperçoit encore quelques fenêtres murées sur la carrer de la Força).

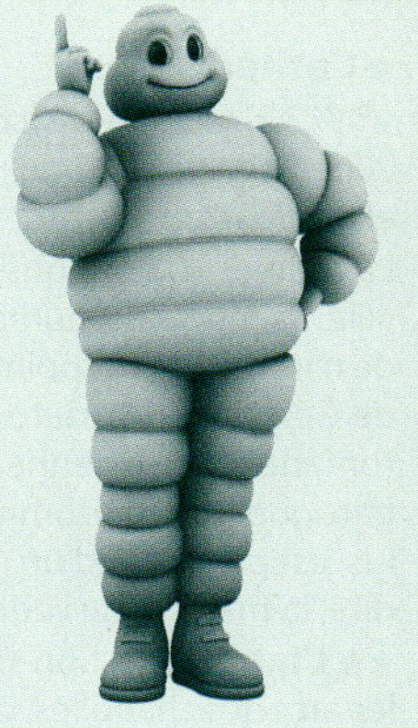

La plupart des édifices de ce secteur conservent une grande partie de leur saveur ancienne, constituant un magnifique cadre où l'on peut imaginer comment se déroulait la vie d'une communauté aussi prospère que celle de Gérone. Bien que le tracé actuel des rues et ruelles ne corresponde plus tout à fait à celui de l'époque médiévale et que les édifices aient subi diverses transformations lors des cinq derniers siècles, le pouvoir évocateur de l'ensemble est si fort que l'atmosphère y est chargée d'intensité et de mystère.

*Au niveau du pont, tourner à droite (pl. Quatre Cantons) puis prendre encore à droite la carrer B. Carreras i Peralta jusqu'à la plaça de l'Oli.*

### Fontana d'Or B1

Connue sous ce nom depuis le 18e s., cette construction d'origine romane a eu différentes fonctions à travers le temps. Elle accueille aujourd'hui des expositions d'art.
*Revenir à la plaça Quatre Cantons par le même chemin.*

### El Call (Quartier juif) B1

Dans le prolongement de la carrer Carreras i Peralta, la **carrer de la Força**, traverse le « Call », l'ancien quartier juif, où se concentrait la communauté juive de Gérone jusqu'à son expulsion décrétée par les Rois Catholiques en 1492. Cet ensemble de hautes bâtisses est sillonné de venelles pentues et d'escaliers tortueux entourant l'emplacement de l'ancienne synagogue. La carrer de la Força mène directement à la place de la cathédrale, mais il est possible de rejoindre cette dernière par des voies détournées en choisissant de suivre l'une des ruelles escarpées du Call.
**Museu d'Història dels Jueus** B1 A – *Carrer Força, 8 - ✆ 972 216 761 - sept.-juin : mar.-sam. 10h-18h, dim., lun. et j. feriés 10h-14h ; juil.-août : lun.-sam. 10h-20h, dim. et j. feriés 10h-14h - fermé 1er et 6 janv., 25-26 déc. - 2 € (-16 ans gratuit), audioguide 4 €.* Ce musée fait revivre de façon émouvante l'histoire et la vie quotidienne d'une communauté attestée dès le 10e s. à Gérone. Nombreux documents, panneaux explicatifs et belle collection de stèles gravées permettent de comprendre l'importance économique représentée par les Juifs, protégés à la fois par l'Église et par la couronne catalano-aragonaise (qu'ils finançaient), puis le désastre économique que supposa leur bannissement.
Un peu plus loin, dans la rue, le **Centre Bonastruc ca Porta** est situé à l'emplacement de l'ancienne synagogue du 15e s. Il abrite, outre une librairie, l'Institut d'études juives nahmanides, du nom du médecin, philosophe et rabbin Mossè ben Nahman (1194-1270), membre éminent de la communauté.
*Poursuivre dans la carrer de la Força.*

### Pia Almoina B1 N

L'édifice qui abritait cette institution de bienfaisance (Pia Almoina signifie « Pieuse aumône ») est un magnifique exemple d'art gothique civil. Sa façade principale, très haute et ferme, donne un aperçu de la monumentalité de cette construction très sobre. C'est actuellement le siège de l'École d'architecture.

### ★ Cathédrale B1

*✆ 972 214 426 - www.catedraldegirona.org - nov.-mars : 10h-19h ; avr.-oct. 10h-20h - 5 € avec audioguide (retraités et étudiants 3 €), incluant la visite du trésor et du cloître.*
La cathédrale gothique dédiée à sainte Marie se dresse au sommet de la vieille ville. Sa masse monumentale, visible comme la flèche de l'église de Sant Feliu de n'importe quel point de la ville, constitue l'une des images emblématiques de Gérone. Construite entre les 14e et 18e s., elle a remplacé une cathédrale romane plus ancienne dont on a conservé le clocher et le cloître. La **façade** baroque, conçue comme un énorme retable de pierre percé d'un grand oculus, est précédée d'un monumental perron qui exalte davantage, si l'on peut dire, la majesté de l'édifice.
**★★ L'intérieur** – Son style est puissant et sobre, et seuls s'inscrivent en creux les arcs des chapelles, ceux du triforium et les grandes fenêtres. On remarque

SE LOGER

- Hostal Coll ..... 1
- Hotel Carlemany ..... 4
- Hotel Condal ..... 7
- Hotel Costabella ..... 10
- Hotel Llegendes de Girona ..... 11
- Pensió Bellmirail ..... 13
- Pensió Viladomat ..... 16

SE RESTAURER

- Albereda ..... 1
- Boira ..... 4
- El Celler de Can Roca ..... 7
- El Pou del Call ..... 9
- Lloret ..... 13
- Mar Plaça ..... 16
- Mimolet ..... 18

- **Banys Àrabs ..... S**
- **Museu d'Història dels Jueus ..... A**
- **Pla Almoina ..... N**

le chœur, entouré d'un déambulatoire et de chapelles absidiales, et surtout la **nef★★**, spectaculaire par son ampleur; c'est la plus large de l'architecture gothique européenne (22,9 m).

Le **retable★** du maître-autel (14e s.), en argent doré et bosselé, rehaussé d'émaux, retrace des scènes de la vie du Christ; le baldaquin qui le couvre représente le ciel. Tous deux forment un des ensembles les plus raffinés de toute l'orfèvrerie catalane médiévale.

Dans le déambulatoire, notez le **siège de Charlemagne**, siège épiscopal en marbre datant du 11e s. Les chapelles latérales renferment de nombreuses œuvres d'art. Celle de Sant Honorat (1re à gauche en entrant par l'ouest) abrite le tombeau gothique de l'évêque Bernat de Pau (mort en 1457), constitué de trois registres superposés.

★★ **Trésor** – Riche en œuvres d'art de grande valeur, il recèle notamment un très bel exemplaire daté de 975 du **Beatus★★**, commentaire de *l'Apocalypse de saint Jean*, où le moine Beatus de Liébana combat la théorie de l'adoptionnisme selon laquelle le Christ était le fils adoptif de Dieu. Les enluminures frappent par leurs coloris et l'expressionnisme des illustrations, surtout celles

3

où apparaissent des animaux fantastiques. On y reconnaît l'influence de l'art islamique ainsi que quelques vestiges de décoration wisigothique. Dans la même salle se trouvent la **Vierge de la Seu** (12e s.) et le **coffret d'Hixem II** (10e s.), bel exemple d'art califal en argent bosselé.

Les pièces les plus remarquables des salles 2 et 3 sont la statue en albâtre polychrome, œuvre de Jaume Cascalls (14e s.) et dite de Charlemagne (bien que représentant en réalité le roi d'Aragon Pere IV le Cérémonieux), de splendides **pièces d'orfèvrerie** des 14e et 15e s., des coffres mozarabes et une bible gothique du roi de France Charles V.

La quatrième salle est occupée par la célèbre **tapisserie de la Création★★★**, réalisée vers 1100. Œuvre unique en son genre, cette pièce brodée à la main présente des détails iconographiques d'origine juive adaptés à la religion chrétienne. Les tons rougeâtres et verdoyants prédominent, ainsi que les motifs décoratifs à base de délicates lisières géométriques. Le thème central s'inscrit dans deux cercles concentriques dont le plus petit entoure un Christ en majesté (Pantocrator) curieusement représenté sans barbe, car identifié à la seconde personne de La Trinité.

Autour, entre les deux cercles, s'ordonnent huit secteurs représentant les étapes de la création du monde. Les angles sont occupés par les quatre vents cardinaux.

★ **Cloître** – De forme trapézoïdale, il fut construit au 12e s. La tour de Charlemagne (11e s.), magnifique clocher de cinq étages aux décorations lombardes, domine sa double rangée de colonnes. Aux angles et au milieu de chaque galerie, de belles frises représentent des scènes de la Genèse. Remarquer la sérénité des visages et le détail des draperies.

### ★★ Museu d'Art B1

*Pujada de la Catedral, 12 - ✆ 972 203 384 - www.museuart.com - ♿ - nov.-mars : mar.-sam. 10h-19h, dim. j. feriés 10h-14h ; avr.-oct. : mar.-sam. 10h-20h, dim. et j. feriés 10h-14h - fermé lun., 1er et 6 janv., 25-26 déc. - 2 € (-18 ans et retraités 1,50 €).*

Installé dans le Palais épiscopal, il présente un panorama complet de l'art à Gérone, du préroman au 20e s. Dans ses diverses salles, on trouve des expositions monographiques, entre autres sur la céramique, le verre, l'orfèvrerie et l'art liturgique, et des zones réservées aux expositions temporaires.

**Section d'art roman** (salles 1 à 4) – Le musée possède un intéressant ensemble de pièces datant de cette période. On remarquera l'**autel d'argent** provenant de Sant Pere de Rodes (10e s.) et la **poutre de Cruïlles★** (12e et 13e s.), en bois polychrome, qui était certainement la poutre principale d'un baldaquin. On y voit une procession de moines bénédictins peinte avec un souci du détail propre à la miniature.

**Section d'art gothique** (salles 5 à 8) – La richesse économique de Gérone détermina l'enracinement de l'art gothique dans la région plus qu'ailleurs en Catalogne. Un exemple de l'essor de ce style est donné par le **martyrologe** (14e s.) provenant du monastère de Poblet

#### INQUISITEUR DE CHOC

En 1352, le théologien **Nicolas Eymerich** (v. 1320-1399), originaire de Gérone, fut nommé inquisiteur général du royaume d'Aragon. Traquant sans relâche ni pitié les supposés hérétiques du royaume, il acquit une réputation redoutable. Ses méthodes et ses capacités déductives en ayant fait l'un des précurseurs de Sherlock Holmes, il est aujourd'hui le héros de romans populaires.

et ainsi nommé parce que ses miniatures soignées sur fond d'or décrivent les souffrances des martyrs. La **Vierge de Palera**, du début du 15e s., retient par l'originalité de son visage. La sérénité habituelle des figures gothiques est remplacée ici par un léger sourire qui n'est pas sans rappeler celui de *La Joconde*. Dans la salle du trône se détache d'un magnifique ensemble le **retable de Sant Miquel de Cruïlles★★** (15e s.), d'une très grande richesse chromatique. Il fut réalisé par **Lluís Borrassà**, principal représentant du gothique international en Catalogne, dont le style se caractérise par l'utilisation de tons orangés. Dans cette même salle se trouve le **retable de Púbol★** (1437), réalisé par **Bernat Martorell** dans ce même style. Il s'agit d'une pièce de grande dimension à l'iconographie luxueuse et aux coloris très riches.

**Section d'art Renaissance** (salles 9 à 12) – Au 16e s., la faible activité artistique catalane a mis en valeur l'œuvre de deux peintres bien représentés dans ce musée : **Jean de Bourgogne** et **Pere Mates**.

Le premier (v. 1470-1534), probablement d'origine bourguignonne et plus connu sous le nom de Juan de Borgoña pour avoir travaillé en Espagne, où la décoration de la cathédrale de Tolède demeure son œuvre majeure, est l'auteur du magnifique **retable de Sant Feliu**, provenant de l'ancienne collégiale du même nom. Dans cette œuvre importante imprégnée d'influence italienne apparaissent déjà les caractéristiques fondamentales de la Renaissance (formes dynamiques, couleurs lumineuses, compositions en perspective). Jean de Bourgogne commence avec ce retable un mouvement que suivra son disciple Pere Mates (mort en 1558), peintre prolifique qui assimila totalement les nouveaux courants de la Renaissance. Dans le **retable de Segueró**, une de ses œuvres les plus significatives, l'artiste aborde des scènes de l'Ancien et du Nouveau Testament avec une brillante maîtrise.

**Section d'art baroque** (salles 14 et 15) – Parmi une collection restreinte d'œuvres baroques se détache une statue polychrome (17e s.) représentant saint Roch en pèlerin. Le costume est enrichi d'une ornementation florale très voyante et colorée.

**Section d'art des 19e et 20e s.** (salles 16 à 18) – Les courants paysagistes du 19e s. sont bien représentés avec diverses œuvres de Ramon Martí i Alsina (1826-1894) et Joaquim Vayreda (1843-1894), tous deux dans une tradition réaliste très enracinée en Catalogne. Parmi les tableaux du 20e s., on retiendra ceux de Santiago Rusinyol (1861-1931), peintre symboliste qui a très bien su capter la beauté de Gérone.

*Redescendre les marches de la cathédrale et prendre à droite.*



### ★ Église de Sant Feliu B1

La collégiale était à l'origine un martyrium dédié à saint Félix. L'église actuelle fut construite sur des bases romanes en plusieurs étapes. La magnifique abside et ses fenêtres sont gothiques, comme le clocher tronqué – une des images les plus caractéristiques de la vieille ville – et les voûtes intérieures. La façade principale, orientée vers l'ouest, est de style baroque. On y remarquera le **Christ gisant**, grandeur nature, œuvre du maître Aloi (14e s.), l'ensemble de **sarcophages paléochrétiens★** (3e et 4e s.) encastrés dans les murs de l'abside et, entre la chapelle de Sant Narcís et le maître-autel, la remarquable peinture baroque, anonyme, ayant pour thème le « miracle des mouches ».

*Du chevet de l'église, suivre la carrer Ferran el Catòlic.*

### ★ Banys Àrabs (Bains arabes) B1 S

*Ferran el Catòlic - ✆ 972 213 262 - www.banysarabs.org - avr.-sept. : lun.-sam. 10h-19h, dim. et j. feriés 10h-14h ; oct.-mars : 10h-14h - fermé 1er et 6 janv., 27 mars, 25-26 déc. - 2 € (étudiants, -18 ans et retraités 1 €).*

**LES PONTS DE GÉRONE**

Construits aux 19e et 20e s., les ponts sur l'Onyar témoignent du passé industriel de la ville. L'un des plus importants est celui de Les Peixateries Velles (Vieilles Pêcheries), dont l'armature métallique, œuvre de la compagnie Gustave Eiffel, relie la Rambla de la Llibertat, haut lieu du commerce et des loisirs, aux galeries à arcades à la plaça de la Independència où se concentre l'animation de la ville moderne.

L'édifice fut construit à la fin du 12e s. sur le modèle des bains musulmans médiévaux. Disposées en ligne, cinq salles étaient destinées à des fonctions différentes : l'**apoditerium**, salle de repos spacieuse qui faisait office de vestiaire, renferme un bassin octogonal entouré de huit colonnes soutenant la lanterne ; le **frigidarium**, ou salle de bains froids ; le **tepidarium**, ou salle tiède, où il était possible de se reposer de la chaleur ou du froid intenses ; le **caldarium**, ou salle chaude, destiné aux bains chauds. À l'extérieur de l'édifice et creusée dans le sous-sol se trouve la chaudière.

### ★ Ancien monastère de Sant Pere de Galligants - Museu d'Arqueologia de Catalunya B1

*Santa Llúcia, 8 - ✆ 972 202 6372 - www.mac.cat - juin-sept. : mar.-sam. 10h30-13h30, 16h-19h, dim. et j. feriés 10h-14h30 ; reste de l'année : mar.-sam. 10h-14h, 16h-18h, dim. et j. feriés 10h-14h30 - fermé 1er janv., 25-26 déc. - 2,30 € (-16 ans et +65 ans gratuit).*

Cet ancien monastère bénédictin est l'un des exemples les plus remarquables de l'architecture romane catalane. Il se trouvait à l'origine en dehors de la ville, mais y fut inclus après l'extension des murailles au 14e s.

★ **Église** – L'édifice présente un plan basilical à trois vaisseaux et un transept. Les vaisseaux sont séparés par des pilastres soutenant des arcs semi-circulaires. La nef centrale comporte une voûte en berceau alors que les bas-côtés sont voûtés en quart de berceau. Les quatre absides du transept donnent à l'aspect extérieur de cette église celui d'une forteresse, impression que renforce la présence du clocher quadrangulaire à deux étages de fenêtres d'arcatures lombardes, qui servait autrefois de tour de guet et de défense.

La **façade** principale, orientée vers l'ouest et terminée par une grande rosace à huit arcs et de 3,5 m de diamètre, possède un très beau portail comprenant cinq archivoltes et soutenu par des colonnes striées. Les chapiteaux qui le décorent représentent des animaux mythologiques et de belles stylisations végétales.

Adossé au mur sud, le **cloître** rectangulaire, également de style roman, est formé d'un petit patio encadré d'une double colonnade. Les **chapiteaux** sont ornés tantôt d'animaux mythologiques ou de motifs végétaux, tantôt de scènes du Nouveau Testament comme la Fuite en Égypte ou l'Adoration, tantôt de scènes de la vie quotidienne. Il est curieux de ne pas trouver d'allusions à l'Ancien Testament.

L'église, le cloître, la galerie sur cloître et l'ancienne sacristie de Sant Pere de Galligants abritent le remarquable **Museu d'Arquelogia de Catalunya**. Les fouilles effectuées dans la province permettent de reconstituer l'aventure humaine aux alentours de Gérone entre le paléolithique et la romanisation. Le clou de la visite est sans conteste le, magnifique **tombeau des Saisons★** (Sepulcre de les Estacions, 4e s.) provenant d'Empúries *(voir p. 319)*, exposé dans la sacristie.

### Chapelle de Sant Nicolau B1

Cette chapelle funéraire du 12e s. fait face à Sant Pere de Galligants. Malgré sa petite taille, elle est d'une grande beauté. Le chevet, formé de trois absides disposées en forme de trèfle et d'une lanterne octogonale, est totalement inhabituel en Catalogne.

### Passeig Arqueològic B1

Face aux Bains arabes, des escaliers mènent aux jardins aménagés au pied des remparts. Là s'ouvre une promenade tranquille dominant la vallée du Ter. De cet agréable endroit, on peut, assis sur un banc, profiter de la vue sur les alentours de Gérone.
Rejoignez ensuite, en vous glissant à l'intérieur de l'enceinte fortifiée, le **jardín des Alemanys**. Situé au pied des murailles, il offre un petit havre de paix.

### Université B1 U

Le rectorat de l'Université, la faculté de lettres et la bibliothèque universitaire sont désormais installés dans un bel ensemble architectural joliment réhabilité et adossé aux murailles. Celui-ci est formé par l'ancien **couvent de Sant Domènec**, édifice gothique à nef unique avec six travées de voûtes ogivales, dont l'intérieur possède une décoration baroque, et par l'ancien Estudi General de Girona ou **Edifici de les Àligues** (maison des Aigles), de style Renaissance.
*Longer l'université jusqu'à atteindre les murailles, et descendre 50 m pour en trouver l'accès (escaliers métalliques assez raides).*

### Passeig Fora Muralla B2

Le chemin de ronde qui court sur les murailles offre une vue d'ensemble sur les toits de Gérone, dominés par les deux clochers de Santa Maria et de Sant Feliu. La balade est particulièrement agréable au coucher du soleil ; les tours qui jalonnent le chemin offrent alors de superbes refuges aux amoureux. Vous pouvez suivre le passeig vers le nord pour revenir à la cathédrale, ou vers le sud, pour gagner la plaça General Mendoza, à deux pas de la plaça Catalunya.



## LA VILLE MODERNE

Dans la partie la plus moderne de la ville, on trouve des édifices d'un remarquable intérêt architectural. Les plus significatifs, la **Farinera** (minoterie) **Teixidor** (A2) et la **Casa Ensesa** *(sortir au sud-ouest de Gérone)*, furent conçus par **Rafael Masó** (1880-1935), architecte influencé par la Sécession de Vienne qui évolua vers une esthétique de style 1900.
*Depuis la plaça Catalunya, prendre la carrer Ginesta.*

### Hospice A2

*Pl. Diputació.*
Cet édifice sévère de plan quadrangulaire fut conçu au 17e s. par l'architecte castillan Ventura Rodríguez. Il abrite actuellement la **Casa de Cultura** (Maison de la culture, expositions temporaires, concerts, spectacles, etc.).
*Revenir à la plaça Catalunya, prendre la carrer Sant Francesc puis à droite la carrer Santa Clara.*

### Museu del Cinema A2

*Sèquia, 1 - ☏ 972 412 777 - www.museudelcinema.cat - ♿ - oct.-avr. : mar.-vend. 10h-18h, sam. 10h-20h, dim. et lun. fériés 11h-15h ; mai-juin et sept. : mar.-sam. 10h-20h, dim. et lun. fériés 11h-15h ; juil.-août : 10h-20h - fermé lun., 1er et 6 janv., 25-26 déc. - 5 € (-16 ans gratuit, étudiants et retraités 2,50 €).*

Constitué à partir de la collection de **Tomás Mallol**, cinéaste amateur et cinéphile de la première heure, ce musée original fait revivre les débuts du cinéma grâce à des inventions, des projections et des mises en scène variées. Des premières silhouettes mobiles jusqu'aux charmantes lanternes magiques, le visiteur découvrira les merveilles et la nostalgie d'une époque où l'absence de moyens techniques était compensée par une imagination exubérante.
*Reprendre la carrer Santa Clara jusqu'à la plaça de la Independència.*

### Plaça de la Independència

Conçue par l'architecte **Martí Sureda** en 1855, cette belle place rectangulaire à portiques, entourée d'immeubles néoclassiques, ne fut achevée qu'en 1993, plus ou moins conformément au dessin initial. C'est ici aujourd'hui que concentre l'animation de la ville moderne. On y découvre également quelques superbes échappées sur les façades colorées bordant l'Onyar.

### ★ Parc de la Devesa A1

*Au nord-ouest du centre-ville.*
Situé entre le Güell, l'Onyar et le Ter, il s'étend sur près de 40 ha et constitue la plantation de platanes la plus importante de Catalogne. C'est de ce parc que proviennent les arbres qui ombragent aujourd'hui la Rambla de Barcelone. Il a été l'objet de magnifiques descriptions et chants de la part des poètes les plus fameux. Espace d'agrément citadin, la Devesa a eu, tout au long de son histoire, diverses fonctions : terrain militaire, lieu de célébrations sportives et populaires et, actuellement, zone de loisirs.

## À proximité Carte de région

### ★ Casa-Museu Castell Gala Dalí, à Púbol B2

*16 km à l'est. Quitter Gérone par la C 66 en direction de La Bísbal d'Empordà puis tourner à droite vers Púbol. Dans le village, laisser la voiture au parking (gratuit) et prendre l'une des ruelles montant au château. ✆ 972 488 655 - www.salvador-dali.org - de mars à mi-juin et de mi-sept à oct. : tlj sf lun. 10h-18h ; nov.-déc. : tlj sf lun. 10h-17h ; de mi-juin à mi-sept. 10h-20h - 7 € (-8 ans gratuit).*

En 1970, **Salvador Dalí** offrit à son épouse **Gala** (Elena Diakanoff) le château (14e s.) des barons de Púbol. L'artiste s'impliqua totalement dans la décoration (peintures, sculptures et autres objets). Après la mort de Gala, Dalí demeura pendant deux ans au château où il fut gravement blessé lors de l'incendie de la chambre qu'il occupait. La visite est pleine de surprises. Dans une ambiance surréaliste, on découvre les objets les plus insolites, tous marqués par la dévotion que le peintre portait à son épouse. Au premier étage, le plafond de la **salle des Blasons** *(Escudos)* est décoré d'une immense fresque où apparaissent des visages d'anges, un cheval blanc et la Lune. La salle 3 fut la chambre de Gala. Dans la salle 5, des doigts constituent les pièces d'un étonnant jeu d'échecs. Au deuxième étage, dans l'ancienne réserve (salle 7), les robes de Gala voisinent avec les dessins réalisés par Coco Chanel, Pierre Cardin, Christian Dior et Dalí lui-même. Au sous-sol (salle 11), dans une atmosphère solennelle, repose Gala auprès de diverses sculptures et d'une girafe desséchée. Un agréable jardin est orné de sculptures d'éléphants tout à fait dans l'esprit des œuvres de Dalí et d'un bassin où se multiplie un buste de Wagner.

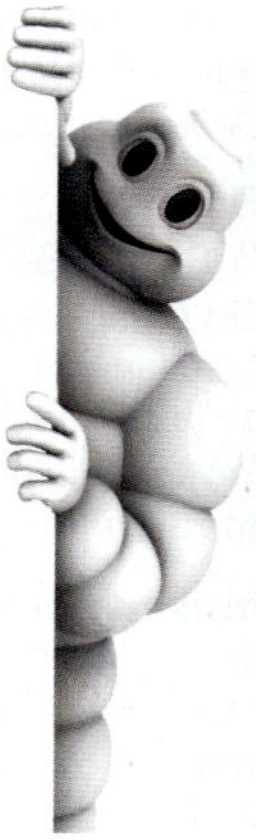

Lac de Banyoles.
*Sime-4 Corners / Simeone / Photononstop*

# Circuits conseillés Carte de région

## ROUTE DE GÉRONE À OLOT

*60 km. Circuit tracé sur la carte de région p. 260. Quitter Gérone au nord en suivant la direction de l'autoroute, puis prendre la C 66 vers Olot.*

3

### ★ Banyoles A2

Sise sur la rive droite du lac de Banyoles, dans un beau cadre naturel, la ville remonte à la fondation (9e s.) de l'ancien **monastère bénédictin de Sant Esteve**. Aux 13e et 15e s., elle devint une importante cité comme l'attestent les nombreuses œuvres d'art de l'époque. Le 19e s. verra l'émergence des premiers touristes attirés par les eaux médicinales de la **Font Pudosa**.

**Église de Santa Maria dels Turers** – Cette élégante construction gothique (14e s.) présente des détails décoratifs d'une grande finesse. On s'attardera sur les beaux **vitraux** et les archivoltes du portail principal. À l'intérieur, on remarquera l'ampleur de la nef unique, agrémentée d'une belle abside gothique.

★ **Museu Arqueològic Comarcal** – *Placeta de la Font, 11 - ✆ 972 572 361 - www.museusdebanyoles.cat - mar.-sam. 10h30, 13h30, 16h-18h30 (19h30 en été), dim. 10h30-14h - 6 € (billet combiné avec autres curiosités de Banyoles).* Installé dans le bâtiment de la **Pia Almoina★** (14e s.), qui recèle une salle gothique et la Sala Mayor, aux peintures murales, le musée expose des vestiges retrouvés dans la *comarca*. Parmi eux, réplique de la célèbre **mâchoire de Banyoles**, vestige humain du paléolithique inférieur, mis au jour en 1887. À noter également les objets du paléolithique supérieur, extraits des grottes de Serinyà.

**Museu Darder - Espai d'Interpretació de l'Estany** – *Pl. dels Estudís, 2 - ✆ 972 571 660 - ♿ - mêmes conditions que le Museu Arqueològic.* C'est le zoologiste Francesc Darder, initiateur du zoo de Barcelone, qui fonda en 1916 ce curieux musée où l'on peut voir des collections de crânes humains, d'oiseaux empaillés et d'insectes exotiques. À l'étage, exposition consacrée au lac de Banyoles.

**Plaça Major** – Sur cette belle place à arcades (13e s.) se tient un marché tous les mercredis.

**Monastère de Sant Esteve** – Cet édifice néoclassique a conservé la porte gothique de l'église et le retable, également gothique, de la **Mare de Déu de l´Escala**, œuvre de Joan Antigó, connu sous le nom de Maître de Banyoles.

*Une route goudronnée en direction du sud-ouest conduit au lac.*

### ★ Lac de Banyoles A2

Le lac *(estany)* de Banyoles, flanqué à l'ouest par la serra de Rocacorba, domine une plaine où cohabitent les bois de chênes verts et roux avec des champs cultivés. Il s'étale sur plus de 2 000 m de long et 235 m de large. Outre la beauté de son paysage, il présente un grand intérêt écologique car c'est le lieu de rendez-vous de nombreuses espèces protégées. La pêche sportive, l'aviron et le triathlon disposent à Banyoles, qui fut site olympique pendant les JO de 1992, d'un cadre magnifique.

*Par une route de 8 km qui longe le lac, on atteint Porqueres, sur la rive ouest.*

### ★ Église de Santa Maria, à Porqueres A2

Située dans une agréable zone cultivée, l'église est un exceptionnel exemple d'art roman. Son portail, orné de beaux chapiteaux, dissimule une nef unique, séparée de l'abside par un grand arc, où sont sculptés de curieux personnages.

*Reprendre la C 66.*

### Serinyà A2

Ce village se trouve au nord du Pla de Banyoles. L'**église de Sant Andreu** est un remarquable exemple d'architecture romane (13e s.) avec une porte ornée d'archivoltes. Les **gisements archéologiques**★ situés à proximité comprennent notamment un splendide ensemble du paléolithique moyen et supérieur avec de remarquables grottes (Cova dels Encantats, Cova del Mollet). ☎ *972 593 310 - billet combiné avec les musées de Banyoles.*

*Reprendre la C 66.*

### ★★ Besalú A2

*Parking gratuit à l'entrée de la ville. Accès au centre historique par le pont Vell.*

Situé dans une vallée traversée par le río Fluvià, ce village fut du 10e au 12e s. la capitale du comté de Besalú. Son **centre historique**★★ est l'un des plus riches ensembles romans de Catalogne. On y voit des restes de murailles, plusieurs constructions médiévales ornées de fenêtres géminées et un beau **pont fortifié**★, le pont Vell, commencé au 12e s. et restauré à plusieurs reprises.

★ **Église de Sant Pere** – Cette église romane (11e s.) faisait partie d'un monastère bénédictin. Construite selon un plan à trois vaisseaux, elle présente un curieux **déambulatoire**, formé de cinq arcs soutenus par quatre paires de colonnes. Les chapiteaux, minutieusement travaillés, dénotent l'influence de l'Italie du Nord. Admirer sur la façade la belle ouverture centrale entourée de reliefs sculptés de lions et de motifs floraux.

**Casa Llaudes** – Située à l'extrémité de la place Sant Pere, elle possède un beau patio, sur le modèle des cloîtres romans.

**« Miqvé »** – *Visite guidée sur demande à l'office de tourisme - ☎ 972 591 240 - 1,30 €.* La maison médiévale des ablutions et des bains (12e s.) est située dans l'ancien quartier juif, aux rues étroites et tortueuses.

**Église de Sant Vicenç** – Ce bâtiment (12e et 13e s.) fait la transition entre le style roman et le style gothique. Outre une élégante abside et deux absidioles, l'église présente sur ses portails de remarquables éléments décoratifs (colonnes, chapiteaux, reliefs et archivoltes).

*Poursuivre vers le nord en direction de Beuda.*

### Beuda A1

Ce petit village recèle d'intéressants exemples d'art roman dont la très belle église du prieuré de **Sant Sepulcre de Palera** (11e s.), située au bord de la route avant d'accéder au village.

*Retourner à Besalú et prendre la N 260 en direction d'Olot.*

### ★ Castellfollit de la Roca A1-2

La route ménage une vue spectaculaire du village, situé à l'intérieur du **Parc naturel de la zone volcanique de la Garrotxa** *(voir p. 330)* et qui se dresse sur une coulée basaltique de 60 m de hauteur. Au centre de la **vieille ville** s'élève l'**église de Sant Salvador**.

*Poursuivre vers Olot par la GI 522.*

### ★ Olot *(voir p. 326)* A2

## DANS LA RÉGION DES SOURCES

*86 km. Circuit tracé sur la carte de région p. 260. Quitter Gérone au sud par l'A 2 ; après 12 km, bifurquer à gauche.*

Au sud de Gérone s'étend une zone où abondent les sources d'eaux minérales.

### Caldes de Malavella A3

Cette ville doit sa célébrité à ses sources d'eaux minérales médicinales (58 et 60 °C). Bien que ces sources étaient connues dès l'époque romaine, leur exploitation systématique ne date que du 19e s. Les eaux bicarbonatées de Caldes, vendues dans toute l'Espagne, sont commercialisées sous les noms de Vichy Catalán, Imperial et Sant Narcís. Actuellement, les seuls établissements de cure en exercice sont les thermes Prats et les thermes Vichy Catalán. Ceux-ci furent conçus (1898) dans le style néomauresque par l'architecte moderniste Gaietà Buïguas.

*Revenir vers Gérone par l'A 2, puis, après 5 km, prendre la C 25 à gauche.*

3

### ★ Santa Coloma de Farners A2

Le berceau du grand poète **Salvador Espriu** (1913-1985) se trouve au pied de la serra de Les Guilleries. Au milieu de la trame urbaine apparaît le parc Sant Salvador et sa célèbre fontaine. La spécialité locale est la *teula*, sorte de gaufre.

**Sanctuaire de la Mare de Déu de Farners** – *À 4 km du parc Sant Salvador, par une piste accidentée et non revêtue.* Au milieu d'une agréable esplanade boisée de pins et de chênes verts, cet ermitage roman se distingue par sa minuscule abside et son beau narthex au toit en bois. À quelques mètres, sur une petite butte, se dressent les ruines du **château de Farners**, édifié au 11e s.

**Église de Sant Pere Cercada** – *À 10 km du parc Sant Salvador, par la même piste d'accès.* Cette intéressante construction romane à abside trilobée est érigée dans un **site magnifique★**, au milieu d'un bois aussi paisible que touffu. L'intérieur, bien préservé, se caractérise par la sobriété de ses lignes.

*Retourner à Santa Coloma et prendre la C 25 dir. Vic. Après 15 km, tourner à droite.*

### ★ Sant Hilari Sacalm A2

Dissimulée dans la serra de Les Guilleries, Sant Hilari jouit d'un agréable climat estival. Sur son territoire, très boisé, jaillissent de nombreuses sources (Font Picant et Font Vella). À l'automne, le village accueille chasseurs et chercheurs de champignons.

## NOS ADRESSES À GÉRONE

### TRANSPORTS

**Aéroport** – *Vidobi d'Onyar - 12 km au sud par l'AP 7 dir. Barcelone (sortie 8) - ✆ 972 186 600.* Essentiellement desservi par Ryanair (liaisons avec Beauvais, Lille et Bruxelles notamment). Autobus pour le centre-ville et cars Sagalés pour Barcelona (Estació del Nord).

**Gare ferroviaire** – *Pl. de Espanya.* **Renfe** – *✆ 902 240 202 - www.renfe.es.* En attendant l'AVE (2012), plusieurs trains quotidiens depuis Barcelone (env. 50mn).

**Gare routière** – *Près de la gare ferroviaire - ✆ 972 212 319.* Plusieurs compagnies assurent les trajets Figueres-Gérone et Barcelone-Gérone : **Sarfa** *(✆ 902 302 025 - www.sarfa.com),* **Barcelona Bus** *(✆ 932 320 459),* **Teisa** *(✆ 972 204 868 - www.teisa-bus.com).* Le trajet dure environ 1h20 pour Barcelone et 30mn pour Figueres.

**Location de voiture** – Les principaux loueurs sont présents à l'aéroport et à la gare.

**Avis** – *✆ 902 135 331 (centrale de réservation) - www.avis.es.*

**Hertz** – *✆ 902 402 402 (centrale de réservation) - www.hertz.es.*

**Atesa** – *✆ 902 100 101 - www.atesa.es.*

### HÉBERGEMENT

#### À Gérone

**PREMIER PRIX**

**Hostal Coll** – *Hortes, 24 - ✆ 972 203 086 - www.hostalcoll.es - ▤ - 8 ch. : 42 € - ☕ 2 €.* Chambres simples et propres, dotées de balcons et de petites salles de bains fonctionnelles. Assez calme malgré sa situation au centre de la ville moderne, dans le coude d'une rue piétonne.

**Pensió Viladomat** – *Ciutadans, 5 - ✆ 972 203 176 - www.pensioviladomat.com - ⊠ - 8 ch. dont 4 avec sdb privée : 42/60 €.* Bien placée pour la découverte de la vieille ville, cette sympathique pension bien tenue propose des chambres simples, agréables et spacieuses. À Pâques et en été, réservez bien à l'avance.

**BUDGET MOYEN**

**Hotel Condal** – *Joan Maragall, 10 - ✆ 972 204 462 - www.hotelcondalgirona.com - ▤ - 38 ch. : 69 €.* Une adresse tout à fait conseillée pour son emplacement à deux pas de l'ancien hôpital Santa Caterina. Rénové assez récemment, l'hôtel propose des chambres un peu exiguës, mais claires. Possibilité de laisser la voiture (moyennant supplément) au parking souterrain de Santa Caterina.

**Pensió Bellmirail** – *Bellmirall, 3 - ✆ 972 204 009 - www.bellmirall.cat - ⊠ -7 ch. : 65/85 € ☕ - fermé en janv.-fév.* En haut de la vieille ville, entre la cathédrale et l'université, une ancienne demeure rénovée et décorée avec goût, bénéficiant d'une petite cour ombragée et d'une confortable salle commune. Toutes les chambres sont vastes, décorées différemment et bien équipées. La pension est très demandée, réservez à l'avance.

**POUR SE FAIRE PLAISIR**

**Hotel Costabella** – *Av. de Franca, 61 - ✆ 972 202 524 - www.hotelcostabella.com - P ⛱ ▤ - 47 ch. : 60/150 € ☕ - rest. 14,95 €.* Malgré son éloignement du centre historique, cet hôtel-Spa d'allure moderne propose un niveau d'équipement complet et actuel. Sols en marbre et mobilier classique. Professionnalisme et amabilité du personnel.

**Hotel Carlemany** – *Pl. Miquel Santaló, 1 - ✆ 972 211 212 - www.carlemany.es - ▤ ♿ - 90 ch. : 110/150 € - ☕ 13,50 € - rest. (El Pati Verd) 33/46 €.* Cette grande structure de verre qui s'élève à l'extrémité sud de la Gran Via de Jaume I abrite un grand hôtel doté de chambres spacieuses et lumineuses, meublées dans un style moderne. Salles de bains très bien équipées.

UNE FOLIE

**Hotel Llegendes de Girona Catedral** – *Portal de la Barca, 4 - ✆ 972 220 905 - www.llegendeshotel.com - ▤ - 15ch. : 99/253 € - ☕ 8 €.* Dans le centre historique, à deux pas de l'église de Sant Feliu et des Banys Àrabs, une demeure ancienne réaménagée dans un style design des plus contemporains. Luxe et raffinement.

### Route de Gérone à Olot

BUDGET MOYEN

**Hotel L'Ast** – *Pg Dalmau, 63 - Banyoles - ✆ 972 570 414 - www.hotelast.com - 🏊 🅿 - 27 ch. : 75 € ☕.* Grâce à la proximité du lac, cet hôtel intime permet de jouir de la tranquillité et de la beauté du site. Sobres et assez confortables, les chambres mériteraient une rénovation. Bon rapport qualité/prix. Service agréable.

POUR SE FAIRE PLAISIR

**Casa rural Mas Salvanera** – *Maià de Montcal - 6 km au nord-est de Besalú - ✆ 972 590 975 - www.salvanera.com - 🅿 🏊 - 8 ch. : 115/125 € ☕.* Accueillant petit hôtel de campagne installé dans une *masía* (17e s.) totalement réhabilitée. Décoré de meubles anciens, il conserve la chaleur d'antan. Bibliothèque et salon avec cheminée.

### La région des sources

PREMIER PRIX

**Hostal Fabrellas** – *Major, 14 - Caldes de Malavella - ✆ 972 470 046 - www.hostalfabrellas.com - ▤ - 39 ch. : 39/51 € - ☕ 4,65 €.* Dans une rue calme, un peu au-delà de l'église, une pension aux chambres vastes et fraîches, simples et confortables.

## RESTAURATION

### À Gérone

BUDGET MOYEN

**Lloret** – *Pl. de la Independència, 14 - ✆ 972 213 671 - 13h-16h, 20h-0h - fermé sam. soir et dim. - 15/30 €.* Repas à l'extérieur sous les arcades de la place ou dans la salle avec vue sur l'Onyar et ses maisons colorées. Cuisine traditionnelle. Menus copieux autour de 15 €. Comptez 25 à 30 € si vous préférez à la carte.

**El Pou del Call** – *La Força, 4 - ✆ 972 223 774 - fermé dim. soir et lun. - 15/30 €.* Bien situé dans le Call, à deux pas du musée d'histoire juive, un restaurant très convenable surtout si l'on privilégie les recettes traditionnelles comme le *bacallà a la samfaina*.

POUR SE FAIRE PLAISIR

**Boira** – *Pl. de la Independència, 17 - ✆ 972 203 096 - ▤ - 38/48 €.* Sous les arcades de la place, voici l'endroit parfait pour manger des tapas dans un cadre moderne. À l'arrière, belle vue sur les maisons qui se reflètent dans l'Onyar.

**Albereda** – *Albereda, 7 bis - ✆ 972 226 002 - fermé dim., lun., Sem. sainte et 15 j. en août - 37/48 €.* Une belle salle voûtée accueille cet élégant restaurant. La carte sait se montrer imaginative, sans pour autant renier la tradition catalane.

**Mimolet** – *Pou Rodó, 12 - ✆ 972 202 124 - fermé dim., lun. et du 25 déc. au 8 janv. - 32/56 €.* Cuisine catalane revisitée et modernisée dans un cadre très actuel. Le *menut de Treball* offre une intéressante formule à 16,90 € servie le midi en semaine. Belle carte de vins.

#### UNE FOLIE

**Mar Plaça** – *Pl. de la Independència, 3 - ✆ 972 205 962 - fermé lun., 1 sem. janv. - ☰ - 55/85 €.* Dans ses deux salles sobrement décorées et meublées dans un style classique est servie une cuisine de la mer, à base de produits choisis. Service soigné.

**El Celler de Can Roca** – *Can Sunyer, 48 - Rte de Taialà (GI 5312), à 2 km de Gérone - ✆ 972 222 157 - www.cellercanroca.com - fermé dim., lun., de fin déc. à mi-janv., 1re quinz. juil. - ☰ - 70/102 €.* Cuisine hautement créative et personnelle. Un pur régal, à goûter absolument, si vous en avez la possibilité. Réputé comme l'une des grandes tables du pays, cet élégant établissement est dirigé de main de maître par les frères Roca. Joan Roca talonne d'ailleurs Ferran Adrià au rang des meilleurs cuisiniers au monde.

### Route de Gérone à Olot

#### BUDGET MOYEN

**Can Kiku** – *Pl. Major, 1 - Lladó - 11 km à l'est de Besalú par la N 260 puis prendre à gauche sur 3 km - ✆ 972 565 104 - fermé lun. en été, merc. en hiver, de déb. janv. à mi-janv. - ☰ - env. 25 €.* Grand classique de la région. Sous des arcades avec balustrade en pierre, ce restaurant central propose des plats inspirés de la gastronomie catalane, dans un cadre à la fois chaleureux et simple, décoré avec des détails rustiques.

**Can Roca** – *Av. Carlos de Fortuny, 1 - Esponellà - 10 km au nord de Banyoles par la GI 554 - ✆ 972 597 012 - fermé dim. soir (sf été), mar., de déb. mars à mi-mars, de mi-sept. à fin sept. - déj. seult sf w.-end - ☰ - 25/35 €.* Restaurant convivial à l'entrée de la ville. Intéressante carte de plats régionaux, en particulier des viandes. Excellent rapport qualité/prix.

**Quatre Estacions** – *Pg de la Farga, 5 - Banyoles - ✆ 972 573 300 - fermé dim. soir, lun. - ☰ - 26/35 €.* Restaurant classique bien tenu. Cuisine catalane simple, mais bien présentée et réalisée comme il se doit.

#### POUR SE FAIRE PLAISIR

**El Pont Vell** – *Pont Vell, 24 - Besalú - ✆ 972 591 027 - fermé dim. soir (sf été), lun. soir, mar, déc.-janv. et 1 sem. en juin - 32/41 €.* Une institution, située juste au débouché du pont fortifié. Il faut absolument trouver une table sur la petite terrasse donnant sur le fleuve et ombragée par un vénérable néflier ! Mieux vaut donc réserver. Cuisine locale.

**Can Xapes** – *Mossèn Jacint Verdaguer, 5 - Cornellà del Terri - 15 km au nord-ouest de Gérone par la C 66 - ✆ 972 594 022 - fermé dim., lun., août, 25 déc. - ☰ - 45 € env.* Petit restaurant central et convivial reconnu pour la qualité de ses produits.

### PETITE PAUSE

**Bar l'Arc** – *Pl. de la Catedral, 9 - ✆ 972 203 087 - été : jeu.-sam. 10h-2h (1h dim. et merc.) ; hiver : jeu.-sam. 11h-2h (0h dim., mar., merc.).* Au pied du monumental escalier qui mène à la cathédrale. Pour prendre un verre ou un sandwich.

**Café Royal** – *Pl. de la Independència, 1 - 8h-1h.* Agréable

terrasse sous les arcades pour déguster une *orxata* ou un *granissat*.
**Campus** - *Pl. Sant Domènec, 1 - ✆ 972 224 476 - lun.-sam. 10h-21h.* Face au rectorat de l'université, un petit café à la terrasse ombragée, où aiment à se retrouver les étudiants.

### BOIRE UN VERRE

**La Bodega** – *Bonaventura Carreras i Peralta, 2 - ✆ 972 212 288 - lun.-sam. 10h-14h, 16h-21h.* En fin d'après-midi, les jeunes Gironins se retrouvent pour discuter un verre à la main devant cette cave à vins conviviale. Belle sélection de vins régionaux.

### EN SOIRÉE

**Parc de la Devesa** – *Juin-sept. 23h-4h.* Dans ce parc se concentrent trois grands bars de plein air. Le **Glops** est doté d'une immense terrasse et d'une scène pour orchestres ; le **Barenostrum** possède un vaste comptoir et propose un espace voué au billard et au baby-foot ; le **Nummunit** présente un mobilier original, des fauteuils design et une immense fresque représentant les maisons bordant l'Onyar.

### ACHATS

Les principales rues commerçantes de Gérone sont la **carrer de Santa Clara** (piétonne), la **carrer Nou** et la **carrer Argenteria**. La **carrer de la Força** rassemble quelques magasins d'antiquités et de design (mobilier et joaillerie). Dans la **carrer Ballesteries**, petits commerces typiques.
**Marchés** – Les mardis et samedis en été au **parc de la Devesa**. Sur le **Pont de Pedra** (pont de pierre) tous les samedis (sauf l'été), où se retrouvent les artisans de la région.
**Gluki** – *Santa Clara, 44 - ✆ 972 201 989.* Chocolatier et confiseur depuis 1880 ; la famille Gluki utilise les meilleures matières premières pour l'élaboration artisanale de tous ses produits. C'est l'occasion d'acheter un cadeau original puisque les boîtes de chocolats sont à elles seules de véritables œuvres d'art.
**La Vienesa (Casa Martorell)** – *Pl. Pont de Pedra, 1.* Autre chocolatier-confiseur où vous pourrez acheter des produits maison ainsi que les fameux *xuixos* de Gérone, sorte de beignets fourrés à la crème.
**La Xixonenca** – *Argenteria, 8 - ✆ 972 220 938.* L'endroit idéal pour acheter le fameux *turrón* de Jijona, de délicieux bonbons et glaces, tous de fabrication artisanale. Agréable terrasse dans la rue.

### ACTIVITÉS

**Vols Rosell** – *✆ 659 936 203 - www.volsrosell.com.* Vols en montgolfière au-dessus de Gérone et du massif des Gavarres *(160 €/pers.).*

### AGENDA

**Temps de Flors (le Temps des fleurs)** – *1re quinz. de mai.* La vieille ville s'habille de fleurs, et c'est l'occasion de visiter des venelles ou des cours fermées aux visiteurs le reste de l'année.
**Feria de Sant Narcís** – *Dernier w.-end d'oct. ou 1er de nov.* Animations dans le parc de la Devesa, foire, défilés, *castellers*… Une des plus grandes fêtes patronales catalanes.

# Costa Brava

★★★

Province de Girona

## NOS ADRESSES PAGE 295

### S'INFORMER

**www.costabrava.org** – Renseignements pratiques sur la Costa Brava. Les offices de tourisme des différentes localités sont répertoriés au fil du texte.

### SE REPÉRER

Carte de région (p. 260) – *carte Michelin Regional 574 E-F-G 38-39.* La Costa Brava est la dénomination que reçoit le secteur littoral le plus septentrional de la Catalogne. Elle s'étend depuis la frontière franco-espagnole jusqu'à l'embouchure du fleuve Tordera, c'est-à-dire de la localité de Portbou à celle de Blanes, soit sur 120 km de long. Elle correspond à la façade maritime de la province de Gérone.

L'autoroute A 7, reliant Barcelone à Perpignan, traverse la Costa Brava du nord au sud. Depuis Figueres, la N 260 et la C 68 donnent accès aux plages du nord, autour de Llançà et Roses. De Gérone, les voies rapides C 66 et C 65 aboutissent respectivement à Sant Feliu de Guíxols et Palafrugell.

Si vous n'êtes pas motorisé, sachez qu'il est possible de se déplacer en train, en car et par navettes maritimes, même si ces moyens de transport sont moins pratiques qu'un véhicule personnel *(voir « Nos adresses », p. 295).*

### À NE PAS MANQUER

Les merveilles naturelles encore sauvages comme le cap de Creus. Les villages ayant su conserver un caractère catalan, en premier lieu Cadaqués et Tossa de Mar. Les trésors encore relativement peu fréquentés de l'arrière-pays comme Peratallada.

### ORGANISER SON TEMPS

Le meilleur moyen de profiter de la Costa Brava est de prendre une voiture et de parcourir ses différents villages. Éviter, si possible, les mois de juillet et août où les stations, comme les plages, sont bondées, et les routes surchargées.

Pour déguster la riche gastronomie maritime et les délicieux plats de l'arrière-pays, il est préférable de fréquenter les petites tavernes où l'on mange une authentique cuisine familiale, souvent succulente.

### AVEC LES ENFANTS

Les plages, surtout sur la côte sablonneuse aux alentours de Roses ; une excursion en bateau aux îles Medes ; le Parc Aquàtic Aqua Brava de Roses *(voir « Nos adresses », p. 303).*

**La force du paysage, la douceur du climat, la limpidité des eaux, la luminosité du ciel dégagé par la tramontane et le charme des villages maritimes, qui vivaient traditionnellement de la pêche et de l'exploitation du corail, sont au nombre des attraits de cette côte, l'une des plus célèbres d'Espagne.**

### UN REFUGE D'ARTISTES

La Costa Brava doit son nom de « Côte sauvage » – inventé au début du siècle à Sant Feliu de Guíxols par le journaliste Ferran Agulló – à son tracé irrégulier et accidenté où les roches anciennes de la chaîne côtière, plongeant abruptement dans la mer, forment des falaises d'aspect aride et sauvage. Les multiples criques, cachées entre les caps saillants, abritent des pinèdes qui s'étendent jusqu'au bord de mer. Cependant, les longues plages du golfe de Roses ou les bancs de sable de Pals diversifient les paysages.

Il n'est pas étonnant que la beauté de ces terres ait suscité l'admiration d'importants écrivains, musiciens, peintres et photographes de la première moitié du 20e s. Et la liste des visiteurs illustres est interminable : Picasso réalisa des œuvres cubistes à Cadaqués (1910) ; Salvador Dalí transforma cette même localité en un centre artistique de grande renommée ; Marc Chagall fit de longs séjours à Tossa de Mar durant les années 1930 et l'écrivain Josep Pla (né à Palafrugell) fut un talentueux chroniqueur de ces beaux paysages. La fascination de tous a contribué sans nul doute à la renommée internationale de la Costa Brava.

# Découvrir

## Les plages

Dans le secteur de la région de la Selva, autour de **Blanes**, **Lloret de Mar** et **Tossa**, le paysage présente un aspect sauvage. En effet, les falaises, qui atteignent par endroits une centaine de mètres de haut, plongent verticalement dans la mer, formant de petites criques qui, par leurs dimensions assez réduites, sont idéales pour profiter des vacances en famille.

La côte du Baix Empordà, qui comprend la grande baie de Palamós, révèle une beauté étonnante. Les pinèdes s'étendent partout et les eaux transparentes prennent des tonalités bleues et vertes. À **Begur**, **Palafrugell**, **Platja d'Aro** – l'un des endroits les plus fréquentés de la Costa Brava – et **Sant Feliu de Guíxols**, on peut, outre les activités de bord de mer, effectuer d'agréables excursions dans l'arrière-pays.

On trouve les paysages les plus spectaculaires de la zone à **Roses** – dont le golfe décrit une grande et lumineuse courbe de 15 km de plages de sable –, **Cadaqués** et **El Port de la Selva**. Les plages, profondes et fraîches, invitent à la location d'embarcations pour faire de petites croisières et découvrir la beauté de l'environnement.

## Les ports

L'image de bateaux amarrés au bord de la mer est indissociable de celle de la Costa Brava. Les ports de plaisance, cadres de compétitions sportives et centres de nombreux loisirs, alternent avec les ports de pêche où ont lieu les criées, l'un des spectacles les plus animés qui soient.

Les marinas les plus renommées se trouvent à **Empuriabrava** (5 000 points d'amarrage), **Roses** (1 100 points d'amarrage), **Palamós** et **Platja d'Aro** (près de 900 points d'amarrage) et encore **L'Estartit** (738 points d'amarrage). D'autres villages, tels L'Escala, Blanes, Llancà et El Port de la Selva, possèdent également de bonnes installations pour accueillir les plaisanciers.

De plus en plus de stations développent leurs **liaisons maritimes**. Tossa de Mar, Lloret de Mar, Blanes et San Feliu de Guíxols sont désormais reliées par des navettes maritimes régulières l'été, l'occasion aussi de découvrir les facettes les plus sauvages de la Costa Brava, côté mer.

## Les villages pittoresques

Les villages de la Costa Brava sont très variés et chacun offre un intérêt différent. Parmi eux, ne manquez pas le plus célèbre, **Cadaqués**, hanté par les artistes et les bohèmes, dont la diversité de paysages et l'extraordinaire personnalité se prêtent à la flânerie dans une ambiance cosmopolite et détendue.

**Peratallada**, posé sur la roche vive, est également un village très pittoresque, comme **Begur**, le village aux maisonnettes toutes blanches et aux merveilleuses calanques, et **Pals**, où l'ensemble médiéval d'El Pedró domine la mer et offre des vues sensationnelles sur la côte. Et que dire de **Tossa de Mar** dont le singulier profil des remparts captive des milliers de visiteurs ?

## Les jardins

Autre spécialité de la Costa Brava, et pas des moindres : ses jardins aménagés. Certaines stations balnéaires abritent de petits bijoux verdoyants, où profiter d'un calme ombragé et réparateur. Entre **Lloret de Mar** et **Blanes**, vous trouverez trois jardins botaniques majeurs : Marimurtra (6000 espèces végétales du monde entier), Pinya de Rosa (le plus grand jardin de cactus au monde) et Santa Clotilde (ambiance Renaissance italienne).

Certains jardins offrent des vues exceptionnelles sur des parties protégées de la côte, invisibles autrement. C'est le cas du jardin botanique du cap Roig, à **Calella de Palafrugell**, niché sur des terrasses panoramiques en surplomb de la mer.

## L'ambiance

Son animation constitue l'un des attraits de la Costa Brava, et si les possibilités de loisirs sont innombrables – des *carpas*, discothèques en plein air, et autres grandes discothèques bondées certains soirs en passant par les terrasses sur les plages –, on peut cependant encore y dénicher des petits coins tranquilles où siroter un verre en toute simplicité.

C'est à **Lloret de Mar** que l'on trouvera l'ambiance la plus échevelée, avec les disco-pubs et les bars ouverts jusqu'au petit matin, et à **Platja d'Aro**, célèbre par ses discothèques où la « drague » bat son plein. À Tossa, Roses, Blanes et Calella de Palafrugell, les bars de bord de mer sont légion, et sur les plages de Palamós, Sant Feliu de Guixols et Cadaqués, où les établissements sont plus élégants, on donne également des concerts et des spectacles en plein air.

Calella de Palafrugell, plage del Golfet.
*I. Pompe / hemis.fr*

# Circuits conseillés Carte de région

## DE BLANES À PALAMÓS

*51 km. Circuit tracé sur la carte de région p. 260.*
Le circuit emprunte deux étroites routes côtières qui dispensent de magnifiques panoramas du littoral : la GI 682 (de Blanes à Sant Feliu) et la C 253 (de Sant Feliu à Palamós). Armez-vous de patience car leur tracé est souvent très sinueux, en particulier sur le tronçon Lloret-Sant Feliu.

### ★ Blanes A3

*Pg Catalunya, 21 (dans la bibliothèque) - ☏ 972 330 348 - www.blanesturisme.cat - 9h-19h (20h en été). En été, également quatre points d'information à proximité des plages.*
Blanes, appelée *Blandæ* à l'époque romaine, prit naissance près de l'embouchure du fleuve Tordera, entre la mer et la montagne Sant Joan. Important centre touristique, la ville s'organise autour de la rue Anselm Clavé. Entre la pointe de Santa Anna et le *tombolo* (cordon littoral) de Sa Palomera s'étend le magnifique **passeig Marítim★**, promenade qui offre une belle vue panoramique de Blanes et de sa plage, couronnée par le port de plaisance.

Sur la colline qui protège la ville à l'est se dressent les restes du château Sant Joan, auquel on peut accéder en voiture par la rue Vidal i Barraquer. Sur la partie basse de cette même colline s'élève l'église Santa Maria, édifice gothique du 14e s. contenant un beau retable baroque.

★ **Jardin botanique Marimurtra** – *Pg Carles Faust, 9 - sur le versant sud-est du mont Sant Joan, en montant par la rue Vidal i Barraquer - ☏ 972 330 826 - www.marimurtra.cat - avr.-mai et oct. : 9h-18h ; juin-sept. : 9h-20h ; reste de l'année : 10h-17h - fermé 1er et 6 janv., 24-26 déc. - 6 €.* Créé en 1921 par l'Allemand Karl Faust en collaboration avec le botaniste Pius Font i Quer, il renferme sur quatre hectares plus de 3000 espèces de plantes

**JOAQUIM RUYRA**
Cet écrivain né à Gérone (1858-1939), donne une vision émue de l'univers marin de Blanes, où vivait sa famille. Dans *Pinya de rosa* (1920), il restitue avec réalisme l'humeur des pêcheurs, allant jusqu'à reproduire intégralement les conversations en « dialecte salat », langage drôle et très particulier qu'il a en partie inventé.

3

exotiques les plus diverses provenant du monde entier. Le parcours longe des sentiers sinueux offrant de belles **vues★** sur la côte et la Cala Forcadera. Doté d'un laboratoire bien équipé, ce jardin est devenu un prestigieux centre de diffusion scientifique.

★ **Jardin botanique Pinya de Rosa** – *Platja Santa Cristina - au-dessus du jardin botanique Marimurtra - accès en voiture : suivre la direction Lloret de Mar et bifurquer au rond-point sur la GIV 6838 en direction de l'ermitage de Santa Cristina - parking 1,5 km après le rond-point - ✆ 972 355 290 - 9h-18h - fermé 1er et 6 janv., 24-26 déc. - 4 € (retraités 3 €).* Créé en 1945 sur le même principe que le jardin botanique Marimurtra, Pinya de Rosa est devenu le plus grand jardin de cactus au monde, avec plus de 7 000 variétés provenant des quatre coins de la planète. Son fondateur, l'ingénieur Fernando Riviere de Caralt, a consacré plusieurs décennies à l'élaboration de ce jardin d'acclimation.

Les sentiers courent les flancs d'une calanque vierge de constructions, menant en contrebas à un petit bassin rafraîchissant bordé de palmiers.

## Lloret de Mar A3

*À 5 km de Blanes.*

*ℹ Av. de las Alegries, 3 - ✆ 972 365 788 ; Museu del Mar - pg Caprodón i Arrieta, 1-2 - ✆ 972 364 735 - www.lloretdemar.org - juin-sept. 9h-20h ; oct.-mai : 9h-13h, 16h-19h - fermé dim.*

Ville côtière très fréquentée, Lloret a substitué à son activité maritime d'origine une énorme infrastructure hôtelière, devenant ainsi le premier centre touristique de la Costa Brava. Lieu idéal pour profiter de vacances animées, les possibilités de divertissement qu'elle offre en été sont pratiquement inépuisables. Une foule de toutes nationalités va dans les *carpas*, gigantesques discothèques de plein air, danser et se divertir au rythme des musiques à la mode. Les bars ferment leurs portes aux petites heures du matin, au moment même où s'ouvrent celles des *after hours*, qui prolongent la fête jusqu'à midi.

De sa physionomie bigarrée se détache la promenade en forme de demi-lune qui longe la plage. La fête la plus prisée est, le 24 juillet, la procession maritime de Sa Reliquia, au cours de laquelle on promène en mer, sur des barques décorées de guirlandes, l'image et les reliques de sainte Christine.

★★ **Jardins de Santa Clotilde** – *En sortant de Lloret de Mar en direction de Blanes - ✆ 972 370 471 - avr.-sept. : 10h-20h ; oct.-mars : mar.-dim. 10h-17h - 4 € (tarif réduit 2 €) - concerts de jazz régulièrement donnés dans le jardin (se renseigner à l'accueil ou à l'office de tourisme).* Voilà une oasis de tranquillité, bien rare sur cette portion de la Costa Brava ! Restaurés en 2006, les jardins de Santa Clotilde ont été aménagés en 1919 par l'architecte et paysagiste Nicolau Maria Rubió i Tudurí (1891-1981), disciple du paysagiste français Jean Claude Nicolas Forestier. Dix ans plus tard, le duo réalisera d'ailleurs la colline de Montjuïc à Barcelone, à l'occasion de l'Exposition universelle de 1929.

Le propriétaire des jardins, le docteur Raúl Roviralta, a demandé à l'architecte de s'inspirer de la Renaissance italienne. Les jardins en terrasse sont traversés d'allées et d'escaliers de brique crue tapissés de lierre. Dense au sol, la végétation s'élève grâce aux pins et cyprès. Les arbres restent cependant peu nombreux, afin de permettre au promeneur de jouir du panorama sur la côte et la mer.

## ★ Tossa de Mar B3

*À 11 km de Lloret de Mar.*

*ℹ Av. del Pelegrí, 25 - ✆ 972 340 108 - www.infotossa.com - juin-sept. : lun.-sam. 9h-21h, dim. 10h-14h, 17h-20h ; reste de l'année : lun.-sam. 10h-14h, 16h-20h (19h en hiver) ; de mai à oct., une autre antenne est ouverte à côté du parking, entre le pg de Mossèn Cinto Verdaguer et la plage.*

Ce pittoresque village s'inscrit dans un environnement naturel d'une grande beauté, entre les falaises abruptes, couvertes de pins et de chênes-lièges, les belles calanques et la plage.

Le grand atout de Tossa réside dans ses extraordinaires plages de sable fin, idéales pour la baignade car peu profondes. La **Platja Gran**, située en face de Vilanova, est la plus vaste et la plus fréquentée. Derrière la vieille ville se trouve la petite plage **Cala Codolar**, véritable havre de paix. Plus près de la ville se situent les calanques **Bona**, **Pola**, **Givarola** et **Llevado**, à partir desquelles on peut visiter le phare, niché à 60 m de hauteur sur une falaise.

Au sommet du cap de Tossa, au nord de l'accueillante baie, s'étend la **vieille ville★** (12e-14e s.). La remarquable enceinte fortifiée a gardé son périmètre d'origine, de sobres murs crénelés, et sept grosses tours à mâchicoulis, dont trois rondes.

La ville nouvelle, complexe moderne d'hôtels, d'appartements et de restaurants, s'étend parallèlement à la plage.

**Museu Municipal** – *Pl. Pintor Roig i Soler, 1 - ✆ 972 340 709 - www.tossademar.com/museu - mar.-sam. 10h-14h, 16h-18h, dim. 10h-14h - 3 € (-12 ans gratuit, étudiants et retraités 2 €).* Fondé en 1935, il occupe l'ancienne maison du gouverneur, ou « casa del batlle ». De nombreux objets trouvés lors des fouilles archéologiques effectuées sur le site de la proche villa romaine d'Els Ametllers (1er-4e s.) y sont exposés. Une importante **collection d'art contemporain★** rassemble des œuvres d'artistes étrangers ayant séjourné à Tossa dans les années 1930 (Chagall, André Masson, etc.), mais aussi catalans (Rafael Benet).

## ★ Sant Feliu de Guíxols B3

*À 20 km de Tossa de Mar.*

*ℹ Pg de Mar, 8-12 - ✆ 972 820 051 - www.guixols.net - de fin juin à mi-sept. : tlj 10h-14h, 16h-20h ; reste de l'année : lun.-sam. 10h-13h, 16h-19h, dim. et j. fériés 10h-14h.*

Cette ville côtière est située sur une petite baie, à l'abri des derniers contreforts de la serra de Les Gavarres. Le **passeig de la Mar**, promenade ombragée parallèle à la plage, est l'artère la plus animée de la ville. Pendant les mois d'été, ses nombreuses terrasses et ses cafés d'aspect moderniste (**Casino dels Nois**) ne désemplissent pas.

Les boutiques d'artisanat du liège proposent tous les articles possibles, du simple bouchon aux objets décoratifs d'un certain intérêt artistique.

**★ Église-monastère de Sant Feliu** – Les vestiges de cet ancien monastère bénédictin du 10e s. se trouvent sur la plaça del Monestir. Fortifié à l'origine, il affiche une authentique mosaïque de styles architecturaux. Les tours del Fum et del Corn, ainsi que la **Porta Ferrada★★**, étrange portail de style préroman aux arcs outrepassés, en sont les restes les plus anciens.

L'église gothique présente trois absides polygonales et une seule nef voûtée sur croisée d'ogives. Les dépendances monastiques, remodelées au 18e s., accueillent le **Museu d'Història de la Ciutat**, qui présente une collection d'archéologie locale et une section consacrée aux secours en mer. *✆ 972 820 167 - mar.-sam. 10h-13h, 17h-20h, dim. et j. feriés 10h-13h - fermé 1er et 6 janv., 25 déc. - gratuit.*

### LA COLLECTION THYSSEN À SANT FELIU ?

Ce n'est encore qu'un projet, mais qui semble bien avancer : la collection de peintures catalanes de Carmen Cervera, la baronne Thyssen, pourrait bientôt s'installer au cœur de la ville, dans l'ancienne fabrique de liège Can Serra. Affaire à suivre !

3

**Chapelle de Sant Elm** – Selon la tradition, c'est en contemplant le bord de mer de ce splendide mirador que le journaliste **Ferran Agulló** appela la côte « Costa Brava ».
Les **vues★★** que l'on a de la corniche littorale sont impressionnantes.

### ★ Roca de Pedralta B3

Situé à la limite de la commune de Vila d'Aro, ce rocher en porte-à-faux, l'un des plus grands d'Europe, constitue un singulier mirador sur la baie.

### ★ S'Agaró B3

La construction de cet ensemble immobilier aux belles et luxueuses villas débuta dans les années 1920, selon une tendance Art nouveau adoptée par l'architecte Rafael Masó. On ajouta plus tard des constructions modernes.
Le camino de Ronda dévoile de charmantes **perspectives★** sur les falaises.

### Platja d'Aro B3

*À 5,5 km de Sant Feliu de Guíxols par la C 253.*
*Mossèn Cinto Verdaguer, 4 - ✆ 972 817 179 - www.platjadaro.com - été : 8h-22h ; hiver : 9h-13h, 16h-19h.*
Cet ensemble urbain, aménagé au seul usage des vacanciers, trouve toute son animation en été, quand ceux-ci déambulent dans ses rues, y apportant une ambiance cosmopolite et bruyante.
★ **Cova d'en Daina** – *Accès par la C 31 jusqu'à Calonge puis la route de Cabanyes.* Une **route** calme et sinueuse pénètre dans la serra de Les Gavarres et conduit à cet intéressant tombeau mégalithique. Au-delà, le village médiéval de **Romanyà de la Selva** mérite un coup d'œil.

### Palamós B2

*À 5,5 km de Platja d'Aro.*
*Pere Joan, 44 - ✆ 972 600 500 - www.palamos.org - été : 8h-21h30 ; hiver : lun.-jeu. 8h-15h, vend. 8h-15h, 16h-19h, sam. et j. fériés 10h-14h, 16h-19h, dim. 10h-14h - fermé 24-25 déc., 6 janv., 26 juin.*
Petit village équipé d'un dynamique port de plaisance et de pêche, Palamós, avec son choix de loisirs et de services, est l'un des endroits les plus fréquentés de la Costa Brava.
**Museu de la Pesca** (Musée de la Pêche) – *✆ 972 600 424 - www.museudelapesca.org - de mi-juin à mi-sept. : 10h-21h ; reste de l'année : mar.-sam. 10h-13h30, 15h-19h, dim. et j. fériés 10h-14h, 16h-19h - fermé lun., 1er et 6 janv., 1er Mai, 25 et 31 déc. - 3 €.* Ce musée vous embarque pour un voyage dans l'univers de la pêche et ses traditions. Passé le documentaire audiovisuel d'introduction, peu rassurant sur l'avenir de la filière, l'exposition détaille les techniques de pêche spécifiques à la Costa Brava, avec en particulier la mise en scène d'une barque catalane traditionnelle, son matériel et ses outils d'entretien. La dernière partie de l'exposition présente une intéressante série de maquettes illustrant les techniques de pêche et de poses de filets.

## DE PALAFRUGELL AUX ÎLES MEDES

*59 km jusqu'à L'Estartit. Circuit tracé sur la carte de région p. 260.*
Ce circuit longe une portion du littoral avant de découvrir un certain nombre de villages et paysages de l'arrière-pays ampurdanais.

### Palafrugell B2

*Teatre Municipal - Santa Margarida, 1 - ✆ 972 300 228 - www.visitpalafrugell.cat - lun.-sam. 10h-13h, 17h-20h, dim. et j. fériés 10h-13h - fermé de mi-oct. à la Sem. sainte.*

Calella de Palafrugell.
G. Gräfenhain / Sime / Photononstop

Située à quelques kilomètres de la côte, Palafrugell est une ville d'une intense activité culturelle. Au début du 20e s., le travail du liège, aujourd'hui disparu, fit sa splendeur.

Berceau du prolifique écrivain **Josep Pla** (1897-1981), Palafrugell est très appréciée des visiteurs, nombreux en été, pour son atmosphère festive et son *suquet de peix*, un ragoût savoureux à base de poisson.

**Museu del Suro** (Musée du Liège) – *Tarongeta, 31 - ✆ 972 307 825 - www.museudelsuro.cat - de mi-sept. à mi-juin : lun.-sam. 10h-13h30, 17h-20h30, dim. 10h-13h ; reste de l'année : mar.-sam. 17h-20h, dim. et j. fériés 10h30-13h30 - 3 € (étudiants, retraités 1,5 €).* On y montre le procédé de fabrication des bouchons de liège et il est intéressant de voir les ustensiles très rudimentaires qui servaient à laver, couper et marquer les plaques de liège. 3

### ★ Calella de Palafrugell B2

*À 4,5 km de Palafrugell par la GIV 6546.*

*ℹ Les Voltes, 6 - ✆ 972 614 475 - www.visitpalafrugell.cat - juil.-août : 10h-13h, 17h-21h ; avr.-juin et sept.-oct. : tlj sf dim. apr.-midi 10h-13h, 17h-20h - fermé nov.-mars.*

Cette ancienne bourgade de pêcheurs est devenue un centre touristique raffiné. Face à la mer se trouve la très populaire **carrer de Les Voltes**. Dans cet espace aux arcades blanches a lieu chaque année, le premier samedi du mois de juillet, le très couru **Festival de Havaneras**, où l'on boit le *cremat* (café flambé au rhum) en écoutant les mélodieuses chansons de marins.

★ **Jardí Botànic del cap Roig** – *✆ 972 614 582 - 9h-18h (avr.-sept. 20h) - 6 €.* De ce jardin, situé en dehors de la ville, on a des **vues★★** spectaculaires de la côte. La visite s'effectue parmi plus de 1 200 espèces végétales réparties sur plusieurs terrasses en front de mer. Arbrisseaux et plantes, provenant de toutes les latitudes, emplissent de senteurs exotiques et de couleurs éclatantes ce lieu paradisiaque où des allées sont couvertes de treillis floraux, où jardins à l'aspect romantique et miradors offrent des vues impressionnantes sur les falaises.

À l'intérieur, caché par une allée de peupliers, se trouve le **château du cap Roig**, bâtiment néogothique construit en 1924 par Nicolas Woevalsky, ancien colonel de l'armée tsariste, et sa femme Dorothy. L'aspect fantastique de cette construction de pierre oxydée couronnée d'aiguilles apporte une touche mystérieuse à l'ensemble.

### Llafranc B2

*À 2 km de Calella de Palafrugell par la petite route côtière qui file vers le cap de Sant Sebastià ou à pied par le GR 12 qui longe la mer (15mn).*

*Roger de Llúria, s/n - ✆ 972 305 008 - juil.-août : 10h-13h, 17h-21h ; avr.-juin et sept.-oct. : tlj sf dim. apr.-midi 10h-13h, 17h-20h - fermé nov.-mars.*

Comme à Calella, les maisons de pêcheurs ont cédé aujourd'hui la place à des résidences secondaires. Le **port de plaisance**, qui compte 140 amarres, est la principale attraction de Llafranc avec la petite plage, cadre de nombreuses activités estivales (concerts en plein air, compétitions sportives, etc.).

### ★ Phare de Sant Sebastià B2

Le phare (1857), l'un des plus puissants d'Espagne, est situé sur un cap minuscule environné de falaises sauvages. L'ermitage Sant Sebastià, tout près, s'ouvre sur une belle **vue★** sur la mer.

### Tamariu B2

Les criques Gelida, Llarga et Marquesa, d'une grande beauté, sont pratiquement vierges, grâce au tourisme sélectif qui est pratiqué autour du village.

### ★ Begur B2

*Av. Onze de Setembre, 5 - ✆ 972 624 520 - www.begur.org - sept.-mai : 9h-14h, 16h-19h, sam. 10h-14h, 16h-19h, dim. 10h-14h ; juin-août : 9h-21h.*

Située à 200 m au-dessus du niveau de la mer, la ville surplombe un bel ensemble de criques. Une promenade dans ses ruelles étroites permet la découverte de maisons du 18e s., généralement bien conservées, des tours de défense et de typiques maisons de pêcheurs. Sur la partie haute du village se dressent les ruines du château (16e-17e s.), d'où l'on peut contempler le pittoresque enchevêtrement des ruelles de la ville.

**Les criques** – *Pour y accéder, suivre les signalisations.* Les anciens quartiers de pêcheurs sont devenus des zones touristiques et résidentielles de grand standing parmi lesquelles il faut signaler **Aigua Xelida**, **Sa Tuna**, **Sa Riera** et **Aiguafreda**. Le paysage entourant ces lieux est spectaculaire : des montagnes abruptes couvertes de pinèdes tombant à pic dans la mer, des petites plages parsemées d'embarcations et, surtout, une vision privilégiée de la Méditerranée.

*Quitter la route côtière et prendre la direction de Pals par la GI 653.*

### ★ Pals B2

Le village possède un intéressant quartier ancien, El Pedró, bien restauré. Dans les environs s'élèvent des fermes, dont plusieurs sont fortifiées. Ces édifices typiquement ruraux contrastent avec les réalisations plus modernes : nombreux lotissements à l'usage des estivants et terrain de golf.

**★ El Pedró** – Cet ensemble monumental ceint d'une muraille restitue à la perfection l'atmosphère médiévale et conserve de beaux édifices parmi lesquels se détachent l'église gothique Sant Pere et la **tour des Heures**, d'où l'on découvre un magnifique **panorama**. Ses ruelles aux maisons roses sont un véritable enchantement.

*Emprunter la GI 652 vers Torrent, puis prendre à droite la C 66.*

### La Bisbal d'Empordà B2

*À 12 km de Pals.*

Chef-lieu du Baix Empordà, c'est une localité dynamique et commerçante, que la poterie traditionnelle et les incomparables terres argileuses ont convertie en prestigieux centre d'artisanat.

Sous les populaires voûtes de ses grandes arcades s'étalent de nombreux commerces et boutiques spécialisés dans la vente d'objets de céramique.

★ **Château-palais** – *Pl. del Castell, s/n - ✆ 972 645 166 - hiver : tlj sf lun. 10h-13h ; été : 11h-14h, 17h-20h - 2 €.* L'ancienne résidence des évêques de Gérone est le bâtiment le plus remarquable de La Bisbal. C'est un sobre exemple d'architecture civile, où se mêlent éléments romans et gothiques. Une partie de l'édifice abrite les archives historiques de la *comarca*.

**Église de Santa Maria** – Bâtie au 18e s., l'église accueille l'Aigle et le Dragon, figures mythiques du bestiaire médiéval. La façade monumentale présente certains détails décoratifs (oculi, archivoltes, colonnes galbées et gargouilles) d'une grande beauté.

*Revenir en arrière sur la C 66, prendre à gauche la C 252, puis à droite la GI 651.*

### ★★ Peratallada B2

*Laisser la voiture sur le parking municipal.*

Assis sur des roches ravinées – d'où son nom, qui signifie « pierre taillée » –, ce village peut être considéré comme l'un des plus beaux ensembles d'architecture médiévale de l'Ampurdan.

Ce **village** fortifié, dont les vieilles ruelles débouchent sur la plaça Major, s'articule autour de la grande tour du château-forteresse, devenu hôtel de luxe. La **plaça de les Voltes**, dotée d'un petit portique et bordée de maisons anciennes, est l'une des images les plus caractéristiques de la localité. Pendant la période estivale, la légendaire tranquillité de Peratallada est partagée par les nombreux visiteurs.

L'**église de Sant Esteve**, austère bâtiment du 13e s. en dehors du village, possède un campanile ajouré, d'un modèle très répandu dans la région.

*Continuer sur la GI 651.*

3

### Église de Sant Julià de Boada B2

Sur le territoire communal de Palau-sator s'élève ce curieux exemple d'architecture préromane (10e s.), où l'on a effectué une remarquable restauration.

*Revenir vers Peratallada, puis prendre à droite.*

### Palau-sator B2

Ce petit village paisible, au plan médiéval bien conservé, se transforme, le week-end et durant les vacances, en haut lieu gastronomique.

*Poursuivre vers Ullastret.*

### ★ Ullastret B2

Un des villages les plus pittoresques de l'arrière-pays de l'Ampurdan. Ses vieilles ruelles médiévales exhalent l'odeur caractéristique de la campagne. Dans les environs, on peut acheter les produits typiques de la région.

**Église de Sant Pere** – Située au centre du village, cette église est un bel exemple du style roman de l'Ampurdan, avec son plan basilical et sa décoration lombarde. Remarquer un curieux ossuaire gothique ainsi que la représentation sur les impostes de personnages et d'animaux fantastiques.

★★ **Ciutat Ibèrica** – *1 km à l'est - ✆ 972 179 058 - www.mac.es - oct.-mai : tlj sf lun. 10h-14h, 15h-18h ; juin-sept. : tlj sf mar. 10h-20h - fermé 1er janv., 25 et 26 déc. -*

*2,30 € (-16 ans gratuit).* L'ancienne lagune d'Ullastret, asséchée vers la fin du 19e s., a fait place à une plaine, fertile et agréable, où croissent les cyprès et les oliviers. On y trouve également, sur la colline de Sant Andreu, les vestiges d'un oppidum ibérique datant du 7e s. av. J.-C.
Les ruines de cette ancienne place forte forment un précieux témoignage archéologique, car elles permettent de reconstituer la vie de ses habitants aux 4e et 3e s. av. J.-C.
**Museu Arqueològic d'Ullastret** – Sur le site même, l'ancienne chapelle de Sant Andreu héberge cette section du musée d'Archéologie de Catalogne. Y sont exposées les principales découvertes faites au cours des fouilles (monnaies, récipients et ustensiles divers).
*Poursuivre par la GI 644 puis prendre à droite la GI 643.*

## ★ Torroella de Montgrí B2

La ville s'élève au bord du Ter, au pied de la montagne du Montgrí. Son quartier ancien garde la disposition d'un camp romain, avec deux rues principales qui se croisent sur une place bordée d'arcades.
**Église de Sant Genís** – Bel exemple de gothique catalan (14e s.), elle présente une monumentale façade baroque. À l'intérieur, aux lignes très sobres, on trouve une seule nef, une abside polygonale et des chapelles latérales. Chaque été, le sanctuaire accueille le **Festival international de musique**, l'un des événements musicaux les plus prestigieux de Catalogne.
**Château du Montgrí** – *La montée à pied par un itinéraire balisé commence au bout de la carrer Fátima - compter 1h.* Cette imposante forteresse se dresse au sommet de la montagne du Montgrí. La solidité et l'uniformité de ses murs extérieurs font oublier qu'il s'agit d'une œuvre inachevée. Grâce à sa situation privilégiée, ce château forme un extraordinaire **belvédère★★** face au massif montagneux de Les Gavarres et à la mer. À quelques mètres de là se trouve le gisement archéologique du **Cau del Duc** (le repaire du duc), grotte que l'homme occupa il y a 300 000 ans. La visite au sommet du Montgrí se termine à l'**ermitage de Santa Caterina**, lieu de vénération populaire situé dans la proche vallée du même nom.

## ★★ Îles Medes B2

Le petit archipel des îles Medes (21,5 ha de superficie), formé de sept îlots et de quelques récifs, se trouve à 1 km de la côte de l'Ampurdan, accessible en bateau depuis le village de **L'Estartit** *(voir « Nos adresses », rubrique « Activités » p. 302).* Le paysage y est de toute beauté. Prolongement en mer du massif calcaire du Montgrí, il constitue un site d'une grande richesse écologique par sa variété d'espèces et d'écosystèmes.
Du fait de sa formation karstique, il en résulte des cavités et des tunnels favorisant la végétation et la faune marines. On y dénombre plus de 1 300 espèces différentes. Cette richesse de ressources a été longtemps exploitée par les pêcheurs et, notamment, par les corailleurs qui ont, depuis le 18e s., étendu leur activité à toute la côte.
**Meda Gran** – L'île accuse une forte dissymétrie : tandis que son littoral oriental est découpé de hautes falaises, composées de strates calcaires, sa face ouest présente des pentes douces formées par la présence des matières molles (argiles, gypses et marnes). Près de la petite baie de l'embarcadère se dressent les deux phares, construits l'un en 1866, l'autre, fonctionnant à l'énergie solaire, en 1930.
**Meda Petita** – Elle est séparée de Meda Gran par El Freuetó. Du côté du levant existent de nombreuses cavernes et grottes entre les falaises.

## LE GOLFE DE ROSES : DE L'ESCALA À ROSES

*36 km. Circuit tracé sur la carte de région p. 260. Départ de L'Escala, à 15,5 km au nord de Torroella par la C 31 et la GI 632.*
La majorité de ce tronçon de frange côtière fait partie du Parc naturel dels Aiguamolls de l'Empordà *(voir p. 309)*.

### ★ L'Escala B2

*Pl. de les Escoles, 1 - 972 770 603 - été : tlj sf dim. apr.-midi 9h-20h30 ; hors sais. : tlj sf dim. 9h-19h - antenne estivale sur la plage de Riells.*
Cette ville touristique traditionnellement vouée à la pêche et notamment réputée pour ses anchois, est située à l'extrême sud du golfe de Roses. Aux environs sont édifiés de nombreux ensembles groupant villas et complexes hôteliers. Le **port** comprend un bassin de plaisance de 435 postes d'amarrage.
La ville est le lieu de naissance de l'écrivain Caterina Albert (1869-1966), qui a publié ses œuvres *(Solitud* et *Drames rurals)* sous le pseudonyme de **Victor Català**.

### ★★ Empúries *(voir p. 319)* B2

### ★ Parc naturel dels Aiguamolls de l'Empordà *(voir p. 309)* B2

### Castelló d´Empúries *(voir p. 308)* B1

*Quitter Castelló d'Empúries par la C 68 vers Roses, puis suivre les panneaux « Empuriabrava ».*

### ★ Empuriabrava B1

Ce luxueux ensemble immobilier construit sur d'anciens marécages présente une **trame urbaine** très particulière, qui voit alterner routes goudronnées et canaux navigables, offrant une vision hors du commun : les embarcations amarrées aux portes des maisons. La marina dispose d'un port de plaisance et d'un petit aérodrome pour avions de tourisme et hélicoptères.
*Reprendre la C 260 vers l'est.*

### ★ Roses B1

*Av. de Rhode, 77-79 - 902 257 331 - www.roses.cat - juin-sept. : 9h-21h ; oct.-mai : lun.-vend. 9h-18h, sam. 10h-14h, 15h-18h, dim. 10h-13h.*
Au sud-est de l'abrupte péninsule du cap de Creus, qui domine le golfe de Roses, se trouve cette petite ville touristique par excellence. Située sur un magnifique port naturel, elle possède la plus importante flotte de pêche du nord de la Catalogne. Néanmoins, cette ville conserve aussi quelques beaux vestiges et propose une large gamme hôtelière, de restauration et d'équi-

### L'ANCIENNE VILLE DE RHODE

Rhode fut fondée au 8e s. av. J.-C. par des navigateurs originaires de l'île de Rhodes, mais fut occupée plus tard par les Phocéens, qui s'étaient installés à Empúries. Quoique l'on ait depuis toujours identifié Roses avec l'ancienne Rhode, la confirmation archéologique ne fut obtenue que dans les années 1960. Les fouilles – toujours en cours – ont permis d'établir que Roses fut une active colonie grecque, dont la propre monnaie (des drachmes frappés au revers de la rose des Rhodiens) eut cours de la fin du 4e s. jusqu'au 3e s. av. J.-C. La découverte d'un atelier de céramique utilisant le vernis noir a révélé que la ville vécut, pendant un certain temps, de l'exportation de ses produits dans la Méditerranée occidentale. En outre, une inscription, trouvée à Carthage, cite le *municipium* de Rhode comme important centre de salaison de poissons.

**FERRAN ADRIÀ OU LA CUISINE AU RANG DES BEAUX-ARTS**

Ce cuisinier catalan de génie, né en 1962, a fait de la petite cité balnéaire de Roses l'avant-garde de la gastronomie mondiale. Avec son restaurant « El Bulli » (le bouledogue), il s'est hissé dans le cercle des meilleurs cuisiniers du monde, s'attirant naturellement jalousies et controverses. Avec sa trentaine de plats, son menu dégustation offre le panorama d'une gastronomie particulièrement inventive, mise au point durant l'hiver dans son atelier de Barcelone. Mais il faut savoir la mériter : le restaurant n'est ouvert que six mois par ans, il faut réserver plus d'un an à l'avance et avoir le portefeuille bien garni. Comble de malheur pour les fans et ceux qui figurent sur la liste d'attente : Ferran a décidé de se reposer deux ans et de fermer les portes de son établissement mythique en 2012 et 2013 ! *(Voir aussi « Les grandes figues catalanes » p. 89).*

pements de loisirs. En outre, elle possède un grand port de plaisance, qui a accueilli de nombreuses compétitions.

★ **Citadelle** – *Av. de Rhode, s/n - ✆ 972 151 466 - juil.-août : 10h-21h ; avr. et sept. : tlj sf lun. 10h-20h ; oct.-mars : tlj sf lun. 10h-18h - 3 € (-18 ans 2,50 €) - visites guidées nocturnes en juil.-août (une langue différente chaque soir) - 5 €.* De style Renaissance, elle fut construite au 16e s. par ordre de Charles Quint, qui craignait une invasion turque. Elle se développe selon un plan pentagonal, avec de solides murs et de nombreux bastions. En dépit des destructions, l'ensemble demeure dans un bon état de conservation. La monumentale **Porta de Mar**, de style Renaissance, avec ses pilastres ornementaux adossés et sa frise à décoration végétale, est la porte d'entrée de l'enceinte fortifiée.

À l'intérieur se trouvent les ruines du monastère bénédictin **Santa Maria** de Roses, détruit par les Français pendant la guerre d'indépendance (1808-1814) : on y découvre les vestiges de l'église (11e s.), notamment le très beau chevet, de type lombard. Dans l'une des absidioles, on a trouvé des traces d'une église paléochrétienne, et, en sous-sol, les vestiges de l'ancienne ville de Rhode

**Dolmen de la Creu d'en Cobertella** B1 – *5 km par la route côtière qui mène à la Cala Montjoi.* Il s'agit le plus grand monument mégalithique de Catalogne, dont la datation est fixée aux débuts du troisième millénaire av. J.-C.

### DE CADAQUÉS À PORTBOU

▶ *52 km. Circuit tracé sur la carte de région p. 260.*

Ce dernier circuit, qui parcourt la zone la plus septentrionale du littoral catalan, part de la belle péninsule du cap de Creus pour aboutir à Portbou, à la frontière française.

#### ★★ Cadaqués *(voir p. 304)* B1

#### ★ Portlligat *(voir p. 306)* B1

#### ★★ Parc naturel du Cap de Creus (Cabo de Creus) *(voir p. 306)* B1

*Retourner à Cadaqués puis prendre les petites routes en direction de l'arrière-pays (la GI 614 et la GI 613).*

#### ★ El Port de la Selva B1

Cette commune touristique se trouve au nord de la péninsule du cap de Creus. Le centre de la ville est composé d'un évocateur ensemble d'architecture populaire constitué de maisons blanches qui furent autrefois des maisons de pêcheurs. Actuellement, El Port de la Selva est une station estivale où foisonnent les nouvelles constructions, les hôtels et les campings.

Monastère de Sant Pere de Rodes.
*D. Chapuis / MICHELIN*

La pêche est une des principales activités de ce port naturel, dont le profil est l'un des plus spectaculaires de toute la Costa Brava. La largeur de sa plage, lieu de maintes compétitions sportives, les lueurs argentées de la mer et, surtout, la proximité du merveilleux monastère de Sant Pere de Rodes font d'El Port de la Selva une étape à ne pas manquer.
*Quitter la ville vers Llançà puis prendre à gauche la petite route qui part à l'assaut du monastère.*

3

### ★★★ Monastère de Sant Pere de Rodes B1

*Laisser la voiture au parking et gagner le monastère à pied (10mn). Il est conseillé de démarrer la visite par la présentation audiovisuelle. ✆ 972 387 559 - tte la journée - fermé lun., 1er janv., 25-26 déc. - 4 € (-18 ans 3 €), mar. gratuit.*
Sur le flanc abrupt du mont Sant Salvador de Verdera, dans un **site**★★ merveilleux ayant en toile de fond le golfe du Lion et la péninsule du cap de Creus, se dressent les ruines impressionnantes de ce monastère bénédictin, dont la construction remonte au 10e s. Son histoire est un véritable roman-feuilleton de cape et d'épée, lourd de vols, d'incendies, d'épidémies et de saccages, que raconte le roman de Núria Esponellà, *Rere els Murs*, prix Néstor Luján du roman historique en 2009.
Le monastère est enclavé sur une petite esplanade irrégulière, aussi les différents édifices (église, cloître et dépendances monastiques) sont-ils situés à des niveaux différents. Sur la hauteur s'élèvent les ruines du **château de Sant Salvador de Verdera**. L'ensemble est complété par les vestiges de l'ancienne localité de Santes Creus, que domine l'**église de Santa Helena**.
★★★ **Église** – C'est une œuvre exceptionnelle, unique dans l'architecture médiévale espagnole. Elle présente une unité de construction atypique, aux influences préromanes très marquées, malgré sa construction datant du 11e s.
Située au nord du site, plus bas que le reste des bâtiments, elle comporte trois vaisseaux.

La nef centrale présente une voûte en berceau très haute, alors que les collatéraux, très étroits, ont des voûtes surbaissées. Les vaisseaux sont séparés par des piliers massifs, renforcés de colonnes adossées reposant sur de hauts soubassements. Les superbes **chapiteaux★** qui décorent ces colonnes ont des entrelacs et des feuilles d'acanthe délicatement sculptés, dans la lignée de quelques monuments cordouans et byzantins. Le transept a deux chapelles absidiales et une abside centrale dotée d'une crypte et d'un étroit déambulatoire auquel on accède par le bras droit du transept et d'où l'on apprécie le mieux la profondeur et l'ampleur de la nef centrale.

★★ **Clocher** – Magnifique exemple du roman lombard du 12ᵉ s., c'est une grande tour de plan carré (27 m de hauteur) à trois étages avec de grandes ouvertures.

*Redescendre sur la GI 612 et continuer vers le nord-ouest.*

### ★ Llançà B1

*Camprodón, 16-18 - ✆ 972 380 855 - www.llanca.net - point informations sur le parking du port au 972 120 944, demandez la liste des activités nautiques (balades en bateau, plongée sous-marine, planche à voile, voile…).*

Au nord de la péninsule du cap de Creus, entre des criques de gros sable aux eaux cristallines, se trouve Llançà. Tandis que le noyau urbain, à 1 km de la côte, est un endroit tranquille environné de vergers et de vignes, **El Port de Llançà**, au bord de la mer, est devenu un centre touristique important de la Costa Brava.

La Festa d'Hivern (Fête d'hiver), célébrée le 22 janvier, complète l'intérêt de cette ville qui produit les populaires **llances**, bonbons typiques en forme de lance, fabriqués à base d'amandes, de farine, de beurre et de cacao.

**Plaça Major** – En son centre s'élève l'**arbre de la Liberté**, gigantesque platane. On peut aussi voir sur cette place animée les **ruines du clocher** de l'église romane primitive (13ᵉ s.) et le **donjon** (Torre del Homenatge), grande construction de base rectangulaire, faisant partie de l'ancien château-palais (13ᵉ et 14ᵉ s.) des abbés de Sant Pere de Rodes.

**Église de Sant Vicenç** – Édifiée au 18ᵉ s. et située au centre de Llançà, l'église à nef unique est précédée par un perron de pierre. La façade monumentale présente un portail néoclassique.

**El Port de Llançà** – Le quartier maritime de Llançà est situé autour d'une petite baie ouverte sur la mer et légèrement protégée de la tramontane et des tempêtes. Le quartier, auparavant occupé par des baraques de pêcheurs, est aujourd'hui un centre bigarré de résidence et de villégiature, pratiquement aggloméré à la ville. Il compte également un important port de plaisance et, tous les jours, on peut voir les produits frais de la pêche sur les étals du marché aux poissons.

*Prendre la N 260 ou la GI 612.*

### Portbou B1

Aux confins du Roussillon français, cet important centre touristique est aussi l'un des principaux postes frontaliers catalans, notamment pour le trafic ferroviaire. Portbou, dont la surface bâtie est égale à celle des installations ferroviaires, n'a longtemps vécu que par la gare.

Néanmoins, cette commune moderne a d'autres atouts, et son rivage offre de surprenants paysages. D'où que l'on vienne, par la N 260 ou par la magnifique **route★★** de Colera, la GI 612, on pourra admirer les profils rocheux les plus escarpés du littoral catalan. Hautes falaises, petites calanques vierges ou autres capricieuses formes de relief sont quelques-uns des principaux attraits de la zone la plus accidentée de la Costa Brava.

## NOS ADRESSES SUR LA COSTA BRAVA

Voir aussi nos adresses d'hébergement et de restauration à **Cadaqués** (p. 307) et **Castelló d'Empúries** (p. 310).

### TRANSPORTS

Le moyen de locomotion idéal pour visiter la Costa Brava est la voiture. Les moyens de transport public fonctionnent bien mais selon des horaires assez contraignants.

#### En autocar

**Sarfa** – *972 300 262 - www.sarfa.com.* Principale ligne d'autocars, elle relie Barcelone à Gérone et dessert, au départ des deux villes, les principales localités de la Costa Brava (Cadaqués, Figueres, Palamós, Platja d'Aro, Sant Feliu…).

#### En train

**Renfe** – *902 24 02 02 - www.renfe.es.* Pour se rendre sur la Costa Brava, deux gares principales : **Gérone** et **Figueres** *(voir p. 276 et 317)*, situées sur la ligne reliant Barcelone à Portbou, à la frontière française. Le train marque un arrêt également à **Llança**.

#### En bateau

**Viajes Marítimos** – *972 369 095 - www.viajesmaritimos.com - vente des billets sur la plage - 4 ou 5 dép./j. entre 9h et 17h.* Liaisons maritimes entre Tossa de Mar, Blanes, Sant Feliu et Lloret de Mar.

**Dofi Jet Boats** – *972 371 939 - www.dofijetboats.com.* Liaisons entre Calella au sud et Tossa de Mar.

### HÉBERGEMENT

Rançon du succès touristique : l'hébergement sur la Costa Brava peut se révéler hors de prix. Il est parfois également difficile de trouver une chambre durant les mois d'été sans avoir réservé au préalable, en dépit d'un nombre imposant d'hôtels de toutes catégories. Pour plus de tranquillité et des tarifs plus raisonnables, privilégiez l'arrière-pays.

#### Circuit de Blanes à Palamós

PREMIER PRIX

**Pensió Carmen Pepi** – *Miquel Martí i Pol, 10 - Tossa de Mar - 972 340 526 - 30 ch. : 38/45 € - 4,50 €.* Cette agréable maison s'agence autour de deux petites cours arborées, ornées d'azulejos. Salles de bains pimpantes et chambres décorées avec soin. Celles du dernier étage disposent d'une petite terrasse avec vue sur mer et château. Accueil chaleureux. Air conditionné dans quelques chambres.

**Hostal Casa Buxó** – *Major, 18 - Sant Feliu de Guíxols - 972 320 187 - - fermé nov.-mars - 13 ch : 50/60 €.* Chambres impeccables et spacieuses, à 30 m du Passeig. Le restaurant prépare une cuisine familiale copieuse.

BUDGET MOYEN

**Hotel Mas Torrellas** – *Santa Cristina d'Aro - 3 km au sud-ouest de Platja d'Aro par la C 31 - 972 837 527 - www.mastorrellas.com - de mi-mars à mi-oct. - P - 17 ch. : 66/90 € - rest. 20 €.* Séduisante *masía* en pierre couronnée d'une solide tour aérienne qui ouvre sur la montagne luxuriante. Véritable havre de paix. Chambres confortables et ambiance chaleureuse dans les pièces à vivre décorées dans un style rustique.

**Hotel Plaça** – *Pl. Mercat, 22 - Sant Feliu de Guíxols - ✆ 972 325 155 - www.hotelplaza.org - ▤ - 19 ch. : 79/112 € - ☕ 8 €.* Hôtel tout à fait recommandable sur les plans du site ou de son caractère moderne et fonctionnel. Chambres agréables et claires avec vue sur la place du marché, pour certaines. Jacuzzi en plein air et solarium au dernier étage.

**Hotel Áncora** – *Josep Plà (en La Fosca) - Palamós - ✆ 972 314 858 - www.hotelancora.net - P ⛱ ▤ - 46 ch. : 67/140 € - ☕ 8 € - rest. 30/41 €.* Cet hôtel de bord de plage a amélioré ses prestations au fil des ans. Niveau de confort correct dans les chambres avec salle de bains moderne. Bons équipements sportifs pour les vacanciers. Agréable terrasse en été, à l'ombre des pins.

#### POUR SE FAIRE PLAISIR

**Hotel Diana** – *Pl. de Espanya, 6 - Tossa de Mar - ✆ 972 341 886 - www.hotelesdante.com - 21 ch. : 120/140 € ☕.* Splendide édifice moderniste proche de la mer. À l'intérieur, tout est exquis : belle hauteur de plafond, peintures à fresque et patio agrémenté d'une fontaine de marbre. Chambres confortables et mobilier de style.

### Circuit de Palafrugell aux îles Medes

#### PREMIER PRIX

**Hostal Barris** – *Enginyer Algarra, 51 - Pals - ✆ 972 636 702 - www.hostalbarris.com - P ▤ ⌧ - 15 ch. : 45 € - ☕ 4 €.* Chambres spacieuses et confortables, quoiqu'un peu bruyantes. Bonne adresse économique, à la sortie de la ville. L'été, bus vers les plages.

#### BUDGET MOYEN.

**Casa rural Can Massa** – *Vell - La Pera - 11 km au nord-ouest de La Bisbal de L'Empordà par la C 66 - ✆ 972 488 326 - canmassa@canmassa.com - ⌧ - 6 ch. : 32 €/pers. - ☕ 5 €.* Gîte rural installé dans une ancienne maison de paysans avec ses granges et un agréable patio recouvert d'une pelouse. Chambres personnalisées, mobilier restauré et salles de bains modernisées, sans oublier le coquet salon commun avec cheminée.

**Casa rural Ca l'Aliu** – *Roca, 6 - Peratallada - ✆ 972 634 061 - www.calaliu.com - 7 ch. : 59/69 € - pas de petit-déj.* Maison située à côté des remparts de cette ravissante localité dont on distingue encore le riche patrimoine médiéval. Les chambres, mansardées pour certaines, sont décorées de meubles anciens restaurés et affichent un bon niveau de confort dans leur catégorie.

**Casa rural Can Massanes** – *Pl. de la Vila, 1 - Fontclara - Palau-sator - ✆ 972 634 235 - www.canmassanes.com - ⌧ - 4 ch. : 70 € - ☕ 5 € - rest. 12 €.* Jolie maison de village située au cœur de la localité de Fontclara, qui sert également de logement aux propriétaires. Pour plus d'intimité, demandez l'un des deux appartements en duplex, très lumineux et équipés chacun d'une cuisine.

#### POUR SE FAIRE PLAISIR

**Hotel Es Furió** – *Foraió, 7 - Tamariu - ✆ 972 620 036 - www.esfurio.com - mars-oct. - ▤ - 8 ch. : 67/127 € ☕ - rest. 21 €.* Un hôtel sobre et de taille réduite, doté de chambres confortables et gaiement décorées, toutes avec terrasse. Son principal atout : la proximité d'une délicieuse crique aux eaux cristallines et la végétation de pins verts.

#### UNE FOLIE

**Hotel Sant Roc** – *Pl. Atlàntic, 2 (Barri Sant Roc) - Calella de Palafrugell - ✆ 972 614 250 - www.santroc.com - de mi-mars à déb.*

*nov.* - P - *45 ch. : 112/176 €* ☕ - *rest. 29 €.* Au beau milieu des pins, faisant face à la mer, cet élégant édifice surmonté d'une tourelle est une invitation au repos. Belles chambres spacieuses. La terrasse du restaurant domine les criques aux eaux émeraude. La demi-pension est de rigueur l'été.

**Hotel Sa Punta** – *Pals - 6 km à l'est de Pals, sur la plage - ✆ 972 667 376 - www.hotelsapunta.com -* P ▤ - *30 ch. : 120/210 € -* ☕ *12 €.* Cadre d'une singulière beauté où se marient confort, élégance et bon goût. Chambres riches en détails. Les jardins extérieurs sont apaisants et ajoutent à l'élégance de l'ensemble.

### Circuit de L'Escala à Roses

#### PREMIER PRIX

**Hotel El Roser** – *Església, 7 - L'Escala - ✆ 972 770 219 - www. elroserhostal.com -* ▤ - *22 ch. : 43/55 € -* ☕ *7 € - rest. 11,50 €.* Petit hôtel de famille situé au cœur du village. Les chambres, correctes, ont la télévision. Cadre agréable dans l'ensemble. Une bonne alternative pour le visiteur de passage dans la région.

**Hostal Creus** – *Palmerola, 10 - Roses - ✆ 972 256 371 - 18 ch. : 52/60 €* ☕. Situé dans une impasse, au calme tout en restant à 50 m de la plage, l'hôtel, très austère au premier abord, possède des chambres spacieuses et confortables. La moitié ont leur salle de bains. Les autres, moins chères, font salle de bains commune.

#### BUDGET MOYEN

**Ramblamar** – *Av. de Rhode, 153 - Roses - ✆ 972 256 354 - www.hotelsrisech. com -* ▤ - *52 ch. : 65/90 €* ☕ *- rest. 20 €.* Cet établissement familial ouvert de la Semaine sainte à la fin oct. possède des chambres fonctionnelles d'un bon niveau de confort avec salles de bains rénovées. Proche de la mer, avec une belle vue depuis le restaurant, lumineux et doté d'une terrasse.

**Hotel Mont-Mar** – *Dr Ferran, 7 - Roses - ✆ 972 459 700 - www. montmarhotel.com -* ▤ - *52 ch. : 48/110 €* ☕ *- rest. 11 €.* Petit hôtel accueillant installé dans un bâtiment moderne. Les chambres, très bien équipées, présentent un mobilier et des salles de bains modernes. Les pêcheurs créent l'ambiance, ou encore, profitez donc des nuits d'été très prisées de Roses.

#### POUR SE FAIRE PLAISIR

**Hotel Monterrey** – *Pg Marítim, 72 - Roses - ✆ 972 256 676 - www. monterrey.es - 135 ch. : 70/135 €* ☕ *- rest. 17 €.* Littéralement posé sur la plage, un grand hôtel dont les chambres, accueillantes, sont toutes dotées de balcons. La proximité de la mer fait l'essentiel du charme des lieux, à recommander avant tout pour les amateurs de baignade et de farniente.

#### UNE FOLIE

**Hotel Port Salins** – *Av. Fages de Climent, 10-15 - Empuriabrava - ✆ 902 454 700 - www. hotelportsalins.com -* P ▤ ♿ - *42 ch. : 77/194 € -* ☕ *17 € - rest. 38/61 €.* Profitez de sa proximité du canal, si attirant avec ses barques amarrées. Le hall d'entrée lumineux présente un décor design, les chambres sont confortables et un ascenseur panoramique conduit au grenier qui abrite le solarium.

### Circuit de Cadaqués à Portbou

#### BUDGET MOYEN

**Hotel Carbonell** – *Major, 19 - Llançà - ✆ 972 380 209 - wwwhotel.carbonell.es -* P ▤

3

♿ *- 35 ch. : 60/80 € ☕ - rest. 17 €.* Impeccablement tenu, avec des chambres sobres, équipées du strict nécessaire.

**Hostal La Tina** – *Major, 15 - El Port de la Selva - ✆ 972 387 149 - ▤ 18 ch. : 65 €.* Dans une rue calme au-dessus du port, un bel hôtel doublé d'un très bon restaurant sous des voûtes en pierres apparentes. Quelques chambres ont vue sur la mer.

**Hotel La Goleta** – *Pintor Terruella, 22 - El Port de Llançà - ✆ 972 380 125 - www.hotellagoleta.com - P - 30 ch. : 65/95 € ☕.* Si votre choix se porte sur cet hôtel, vous aurez la chance de dormir près du port, dans une chambre confortable et bien décorée. Toute la maison regorge d'objets et de tableaux qui lui confèrent son caractère très particulier. Ambiance familiale et bon rapport qualité/prix.

### POUR SE FAIRE PLAISIR

**Hotel Porto Christo** – *Major, 59 - El Port de la Selva - ✆ 972 387 062 - www.hotelportocristo.com - ▤ ♿ - 49 ch. : 140/160 € ☕.* L'établissement dispose de chambres vastes et bien fournies, avec un mobilier fonctionnel de bonne qualité. La plupart des salles de bains sont équipées d'un Jaccuzi.

## RESTAURATION

### Circuit de Blanes à Palamós

### PREMIER PRIX

**Café Terrassans (Tapas)** – *Ample, 1 - Blanes - ✆ 972 330 081 - tapas 3,20 € (l'unité) - 7h-1h.* Taverne prestigieuse où l'on vient autant prendre son petit-déjeuner que des tapas à midi (près de soixante variétés). Terrasse ombragée dans un patio paisible.

**El Corsari (Tapas)** – *Colom, 1 - Sant Feliu de Guíxols - ✆ 972 321 071 - tapas à partir de 3 € - 18h-2h.* Bar à tapas creusé dans la roche et consacré à l'univers des corsaires. La décoration est un pêle-mêle de cartes, bout, fusils marins et tabourets en agneau. En bord de route, la terrasse ouvre sur la mer. La plupart des tapas sont bon marché, mais le chef concocte également quelques *raciones* de fruits de mer, copieuses et réputées.

**El Dorado Mar** – *Pg President Irla, 15 - Sant Feliu de Guíxols - ✆ 972 326 286 - fermé de mi-oct. à fin mai - menu 10/17 €.* Ce restaurant, situé dans la partie haute du village, fait honneur à son nom puisque ses spécialités sont les poissons et fruits de mer. De la salle à manger, de style dépouillé, s'offre une belle vue sur la mer au travers des grandes baies.

### BUDGET MOYEN

**Can Pou** – *Pau Casals, 15 - Vidreres - 17 km au nord-ouest de Lloret de Mar par la C 63 - ✆ 157 323 621 - fermé dim. soir en hiver, lun. - ▤ - 21/29 €.* Une auberge centenaire réputée dans la région qui dispose également de chambres. Deux salles à manger aux belles poutres de bois. Ameublement régional. Spécialités de poissons grillés, de fruits de mer et de plats de riz.

**Mas Pou** – *Pl. de la Mota, 4 - Palau-sator - ✆ 972 634 125 - www.maspou.com - fermé dim. soir en hiver, lun. le reste de l'année, de mi-déc. à fin janv. - ▤ - 21/32 €.* Maison de village, de type mas, agrémentée d'un petit jardin à l'entrée. Salles à manger contiguës et sobres où règne la cuisine ampurdanaise. Petit musée rural installé dans un bâtiment annexe.

**Santa Marta** – *Francesc Aromir, 2 - Tossa de Mar - ✆ 972 340 472 - www.restaurantsantamarta.com - fermé merc. (sf juin et août) - menu 15/25 €, carte 30/40 €.* Agréable restaurant situé dans les murs de la vieille ville. Salle à manger conviviale et romantique. Intéressante carte offrant tout un choix de poissons et de plats de la mer. Terrasse accueillante.

**S'Auguer** – *S'Auguer, 2 - Blanes - ✆ 972 351 405 - fermé merc. sf août, janv. - ▤ - 28/35 €.* Emplacement idéal sur une place centrale avec possibilité de stationnement face à la plage. Dans ses quatre salles aux planchers et plafonds de bois est servie toute une gamme complète de recettes traditionnelles de la mer. Ses plats de riz régalent plus d'un touriste.

### POUR SE FAIRE PLAISIR

**Refugi de Pescadors** – *Pg Josep Mundet, 55 - Sant Antoni de Calonge - à la sortie de Palamós par la C 253 - ✆ 972 650 664 - fermé dim. soir, lun. sf en été, de déb. déc. à déb. janv. - ▤ - 25/40 €.* Établissement très populaire tenu depuis 1865 par la famille Vilardell. Bien situé en front de mer. Salle à manger spacieuse sur deux niveaux. Décoration marine à base de vieux filets. Menus thématiques autour de la mer : poissons grillés ou au four, fruits de mer (goûtez notamment les gambas provenant du vivier).

**El Trull** – *Cala Canyelles - route de Lloret de Mar à Tossa - ✆ 972 364 928 - www.eltrull.com - menus 18 € et 26,50 €, menu dégustation 55,50 €.* Vaste restaurant aux salles réparties sur plusieurs niveaux. La qualité de la cuisine – de la mer comme il se doit – et la fraîcheur des produits ont contribué à la popularité de cet endroit depuis son ouverture en 1968.

**Cau del Pescador** – *Sant Domènec, 11 - Sant Feliu de Guíxols - ✆ 972 324 052 - www.caudelpescador.com - fermé janv. et mar. en hiver - 30/45 €.* Au centre le la cité, un restaurant familial géré avec amour et compétence depuis près de vingt ans. Succulente cuisine de la mer, atmosphère sympathique et nombreux habitués.

**Les Panolles** – *Santa Cristina d'Aro - 5 km au nord-ouest de Sant Feliu de Guíxols par la C 65, après Santa Cristina d'Aro - ✆ 972 837 011 - fermé merc. en hiver - ▤ - 35/50 €.* Ravissant mas en pierre (17e s.), décoré d'arcs en brique apparente. Les vieilles poutres de bois recréent un cadre rustique absolument convivial. La salle à manger privative des anciennes cuisines mérite le coup d'œil : ses murs semblent imprégnés de l'arôme des marmites d'antan.

### UNE FOLIE

**Els Tinars** – *Llagostera - 10 km au nord-ouest de Sant Feliu de Guíxols par la C 65 - ✆ 972 830 626 - www.elstinars.com - fermé lun. soir et mar. de déb. oct. à mi-juin, de mi-janv. à déb. fév. - ▤ - menu 58 €, carte 40/66 €.* Ferme catalane proche de la route où vous pourrez déguster une cuisine traditionnelle. Dégustez en été le fameux *ajo blanco*, version blanche du *gazpacho*, aux amandes et subtilement relevé de truffes : un régal ! Bon taux de fréquentation, mieux vaut donc réserver.

3

## Circuit de Palafrugell aux îles Medes

### BUDGET MOYEN

**Can Bech** – *Major, 12 - Fontanilles - au sud de Torroella de Montgrí par la C 31 - ☎ 972 759 317 - fermé de mi-déc. à mi-janv. - ▤ - carte 20/40 €.* Ce restaurant aménagé dans une ancienne ferme catalane est tenu par un couple fort sympathique. Vaste salle divisée en deux espaces. L'autre salle à l'entresol présente une décoration soignée de style classique. Les plats sont cuisinés avec amour.

### POUR SE FAIRE PLAISIR

**La Riera** – *Pl. les Voltes, 3 - Peratallada - ☎ 972 634 142 - www.lariera.es - fermé mar., janv. - 27/38 €*. Établissement familial et convivial. Salle à manger rustique et bon service de table. Cuisine élaborée avec le plus grand soin. La grande terrasse extérieure est l'endroit idéal pour discuter entre amis avec un bon verre de vermouth.

**La Casona** – *La Sauleda, 4 - Palafrugell - ☎ 972 303 661 - fermé dim. soir et lun. en hiver. - 35/40 €.* Dans un cadre rustique, une cuisine de saison privilégiant poissons et fruits de mer : le *suquet* est particulièrement délicieux. Belle carte de vins.

**El Far de Sant Sebastià** – *Llafranc - près du phare de Sant Sebastià - ☎ 972 301 639 - www.elfar.net - fermé mar. en hiver, déc.-janv. - ▤ - 40 €.* Restaurant de charme ouvrant sur de magnifiques vues sur la mer. Installé dans une ancienne auberge et un ermitage du 18e s., il bénéficie d'un cadre exceptionnel. Dans la salle très claire, sont servis des plats méditerranéens additionnés d'une pointe de créativité.

**La Xicra** – *Sant Antoni, 17 - Estret - Palafrugell - ☎ 972 305 630 - www.restaurantlaxicra.com - fermé mar. soir, merc., nov. - ▤ - 36/51 €.* Coquet établissement décoré avec goût et force détails dans les styles classique et rustique. La salle se divise en deux espaces. Cuisine traditionnelle à base de produits frais. Les clients sont des habitués.

## Circuit de L'Escala à Roses

### PREMIER PRIX

**Casa Rosendo (Tapas)** – *Sant Mori, 11 - Empuriabrava - ☎ 972 450 837 - fermé dim. en hiver - ▤ - tapas 3/8,50 €, raciones 12/18 €- carte 30 €.* Bar à tapas et restaurant spécialisé dans les *ibéricos* (jambons et charcuteries) et les fromages. Dans un contexte de très faible concurrence, il semble fort apprécié de la clientèle de touristes étrangers. Ambiance joyeuse et détendue malgré le bruit qui règne.

**Snackmar Las Golondrinas (Tapas)** – *Sant Sebastiá 63 - Roses - ☎ 972 153 705 - fermé lun. et nov.-déc. - ▤ - 6/15 €.* Petit bar à tapas, tenu par un ancien d'El Bulli, où vous pouvez pointer du doigt ce qui vous tente. Au bar, un poste de télévision fait défiler la carte et diffuse des images des cuisines.

**Can Galàn (Tapas)** – *La Torre, 18 - Corriol de l'Usach - L'Escala - ☎ 972 770 140 - menus 10/15 €.* Proche de la plage, jolie petite taverne. Cuisine de la mer, grand choix de tapas et salades.

### BUDGET MOYEN

**Bitàkora** – *Port Esportiu, s/n - ☎ 972 458 050 - Roses - fermé dim. soir - 15/25 €.* Dominant le port de plaisance, un restaurant panoramique doté d'une superbe terrasse extérieure. Style classique et cuisine de la mer. Formules intéressantes à midi en semaine.

**La Taverna de la Sal** – *Santa Màxima, 7 - L'Escala - ☎ 972 776 278 - 20/40 €, menu à 12 € en sem.*

À deux pas de la mer, vaste salle fraîche et reposante aux murs ocre où flotte une odeur d'herbes et de grillades, spécialité de la maison.

POUR SE FAIRE PLAISIR

**La Gua Gua** – *Platja Canyelles Petites - Roses - 2,5 km au sud-est de Roses - ✆ 972 257 782 - www.laguagua.cat. fermé de déb. oct. à la Sem. sainte - 32/35 €.* Ce typique restaurant de plage doit son nom au vénérable autobus qui relie Canyelles Petites au centre de Roses. Et pour cause, c'est l'épouse du chauffeur de bus, Pilar, qui s'est mise aux fourneaux, proposant une authentique cuisine de la mer à base de produits frais du marché. Le *suquet de peix* – bouillabaisse – est à goûter absolument. Les plats sont servis sur la terrasse qui s'étend jusqu'au sable et le succès ne se dément pas. Réservation conseillée.

**La Taberna Gallega** – *Trinitat, 101 - Roses - ✆ 972 255 156 - env. 40 €.* Belle taverne aux murs couverts de coquilles Saint-Jacques et d'étoiles de mer. Grand choix de poissons et de fruits de mer (spécialités galiciennes). Également des tapas, servies en portions plus que généreuses. Une institution à Roses ; il est donc prudent de réserver, surtout en été.

## Circuit de Cadaqués à Portbou

À **Port de la Selva**, plusieurs petits restaurants s'alignent le long du port, proposant tous des tapas ou des menus du jour aux alentours de 10/12 €.

BUDGET MOYEN

**La Brasa** – *Pl. Catalunya, 6 - El Port de Llançà - ✆ 972 38 02 02 - www.restaurantlabrasa.com - fermé mar. sf en été, de mi-déc. à fin fév. - ▤ - 25/35 €.* Les rideaux des fenêtres lui confèrent une allure estivale. La tranquillité qui y règne invite à se régaler sans hâte d'un poisson ou d'une viande grillée (sa spécialité). Agréable terrasse à l'abri du soleil.

POUR SE FAIRE PLAISIR

**Ca l'Herminda** – *L'Illa, 7 - El Port de la Selva - ✆ 972 387 075 - www.herminda.com - fermé lun. soir et mar. en avr.-juin - ▤ - 28/52 €.* Installé dans une ancienne maison de pêcheur, c'est le restaurant idéal pour manger un bon poisson à un prix raisonnable. La petite entrée est ornée d'un vivier puis la salle à manger se répartit sur plusieurs niveaux. La décoration de style rustique laisse apparaître les pierres aux murs.

**Els Pescadors** – *Castellà, 41 - Llançà - ✆ 972 380 125 - www.restaurantelspescadors.com - fermé 9 janv.-9 fév., dim. soir et lun. sf en été - ▤ - 45/56 €.* Au milieu du port, dans un décor moderne agrémenté de touches marines, cet agréable restaurant à la cuisine ouverte dispose d'une jolie terrasse.

UNE FOLIE

**Garbet** – *Colera - Au nord de Llançà par la N 260 - ✆ 972 389 002 - www.restaurantgarbet.es - de mi-mars à mi-oct. - 46/78 €.* Établissement familial où le savoir-faire et la modestie ont gagné la confiance de la clientèle. Sa situation en bordure de plage lui vaut l'affluence d'un public d'estivants et de touristes du week-end qui choisissent de se contenter d'un verre à son vaste bar ou de se restaurer dans la salle.

**PETITE PAUSE**

## Circuit de Blanes à Palamós

**La Vienesa** – *Rbla Antoni Vidal, 33 - Sant Feliu de Guíxols - ✆ 972 326 003.* Pâtisserie et salon

de thé haut de gamme où vous pourrez déguster les typiques beignets de Sant Feliu ou encore goûter à ses délicieux chocolats et glaces. Agréable terrasse sur la voie piétonnière.
**Pastisseria Orench** – *Jaume Ferrer, 2 - Blanes - ✆ 972 330 380.* La meilleure pâtisserie de la ville. Bon choix de chocolats, petits fours et bonbons. La succulente spécialité de la maison est le *xoco-ter*, à base d'amandes, de noix et de noisettes, le tout nappé de miel, de chocolat ou de crème pralinée.
**Don Juan** – *Pintor Francesc Serra, 1 - Tossa de Mar - ✆ 972 340 298 - de la Sem. sainte à sept. : 11h-1h.* Sans doute l'une des plus anciennes adresses de Tossa. Depuis des décennies, on y savoure le même excellent jambon ibérique, élément principal de la décoration. Très bons vins de propriété.

**EN SOIRÉE**

### Circuit de Blanes à Palamós

**Café Latino** – *Rbla Roma Barnès, 10 - Lloret de Mar - ✆ 972 366 153.* Bar dansant, séduisant et très animé, où la musique latine et les cocktails maison sont rois.
**Cala Banys** – *Cami a Cala Banys - Lloret de Mar - ✆ 972 366 515.* L'un des bars les plus romantiques de la Costa Brava. Assez éloigné de Lloret, ce petit paradis est aussi magique la nuit qu'enchanteur le jour avec sa terrasse ombragée donnant sur une crique.

### Circuit de L'Escala à Roses

À **Empuriabrava**, localité côtière, moderne et touristique, le quartier **Moxo** est l'épicentre de la vie nocturne. Il compte une vingtaine d'établissements : bars, discothèques et restaurants. Le **Saloon** est spécialisé dans la musique country, tandis que le **Glass** fait dans la musique techno.

**ACTIVITÉS**

**Nautilus** – *Pg Marítim 23 - L'Estartit - ✆ 972 751 489 - www. nautilus.es.* Balade aux îles Medes à bord de bateaux à vision sous-marine (1h30, 17,50 €/pers.) ; juil.-sept., 3 fois/sem. vers Sant Martí d'Empúries (2h30, 20,50 €/pers.) et 2 fois/sem. vers Cadaqués et le cap de Creus (5h, 25,50 €/pers.).
**Marina Princess** – *Pg Marítim 34 - L'Estartit - ✆ 972 750 643 - www. marinaprincess.com* - Balades aux îles Medes (1h15, 12 €/pers.) et à Sant Martí d'Empúries (1h45, 18 €/ pers.) ; vers Cadaqués, sam.-lun. (3h30, 28 €/pers.) ; vers Palamós, en été le mar. (28 €/pers.).
**International Diving Center** – *Au bout du port - L'Escala - ✆ 972 770 077 et 610 015 920 - www. internationaldiving.com.* Plongées tous niveaux aux îles Medes. Plongées confirmées autour du cap de Creus (56 €/pers.).
**Creuers Mare nostrum** – *Maranges, 3 - L'Escala - ✆ 972 77 37 97 - www. creuers-marenostrum.com.* Flotte de 10 bateaux dont 2 catamarans à vision sous-marine. Départs vers les îles Medes *(tarifs non communiqués).*
**Parc Aquàtic Aqua Brava** – *Ctra de Cadaqués - 1 km de Roses - ✆ 972 254 344 - www.aquabrava. com - de déb. juin à mi-sept. : 10h-19h.* Parc aquatique réputé pour son immense piscine à vagues. Plage de sable fin, végétation tropicale. Compter 23 € la journée (enf. 1,20 m et +65 ans 13 €) ou 18 € la demi- journée (10 €).

**ACHATS**

**Faïence** – *La Bisbal d'Empordà.* La faïence connaît une renommée de cinq siècles dans ce village. La plus remarquable est sans nul doute la « faïence noire » des 18e et 19e s. La **carrer de l'Aigüeta** recense la plupart des boutiques spécialisées qui proposent nombre d'objets pour la maison et le jardin. À noter : **El Risser**, l'une des boutiques offrant le plus grand choix, et **Rogenca Ceramista**, où chaque pièce est à la fois unique, simple, belle et originale.

**Pasteleria Sant Pere** – *Pou de la Vila, 5 - Tossa de Mar - de la Sem. sainte à nov. : 9h-21h ; reste de l'année : uniquement le matin.* Les amateurs goûteront le *turrón* et la tortada de Tossa, spécialité locale.

**Casa Bordas** – *Ctra Orriols, s/n - L'Escala - ✆ 972 77 43 51.* Fabrique d'anchois installée dans un édifice moderne de la proche banlieue. Entreprise familiale où on trouve les fameux *boquerones*, ou anchois frais, qui sont la spécialité de la maison. À noter également ses délicieux pâtés.

**AGENDA**

**Processó de Dijous Sant (Jeudi saint)** – *À Verges, 12 km au sud-ouest de L'Escala.* Procession avec tous les acteurs de la Passion, suivie par cinq squelettes interprétant la Dansa de la Mort.

**Festival de Havaneras** – *Calella de Palafrugell, 1er sam. de juil.* Festival très couru, où l'on boit le *cremat* (café flambé au rhum) en écoutant des chansons de marins.

**Festes de la Mare de Deú del Carme** – *Sant Feliu de Guíxols, 16 juil. - www.guixols.net.*

**Festes de Santa Cristina** – *Lloret de Mar, 23 juil.* Avec ses processions en mer, cette fête patronale est aussi célèbre pour ses danses traditionnelles, en particulier celle de la Morratxa.

**Festa de l'Anxova i de la Sal (Fête de l'anchois et du sel)** – *L'Escala, 1er w.-end d'oct.*

# Cadaqués

★★

2 860 Cadaquesencs – Province de Girona

## NOS ADRESSES PAGE 307

### S'INFORMER

**Office de tourisme** – *Cotxe, 2A - ℘ 972 258 315 - www.cadaques.cat - oct.-mai : lun.-vend. 10h-13h, 16h-20h ; juin-sept. : 9h-21h.* Un écran tactile à l'entrée donne 24h/24 des renseignements élémentaires (transports, hébergement, etc.).

### SE REPÉRER

Carte de région B1 (p. 260) – *carte Michelin Regional 574 F39.* Situé à 36 km au sud de la frontière française et à 39 km à l'est de Figueres, Cadaqués est niché dans une petite baie du cap de Creus. C'est dans cette zone abrupte et presque inhabitée que se dresse le pic du Pení (613 m), la montagne la plus haute de tout le littoral catalan. On atteint le village depuis El Port de la Selva ou Roses par les routes GI 613 et GI 614, sinueuses et étroites.

### À NE PAS MANQUER

Une sortie en mer dans le Parc naturel du Cap de Creus.

### ORGANISER SON TEMPS

Si Cadaqués a conservé un côté presque sauvage en hiver, il en va tout autrement dès qu'arrivent les beaux jours : le centre-ville est bondé tout l'été, la route depuis Roses n'est qu'un bouchon continuel et il est à peu près impossible de trouver où se garer. Cependant, une voiture est indispensable si vous souhaitez vous évader vers les plages excentrées. Quelle que soit la saison, faites vos réservations bien à l'avance.

### SE GARER

Parking à l'entrée du village (souvent pris d'assaut en été).

### AVEC LES ENFANTS

Le décor surréaliste de la Casa-Museu Salvador Dalí, en particulier ses jardins ; le décor naturel spectaculaire du cap de Creus.

Cadaqués.
O. Fantuz / Sime / Photononstop

**Ce beau village marin, dissimulé entre mer et montagne, est l'un des plus charmants de toute la Catalogne. Il est situé sur un magnifique emplacement sur la côte sud du cap de Creus, cette singulière péninsule qui marque le point de rencontre entre les Pyrénées et la Méditerranée. Sa silhouette immaculée que survole l'église de Santa Maria, les montagnes rocheuses et les bleus de la mer et du ciel composent une image teintée d'irréalité. Ses pittoresques rues et l'ambiance bohème, qui fascinèrent tant de célèbres artistes dans la première moitié du 20e s., figurent toujours au nombre de ses principaux attraits.**

## Se promener

*Comptez 2h environ.*

Ce qui surprend le plus à Cadaqués, c'est l'impression d'être dans un endroit très reculé, encerclé par les montagnes et la mer. C'est cet isolement qui a forgé sa personnalité et celle de ses habitants, lesquels ont longtemps entretenu certains particularismes de leurs coutumes et de leur façon de parler. 3

Pour visiter Cadaqués, il est recommandé de flâner selon son humeur dans les ruelles pavées, étroites et pentues. Leur beauté singulière fait le charme du village. Des recoins d'un calme impressionnant contrastent avec le dynamisme des façades s'ouvrant sur la baie. La blancheur des maisons concentrées autour de l'église de Santa Maria et le gris foncé de l'ardoise confèrent au village une extraordinaire élégance.

Les plages, toujours peuplées de petites barques, s'insèrent au fond d'anses rocheuses. La vision nocturne de la baie, avec les barques amarrées au rivage et, au sommet du village, l'église illuminée, est charmante.

### Église de Santa Maria

L'église se trouve au point culminant du centre historique, comme suspendue, flottant dans l'air. Sa silhouette, immortalisée par d'innombrables peintres, est emblématique de Cadaqués.

De style gothique tardif, sa construction fut entreprise au milieu du 16e s., bien que certaines parties aient été réalisées ultérieurement. L'austérité extérieure du bâtiment contraste avec l'intérieur, abritant un **retable**★★ baroque de Pau Costa. Cette œuvre, l'une des plus remarquables de toute la Catalogne, fut achevée par Joan Torras. Il s'agit d'une pièce spectaculaire, en bois doré et à l'iconographie énergique. Les éléments ornementaux – atlantes, motifs végétaux et gracieux angelots – sont admirables par la minutie avec laquelle ils ont été réalisés.

### CADAQUÉS ET LES ARTISTES

Jusqu'au 19e s., Cadaqués était un village complètement isolé, qui ne fut relié à Roses que tardivement avec la construction de la **route de la Perafita★★**. Cette route d'une grande beauté offre un panorama exceptionnel sur l'Ampurdan, le golfe de Roses, la côte française et le versant de Cadaqués. Le paysage qui entoure le village est magnifique. Des tons gris prédominent, atténués par le vert des oliviers. Les *restanques*, terrasses soutenues par des murs d'ardoise, ont transformé les montagnes en un immense et admirable jardin. La lumière, qui n'occulte pas les formes mais semble au contraire les souligner – Dalí ne dira-il pas que les montagnes semblent avoir été peintes par Léonard de Vinci ?–, les vents, les maisons au lait de chaux, le goût et la beauté des produits de la mer, et bien d'autres aspects de la vie et de l'histoire de Cadaqués attirent, dès la fin du 19e s., nombre d'artistes et d'intellectuels.

Les **Pitxot** – famille de peintres et de musiciens très connus en Catalogne – furent les premiers à revendiquer la beauté du site, mais celui qui a le plus contribué à la renommée universelle de Cadaqués est sans aucun doute **Salvador Dalí**. **Picasso** fut le premier à y séjourner en 1910 ; il y peignit *Le Guitariste*, l'un de ses tableaux cubistes les plus connus. Il fut suivi vers la fin des années 1920 par quelques-uns des plus illustres membres du mouvement surréaliste : Paul Éluard et son épouse, Gala – qui devint par la suite celle de Dalí –, André Breton, René Magritte et René Crevel. Federico García Lorca et Luis Buñuel résidèrent quelque temps chez Dalí, et c'est dans les années 1930 que Man Ray et Marcel Duchamp commencèrent à fréquenter assidûment la ville dont la personnalité fut profondément marquée par la présence de ces célébrités et qui fut dès lors consacrée entièrement au monde des arts.

## À proximité Carte de région

### ★ Portlligat B1

*2 km au nord.*

Cette petite baie, refuge de pêcheurs par le passé, avec ses jolies criques et un adorable port où dansent les barques, doit sa célébrité à Salvador Dalí, qui y fit construire sa maison.

**★ Casa-Museu Salvador Dalí** – *972 251 015 - www.dali-estate.org - visite sur réservation préalable - de mi-juin à mi-sept. : tlj 10h30-20h ; hors saison : tlj sf lun. 10h30-18h - fermé de déb. janv. à mi-mars - 10 € (-18 ans et +65 ans 8 €).*

Elle est composée d'un labyrinthe de maisons de pêcheurs, que Dalí et son épouse, Gala, aménagèrent durant plus de quarante ans. On peut voir l'atelier du peintre, la bibliothèque, les chambres du couple, l'extraordinaire jardin, orné de sculptures surréalistes, et la piscine.

### ★★ Parc naturel du Cap de Creus B1

*4 km au nord.*

Il s'agit du premier parc naturel à la fois maritime et terrestre de Catalogne. Des routes escarpées permettent de pénétrer dans la presqu'île du cap de Creus et d'apprécier les contrastes du paysage. La zone terrestre est d'un abord brutal à cause des profils rocheux très abrupts, qui sont néanmoins accessibles grâce à des routes et des sentiers bien entretenus.

De petites embarcations partent d'El Port de la Selva et de Cadaqués pour des promenades en mer, découvrant au passage criques et recoins d'une très grande beauté. Le phare, au point le plus élevé du parc, permet d'embrasser d'exceptionnels **panoramas★★★**.

## NOS ADRESSES À CADAQUÉS

Voir aussi nos adresses d'hébergement et de restauration sur la **Costa Brava**.

### HÉBERGEMENT

Cadaqués compte une dizaine d'hôtels deux et trois étoiles, sans que ceux-ci défigurent le front de mer. Dans les ruelles du vieux village, on trouve également plusieurs pensions confortables, dont les prix varient selon les saisons. Une demi-douzaine d'agences immobilières proposent des locations d'appartements *(liste à l'office de tourisme)*.

#### BUDGET MOYEN

**Pensió Casa Vehi** – *Pl. de l'Església, 6 - ✆ 972 258 470 - fermé nov.-mars - 11 ch. : 38/75 € - ☕ 6 €.* Pension familiale historique à l'accueil charmant, bien située, au calme, dans la vieille ville tout près de l'église. Chambres confortables et salles de bains communes bien tenues. Une adresse de charme.

**Hotel Ubaldo** – *Unió, 13 - ✆ 972 258 125 - www.hotelubaldo.com - 26 ch. : 50/75 €.* Derrière sa sobre façade, cet hôtel dissimule une élégante décoration faite de meubles qui ondulent et d'un éclairage indirect. À défaut de donner sur la mer, les chambres, qui disposent de tout le confort, ouvrent sur les ruelles du vieux Cadaqués.

**Hotel Port Lligat** – *Av. Salvador Dalí, 1 - Portlligat - ✆ 972 258 162 - www.port-lligat.net/hotel - P - 30 ch. : 71/115 € (selon vue et saison) - ☕ 10 €.* Proche de la maison de Dalí, dans une crique pleine de barques de pêcheurs, ce bel édifice blanc et bleu est particulièrement confortable. Ici, les chambres sont toutes différentes. Si votre bourse vous le permet, demandez à avoir vue sur la mer.

### RESTAURATION

Tout le long du Passeig et jusqu'à la Punta des Baluard s'alignent divers types de restaurants, depuis les bars à tapas jusqu'aux restaurants familiaux traditionnels, en passant par les pizzerias. Les menus du midi sont très abordables (autour de 15 €).

#### BUDGET MOYEN

**Casa Anita** – *Miquel Rosset, 16 - ✆ 972 258 471 - www.cbrava.com/anita/anita.fr.htm - fermé en nov. - tlj sf lun. 13h30-15h, 20h30-22h30 - 18/37 €.* De grandes tables occupent l'espace de cette petite taverne à l'accueil chaleureux. Menu établi selon les arrivages du marché, présenté par Joan, qui conseille aussi sur les vins et *cavas*. Le restaurant de Cadaqués le plus fréquenté par les stars, si l'on en croit les photos aux murs. Incontournable !

### EN SOIRÉE

**La Habana** – *Doctor Bartomeus - ✆ 972 258 689 - 21h-2h30.* À l'image de Cadaqués. Le bar des romantiques : c'est l'endroit idéal pour clore la soirée en savourant un cocktail au son des mélopées d'un chanteur local. Les prix un peu élevés sont en rapport avec l'établissement qui le mérite.

3

### ACTIVITÉS

**Sotamar Diving Center** – *Av. Caritat Serinyana, 17 - ✆ 972 258 876 - www.sotamar.com.* Location de matériel, sorties en mer, baptêmes de plongée.

### ACHATS

**Marché** – Tous les lundis à l'entrée du village, sur la carrer Riera de Sant Vincenç.

### AGENDA

**Sol Ixent** – *1er janv.* Fête du lever du soleil.

**Festa Major** – *déb. sept.* Bals, régates, marchés artisanaux…

**Festival international de musique** – *1re sem. d'août.* Manifestation très fréquentée, désormais célébrée sur la plage de Sa Conca (au sud de la ville par la route de Roses).

# Castelló d'Empúries

★

12 111 Castellonins – Province de Girona

NOS ADRESSES PAGE 310

**S'INFORMER**

**Office de tourisme** – *Pl. Jaume I, s/n - ✆ 972 156 233 - www.castellodempuries.net - juin-sept. : 9h-21h ; oct.-mai : 10h-14h, 16h-19h.*

**SE REPÉRER**

Carte de région B1 (p. 260) – *carte Michelin Regional 574 F39.* Cette localité de l'intérieur de l'Ampurdan se dresse sur la rive droite du Muga, entre Figueres et Roses, à 10 km de la mer.

**À NE PAS MANQUER**

L'église de Santa Maria ; le Parc naturel dels Aiguamolls de l'Empordà.

**ORGANISER SON TEMPS**

Si vous êtes amateur, prévoyez suffisamment de temps pour vous offrir une promenade à cheval dans le Parc naturel dels Aiguamolls de l'Empordà.

**Cette petite ville historique, qui se dresse sur un promontoire tout proche de la mer, conserve tout un réseau de ruelles anciennes ainsi qu'un riche patrimoine monumental hérité de son passé médiéval comme capitale du comté de l'Ampurdan du 11e au 14e s. Elle vit à l'écart de l'agitation qui s'est emparée des localités voisines de la Costa Brava.**

## Se promener

### ★ Église de Santa Maria

La volonté des comtes d'Empúries de faire de Castelló, leur capitale, un siège épiscopal explique le caractère monumental de cette église appelée « la cathédrale de l'Ampurdan ». Commencée durant les premières années du 14e s., ce magnifique édifice était encore en construction au début du siècle suivant.

Le plus important des éléments anciens qui la composent est le **clocher** de plan carré à cinq étages séparés de corniches en dents d'engrenage. La solide structure romane est ornée de grandes fenêtres de style gothique donnant un très joli effet visuel.

★★ **Portail** – C'est un ouvrage unique de l'art gothique catalan. Réalisé par Antoni Antigó (début du 14e s.), il est composé de six grandes archivoltes. Sur les jambages se trouvent les statues des douze apôtres, grandeur nature, dont certaines sont très bien conservées. Toute l'œuvre sculptée, et surtout la partie qui représente l'Adoration des Rois mages – située sur le tympan –, est d'une grande sensibilité et d'une extrême beauté.

**Intérieur** – La structure de la basilique, avec son chevet et ses trois vaisseaux, a été modifiée au 19e s. dans le style néogothique. La nef centrale, plus élevée que les bas-côtés dont elle est séparée par des piliers cylindriques, présente une voûte sur croisée d'ogives.

Sur le maître-autel trône un magnifique **retable**★ d'albâtre, couronné de pinacles coniques. Bien qu'il s'agisse d'une œuvre inachevée, il faut s'attarder sur les scènes de la Passion, traitées avec beaucoup de délicatesse.

### Ajuntament

L'hôtel de ville – situé sur la plaça dels Homes – était la Bourse de mer au Moyen Âge. Il s'agit d'une construction aux murs massifs en pierre de taille avec une porte en arc d'ogive. Les arcatures romanes alternent avec des éléments gothiques.

### Casa Gran

Cette ancienne ferme située dans le quartier de Puig Salner est un bel exemple d'art gothique civil (15e s.). Observer les détails décoratifs des fenêtres.

### Pont Vell (Vieux Pont)

Ce pont médiéval se trouve sur l'ancien chemin de Figueres, à l'ouest de la ville. Malgré son état de dégradation, sa présence nous ramène à une époque où les étangs et les fleuves étaient d'importantes sources de richesses pour le comté d'Ampurias.



## À proximité Carte de région

### ★ Parc natural dels Aiguamolls de l'Empordà B1-2

Les marais (« aiguamolls ») de l'Ampurdan constituent la deuxième zone marécageuse de la Catalogne, après le delta de l'Èbre. Leur importance biologique et la beauté de leurs paysages incitèrent à la création en 1986 de la réserve naturelle, qui s'étend sur un peu plus de 4 800 ha. Les oiseaux aquatiques (sarcelle d'été, martin-pêcheur, héron, flamant, cigogne et guêpier) y côtoient un grand nombre d'amphibiens (grenouilles et crapauds). Saules, peupliers noirs et peupliers blancs se dressent au bord des rivières, et sur les lacs flottent de véritables tapis fleuris, des plantes et des renoncules aux couleurs vives.

**Visite du parc : centre d'information El Cortalet** – *4 km au nord de l'étang d'En Túries, sur la route de Sant Pere Pescador - ✆ 972 454 222 - www.parcsdecatalunya.net - avr.-sept. : 9h30-14h, 16h30-19h ; reste de l'année : 9h30-14h, 15h30-18h - fermé 25 déc. - gratuit.*

Le centre propose divers itinéraires (magnétophones et casques disponibles pour les visites individuelles). La visite peut se faire en voiture par des sentiers balisés et des pistes non goudronnées.

Le riu Muga divise le parc en deux zones. Dans la zone nord, ou Polygone 1, se trouvent les lagunes les plus importantes (Aigua Clara, Palau, Albert y Mornau) et de vastes rizières, tandis qu'au sud, Polygone 2, on rencontre davantage de champs cultivés et des bois sur les berges des rivières. Répartis sur l'ensemble du parc, des **observatoires ornithologiques** permettent d'observer et de photographier l'avifaune en toute tranquillité.

## NOS ADRESSES À CASTELLÓ D'EMPÚRIES

Voir aussi nos adresses d'hébergement et de restauration sur la **Costa Brava**.

### HÉBERGEMENT

#### BUDGET MOYEN

**Hotel Canet** – *Pl. Joc de la Pilota, 2 - 972 250 340 - www.hotelcanet.com - - 29 ch. : 70/80 € - rest. 12 €.* Sur une petite place tranquille, belles chambres décorées avec goût, piscine à 50 m dans un ancien couvent ! Petit-déjeuner sur la terrasse du 4e étage avec vue sur le village. Très agréable.

### SE RESTAURER

#### BUDGET MOYEN

**Portal de la Gallarda** – *Pere Estany, 14 - 972 250 152 - 13h-16h, 19h30-23h ; fermé mar. hors saison - 18/45 €.* Spécialités de grillades dans une jolie bâtisse du 12e s. dotée d'une terrasse superbe embrassant une partie du Parc naturel dels Aiguamolls.

### ACTIVITÉS

**Hípica dels Aiguamolls** – *Rte de Palau Savardera - Castelló d'Empúries - 639 787 732 - www.haiguamolls.com.* Promenades à cheval, de 1/2h à la demi-journée.

### AGENDA

**Terra dels Trobadors** – *Autour du 11 sept.* Fêtes médiévales, avec marché, concerts et tournoi à cheval en costume d'époque.

# Figueres

★

43 330 Figuerencs – Province de Girona

## NOS ADRESSES PAGE 317

### S'INFORMER

**Office de tourisme** – *Pl. del Sol, s/n - ✆ 972 503 155 - www.figueresciutat.com - juin-sept. : sem. 10h-14h, 16h-19h, w.-end 10h-14h ; oct.-mai : tlj sf dim. 10h-15h.*

### SE REPÉRER

Carte de région AB-1 (p. 206) – *carte Michelin Regional 574 F38.* Située à 154 km au nord-est de Barcelone et à 70 km au sud de Perpignan, Figueres est parfaitement desservie par de grands axes routiers qui se croisent à proximité de la ville : l'autoroute A 7 et la N II relient la France à Gérone et Barcelone, et la N 260 se dirige à la fois vers la côte et l'arrière-pays.

### ORGANISER SON TEMPS

Le Teatre-Museu Dalí est littéralement pris d'assaut en saison ; pensez à réserver à l'avance une visite tôt le matin ou bien en nocturne, et consacrez le reste de la journée à la visite des autres curiosités de la ville.

### AVEC LES ENFANTS

Pour changer du surréalisme, emmenez vos enfants au Museu del Joguet (musée du Jouet), avec l'une des plus grandes collections de petites voitures au monde, soit plus de 4000 modèles !



**Les noms de Figueres et de son enfant le plus illustre, Salvador Dalí, sont à jamais liés. Le génie et la personnalité de ce singulier artiste, qui habitent encore aujourd'hui les rues de cette ville de l'arrière-pays ampurdanais, en ont fait l'un des centres touristiques les plus dynamiques de la Catalogne.**

## Se promener Plan de ville

La découverte de Figueres s'effectue au départ de la **Rambla**, promenade ombragée faisant office de place centrale.

### Museu de l'Empordà A2

*Rambla, 2 - ✆ 972 502 305 - www.museuemporda.org - mar.-sam. 11h-19h, dim. et j. feriés 11h-14h - fermé lun. (sf j. fériés), 1er et 6 janv., 25-26 déc. - 2 € (gratuit avec le billet du théâtre-musée Dalí).*

Installé dans un édifice fonctionnel et moderne (1971), il présente diverses collections d'archéologie (art ibérique), d'art (chapiteaux romains de Sant Pere de Rodes) et d'histoire locale, ainsi qu'un important ensemble de peintures des 19e et 20e s. (Vayreda, Nonell, Sorolla, Dalí, Tàpies et Juan Ponç).

*S'enfoncer dans les rues piétonnes de la vieille ville par la carrer Girona à gauche du musée, puis prendre à gauche la carrer Peralada.*

### Église de Sant Pere A1

Cette église fut construite à la fin du 14e s. et son unique vaisseau, simple mais d'une grande beauté, est un bon exemple de gothique catalan. L'abside polygonale, le transept et le clocher (un ajout de 1941), respectent le style de la nef et sont adaptés aux restes anciens. L'ensemble présente une intéressante unité de style malgré les différentes époques.

### ★★ Teatre-Museu Dalí A1

*Pl. Gala i Salvador Dalí - ✆ 972 677 524 - www.salvador-dali.org - juil.-sept. : tlj 9h-19h15 ; mars-juin et oct. : tlj sf lun. 9h30-17h15 ; nov.-fév. : tlj sf lun. 10h30-17h15 - fermé 1er janv., Vend. saint, 25 déc. - 11 € (-9 ans gratuit) - visite nocturne 22h-0h30 en août : 12 €.* Cet ancien théâtre municipal, réalisé par l'architecte néoclassique José Roca i Bros en 1850, possède une élégante architecture avec deux façades de trois corps. Jusqu'à sa destruction en 1939, il fonctionna comme un théâtre à l'italienne, avec une grande salle et un parterre en forme de fer

à cheval. En 1968, on l'aménagea pour recevoir le musée Dalí, en simplifiant les espaces intérieurs et en couvrant la scène d'une immense coupole géodésique en verre, œuvre d'Emilio Pérez Piñero. Dalí décora l'ensemble d'œufs gigantesques, de choux posés sur la façade, à l'instar des coquilles de la *Casa de las Conchas* à Salamanque, de lavabos et de mannequins dorés.
**Visite** – Le musée est à l'image de celui qui l'a créé et disait à son propos : « Ce musée ne peut être considéré comme un musée, c'est un gigantesque objet surréaliste, où tout est cohérent et rien n'échappe à mon entendement. » Dans ce monde de la déraison, de l'extravagance et de l'excentricité, Dalí donna libre cours à son imagination tant dans l'aménagement des places extérieures au musée (statues de personnages masqués, juchées sur des colonnes de pneus) qu'à l'intérieur. Le spectaculaire salon qui représente Mae West est orné d'un sofa central en forme de lèvres, d'une cheminée en forme de nez, et de cadres en forme d'yeux ; dans le grand patio, une voiture emporte des pantins qui se protègent de la pluie. À côté des toiles de Dalí, dont la série

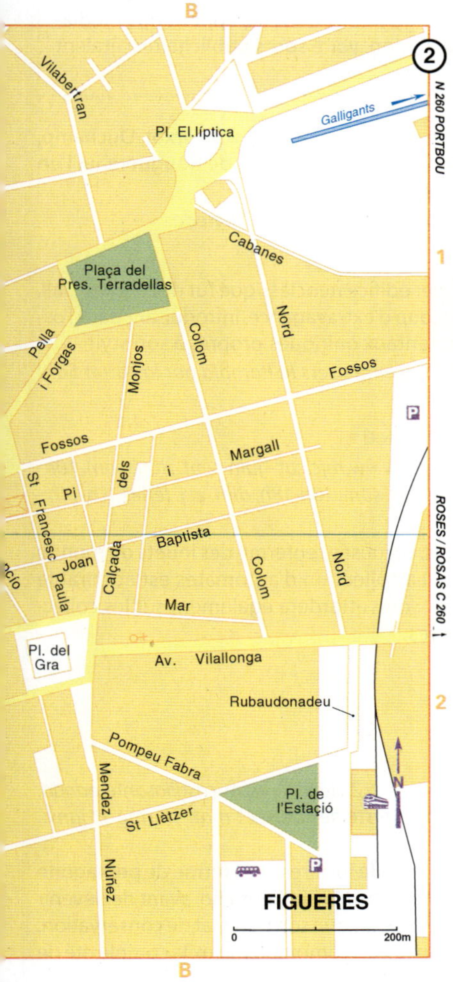


SE LOGER
- Duràn Hotel ........ 1
- Hotel Los Ángeles ........ 7
- Hotel Rambla ........ 9
- Hotel Rural Mas Falgarona ........ 10
- Hotel Travé ........ 13

SE RESTAURER
- Antaviana ........ 1
- El Café del Barri Vell ........ 4
- El Molí ........ 7
- Mas Pau ........ 13
- Restaurador ........ 15

**L'UNIVERS DE DALÍ**
Salvador Dalí (1904-1989), né à Figueres, au sein d'une famille aisée, est devenu l'un des plus célèbres peintres surréalistes. Sa méthode « critique-paranoïaque », basée sur une vision ironique de la réalité, a entraîné son expulsion du mouvement par André Breton. Dans ses tableaux les plus connus, *Le Grand Branleur, La Persistance de la mémoire, Leda atomique* et *Prémonition de la guerre civile*, Dalí exprime à travers des formes lénifiantes et sensuelles son univers personnel, où les connotations sexuelles, les traumatismes de son enfance et son amour pour Gala, sa femme, ont une singulière importance. Ce comédien-né et provocateur imprévisible a multiplié les apparitions délirantes, comme à New York où il se promena dans la rue coiffé d'une miche de pain campagnard, ou à la gare de Perpignan, qu'il considérait comme le centre cosmique du monde. Dans ses commentaires politiques, il réalisa une apologie humoristique du fascisme, centrée sur les figures d'Hitler et de Franco. Dans la dernière partie de sa vie, il avait pratiquement abandonné la peinture pour se consacrer au rôle de personnage public dont les apparitions médiatiques (revues, quotidiens et télévision, voire spots publicitaires) étaient prétexte à bouffonneries.

*Dalí en train de peindre Gala*, sont exposées des œuvres de Pitxot, Duchamp, Fortuny, etc., ainsi qu'un ensemble des « académies » de Bouguereau, l'un des plus grands représentants du style pompier.
*Prendre, en face de l'église de Sant Pere, le passage M.A. Vayreda.*

### ★ Torre Galatea A1

Adossé à l'ancienne tour Gorgot, cet édifice néoclassique fut décoré par Dalí. Le célèbre peintre y apporta beaucoup d'extravagance, introduisant dans l'ossature ancienne des motifs ornementaux oniriques propres à son style.
*Revenir à l'église de Sant Pere et redescendre vers la Rambla par la carrer Sant Pere.*

### ★ Museu del Joguet (musée du Jouet) A2

*Carrer de Sant Pere, 1 - ✆ 972 504 585 - www.mjc.cat - juin-sept. : lun.-sam. 10h-19h, dim. 11h-18h ; reste de l'année : mar.-sam. 10h-18h, dim. et j. fériés 11h-14h - 5 € (enf. 4 €).*

Installé dans l'ancien hôtel París, ce musée renferme des jouets du monde entier et de différentes époques. La collection d'automates est admirable – remarquer l'amusant orchestre – ; on s'attardera également sur les collections de marionnettes et de voitures.

## À voir aussi

### ★ Château de Sant Ferran Hors plan

*Au nord-ouest par la Pujada del Castell. ✆ 972 514 585 - www.castillosanfernando.org - de juil. à mi-sept. : tte la journée ; reste de l'année : mat. - fermé 1er janv., 25 déc. - 3 € (-10 ans gratuit).*

Située sur un petit monticule, cette grande forteresse en forme de pentagone a été construite entre 1753 et 1766 par Juan Martín Cermeño, avant de devenir une base militaire jusqu'en 1966, ce qui explique son bon état de conservation. En se promenant entre les dépendances, on comprend mieux la complexité de

Teatre-Museu Dalí.


ce type de fortifications. Contrastant avec ses dimensions impressionnantes, la place d'armes se contente, elle, d'une superficie de 12 000 m$^2$. À noter, dans les **écuries★**, les abreuvoirs d'origine. Depuis son double mur d'enceinte, un fantastique **panorama★★** balaie la plaine de l'Ampurdan, avec ses champs protégés du vent par des rangées de cyprès majestueux.

## À proximité Carte de région



### ★ Vilabertran B1

*2 km au nord par la N II, puis une dérivation.*
Ce petit village singulier, formé autour d'un monastère, présente un pittoresque tracé urbain, aux ruelles étroites et rectilignes, bordées de maisons anciennes, dont certaines conservent de très belles baies gothiques.

**★★ Monastère de Santa Maria** – *972 508 787 - mat. et apr.-midi - fermé lun. et j. fériés - 3 € (-18 ans 2 €) - visite guidée possible en français sur demande préalable (2,60 €).* Cet ancien monastère augustin forme, pour sa plus grande partie et en dépit de nombreux remaniements, un remarquable et monumental ensemble roman. Il fut le théâtre du mariage de Jaume II et de Blanche d'Anjou en 1295. Chaque année en septembre, Santa Maria perd son calme habituel pour accueillir le **festival de musique la Schubertíada**, manifestation culturelle de grand prestige.

Bâtie aux 11$^e$ et 12$^e$ s., l'**église★** présente un plan basilical à trois vaisseaux. C'est un édifice simple mais d'une grande beauté, avec ses piliers et leurs pilastres qui lui confèrent une impression de légèreté contrastant avec la solidité des murs extérieurs. Trois absides s'ouvrent sur le transept. La nef centrale est voûtée en berceau, tandis que les collatéraux sont coiffés d'une voûte surbaissée et l'abside d'une voûte en cul-de-four. À droite se dresse le **clocher**, tour élancée à trois étages, percée de fenêtres géminées et décorée de bandes lombardes.

Le **cloître★** roman (12e s.), de plan trapézoïdal, est entouré des dépendances monastiques (12e-14e s.). Construit selon les normes architectoniques de Cîteaux, il revêt un caractère austère. Les galeries, aux voûtes surbaissées, s'ouvrent sur des arcs en plein cintre surmontant des chapiteaux dépouillés.

Le **palais abbatial★** a été érigé par l'abbé Antonio Girgós (1410-1424). Remarquable exemple de style gothique, son aspect sobre, en parfaite harmonie avec les autres bâtiments religieux, accentue la solennité du monastère. La **façade** est percée d'un portail et de délicates baies vitrées gothiques.

### ★ Peralada B1

*7 km au nord-est de Figueres par la N 260.*

*Pl. Peixateria, 6 - ☎ 972 538 840 - www.peralada.org - juil.-août : 10h-20h ; sept.-juin : tlj sf lun. 10h-14h, 16h-19h, dim. et j. fériés 10h-14h.*

Au nord de Figueres, dans l'arrière-pays ampurdanais, cette petite ville est juchée sur une colline au milieu d'un extraordinaire paysage de vignes qui fait oublier la mer toute proche. Entourée de murailles médiévales, elle possède un intéressant noyau ancien, fait de petites places au plan irrégulier et de ruelles étroites, où abondent les magasins d'antiquités. Chaque été, son château sert de cadre à un prestigieux festival international de musique.

★ **Château** – Cette ancienne demeure des vicomtes de Rocabertí présente une véritable mosaïque de styles architecturaux. Suite aux transformations successives du château, dues à ses diverses utilisations, les éléments décoratifs de styles Renaissance et gothique se dissimulent désormais parmi les détails néomédiévaux réalisés au 19e s. Les jardins et le lac, qui s'ouvre devant la belle façade Renaissance orientée à l'ouest, lui confèrent un air de château français. Un célèbre casino loge également au château.

★ **Couvent del Carme / Museu del Castell de Peralada** – *☎ 972 538 840 - visite guidée dép. ttes les heures de déb. juil. à mi-sept. : 10h-12h, 16h-20h ; de mi-sept. à fin juin : 10h-12h, 16h30-18h30 - fermé lun., dim. apr. midi et j. fériés (apr. midi) - 3 € (+65 ans 2 €).* C'est en face du château, sur des terrains légués par les vicomtes à l'intérieur des remparts, que fut érigé le **carmel** (16e s.), bel exemple de gothique catalan. Il possède une belle église polygonale et des chapelles entre les contreforts (1400). Le cloître (14e s.) est d'une grâce incomparable. Les dépendances du couvent accueillent, depuis 1923, différentes collections de sculptures gothiques et de chapiteaux romans. À l'intérieur de l'église, on s'attardera sur un **chapiteau★** du portail du monastère de Sant Pere de Rodes, attribué au Maître de Cabestany. Parmi les collections du couvent, on mentionnera les 2 500 pièces de la **collection de verre★★**, depuis l'ancienne Égypte jusqu'au 19e s. Le couvent héberge aussi la **bibliothèque du château**, qui compte plus de 80 000 volumes, dont nombre de précieuses éditions de **Don Quichotte**, et, dans les caves, un **musée du Vin**.

**Centro de Sant Domènec** – *Pl. Peixateria, 6 - ☎ 972 538 840 - tlj sf lun., mat. et apr.-midi - 3 €.* Outre l'office de tourisme, ce centre abrite une exposition sur la *comarca* de l'Ampurdan (culture, nature, gastronomie, etc.), et une autre consacrée à la Peralada médiévale, qui retrace, avec l'aide de Ramon Muntaner et par la projection d'un documentaire, l'incen-

**AU 13E S.**

Natif de Peralada, le grand chroniqueur **Ramon Muntaner** (1265-1336) décrit dans sa célèbre **Crónica** l'incendie provoqué en 1285 par les Almogávares, l'un des épisodes les plus marquants de l'histoire de Peralada.

die qui fit rage dans la ville au 13e s. *(voir encadré)*. Le **cloître Sant Domènec★** est tout ce qui reste du couvent fondé par les augustins au 11e s. Il s'agit du plus important monument roman (12e s.) de la ville dont la structure architecturale est très rudimentaire. L'iconographie des chapiteaux – scènes de la Bible, bestiaire, animaux fantastiques et motifs végétaux – a un caractère populaire très poussé.

### La Jonquera A1

*16 km au nord par la N II ou l'autoroute A 7.*

À quelques kilomètres de la France, cette ville s'est convertie en un vaste supermarché assailli par les frontaliers avides de bonnes affaires. Elle n'en abrite pas moins un émouvant **Museu memorial de l'Exili**, évoquant la tragique *Retirada* (« retraite ») des vaincus de la guerre civile en 1939. *www.museuexili.cat - mar.-sam. 10h-18h (19h en été), dim. et j. feriés 10h-14h - 4 €.*

## NOS ADRESSES À FIGUERES

### TRANSPORTS

**Gare ferroviaire – Renfe** : *✆ 902 240 202 - www.renfe.es*. Liaisons quotidiennes avec Gérone (30mn), Barcelone (1h45), au sud, et Portbou (25mn) au nord.

**Gare routière** – *Pl. de la Estació, 7 - ✆ 972 673 354*. La compagnie **Sarfa** *(✆ 902 302 025 - www.sarfa.com)* dessert Figueres au départ de Roses et de l'aéroport de Gérone (1h). La compagnie **Teisa** *(✆ 972 204 868 - www.teisa-bus.com)* dessert, entre autres, Olot et Banyoles.

### HÉBERGEMENT

#### À Figueres

PREMIER PRIX

**Hotel Los Ángeles** – *Barceloneta, 10 - ✆ 972 510 661- www.hotelangeles.com - ▤ P - 40 ch. : 45/60 € - ☕ 5 €.* Bel hôtel dans une petite rue calme, proche du centre. Certaines chambres du dernier étage ont vue sur la ville. Formules demi-pension et pension complète avec le restaurant El Gallo Rojo à deux pas de l'hôtel.

BUDGET MOYEN

**Hotel Rambla** – *Rambla, 33 - ✆ 972 676 020 - www.hotelrambla.net - 24 ch. : 55/75 € - ☕ 6 €.* Donnant sur la Rambla, ce petit hôtel simple mais confortable ne manque pas d'atouts. Accès Internet.

POUR SE FAIRE PLAISIR

**Hotel Travé** – *Rte d'Olot - ✆ 972 500 591 - www.hoteltrave.com - P ⛱ ▤ - 76 ch. : 65/95 € - ☕ 8 € - rest. 17 €.* Un peu éloigné du centre, ce discret hôtel familial met à votre disposition ses chambres de style classique et confortables malgré une décoration quelque peu désuète. Restaurant soigné également.

**Duràn Hotel** – *Lasauca, 5 - ✆ 972 501 250 - www.hotelduran.com - ▤ - 65 ch. : 95/120 € - ☕ 9 €.* En plein cœur de la ville, près de la Rambla, cet hôtel convivial est décoré d'une multitude de miroirs, tapis et tableaux. Chambres spacieuses et confortables. L'adresse est aussi celle d'un restaurant de renom spécialisé dans la cuisine traditionnelle catalane.

UNE FOLIE

**Hotel Rural Mas Falgarona** – *Avinyonet de Puigventós - 4,5 km au sud-ouest de Figueres par la N 260 - ✆ 972 546 628 - www.masfalgarona.com - fermé en janv. -*

P - *11 ch. 198/340 €* - *menus 40/60 €, carte 65 €.* Luxueux hôtel de campagne installé dans un ancien mas accueillant. La beauté de la pierre, de la terre cuite et du bois est rehaussée par la décoration minimaliste ponctuée d'œuvres d'art moderne. Magnifique jardin avec piscine.

## À Peralada

### BUDGET MOYEN

**Hostal de la Font** - *Font, 15-19 - 972 538 508 - www.hostaldelafont.es - - 12 ch. : 75/85 € - 9 €.* Chambres accueillantes, aux planchers de bois, meublées dans un style rustique et dotées d'une salle de bains au goût du jour. Le salon très agréable ouvre sur un ravissant patio intérieur où les plantes abondent.

## RESTAURATION

## À Figueres

### PREMIER PRIX

**Restaurador** – *Muralla, 1 - au niveau de la pl. de les Patates - menu 12 €.* À l'écart de la foule, un petit restaurant au cadre moderne proposant aux habitués une cuisine de saison.

**El Café del Barri Vell** – *Pl. de les Patates, 7 - 972 505 776 - tlj sf lun. 17h-2h - 12/15 €.* Plats végétariens, salades ou tartines, sur une très agréable placette. Spectacles de danse ou concerts en été.

### POUR SE FAIRE PLAISIR

**Antaviana** – *Llers, 5 - 972 510 377 - www.restaurantantaviana.cat - fermé lun. et mar. - env. 40 €.* Un restaurant reposant après les visites de musées. Dans une jolie salle décorée d'œuvres d'artistes locaux, une cuisine créative, inspirée et savoureuse, accompagnée de vins locaux.

**El Molí** – *Pont de Molins - 6 km au nord-ouest de Figueres par la N 11 et 2 km à l'ouest de Pont de Molins - 972 529 271 - fermé mar. soir, merc., de mi-déc. à mi-janv. - env. 40 €.* Accueillant restaurant aménagé dans un vieux moulin. Décoration rustique jusque dans le détail. Vous pourrez y déguster les plats les plus typiques de l'Ampurdan. L'établissement propose également quelques chambres confortables.

### UNE FOLIE

**Mas Pau** – *Avinyonet de Puigventós - 5 km au sud-ouest de Figueres par la N 260 (vers Besalú) - 972 546 154 - www.maspau.com - fermé dim. soir, lun. et mar. midi (sf en été), de déb. janv. à mi-mars - - menu 70 €, carte 42/72 €.* Dans un mas du 16e s., restauré avec goût et décoré d'antiquités, vous découvrirez une version actualisée de la cuisine catalane. Chambres également d'un grand confort *(100/110 €).*

## À Peralada

Aujourd'hui, le nom de Peralada est associé à ses excellents vins et *cavas*.

### POUR SE FAIRE PLAISIR

**Ca la Maria** – *Mollet de Peralada - 4 km au nord de Peralada - 972 563 382 - www.restaurantcalamaria.net - - réservation conseillée - env. 30/35 €.* Dans un village en rase campagne, ce spacieux restaurant attire une clientèle de week-end. Un endroit authentique, sans prétentions, et idéal pour découvrir les plats les plus typiques de la cuisine catalane.

**Cal Sagristà** – *Rodona, 2 - 972 538 301 - fermé lun. soir et mar. (sf juil.-août et j. fériés), 2 sem. en fév., 2 sem. en nov. - - env. 35 €.* Installé dans une maison ancienne au centre de Peralada.

La décoration de style rustique, le service de table soigné et l'éclairage indirect accompagnent la cuisine traditionnelle, à base de produits de choix.

### ACHATS

Les activités commerciales et ludiques à Figueres sont intenses. Les jours de marché, les places se remplissent d'étals proposant des produits artisanaux et les visiteurs déambulent sur les larges avenues. Sur la **Rambla** se trouvent les restaurants, les salles de spectacles et les cafés les plus importants de la ville.

### AGENDA

**Festa de Santa Creu** – *3 mai.* Concerts, défilés et marchés artisanaux sur la Rambla.

**Festival international de musique** – *Juil.*

**Festival Gresca a la Fresca** – *Juil.-août.* Musique, théâtre, danse sur la place du théâtre (gratuit) et dans différents quartiers.

**Fira del Vi** – *Déb. sept.* Les viticulteurs de la région viennent présenter le vin nouveau sur la Rambla.

**Festival international de musique du château de Peralada** – *Juil.-août.* Dans les jardins du château et dans l'église del Carme. Opéras, récitals lyriques, orchestres symphoniques ou de chambre, spectacles de danse et pièces de théâtre.



# Empúries

★★

Province de Girona

### SE REPÉRER

Carte de région B2 (p. 260) – *carte Michelin Regional 574 F39.* Empúries se trouve à 2 km de L'Escala *(voir p. 291)*, un ancien village de pêcheurs posté au sud du golfe de Roses, sur la Costa Brava. Ce site archéologique se trouve dans la *comarca* de l'Empordà, qui lui doit son nom.

### ORGANISER SON TEMPS

Comptez 2h pour la visite du site archéologique d'Empúries. Si vous le pouvez, allez-y en fin d'après-midi, pour profiter ensuite du coucher de soleil sur le charmant port de **Sant Martí d'Empúries**.

**L'histoire de la Méditerranée est présente dans les ruines de ce site archéologique qui, depuis son très bel emplacement, continue à scruter les eaux bleues d'où émergèrent ses fondateurs. C'est ici, à travers la colonie grecque d'Emporion (« marché ») et la ville romaine d'Emporiæ qui lui succéda, que les cultures classiques pénétrèrent en Espagne.**

# Découvrir

## SITE ARCHÉOLOGIQUE

*972 770 208 - www.mac.es/empuries - été : 10h-20h ; hiver : 10h-18h - fermé 1er janv., 25 déc. - 3 € (-16 ans gratuit).*

### Neápolis

Contrairement à Paliápolis, la nouvelle ville a été totalement fouillée, mais la superposition des différentes constructions, réalisées sur une période de plus de 1 000 ans, complique la tâche des archéologues et l'interprétation des ruines. Son plan en damier, avec des rues se coupant à angle droit, occupait une superficie de 26 ha. Elle était fortifiée sur trois côtés (au sud-ouest, un large pan de muraille est conservé) et possédait une seule porte d'entrée protégée de tours.

Sur une partie haute, près du **temple d'Asclépios**, dieu de la médecine, se trouvait l'**enceinte sacrée** (1), contenant des autels et d'importantes statues de divinités. À droite se trouvaient les **citernes** (2) d'eau potable, actuellement reconstruites, ainsi qu'une **tour de guet** (3). En contrebas se trouvait le **temple de Zeus Sérapis** (4), dont subsistent des vestiges de colonnes et l'autel central.

Sur l'**agora** (5), située au croisement des rues principales, on voit encore trois socles de statues. De là, une rue descend vers la mer, bordée à gauche par les ruines de la **stoa** (6), marché couvert qui comprenait deux allées à arcades et plusieurs boutiques. Derrière la stoa, on distingue le plan d'une **basilique paléochrétienne** (7) avec son abside semi-circulaire.

De vieux pavés, de vastes mosaïques et une petite partie du mur qui protégeait le port complètent cet ensemble archéologique bigarré.

### DE LA VILLE GRECQUE À LA VILLE ROMAINE

Empúries se compose de trois centres : la ville ancienne, **Paliápolis**, la ville nouvelle, **Neápolis**, et la ville romaine.

Vers 600 av. J.-C., les Phocéens, déjà établis à Marseille, créèrent, sur une petite île aujourd'hui reliée à la côte et occupée par Sant Martí d'Empúries, un port appelé Paliápolis. Peu après (550 av. J.-C.), ils prirent pied sur le rivage et fondèrent ce que l'archéologue et architecte Puig i Cadafalch nomma Neápolis. La ville fut l'alliée de Rome durant la seconde guerre punique (218-201 av. J.-C.) contre les Carthaginois, et les troupes de Publius Cornelius Scipio, plus connu sous le nom de Scipion l'Africain, y débarquèrent en 218. Vers 100 av. J.-C., tirant profit du tracé de l'ancien camp militaire, les Romains fondèrent une nouvelle ville à l'ouest de Neápolis. Pendant la période républicaine, les deux villes coexistèrent indépendamment jusqu'à ce que, à l'époque d'Auguste, fût concédée aux Grecs la citoyenneté romaine.

Bien que continu, le développement d'Emporiæ fut ralenti dès la fin du 1er s. av. J.-C. par la croissance d'autres villes comme Barcino, Gerunda et surtout Tarraco. Rasée lors des invasions des Alains et des Francs, la ville déclina. Elle devint cependant siège épiscopal – on conserve les restes d'une basilique paléochrétienne (4e s.) – et capitale du comté médiéval d'Ampurias, statut qu'elle perdit au profit de Castelló d'Empúries. L'invasion arabe (8e s.) acheva sa décadence.

# EMPÚRIES

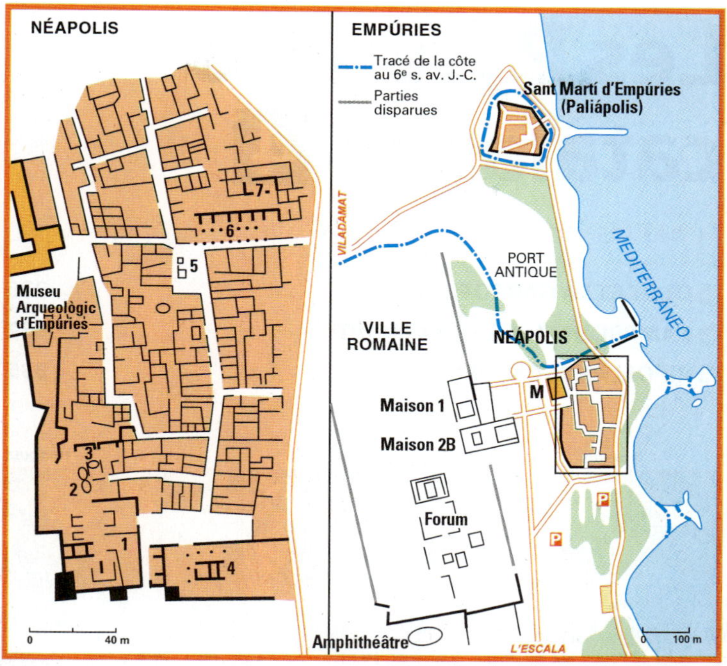


## Museu Arqueològic

Y sont exposés des maquettes de temples et des objets provenant des fouilles. Dans la salle I se trouvent les pièces les plus intéressantes, parmi lesquelles on remarque la mosaïque représentant *Le Sacrifice d'Iphigénie* (vitrine 40), œuvre hellénistique réalisée à Athènes ou à Antioche au 2e s. av. J.-C. avec des tesselles de marbre oriental, la mosaïque dite de La Perdrix (vitrine 41) et un petit masque d'acteur tragique (vitrine 39) réalisé avec des tesselles aux couleurs rougeâtres et violacées.

## Ville romaine

De l'autre côté de la route, sur la colline qui domine la ville grecque, se trouve la ville romaine. Son plan rectangulaire occupe une superficie approximative de 20 ha. Les murailles qui l'entouraient ont été partiellement restaurées, mais la ville n'est pas complètement fouillée.

La **maison n° 1** (accès par l'arrière en se situant face à la mer) construite à la fin du 2e s. av. J.-C. possède un atrium à six colonnes, auquel on accède de la rue par un corridor. Au 1er s. furent ajoutés un péristyle et d'autres dépendances décorées de mosaïques aux motifs noirs sur fond blanc et des peintures murales assez mal conservées.

À côté, dans la même rue, se trouve la **maison n° 2 B.** De l'entrée, on accède à l'atrium entouré de pièces qui ont conservé leur pavement d'origine en mosaïque. Il est intéressant d'observer la technique de construction des murs édifiés sur une assise de pierre et couverts de chaux peinte à fresque. Depuis l'atrium, on gagne un péristyle à colonnes polychromes abritant un jardin central.

Le **forum**, centre de la vie civique, était constitué d'une grande place carrée entourée de portiques, d'édifices religieux (au nord) et de boutiques (au sud). Une rue également bordée de portiques mène à la porte de la ville. Derrière les murailles se trouvent les restes de l'**amphithéâtre**, modeste édifice elliptique avec un soubassement de pierre qui soutenait les gradins en bois.

# Les Pyrénées catalanes 4

Carte Michelin Regional 574 – Provinces de Girona et de Lleida

LES PYRÉNÉES CATALANES
0
20 km
Beget ★★ Mérite un détour
Arties ★ Intéressant
Vielha À voir
Circuit conseillé avec ville de départ
FRANCE
Ariège
Aude
Ax-les-Thermes
Col de Puymorens 1915
2921 Pic Carlit
2784 Pic du Canigou
Font-Romeu
Têt
Puigpedrós 2914
Llívia
Puigcerdà
Aranser
Lles
Martinet
Bellver de Cerdanya
Alp
Masella
La Molina
Collada de Tosses 1800
Parc Natural de Cadí-Moixeró
2647
2497
Pedraforca
Baga
El Llobregat
1765
Rasos de Peguera
Pantà de Baélls
Santa Maria de Queralt
Berga
Sant Quirze de Pedret
1448
Riera de Merles
Pic Bastiments 2882
Vall de Núria
Puigmal 2910
Sègre
Queralps
Ribes de Freser
Vallter 2000
Costabona 2465
Setcases
Prats-de-Mollo-la Preste
Tech
Coll d'Ares 1523
Molló
Rocabruna
Beget
Camprodon
Sant Joan de les Abadesses
1076
Castellfollit de la Roca
Vall Alto del Ter
Ripoll
El Ter
1526
Parc Natural de la Zona Volcànica de la Garrotxa
Olot
El Crossat 786
Santa Pau
Rupit i Pruit
Sant Pere de Casserres
Pantà de Sau
Vic
Oristà
PERPIGNAN
GIRONA
BARCELONA
BARCELONA
N
C
D
1
2
3

# ★★★ Les Pyrénées catalanes

Les grands sommets, les glaciers, les lacs, les vastes forêts de sapins, pins, bouleaux, frênes et chênes rouvres, et les prés de type alpin constituent les principaux attraits naturels de cette impressionnante chaîne montagneuse. À la beauté du cadre s'ajoutent le charme des villages montagnards, le riche patrimoine artistique, roman pour l'essentiel, sans oublier une offre gastronomique de qualité et de nombreuses activités de loisirs (ski, escalade, chasse, pêche, sports d'aventure). En somme, un séjour dans les Pyrénées catalanes, c'est l'assurance de vivre une expérience inoubliable.

## SE REPÉRER

Les Pyrénées catalanes forment une barrière de 230 km de long et de 100 km de large, qui s'étire de la Vall d'Aran – proche du massif de la Maladeta – à la Méditerranée, avec des altitudes supérieures à 2 500 m (Pica d'Estats, 3 145 m ; Puigmal, 2 910 m). Les Albères, derniers chaînons du massif, atteignent le cap de Creus, plongeant dans la mer du haut de leurs 700 m. Au sud de cette zone axiale et granitique se dressent les serras del Cadí, de Boumort et de Montsec, qui forment les Pré Pyrénées calcaires. Les Pyrénées catalanes comptent trois parc naturels (dont un parc national) : le **Parc naturel de la zone volcanique de la Garrotxa★** *(voir p. 330)*, le **Parc naturel de Cadí-Moixeró★** *(voir p. 344)* et le **Parc national d'Aigüestortes i Estany de Sant Maurici★★** *(voir p. 357)*.

## LES VALLÉES PYRÉNÉENNES

La cordillère est coupée par de profondes vallées transversales – Aran, Ribagorça, Pallars, Alt Urgell, Cerdanya, Ripollès, Garrotxa et Empordà –, constituant des régions naturelles, chacune dotée de sa propre personnalité et de sa propre histoire.

## ARCHITECTURE ROMANE

Les vallées pyrénéennes sont particulièrement propices à la découverte du patrimoine roman, très riche dans l'ensemble du massif. Cette architecture s'est développée fortement au 11e s. afin de lutter contre l'influence arabe dans la péninsule. Qu'il s'agisse de petites églises de village – comme dans la Vall de Boí –, de grandes cathédrales ou de monastères, ce patrimoine séduit de nombreux visiteurs, et certains sites ont été classés au Patrimoine mondial de l'humanité par l'Unesco.

## DÉCOUVRIR LES PYRÉNÉES CATALANES

**À ne pas manquer** – Les parcs naturels de la Garrotxa, d'Aigüestortes et du Cadí-Moixeró, les églises romanes de la Vall de Boí *(voir p. 360)*, les sports d'hiver à Baqueira-Bere *(voir p. 367)*.

**Organiser son temps** – Si ne vous disposez que d'un week-end ou de quelques jours, concentrez-vous sur une zone réduite ou un aspect précis (un parc naturel, une vallée, un sport…). Si vous avez une semaine, vous pouvez enchaîner plusieurs vallées ou vous consacrer à un thème (les églises romanes, les grands parcs, etc.). Pour profiter des sports d'hiver, réservez longtemps à l'avance car les stations sont aussi très prisées par les Barcelonais.

Besalú et son pont fortifié.
*P. Escudero / hemis.fr*

# Olot et la Garrotxa

★

33 524 Olotins – Province de Girona

## NOS ADRESSES PAGE 331

### S'INFORMER

**Office du tourisme d'Olot** – *Hospici, 8 - ☏ 972 260 141 - www.turisme olot.cat - lun.-sam. 9h-14h, 17h-19h, sam. 10h-14h, 17h-19h, dim. et j. fériés 11h-14h.*

**Pour le parc de la Garrotxa :**

**Casal dels Volcans** – *Av. Sta Coloma de Farners, s/n - ☏ 972 268 112 - www.parcsdecatalunya.net - lun.-sam. 9h-14h, 16h-18h, dim. 10h-14h.* Informations pratiques (état des routes, prévisions météo, etc.).

**Centre de Can Serra** – *Carreterra d'Olot a Santa Pau - ☏ 972 195 074.* Pour des informations sur la Fageda d'en Jordà.

**Can Passavent** – *☏ 972 195 094.* Pour des renseignements sur le volcan del Croscat.

### SE REPÉRER

Carte de région D3 (p. 322-323) – *carte Michelin Regional 574 F37.* Olot est située dans le **Parc naturel de la zone volcanique de la Garrotxa★** *(voir p 325)*, à l'intersection de trois petites vallées formées par le riu Fluvià. Pour venir en voiture depuis Barcelone (150 km au sud), le plus rapide est d'emprunter l'A7 jusqu'à Gérone (sortie n° 6) puis la C 66 et l'A 26 à partir de Besalú. Vous pouvez aussi quitter l'autoroute avant (sortie n° 9), et suivre la C 63, plus sinueuse mais plus jolie. Si vous venez de Vic, prenez la C 37 que prolonge la C 152 (45 km) ou la C 153 (60 km). De Figueres, empruntez la N 260 (31 km) qui rejoint l'A 26 (21 km).

En train, les gares d'accès les plus proches se trouvent à Ripoll (35 km à l'ouest par la C 26) et Gérone (50 km au sud-est par la C 66). Des bus assurent des liaisons quotidiennes avec Barcelone, Gérone, Vic et Figueres.

### À NE PAS MANQUER

La vue sur la ville et ses environs depuis le sommet du volcan de Montsacopa; le Parc naturel de la Garrotxa.

### ORGANISER SON TEMPS

Consacrez la matinée à la visite de la ville et l'après-midi à la découverte du parc de la Garrotxa.

### AVEC LES ENFANTS

Une promenade en carriole à cheval dans la Fageda d'en Jordà (forêt).

**Chef-lieu de « comarca » et ville de grande tradition agricole et artisanale, Olot est nichée dans un cadre d'une singulière beauté, au milieu de volcans en sommeil, d'épaisses forêts et de vallées cultivées. La ville, que protège le cratère du Montsacopa, conserve un petit noyau ancien (15e s.) autour de la plaça Major et les vestiges d'une cité-jardin d'allure très britannique.**

SE LOGER

| | |
|---|---|
| Hotel Borrell | 1 |
| Hotel Cal Sastre | 3 |
| Hotel La Perla et Perla d'Olot | 4 |
| Hotel Riu Olot | 7 |

SE RESTAURER

| | |
|---|---|
| Cafè Europa | 1 |
| La Deu | 3 |
| Les Cols | 10 |
| La Veranda | 14 |

## Se promener Plan de ville

Le point de départ « naturel » d'une promenade à Olot est l'agréable **plaça de Josep Clarà**, bordée d'arcades et occupée en son centre par un square aux essences exotiques. Au sud-ouest, sur le **passeig Barcelona**, s'alignent de nobles demeures à colonnades et quelques beaux jardins.
*Au coin de la plaça Josep Clarà, prendre la carrer de Sant Rafel.*

### Passeig de Miquel Blay

Cette promenade ombragée, bordée de quelques beaux édifices, s'anime en fin de journée. Elle mène au nord-est aux arènes désaffectées, devant lesquelles s'édifie un centre culturel polyvalent.
★ **Casa Solà-Morales** B1 – Lluís Domènech i Montaner reconstruisit ce singulier édifice entre 1915 et 1916 et conserva les somptueux intérieurs du 18e s. La **façade★** moderniste, avec ses balustrades au rez-de-chaussée, ses jardinières et sa belle loggia à l'étage supérieur, est décorée de sgraffites et de sculptures réalisées par Eusebi Arnau. Admirer les fines silhouettes féminines qui soutiennent les grilles de l'entrée principale.
**Casa Gaietà Vila** – Fermant la promenade côté vieille ville, cette spectaculaire demeure néogothique couronnée de créneaux a été édifiée entre 1901 et 1905 par l'architecte Alfred Paluzie.
*Pénétrer dans le quartier ancien en contournant la Casa Gaietà Vila.*

### ★ Église de Sant Esteve B1

*Tlj 8h-12h.*
Construite entre 1750 et 1763 d'après les plans de l'ingénieur militaire Blas de la Trinxeira, cette ample bâtisse néoclassique arbore une façade et un perron de style baroque. À l'intérieur, on peut admirer le beau baldaquin du maître-autel et les chapelles des Douleurs et du Rosaire, **El Roser**, qui abrite un retable baroque (17e s.), l'un des plus anciens dans son genre, œuvre de Pau Costa, et la monumentale toile du Greco, *Le Christ portant la Croix* (1605).

### ★ Museu comarcal de la Garrotxa B1

*Hospici, 8 - 3e niveau - ☏ 972 271 166 - mar.-vend. 10h-13h, 15h-18h (été 11h-14h, 16h-19h), sam. 11h-14h, 16h-19h, dim. et j. fériés 11h-14h - 3 € (-18 ans gratuit) ; billet combiné 2 musées : 4 € ; 3 musées : 5 €.*

#### L'ÉCOLE D'OLOT

Le **paysage★★** qui entoure la ville est exceptionnel. Le relief accidenté, couvert de bois touffus, contraste avec les vallées soigneusement labourées. Occultées par les brumes, de façon imperceptible, les roches volcaniques virent du noir au gris, puis au bleu, et deviennent enfin rougeâtres, au fur et à mesure qu'avance la journée. Cette beauté singulière entraîna, à la fin du 19e s., la naissance de l'importante école paysagiste d'Olot. Elle débuta avec **Joaquim Vayreda** (1843-1894), adepte du paysagisme réaliste de l'école de Barbizon et admirateur de Constable, et connut un remarquable élan avec la création en 1883 de l'**École publique de dessin**, qui réunit des artistes de toute la Catalogne (Modesto Urgell, Josep Armet, Josep Lluís Pellicer, etc.). C'est ainsi que, même au 20e s., plusieurs peintres et écrivains, adeptes du mouvement moderniste, ont continué à exalter ce merveilleux pays.

Festa de la Mare de Déu del Tura, à Olot (le 8 septembre).
J. Balanya / MICHELIN

Ce musée s'est installé dans un ancien hospice néoclassique du 18e s. réalisé par Ventura Rodríguez et doté d'un grand patio entouré de trois étages d'arcades. Il présente différents aspects de l'histoire et de l'économie locales – travail du bois, fonderies de cloches, textile (indiennes). Côté culture, l'accent est mis sur l'école d'Olot *(voir encadré)* avec une superbe **collection de peintures et dessins★★** d'artistes catalans des 19e et 20e s. Vous découvrirez, entre autres, les œuvres de Joaquim Vayreda, le célèbre tableau *La Càrrega (La Charge)* de Ramon Casas, mais aussi les sculptures de Miquel Blay et Josep Clarà.

### Église de Santa Maria del Tura B1

*Lun.-sam. 9h-12h, 18h-19h30, dim. 8h-12h, 18h30-19h30.*

Cet ancien sanctuaire reconstruit par l'architecte barcelonais Francesc Mas en 1763 ne conserve, de son ancienne décoration, que les fresques de la coupole.

### Couvent de la Mare de Déu del Carme B1

Fondé à la fin du 16e s., ce couvent possède une belle église, réalisée en partie par le Maître Enrique Julià. L'élément le plus important est le **cloître★** Renaissance (1603) de deux niveaux, œuvre de Lázaro Cisterna. Ce dernier est visible depuis le hall de l'école d'art qui occupe aujourd'hui les lieux.

## À voir aussi Plan de ville

### Casal dels Volcans A2

*Parc Nou - Av. Santa Coloma de Farners, s/n - ✆ 972 267 762 - mar.-vend. 10h-13h, 15h-18h (été 11h-14h, 16h-19h), sam. 11h-14h, 16h-19h, dim. et j. fériés 11h-14h - 3 €.*

Ce musée, qui est en même temps le centre d'information du **Parc naturel de la zone volcanique de la Garrotxa★**, se trouve dans la **Torre d'en Castanys**, édifice néopalladien réalisé par Josep Fontseré (1854). On y trouve une collection géologique très complète de la région.

**Museu dels Sants** (Musée des Saints) B1
*Joaquim Vayreda, 9 - ☏ 972 267 791 - mar.-vend. 10h-13h, 15h-18h, sam. 10h-13h, 16h-19h, dim. et j. fériés 11h-14h - 3 €.*
Dès 1880, l'école d'art d'Olot a formé des sculpteurs chargés de produire à la chaîne des images religieuses, santons ou sculptures destinées aux processions. Cette activité fit la réputation d'Olot avant de décliner, en particulier après le concile Vatican II. La visite du musée permet de découvrir la production locale et le fonctionnement d'un atelier.

# À proximité Carte de région

## ★ PARC NATUREL DE LA ZONE VOLCANIQUE DE LA GARROTXA D3

*Les centres d'informations de la Garrotxa, situés à Olot pour la plupart, sont répertoriés en début de chapitre. Voir aussi Santa Pau ci-après.*
C'est le meilleur exemple de paysage volcanique de Catalogne. Il s'étend à travers la haute vallée du Fluvià jusqu'à Castellfollit de la Roca *(voir p. 275)*, couvrant une superficie de 11 300 ha.
Trente cônes volcaniques de type strombolien, quelques cratères d'explosion et plus de vingt coulées de lave basaltique lui confèrent un aspect très singulier. Outre l'intérêt géologique, on y trouve une végétation riche et variée – plus spécialement dans la **Réserve naturelle de la Fageda d'en Jordà** –, ainsi qu'un paysage d'une grande beauté qui inspira l'importante école de peinture d'Olot.

### ★ Santa Pau

*9,5 km au sud-est par la GI 524. Parkings gratuits (suivre le fléchage).*
*Joaquim Vayreda, s/n - ☏ 973 195 94 - lun.-sam. 12h-18h, dim et j. feriés 11h-15h.*
De la route, on aperçoit sur la droite ce charmant village juché sur une petite colline. De sa silhouette de pierres se détache le **château**, dont la façade principale s'ouvre sur la **place à arcades** du village, connue sous le nom de Firal dels Bous (bœufs), et bordée de l'église paroissiale Santa Maria (15e-16e s.). Santa Pau est une invitation à la promenade dans ses rues évocatrices. Laissons le mystère agir…

### Volcan Santa Margarida

*4 km au sud de Santa Pau par une piste non goudronnée.*
Ce volcan présente un magnifique état de conservation. Un cône de 110 m de haut et 1 200 m de diamètre en fait le plus grand de la Garrotxa. Le cratère, encore visible aujourd'hui, est couvert sur tout son pourtour d'une végétation abondante.

### ★ Volcan El Croscat

*2,5 km à l'ouest de Santa Pau par la GI 524.*
Ce volcan fut le dernier de toute la zone à se manifester il y a environ 11 500 ans. Il est recouvert d'une spectaculaire surface rugueuse, composée de blocs de lave et d'importantes protubérances qui sont en réalité de gigantesques bulles de gaz solidifiées.

### ★ La Fageda d'en Jordà (Hêtraie d'en Jordà)

Cette forêt, vieille de plusieurs milliers d'années, se dresse sur une coulée de lave du **volcan El Croscat**. Essentiellement constituée de hêtres, elle abrite quelques chênes, là où le soleil parvient à percer la canopée. Au printemps, renoncules et anémones fleurissent le sous-bois alors que les irrégularités du sol formé de roche volcanique créent des dépressions dépassant fréquemment les 15 m, contribuant à la création d'un décor envoûtant et unique. Découverte à pied (sentiers balisés) ou en carriole à cheval (départ en bordure de la route GI 524).

## NOS ADRESSES À OLOT ET DANS LA GARROTXA

### HÉBERGEMENT

#### BUDGET MOYEN

#### À Olot

**Hotel La Perla** et **Perla d'Olot** – *Ctra La Deu, 9 - au bout de l'av. Santa Coloma de Farners - ✆ 972 262 326 - www.laperlahotels.com - ▤ P - 32 ch. : 57/91 € - ☕ 8 € - menu 13 €.* Près de la Casal dels Volcans, deux hôtels en un. L'un propose des chambres fonctionnelles confortables, l'autre dispose de 30 appartements.

**Hotel Borrell** – *Nónit Escubós, 8 - ✆ 972 176 161 - www.hotelborrell.com - P ▤ - 24 ch. : 65/77 € - ☕ 9,50 €.* Tout proche de la plaça Josep Clarà, cet hôtel moderne et confortable se révèle très commode pour un séjour à Olot. Accueil très agréable et chambres vastes et confortables. Grand parking gratuit.

#### POUR SE FAIRE PLAISIR

**Hotel Riu Olot** – *Rte de Santa Pau - ✆ 972 269 444 - www.riu.com - P ▤ ♿ - 28 ch. : 95/103 € ☕.* L'hôtel dispense de magnifiques vues sur les montagnes, idéal pour les amateurs d'espaces verts et paisibles tout en étant à proximité de la ville.

#### À Santa Pau

**Hotel Cal Sastre** – *Cases Noves, 1 - ✆ 972 680 049 - www.calsastre.com - fermé en fév. - 10 ch. : 80/125 € ☕.* Quel bon accueil ! À 5mn à pied du centre du village, la maisonnette possède un jardin soigné et des chambres décorées avec goût : meubles anciens et poutres en bois.

### RESTAURATION

**Spécialités** – La Garrotxa offre quelques-uns des mets catalans les plus typiques, tels l'**escudella i carn d'olla** et la **botifarra amb mongetes**. Également réputés : saucisses, saucissons, boudins et quelques desserts, tels les *cocas de chicharrones* et les *biscotes*, à base d'œuf et de citron, ainsi que les pommes de terre d'Olot.

#### À Olot

#### PREMIER PRIX

**Cafè Europa** – *Pl. Major, 2 - ✆ 972 273 313 - www.cafeeuropa.cat - menus 8,70/14,50 €.* Une salle et un pavillon de verre sur la plaça Major accueillent ce restaurant dont les formules déjeuner attirent les Olotins. Large choix de spécialités locales, notamment à base de pommes de terre, apprêtées en millefeuilles ou farcies. Service stylé.

#### BUDGET MOYEN

**La Veranda** – *Pg Barcelona, 7 - ✆ 972 263 396 - www.laverandarestaurant.com - menu 9,95 €, carte 18 à 25 €.* Très honnête restaurant aménagé dans une belle demeure de la « cité-jardin », à deux pas de la plaça Josep Clarà.

#### Dans les environs

#### BUDGET MOYEN

**La Deu** – *Ctra. La Deu, 2 km - ✆ 972 261 004 - www.ladeu.es - fermé* *dim. et j. fériés en soirée* - ▤ - *menu (cuisine « volcanique ») 14,50 € ; carte 30 €*. La famille Reixach dirige depuis 1875 ce restaurant qui présente une carte complète des spécialités de la Garrotxa.

UNE FOLIE

**Les Cols** – *Mas Les Cols - sur la rte de La Canya (C 26 au nord, après le rond-point) - ✆ 972 269 209 - www.lescols.com - fermé dim., lun. soir, mar. soir et j. fériés, de fin juil. à mi-août* - ▤ - *menu 60 €, carte 45/59 €*. Une vieille *masía* héberge plusieurs salles à manger de style design. Cuisine inventive à base de produits provenant de la basse-cour attenante. Une des tables les plus réputées de Catalogne. Le service est, naturellement, à la hauteur.

ACHATS

Olot est réputée pour ses charcuteries : nombreuses boutiques sur la **carrer Major**.

**Marché** – Le grand marché se tient le lundi matin le long du Passeig de Miquel Blay et du Passeig Bisbe Guillamet, l'occasion de goûter aux spécialités, dont le *tortell à l'anis* (brioche en couronne parfumée à l'anis) et la *coca de llardons*.

AGENDA

**Festa de la Mare de Déu del Tura** – *8 sept*. Bal réunissant géants, nains et grosses têtes, notamment le *Lligamosques* (« attrape-mouches »).

# Camprodon

★

2 446 Camprodonins – Province de Girona

## NOS ADRESSES PAGE 334

### S'INFORMER

**Office de tourisme** – *Pl. d´Espanya 1 - ✆ 972 740 010 - www.valldecamprodon.org - 10h-14h, 16h-19h, sam. 10h-14h, 16h-20h, dim. 10h-14h.*

### SE REPÉRER

Carte de région D2 (p. 322-323) – *carte Michelin Regional 574 F37*. Camprodon se situe au confluent du Ter et du Ritort, au centre de la vallée de Camprodon, avec en toile de fond d'impressionnantes silhouettes montagneuses. Depuis Ripoll, comptez 43 km par la C 26 (via Sant Joan de les Abadesses) et la C 38, qui dessert la vallée jusqu'à la frontière française au nord-est (col d'Ares à 17 km de Camprodon). D'Olot, comptez 32 km, également par la C 26 et la C 38.

### À NE PAS MANQUER

L'église romane de Beget, à 15 km de Camprodon.

### ORGANISER SON TEMPS

Attendez si vous le pouvez d'être à Camprodon pour prévoir les achats d'un éventuel pique-nique : les épiceries du village sont réputées pour leurs spécialités du terroir.

# CAMPRODON

**Cette importante localité pyrénéenne très touristique, berceau du grand compositeur Isaac Albéniz, offre un bel aspect avec des demeures luxueuses, des villas modernes et de larges avenues dans la partie la plus récente. Une intense vie commerciale s'y développe autour du centre névralgique de la carrer de València. C'est sur cette voie très fréquentée que l'on peut se procurer les spécialités locales : charcuterie, pâtés et plus spécialement les fameuses galettes de Camprodon.**

## Se promener

### Église de Sant Pere

De l'ancien monastère bénédictin Sant Pere, il ne reste que l'**église★** romane (12e s.), qui domine un square au centre de l'agglomération. Il s'agit d'un édifice sobre, en forme de croix, avec cinq absides carrées et un élégant clocher situé sur la coupole octogonale de la croisée. À l'intérieur, la nudité des murs et les épais pilastres de la nef accentuent l'austérité architecturale.

### ★ Pont Nou (Pont neuf)

Photographié des centaines de fois, ce magnifique pont en dos d'âne constitue l'image emblématique de Camprodon. Construit en 1196, il subit d'importantes modifications au 14e s. Sous sa grande arche courbée coule le fleuve Ter. Les arches latérales s'étendent jusqu'aux maisons riveraines.

### Passeig de Maristany

En sortant du noyau urbain en direction de Setcases, on peut voir sur la gauche cette élégante promenade plantée d'arbres où les fermes d'aspect médiéval jouxtent des bâtiments modernistes de toute beauté.

## À proximité Carte de région

### Setcases D2

*11,5 km au nord-ouest par la GI 5264 qui remonte la vallée du Ter.*

Ce petit village touristique est la porte d'entrée d'une zone d'une exceptionnelle beauté. C'est ici, entre les pics Bastiments (2 874 m) et Costabona, sur le cirque glaciaire d'Ulldeter, que naît le fleuve Ter.

Sur le territoire communal se trouve la station de ski **Vallter 2 000** d'où, lorsque le temps le permet, on peut voir le cap de Creus et le golfe de Roses.

## Circuit conseillé Carte de région

### VALL DE CAMPRODON

*30 km de Camprodon au col d'Ares. Circuit tracé sur la carte de région p. 322-323. Quitter Camprodon par la C 38 en direction du col d'Ares. Après 2,5 km, prendre à droite la route étroite et sinueuse qui passe par le col de la Boixeda, avant de gagner Rocabruna et Beget.*

### Rocabruna D2

Ce magnifique petit village de montagne coupé par la route est un endroit idéal pour goûter la succulente cuisine de la région et découvrir, depuis l'église, un merveilleux **panorama** de cette vallée solitaire.

### ★★ Beget D2

Le village se trouve dans un **site★** singulier, au fond d'un vallon silencieux où se précipitent les eaux du Trull. Dans ses tortueuses ruelles pavées se dressent de pittoresques maisonnettes de pierre aux balcons en bois (remarquer les sympathiques petits animaux en plâtre qui décorent les façades : chats, colombes, hiboux, etc.).

L'**église★★** de style roman (10e et 12e s.) est un vrai bijou architectural : une abside semi-circulaire, ornée d'arcatures lombardes, et un élégant clocher à quatre étages. À l'intérieur est exposé un magnifique **Christ en majesté★** (12e s.), sculpture toute en longueur et de style réaliste.

*Revenir à la C 38 et poursuivre au nord sur 4 km.*

### Molló D2

L'église romane (12e s.) au joli clocher catalan est située au sommet du village (1 150 m), d'où l'on a une vue magnifique. Les montagnes sont couvertes de chênes verts aux couleurs ternes et le ciel est le plus souvent menaçant.

*Poursuivre sur la C 38.*

### Col d'Ares D2

À 1 513 m, il marque la frontière franco-espagnole. Les montagnes présentent des pentes douces et d'abondants pâturages.

## NOS ADRESSES À CAMPRODON

#### HÉBERGEMENT

##### À Camprodon

**POUR SE FAIRE PLAISIR**

**Edelweiss** – *Ctra de Sant Joan, 28 - ✆ 972 740 614 - www.elripolles.com/edelweiss - P - 21 ch. : 110/125 € ☕.* Établissement de style très classique disposant de jolies parties communes et de chambres confortables. Ambiance chaleureuse.

##### Dans les environs

**POUR SE FAIRE PLAISIR**

**Hotel La Coma** – *Setcases - ✆ 972 136 074 - www.hotellacoma.com - P 🏊 - 22 ch. : 70/110 € ☕ - rest. 19 €.* Sobre hôtel de montagne installé dans un édifice à la façade en pierre et bois. Locaux soignés et accueillants comprenant un restaurant de style rustique. Clientèle de skieurs.

**Hotel Calitxó** – *Passatge El Serrat - Molló - ✆ 972 740 386 - www.hotelcalitxo.com - P - 25 ch. : 90/110 € ☕ - rest. 17 €.* Élégant édifice de style catalan entouré de jardins et de prairies très soignés. Chambres sobres et confort en rapport. L'endroit idéal pour les amateurs de montagne et les sportifs.

#### RESTAURATION

##### À Camprodon

**BUDGET MOYEN**

**Can Jan Restaurant** – *Sant Roc, 9 - ✆ 972 130 407 - fermé de déb. nov. à mi-nov. - 14/40 €.* L'atmosphère joyeuse et conviviale caractérise d'emblée ce restaurant central, à la décoration en bois peint de différentes couleurs, où sont exposées les œuvres d'artistes locaux. Plats typiques de la vallée et autres recettes maison.

#### ACHATS

**Cal Xec** – *Isaac Albéniz, 1 - ✆ 972 740 357 - www.calxec.com.* En entrant dans cette charcuterie, vous ressentirez immédiatement le désir de déguster ses produits qui embaument dans toute la maison. Ouverte depuis 1870, elle n'a eu de cesse d'accroître sa renommée et ses amateurs, grâce à la qualité de son *fuet* (saucisson sec), de ses saucisses, de ses *botifarres*, boudins catalans, et de ses chorizos.

**AGENDA**

**Festival Issac Albéniz** – *Juil.-août.* Depuis plus de 20 ans se déroule à Camprodon le festival Isaac Albéniz au monastère de Sant Pere : beaux concerts de musique classique au programme.

# Ripoll

★

11 057 Ripollencs – Province de Girona

NOS ADRESSES PAGE 340

**S'INFORMER**

**Office de tourisme** – *Pl. Abat Oliba, 1 - 972 702 351 - www.ripoll.cat/turisme - 9h30-13h30, 16h-19h, dim. 10h-14h ; août : 10h-14h, 16h-20h.* Bonne documentation sur la ville et les circuits alentour.

**SE REPÉRER**

Carte de région D3 (p. 322-323) – *carte Michelin Regional 574 F36.* Situé dans la haute vallée du Ter, à l'abri des montagnes, Ripoll se niche dans une vallée au confluent du Ter et du Freser. La ville est à 35 km à l'ouest d'Olot par la C 26, à 110 km au nord de Barcelone et 40 km au nord de Vic par la C 17. Des trains relient Ripoll à Barcelone (env. 1h50) via Vic (env. 35mn). Liaisons quotidiennes en bus avec Camprodon, Olot, Vic, Gérone et Barcelone.

**SE GARER**

Parkings payants à proximité du centre ancien en bordure du riu Freser.

**À NE PAS MANQUER**

Le monastère Santa Maria de Ripoll ; le monastère de Sant Joan de les Abadesses ; une excursion dans la Vall de Núria.

**ORGANISER SON TEMPS**

Consacrez une journée à Ripoll et Sant Joan de les Abadesses.

**Nichée dans une vallée au creux des premiers escarpements pyrénéens, cette petite ville industrielle et commerçante est considérée comme le « berceau de la Catalogne ». Elle tire sa célébrité de son grand monastère bénédictin Santa Maria, fondé au 9e s. par le comte de Barcelone Wilfred le Velu, et qui servit, jusqu'au 12e s., de nécropole aux comtes de Barcelone, de Besalú et de Cerdagne. La capitale du Ripollès abrite également un petit noyau ancien au confluent des deux rivières et quelques demeures modernistes (Can Codina, Can Dou et Casa Bonada).**

4

# Découvrir

## ★ ANCIEN MONASTÈRE SANTA MARIA

*✆ 972 702 351 - 10h-13h, 15h-18h (avr.-sept. 19h) - 3 €.*
Il n'en subsiste plus aujourd'hui que le portail de l'église et le cloître.

### ★ Église

En 977, l'abbé Oliba consacra ce majestueux édifice roman, élevé sur les ruines d'une église du 9e s. Ses cinq vaisseaux et le transept à sept absides signifièrent une grande innovation pour l'époque, mais le tremblement de terre de 1428, les transformations et l'incendie de 1835 détruisirent cette splendide œuvre d'art. Aujourd'hui, elle est entièrement restaurée, et seul le portail occidental est d'origine. Dans le bras droit du transept se trouve le tombeau de Ramon Berenguer III le Grand (12e s.), sculpté par Josep Llimona et, dans le bras gauche, le monument funéraire de Wilfred le Velu.

★★★ **Portail** – Construit vers le milieu du 12e s., c'est l'une des plus importantes œuvres sculptées romanes de la Catalogne. Malgré la pente du toit qui la protégeait, la pierre a été considérablement érodée par les intempéries, aussi est-il difficile d'interpréter les reliefs.

Les registres horizontaux forment une sorte d'arc triomphal dont une grande frise en couronnement relie les deux côtés. La glorification de Dieu et de son peuple vainqueur de ses ennemis (passage de la mer Rouge) illustre l'esprit de la Reconquête. Les reliefs débordent du portail proprement dit et couvrent la totalité du mur, formant une véritable lecture sculptée des passages les plus importants de la Bible.

★ **Cloître** – Bien que sa construction ait duré plus de quatre siècles, l'unité de style y est remarquable. De plan trapézoïdal, il se compose de deux étages de galeries. La galerie inférieure adossée à l'église, ornée de beaux chapiteaux aux décors figuratifs et végétaux, date du 12e s., tandis que les trois autres furent

**UN IMPORTANT FOYER CULTUREL**

La bibliothèque du monastère fut l'une des plus riches de la chrétienté. Outre les textes sacrés et les commentaires théologiques, elle possédait des œuvres d'auteurs païens (Plutarque et Virgile) et nombre de traités scientifiques. Les Arabes, après avoir récupéré la culture classique perdue en Occident, la diffusèrent au sein de leur empire dont l'Espagne était le dernier maillon. Ripoll, à la frontière des deux civilisations, devint, sous la tutelle de l'abbé Oliba, un important foyer culturel. Érudits de toute l'Europe y vinrent continuer leurs études, tel **Gerbert**, moine d'Aurillac, qui y étudia la musique et les mathématiques avant d'occuper le siège papal (999) sous le nom de **Sylvestre II**.

**L'abbé Oliba** (v. 871-1046) – Fils très cultivé du comte de Cerdagne et de Besalú, il abandonne ses titres en 1002 pour devenir moine à Ripoll. Abbé de Ripoll et de Saint-Michel-de-Cuxa (Pyrénées françaises), il devient évêque de Vic dès 1018. Connu pour son rôle de diplomate au sein d'une féodalité passablement agitée, il instaure la trêve de Dieu, interdisant l'usage des armes à certaines périodes (le dimanche notamment) et en certains lieux sacrés. Mais il passera surtout à la postérité pour avoir encouragé la construction de la cathédrale de Vic, des monastères de Ripoll et de Cuxa, ou encore de la collégiale de Sant Vicenç à Cardona.

Chapiteau du cloître de Santa Maria.
*L. Castaneda / Tips/Photononstop*

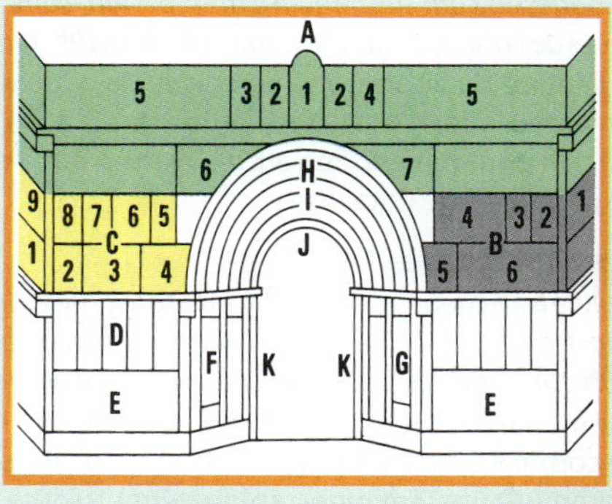


**A. Vision de l'Apocalypse :**
1. L'Éternel sur son trône
2. Anges
3. Homme ailé, attribut de saint Jean
5. Les 24 vieillards
6. Lion, attribut de saint Marc
7. Taureau, attribut de saint Luc

**B. Exode :**
1. Passage de la mer Rouge
2. La manne
3. Vol de cailles guidant le Peuple de Dieu
4. Moïse fait jaillir l'eau du rocher
5. Moïse doit garder les bras levés pour donner la victoire à son peuple
6. Combats de fantassins et cavaliers

**C. Livre des Rois :**
1. David et ses musiciens
2. Transfert de l'Arche d'Alliance
3. La peste de Sion
4. Gad (debout) parle à David (assis) devant la foule
5. David désigne Salomon comme son héritier
6. Salomon, sur la mule de David, acclamé par le peuple
7. Jugement de Salomon
8. Songe de Salomon
9. Élie monte au ciel dans un char de feu

**D**. David et ses musiciens

**E**. Combats de monstres

**F**. Saint Pierre

**G**. Saint Paul

**H**. Vie et martyre de saint Pierre (à gauche) et de saint Paul (à droite)

**I**. Histoire de Jonas (à gauche) ; histoire de Daniel (à droite)

**J**. (à l'intrados de l'arc ; se lit simultanément à droite et à gauche). Au centre : le Créateur, deux anges ; au-dessous : offrandes d'Abel et de Caïn ; en bas : meurtre d'Abel, Caïn l'ensevelit

**K**. (à l'intérieur des montants de la porte). Les mois de l'année

construites au 14e s. Les galeries supérieures ne furent achevées qu'au début du 15e s. Dans les murs se trouvent aussi des sépulcres, des pierres tombales et des fragments d'une mosaïque ancienne.

# À voir aussi

### Museu Etnogràfic

*En face du monastère - ✆ 972 701 669 - fermé pour travaux de rénovation - expositions temporaires organisées dans le bâtiment de l'Ajuntament.*

Le Musée ethnographique de Ripoll retrace l'histoire du Ripollès. Inauguré en 1920, il recèle plus de 5 000 pièces : remarquez les collections de paléontologie, de vêtements et de céramique mais, surtout, les salles consacrées à l'industrie du fer, qui présentent des forges anciennes et des armes à feu du 16e au 19e s.

# À proximité Carte de région

## ★★ SANT JOAN DE LES ABADESSES D2

*10 km au nord-est par la C 26.*

*Pl. de l'Abadia, 9 (dans le palais abbatial) - ✆ 972 720 599 - www.santjoandlesabadesses.com - de mi-juin à mi-sept : lun.-sam. 10h-14h, 16h-20h, dim. 10h-16h ; reste de l'année : lun.-sam. 10h-14h, 16h-19h, dim. 10h-14h.*

À l'entrée du village, on aperçoit sur la gauche le beau **pont médiéval★** qui enjambe le Ter. Cette construction du 15e s. fut édifiée en remplacement d'un ancien pont romain. Son arc de 33 m en fait, de tous les ponts du Moyen Âge, le plus large de Catalogne.

### ★★ Monastère

*Suivre le fléchage - parking gratuit à proximité (pg Can Crehuet) - ✆ 972 722 353 - mars-avr. et oct : 10h-14h, 16h-18h ; mai-juin et sept. : 10h-14h, 16h-19h ; juil-août : 10h-19h ; nov.-fév. : lun.-sam. 10h-14h, dim et j. feriés 10h-14h, 16h-18h - 3 €.*

Ce monastère bénédictin, dont le village tire son nom, fut fondé au 9e s. par le comte Wilfred le Velu, père d'Emma de Barcelone, la première abbesse. La communauté féminine, rapidement dissoute, fut remplacée par des ordres masculins. L'église actuelle, consacrée en 1150, est l'œuvre d'une congrégation de frères augustins. Largement remanié au 18e s., le monastère a retrouvé son état d'origine après d'importantes restaurations (1948-1963).

★ **Église** – Le chevet, qui couronnait la nef et le transept, possédait un déambulatoire que surmontait un dôme portant le clocher. Le tremblement de terre de 1428 détruisit cette construction qui fut reconstruite sans le déambulatoire. Les cinq absides sont décorées de chapiteaux dont les motifs s'inspirent des tissus d'Orient qui faisaient la richesse du monastère. Les murs, divisés en deux registres par des arcatures et des colonnettes, sont ornés de beaux vitraux garnis de lames d'albâtre.

L'abside centrale possède un extraordinaire groupe sculpté représentant **La Descente de Croix★★** (1251), où l'on retrouve sept personnages : le Christ, Joseph d'Arimathie et Nicodème – qui ôtent les clous –, saint Jean, la Vierge et un voleur à chaque extrémité. L'ensemble possède la rigidité caractéristique du roman ; néanmoins, le visage de Jésus annonce déjà, par une belle expression de douleur et de sérénité, les débuts de l'art gothique. Une hostie consacrée,

qui avait été placée sur le front du Christ en 1251, a été conservée intacte jusqu'en 1936, ce qui en fit un objet de grande vénération populaire.
Parmi les autres chefs-d'œuvre de l'église, il faut signaler le **retable** gothique de sainte Marie la Blanche (14e s.), pièce délicate en albâtre d'influence italienne (remarquer l'élégance du traitement des scènes de l'enfance de Jésus). Très intéressants aussi, le tombeau du bienheureux Miró de Tagamanent (1345), au gisant monumental, le retable – gothique lui aussi – de saint Augustin, provenant d'un atelier de la ville, et la chapelle baroque des Douleurs, qui possède une très belle coupole du 17e s. et une belle Pietà de facture récente, dont l'auteur est Josep Viladomat.
★ **Cloître** – De style gothique catalan, il remplaça, au 15e s., l'ancien cloître roman. Il fut réalisé selon le modèle adopté par les ordres mendiants : plafond de bois et arcatures élancées, soutenues par de fines colonnettes.
**Musée du Monastère** – *Accès par le hall d'accueil.* D'intéressants fragments de retables, des pièces d'orfèvrerie, des sculptures et des croix anciennes y sont exposés. Il faut signaler la collection de **tissus brodés** (étoles extrêmement bien travaillées et somptueuses soies arabes), ainsi qu'un dessin d'Antoni Tàpies, réalisé pour le 11e centenaire du monastère.

### Palais abbatial

Sur la petite place devant l'église, cet édifice du 14e s. abrite l'office de tourisme. Il possède un patio intérieur aux chapiteaux sculptés et amples arcades. Des expositions d'art contemporain y sont régulièrement organisées.

### Église de Sant Pol

Située dans le centre du village, le long de la route principale, elle présente un extraordinaire tympan sculpté, représentant le Christ, les apôtres Pierre et Paul, et deux anges.

## Circuit conseillé Carte de région

### ★ VALL DE RIBES

*De Ripoll à la Vall de Núria - 22 km. Circuit tracé sur la carte de région (p. 322-323). Prendre la N 152 vers le nord.*

4

### Ribes de Freser D2

*Pl. Ajuntament, 3 - 972 72 77 28 - www.vallderibes.com - 10h-14h, 17h-20h, dim. 11h-13h - fermé lun. sept.-juin.*
Ce village animé, qui possède des endroits très typiques, est réputé pour ses abondantes eaux médicinales provenant des trois rivières – Freser, Rigard et Segadell – qui y confluent et pour ses nombreuses sources.
Une piste forestière, au sud du village, grimpe vers la montagne de Taga (2 000 m), d'où l'on peut contempler un beau **panorama**.
Au départ de Ribes, le **train à crémaillère** *(el carrilet)* est le seul moyen d'accès à la Vall de Núria (pas de route au-delà de Queralbs, *voir ci-après*). Ce train, en service depuis 1931, franchit sur 12,5 km un dénivelé de plus de 1 000 m, offrant d'admirables **vues**★★ sur l'ensemble de montagnes, torrents et autres précipices. Pendant le trajet de 45mn, une bande enregistrée en plusieurs langues commente le spectaculaire parcours et permet d'identifier les différents sites naturels. Arrêt prévu à Queralbs. *Pour les renseignements pratiques, voir « Nos adresses », rubrique « Transport ».*
*Quitter Ribes par la G IV-5217 vers le nord.*

### Queralbs D2

En amont de la rivière Freser, qui coule paisiblement entre les montagnes boisées et d'interminables prés, se trouve Queralbs, village montagnard typique, très résidentiel. De la plaça de la Vila, beau **mirador** sur la vallée, on embrasse le parcours du train à crémaillère qui fait une halte à Queralbs avant de gagner la Vall de Núria.

### ★ Vall de Núria D2

La Vall de Núria est entouré par une imposante barrière montagneuse qui s'étend depuis le Puigmal jusqu'à la cordillère de Torreneules. Cuvettes et torrents (Finestrelles, Eina, Noufonts et Noucreus), formés par les chaînons de ces massifs, descendent en éventail sur la plaine de Núria, où la rivière du même nom se fraye un chemin à travers une gorge flanquée des précipices de Totlomón et du Roc del Rui. Les vallées glaciaires de Fontnegra et Fontcalda, de chaque côté du précipice, complètent le cadre des « sept vallées » de Núria.

La vallée rassemble d'importantes infrastructures hôtelières et la **station de ski Vall de Núria** (altitude comprise entre 1 963 m et 2 268 m, 11 pistes, certaines réservées aux débutants). Depuis le sanctuaire, une télécabine moderne dessert l'auberge Pic de l'Aliga, d'où l'on découvre un merveilleux **panorama★** sur toute la vallée.

**Sanctuaire de Núria** – Le sanctuaire actuel, construit à partir de 1883 sur un ancien ermitage, est situé dans une vaste plaine de la haute vallée de la Núria. C'est un important centre de pèlerinage, où l'on vénère la Vierge de Núria, patronne des bergers pyrénéens, sculptée, selon la tradition, par saint Gilles. On y voit aussi la croix, la marmite et la cloche du saint, trouvées par un pèlerin.

Au centre de cette plaine se trouve un grand lac artificiel, où l'on peut louer de petites barques.

## NOS ADRESSES À RIPOLL

### TRANSPORT

**Train à crémaillère de la Vall de Núria** – *www.valldenuria.cat. De Ribes de Freser à Núria via Queralbs. 6 à 10 rotations par jour selon la saison. Aucun service assuré en novembre. Depuis Ribes, comptez 40mn de trajet, 21,10 € AR (enf. 12,65 €). Depuis Queralbs, 20mn, 18,95 € AR (enf. 11,40 €). Réductions hors saison.*

### HÉBERGEMENT

#### À Ripoll

PREMIER PRIX

**Hostal del Ripollès** – *Pl. Nova, 11 - ✆ 972 700 215 - www.hostaldelripolles.com - 8 ch. : 45 € ☕ - menu 10 €, carte 15/30 €.* Chambres impeccables et agréable restaurant au rez-de-chaussée, avec une terrasse extérieure. Pizzas, cuisine italienne et catalane.

### Dans la Vall de Ribes

**BUDGET MOYEN**

**Mas la Casanova** – *Ctra de Ribes de Freser à 3 km du village de Queralbs - ✆ 972 198 077 - www.maslacasanova.com - ⊭ - 6 ch. : 55/75 € - ☕ 6 €.* Jolies petites chambres d'hôtes dans un mas, au cœur de la Vall de Ribes. Table d'hôtes sur demande (excellente et copieuse cuisine de pays). Accueil chaleureux.

**Catalunya Park Hotel** – *Pg Mauri, 9 - Ribes de Freser - ✆ 972 727 198 - www.catalunyaparkhotels.com - ouvert Sem. sainte et juin-sept. - 55 ch. : 75 € - ☕ 6 € - rest. 16 €.* Hôtel de montagne confortable sans être luxueux, dont la piscine est le premier atout. Bon point de départ pour partir à la découverte des beaux sites avoisinants et de la Vall de Núria.

**Hotel Vall de Núria** – *Station de ski de Vall de Núria - Queralbs - ✆ 972 732 020 - www.hotelserhsvalldenuria.com - fermé nov. - 65 ch. : 120/175 € (prix pour 2 nuits en demi-pension).* Établissement dans le sanctuaire de Núria, jouissant d'un cadre naturel privilégié. Service soigné et intéressant restaurant pour ses plats locaux. Séjour minimum de deux nuits.

## RESTAURATION

### À proximité de Ripoll

**BUDGET MOYEN**

**Can Dachs** – *Ctra de Ripoll a Berga (C 26), km 181,8 - Les Llosses - 7,5 km au sud-ouest de Ripoll - - ✆ 972 714 425 - ⊭ - jeu.-dim. pour le déjeuner, vend.-sam. pour le dîner, tlj en août - 20/25 €.* Excellente cuisine à base de produits régionaux. Spécialités de charcuteries et viandes grillées au feu de bois.

**POUR SE FAIRE PLAISIR**

**La Fonda Xesc** – *Pl. Roser, 1 - Gombrèn - 12,5 km au nord-ouest de Ripoll par la N 152 (dir. Puigcerdà) puis à gauche par la Gl 401 - ✆ 972 730 404 - www.fondaxesc.com - fermé dim. soir, lun., mar. soir, merc. soir, 15 j. en janv. et 10 j. en juil. - ▤ - 45/55 €.* Restaurant doté d'une spacieuse salle à manger voûtée où l'on déguste une cuisine catalane créative, élaborée avec des produits de qualité. Chambres confortables *(73 € ☕).*

## AGENDA

**Fête de la laine et mariage paysan** – *Ripoll - dim. suivant la fête du saint patron de la ville, Sant Eudald (11 mai).* On y tond les moutons, et l'on célèbre un mariage à l'ancienne, tel qu'on le faisait au 18e s. dans les montagnes.

**Festival international de musique de Ripoll** – *Juil.-août.* Au monastère et dans le cloître.

**Marché médiéval de Ripoll** – *11-12 août.* Rassemblement de tous les producteurs locaux dans le centre-ville. Habitants et commerçants en costumes médiévaux.

**Ball dels Pabordes** – *Sant Joan de les Abadesses - 2e dim. de sept.* Pendant la Festa Major, ne manquez pas le Ball dels Pabordes, une danse rituelle au cours de laquelle les *pabordes*, organisateurs de la Fête du Très Saint Mystère, se prodiguent de multiples hommages.

# La Seu d'Urgell

★

13 063 Urgellencs – Province de Lleida

NOS ADRESSES PAGE 348

**S'INFORMER**

**Office de tourisme** – *Av. Valls d'Andorra, 33 - 973 351 511 - www.turismeseu.com - juil.-août : lun.-vend. 9h-20h ; sam. 10h-14h, 16h-20h, dim. 10h-14h - reste de l'année : lun.-sam. 10h-14h, 16h-18h - fermé dim. et j. fériés.*

**SE REPÉRER**

Carte de région B2 (p. 322-323) – *carte Michelin Regional 574 E34*. La Seu se trouve à 9,5 km au sud de la principauté d'Andorre *(p. 493)*. La ville est placée au croisement de la N 145 et de la N 260 (direction est, vers Puigcerdà), que la C 14 prolonge au sud vers Lérida. À moins de 30 km de la ville se trouvent des stations de ski de fond, comme Sant Joan de l'Erm.

**SE GARER**

Grand parking aménagé à proximité du centre ancien.

**ORGANISER SON TEMPS**

La Seu constitue une base parfaite pour rayonner vers Andorre, le parc du Cadí-Moixeró ou la Cerdagne.

**AVEC LES ENFANTS**

Les activités nautiques du parc Olímpic del Segre.

**Capitale de la « comarca », La Seu se trouve au confluent du Segre et de la rivière Valira, au cœur d'un agréable paysage où abondent pâturages, sources et hauts sommets. Le centre historique, dominé par la magnifique cathédrale, conserve une indéniable allure médiévale, avec ses étroites rues à arcades. Comme pour mieux créer le contraste avec le quartier ancien, des parcs modernes ont été dessinés, qui portent les noms des cours d'eau de la ville.**

## LA SEU D'URGELL AU PASSÉ ET AU PRÉSENT

Un peuplement primitif est attesté dès l'âge du bronze sur la colline de Castellciutat, mais les Romains préférèrent s'installer dans la plaine. Au 5e s., les évêques d'Urgel y établirent leur siège épiscopal *(seu)* entraînant l'expansion de la ville. Devenue la capitale de l'important comté d'Urgel vers la fin du 10e s., elle s'imposa dès lors comme l'une des cités les plus puissantes de la Catalogne médiévale.

Aujourd'hui, cette ville dynamique est la capitale des Pyrénées catalanes. Le commerce, l'agriculture, l'élevage et le tourisme font bon ménage avec un important secteur industriel, spécialisé dans l'élaboration de produits laitiers, protégés par un label d'appellation d'origine.

Pour de curieuses raisons historiques, l'évêque d'Urgel partage avec le président de la République française la charge honorifique de coprince de la principauté d'Andorre.

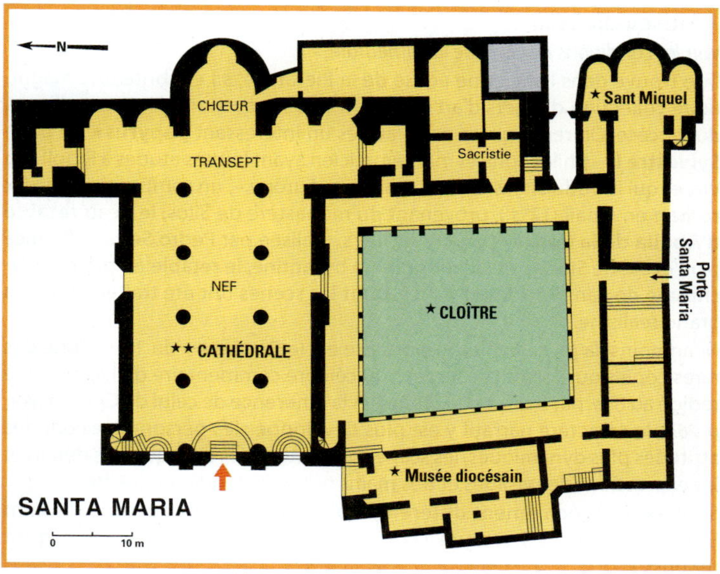


## Se promener

### ★★ Cathédrale de Santa Maria

*973 353 242 - www.museudiocesaurgell.org - ♿ - lun.-sam. 10h-13h, 16h-18h (juin-sept. 19h), dim. et j. fériés 10h-13h - fermé 1er janv., 1er Mai, 7 juil., 15 août, 1er nov., 25 déc. - entrée cathédrale, cloître, musée diocésain et église de Sant Miquel : 3 € (-12 ans gratuit).*

Située au cœur du quartier ancien, la cathédrale, ou *seu*, est le meilleur exemple du roman lombard de la Catalogne.

Sa construction fut commencée par un maître-bâtisseur d'origine italienne, Ramon Llombard, en 1175 ; elle fut restaurée par Puig i Cadafalch en 1918. La façade ouest, en pierre bicolore, possède trois parties correspondant aux trois nefs. La partie centrale, décorée d'arcatures, de lisières et d'un petit campanile, est typiquement italienne.

La cathédrale présente un plan basilical à trois vaisseaux et un long transept où s'ouvrent cinq absides. La svelte nef centrale est délimitée par des piliers cruciformes aux colonnes adossées décorées de boules. Les murs orientaux du transept, dont la croisée est couverte d'une tour-lanterne, sont animés par une élégante **galerie** aux ouvertures géminées, qui entoure l'abside centrale en laissant passer la lumière.

★ **Cloître** – À l'exception de la travée orientale, refaite en 1603, le cloître date du 13e s. Les chapiteaux ont été sculptés par des artistes venus du Roussillon et les thèmes traités (visages humains et animaux fantastiques) font preuve d'une grande imagination.

★ **Église de Sant Miquel** – C'est la **porte Santa Maria**, à l'angle sud-est du cloître, qui donne accès à ce sanctuaire du 11e s., seul vestige de l'ensemble ecclésiastique construit par l'évêque saint Ermengol. Sant Miquel est un bâtiment très simple : une nef unique, un transept et trois absides aux décorations lombardes. Il était décoré de fresques romanes, exposées aujourd'hui au musée d'Art de Catalogne à Barcelone.

### ★ Museu diocesà

*Voir les conditions de visite de la cathédrale.*

Il se trouve dans l'ancienne église de la Pietat (14e s.) et abrite une magnifique collection d'objets d'art du 10e au 17e s., provenant de divers villages du diocèse. On remarquera entre autres un intéressant **papyrus★** du pape **Sylvestre II** – philosophe et mathématicien ayant fait ses études à Ripoll et à Vic, et qui introduisit les chiffres arabes en Europe –, un somptueux **crucifix roman** en émail (12e s.), provenant du monastère de Silos, le beau **retable d'Abella de la Conca★**, œuvre du 14e s. réalisée par Pedro Serra, influencé par l'école de Sienne et l'iconographie byzantine, le retable en pierre polychrome de Sant Bartomeu (11e s.), dont les scènes ont été traitées avec un grand réalisme.

Néanmoins, la pièce la plus importante est le **Beatus★★** du 11e s., l'une des rares copies qui soient conservées du célèbre commentaire de l'*Apocalypse* rédigé au 8e s. par Beatus de Liébana. À la différence de celui de Gérone *(voir p. 267)*, le caractère narratif y est plus développé : les personnages ont des attitudes plus dynamiques, les scènes présentent de remarquables détails et les expressions des visages et des mains ont une grande originalité.

Sont exposés également différents objets d'orfèvrerie et l'urne de saint Ermengol, œuvre baroque (1755) de Pedro Llopart, faite en argent repoussé.

### Parc Olímpic del Segre

Dans ce grand parc furent réalisés des torrents artificiels pour les épreuves d'aviron des Jeux olympiques de 1992. Des espaces sont réservés aux compétitions, en dehors desquelles il est possible de pratiquer un grand nombre de sports en eaux vives, mais également du VTT *(voir « Nos adresses », rubrique « Activités »)*.

### Parc del Valira

Un cloître moderne, réalisé par Luis Racionero, y est édifié. Ses chapiteaux représentent différentes personnalités contemporaines : Marx, Staline, Franco, Marilyn Monroe, Picasso, etc.

## À proximité Carte de région

### ★ Parc naturel de Cadí-Moixeró C2

*Le parc est accessible depuis la Seu d'Urgell et la Cerdagne, côté nord-ouest, ou depuis Berga (voir p. 239), côté sud-est.*

*Centres d'information à Bellver de Cerdanya (voir p. 346) et à Bagà (env. 20 km au nord de Berga) - La Vinya, 1 - 938 244 151 - www.parcsdecatalunya.net - 9h-14h.*

*Plus de 400 km de sentiers tous niveaux.*

Les 41 342 ha du parc naturel sont situés entre 900 et 2 648 m d'altitude. Les deux grandes cordillères de Cadí et de Moixeró, qui s'unissent au col de Tancalaporta, forment une imposante barrière montagneuse de 30 km orientée est-ouest. Leurs flancs, notamment ceux du versant nord, forment des falaises dépassant parfois les 500 m dont les parois presque verticales enferment des vallées profondes et encaissées. La végétation y est exceptionnelle, car les basses températures et la grande humidité qui règnent favorisent l'apparition d'espèces inhabituelles pour une région méditerranéenne.

Cloître de la cathédrale de Santa Maria.
*Imagen MAS / Office de Tourisme de la Catalogne*

Le **site naturel d'intérêt national du Pedraforca★**, au sud-ouest du parc, comprend la vallée de Gresolet et l'abrupt massif du Pedraforca, l'une des montagnes emblématiques de la Catalogne, de grande tradition alpiniste.

## Circuits conseillés Carte de région

### ★★ LA CERDAGNE (CERDANYA)

*145 km de La Seu d'Urgell à La Molina – env. 5h. Circuit tracé sur la carte de région p. 322-323.*

Dans cette région des Pyrénées, les paysages aux couleurs vives offrent une agréable sensation de liberté. Cette immense et haute plaine, d'origine tectonique et sur laquelle s'écoule le Segre, est située entre la principauté d'Andorre et la serra del Cadí. Son climat sec et ensoleillé n'est pas étranger à sa longue tradition de villégiature estivale.

La Cerdagne fut un important comté médiéval que le traité des Pyrénées (1659) coupa en deux; la partie nord, la haute Cerdagne, passant sous administration française.

L'accès, depuis Manresa, a été facilité par l'ouverture, en 1984, du **tunnel du Cadí**, qui traverse la barrière montagneuse formée par les serras del Cadí et de Moixeró.

*Quitter la Seu d'Urgell par la N 260 à l'est (dir. Barcelone et Puigcerdà). Juste avant l'entrée du village de Martinet, bifurquer à gauche sur la LV 4036 vers Lles de Cerdanya. Les lacs de la Pera se trouvent au bout de 25 km d'une route forestière sinueuse.*

**Lacs de la Pera** (Estanys de la Pera) B2

Cet ensemble lacustre, situé à 2330 m d'altitude, authentique paradis pour pêcheurs de truites, se trouve en amont de la rivière Arànser, abrité par les montagnes du Monturull (2761 m) et du Perafita (2752 m).

*Revenir sur la N 260 et poursuivre à l'est.*

### ★ Bellver de Cerdanya C2

*Pl. Sant Roc, 9 - ✆ 973 510 229 - www.bellver.org - août : 9h-13h, 16h-20h (fermé dim. apr.-midi) ; reste de l'année : sam. 11h-13h, 18h-20h, dim. et j. fériés 10h-13h - fermé 25-26 déc., 1er janv.*

Ce bourg est accroché à un rocher offrant de formidables **vues** sur la vallée du Segre. Il constitue l'une des portes d'entrées du **Parc naturel de Cadí-Moixeró** *(voir p. 344)*. La plaça Major est entourée de beaux édifices en pierre, ornés de balcons et de porches en bois.

*Poursuivre sur la N 260 en direction de Puigcerdà. La route traverse la verte plaine de Cerdagne.*

### Puigcerdà C2

*Il est très difficile de se garer en centre-ville. Utilisez les parkings municipaux, en général proches du centre, et offrant une première heure gratuite.*

*Querol, 1 - ✆ 972 880 542 - www.puigcerda.com - lun.-vend. 9h-13h, 16h-19h, sam. 10h-13h, 16h30-19h, dim. 10h-13h - Office comarcal au croisement des N 152 et N 260 - ✆ 972 140 665 - www.cerdanya.org - 9h-13h, 16h-19h, dim. 10h-13h.*

Située sur une terrasse dominant le Segre, la capitale de la Cerdagne est l'un des principaux centres touristiques des Pyrénées catalanes.

Dans ses rues, bordées de vieux édifices et de boutiques traditionnelles, on remarquera tout particulièrement le **clocher★**, symbole de la ville, dernier vestige de l'église gothique Santa Maria, détruite en 1936, ainsi que l'église gothique **Sant Domènec**, qui abrite de belles peintures murales (14e s.) représentant un enterrement.

Au bout de l'avinguda Pons i Guasch se trouve le **lac artificiel**, qu'entourent de beaux jardins où abondent les saules, les conifères et autres essences. En été, il est possible d'y louer des barques.

*En sortant de Puigcerdà, suivre la direction « France - Bourg-Madame - Llívia ». Juste avant l'ancien poste-frontière, bifurquer légèrement à gauche vers Llívia.*

### Llívia C2

À 6 km de Puigcerdà, cette enclave espagnole (12 km$^2$) en territoire français doit son statut à une question de vocabulaire. En effet, le traité des Pyrénées stipulait la cession à la France du Roussillon et de 33 villages de Cerdagne ; mais Llívia possédait le titre de ville, et resta donc espagnole.

Vous y découvrirez de pittoresques ruelles, les restes d'un château médiéval qui surplombe la ville, et quelques tours anciennes.

L'**église fortifiée**, au portail orné de ferronneries typiquement catalanes, conserve un beau retable de 1750.

**Museu Municipal** – *Forns, 10 - ✆ 972 896 313 - avr.-juin : mar.-dim. 10h-18h, juil.-sept. 10h-19h, oct.-mai 10h-16h30 - 0,90 €.* Il abrite, parmi d'autres pièces intéressantes, la célèbre **pharmacie de Llívia★**, l'une des plus anciennes en Europe. Les pots en céramique et tout le matériel d'apothicaire (flacons, récipients et balances des 17e et 18e s.) méritent un intérêt spécial.

*Revenir à Puigcerdà et prendre la N 152 à gauche jusqu'à La Molina. En grimpant, vous profiterez d'une vue panoramique de l'immense plaine de Cerdagne.*

### La Molina C2

C'est l'un des plus importants complexes de sports d'hiver de Catalogne : tremplin, pistes de compétition, neige artificielle, circuit de ski nordique, etc. Les installations sont doublées de la **station de Masella**, au nord-ouest, dont les pistes se faufilent entre les pinèdes.

Un peu plus loin, la petite localité d'**Alp** est un important centre résidentiel, été comme hiver.

### ★ VALL DEL SEGRE

*73 km de La Seu d'Urgell à Tremp – 114 km environ 3h. Circuit tracé sur la carte de région p. 322-323.*

Au confluent du Segre et du Valira s'étend une vaste dépression encadrée de montagnes. Au nord, les pics de Salòria et de Monturull, avec leurs contreforts, font partie de l'axe central des Pyrénées, tandis que les montagnes du sud, qui offrent le paysage le plus caractéristique, appartiennent aux cordillères intérieures pré-pyrénéennes. De nombreuses vallées latérales, bien différentes les unes des autres, se trouvent au cœur de ces systèmes montagneux.

*Prendre la N 260 (qui devient bientôt la C 14) en direction d'Organyà.*

#### ★★ Congost de Tresponts (Gorges de Tresponts) B2-3

Le Segre s'écoule entre des roches de couleur foncée (pouzzolane) et des prés verts. En aval, le paysage change : la rivière s'encaisse entre les roches calcaires d'Ares et de Montsec de Tost et l'on découvre une vue typiquement pyrénéenne, qui s'étend jusqu'à un petit bassin verdoyant et bien cultivé où la rivière disparaît.

#### Organyà B3

Ce village pittoresque possède un petit noyau médiéval, aux ruelles anciennes bordées d'arcades, de porches gothiques et de grandes bâtisses agréablement fleuries. Organyà est connu pour les *Homilies*, le plus ancien texte répertorié en langue catalane (fin du 12e s.).

#### ★ Pantà d'Oliana B3

Ce **lac de barrage** ressemble plutôt à une large rivière, encaissée entre des roches grises d'où descendent au printemps un grand nombre de cascades. Depuis la route, la vue de cet attrayant site naturel est surprenante.

*Prendre à droite la L 511 en direction d'Isona pour entrer dans Coll de Nargó.*

#### Coll de Nargó B3

Ce village perché typiquement pyrénéen mérite une halte pour son **église de Sant Climent★★** (11e s.), l'un des plus beaux sanctuaires romans de Catalogne *(à la sortie du village, sur la gauche de la route L 511)*. Cet édifice à nef unique, à l'abside ornée de bandes lombardes, est surmonté d'un sobre **clocher★** préroman de plan rectangulaire.

*Poursuivre sur la L 511 en direction de Tremp.*

#### ★★ Route del Coll de Bóixols A-B3

Entre Coll de Nargó et Tremp, la L 511 s'enfonce d'abord dans une série de canyons que domine, pendant tout le parcours, tantôt un versant couvert de pins et de chênes verts, tantôt un versant dénudé. Elle court à mi-pente entre la rivière et les crêtes jaunes ou roses, ménageant des vues sur un **paysage** fantastique, notamment à partir du col de Bóixols (1 380 m).

On débouche ensuite sur une large vallée en auge, dont le fond, aménagé en terrasses cultivées, s'étale au pied de **Bóixols**, où quelques maisons groupées autour de l'église s'accrochent à une moraine glaciaire. La route descend, la vallée s'élargit et se noie dans la Conca de Tremp.

*Poursuivre sur la L 511, puis bifurquer à droite en direction d'Abella de la Conca.*

### Abella de la Conca A3

Village caméléon que l'on distingue à peine de la route, Abella se profile derrière le rocher de Sarsús. Ne manquez pas l'**église romane Sant Esteve★** (11e s.).

*Revenir à la L 511 et poursuivre vers Isona.*

### Isona A3

Ancienne cité romaine fondée vers 100 av. J.-C., Isona héberge l'intéressant **musée de la Conca Dellà**, consacré essentiellement à l'époque romaine et aux sites paléontologiques de la région où des restes de dinosaures ont été mis au jour *(le musée organise des visites)*. Son église paroissiale fut restaurée après la guerre civile de 1936.

*Sortez d'Isona par la C 1412 en direction de Lérida et prenez à droite en direction de Covet.*

### Covet A3

L'**église Santa Maria★** possède un bel intérieur. La nef centrale, voûtée en berceau, est renforcée par des arcs de soutien s'appuyant sur des colonnes surmontées de chapiteaux sculptés. Au niveau de la rosace s'ouvre une galerie ornée de quatre arcs en plein cintre. Le **portail★★** est l'élément le plus remarquable. Il comporte un beau tympan sculpté et des archivoltes reposant sur des colonnes aux chapiteaux habilement travaillés. Remarquez les sculptures représentant des anges, des musiciens, des monstres, des baladins, des scènes du livre de la Genèse et les personnages du groupe de la Sainte Famille.

*Reprendre la C 1412 en direction de Tremp.*

### Figuerola d'Orcau A3

Ce petit village d'origine médiévale conserve un intéressant ensemble de rues dont certaines sont bordées de maisons et d'arcades.

### Tremp *(voir p. 351)* A3

## NOS ADRESSES À LA SEU D'URGELL

**HÉBERGEMENT**

### À La Seu d'Urgell

**PREMIER PRIX**

**Casa La Vall de Cadí** – *Ctra Cerc-Tuixent, à 1 km de La Seu d'Urgell, près du Parc Olímpic - ✆ 973 350 390 - www.valldelcadi.com - P - 7 ch. : 35/55 € - ☕ 7,50 €.* Le bâtiment ancien abrite de jolies chambres rustiques rénovées où le bois se mêle au fer forgé et à la pierre.

**POUR SE FAIRE PLAISIR**

**Parador de La Seu d'Urgell** – *Sant Domènec, 6 - ✆ 973 352 000 - www.parador.es - P - 78 ch : 127/155 € - ☕ 15 € - rest. 31 €.* Aménagé autour d'un ancien cloître Renaissance, l'établissement dispose d'équipement modernes et arbore un style design minimaliste. Salles de bains en marbre dans les chambres. Le vaste restaurant Alt Urgell propose une cuisine régionale traditionnelle de qualité.

### Circuit de la Cerdagne

**POUR SE FAIRE PLAISIR**

**Hotel del Lago** – *Av. Dr Piguillem, 7 - Puigcerdà - ✆ 972 881 000 - www.hotellago.com - P - 23 ch. : 96/134 € - ☕ 8,56 €.* Petit hôtel familial proche du lac et entouré d'un vaste espace paysager avec piscine. Chambres de style classique, fonctionnelles, avec salles de bains bien équipées ; à noter un plus grand niveau de confort dans les chambres avec salon.

**Hotel Fonda Biayna** – *Sant Roc, 11 - Bellver de Cerdanya - ✆ 973 510 475 - www.fondabiayna.com - fermé 25 déc. - 17 ch. : 100/125 € ☕ - rest. env. 25 €.* Séduisant édifice noble enclavé dans un petit village aux nombreuses maisons de pierre. Les chambres simples et confortables conservent les vieux meubles d'origine. Malgré la toute petite taille des salles de bains, l'ensemble n'en demeure pas moins accueillant.

### Circuit de la Vall del Segre

POUR SE FAIRE PLAISIR

**Hotel Can Boix** – *Peramola (aux abords de la localité) - 17 km au sud-ouest de Coll de Nargó - ✆ 973 470 281 - www.canboix.cat - fermé de mi-janv. à mi-fév., 2 sem. en nov. - P ♨ ▤ ♿ - 41 ch. : 104/144 € - ☕ 12 € - rest. 37/62 €.* Niché dans un cadre naturel d'exception, le goût du détail transparaît dans chaque recoin. Les chambres conjuguent la chaleur du bois et les tons doux avec un équipement plus actuel, notamment les salles de bains. Cuisine personnalisée de bon niveau.

**RESTAURATION**

### À La Seu d'Urgell

BUDGET MOYEN

**Miscela** – *Av. Pau Claris, 24 - ✆ 973 350 104 - 15/25 €.* Des pizzas, des salades, des pâtes et un menu du jour à 12 € dans un cadre à la déco contemporaine, dans les tons orange et violet.

**Cal Teo** – *Av. Pau Claris, 38 - ✆ 973 353 393 - fermé dim. soir, lun. - ▤ - env. 25 €.* Petit restaurant au cœur de La Seu, qui vous réserve un accueil personnalisé. Décoration rustique et spécialités de viandes à la braise. L'endroit pour marquer une pause après la visite de la cathédrale.

### Circuit de la Cerdagne

À **Puigcerdà**, les plats typiques sont le *tiró amb naps* (oie aux navets) et le lapin accompagné des célèbres poires de Puigcerdà.

BUDGET MOYEN

**Dolcet** – *Zulueta, 1 - Alàs i Cerc - 7 km à l'est de La Seu d'Urgell - ✆ 973 352 016 - fermé vend., de déb. nov. à déb. déc et 15 j. en juin-juil. - carte 20/25 €.* Au centre du village, ce restaurant familial sert une cuisine traditionnelle catalane à base de produits du marché. Sa situation stratégique sur la route du parc de Cadí en fait un lieu très fréquenté, mais tout est prévu pour une attente agréable.

POUR SE FAIRE PLAISIR

**La Taverna dels Noguers** – *El Pont de Bar - 15 km à l'est de La Seu par la N 260 - ✆ 973 384 020 www.tavernadelsnoguers.com - fermé jeu., déj. seult. sf sam., janv., juil. (sf j. fériés) - ▤ - env. 30 €.* Table conviviale de style régional, avec cheminée, plafonds de bois et nappes à carreaux. La cuisine maison affiche un bon rapport qualité/prix.

**Grau de l'Ós** – *Jaume II de Mallorca, 5 - Bellver de Cerdanya - ✆ 973 510 046 - fermé lun., mar. - 25/40 €.* Restaurant installé dans une ancienne maison de paysans qui a su conserver son style rustique malgré les réhabilitations. Cuisine d'inspiration traditionnelle proposant des plats intéressants comme le poulet aux champignons et la salade de fromages au vinaigre de pomme.

**Can Borrell** – *Retorn, 3 - Meranges - 9 km à l'est de Bellver de Cerdanya puis bifurquer à gauche (9 km) - ✆ 972 880 033 - fermé lun. soir, mar., 2 sem. en nov. - 25/41 €.* Restaurant accueillant dans un beau et paisible petit village de montagne. Décoration de style rustique, murs en pierre et poutres de bois au plafond. Chambres confortables *(85/97 €)* avec vue sur la vallée.

### PETITE PAUSE

**Cafétéria Forn de Pa Serafi** – *Major, 3 - ✆ 973 350 502.* Juste en face de la cathédrale, un agréable salon de thé pour une petite pause gourmande. On s'y attable volontiers pour déguster une part de *coca* au sucre accompagnée d'un thé.

### ACTIVITÉS

**Parc Olímpic del Segre** – *À l'extrémité sud du quartier historique de La Seu - ✆ 973 360 092 - www.parcolimpic.com.* Possibilité de pratiquer le VTT et de nombreux sports d'eaux vives : rafting, hydrospeed, canoë-kayak.

**Domaine skiable de La Molina** – *www.lamolina.com.*

### ACHATS

**Marché de La Seu** – Tous les mardis et samedis, La Seu accueille l'un des plus beaux marchés de la région. Les rues du quartier historique se parent alors de toutes les couleurs des fruits et légumes récoltés dans la vallée ou acheminés depuis les plaines ensoleillées du sud.

**Marché de Puigcerdà** – Le dimanche, sur la plaça Cabrinety, se tient un marché animé où les habitants viennent acheter leurs légumes, notamment choux, chicorées et scaroles.

### AGENDA

**Festa de l'Estany** – *Puigcerdà - été.* Célébrée à grand renfort de cavalcades et de feux d'artifice.

**Fira de Sant Lorenç** – *Bellver de Cerdanya - 10 août.* La feria de Sant Llorenç se tient chaque année sous la forme d'un grand marché de produits des Pyrénées, qui offre l'occasion unique de déguster les excellentes charcuteries, confitures et marmelades de la région, au rythme des groupes de danse folklorique de la région.

**Fira de Sant Ermengol** – *La Seu d'Urgell - 3e w.-end d'oct.* Grande foire d'artisanat des Pyrénées.

# Tremp

6 228 Trempolins – Province de Lleida

NOS ADRESSES PAGE 355

**S'INFORMER**

**Office de tourisme** – *Pl. de la Creu, 1 - 973 650 005 - www.ajuntamentdetremp.cat - été : lun.-vend. 10h-14h, 17h-19h, sam. 10h-14h - fermé dim. et j. fériés.*

**SE REPÉRER**

Carte de région A3 (p. 322-323) – *carte Michelin Regional 574 F32.* Cette bourgade est située au milieu de la Conca de Tremp, vaste dépression pré-pyrénéenne traversée par la Noguera Pallaresa et couverte de cultures et de végétation méditerranéenne. À 26 km à l'est de l'Aragon, Tremp est bien placée au carrefour de plusieurs routes, en particulier la N 260 (dir. nord, vers Vielha et la Vall d'Aran), la C 13 (dir. sud, vers Lérida).

**ORGANISER SON TEMPS**

Tremp est le type même de la ville-étape. Prenez le temps de flâner dans le centre historique.

**AVEC LES ENFANTS**

Les activités nautiques au lac de Sant Antoni.

**Chef-lieu de « comarca » et station prépyrénéenne assez prisée en été, Tremp conserve un intéressant quartier ancien, aux maisons romanes ou gothiques. Fortifiée jusqu'au 19e s., la cité a conservé trois des six tours défensives qui l'entouraient. Située à proximité d'un grand lac de barrage (« pantà »), la ville commande l'accès aux belles vallées qui sillonnent l'ancien comté médiéval du Pallars.**

## Se promener

Le centre-ville, sillonné d'agréables ruelles d'allure médiévale, s'organise autour de la plaça de la Creu et de l'église de Santa Maria.

### Plaça de la Creu

Sur cette vaste place, constituant le cœur de la localité, se dressent l'hôtel de ville, de construction récente, ainsi que le svelte clocher de l'église de Santa Maria, élevé en 1638. De l'autre côté de la rue se trouve la croix (*creu* en catalan) qui a donné son nom à la place.

### ★ Église de Santa Maria

Cette église d'origine gothique a subi de nombreuses transformations tout au long des siècles. Sur le maître-autel trône l'impressionnante **statue★** gothique (2 m de haut) de **Santa Maria de Valldeflors** (14e s.), réalisée en bois polychrome.

### Ancien hôpital

Situé dans la carrer del Forn, à deux pas de l'église, l'ancien hôpital des pauvres est un sobre édifice du 16e s. présentant des réminiscences gothiques. Après avoir connu de multiples usages au cours des siècles, il accueille aujourd'hui des expositions diverses.

4

# À proximité Carte de région

★ **Pantà de Sant Antoni** (Lac de barrage de Sant Antoni)
*(Voir le circuit conseillé dans la Vall de la Noguera Pallaresa ci-après).*

★ **Castell de Mur** (Château de Mur) A3
*21 km au sud-ouest de Tremp. Prendre la C 13 direction Balaguer/Lérida, puis à droite vers Guàrdia de Tremp. À 4 km de là, tourner à droite et monter sur 6 km. 973 402 045 - www.castelldemur.com - visite guidée (1h) - juil.-sept. : 11h, 12h, 13h, 17h, 18h, 19h ; reste de l'année : sam., dim. et j. fériés - 5 € (-8 ans 2,50 €).*
Ce château conserve, presque intacte, son enceinte de plan triangulaire et l'une de ses tours rondes. Occupant une position stratégique à 880 m d'altitude, il offre des **vues panoramiques★★** exceptionnelles.
À côté se dressent les ruines de l'ancien **monastère** augustinien de **Santa Maria**, dont le **cloître★** roman (12e s.), aux colonnes simples surmontées de chapiteaux grossièrement travaillés, a fait l'objet de nombreuses restaurations.

# Circuits conseillés Carte de région

*Voir aussi le circuit conseillé dans la Vall del Segre (p. 347), qui va de La Seu d'Urgell à Tremp.*

**VALL DE LA NOGUERA PALLARESA**

---

*143 km de Tremp à Llavorsí – une journée. Circuit tracé sur la carte de région p. 322-323.*
Ancien comté médiéval, le **Pallars**, région géographique et historique d'une grande originalité, s'étend sur la partie la plus élevée des Pyrénées catalanes, dont le sommet le plus haut, le Pica d'Estats, culmine à 3 145 m. Il comprend le cours de la Noguera Pallaresa. Le pays se subdivise en deux *comarcas* bien distinctes : le Pallars Sobirà, ou Pallars supérieur au nord, en plein secteur pyrénéen, et le Pallars Jussà, ou Pallars inférieur, au sud, qui inclut la grande plaine prépyrénéenne de la Conca de Tremp.
*La C 147 suit le cours de la rivière et longe le lac de Sant Antoni.*

★ **Pantà de Sant Antoni** (Lac de barrage de Sant Antoni) A3
Au nord de Tremp, les eaux calmes et tempérées de ce vaste lac de barrage se prêtent à la pratique de la pêche, du canoë-kayak, de la voile, du ski nautique et de la planche à voile.

**La Pobla de Segur** A3
À la pointe nord du lac, la Pobla est appelée « porte des Pyrénées », car c'est le point de passage obligé vers la Vall d'Aran, la haute Ribagorça et le Pallars supérieur. Cette ville touristique est réputée pour sa pittoresque **Festa dels Raiers** *(1er dim. de juil.)*, qui rappelle l'époque où l'on faisait flotter les troncs d'arbres *(rais)* sur la Noguera Pallaresa jusqu'à la mer, où ils étaient ensuite utilisés dans les chantiers navals.
*À La Pobla, prendre d'abord la N 260 à gauche vers Senterada, puis la L 503 à droite en direction de Cabdella.*

★ **Vall Fosca** A2
Cette vallée située sur la partie haute du cours du Flamicell est entourée de hauts sommets (Subenuix, Montsent de Pallars). Elle abrite des bourgs char-

Congost (défilé) de Collegats, dans la Vall de la Noguera Pallaresa.
T. Vidal / Fons Turisme de Catalunya

mants ayant chacun leur petite église romane, telles celles de **La Torre de Cabdella**, d'**Espui** et de **Cabdella**. Tout en haut de la vallée, cerné par un beau paysage typiquement pyrénéen, se trouve l'un des ensembles lacustres les plus importants de la région, dont l'attrait principal est le **lac (estany) Gento**, accessible par téléphérique.

*Revenir à La Pobla de Segur et monter vers le nord par la N 260 (à gauche).*

La route remonte la Noguera Pallaresa, traversant un paysage calcaire uniforme.

### ★★ Congost de Collegats (Défilé de Collegats) A2

Dans ce défilé, les roches calcaires des serras de Peracalç et de Cuberes ont été érodées par les eaux de la rivière, formant de spectaculaires falaises aux tons rouges, ocre et grisâtres, telle la **Roca de l'Argenteria**★ à proximité de Gerri de la Sal.

4

### Sort B2

*Camí de la Cabanera - ✆ 973 621 002 - lun.-sam. 10h-14h, 16h-20h, dim. 10h-14h.*

Devenues l'un des événements les plus courus d'Europe, les courses de canoë sur la Noguera Pallaresa ont fait connaître le nom de Sort. Lors du « Ral-li Internacional de la Noguera Pallaresa » *(mi-juil.)*, des compétitions ont lieu sur l'eau, tandis que, sur terre, la « costellada pallaresa » permet de déguster l'agneau rôti et le *pa amb tomàquet*. On y pratique d'autres sports : rafting, VTT, parapente, randonnées à cheval et saut à l'élastique *(voir « Nos adresses »)*.

*À Rialp, tourner à gauche vers Llessui.*

### ★★ Vall de Llessui B2

La route, traversant un paysage abrupt où les précipices granitiques sont légion, remonte vers le nord-est. Sur la commune de **Rialp**, la station de ski alpin de **Port Ainé**, sous le pic d'Orri, offre des pistes entre 1 650 et 2 240 m.

*Rejoindre Llavorsí à 14 km au nord de Rialp par la C 13.*

## ★ VALL DE L'ALT DE LA NOGUERA PALLARESA

*105 km de Llavorsí au col de la Bonaigua – une demi-journée. Circuit tracé sur la carte de région p. 322-323, dans le prolongement du précédent.*
Les sommets dominent un paysage sauvage et solitaire.

### Llavorsí B2

Ce petit village est situé sur un éperon rocheux au confluent des trois grandes vallées de la haute Noguera Pallaresa : Àneu, Cardós et Ferrera.
*Prendre la L 504, puis à droite la L 510 vers le nord-est.*

### Vall Ferrera B1

C'est la plus orientale et la plus étroite des trois vallées. Elle est encaissée entre de hautes montagnes, tel le **Pica d'Estats** (3 145 m), sommet le plus élevé de Catalogne, connu pour ses randonnées. Le poète **Jacint Verdaguer** escalada ce sommet en 1883, laissant pour témoignage ces quelques lignes : « Le sapin est le cèdre de nos montagnes. Au sommet des serras de Sant Joan de l'Erm, Salòria et Cardós, ils ressemblent à des flèches difformes lancées au ciel par ces colosses de Catalogne. Les clochers de nos villages semblent adopter, aussi, la forme des sapins qui les entourent ».
Depuis la Vall Ferrera, de très belles randonnées peuvent se faire jusqu'en Andorre.
*Reprendre la L 504 vers le nord.*

### ★ Vall de Cardós B1

L'axe de cette vallée centrale, dominée par de hauts sommets (Mont-roig et Sotllo), est le río Noguera de Cardós. Dans la localité principale, **Ribera de Cardós**, notez l'église romane (12e s.), dont le clocher rappelle ceux de la Vall de Boí *(voir p. 360).*
*Revenir à Llavorsí et prendre la C 13 en direction de Baqueira.*

### ★★ Vall d'Àneu A1

La Noguera Pallaresa traverse la vallée, sur laquelle se greffe à gauche la vallée secondaire d'**Espot**. Assis sur les rives d'un torrent, le pittoresque village du même nom présente ses maisons aux toits d'ardoise. **Super Espot** est une station de ski alpin dont la piste la plus élevée culmine à 2 320 m.
Espot est aussi l'entrée du secteur pallarais du **Parc national d'Aigüestortes i Estany de Sant Maurici**★★ *(voir p. 357).*

### Esterri d'Àneu A1

Vous pourrez visiter l'**Ecomuseu de les Valls d'Àneu**, à l'intérieur d'une ancienne demeure du 18e s. La visite guidée explique les modes de vie traditionnels de la région. *✆ 973 626 436 - www.ecomuseu.com - mat. et apr.-midi - 3 € (- 9 ans gratuit).*
Après Esterri d'Àneu, la route s'élève en corniche dans un imposant paysage où, cachées entre les hauts sommets, on découvre quelques églises romanes comme celle de **Sant Joan d'Isil**★ et de beaux échantillons d'architecture civile – maisons en pierre aux balcons et galeries en bois et toits d'ardoise.
On atteint enfin le **col de la Bonaigua** (2 072 m), entouré de nombreux pics. À gauche, vous pourrez observer une dépression glaciaire.

## NOS ADRESSES À TREMP ET SES ENVIRONS

### HÉBERGEMENT

#### À Tremp

BUDGET MOYEN

**Hotel Segle XX** – *Pl. de la Creu, 8 - 973 650 000 - www.hotelseglexx.info - - 48 ch. : 55/90 € - rest. 10 €.* Hôtel central d'allure classique fondé en 1880. Son long parcours est le gage du savoir-faire des propriétaires. Chambres accueillantes et confortables, peu à peu rénovées. Restaurant classique à l'atmosphère un peu vieillotte.

#### Circuit de la Vall de la Noguera Pallaresa

PREMIER PRIX

**Hotel Vall d'Àssua** – *Altron - 4 km au nord-ouest de Sort par la C 13 et bifurquer à gauche à Rialp par la rte de Llessui - 973 621 738 - fermé en nov. - - 9 ch. : 52 € .* Modeste petit hôtel tenu par une famille. Chambres, confortables mais sans ostentation, dotées d'une salle de bains, à deux exceptions près. La spécialité de son petit restaurant est la viande à la braise.

POUR SE FAIRE PLAISIR

**Hotel Pessets** – *Ctra de La Seu d'Urgell - Sort - 973 620 000 - www.hotelpessets.com - fermé en nov. - - 76 ch. : 83/120 € - rest. 18 €.* Établissement familial, très couru des amateurs de sports de haute montagne. Chambres confortables bien meublées, salles de bains rénovées. Le restaurant lumineux est un atout supplémentaire.

#### Circuit de la Vall de l'Alt de la Noguera Pallaresa

PREMIER PRIX

**Hotel Vall Ferrera** – *Martí, 1 - Areu - 973 624 343 - www.hotelvallferrera.com - ouvert de mi-avr. à fin oct., de déb. déc. à mi-déc., vac. de Noël - 17 ch. : 55 € - 10 € - rest. 22/35 €.* Situé dans un petit village quasiment inhabité, ce typique hôtel de montagne met à votre disposition son élégant salon et des chambres soignées de styles différents. Sa cuisine suggère un retour aux saveurs éternelles.

BUDGET MOYEN

**Hotel Roya** – *Major, s/n - Espot - 973 624 040 - www.hotelroya.net - fermé nov. - - 34 ch. : 60/75 € - rest. 15/23 €.* Hôtel très bien situé au milieu des pistes de ski, des sentiers de randonnée et de bon nombre de boutiques. Chambres très confortables, claires et coquettes, à un prix correct. Certaines donnent sur la belle église du village.

**Hotel Sol i Neu** – *Llimera, 1 - Ribera de Cardós - 973 623 137 - de mi-mars à mi-déc. - - 27 ch. : 62/75 € - 8 € - rest. 17 €.* Discret établissement familial, rénové peu à peu afin d'accroître son niveau de confort. Certaines chambres présentent encore un aspect un tantinet désuet. Sobre restaurant servant des plats faits maison.

POUR SE FAIRE PLAISIR

**Riberies** – *Camí de Riberies - Llavorsí - 973 622 051 - www.riberies.com - - 34 ch. : 122/159 € - 15 € - rest. 25 €.*

Un hôtel très agréable, proposant, dans sa partie moderne, des chambres au design très actuel, et dans sa partie ancienne, des chambres mansardées. Un lieu très reposant. Le restaurant sert quelques plats assez audacieux.

## RESTAURATION

### Circuit de la Vall de la Noguera Pallaresa

#### PREMIER PRIX

**Café Pessets (Tapas)** – *Av. Comtes del Pallars, 29 - Sort - ✆ 973 620 517 - tlj sf mar. 12h-0h - fermé en nov. - ⊭ - tapas : 3/8 €.* Installé dans un bel édifice à la façade moderniste, ce grand café propose une sélection de spécialités catalanes fraîches et savoureuses. La carte varie selon les saisons et l'humeur du chef. À l'étage, les artistes de la région exposent leurs travaux.

#### UNE FOLIE

**Fogony** – *Av. Generalitat, 45 - Sort - ✆ 973 621 225 - www.fogony.com - fermé dim. soir, lun., 2 sem. en janv. - ▤ - 48/79 €.* Ses recettes catalanes innovantes et osées sont là pour nous surprendre. Le petit volume de la salle contraste avec le mobilier classique très soigné et l'impeccable service de table avec vaisselle de marque. Personnel très prévenant. Une très bonne table.

### Circuit de la Vall de l'Alt de la Noguera Pallaresa

#### BUDGET MOYEN

**Llacs de Cardos** – *Vall de Cardós - Ctra Tavascan, s/n - Tavascan - ✆ 973 623 178 179 - www.llacscardos.com - 15/20 €.* Ce restaurant sert une cuisine de montagne copieuse et bien préparée. Spécialité de truites. Quelques chambres confortables *(60/68 €).*

#### POUR SE FAIRE PLAISIR

**Els Puis** – *Av. Dr. Morelló, 13 - Esterri d'Àneu - ✆ 973 626 60 - fermé lun. en hiver, mai - ▤ - 23/38 €.* Situé à la sortie du village, ce restaurant convivial est aussi bien fréquenté par les touristes que par les autochtones. Service excellent. Cuisine locale de choix et cave bien fournie. Quelques chambres à prix raisonnable *(40/50 €, ☕ 6 €).*

## ACTIVITÉS

### Circuit de la Vall de la Noguera Pallaresa

**Turisnat Pirineus** – *Camí de les Vernedes - Sort - ✆ 973 621 008 - www.turisnatpirineus.com.* Un prestataire spécialiste des sports d'aventure. Sur le site Internet, vous trouverez toute l'information sur les activités et les stages, mais aussi sur la région et un petit lexique sur les sports d'aventure.

### Circuit de la Vall de l'Alt de la Noguera Pallaresa

**Rocroi** – *Pl. Nostra Senyora de Biuse, 8 - Llavorsí - ✆ 973 622 035 - www.rocroi.com.* Cette école de sports d'aventure pratique, de mi-mars à mi-octobre, des sports d'eau vive sur la Noguera Pallaresa (rafting, kayak, canoë, hydrospeed, canyoning, etc.) et en hiver, des vols en parapente, des sorties en raquettes, à moto-neige et avec des chiens de traîneau. Équipement fourni.

## ACHATS

### Circuit de la Vall de la Noguera Pallaresa

**Marché de Sort** – *Mardi.* Pour faire provision de fromages et charcuterie régionale, pour le pique-nique.

# Parc national d'Aigüestortes i Estany de Sant Maurici

★★

Province de Lleida

NOS ADRESSES PAGE 363

## S'INFORMER

**Casa del Parc d'Espot** – *Prat del Guarda, 4 - Espot - ✆ 973 624 036 - www.parcsdecatalunya.net*

**Casa del Parc de Boí - Ca de Simamet** – *Les Graieres, 2 - Boí - ✆ 973 696 189 - www.parcsdecatalunya.net - juin-sept. : 9h-13h, 15h30-19h ; oct.-mai : 9h-14h, 15h30-18h - fermé 1er et 6 janv., 25-26 déc.* Conseils, cartes, circuits en français, etc.

**Visite** – Avant d'entreprendre toute promenade dans le parc, il est conseillé de se rendre dans l'une des centres d'accueil mentionnés ci-dessus. Les deux centres proposent des circuits d'une demi-journée ou d'une journée complète, des ascensions, des traversées, l'observation de la faune. Ils disposent également d'un service de guides interprètes et d'une présentation vidéo du parc.

**Interdictions** – L'accès à tout véhicule ; la chasse, la pêche, la capture des animaux, la cueillette et le ramassage de fleurs, fruits, pierres, arbres, champignons ; le dépôt d'ordures ou de mégots de cigarettes ; les feux ; le camping ; la baignade et les sports nautiques ; machines ou instruments susceptibles de gêner la quiétude des lieux ; les chiens.

Enfin, ne sortez pas des sentiers balisés.

## SE REPÉRER

Carte de région A1-2 (p. 322-323) – *carte Michelin Regional 574 E 32-33.*

Situé dans la haute zone pyrénéenne de la province de Lérida, à une vingtaine de kilomètres à vol d'oiseau de la ville de Vielha, Aigüestortes est le seul parc national de Catalogne. La **partie orientale** du parc – estany (lac) de Sant Maurici, serra d'Els Encantats et hautes vallées de l'Escrita et du Peguera – est accessible depuis le bourg d'**Espot** *(voir p. 354)*. Pour explorer la **partie occidentale** – zone d'Aigüestortes et haut bassin du río de Sant Nicolau, en aval du lac de Llebreta – basez-vous dans l'un des jolis villages de la **Vall de Boí** *(voir p. 360)*.

## À NE PAS MANQUER

Une randonnée jusqu'à l'estany de Sant Maurici (4h) ; les excursions accompagnées du Centre d'information du parc (tous niveaux).

**Ce parc de haute montagne est d'une beauté impressionnante, avec ses pics découpés sur l'horizon blanc et dégagé. Il doit son nom aux nombreux torrents, marécages et chutes d'eau, « aigües tortes » signifiant « eaux tortueuses » en catalan. On l'aura compris, l'eau est le personnage central du parc : plus de 50 lacs, ou « estanys », d'origine glaciaire, avec les rivières qui divaguent dans les prés moussus, composent l'un des sites les plus spectaculaires des Pyrénées catalanes.**

4

# Randonnées dans le parc

## AU DÉPART D'ESPOT

### **Estany de Sant Maurici** (Lac de Sant Maurici)

*À l'ouest d'Espot par une route goudronnée.*

Le circuit parcourt la vallée du río Escrita. Entourées de forêts, les eaux de ce miroir impressionnant – 450 m de long, 150 m de large – reflètent les pics de la serra d'Els Encantats.

### **Portarró d'Espot**

*Depuis le lac de Sant Maurici, 3h de marche AR par un sentier forestier.*

Le chemin s'enfonce dans la vallée d'un torrent où abondent les vastes prés naturels. À la hauteur de l'estany Redó, à la limite du pays de Pallars Sobirà, on découvre de magnifiques **panoramas★★** sur le secteur d'Aigüestortes.

### **Estany d'Amitges** (Lac d'Amitges)

*Depuis le lac de Sant Maurici, 3h de marche AR par un sentier.*

À côté de ce lac, situé dans la vallée de Ratera, les torrents forment de spec-

### UN PARC DE HAUTE MONTAGNE

Les 14 119 ha du parc s'échelonnent entre 1 500 et 3 000 m d'altitude sur la cordillère axiale pyrénéenne. L'impressionnant relief d'ardoise et de granit s'est formé à l'ère primaire (il y a quelque deux cents millions d'années), émergeant du fond de la mer qui couvrait ces terres. Les convulsions telluriques combinées à l'action des glaciers ont modelé ces montagnes, dessinant des profils escarpés et des vallées profondes. La végétation – de vastes étendues de pins rouge et noir, sapins, hêtres, bouleaux – se pare, au début de l'été, mais surtout en automne, d'une magnifique symphonie de couleurs. Pendant que les vaches foulent les prairies, dans les hautes montagnes, les chamois peuplent les tertres les moins accessibles et les coqs de bruyère, les perdrix se tapissent au fond des bois.

taculaires cascades. Les sommets enneigés du Bassiero (2 887 m) et du pic de Saboredo (2 814 m) dominent cette exceptionnelle zone de haute montagne.

**Estany Negre** (Lac noir)

*Depuis Espot, compter 5h AR de marche. Par le chemin forestier qui part du lac de Sant Maurici, compter 4h AR de marche.*

La vallée du Peguera et le cirque retenant les lacs de Trescuro (très belles vues), de La Cabana et de Tort constituent un autre site d'une singulière beauté. La rivière se fond dans l'estany Negre (étang Noir), qui doit son nom à ses eaux ténébreuses et qu'entourent les imposants sommets du Muntanyó et du pic d'Ereixe.

#### AU DÉPART DE BOÍ

### Plaine d'Aigüestortes

*Départ du parking de la Molina, entre Boí et Caldes de Boí. Env. 4h de marche (l'hiver, assurez-vous auprès du centre d'information que le sentier ne soit pas enneigé).*

Le sentier longe le riu Sant Nicolau, passe devant la magnifique **cascade de Sant Esperit**, puis débouche sur la plaine d'Aigüestortes. Marécages, ruisseaux et torrents forment en été un labyrinthe d'eau au beau milieu des prairies. Vous pouvez poursuivre jusqu'à l'estany Llong (1h30), lac où se trouve un refuge gardé.

## Circuit conseillé Carte de région

#### ★★ LA VALL DE BOÍ ET ★★ LA VALL DE LA NOGUERA RIBAGORÇANA

*58 km de Caldes de Boí à Vielha. Circuit tracé sur la carte de région p. 322-323 et sur la carte du parc d'Aigüestortes p. 358-359.*

Drainée par les rivières Noguera de Tor et Sant Nicolau, la Vall de Boí est célèbre pour receler le plus bel ensemble d'**églises romanes** (11e et 12e s.) des Pyrénées. Construites en petit appareil irrégulier, elles se signalent par la pureté de leurs lignes, leur unité de style et les fresques qui décoraient les murs et les absides.

#### VISITER LES ÉGLISES DE LA VALL DE BOÍ

Toutes sont ouvertes de 10h à 14h et de 16h à 19h, et disposent d'un guide sur place *(entrée 1,20 €, billet combiné pour toutes les églises 5 €).*

Procurez-vous le dépliant **Route de l'art roman par l'Alta Ribagorça**. Il propose un circuit très complet reliant les 8 églises romanes classées et un ermitage, ainsi que d'autres monuments intéressants dans l'ensemble de la vallée.

**Centre del Romànic de la Vall de Boí** – *Batalló, 5 - Erill la Vall (sur la L 500, Vall de Boí) - ✆ 973 696 715 - www.centreromanic.com - 10h-14h, 16h-19h (jusqu'à 20h l'été et durant la Sem. sainte).* Vous y trouverez de précieuses informations sur l'art roman. Le centre propose également des visites guidées des églises de la Vall de Boí *(été et Sem. sainte).*

La plupart des églises sont reliées par des sentiers très agréables. Voici quelques propositions de circuits :

**Caldes de Boí - Erill la Vall** – *5 km - env. 2h15.* Ce sentier forestier de niveau moyen coupe les torrents qui alimentent la Noguera.

**Boí - Barruera** – *3 km - env. 1h30.* Un itinéraire parfait pour une vue d'ensemble sur la région.

**Boí - Erill la Vall** – *1 km - env. 45mn.* Si vous n'avez que peu de temps, cette rapide promenade vous permet de rallier deux des plus belles églises.

Parc national d'Aigüestortes i Estany de Sant Maurici.
*Ripani / Simeone / Photononstop*

Ces fresques sont pour la plupart des reproductions, les originales étant conservées au musée national d'Art de Catalogne (MNAC) de Barcelone *(voir p. 186)*. La silhouette de leurs clochers, adossés à la nef mais néanmoins indépendants, est unique. Presque toujours de plan carré, ils sont ornés de bandes lombardes et d'arcatures doubles ou triples.

### ★ Caldes de Boí A1-2

Au fond de la Vall de Boí, à 1 550 m d'altitude, se trouve cette station thermale connue pour ses 37 sources où l'eau jaillit à de hautes températures (entre 24 et 56 °C).

*Suivre la L 500 vers le sud, puis prendre à gauche la petite route de Taüll.*

### Boí A2

Ne manquez pas l'**église romane de Sant Joan de Boí**, dont les fresques présentent un intéressant bestiaire (reproduction).

### ★ Taüll A2

Ce typique village de montagne est célèbre pour les fresques de ses deux églises, véritables joyaux romans, exposées au MNAC de Barcelone. L'**église de Sant Climent★★**, à la sortie du village, fut consacrée le 10 décembre 1123, précédant d'un jour la consécration de Santa Maria. À l'angle sud-est du bâtiment se dresse la svelte tour à six corps, de style roman lombard, dont l'intérieur est décoré de fresques de la même époque. Une copie du célèbre Pantocrator de Taüll est placée dans l'abside.

Le dédale des ruelles et les maisons de pierre aux balcons en bois sont concentrés autour de l'**église de Santa Maria★**, édifice roman restauré, à trois vaisseaux séparés par des piliers cylindriques.

Au-delà du village, la station de ski de **Boí-Taüll** déroule ses pistes entre 2 457 et 2 038 m.

*Revenir à la L 500.*

### Erill la Vall A2

Outre la superbe **église romane de Santa Eulàlia**, le village abrite le **Centre del Romànic de la Vall de Boí** (Centre de l'art roman de la vallée de Boí) *voir encadré p. 360*).

### D'Erill la Vall à Pont de Suert A2

En poursuivant sur la L 500, continuez votre découverte du patrimoine roman avec la visite des églises de **Sant Feliu de Berruera**, et de la **Nativité** à **Durro** *(2 km sur la gauche)*. Peu après, le joli village de **Castilló de Tor** marque l'entrée de la Vall de Boí.

*Prendre la N 230 à gauche jusqu'à Pont de Suert.*

### Pont de Suert A2

Important centre de services, cette petite ville abrite de beaux exemples d'architecture populaire, qui se mêlent aux constructions modernes, fruit du développement de l'industrie hydroélectrique.

Pont de Suert est également le chef-lieu de la *comarca* de l'Alta Ribagorça qui occupe le territoire de l'ancien comté médiéval de Ribagorce, sur la rive gauche de la **Noguera Ribagorçana**. Le relief y est abrupt, avec des sommets supérieurs à 3 000 m, de grandes dépressions glaciaires, de belles zones lacustres et des vallées encaissées, au fond desquelles s'élèvent de charmants petits villages. Les hameaux de **Casòs** et **Malpàs** méritent notamment d'être découverts, environnés d'un paysage solitaire et boisé.

*De Pont de Suert prendre la N 230 vers le nord en direction de Vielha.*

### Vilaller A2

Juché sur un éperon rocheux, ce village conserve les raides et étroites ruelles de son quartier ancien. L'église baroque ($18^{e}$ s.) Sant Climent possède un intéressant **clocher** octogonal. À l'époque médiévale, le village était ceint de murailles dont une partie, datant du $11^{e}$ s., reste visible au bout de la carrer Mgr Francesc Ferra.

*Poursuivre par la N 230 et le tunnel de Vielha.*

### Vielha *(voir p. 364)* A1

## NOS ADRESSES AUTOUR D'AIGÜESTORTES

### HÉBERGEMENT

#### À l'intérieur du parc

Il est interdit de camper dans l'enceinte du parc. Si vous partez en randonnée plusieurs jours, il est nécessaire de réserver dans l'un des **14 refuges** du parc. La plupart sont ouverts de juin à septembre et durant la Semaine sainte. *De 12 à 15 €/nuit/pers. (sans les repas) ; 4 à 6 € le petit-déj. ; 32/35 € en demi-pension.*

**Refuge Ernest Mallafre** – *973 250 118 - 24 pl.* À 1 950 m, au pied de la serra dels Encantats, ce refuge est situé à côté du lac Sant Maurici (2h15 de marche d'Espot).

**Refuge Josep Maria Blanc** – *973 250 108 - www.jmblanc.com - 60 pl.* À 2 350 m, à côté de l'estany Negre, à 3h30 de marche d'Espot.

**Refuge d'Amitges** – *973 250 007 - www.amitges.com - 66 pl.* À 2 380 m, au bord du lac d'Amitges, à 1h30 de marche du lac Sant Maurici.

**Refuge de l'Estany Llong** – *973 299 545 - 47 pl.* À 1 985 m, dans la vallée de Sant Nicolau, à 1h15 depuis Aigüestortes.

**Refuge de Joan Ventosa i Calvell** – *973 297 090 - www.imaginalia.net/ventosa - - 70 pl.* À 2 220 m, à 2h de marche du barrage de Cavallers.

#### Dans la Vall de Boí

BUDGET MOYEN

**Hotel Casa Peyró** – *Coll - 13 km au sud de Caldes de Boí par la L 500 - 973 297 002 - P - 8 ch. : 60/70 € - rest. : env. 29 €.* Grande maison en pierre dont les chambres sont peintes dans des tons pastel. À noter un détail d'importance : la qualité du linge et des serviettes de bain. Au premier étage, sauna en service l'hiver uniquement. La nuit, rien ne vient perturber la paix régnant dans ce village niché au cœur d'une vallée.

POUR SE FAIRE PLAISIR

**Hostal rural Santa Maria** – *Cap del Riu, 3 - Taüll - 973 696 170 - www.taull.com - 4 ch. : 82/130 € - 12 € - fermé 15 j. en mai et oct.-nov.* Jolies chambres mansardées avec salles de bains modernes dans une ancienne maison rénovée. Un salon convivial avec cheminée et une salle à manger dotés tous deux de meubles anciens de la région, un jardin charmant pour prendre le frais. Bon accueil.

### RESTAURATION

#### Dans la Vall de Boí

PREMIER PRIX

**Café Sedona** – *Av. de les Feixes, 2 - Taüll - 973 696 254 - fermé oct.-nov. et de déb. mai à mi-juin - 12/15 €.* Des fauteuils cosy à l'intérieur pour l'hiver, une terrasse accueillante l'été avec une vue superbe sur les montagnes. Des salades, des spécialités mexicaines, des sandwichs et divers plats régionaux. En prime : location DVD et poste Internet.

BUDGET MOYEN

**La Cabana** - *Ctra de Taüll-Boí - 973 696 213 - 24/37 €.* Pour les amateurs de viandes, un restaurant rural doté d'une salle ornée de boiseries et d'une cuisine apparente.

# Vielha et la Vall d'Aran

★★

**Vielha e era Val d'Aran** (en aranais)

5 710 habitants – Province de Lleida

NOS ADRESSES PAGE 368

### S'INFORMER

**Office du tourisme de Vielha** – *Sarriulera, 10 - ✆ 973 640 110 - www.torismearan.org - toute l'année : 9h-21h.* La Vall d'Aran offre des dizaines de possibilités de randonnées à pied et à VTT. Pour vous faciliter la tâche, l'office de tourisme édite deux documents très pratiques « Vive la randonnée » (9 circuits détaillés) et « Vive le VTT » (5 circuits). Illustrés par des cartes au 1/50 000 et de belles photos, ils sont une excellente source d'information sur la géographie et l'histoire de la région. Le tout en français !

### SE REPÉRER

Carte de région A1 (p. 322-323) – *carte Michelin Regional 574 D32.* Vielha est situé au centre de la Vall d'Aran, sur le cours de la Garonne. Le très vaste territoire de la commune, dénommé « **Vielha e Mijaran** » (Vielha et le Moyen Aran), est parsemé de petits villages et de belles églises romanes et gothiques (Gausac, Arrós, etc.). Depuis 1948, la ville est reliée au reste de la Catalogne par un tunnel de 6 km de long.

### À NE PAS MANQUER

La représentation du Jugement dernier et de la Résurrection sur les archivoltes du portail de l'église de Sant Esteve, à la sortie de Vielha, à Betren.

### ORGANISER SON TEMPS

Avec ses nombreux hôtels et sa bonne desserte routière, Vielha est un point de départ idéal pour rayonner dans la Vall d'Aran.

### AVEC LES ENFANTS

Selon la saison, ski ou randonnée : les activités sportives pour tous niveaux ne manquent pas autour de Vielha.

### L'ART ROMAN ARANAIS

La Vall d'Aran se caractérise par son art roman plus tardif que celui des autres régions catalanes. En effet, la plupart des églises remontent aux 11e, 12e et 13e s. De plan basilical, elles présentent trois vaisseaux voûtés en berceau qui se prolongent en absidioles. Les matériaux de construction employés sont la pierre, l'ardoise (utilisée surtout pour la couverture des toits) et le bois. Les portails en sont l'élément le plus remarquable : habituellement orientés au sud, ils se composent de plusieurs archivoltes reposant sur des chapiteaux ouvragés surmontant des colonnes de pierre. Alors que certains présentent des tympans travaillés, d'autres en sont totalement dépourvus. Les décors sculptés se distinguent par leur simplicité et leur aspect très primitif, tandis que le chrisme, monogramme du Christ, constitue l'élément le plus abondant.

**Capitale de la Vall d'Aran, sise au confluent de la Garonne et de la Nere, Vielha est devenue un important centre touristique de montagne. Elle possède un splendide secteur ancien, où il faut signaler Eth Cap dera Vila (la Tête de ville), agréable quartier rassemblant des demeures seigneuriales des 16e et 17e s. Au-dessus de Vielha, le parador bénéficie d'une vue privilégiée : à l'arrière-plan se profile le cirque qui ferme la vallée au sud, et, à droite, se dresse la redoutable barrière de la Maladeta.**

# Visiter Vielha (Vielha e Mijaran)

### Église de Sant Miquèu

Ce bel édifice de transition romano-gothique (12e-13e s.) comporte une seule nef voûtée en berceau et renforcée d'arcs doubleaux. Sur le portail, caractéristique du roman aranais, est représenté le thème du Jugement dernier à travers de subtiles allégories. Le clocher octogonal a été construit au 14e s.

L'église abrite le remarquable **retable** gothique de Sant Miquèu (15e s.), attribué par certains à Pere Despallargues, par d'autres à un anonyme Maître de Vielha, et le célèbre buste du **Christ de Mijaran★**, en bois délicatement sculpté, qui devait certainement faire partie d'une Descente de Croix, réalisée au 12e s. à Erill la Vall (Vall de Boí).

### Musèu dera Val d'Aran

*Major, 28 - ✆ 973 641 815 - www.aran.org - tlj sf lun. mat. et apr.-midi, j. fériés mat. - 2 € (-16 ans 1 €).*

Installé dans une élégante maison seigneuriale du 16e s., appelée Torre deth Generau Martinhon (tour du général Martinhon), il initie le visiteur à la géologie, à la glaciologie, à l'histoire et à la langue aranaises.

# ★★ Découvrir la Vall d'Aran

La **Vall d'Aran★★**, à l'extrémité nord-est des Pyrénées, se trouve sur la partie haute de la Garonne. Il s'agit d'une vallée atlantique au climat humide et moins ensoleillé que celui des vallées pyrénéennes, orientées vers le Midi. Cernée de sommets de près de 3 000 m, la vallée resta longtemps isolée de ses voisins, accessible seulement par de difficiles passages de montagne, tels le col de la Bonaigua ou le portillon de Bòssost. Un isolement qui prit fin avec l'ouverture du tunnel de Vielha en 1948, mais qui lui a permis de conserver intactes sa langue, l'aranais (variante du gascon, dialecte occitan), et ses coutumes. L'ouverture naturelle de la vallée vers la France lui valu de nombreuses disputes administratives à l'époque médiévale. Rattachée au comté aquitain de **Comminges** jusqu'au 10e s., elle repasse sous administration espagnole à partir de 1258, date de son rattachement au royaume catalano-aragonais. Du point de vue religieux, la vallée reste cependant sous la coupe du diocèse de Comminges jusqu'à la fin du 18e s., avant d'être finalement affectée au diocèse d'Urgell.

Aujourd'hui, les cultures ont remplacé les pâturages et l'on prête un grand intérêt à l'exploitation du bois, des mines et aux ressources hydrauliques. Mais rien n'altère la beauté naturelle du paysage, dont le vert des prés paraît moucheté par le gris des toits en ardoise des 39 villages de la vallée, souvent groupés autour d'une église romane. Les excellentes conditions climatiques de la vallée on également permis la création de plusieurs stations de ski, qui attirent chaque hiver de nombreux touristes.

Dans le cadre du statut d'autonomie de la Catalogne, l'**aranais** est reconnu comme langue officielle de la vallée en 1990, puis langue co-officielle de toute la communauté catalane en 2006 aux côtés du catalan et du castillan. Le statut de semi-autonomie administrative stipulé par loi de 1990 a par ailleurs permis de rétablir le **Conselh Generau**, institution historique de la vallée. Émanant des différents villages, il est chargé pour l'essentiel d'assurer la conservation du patrimoine et des coutumes aranaises.

# Circuits conseillés dans la Vall d'Aran

Carte de région

### DE VIELHA À BAQUEIRA-BERET

*21 km – une demi-journée. Circuit tracé sur la carte de région p. 322-323.*

**Betren** A1

*1,3 km à l'est de Vielha par la C 28.*

Importante cité médiévale, Betren se distingue par son **église de Sant Estève★**, dont le style transitoire du roman au gothique est illustré par les absides, les baies vitrées ou encore le **portail★★**. Les quatre archivoltes de ce dernier hébergent soixante représentations humaines d'un grand réalisme qui illustrent le Jugement dernier et la Résurrection. Au-dessus de l'arc de la porte, la Vierge Marie porte d'une main son enfant et de l'autre une fleur.

*Reprendre la C 28 jusqu'à Escunhau (1,3 km).*

**Escunhau** A1

Escunhau est une station de ski à échelle humaine, ayant conservé des allures de petit bourg de montagne avec ses maisons de pierres apparentes aux beaux toits d'ardoises – voir notamment **Çò de Perejoan** (1393).

Le village recèle l'un des meilleurs exemples de l'architecture aranaise, l'**église de Sant Pèir★**, dont le vaisseau étroit est d'origine romane (11e s.). L'élément le plus remarquable est son **portail★★** (12e s.) : à noter sur le tympan la grande expressivité du Christ (les pieds cloués sont une caractéristique de l'art roman) ainsi que d'étranges chapiteaux où sont représentés des visages humains.

*Reprendre la C 28 jusqu'à Arties, à 3 km.*

Le Pla de Beret, dans la Vall d'Aran.
*A. Félix / hemis.fr*

### ★ Arties A1

Situé au confluent de la Garonne et du Valarties, ce village possède un parador *(voir « Nos adresses »)* et offre un important choix touristique. L'abside de l'**église romane de Santa Maria** est décorée de peintures représentant le Jugement dernier, le Ciel et l'Enfer.

Enfin, ce pittoresque village propose aux gourmets un intéressant éventail de recettes à base de gibier (perdrix, sangliers, isards), et l'*aigua de nodes*, une liqueur de noix.

*Reprendre la C 28 jusqu'à Salardú (3 km).*

### ★ Salardú A1

*Trauèssa de Balmes, 2 - ✆ 973 645 726 -15 juil.-15 sept. : 9h30-13h, 16h-19h30 ; 16 sept.-14 juil. : 10h-13h, 16h-19h, fermé dim.*

Sa position stratégique à l'entrée de la vallée en venant du col de la Bonaigua en fit, au Moyen Âge, une ville fortifiée. Actuellement, Salardú est un beau petit village aux maisons en granit et schiste.

★ **Église de Sant Andrèu** – Cet édifice roman (12e et 13e s.) à trois vaisseaux et trois absides est entièrement décoré de **peintures gothiques★★** (16e s.), restaurées à la fin des années 1990. La sacristie abrite une petite exposition retraçant ces travaux de rénovation *(accès libre)* : son intérêt est surtout d'en détailler toute la symbolique. Notez également la remarquable sculpture du Christ, la **Majestat de Salardú★★** (12e s.), haute de 65 cm, très stylisée mais d'un grand réalisme anatomique. Et en sortant, ne manquez pas d'admirer le svelte clocher de base octogonale (15e s.), séparé de l'ensemble.

### Unha A1

*1,5 km au nord de Salardú.*

Cette petite localité héberge l'**église romane de Santa Eulàlia** (12e s.) : à l'extérieur, on remarquera les modillons qui soutiennent le toit. À l'intérieur, on a retrouvé des restes de peintures romanes (12e s.).

Notez également, dans le village, une demeure fortifiée de la fin du 16e s., **Çò de Brastet**.

*Revenir sur la C 28 puis continuer jusqu'à Baqueira-Beret, à 9 km à l'ouest.*

### Baqueira-Beret A1

*Renseignements sur l'état des pistes – ✆ 973 639 025 - www.baqueira.es.*

Située près de la source de la Garonne, dans un **paysage** de hauts sommets, cette station de ski alpin offre une excellente infrastructure, aussi bien en piste – 1 010 m de dénivelé – qu'en hôtellerie et autres services.

4

## DE VIELHA À BOSSÒST

*52 km – une demi-journée. Circuit tracé sur la carte de région p. 322-323. Quitter Vielha par la N 230 vers la frontière. À Pont d'Arròs, tourner à droite et suivre le cours du Varradès par le chemin.*

### Vall de Varradès A1

Dans une gorge du torrent dévale une célèbre cascade, le **Sauth Deth Pish**.

*Revenir à Pont d'Arròs et tourner à droite vers Vilamòs.*

### Vilamòs A1

Cet ancien village agricole et forestier, suspendu sur une plate-forme à 400 m au-dessus de la vallée, a conservé son architecture traditionnelle (solides maisons de pierre aux toits d'ardoise). La **vue★★** sur la vallée de la Garonne est magnifique, obstruée, au fond, par les sommets de la Maladeta.

Au bout du village la **maison Joanchiquet** abrite un petit **écomusée** *(✆ 973 64 07 39 - de mi-juin à mi-sept. : mat. et apr.-midi ; de mi-sept. à mi-juin : mat.).*

*Revenir sur la N 230 et et prendre la direction de Bossóst. À Es Bordes, prendre la rue Artiga de Lin depuis la place du village. Parcourir environ 200 m et prendre à gauche vers le sanctuaire de l'Artiga de Lin.*

### Vall de la Artiga de Lin A1

La rivière Joèu traverse de magnifiques bois de sapins et de hêtres. Au bout du circuit apparaissent les **Uelhs deth Joèu★** (Les Yeux du Joèu), spectaculaires résurgences en provenance de la Maladeta, qui jaillissent après un long parcours souterrain. Tous les ans, le 9 septembre, un pélerinage a lieu à l'église Mare de Diu dera Artiga.

*Revenir sur la N 230 et prendre la direction de Bossóst.*

### Bossòst A1

*Pg Eduard Aunòs, s/n - ✆ 973 647 279.*

L'**église Era Mair de Diu dera Purificacion★★** (de la Purification de Marie) est le plus remarquable exemple d'église romane (12e s.) de la Vall d'Aran. L'édifice possède trois vaisseaux, séparés par de gros piliers ronds soutenant une voûte en berceau. Les trois absides sont décorées de bandes lombardes et le très beau **portail** nord est orné d'un tympan aux sculptures archaïques représentant le Créateur entouré du Soleil, de la Lune et des symboles des évangélistes.

Vous pouvez poursuivre vers le nord jusqu'à **Les** *(à 3,5 km de Bossòst)*, un autre joli village dont l'église romane est consacrée à Sant Blai.

## NOS ADRESSES À VIELHA ET DANS LA VALL D'ARAN

### HÉBERGEMENT

#### À Vielha

BUDGET MOYEN

**Ribaeta** – *Pl. Coto Março - ✆ 973 642 036 - 24 ch. : 48/128 € - ☕ 3,90 € - rest. (soir seult) 16 €.* Établissement très central, qui propose des chambres simples et fonctionnelles d'un bon rapport qualité-prix. Le petit-déjeuner est servi dans une cafétéria aux airs de cidrerie.

UNE FOLIE

**Parador de Vielha** – *2,5 km au sud par la N 230 - ✆ 973 641 100 - www.parador.es - P - 116 ch. : 160 € - ☕ 17 € - rest. 32 €.* Ce parador offre un cadre unique pour profiter de la montagne, avec de splendides vues sur la vallée, notamment depuis le salon circulaire avec cheminée. Chambres spacieuses d'un niveau de confort remarquable.

### Circuit de Vielha à Baqueira-Beret

#### BUDGET MOYEN

**Es Pletieus** - *Ctra C 28 - Escunhau - ✆ 973 640 790 - www.espletieus.com - 18 ch. : 60/130 € - rest. 29/36 €.* Très bon confort pour cet hôtel familial aux chambres agréables. Restaurant chaleureux proposant une cuisine de montagne traditionnelle.

#### POUR SE FAIRE PLAISIR

**Parador de Arties** – *Rte de Baqueira - Arties - ✆ 973 640 801 - www.parador.es - P - 54 ch. : 127/148 € - 17 € - rest. 32 €.* Élégant édifice qui insère dans ses murs les vestiges architecturaux de la famille Portalà, comme la tour fortifiée du 16e s. ou la chapelle. À l'extérieur, c'est le mariage de la pierre, du bois et de l'ardoise.

## RESTAURATION

La vallée est réputée pour sa **olha aranesa**, succulent pot-au-feu fait de viande d'agneau, de veau, de lard, de *botifarra* noire et de légumes. Goûtez aussi le gibier, la *truhada*, plat de pommes de terre farcies, ou la *sanganheta*, à base de sang de porc.

### À Vielha

#### POUR SE FAIRE PLAISIR

**Era Lucana** - *Av. Calbetó Barra, 10 - ✆ 973 641 798 - www.eralucana.com - fermé lun. sf j. fériés - 30/38 €.* Une excellente cuisine locale, quelque peu modernisée. Excellent rapport qualité-prix.

**Ali i Oli** – *Major, 9 - ✆ 973 641 757 - 34/46 €.* Viande de gibier et escargots font partie des spécialités de ce petit restaurant apprécié des locaux.

### Circuit de Vielha à Baqueira-Beret

#### PREMIER PRIX

**Casa Turnay** - *Pl. Major - Escunhau - ✆ 973 640 292 - fermé de mai à mi-juil. et de mi-sept. à déb. déc. (sf w.-end) - 15 €.* Cuisine « comme à la maison », concoctée depuis une trentaine d'années à partir de recettes ancestrales. L'endroit où il faut déguster la fameuse *olha aranesa*.

#### POUR SE FAIRE PLAISIR

**Casa Irene** - *Major, 4 - Arties - ✆ 973 644 364 - www.casairene.net - ouv. de la Saint-Jean à mi-oct. et pdt la sais. des sports d'hiver - fermé lun. midi et mar. - 34/52 €.* Réputé comme l'un des meilleurs restaurants de la vallée. Salle accueillante où l'on savoure des spécialités locales, parfois revisitées avec bonheur.

### Circuit de Vielha à Bossòst

#### BUGDET MOYEN

**Boixetes de Cal Manel** – *Ctra N 230 - Pont d'Arròs - ✆ 973 641 168 - fermé en mai, nov. et lun. - 24/35 €.* Dans une maison traditionnelle située un peu en dehors du village, un restaurant rustique de spécialités locales.

## AGENDA

**Pessebre Vivent (crèche vivante)** – *24 déc. - www.vielha-mijaran.org.* La crèche vivante de Vielha est l'une des plus connues de la Vall d'Aran.

**Crema deth Haro** – *Les - 24 juin.* Le plus grand sapin de la forêt est transporté au centre du village pour être brûlé. Musique et danses tout autour.

# Solsona

★★

9 233 Solsonins – Province de Lleida

## NOS ADRESSES PAGE 373

### S'INFORMER

**Office de tourisme** – *Palau Llobera - Ctra de Bassella, 1 - ✆ 973 482 310 - www.turismesolsones.com - avr.-oct. : lun.-vend. 10h-14h, 17h-19h (sam. 20h), dim. et j. fériés 10h-14h ; reste de l'année : 10h-14h (sam. 16h-19h).*

### SE REPÉRER

Carte de région B3 (p. 322-323) – *carte Michelin Regional 574 G34.* Solsona se trouve au centre de la *comarca* du Solsonès, très riche en forêts. Elle est située à 51 km au sud-ouest de Berga *(voir p. 239)* par la C 26 et à 20 km au nord-ouest de Cardona *(voir p. 241)* par la C 55, qui continue jusqu'à Manresa *(voir p. 234)*. À 23 km à l'ouest de Solsona, on rejoint la C 14, qui relie Lérida à La Seu d'Urgell.

La vieille ville est délimitée au nord par la carretera de Bassella qui épouse le tracé des anciens remparts.

### SE GARER

Parking gratuit face au Portal del Pont, à l'est de la vieille ville, au débouché de l'Av. de Pont que l'on emprunte en arrivant de Manresa ou de Berga.

### À NE PAS MANQUER

Une flânerie dans la vieille ville ; les marchés artisanaux de la plaça de La Ribera ou de la plaça de Sant Joan.

### ORGANISER SON TEMPS

Évitez le lundi, jour de fermeture des musées.

**Chef-lieu de la « comarca » et siège épiscopal depuis 1593, Solsona est une ville aux traditions très enracinées. Dans le vieux quartier, entouré des vestiges des remparts, on découvre la quiétude d'une cité où rien ne semble avoir changé depuis des siècles. Bordées de magnifiques demeures médiévales, les ruelles s'emplissent de silence en milieu de journée, avant de s'animer quelques heures pour la promenade de fin d'après-midi, en particulier autour des cafés de la plaça Major. Les places Sant Joan et de La Ribera, où se tiennent des marchés, baignent dans une atmosphère délicieusement désuète.**

## Se promener

### ★ Pou de Gel (Puits de Glace)

*En sous-sol, devant le Portal del Pont - ✆ 973 481 009 - sam. 11h-13h, 17h-19h, dim. et j. fériés 11h-13h - 3 € (-16 ans 2 €).*

Cette visite insolite permet de découvrir le « puits » dans lequel on conservait jadis la glace récoltée l'hiver dans la rivière Negre, afin de la commercialiser aux beaux jours. Des blocs de 120 x 70 x 15 cm étaient entreposés dans une salle souterraine circulaire et voûtée, aménagée à la fin du 17e s. et accessible

par un couloir souterrain (attention la tête !). Une exposition assez sommaire y présente cette activité autrefois lucrative.
*Pénétrer dans la vieille ville par la Porta del Pont.*

### Portal del Pont

Voici la plus importante des trois portes de la cité fortifiée. Achevée en 1805, elle devint l'accès principal de la ville après la construction du pont sur le Negre.
*Prendre la carrer de Sant Miquel et tourner tout de suite à gauche.*

### Cathédrale

*Tlj 9h-13h, 16h-21h, dim. et j. fériés 9h-13h, 16h-18h.*
Elle fut construite entre les 11e et 18e s. ; du bâtiment roman d'origine subsistent les trois absides, le clocher aux ouvertures finement travaillées ainsi que quelques voûtes du cloître. La monumentale **porte Sant Agustí** (1780) de la façade principale, de style néoclassique, est dominée par un relief représentant l'extase du saint.
L'intérieur, dont l'unique nef est prolongée par une abside polygonale, est de style gothique. Dans le bras gauche du transept se trouve la **chapelle de la Mercè**, ornée d'un bel autel baroque réalisé par Carles Moretó.
La **chapelle de la Mare de Déu del Claustre** *(bras droit du transept)*, la plus belle de cette cathédrale, a été construite au 18e s. en style néoclassique ; elle a une forme de croix latine et est décorée d'un baldaquin et d'un *camarín*. Sur un fond doré figurent différentes représentations d'anges et des motifs ornementaux. Elle abrite la célèbre sculpture de la **Vierge du Cloître★**, œuvre romane (12e s.) réalisée par le Maître Gilabertus, de l'école de Toulouse. Selon la tradition, elle fut retrouvée dans le puits du cloître, où elle avait été cachée par un moine.
Contournez l'église jusqu'à la plaça del Palau, pour admirer le portail baroque de l'Assomption.

### ★★ Museu Diocesà i Comarcal

*Pl. del Palau, 1 - ✆ 973 482 101 - tlj sf lun. 10h-13h, 16h-18h (mai-sept. 16h30-19h), dim. et j. feriés 10h-14h - 3 €.*
Installé dans le palais épiscopal, édifice du 18e s à la façade néoclassique, ce musée possède, outre une section archéologique et une curieuse collection d'objets réalisés en sel de Cardona, l'une des **collections de peinture romane et gothique★★** les plus représentatives de l'art catalan. Comme au MNAC de Barcelone *(voir p. 186)*, des salles reconstituent la forme générale des sanctuaires.
★★★ **Peintures murales de Sant Quirze de Pedret** – Cet ensemble préroman (10e s.) provenant de l'église Sant Quirze de Pedret, proche de Berga, est une œuvre anonyme et singulière, découverte en 1939 sous les fresques romanes du 12e s. Elle consiste en deux cercles, qui vraisemblablement flanquaient une fenêtre. Dans celui de droite, surmonté d'un Phénix, symbole d'immortalité, apparaît Dieu bénissant, et, dans celui de gauche, figure une scène à thème paléochrétien : le paon mangeant une grappe de raisins.
On voit également des fresques du 12e s., où le Maître de Pedret a illustré des thèmes religieux dans un style où transparaît l'influence byzantine (sacrifice d'Abraham, Abel offrant un présent à Dieu et le Jugement de saint Cyr et de sainte Julitte). Sur le côté droit de la voûte, il faut remarquer la frise des quatre cavaliers de l'Apocalypse. La couleur des chevaux permet d'identifier les personnages (celui de la guerre en rouge, celui de la victoire en blanc, celui de la mort en gris et celui de la faim en noir). L'ange qui protège le village de ces sinistres cavaliers mérite d'être observé pour ses ailes constellées d'yeux.

★ **Peintures murales de Sant Pau de Caserres** – Ces fresques (13e s.) possèdent des caractéristiques très particulières : les silhouettes arborent une languide souplesse, l'expression des visages est douce, et le trait est élégant et léger. La scène la mieux conservée est celle du Jugement dernier avec ses deux couples de merveilleux **séraphins★★**.

**Frises de la collégiale de Cardona** – Elles appartiennent déjà au style gothique linéaire (14e s.). La frise supérieure est d'une grande qualité artistique. Une crucifixion sépare le royaume de la lumière, à gauche, de celui des ténèbres, à droite. Dans la frise inférieure, on voit des épisodes de la vie de saint Étienne.

Admirez également les magnifiques **parements d'autel**, parmi lesquels celui de Sagàs (12e s.), réalisé dans un style austère, où les scènes sont très expressives.

Une autre pièce intéressante est la **Cène de sainte Constance★**, œuvre de Jaume Ferrer, provenant de Castelló de Farfanya. Influencé par Lluís Borrassà, l'artiste a placé sur un fond doré somptueux des personnages aux expressions et attitudes réalistes.

*Par la carrer Sant Miquel, on accède à la plaça Major.*

### Autour de la plaça Major

Encadrée de maisons à portiques, la **plaça Major** est le lieu des principales festivités locales, notamment le carnaval, très réputé, et des marchés du mardi et du jeudi. La **carrer del Castell**, qui traverse toute la cité jusqu'au portal del Castell, est bordée de demeures anciennes et dominée par la **Torre de les Hores**, tour d'horloge antérieure à 1500. Sur la droite de celle-ci s'ouvre la plaça de Sant Joan, ornée d'une fontaine, et qui doit son nom à une chapelle baroque. Non loin se dresse la maison natale du peintre **Francesc Ribalta** (1565-1628), un des maîtres du clair-obscur espagnol.

**Ajuntament** – *Carrer del Castell.* Ce bâtiment, qui abrite l'hôtel de ville, fut construit au début du 16e s. par Pere Puigdepons, pour répondre aux exigences d'une maison de commerçants tout en conservant le goût décoratif de la Renaissance. Sur la façade principale figure le blason des Puigdepons (remarquer les rats qui grimpent sur l'olivier).

## À proximité Carte de région

### ★ Olius B3

*6 km au nord-est par la C 26 en direction de Berga.*

La petite **église romane de Sant Esteve★** (11e s.) présente une nef unique coiffée d'une voûte en berceau, elle-même soutenue par des formerets appuyés sur des pilastres. Dans le presbyterium s'ouvre une simple **crypte★** dont les trois vaisseaux voûtés sur croisée d'ogives reposent sur un groupe formé de six colonnes et de six pilastres.

En face de l'église, le **cimetière moderniste** a été réalisé par Bernardí Martorell i Puig en 1916. C'est un singulier jeu de formes et de volumes en parfaite communion avec la nature.

## Excursion Carte de région

### Sant Llorenç de Morunys B3

*34 km au nord. Sortir de Solsona en direction de Lladurs. Avant d'arriver au Coll de Jou, prendre à droite la LV 4241 en direction de Berga.*

Sant Llorenç se trouve tout au nord de la **Vall de Lord**, vallée qui s'étend en amont des rivières Cardener et Aïgua de Llinars. Dans ce fantastique paysage, d'épaisses forêts de chênes et de pins sylvestres côtoient d'abrupts pics rocheux. La beauté naturelle de ces lieux attire les randonneurs.

★ **Église de Sant Llorenç** – Vestige d'un ancien monastère bénédictin du 11e s., elle constitue un magnifique exemple du roman lombard. Elle possède trois vaisseaux et abrite deux merveilleuses œuvres baroques : le retable du maître-autel et la chapelle de la Mare de Déu dels Colls.

Les personnages du monumental **retable du maître-autel**, réalisé (1711-1713) par Joan Francesc Moretó, ont été travaillés avec un grand souci des proportions et du détail. Les éléments décoratifs (niches, colonnes et chapiteaux) sont d'une grande beauté.

La **chapelle de la Mare de Déu dels Colls★**, œuvre de Josep Pujol (1733-1784), est décorée de façon exceptionnelle. Les reliefs qui couvrent les murs et la voûte représentent différentes scènes bibliques. C'est une œuvre complexe et exubérante qui retient l'attention du visiteur.

## NOS ADRESSES À SOLSONA

### HÉBERGEMENT

#### POUR SE FAIRE PLAISIR

**La Freixera** - *Sant Llorenç, 46 - ✆ 973 484 262 - www.lafreixera.com - 5 ch. : 72/125 €.* Un petit palais charmant dans une ruelle au cœur de la vieille ville. De dimensions très diverses, les chambres, aménagées avec goût, sont toutes différentes.

**Sant Roc** – *Pl. Sant Roc / Vall Fred (angle C/ de Bassella) - ✆ 973 480 006 - www.hotelsantroc.com - 25 ch. : 105 € - ☕ 10 €. - rest. 31/43 €.* Un immeuble moderniste aux allures de château médiéval, construit par Bernardí Martorell i Puig en 1929, abrite cet hôtel raffiné. Décor oscillant entre le surréalisme et l'avant-garde. Chambres personnalisées et confortables. Sauna avec « chromothérapie » et restaurant localement réputé.

### RESTAURATION

#### BUDGET MOYEN

**Fermín** – *Bassella, 26 - ✆ 973 480 727 - www.restaurantfermin.com - 25/30 €.* Au premier abord, les lieux ne paient pas de mine, mais ne vous y trompez pas : l'accueil est chaleureux et Fermín vient s'asseoir en face de vous pour vous présenter ses plats du jour. Ceux-ci ne s'écartent pas des grands classiques mais sont concoctés avec les produits du marché local. Goûtez à l'assortiment de huit terrines à base de viandes de gibier.

### AGENDA

**Carnaval** – *2 w.-ends en fév. - www.carnavalsolsona.com.* Une fête très animée, voire débridée, avec géants, grosses têtes, marché médiéval, concerts, spectacles, etc. Le clou des festivités : la pendaison de l'âne (Penjada del Ruc).

**Festa Major** – *déb. sept.* Les jeunes de Solsona, portant des vêtements typiques, dansent au milieu du vacarme produit par les coups de tromblon ; géants et grosses têtes défilent pendant que les enfants dansent dans les rues le *ball de bastons*.

# Les terres de Lérida 5

Carte Michelin Regional 574 – Province de Lleida



La Seu Vella, à Lérida.

*P. Escudero / hemis.fr*

# LES TERRES DE LÉRIDA

LES TERRES DE LÉRIDA
0
10 km
Vallbona de les Monges
★★ Mérite un détour
Cervera
★ Intéressant
Balaguer
À voir
Circuit conseillé avec ville de départ
ANDORRA LA VELLA
C
D
1
2
3
Pantà d'Oliana
R. Salada
Solsona
Cardona
Biosca
El Llobregós
El Cardener
BERGA
GIRONA
Moià
Sant Fruitós de Bages
Manresa
El Ripoll
Caldes de Montbui
Terrassa
Sabadell
Serra de Montserrat
El Llobregat
Igualada
Capellades
Rubí
Sant Sadurní d'Anoia
L'Anoia
El Foix
Montagut
964
El Gaià
Vilafranca del Penedès
Santes Creus
BARCELONA
Castelldefels
Valls
Sitges
N
GRANOLLERS
GIRONA
MATARÓ
SANT FELIU DE GUÍXOLS
TARRAGONA
TARRAGONA

# Lérida

**Lleida**

★

135 919 Llerdencs – Province de Lleida

## NOS ADRESSES PAGE 384

### S'INFORMER

**Office de tourisme** – *Major, 31 bis - ✆ 902 250 050 - www.turismedelleida.com - lun.-sam. 10h-14h, 16h-19h, dim. 10h-13h30. Annexe face à la gare - pl. Ramon Berenguer IV - ✆ 973 248 840.*

### SE REPÉRER

Carte de région A2 (p. 376-377) – *carte Michelin Regional 574 H31.* Lérida, situé dans une plaine fertile consacrée aux arbres fruitiers, est le chef-lieu de l'unique province catalane qui n'ait pas d'accès à la mer. Important nœud de communication, la ville est reliée à Barcelone (170 km au sud-est) et à Tarragone par l'autoroute A 2 et la N 240. La C 12 mène à Tortosa (120 km), et la C 13 à Tremp (85 km) via Balaguer.

### SE GARER

Le parking Lasa, proche de l'office de tourisme sur le quai du Segre, est parfaitement placé par rapport au centre-ville. Sinon, vous trouverez assez facilement des places sur la Rambla, mais en semaine, la durée de stationnement y est limitée.

### À NE PAS MANQUER

La Seu Vella et le musée de Lérida. À l'office de tourisme, vous trouverez une carte détaillant ces différents circuits pédestres.

### ORGANISER SON TEMPS

Prenez le temps de faire le tour à pied de la Seu Vella pour jouir des beaux panoramas, puis consacrez quelques heures à la visite du superbe musée de Lérida. Terminez votre journée par une longue flânerie dans les rues piétonnes de la ville basse.

### AVEC LES ENFANTS

Le musée de l'Automobile.

**Ville en plein renouveau, Lérida s'étend pour la plus grande partie sur la rive gauche du Segre. Sa silhouette est dominée par la petite colline où s'élève, comme une apparition, la Seu Vella. Terre de passage, la ville a subi au cours des siècles invasions, guerres et occupations diverses, notamment celle des Arabes entre les 8e et 12e s. Ceux-ci y ont laissé d'importants témoignages de la civilisation musulmane, perfectionné les canaux d'irrigation romains et introduit l'importante tradition horticole qui se maintient encore. La Suda, ancienne forteresse arabe où les comtes de Barcelone s'établirent au 13e s, fut détruite par des explosions en 1812 et 1936. Au pied des remparts qui ont subsisté se trouvent aujourd'hui de très beaux jardins, d'où l'on domine la ville, la plaine fertile du Segre et les contreforts de la chaîne de la Llena.**

# Se promener Plan de ville

## ★★ LA SEU A1

*Pour grimper à La Seu depuis la plaça Sant Joan, emprunter l'escalier mécanique puis l'ascenseur (payant), situé légèrement sur la gauche.*
La vieille cathédrale et la forteresse militaire de Felipe V forment l'un des ensembles monumentaux les plus importants de Catalogne. Il doit à son **site★** privilégié, au-dessus du Segre, son rôle stratégique que les habitants successifs de Lérida lui conférèrent. Son histoire, néanmoins, fut assez chaotique. Lors de la guerre des Moissonneurs (Guerra dels Segadors, 1640-1652), les troupes françaises rasèrent la ville médiévale qui s'étendait sur la colline.

### ★★★ La Seu Vella A1

*✆ 973 230 653 - ♿ - mai-sept. : mar.-sam. 10h-19h30, dim. et j. fériés 10h-15h ; reste de l'année : mar.-vend. 10h-13h, 15h-17h30, sam. 10h-17h30, dim. et j. fériés 10h-15h - fermé lun., 1er et 6 janv., 25-26 déc. - 3 € (-21 ans 2 €), mar. gratuit.*
Selon la tradition, la « vieille cathédrale » fut érigée sur le point culminant de la ville, la Roca Mitjana, à l'emplacement de l'ancienne mosquée. Dirigés par Pere de Coma, les travaux commencèrent en 1203 et la cathédrale fut consacrée en 1278. Le campanile octogonal, dans l'angle sud-ouest du cloître, fut ajouté à la fin du 14e s. En 1707, quand les troupes de Felipe V occupèrent Lérida, l'édifice fut transformé en forteresse et servit de caserne jusqu'en 1949.
★★ **Église** – Chef-d'œuvre de l'école romane de Lérida, c'est un bâtiment essentiellement roman, même s'il présente de nombreuses caractéristiques d'époque gothique. L'union des deux styles est très réussie avec la lanterne octogonale à grandes baies gothiques. Son plan est celui d'une basilique à trois nefs avec un large transept et cinq absides, dont deux sont d'origine.
À la différence des édifices romans, l'intérieur de la Seu Vella est magnifiquement éclairé, ce qui met en valeur sa belle décoration sculptée. Les **chapiteaux★** historiés sont remarquables par leur variété : dans le transept et les absides, ils sont décorés de motifs appartenant à l'Ancien Testament, alors que le Nouveau Testament inspire l'ornementation de la nef principale et des collatéraux. À l'extérieur, l'influence mauresque et celle de l'école de Toulouse (seconde moitié du 10e s.) sont sensibles dans la décoration des portes d'Els Fillols (les Filleuls, bas-côté sud) et de l'Anunciata (transept sud), au-dessus de laquelle s'ouvre une délicate rosace. Les chapiteaux des deux portes, très fins, évoquent les stucs arabes.
★★ **Cloître** – Ce sont probablement des raisons topographiques qui expliquent l'étrange situation de ce cloître en contrebas de l'église. Commencé en 1278, il ne fut achevé qu'au 14e s. On est d'emblée frappé par sa taille puis par la beauté des remplages des fenêtres, tous différents. La galerie sud, splendide mirador sur la ville et ses environs, s'ouvre sur la façade principale, rappelant la disposition des mosquées précédées d'un patio ou le narthex des églises romanes. Alors que l'ensemble est gothique (14e s.), on retrouve des influences islamiques dans la décoration à thème végétal des **chapiteaux★** et des frises.
À l'angle sud-ouest se trouve le **clocher★★**, une tour de 60 m de hauteur qui constitue l'un des meilleurs exemples gothiques de Catalogne. Si vous en avez le courage, vous pouvez entreprendre l'ascension des 238 marches menant au sommet : la récompense est un magnifique **panorama★**, portant jusqu'à la chaîne pyrénéenne.

### DE LA SEU À LA VILLE BASSE

*En sortant de la Seu Vella, prendre à droite la carrer Sant Martí.*

**★ Église de Sant Martí** A1

Voici l'une des plus anciennes églises de Lérida, élevée au 12e s. Promue chapelle universitaire en 1300, elle connut au 15e s. une période de splendeur et d'importants remaniements, avant d'amorcer une période de déclin au 17e s., en devenant une caserne, puis une prison au 19e s. Aujourd'hui restaurée, elle accueille des expositions temporaires et des concerts.

Non loin de là, le **Centre d'art la Panera** *(pl. de la Panera, 2)*, installé dans une ancienne caserne, organise des expositions d'art contemporain.

*Rejoindre, par Jaume I El Conqueridor, la Rambla d'Aragó, puis prendre à gauche la carrer Bisbe.*

**★ Église Sant Llorenç** A2

*Lun.-vend. 9h30-12h30, 17h-19h, sam. 11h-12h30, 17h-19h, dim. 11h-12h30.*

Commencée dans un style roman tardif au 12e s., cette église possède néanmoins de nombreux éléments gothiques, comme son clocher octogonal élancé et ses parfaites ogives qui séparent la nef centrale des collatéraux. Elle renferme les imposants retables gothiques de sainte Ursule (attribué à Jaume Cascalls), sainte Lucie, saint Pierre et saint Laurent.

**★★ Museu de Lleida Diocesà i Comarcal** A2

*Sant Crist, 1 - www.museudelleida.cat - ✆ 973 283 075 - oct.-mai : mar.-sam. 10h-14h, 16h-19h, dim. et j. fériés 10h-14h ; juin-sept. : 10h-14h, 16h-20h , dim et j. fériés 10h-14h - fermé lun., 25-26 déc, 1er et 6 janv, Vend. saint et lun. de Pâques - 4 € (-12 ans gratuit) ; vestiaire et consigne 1 € ; gratuit le 1er dim du mois et certains j. fériés.*

### UNE VILLE EN MOUVEMENT

**Lérida dans l'histoire** – Iltirta, l'ancienne capitale de la puissante tribu ibère des Ilergètes, est rebaptisée Ilerda par les Romains avant de passer aux mains des Wisigoths à partir de 473. La longue période musulmane (801-1149) a durablement marqué la cité : une mosquée et une forteresse sont édifiées à l'emplacement de l'actuelle Seu Vella, tandis que la ville basse, en bordure du Segre, est dévolue aux juifs et aux chrétiens. Après la Reconquête (1149), la ville se couvre d'églises et entame une période de splendeur, tant du point de vue économique qu'artistique. La guerre des Moissonneurs (1640-1652) et l'arrivée des Bourbons sur le trône d'Espagne (1714) entraînent le déclin de la cité, qui ne se relèvera qu'à la fin du 18e s.

**Un nouveau dynamisme** – L'arrivée de l'AVE (le TGV espagnol) en 2003 et l'ouverture de l'aéroport Lleida-Alguaire en janvier 2010 offrent une nouvelle vie à Lérida, jusque-là cité provinciale un peu endormie. De nouveaux aménagements urbains et culturels ont également vu le jour afin de faire de Lérida l'égale des autres capitales de province de Catalogne : un pont audacieux lancé sur le Segre (2010), le nouveau théâtre-palais des congrès de la Llotja (2009) et un musée comarcal de toute beauté (2007). D'autres projets sont encore à venir : la création d'un parador dans l'ancien couvent del Roser (carrer Cavallers, ouverture prévue vers 2012) et d'un musée d'art contemporain, la fundació Sorigué (2013).

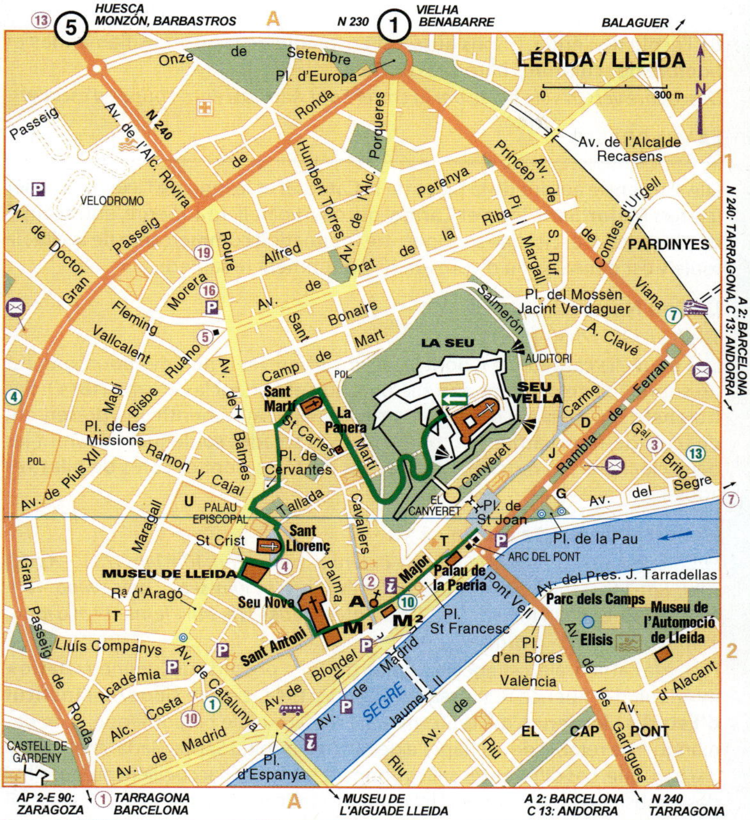


| SE LOGER | | SE RESTAURER | | | |
|---|---|---|---|---|---|
| | | | | Mini | 10 |
| Hotel Goya | 1 | Carballeira | 1 | Tapas Bus | 13 |
| Hotel NH Pirineos | 4 | El Celler del Roser | 2 | Tugues | 16 |
| Hotel Ramon Berenguer IV | 7 | El Celleret del Segre | 3 | Xalet Suís | 19 |
| Hotel Real | 10 | La Cullera de Sant Llorenç | 4 | **Hospital de Santa Maria** | **M¹** |
| Hotel Zenit Lleida | 13 | L'Esmolet | 5 | **Museu d'Art Jaume Morera** | **M²** |
| | | La Huerta | 7 | **Sant Jaume** | **A** |

Regroupant des collections autrefois exposées en plusieurs lieux de la ville, ce grand musée a ouvert ses portes fin 2007 dans un bâtiment sobre et fonctionnel. Il propose, sur deux niveaux, un parcours chronologique dans l'histoire et l'art de la région. Les collections sont remarquablement mises en valeur et présentées de façon claire et pédagogique (panneaux explicatifs en catalan, livret en français à l'accueil).

**1er niveau - De l'âge du bronze à la période musulmane** – Parmi les œuvres marquantes, notez les vestiges mis au jour sur le site archéologique de **Genó** à Aitona, ainsi que dans la **villa romaine del Romeral** (milieu du 5e s.) ; le baptistère wisigothique d'**El Bovalar** (après 473) et les pièces d'un **jeu d'échecs** en cristal de roche de la période fatimide (11e s.) provenant d'Àger.

**Rez-de-chaussée - De la Reconquête au 18e s.** – On y découvre des parements d'autel romans, des éléments sculptés provenant de la cathédrale, les peintures murales de la Pia Almoina (une institution de bienfaisance), ainsi que des peintures gothiques de l'atelier des Ferrer et des sculptures du 14e s.

de l'école de Lérida. Citons aussi un ensemble de tapisseries flamandes et nombre de sculptures baroques du 18e s.
*Descendre vers la ville basse par la carrer Sant Anastasi entrecoupée d'escaliers.*

#### LA VILLE BASSE

Elle s'organise autour de la plaça de la Catedral et le long de l'axe piétonnier (carrers **Major**, **Sant Joan** et **Carme**) qui court parallèle au Segre, entrecoupé de placettes. C'est ici que se concentre l'animation commerçante de la cité ; la foule y est dense en fin d'après-midi, notamment le samedi.

### La Seu Nova A2

*Tlj 9h30-13h, 17h30-19h30.*
La « nouvelle cathédrale », dont la façade arbore les armes des Bourbons, est un sobre édifice oscillant entre le baroque et le néoclassicisme (18e s.). Ses trois nefs, séparées par des piliers striés à chapiteaux corinthiens, présentent des culs-de-four. L'atrium est bordé de trois arcades sur lequel s'ouvrent les deux clochers. Les murs extérieurs, très austères, sont décorés de pilastres adossés.

### Hospital de Santa Maria A2 M1

*Pl. Catedral, s/n - ✆ 973 271 500 - ♿ - oct.-mai : mar.-vend. 10h-14h, 17h30-20h30, sam. 12h-14h, 17h30-20h30, dim et j. fériés 12h-14h ; juin-sept. : mar.- vend. 10h-14h, 18h-21h, sam. 11h-14h, 18h-21h, dim. et j. fériés 11h-14h - fermé 1er et 6 janv., 1er Mai, 25-26 déc. - gratuit.*
Face à la cathédrale, cet ancien hôpital du 15e s. possède un lumineux **patio★** intérieur, d'influence Renaissance. Depuis 1942, c'est le siège de l'**Institut d'Estudis Llerdencs**, qui renferme une remarquable bibliothèque. À ne pas manquer, le retable de la chapelle de l'ancien hôpital Santa Maria, chef-d'œuvre baroque. Les différentes salles donnant sur la cour accueillent aujourd'hui des expositions temporaires (art contemporain, photo, etc.).
*Prendre la carrer Major.*

### Museu d'Art Jaume Morera A2 M2

*Carrer Major, 31 (Edifici Casino) - ✆ 973 700 419 - http://mmorera.paeria.es - mar.-sam. 11h-14h, 17h-20h, dim et j. feriés 11h-14h - fermé 1er et 6 janv., 15 août, 25-26 déc. - gratuit.*
Provisoirement installé dans l'ancien casino – en attendant la construction d'un nouveau bâtiment sur les hauteurs de la ville –, ce musée expose des œuvres de son fondateur, le peintre Jaume Morera, et d'artistes locaux du 19e s. et du début 20e s., parmi lesquels Leandre Cristòfol.

### Chapelle Sant Jaume A2 A

Au croisement des carrers Major et Cavallers, cet oratoire gothique du 15e s. est également surnommé **Peu del Romeu** (« pied du pélerin »), en souvenir des pèlerins de Compostelle qui avaient coutume de s'y arrêter.

### Palau de la Paeria A2

*Pl. Paeria, 1 - lun.-sam. 11h-14h, 17h-20h, dim. et j. fériés 11h-14h.*
Ce remarquable édifice du 13e s. abrite l'hôtel de ville depuis 1383. Sur la **façade principale★** s'ouvrent cinq triplets gothiques aux arcs en plein cintre. Vers 1868, une façade néoclassique fut construite à l'arrière, du côté du Segre, puis rénovée ultérieurement dans un style néogothique. Le salon d'apparat abrite un retable gothique de 1451, la *Vierge des Paers*. Le sous-sol du bâtiment, baptisé « la Morra », servit durant des siècles de prison municipale.

### Pour poursuivre la balade

Du Palau de la Paeria, vous pouvez continuer le long de l'axe piéton, gagner les quais du Segre, que franchit, entre autres, une passerelle réservée aux promeneurs, ou parcourir la Rambla, promenade ombragée, mais assez peu fréquentée, sauf le dimanche matin lorsqu'elle accueille une brocante.

## À voir aussi

### Roda Roda - Museu de l'Automoció de Lleida A2

*Santa Cecília, 22 - devant les Camps Elisis - ✆ 973 212 635 - www.museudelautomociodelleida.cat - tlj sf lun. 10h-14h, 16h30-20h30, sam. 11h-14h, 17h-20h, dim. et j. fériés 11h-14h - gratuit.*

À proximité des Camps Elisis, installée dans un ancien garage, cette collection réunit une cinquantaine de véhicules, voitures, motos ou engins agricoles, témoignant de l'évolution technique au cours du 20e s.

### Museu de l'Aigua de Lleida (Musée de l'Eau) Hors plan

*Av. Miquel Batllori, 52 (au sud-est du centre-ville, dans le prolongement du Pont de la Universitat) - ✆ 973 211 92 - www.museudelaiguadelleida.cat - mar.-dim. 11h-14h - gratuit.*

Installé dans le camp de « La Canadiense », aménagé en 1914 par cette société d'électrification pour y loger les employés de ses chantiers, ce musée présente une exposition centrée sur la thématique de l'eau potable. Il organise également des circuits de découverte le long des canaux de la Pinyana (distribution d'eau potable) et de Seròs (centrale hydroélectrique), ou à la recherche des fontaines de la ville.

## À proximité Carte de région

### ★ La Roca dels Moros, à El Cogul A-B3

*25 km au sud par la LL 12 en direction de Tortosa, puis la C 12 dans le prolongement. Après 6,5 km, prendre à gauche la petite route d'Alcanó et, à la sortie de cette localité, à gauche en direction d'El Cogul - ✆ 934 246 577 - juin-sept. : lun.-sam. mat. et apr.-midi, dim. mat. ; oct.-mai : lun.-sam. mat. et apr.-midi - gratuit.*

Sur le flanc d'une roche dominant le chemin ont été découvertes en 1908 des peintures rupestres représentant 42 silhouettes d'êtres humains et d'animaux, datant du paléolithique et du néolithique. Une dizaine sont encore nettement observables, tandis que les autres sont quasiment effacées.

Il est recommandé de venir en matinée, lorsque le soleil illumine le flanc de la roche et rend les scènes de chasse préhistoriques plus visibles.

## NOS ADRESSES À LÉRIDA

### TRANSPORTS

**Aéroport de Lleida-Alguaire** – *15 km par la N 230 dir. Andorra.* Inauguré en février 2010. Vueling y dessert Palma et Paris-CDG (2 fois/sem.). Vols assurés par Ryanair pour Milan et Francfort.

**Gare ferroviaire** – *Pl. Ramon Berenguer IV - ✆ 902 240 202 - www.renfe.es.* L'AVE relie Lérida à Barcelone (1h10), Tarragone (30mn) et Madrid (2h15).

**Gare routière** – *Pl. de Saracíbar - ✆ 973 268 500.* **Alsina Graells** *(✆ 973 274 470 - www.alsinagraells.com)*, dessert Barcelone et les Pyrénées (Vielha, Tremp, Sort, La Seu d'Urgell, Puigcerdà). **Vibasa** *(✆ 902 101 363 - www.vibasa.es)* relie Lérida à Tarragone.

### HÉBERGEMENT

#### PREMIER PRIX

**Hotel Goya** – *Alcalde Costa, 9 - ✆ 973 266 922 - www.goyahotel.es - 18 ch. : 35/40 €.* Ce petit hôtel accueillant se trouve dans un quartier central très animé, proche de la zone commerçante. Il n'est pas luxueux, mais ses chambres sont très fonctionnelles, claires et impeccables. Excellent rapport qualité/prix.

**Hotel Ramon Berenguer IV** – *Pl. Ramon Berenguer IV, 2 - ✆ 973 237 345 - 52 ch. : 45/54 € - 7,50 €.* Situation pratique au bout de la Rambla Ferran, face à la gare ferroviaire. Chambres sans attrait particulier mais d'un confort très convenable. Accueil amical. Une bonne adresse dans sa catégorie.

#### BUDGET MOYEN

**Hotel Real** – *Av. Blondel, 22 (face au Segre) - ✆ 973 239 405 - www.hotelreallleida.com - 58 ch. : 54/98 € - 9,63 €. - rest. 15 €.* Sa situation centrale, à deux pas du centre piéton, est son meilleur atout. Pour leur catégorie, les chambres – récemment rafraîchies – sont correctes et confortables. Les espaces communs en revanche sont réduits et la prestation un peu juste.

**Hotel Zenit Lleida** – *General Brito, 21 - ✆ 973 229 191 - www.zenithoteles.com - 68 ch. : 56/130 € - 10 € - rest. 14 €.* Cette chaîne hôtelière offre un bon niveau de confort et de modernité. La décoration allie le bois et le cristal. Le restaurant propose une excellente cuisine traditionnelle.

**Hotel NH Pirineos** – *Gran Passeig de Ronda, 63 - ✆ 973 273 199 - www.nh-hotels.com - 91 ch. : 60/150 € - 12 € - rest. 18 €.* Tranquille établissement à la façade moderne et actuelle. Ses chambres lumineuses et très confortables sont dans la lignée du niveau de prestation de la chaîne NH : parquets, linge soigné et nombreux accessoires dans les salles de bains. Service prévenant.

### RESTAURATION

#### PREMIER PRIX

**Mini (Tapas)** – *Ramon Soldevila, 4 - ✆ 973 266 013 - fermé sam. soir (de déb. août à mi-sept.), dim. et j. fériés le reste de l'année - 7/14 €.* Impeccable établissement très couru, consacré presque exclusivement aux tapas. Plusieurs tables sont à votre disposition pour savourer les préparations.

**Tugues** – *Av. Rovira Roure, 5 - ✆ 973 248 766 - 8h30-14h30, 17h-21h, dim. 8h-14h30 - 8/12 €.* Pâtisserie-traiteur connue depuis des décennies à Lérida pour la qualité de ses gâteaux, de ses chocolats et de sa charcuterie.

Pour déguster ses spécialités en les accompagnant d'un verre de vin de la région, il est conseillé de réserver. Ses délicieux escargots sont le plat le plus demandé.

### BUDGET MOYEN

**L'Esmolet (Tapas)** – *Pl. Ricard Vinyes, 3 - ✆ 973 221 812 - 12/20 €.* Bar à tapas chaleureux à la décoration tout en bois, où les Llerdencs se retrouvent autour de grandes tartines frottées à la tomate *(pa amb tomáquet).*

**Tapas Bus (Tapas)** – *Enric Farreny, 36 - 2 km au nord-ouest par la N 240 - ✆ 973 238 560 - fermé dim. soir, lun., de déb. août à mi-août- ▤ - menu 18 €, tapas 5/15 €, carte 20/35 €.* Original établissement dont la façade reproduit un autobus anglais, décoré avec beaucoup de goût. Les deux niveaux sur rue font office de bar à tapas, tandis que le restaurant se trouve au sous-sol. Carte informelle à prix très étudiés.

**El Celleret del Segre** – *General Brito, 10 - ✆ 973 231 942 - fermé dim. soir et lun. - 15/20 €.* Restaurant très fréquenté à deux pas de la Rambla, où l'on déguste des spécialités de poissons en provenance directe de la *Llotja* (criée) de l'Ametllà de Mar et servies avec le *pa amb tomáquet* de rigueur. Bonne carte de vins. Service aimable.

### POUR SE FAIRE PLAISIR

**El Celler del Roser** – *Cavallers, 24 - ✆ 973 239 070 - www.cellerdelroser.com - fermé dim. soir - 26/37 €.* Au cœur du vieux Lérida, une petite salle à manger (et une cave en sous-sol) où vous pourrez déguster une cuisine traditionnelle sans prétention, mais pleine de saveurs locales.

**La Huerta** – *Av. Tortosa, 9 (en bordure du fleuve dans le prolongement de l'Av. del Segre) - ✆ 973 242 413 - ▤ - 30/40 €.* Un classique à Lérida qui soigne et perpétue la tradition gastronomique de la région en servant des plats typiques et ses viandes cuites à la braise. Salle à manger toute simple, présidée par un grill ouvert à la vue de tous.

**Xalet Suís** – *Av. Alcalde Rovira Roure, 9 - ✆ 973 235 567 - fermé 2e quinz. janv. et 2e quinz. août - ▤ - 27/43 €.* Comme son nom l'indique, ce restaurant a l'allure extérieure d'un petit « chalet suisse ». Salle coquette et très bien aménagée dans le style rustique avec de la vaisselle décorée et de beaux détails ornementaux. Service personnalisé et cuisine de qualité, qui ne doit rien aux traditions helvètes.

**La Cullera de Sant Llorenç** - *Pl. A. d'Urgell (à côté de l'église St Llorenç et du musée comarcal) - ✆ 973 26 633 - menu déj. en sem. 15 €, carte 20/50 €.* Établissement design et confortable qui tente d'acclimater à Lérida la créativité culinaire, devenue une des marques de fabrique de la gastronomie catalane.

### UNE FOLIE

**Carballeira** – *Butsenit - 3,5 km au sud-ouest sur la N IIA, dir. Saragosse, avant Alcarràs - ✆ 973 272 728 - fermé dim. soir, lun., 1 sem. janv., Sem. sainte, de fin juil. à mi-août - ▤ - 52/79 €.* Ce restaurant sert une excellente cuisine galicienne dont les fruits de mer sont le point d'orgue. Il doit son succès à la qualité de ses produits, à ses plats copieux et à ses recettes très réussies.

## ACHATS

Les magasins sont concentrés dans les carrers **Major** et **Sant Antoni**. Le **parc dels Camps Elisis** (sur la rive opposée du Segre) et les places de Sant Joan, de la Paeria et de la Catedral accueillent

5

diverses foires et manifestations.

**Bodegas Raïmat** – *Raïmat - 14 km au nord-ouest par la N 240 - ✆ 973 724 000 - visite guidée sur réserv. : lun.-jeu. 9h-12h, 14h30-17h, vend. 9h-12h, w.-end à 10h30, 11h30, 12h30 - 3 €.* Une excellente adresse pour connaître le processus d'élaboration des vins d'appellation contrôlée Costers del Segre, dans une propriété de plus de 1 500 ha de vignobles, qui fabrique également le fameux *cava* « Raïmat Brut ». Cadre très moderne au bord d'un joli étang.

## EN SOIRÉE

**Zeke** – *Prat de la Riba, 42 - ✆ 973 225 551 - fermé dim.* Ce magnifique bar vous invite à déguster des vins catalans et espagnols accompagnés d'une assiette de fromage ou de charcuterie. On y discute à bâtons rompus devant le grand comptoir en acajou dans une ambiance plaisante. La tombée de la nuit attire les foules et la place se fait rare.

## AGENDA

**Fira de Teatre de Titelles** – *Avr.-mai - www.firatitelles.com.* Prestigieux festival international de marionnettes depuis 1989.

**Festa Major** – *Autour du 11 mai.* En mémoire du martyr de Sant Anastasi, soldat romain né à Lérida au 4e s., la ville s'anime durant cinq jours. Ne manquez pas le défilé des carrosses, mené par le dragon emblématique de la ville, *Lo Marraco*, et le couple de géants le plus ancien de Catalogne, *Marco Antonio et Cleopatra* – les effigies datent de 1840 ! Le dernier jour, spectaculaire bataille de fleurs et feu d'artifice tiré sur les rives du Segre. À la mi-mai a lieu la **Fête des Maures et des chrétiens**, avec défilé costumé dans les rues.

**Aplec del Caragol de Lérida (Fête de l'escargot)** – *Fin mai.* La plus importante fête de la ville : 12 tonnes d'escargots sont consommées en trois jours par quelque 12 000 personnes réunies en *penyes* (groupes d'amis).

**Festa dels Fanalets de Sant Jaume** – *25 juil.* Défilés d'enfants aux lanternes pour rappeler la légende selon laquelle saint Jacques arrivant en Espagne ôta une épine de son pied à la lueur d'une lanterne portée par un ange.

**Fira se Sant Miquel** – *29 sept.* Foire agricole qui marque le début des fêtes d'automne. Théâtre, danse et cirque pendant 4 jours. Pour la nuit du **Bestiari i Foc**, le dragon *Lo Marraco* est à la tête d'un spectaculaire défilé d'animaux droit sortis du folklore catalan.

Les rives du Segre à Balaguer, dominées par l'église de Santa Maria.
*A. Abaa / Age Fotostock*

# Balaguer

15 281 Balaguerins – Province de Lleida

## NOS ADRESSES PAGE 389

**S'INFORMER**
**Office de tourisme** – *Pl. Comtes d'Urgell, 5 - ✆ 973 445 194 - www.balaguer.cat - mar.-sam. 9h30-13h30, 17h-20h, dim. et j. fériés 10h-13h30 - fermé lun.*

**SE REPÉRER**
Carte de région B2 (p. 376-377) – *carte Michelin Regional 574 G32.* Sise sur les deux rives du Segre, Balaguer se trouve dans une très riche zone agricole, à 2 km de la C 13 reliant Lérida à La Seu d'Urgell.

**À NE PAS MANQUER**
Se réfugier aux heures chaudes à l'ombre des arcades de la plaça del Mercadal ; les ruelles médiévales, en particulier la carrer del Pont (dont les arcades font face au Segre), la carrer Major et la carrer del Castell.

**ORGANISER SON TEMPS**
Si vous le pouvez, faites coïncider votre visite à Balaguer avec le marché du samedi matin, l'un des plus grands de Catalogne.

**La silhouette gothique de l'église de Santa Maria préside cette ville historique, chef-lieu de la comarca de Noguera, mais aussi ancienne capitale du comté d'Urgel. De son riche passé, cette dynamique et entreprenante ville conserve quelques sections de sa muraille arabe et un dédale de rues médiévales.**

5

**GASPAR DE PORTOLÀ**

Militaire et explorateur, Gaspar de Portolà (1717-1786) naquit à Balaguer dont il est l'enfant le plus illustre avec l'écrivain Teresa Pamiès. Il dirigea la première expédition qui atteignit la baie de San Francisco par voie terrestre. Premier gouverneur de la Californie, il se rendit célèbre par son esprit de tolérance en matière religieuse. À l'occasion de son bicentenaire, l'état de Californie a tenu à offrir à Balaguer un monument où Portolà est immortalisé dans une attitude de défi.

## Se promener

### ★ Église de Santa Maria

Sur une butte surplombant la rivière et la ville s'érige cette ancienne collégiale (14e s.) à vaisseau unique, dont les chapelles s'encastrent entre les contreforts, selon le modèle caractéristique de l'architecture gothique catalane.
Sa construction débuta en 1351 à l'initiative de Pere IV le Cérémonieux, né à Balaguer, mais ne s'acheva qu'au 16e s. À l'intérieur est conservé un beau retable gothique (14e s.) en pierre polychrome. Remarquez aussi le solide clocher de base polygonale qui flanque la façade.

### Couvent de Sant Domènec

Situé sur la rive droite du Segre, dans la ville nouvelle, cet ancien couvent dominicain est désormais un établissement franciscain. Construit en 1323 selon les dernières volontés du comte d'Urgel, Armengol X, l'édifice recèle un **cloître★** gothique (fin du 14e s.) parmi les plus sveltes de la Catalogne ; ce dernier se distingue par la finesse des galeries et les détails décoratifs des arcs.

### Plaça del Mercadal

En plein cœur du vieux quartier, c'est l'une des plus grandes places à arcades de Catalogne. Une fois par semaine, un important marché y dévoile la richesse agricole du pays : les beaux fruits et légumes utilisés dans la confection d'exquises recettes.

### Monastère de Santa Maria de les Franqueses

*Au sud de la ville par la C 12 et un chemin à gauche.*

Il ne subsiste de cet ancien monastère cistercien pour femmes que l'église romane (12e et 13e s.), d'une grande sévérité architecturale.

## Circuit conseillé Carte de région

**AU NORD**

*83 km. Circuit tracé sur la carte de région p. 376-377.*

Ce circuit permet de découvrir quelques exemples intéressants d'architecture romane.

*Prendre la C 12 au nord-ouest en direction de Les Avellanes.*

### Monastère de Santa Maria de Bellpuig, à Les Avellanes A-B1

*Sur le territoire communal d'Os de Balaguer, 4 km avant Les Avellanes.*

De cette ancienne abbaye (11e et 13e s.), convertie actuellement en séminaire mariste, il ne reste que le cloître roman à double colonnade et aux sobres chapiteaux.

*Poursuivre par la C 12.*

### Àger A1

Ce pittoresque village se trouve dans une vallée au pied du Montsec. Sur une colline s'élève l'ancienne **collégiale Sant Pere★**, bel exemple roman (fin du 9e s.) à trois vaisseaux, dont l'abside est ornée de colonnes, et cloître gothique (14e et 15e s.).

La route L 904 longe la rive nord du **Pantà de Camarasa** où l'on pratique divers sports nautiques.

*Rejoindre la C 13.*

Vers le nord, la route monte en lacet par l'impressionnant **défilé d'Els Terradets★**, offrant des **vues★★** magnifiques.

*Reprendre la C 13 en direction de Lérida.*

### Baronia de Sant Oïsme B1

Au bord du lac de Camarasa, village pratiquement désert possède une petite église romane (11e s.) à vaisseau unique et trois absides. Perchée sur un rocher, la tour circulaire de l'ancien château est conservée.

## NOS ADRESSES À BALAGUER

### HÉBERGEMENT

**PREMIER PRIX**

**Hotel Balaguer** – *La Banqueta, 7 (sur le quai du Segre, côté vieille ville) - ✆ 973 445 750 - www.hotelbalaguer.com - 30 ch. : 51/61 € - ☕ 6,50 € - ▤ - rest. 12 €.* Petit hôtel convivial. Simplicité des chambres peu à peu rénovées. Celles du premier étage sont particulièrement confortables (salles de bains modernes).

### RESTAURATION

**POUR SE FAIRE PLAISIR**

**Cal Morell** – *Pg Estació, 18 - ✆ 973 448 009 - fermé 2e quinz. d'oct., lun. (sf j. fériés et veilles de fêtes) - ▤ - env. 42 €.* À un jet de pierre de la gare ferroviaire, ce restaurant familial réputé possède un petit bar à l'entrée et une salle à manger d'allure régionale où est servie une cuisine soignée à base de produits du terroir.

### AGENDA

**Festa del Transsegre** – *Juin.* La « Fête à travers le Segre » est une curieuse compétition sportive qui consiste à descendre la rivière sur des embarcations bricolées par chacun.

# Tàrrega

16 539 Targarins – Province de Lleida

NOS ADRESSES PAGE 393

**S'INFORMER**
**Office du tourisme d'Urgell** – *Agoders, 16 - ✆ 973 500 707 - www.urgell.cat - lun.-vend. 9h-15h, sam. 9h-14h.*

**SE REPÉRER**
Carte de région B2 (p. 376-377) – *carte Michelin Regional 574 H33*. Tàrrega est située sur l'autoroute A 2 reliant Lérida à Barcelone.

**À NE PAS MANQUER**
La Fira de Teatre al Carrer (Foire du théâtre de rue), durant laquelle la ville entière se métamorphose en scène de théâtre.

**ORGANISER SON TEMPS**
Basez-vous à Tàrrega pour visiter les monastères de la Ruta del Cister : Vallbona de les Monges *(p. 397)*, Santes Creus *(p. 426)* et Poblet *(p. 437)*. À l'office de tourisme, vous pourrez acheter un billet combiné valable dans les trois sites.

**AVEC LES ENFANTS**
Le musée des Jouets et des Automates de Verdú.

**Dominant l'Ondara, la capitale de l'Urgell conserve dans son quartier ancien quelques rues et places à arcades. Ville dynamique et industrielle, Tàrrega est connue pour sa Foire du théâtre de rue qui attire nombre de visiteurs.**

## Se promener

### Plaça Major

Lieu de nombreuses manifestations culturelles (danses populaires, concerts, représentations théâtrales), elle est dominée par la silhouette de l'**église de Santa Maria de Alba**, œuvre classique (17e-18e s.) à trois vaisseaux et coupole couvrant la croisée. Au centre de la place se dresse une magnifique **croix★** gothique (15e s.).

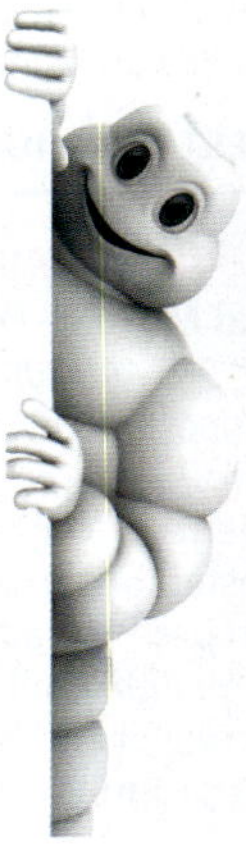

### Plaça de Sant Antoni

En été, cette belle place bordée d'arcades est l'un des endroits les plus animés de la ville.

### Sanctuaire Sant Eloi

Il est situé sur un petit promontoire au nord de la ville. Bâti au 13e s., il fut transformé en fortin au 18e s. pendant la troisième guerre carliste. Au mois de septembre a lieu un *aplec* (rassemblement), où, au milieu des nombreuses compétitions, l'on déguste la pêche au *coca* et l'on danse la sardane.

# À proximité Carte de région

## Verdú B2

*5 km au sud par la C 14, puis la LV 201 à gauche.*

*Pl. del Bisbe Comelles, 13 - 973 347 055 - www.verdu.cat - 10h-14h, dim. et j. fériés 11h-14h - fermé lun., 25-26 déc. 1er et 6 janv. Organise sur demande des visites guidées de la ville (env. 1h, 1,50 €).*

Ce charmant village est surtout connu pour ses céramiques noires utilisées pour la fabrication des cruches qui conservent si bien l'eau fraîche. Jusqu'à l'expropriation de 1835, son histoire fut associée à celle du monastère de Poblet *(voir p. 437)* dont il dépendait depuis 1227. Ne manquez pas d'y visiter l'**église paroissiale Santa Maria**, agrémentée d'un élégant portail roman. À l'intérieur, remarquez le **retable de la Purísima★** (1619), représentant un arbre de Jessé et les douze tribus d'Israël, que couronne la Vierge enceinte.

À proximité s'élève le **château gothique★** (12e-14e s.) ; en haut de ses murs se détache la silhouette du donjon cylindrique (25 m) classé dans le style des tours dites de Manresa. Signalons, à l'intérieur, les curieuses inscriptions datées du 15e s. *973 347 007 - sur demande - 1,50 €.*

★ **Museu de Joguets i Autòmats** (Musée des Jouets et des Automates) – *Plaça Major, 23 - 973 347 049 - www.mjoguetsautomats.com - juin-sept. : mar.-vend. 10h-14h, 17h-20h, sam. 11h-14h, 16h-20h, dim. et j. fériés 11h-14h ; reste de l'année : mar.-vend. 10h-14h, 16h-19h, sam. 11h-14h, 16h30-20h - fermé 25-26 déc., 1er janv., 6 janv. - 5 €.* Un palais du 15e s. revu et corrigé de façon ludique – un toboggan traverse le patio –, pour accueillir une rétrospective complète de l'univers du jouet depuis le début du 20e s. Vous y découvrirez, parfaitement mises en valeur, de nombreuses figurines et jouets articulés provenant notamment d'ateliers français, comme celui de Fernand Martin (ses petits personnages connurent un succès extraordinaire au début du 20e s.). Ne manquez pas l'exhaustive collection de jouets mécaniques sur le thème du football, ainsi que les nombreuses automobiles à pédales. L'étage est consacré à la fête foraine et aux théâtres de marionnettes. En sortant, vous pourrez trouver à la boutique les reproductions de pièces exposées au musée.

## ★ Guimerà B2

*15 km au sud par la C 14 en direction de Montblanc. Avant Ciutadilla, prendre à gauche la L 241.*

L'admirable vieux quartier médiéval, aux ruelles étroites et aux maisons en pierre, est bâti en terrasses sur le versant d'une montagne. Remarquer les ruines du château, les murailles et, avant tout, l'élégante **façade gothique** (14e s.) de l'église paroissiale.



## Bellpuig B2

*10 km à l'ouest par la N IIA en direction de Lérida ou par l'A 2, sortie 498.*

Cette importante cité qui domine le plateau irrigué par le canal d'Urgell était le centre de l'ancienne baronnie de Bellpuig appartenant à la lignée des Cardona. La présence du Circuit de Motocròs de Catalunya y attire aujourd'hui nombre de motards.

**Église de Sant Nicolau** – Cet édifice du 16e s. recèle le magnifique **tombeau Renaissance★★★** de Ramon Folch de Cardona-Anglesola (1467-1522), qui fut vice-roi de Sicile, puis de Naples, où il mourut. Un sculpteur local, Giovanni Merliano da Nola, fut chargé de tailler son mausolée dans le marbre blanc de Carrare et d'y représenter les épisodes héroïques de sa vie. Ce chef-d'œuvre de la sculpture Renaissance fut transporté pierre par pierre à Bellpuig et installé dans le monastère de Sant Bartomeu avant d'être transféré dans l'église paroissiale en 1842.

★ **Monastère de Sant Bartomeu** – *Sur la route de Belianes au sud de la ville - 973 320 292 - juin-sept. : mar.-dim. 10h-13h30, 15h-18h30 ; reste de l'année : mar.-dim. 10h-13h30, 15h-17h30 - fermé lun. (sf j. fériés), 1er janv., 25 déc. - 2,40 €.* Quoique l'ambitieux projet initial n'ait jamais vu le jour, il subsiste une grande partie du monastère original fondé en 1506 par Ramon Folch. Signalons les deux cloîtres : le premier, le plus simple avec ses arcs en lancette, le second (16e-17e s.) doté de grands arcs tendus entre les contreforts et d'une galerie supérieure rythmée de colonnes richement décorées.

### ★ Poblat Ibèric El Molí d'Espígol, à Tornabous B2

*Rejoindre Tornabous (10 km au nord-ouest de Tàrrega par l'A2 et la C 53 dir. Balaguer) et suivre les indications « Centre Vall », puis Jaciment « molí d'Espígol » - 934 246 577 - juin-sept. : mar.-sam. 10h-13h30, 15h-19h30 ; oct.-mai : 10h-13h30, 15h-18h - gratuit.*

Ce site archéologique classé au Patrimoine mondial de l'Unesco après sa découverte en 1970 est un vestige unique d'urbanisme ibère. Cette localité s'est développée à partir du 5e s. av. J.-C. et atteindra, dans les cinq siècles suivants, une importance commerciale, politique et stratégique de premier ordre. Le plan architectural, particulièrement bien conservé, permet de déambuler dans les anciennes rues, bordées des vestiges de fondations de maisons et de canaux de canalisation.

Commencez votre visite par le centre d'interprétation historique, qui vous livrera tous les éléments nécessaires à la compréhension du site.

### Agramunt B2

*15 km au nord par la C 14, sur la rive droite du Sió.*

★ **Église de Santa Maria** – Cette église des 12e et 13e s., à trois vaisseaux et trois absides, est dotée d'un beau clocher (14e s.) rappelant les tours-lanternes de Poblet et de Vallbona de les Monges. On remarque l'exceptionnel **portail★★** ouest (début du 13e s.), dont la décoration géométrique appartient à l'école de Lérida. Les **chapiteaux** et la dernière archivolte – bien regarder la file de saints et de Vierges – sont d'une excellente facture. L'élément central de l'ensemble, constitué par un groupe sculpté représentant la Vierge du Secours et des scènes de l'Annonciation et de l'Épiphanie, fut donné à la ville par la corporation des tisserands (1283). À l'intérieur, les vaisseaux étroits présentent de grands arcs reposant sur des chapiteaux ouvragés ; le retable polychrome du 17e s., dédié à la **Mare del Deú del Roser**, mérite d'être mentionné.

**Ajuntament** – À proximité de l'église, au milieu de vieilles rues à arcades, se dresse la mairie, remarquable construction baroque (18e s.) dont le porche d'entrée est surmonté de l'écusson de la ville.

★ **Espai Guinovart** – *Pl. del Mercat, 1 - 973 390 904 - mar.-vend. 10h-13h, 17h-20h, sam. 11h-14h, 17h-20h, dim. et j. fériés 11h-14h - fermé lun., 1er et 6 janv., 1er Mai, 24 juin, 25-26 déc. - 2 €.* Cet espace culturel, aménagé dans l'ancien marché municipal, présente les œuvres du peintre avant-gardiste **José Guinovart** (1927-2007). Notez la technique surprenante employée dans les tableaux et la façon originale de traiter les traditions locales.

### Château de Montclar B1-2

*25 km au nord par la C 14 - 973 402 045 - www.castelldemontclar.com - visite guidée : dim. à 11h, 12h et 13h - 4,50 €.*

Cette fortification datant du 11e s., reconstruite au 17e s., conserve de bien curieux échantillons du mobilier et de la décoration de l'époque.

## NOS ADRESSES À TÀRREGA

### HÉBERGEMENT

#### À Tàrrega

BUDGET MOYEN

**Hotel Pintor Marsà** – *Av. Catalunya, 112 - ☎ 973 501 516 - www.hostaldelcarme.com -* P *- 23 ch. : 62/86 € - ☕ 5 € - rest. 12 €.* Coquet hôtel convivial et familial dont l'agréable terrasse constitue l'un des premiers attraits. Les chambres au mobilier moderne et aux salles de bains de marbre sont propices à la détente.

#### À Agramunt

PREMIER PRIX

**Kipps** – *Rte de Salou à Artesa de Segre - ☎ 973 390 826 - www.kipps.es -* P *- 25 ch : 42 € - ☕ 6 € - rest. 10 €.* Excellent confort pour cette catégorie d'établissement. Chambres sobres dotées de salles de bains spacieuses.

### ACHATS

**Spécialités** – Les deux spécialités les plus célèbres d'Agramunt sont les tablettes de chocolat « à la pierre » *(a la pedra)* et le *turrón* d'Agramunt : à base de blanc d'œuf, de miel, de noisettes ou d'amandes, il est fabriqué depuis le 18e s. La Foire du *turrón* et du chocolat se déroule en octobre.

**Torrons Vicens** – *Ctra. de Tàrrega, 1 - Agramunt - ☎ 973 390 607 - www.vicens.com.* Le secret de la traditionnelle recette du *turrón* d'Agramunt est jalousement conservé par la famille Vicens depuis 1775. La fabrique moderne est dotée d'une boutique séduisante qui expose un vaste choix de produits.

**Casa Pardet** – *Bonaire, 19 - Verdú - ☎ 973 347 023 - www.casapardet.com.* Production de vin écologique, vente au détail.

### AGENDA

**Marché aux monnaies et aux timbres anciens** – *Tàrrega - 1er dim. du mois.*

**Fira de Teatre al Carrer** – *Tàrrega - 2e w.-end de sept. - www.firatarrega.cat.* Depuis 1981, année de sa création par le groupe Els Comediants, se tient la populaire Foire du théâtre de rue, qui transforme la ville en une immense scène présentant toutes sortes de spectacles. La Fira de Tàrrega a acquis une réputation internationale, et constitue une plate-forme de lancement pour de nombreuses troupes catalanes de théâtre et d'animation : elle attire plus de 800 professionnels et plus de 100 000 spectateurs. Ses quelque 200 représentations illustrent toutes les tendances scéniques actuelles.

**Festa del Vi** – *Verdú - w.-end le plus proche du 12 oct.* Fête du vin se tient chaque année dans le même esprit que la Fête de la cruche *(voir ci-après).*

**Fira de Sillo i Ceramica** – *Verdù - 1re sem. de juin.* La Fête de la cruche et de la céramique a lieu sur la plaça Major, où les artisans céramistes exposent et vendent leurs travaux.

# Cervera

★

8 942 Cerverencs – Province de Lleida

NOS ADRESSES PAGE 396

**S'INFORMER**

**Office de tourisme** – *Major, 11 - ✆ 973 531 303 - 1er juil.-15 sept. : mar.-sam. 10h30-14h, 16h30-19h, dim. et j. fériés 10h-14h ; 16 sept.-30 juin : 10h30-14h, vend. et sam. 16h30-19h, dim. et j. fériés 10h30-14h - fermé lun.* L'office de tourisme organise des visites guidées de l'université (fondée en 1716), mais aussi de la ville.

**SE REPÉRER**

Carte de région C2 (p. 376-377) – *carte Michelin Regional 574 G33.* Cervera se dresse à 548 m au-dessus de l'Ondara, à 3 km de l'A 2 qui relie Lérida à Barcelone et à 15 km à l'est de Tàrrega.

**Dominée par la tour de Santa Maria, la capitale de la Segarra se dresse sur un monticule tout en longueur au milieu d'un paysage de terres calcaires. Les ruines des anciennes murailles de cette ville médiévale dissimulent un quartier ancien aux élégantes maisons seigneuriales, présentes surtout dans la carrer Major, longue rue au tracé curviligne. Cervera possède une tradition universitaire et historique de premier plan, dont l'épisode le plus marquant fut la signature dans la ville du contrat de mariage des Rois Catholiques.**

## Se promener

Cette promenade, qui s'articule autour de la carrer Major dans le sens nord-sud, vous permettra de découvrir les principaux attraits de la ville.

### Église de Sant Antoni

L'église est agrémentée d'une élégante façade Renaissance qu'encadrent deux colonnes diminuées soutenant des personnages féminins. À l'intérieur, voir la sculpture en bois du Christ de Sant Antoni (14e s.).

### ★★ Université

En 1716, Felipe V supprima les six universités catalanes (décret dit « du Nouveau Plan »), créant comme unique centre d'études supérieures l'université de Cervera. L'ensemble fut conçu par les ingénieurs militaires François Montaigu et Alexandre de Rez en 1717, avec la participation de Francisco Soriano et Pedro Martín Cermeño. De nombreuses personnalités y ont étudié : Jaume Balmes, Manuel de Cabanyes, Milà i Fontanals, etc.

Il s'agit d'une des œuvres les plus monumentales de l'architecture civile catalane du 18e s., qui frappe par la stricte répartition des volumes. La façade extérieure (1726-1740), de style baroque, et la façade intérieure (vers 1751), avec de jolis détails ornementaux, retiennent également l'attention. L'ensemble s'ordonne autour de deux patios séparés par une magnifique **chapelle**, ou amphithéâtre, joliment décorée par le grand **retable** d'albâtre (1780-1787) de Jaume Pedró, brillante œuvre baroque.

*Prendre la carrer Major.*

### Museu Comarcal de Cervera

*Major, 115 - ✆ 973 533 917 - www.museudecervera.cat - juin-sept. : mar.-sam. 10h30-14h, 17h-19h, dim. 10h30-14h ; reste de l'année : mar.-jeu. 10h30-14h, vend.-sam 10h30-14h, 17h-19h, dim. 10h30-14h - fermé lun., 1er et 6 janv., 25-26 déc. - 4 € (1er dim. du mois gratuit).*

Créé en 1914, il occupe l'ancien bâtiment (12e s.) de l'hôpital des Chevaliers de l'ordre de Saint-Jean-de-Jérusalem.

À côté des riches collections d'archéologie préhistorique, ibérique et romane, dont la pièce maîtresse est la stèle de Preixana, de l'âge du bronze, sont également exposés des peintures du 14e au 19e s. et des objets ou documents provenant de l'université de Cervera, concernant le vêtement et l'histoire.

En poursuivant la carrer Major, on dépasse le pittoresque **carreró de les Bruixes★★** (ruelle des Sorcières), avec ses nombreux arcs qui longent la muraille intérieure, et qui inspira la **festa del Aquelarre** *(voir « Agenda »).*

### Plaça Major

La Grand-Place doit également ses autres noms de « plaça del Blat » ou « del Mercadal » aux céréales qui y étaient déchargées puis vendues au 14e s.

**Ajuntament** – Construit entre 1679 et 1688 par Francesc Puig puis agrandi en 1786, l'**hôtel de ville** constitue un exemple original d'architecture civile baroque. Sur sa splendide façade se détachent les **figures humaines★** qui, tels des atlantes, soutiennent le double balcon. Ces gracieuses sculptures constituent une représentation très riche et originale des cinq sens, de personnages du marché et de divers métiers (artisans, paysans, soldats, etc.).

### ★ Basilique de Santa Maria

Édifié au 14e s., ce majestueux sanctuaire de style gothique catalan présente trois vaisseaux voûtés sur croisées d'ogives, une abside polygonale aux chapelles rayonnantes et un fin clocher de plan octogonal. Au début du 15e s., le Maître Colí de Maraya réalisa les beaux **vitraux** du chevet, dont la plus grande partie est conservée. Dans les chapelles radiales se trouvent les sarcophages de deux marchands, Ramon Serra et Berenguer de Castelltort. L'église recèle d'intéressantes pièces sculptées des 16e et 17e s., dont on retiendra les fonts baptismaux du maître Jacques (1568), le retable de saint André (1648) par Francesc Puig et Jacint Reguer, et le somptueux **autel du Très Saint Mystère** (Santíssim Misteri) (1788-1810), réalisé en marbre par Jaume Padró.

### Plaça del Fossar

Située derrière la basilique, cette charmante place est occupée par l'église de los Dolores, l'abside de la chapelle Sant Nicolau et la galerie couverte Sant Martí.

### Sant Pere el Gros

Depuis l'ancien chemin de ronde, on domine d'un côté le magnifique paysage aride qui entoure Cervera, et de l'autre la silhouette de Sant Pere el Gros, église romane (11e s.) de plan circulaire.

## NOS ADRESSES AUTOUR DE CERVERA

### SE LOGER

Cervera ne compte que quelques pensions de basse catégorie. Reportez-vous à **Tàrrega** *(15 km, voir p. 393)* si vous souhaitez passer la nuit dans la région.

### SE RESTAURER

#### BUDGET MOYEN

**Montfalcó** – *Rodó, 6 - Montfalcó Murallat - 4,5 km à l'est de Cervera par la N 141 jusqu'à Les Oluges puis la LV 1003 - ✆ 973 531 755 - fermé lun., vend. et sam. soir, 1 sem en fév., 2e quinz. d'oct. - 25/37 €.* Le seul restaurant digne de ce nom à des lieues à la ronde se situe au centre de ce village médiéval entouré de murailles. Cuisine du terroir. Réservation plus que prudente !

### AGENDA

**Misteri de la Passió** - *www.lapassiodecervera.com - les dimanches, de mars à avril.* Cervera développe une activité culturelle et artistique intense, comme le prouvent les très célèbres concours internationaux de musique et de chant et, plus encore, la fameuse **Passió**, où sont mis en scène des épisodes de la vie du Christ. C'est l'une des plus anciennes représentations théâtrales de Catalogne, célébrée jusqu'au concile de Trente à l'intérieur de la basilique de Santa Maria, plus tard dans la rue, et, depuis la fin du 19e s., dans le théâtre. Des milliers de visiteurs affluent en ville pour assister à cet impressionnant spectacle auquel participent près de 500 personnes.

**Sabbat (fête de l'Aquelarre)** – *Dernier w.-end d'août, durant trois jours.* Cette curieuse fête, qui rassemble nombre de visiteurs, fut créée en 1978 par un groupe de jeunes de Cervera. Bien que la ville n'ait aucune tradition en matière de sorcellerie, les instigateurs du premier sabbat *(Aquelarre)* souhaitèrent organiser une fête païenne afin de récupérer l'obscure ruelle des Sorcières. Au fil des ans, cette initiative des jeunes ne cessa de grandir jusqu'à devenir aujourd'hui une fête majeure. La ville se transforme littéralement en un centre ésotérique où défilent des diables (qui donnent des spectacles pyrotechniques), des passacailles chantées, des géants, etc.

Le cloître du monastère de Vallbona de les Monges.
*P. Escudero / hemis.fr*

# Monastère de Vallbona de les Monges

★★

Province de Lleida

NOS ADRESSES PAGE 399

### S'INFORMER

**Office de tourisme** – *Pg Montesquiu, s/n - ✆ 973 330 567 - www.larutadelcister.info.*

### SE REPÉRER

Carte de région B3 (p. 376-377) – *carte Michelin Regional 574 H33.* Sur le versant nord de la serra de Tallat se dresse le petit village de Vallbona de les Monges, dans une vallée paisible où abondent les sources. Pour accéder au village, situé à 27 km au sud de Tàrrega, suivez la petite LV 2021 jusqu'à Maldà puis, à gauche, la LP 2335. Si vous souhaitez poursuivre votre découverte de la **Ruta del Cister**, gagnez Montblanc (21 km au sud-est, *voir p. 431*), d'où vous pourrez rejoindre les monastères de Poblet (31 km au sud, *p. 437*) et de Santes Creus (50 km au sud-est, *p. 426*).

### ORGANISER SON TEMPS

Si vous comptez visiter les trois monastères de la Ruta del Cister pensez au billet combiné *(9 €)*. La visite guidée du monastère dure 45mn.

5

**Le ravissant monastère de Santa Maria de Vallbona est le plus important monastère cistercien féminin en Catalogne. Avec les monastères de Poblet et de Santes Creus – ils faisaient partie tous trois de l'ancien archidiocèse de Tarragone –, il compose la Ruta del Cister, route de l'Art cistercien. Son excellent état de conservation et sa beauté en font l'un des principaux monuments de la Catalogne méridionale.**

# Découvrir Plan du site

*✆ 973 330 266 - www.larutadelcister.info - mar.-sam. 10h30-13h30, 16h30-18h45, dim. 12h-12h30, 16h30-18h45 - fermé lun. (sf j. fériés et août), 1er et 6 janv., Vend. saint apr.-midi, 25 déc. - 4 € ; billet combiné 9 €.*

L'ensemble architectural est d'une somptuosité qui tranche sur la plupart des monastères cisterciens féminins. Le monastère fut construit selon le schéma général des monastères de l'ordre, mais les trois enceintes d'origine, entourées de grandes murailles dont il ne subsiste aucun vestige, ont été grandement altérées.

### ★★ Église

Bâtie en grande partie aux 13e et 14e s., c'est un bel exemple de transition romano-gothique. Le plan en croix latine comporte une seule nef, très allongée, et trois absides rectangulaires ornées de sculptures grotesques (13e s.). Les voûtes sur croisée d'ogives ont été réalisées au 14e s. Le transept est coiffé d'une tour-lanterne octogonale sur trompes, voûtée d'ogives et percée de huit baies (13e s.). D'époque plus tardive (14e s.), le **clocher** (1), avec sa lanterne et ses fenêtres moulurées, est situé au centre de la nef.

À l'intérieur, on remarque les dalles funéraires des abbesses du couvent. Le presbyterium accueille le **sépulcre** (2) de la reine Yolande de Hongrie,

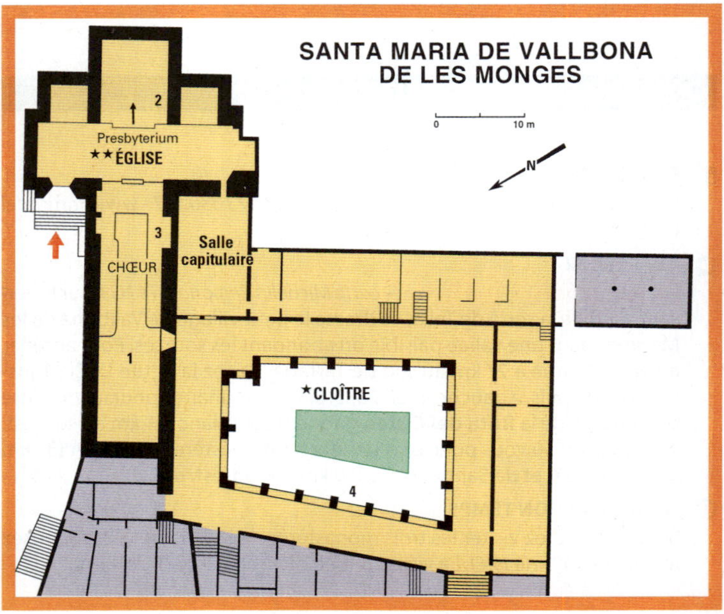

### UN MONASTÈRE FÉMININ

En 1157, l'ermite Ramon de Vallbona et une communauté d'anachorètes fondèrent Santa Maria. Berengère de Cervera, dame de Verdú, y implanta l'ordre de Cîteaux (1175), et la première abbesse, venue de Navarre, en fut Oria Ramírez. Alfons Ier le Chaste et Jaume Ier le Conquérant accordèrent leur protection au monastère, qui reçut en 1201, du pape Innocent III, le privilège pontifical de ne dépendre que du pape. Les jeunes filles des principales familles nobles catalanes prononçaient leurs vœux à Vallbona, contribuant par leur dot à accroître les richesses du monastère. La bibliothèque, le scriptorium, ainsi que l'école monacale, devenue un lieu d'études pour demoiselles nobles, acquirent de l'importance.

En 1573, lorsque le concile de Trente prohiba l'établissement de couvents de femmes dans des endroits isolés, les gens du village voisin de Montesquiu vinrent vivre à Vallbona dans des dépendances cédées par les religieuses. C'est ainsi que fut formé le village.

En dépit des changements et des vicissitudes survenus dans la première moitié du 19e s., notamment la perte des propriétés et la confiscation des droits seigneuriaux, la vie monacale s'est maintenue à Vallbona.

*Pour plus de détail sur l'architecture et l'ordre cisterciens, voir le chapitre « Art et culture » p. 70 et l'encadré p. 438.*

femme de Jaume Ier, et celui de sa fille. Remarquer également dans la chapelle gothique du Corpus Christi (4), une **statue de la Vierge** (3) en pierre polychrome (15e s.).

### ★ Cloître

Chacune de ses galeries arbore un style différent. Celle de l'est (13e s.) est percée d'oculi d'influence arabe, alors que la galerie méridionale est romane (12e-13e s.). La galerie nord est gothique (14e s.), et les chapiteaux y sont ornés d'une fine décoration de motifs végétaux. Dans la galerie ouest, bâtie au 15e s. selon le modèle roman, se trouve la **chapelle Nostra Senyora del Claustre** (N.-D.-du-Cloître), abritant une belle statue du 12e s., remaniée au 14e s.

### Salle capitulaire

Cette magnifique salle gothique (14e s.) surprend par son austérité. Voûtée sur croisée d'ogives, elle conserve, encastrées au sol, d'intéressantes pierres tombales des abbesses du monastère. Remarquer également une **statue de Notre-Dame de la Miséricorde**, en terre cuite, attribuée à Pere Joan (15e s.).



## NOS ADRESSES PRÈS DE VALLBONA DE LES MONGES

#### HÉBERGEMENT

##### POUR SE FAIRE PLAISIR

**Hotel Regina** – *Carretera del Balneari, km 13 - Vallfogona de Riucorb - 26,5 km à l'est de Maldà par St Martí de Riucorb et Guimerà - 977 880 028 - www.cityhotels.es - - 43 ch. : 80/120 € - ouv. tlj de Pâques à fin déc. ; jeu.-dim. de janv. à Pâques - rest. 29/40 €.* Installées dans une grande bâtisse de 1929 entièrement rénovée en 2002, les chambres et suites sont soigneusement meublées dans un style contemporain. Au sous-sol, magnifique Spa avec toute une gamme de soins pour se détendre et piscine intérieure.

# La Costa Daurada et les terres de l'Èbre 6

Carte Michelin Regional 574 – Province de Tarragona



Le village de Miravet, au bord de l'Èbre.

*P. Escudero / hemis.fr*

# LA COSTA DAURADA ET LES TERRES DE L'ÈBRE

CERVERA
MANRESA
BARCELONA
BARCELONA
Verdú
Guimerà
Igualada
Capellades
Santa Coloma de Queralt
Vallbona de les Monges
L'Espluga de Francolí
Montblanc
POBLET
SANTES CREUS
Sant Sadurní d'Anoia
Vilafranca del Penedès
Valls
Aqualeón Parc
Albinyana
Calafell
El Vendrell
El Francàs
Sant Salvador
Coma-ruga
Arc de Barà
Sitges
Vilanova i la Geltrú
Mausoleu de Centcelles
Aqüeducte de les Ferreres
Pedrera del Mèdol
Reus
Torredembarra
Altafulla
Villa romaine dels Munts
Torre dels Escipions
Parc Samà
Tarragona
PORT AVENTURA
Salou
Cambrils
Cap de Salou
Costa Daurada
MAR MEDITERRÁNEO
El Gaià
El Foix
L'Anoia
LA COSTA DAURADA ET LES TERRES DE L'ÈBRE
0
20 km
PORT AVENTURA ★★★ Vaut le voyage
Montblanc ★★ Mérite un détour
Reus ★ Intéressant
El Perelló À voir
Circuit conseillé avec ville de départ
N

# Tarragone

**Tarragona**

★★

140 323 Tarragonins – Province de Tarragona

## NOS ADRESSES PAGE 418

### S'INFORMER

**Office du tourisme de Tarragone** – *Major, 39 - ✆ 977 250 795 - www.tarragonaturisme.cat - juil.-sept. : lun.-sam. 9h-21h, dim. 10h-15h ; oct.-juin : lun.-sam. 10h-14h, 16h-19h, dim. 10h-14h. Également un kiosque d'information sur la Rambla Nova.*

**Office du tourisme de Catalogne** – *Fortuny, 4 - ✆ 977 233 415 - www.catalunyaturisme.com - tlj sf dim. 9h-14h, 16h-18h30, sam. 9h-14h.*

**www.museutgn.com** – Le site Internet du musée d'Histoire est très complet sur l'histoire de Tarragone et de ses monuments. Vous y trouverez aussi des informations sur les tarifs et les horaires d'ouverture.

### SE REPÉRER

Carte de région C2 (p. 402-403) – *carte Michelin Regional 574 I33*. Tout un réseau d'autoroutes et de routes font de Tarragone l'une des villes les mieux desservies de la Catalogne ainsi que le point de départ privilégié d'excursions sur le littoral de la Costa Daurada ou dans l'arrière-pays, encore méconnu, qui recèle de magnifiques sites et d'étonnants ensembles monumentaux. La ville se situe à 98 km au sud-ouest de Barcelone.

Pour vous repérer dans la ville, suivez la **Rambla Nova**, l'artère principale reliant la plaça Imperial Tàrraco au passeig de les Palmeras surplombant la Méditerranée. Parallèlement, la Rambla Vella prolonge la via Augusta. Elle borde le centre historique, délimité ailleurs par des murailles. De là, la carrer Major escalade la colline jusqu'à la cathédrale.

### SE GARER

Vous trouverez des parkings souterrains sous la plaça de la Font (Circo Park, accès par la Rambla Vella), à proximité de la plaça Imperial Tàrraco (sous la Rambla Nova) et sur l'avinguda Prat de la Riba (à 15mn à pied du centre historique). Hors saison, vous pouvez tenter de laisser la voiture sur l'avinguda de Catalunya ou la Rambla Vella, où le parking est autorisé.

### À NE PAS MANQUER

La cathédrale et son cloître ; une flânerie dans la « Part Alta » de la vieille ville, autour de la carrer Major ; une promenade sur la Rambla Nova et le passeig de les Palmeras ; un verre en terrasse sur la plaça de la Font.

### ORGANISER SON TEMPS

Comptez deux jours pour bien profiter de la ville. Si vous n'avez que peu de temps, privilégiez l'atmosphère de la vieille ville en montant jusqu'au quartier de la cathédrale où s'entremêlent vestiges romains et médiévaux. Pour le dîner, rendez-vous à El Serrallo, l'ancien quartier des pêcheurs.

Vue sur la ville.
*Patronat Municipal de Turisme de Tarragona.*

**Ville ouverte sur la mer, radieuse et toujours accueillante – selon la légende, Jupiter quitta sa femme, Tiria, une mortelle, car il tomba fou amoureux de Tarragone –, l'ancienne Tarraco des Romains est actuellement la capitale de la Costa Daurada. La cité jouit d'un agréable climat tempéré, et ses plages de sable fin sont fréquentées une grande partie de l'année. La richesse de son patrimoine artistique et architectural, dont on remarquera plus particulièrement les vestiges antiques et médiévaux, fait de Tarragone l'un des hauts lieux du tourisme en Catalogne.**

# Découvrir Plans de ville

## ★★ LA TARRAGONE ROMAINE

*Départ de la cathédrale.*

Les monuments romains de Tarragone sont mêlés aux constructions ultérieures, formant une véritable mosaïque.

Les amateurs de vestiges romains ne doivent pas manquer de visiter les différents monuments de l'époque qui se trouvent aux abords de Tarragone *(voir « À proximité » et le chapitre dédié à la Costa Daurada)* : **l'aqueduc de les Ferreres★★**, **le mausolée de Centcelles★★**, la **tour des Scipions★**, la **villa romaine d'Els Munts★**, l'**arc de Barà★** et la **carrière d'El Mèdol**. 6

### ★★ Passeig Arqueològic (Muralles) plan II D1

*977 245 796 - www.museutgn.com - mar.-sam. 9h-21h, dim. et j. fériés 9h-15h - fermé lun., 1er et 6 janv., 1er Mai, 25 déc. - 3 € (-16 ans gratuit).*

L'histoire de Tarragone est liée à ses murailles, qui ont tenu leur fonction défensive jusqu'au début du 19e s. Elles furent élevées à la fin du 3e s. av. J.-C., pendant les premières années de l'occupation romaine. Longues de 4 km à l'origine, il en subsiste aujourd'hui un peu plus de 1 km. Les pierres de taille

# Les grandes heures de Tarragone

## LA CITÉ ROMAINE DE TARRACO

L'antique Cesse, précédant la ville romaine de **Tarraco**, était située sur un emplacement caractéristique des villages côtiers ibères : sur le bord d'une élévation naturelle du terrain, dominant une plate-forme côtière et l'embouchure d'une voie fluviale, le Francolí.

En l'an 218 av. J.-C., les troupes de Publius et Cnæus **Scipion** débarquèrent à Tarraco, fondant un *praesidium* ou base militaire de grande importance. En raison d'une très favorable situation stratégique et d'excellentes conditions climatiques, Tarraco prit de l'ampleur au cours de la deuxième guerre punique et, plus tard, au cours des opérations d'occupation du territoire hispanique (2e et 1er s. av. J.-C.).

## DU CAMP MILITAIRE À LA GRANDE VILLE

Dans la deuxième moitié du 1er s. av. J.-C., avec l'établissement de la *Pax Romana*, Tarraco abandonna son statut de « castrum » (camp militaire) pour devenir une véritable ville : d'abord en obtenant le statut de colonie de droit romain, puis en étant élevée au rang de capitale de la province d'**Hispanie citérieure** (Hispania citerior), appelée Tarraconaise à partir de 27 av. J.-C.

Le plan de la cité s'en trouva largement modifié. La partie haute (« Part Alta ») hérita de l'infrastructure militaire qui était la sienne jusque-là. Les **bâtiments** de cette zone élevée, volontiers monumentaux, furent construits, sur trois grandes terrasses, ayant chacune une fonction déterminée : la première, où se dressait le temple, formait un périmètre réservé au culte impérial, la deuxième, sur laquelle s'élevait le bâtiment du prétoire, accueillait le siège des institutions politiques de la province, la troisième était occupée par le cirque. Ce dernier marquait la limite entre la ville « officielle » et sa partie basse, vouée aux logements et aux services.

Au cours des quatre siècles de colonisation romaine, Tarraco, qui atteignit 30 000 habitants, devint l'une des villes les plus importantes de tout l'Empire, où séjournèrent, entres autres, les empereurs Auguste et Hadrien.

## LA TARRAGONE MÉDIÉVALE

Christianisée par saint Paul (selon la tradition), Tarraco entra dans une période de profonde décadence lors de la chute de l'Empire romain. Au 3e s. de notre ère, les invasions des Francs et des Germains la dévastèrent, et, en l'an 476, l'armée wisigothe d'Euric la rasa complètement.

Conquise par les Arabes en l'an 714, la cité fut reprise en 1118 par Ramon Berenguer III. Comme toute la région, Tarragone fut repeuplée par des « colons » venus du nord de la Catalogne et du Languedoc sous l'impulsion des comtes de Barcelone. C'est à cette époque que fut restauré l'ancien et important archevêché – la première pierre de la cathédrale fut posée en 1170.

En 1229, le port de Tarragone, devenu important, servit de point de départ, avec Salou et Cambrils, à la flotte de Jaume Ier pour la conquête de Majorque.

## DÉCADENCE ET RENOUVEAU

Tarragone subit deux sièges sanglants durant la guerre des Moissonneurs (en 1641 et 1644), et les attaques des pirates entraînèrent un véritable exode vers l'intérieur des terres. Le port de Tarragone fut alors abandonné au profit de Salou.

À partir de 1788, suite à l'autorisation accordée à la ville de commercer librement avec l'Amérique, les installations portuaires furent reconstruites, et Tarragone devint l'un des grands port exportateur de vins vers le Nouveau Monde.

Malgré de nouveaux coups durs – de 1811 à 1813, la ville fut occupée et pillée par les Français de Suchet –, le renouveau économique se consolida dans la deuxième moitié du 19e s. grâce à une intense activité industrielle. L'émergence d'une bourgeoisie d'affaires entraîna le démantèlement des fortifications et la construction d'un nouveau quartier au plan géométrique, l'Eixample. Centré autour de la Rambla Nova, il permit de relier la ville haute d'origine au port, jusque-là isolé. La prospérité de ses habitants s'illustra, au tournant du 20e s., par la construction de belles demeures modernistes.

## TARRAGONE AUJOURD'HUI

Tarragone a grandi d'une façon spectaculaire au cours de ces dernières décennies. Les vestiges romains et médiévaux coexistent avec de nombreux aménagements contemporains, qui assurent au visiteur un séjour calme et confortable.

Dynamique comme elle ne l'a jamais été, Tarragone doit une grande partie de son potentiel économique au développement de l'industrie pétrochimique à partir des années 1950, et aux activités liées au port, l'un des plus importants du bassin méditerranéen.

À l'instar d'autres villes catalanes, Tarragone s'est beaucoup développée, aussi, grâce à son université. De nombreux bâtiments anciens (« Escorxador » – abattoirs –, l'ancienne cour de justice, etc.) ont fait l'objet d'importants aménagements pour accueillir les différentes facultés. En leur attribuant cette nouvelle vocation, la ville s'est dotée d'un important centre universitaire.

Les équipements culturels sont également nombreux et offrent un choix de premier ordre : musées, salles de concerts, bars, discothèques et salles de cinéma. La ville se prépare d'ailleurs activement à endosser le rôle de « capitale européenne de la culture » en 2016.

Enfin, Tarragone peut s'enorgueillir de ses 15 km de côtes, dont la plupart des plages arborent le label Pavillon Bleu, concédé chaque année par l'Union européenne. Vous y trouverez quelques-unes des plus belles plages de sable fin de tout le littoral catalan et de petites calanques, comme Tamarit, La Mora ou Els Capellans, sises dans un environnement rocheux d'une grande beauté.

se dressent sur une base cyclopéenne constituée de grands blocs irréguliers, couchés les uns sur les autres sans mortier. L'ensemble fut revu au Moyen Âge, puis au 18e s. .

Au pied de ces murs historiques, le passeig Arqueològic est une promenade qui traverse d'agréables jardins. Ici, on côtoie des vestiges du passé tout en jouissant de perspectives superbes sur la Tarragone moderne. La balade est particulièrement recommandée le soir lorsque les jardins et les vieilles pierres s'illuminent.

### Fòrum Provincial plan II D1

L'étude des épigraphes trouvées dans ce secteur a permis de définir les dimensions et l'importance de ce grand forum (1er s.), à partir duquel était administrée la province d'Hispanie citérieure. Cependant, la trame urbaine ayant entièrement recouvert les vestiges archéologiques, on ne sait presque rien des caractéristiques de ce centre important dont il ne subsiste qu'un pan de mur sur la plaça del Forum.

### ★ Museu Nacional Arqueològic plan II D1

*Pl. del Rei, 5 - ✆ 977 236 209 - ♿ - juin-sept. : mar.-sam. 9h30-18h, dim. et j. fériés 10h-14h ; reste de l'année : mat. et apr.-midi, dim. et j. fériés mat. - fermé lun., 1er janv., 1er Mai, 25-26 déc. - 2,40 € (-18 ans et mar. gratuit), billet combiné avec le Museu i Necròpolis Paleocristiana.*

Le bâtiment qui abrite ce musée a été élevé en 1960 sur un pan de muraille, visible depuis le sous-sol. Il accueille une importante collection d'objets mis au jour dans la ville et ses environs : des vestiges de statues qui ornaient les

| SE LOGER | | SE RESTAURER | | | |
|---|---|---|---|---|---|
| Hotel Astari | 1 | Ca'l Joan | 1 | Sol Ric | 7 |
| Hotel Sant Jordi | 4 | Manolo | 4 | Taller de Cuina Mari Carmé | 9 |

monuments et les places publiques, des frises, des corniches et des médaillons sculptés provenant des temples, de très belles mosaïques, des pièces de monnaie et différents objets qui témoignent de l'enracinement de la civilisation romaine dans la région.

**Architecture romaine** – Dans la salle II *(rdc)*, vous pourrez admirer quelques vestiges des bâtiments les plus colossaux de Tarraco : le forum provincial, le théâtre, les temples disséminés dans la ville, etc. Ces éléments nous aident à comprendre comment étaient décorés les différents bâtiments, ceux consacrés au culte comme ceux consacrés aux loisirs.

★★ **Mosaïques romaines** – Le musée possède les plus belles collections de mosaïques romaines de Catalogne. Les salles III *(1er étage)* et VIII *(2e étage)* montrent à quel point les Romains avaient développé cette technique ornementale. Il y en a de toutes sortes et de toutes dimensions : décorées de motifs végétaux ou géométriques, sous forme de grands pans aux couleurs éclatantes ou présentant des détails pratiquement monochromes. Quelques-unes de ces pièces sont d'une extraordinaire beauté, telle la **mosaïque de la Méduse★★**, salle III. Réalisée vers la fin du 2e s. dans un atelier situé hors de la ville et achevée sur place par des artisans qualifiés, cette tête de Méduse est une œuvre magnifique, où la recherche du détail n'amoindrit pas l'expressivité de l'œuvre.

★ **Sculpture romaine** – Dans les salles VI à X *(2e étage)*, vous pourrez admirer différents types de sculptures trouvées à Tarraco et dans ses environs immédiats. Signalons tout spécialement la salle IX où se trouve la **sculpture funéraire**, présentant des pièces d'une qualité artistique étonnante. L'ensemble est superbe et dans un excellent état de conservation.

Bien que toutes les sculptures soient intéressantes, les plus significatives sont : le **buste de Lucius Verus★** *(salle VI)*, belle œuvre réalisée au 2e s. de notre ère et formant l'un des exemples les plus aboutis de la sculpture romaine, la petite sculpture votive de **Vénus★** *(salle VI)*, trouvée dans le théâtre de Tarraco, dont les petites dimensions ne nuisent en rien à l'harmonie des formes, et enfin la **tête de Minerve** *(salle VII)*, de l'époque d'Hadrien, illustrant la sérénité de la déesse de la guerre.

### ★ Pretori i Circ Romà (Prétoire et cirque romain) plan II D1

*Pl. del Rei, s/n (Rambla Vella) - ✆ 977 241 952 - www.museutgn.com - mar.-sam. 9h-21h, dim. et j. fériés 9h-15h - fermé lun., 1er et 6 janv., 1er Mai, 25-26 déc. - 3 € (-16 ans gratuit).*

Le bâtiment du prétoire, ou château du roi, appelé encore Castillo de Pilatos (château de Ponce Pilate), occupait l'une des extrémités du forum provincial romain. Il connut tout au long de sa longue histoire des affectations très diverses : siège administratif au 1er s. av. J.-C., demeure royale au Moyen Âge, caserne après la guerre de Succession et prison au 19e s. Finalement, il a été aménagé en musée en 1968.

Le prétoire était relié au cirque par des **tunnels voûtés★**, que vous pouvez visiter actuellement. Emprunter ces longs tunnels reliant la ville haute et la ville basse, chargés d'histoires macabres et inquiétantes, produit un effet saisissant.

Outre la visite des sous-sols de la ville, le musée vous offre la possibilité d'aller au sommet du prétoire, d'où l'on profite d'une **vue★** remarquable sur les ruines de l'amphithéâtre et le port. Au sud, au-delà des installations pétrochimiques, on distingue les immeubles de la station balnéaire de **Salou** et la silhouette des montagnes russes du parc d'attractions de **Port Aventura** *(voir p. 453)*.

★★ **Sarcophage d'Hippolyte** – C'est la plus importante des œuvres exposées dans ce musée. Récupéré au fond de la mer sur la côte tarraconaise en 1948, il présente quatre faces illustrant la légende de Phèdre et d'Hippolyte. On pense qu'il fut réalisé au début du 3e s. apr. J.-C. dans un atelier grec. Le dynamisme et la variété dans le rendu des personnages, la vraisemblance des scènes et le bon état de conservation font de ce sarcophage l'une des plus belles pièces de cette époque trouvées en Catalogne.

**Cirque romain** – Le cirque de Tarraco fut bâti à l'époque de Domitien, de 81 à 96, et servait aux courses de chars. Sa situation insolite, à l'intérieur des remparts, marquait la partition de la ville : le secteur public et officiel dans la partie élevée, le secteur résidentiel dans la partie basse. À partir du 14e s., le cirque subit d'importantes dégradations car on s'en servit pour y aménager des logements. Plus récemment, il fut sérieusement détérioré au cours des attaques françaises (août 1813).

Actuellement, il est difficile de se faire une idée de ses proportions, car de nombreuses constructions modernes le dissimulent en grande partie. Les dimensions de cet édifice rectangulaire arrondi aux extrémités étaient impressionnantes : l'arène mesurait 325 m de long sur 115 m de large. On a conservé quelques gradins et une grande partie des voûtes qui les soutenaient, de même que certaines parties de la façade extérieure (trois arcs sur les soixante d'origine), du podium et quelques monumentales portes d'accès. À l'une de ses extrémités fut élevée la **tour de los Monges** (14e s.).

### ★★ Amfiteatre Romà plan II D1

*Parque del Miracle - ✆ 977 242 579 - www.museutgn.com - mar.-sam. 9h-21h, dim. et j. fériés 9h-15h - fermé lun., 1er et 6 janv., 1er Mai, 25 déc. - 3 € (-16 ans gratuit).*

Tarraco a été l'une des rares villes d'Hispanie où les Romains ont construit un amphithéâtre (première moitié du 2e s.), ce qui confirme l'importance politique et sociale de cette colonie durant les premières années de notre ère.

Dominant la mer, il est situé à l'est de la ville, en dehors de l'enceinte, sur le versant de la colline du *praesidium*, qui était la base militaire des Scipions.

L'amphithéâtre présente le plan elliptique caractéristique de ce type d'édifice, avec, au centre, une arène, où étaient donnés tous les spectacles, entourée de gradins où s'asseyait le public. Il se trouve dans une **enclave★** magnifique, sur le flanc d'une petite colline qui descend vers la mer. La pente naturelle du terrain fut utilisée pour aménager une partie des gradins. On dressa des voûtes et des arcs monumentaux, encore en partie visibles. Sous l'arène furent creusées de nombreuses fosses, où étaient aménagées les dépendances des gladiateurs, des dépôts de décors, et des cages pour les animaux amenés à combattre dans l'arène. C'est dans cet amphithéâtre que furent brûlés vifs, en 259, saint Fructueux, premier évêque de Tarragone, et les diacres Augure et Euloge. Une basilique wisigothique à trois vaisseaux et abside en fer à cheval fut élevée (6e-7e s.) à l'endroit même de leur supplice. Au 12e s., au-dessus de cette première construction, on bâtit l'**église** romane **Santa Maria del Miracle**, au plan en croix latine, dont les vestiges sont actuellement visibles dans l'arène et sur une partie des gradins.

En sortant, attardez-vous le long du **passeig de les Palmeras**, belle promenade ombragée de palmiers qui relie la Rambla Nova à la Rambla Vella, également connue sous le nom de **balcon de la Méditerranée**. Là, dominant l'immense étendue bleu azur, on a la sensation de flotter sur l'eau. N'oubliez pas de respecter la tradition locale de « toucher le fer » *(tocar ferro)*, qui veut que toucher la longue rampe métallique du « balcon de la Méditerranée » porte chance !

**Fòrum Romà** Hors plan

*Entrée principale dans la carrer de Lleida - ✆ 977 242 501 - www.museutgn.com - mar.-sam. 9h-21h, dim. et j. fériés 9h-15h - fermé lun., 1er et 6 janv., 1er Mai, 25-26 déc. - 3 € (-16 ans gratuit).*

Le forum formait l'ensemble architectural le plus caractéristique des villes romaines. Il consistait, habituellement, en une large place entourée d'un portique, autour de laquelle se dressaient toutes sortes de bâtiments (temples, curie, tavernes, etc.), où se déroulait la vie politique, juridique, religieuse et commerciale. Tarraco, en tant que capitale de l'Hispanie citérieure, possédait deux forums : l'un situé dans la ville haute, l'autre, consacré aux affaires locales de la colonie, érigé dans la partie basse.

Au nombre des rares vestiges du forum, remarquez les quelques bas-reliefs historiés, des morceaux de frises, des tronçons de voie publique, etc. Quoique l'ensemble offre un aspect fragmentaire, il est facile d'imaginer le temps où marchands, prêtres et orateurs circulaient parmi ces vieilles ruelles.

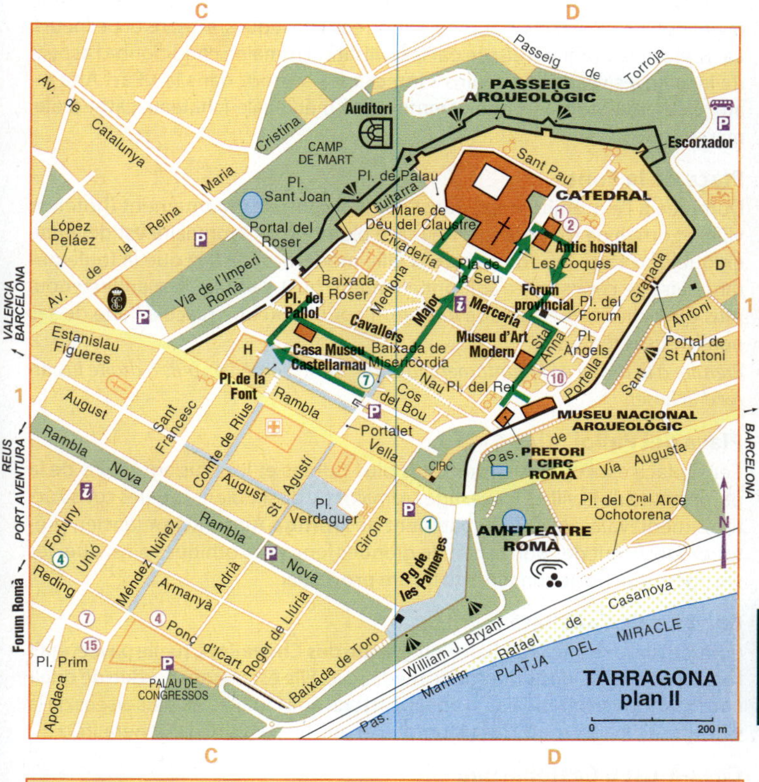


SE LOGER

- Husa Imperial Tarraco ........ ①
- Urbis ........ ④
- Hotel Plaça de la Font ........ ⑦

SE RESTAURER

- Aq ........ ①
- Barhaus ........ ②
- El Terrat ........ ④
- El Tiberi ........ ⑦
- Palau del Baró ........ ⑩
- Rustic ........ ⑮

### Museu i Necròpolis Paleocristiana
(Musée et nécropole paléochrétienne) plan I A1
*Av. Ramon y Cajal, 80 - ☏ 977 211 175 - tlj sf lun. 9h30-13h30, 15h-18h, dim. et j. fériés 10h-14h - 2,40 € (-18 ans gratuit), billet combiné avec le Museu Nacional Arqueològic).*
Les vestiges de cette nécropole datant du 3e s. ont été mis au jour en 1923, lors de la construction du bâtiment qui abrite la Régie des tabacs. Le type de sépulture le plus fréquent est la *tegula*, petit espace protégé par une simple structure de tuiles, sous laquelle étaient déposés le défunt et les amphores. Une exposition permanente, « Le Monde de la mort », présente quelques-unes des sépultures les plus représentatives.

# Se promener Plans de ville

## LA CITE MÉDIÉVALE

Au Moyen Âge, Tarragone avait une population très hétérogène où coexistaient nobles, chevaliers, bourgeois, Juifs, ecclésiastiques, artisans et pêcheurs. La très forte empreinte laissée par la civilisation romaine conditionna l'aspect de la ville, les vestiges romains s'intégrant – surtout dans la « Part Alta » – aux éléments propres à une communauté médiévale (château, cathédrale, marché, etc.).

### Plaça de la Font plan II C1
Dominée à l'extrémité nord-ouest par la façade de l'Ajuntament (hôtel de ville) et ornée de fontaines, cette place piétonne rectangulaire est devenue en quelque sorte le « forum » de la ville moderne. C'est ici que la foule tarragonaise se concentre traditionnellement, qu'il s'agisse de manifester ou, plus quotidiennement, de savourer un apéritif ou une glace à l'une de ses nombreuses terrasses.
*Prendre à la droite de l'Ajuntament la carrer Sant Domènec, puis à droite la carrer d'El Roser.*

### Plaça del Pallol plan II C1
Cette place est l'un des endroits les plus calmes et les plus agréables de la partie haute de la ville. Des vestiges romains s'y dissimulent sous les constructions médiévales. À côté du bâtiment de l'**Antiga Audiència**★ (ancien prétoire) subsistent des porches et de grandes fenêtres gothiques ainsi que des vestiges de la porte romaine du forum provincial.

### Carrer dels Cavallers plan II C1
Comme la rue Montcada à Barcelone, la **rue des Chevaliers**, ruelle pavée, était l'artère principale de la Tarragone médiévale. Elle est encore bordée de quelques maisons seigneuriales ayant appartenu aux familles les plus aisées de la ville (Casa Castellarnau, Casa Montoliu et ancien palais de la Généralité).

### Casa-Museu Castellarnau plan II C1
*Cavallers, 14 - ☏ 977 242 220 - www.museutgn.com - mar.-sam. 9h-21h, dim. et j. fériés 9h-15h - fermé lun., 1er et 6 janv., 1er Mai, 25-26 déc. - 3 € (-16 ans gratuit).*
Construit entre les 14e et 15e s., cet édifice a toutes les caractéristiques des demeures nobles de l'époque. L'empereur Charles Quint y résida pendant son séjour à Tarragone en 1542. Vers la fin du 18e s., la famille Castellarnau acheta

L'amphithéâtre romain de Tarragone.
*L. Campion / MICHELIN*

la maison et fit procéder à des travaux sur la façade et à l'intérieur, décoré de peintures de Flaugier.
Cette demeure abrite le **musée d'Histoire de Tarragone**, qui présente une collection très variée de mobilier d'époque. Grâce aux différents dons, on a réussi à recréer l'atmosphère d'une maison cossue de l'époque baroque. On y voit un beau patio gothique et quelques détails décoratifs surprenants, comme les objets en marbre de la salle de bains.

### Carrer Major plan II D1

La « Grand Rue » part à l'assaut de la colline historique jusqu'au portail de la cathédrale, permettant de gagner la « Part Alta » (quartier haut) de la vieille ville. Arcades et commerces, parfois délicieusement désuets, lui confèrent une allure médiévale des plus sympathiques.

### Arcades de la carrer Merceria plan II D1

*Sur la droite avant d'arriver à la plaça de la Seu.*
Ce sont les seuls vestiges de l'ancien marché médiéval. Ayant fait l'objet d'importants travaux de réhabilitation, les arcades sont actuellement dans un excellent état de conservation. L'été, elles offrent un refuge idéal pour se protéger de la chaleur.

6

### ★★ Cathédrale plan II D1

*✆ 977 238 685 - de juin à mi-nov. : lun.-sam. 10h-18h ; de mi-mars à mai : mat. et apr.-midi ; de mi-nov. à mi-mars : 10h-14h - 3,80 € (avec audioguide).*
Dédiée à la Vierge, c'est le monument médiéval le plus important de Tarragone. À sa mort, l'archevêque Hug de Cervelló légua des biens importants pour faire construire l'édifice, dont le chantier fut ouvert en 1174. Elle fut élevée sur l'emplacement d'un ancien temple de Jupiter, dont des restes sont encore visibles dans les galeries nord et ouest du cloître. L'archevêque Joan d'Arago, fils du roi Jaume II, la consacra en 1331.

La cathédrale appartient au style de transition romano-gothique, mais elle possède des chapelles latérales de style plateresque et baroque ; c'est justement cette diversité architecturale qui fait son intérêt, surtout à l'intérieur, où les styles se superposent les uns aux autres, créant une impression d'opulence.

★ **Façade** – Bien qu'inachevée, la façade principale, donnant sur la plaça de la Seu et à laquelle on accède par un perron monumental, est une œuvre de grandes dimensions et d'une grande valeur artistique. Elle possède trois corps de styles différents : les deux corps latéraux aux murs massifs s'inscrivent dans la tradition romane, tandis que le corps central est entièrement gothique.

Le portail, pourvu d'arcs ogivaux concentriques, est flanqué de deux piliers carrés, surmontés de belles pyramides gothiques bien travaillées.

Sur le **tympan★** du **portail principal★** est représenté le thème du Jugement dernier. Le Christ est entouré de deux anges portant les symboles de la Passion. À ses pieds, les douze bienheureux sortent de leurs sépulcres après avoir été appelés par sept anges. En dessous, les démons traînent les condamnés vers la gueule du monstre Léviathan, qui symbolise l'entrée de l'enfer. Cet ensemble de bas-reliefs est d'une singulière audace et atteint un tel degré d'expressivité que les personnages semblent sortir du cadre purement architectonique. Sur le trumeau figure la Vierge accueillant les fidèles. Cette belle œuvre en marbre fut réalisée (13e s.) par le Maître Bartomeu. Elle domine cinq scènes d'Adam et Ève (l'une d'entre elles les représente vêtus au moment de leur expulsion du paradis).

Les ébrasements portent de grandes représentations des apôtres et des prophètes. Toutes ces sculptures sont dues au maître **Jaume Cascalls**, auteur des sépulcres royaux de Poblet et l'un des grands artistes de l'art gothique catalan.

Au-dessus d'une importante **rosace gothique** percée au milieu du frontispice devait s'ouvrir une baie, qui ne fut jamais réalisée.

**Clocher** – Il s'élève dans l'angle formé par le transept et l'aile est de l'édifice. Le premier corps fut réalisé en l'an 1200, le deuxième, en pierre blanche à bossages, fut construit entre 1321 et 1327. En 1330, on ajouta un troisième corps.

Haut de 70 m, il est visible depuis de nombreux points de la ville, et le poids de la cloche principale, appelée « Capona », est de 5 188 kg.

★★ **Intérieur** – *Accès par la carrer Mare de Deu del Claustre ; signalisation depuis la carrer Major.* Les nombreuses œuvres qui y sont rassemblées forment un véritable musée d'art sacré. Retables baroques et plateresques, chapelles peintes à fresque, grandes tapisseries suspendues à la voûte… tout un spectacle à demi éclairé par les rais de lumière filtrant à travers les vitraux et la rosace.

En forme de croix latine, la cathédrale comporte trois vaisseaux et un transept. La nef centrale est imposante (17 m de largeur pour 26 m de hauteur). L'abside, pourvue d'arcs en plein cintre, est de tradition romane alors que le vaisseau est gothique. Sur la croisée se dresse une tour-lanterne octogonale sur pendentifs. À l'extrémité des croisillons s'ouvrent deux rosaces encore parées de leurs vitraux du 14e s.

Dans la chapelle de la Vierge de Montserrat *(2e à gauche)*, un beau **retable★** (15e s.) retient l'attention. Réalisé par Lluís Borrassà, il est caractéristique du style de son auteur : une préciosité formelle apportant une grande élégance et un dynamisme aux images, des couleurs orangées qui se mêlent aux dorés, etc.

L'élégante chapelle du Saint-Sépulcre *(bas-côté gauche au niveau du « cor »)*, où fut réemployé un sarcophage, mérite aussi le détour.

La **chapelle dels Sastres★★** (des tailleurs) est l'une des plus flamboyantes de toute la cathédrale. Ayant appartenu, pendant un certain temps, à la corporation des tailleurs, elle en a pris le nom. Elle présente une voûte nervurée très complexe et spectaculaire. Cette chapelle forme un ensemble homogène, dominé par le retable du Maître Aloi et décoré dans la partie supérieure de peintures et de sculptures.

Néanmoins, le vrai joyau de la cathédrale est le **grand retable de sainte Thècle★★★** (1430), patronne de la ville. La légende veut qu'elle se convertit au christianisme en entendant la prédication de saint Paul. Maintes fois persécutée, même par sa propre mère, elle échappa miraculeusement au supplice grâce à une intervention divine. Le retable occupe totalement l'abside centrale ; seules deux portes gothiques crénelées, flanquant cet important ouvrage, permettent le passage. L'auteur de cette œuvre magnifique est le grand sculpteur Pere Joan, qui montre la finesse de son art dans la prédelle, où il décrit la vie de sainte Thècle en six scènes. Le goût du détail, de l'ornementation et du pittoresque caractérise puissamment cette œuvre, aussi finement ciselée qu'une pièce d'orfèvrerie. En observant la prédelle de plus près, on découvre les détails : les expressions des visages, les coiffures, les regards, les sourires et, le plus surprenant de tout, les mouches sur la plaie du bœuf.

En dépassant l'abside, sur la droite, une porte conduit à la sacristie et à la salle du trésor, coiffée d'un élégant **plafond artesonado★** mudéjar (14e s.).

À droite de l'autel se trouve le **tombeau★★** de l'archevêque Joan d'Arago, (mort en 1334), l'une des grandes œuvres catalanes du 14e s., vraisemblablement réalisée par un maître italien. À noter aussi dans les chapelles Sainte-Lucie et Sainte-Hélène *(à l'arrière du « cor »)* les peintures murales du 14e s.

La chapelle consacrée à sainte Thècle *(3e à droite)* recèle différents **retables★** narrant la vie de la sainte. On appréciera la délicatesse et le caractère somptueux de ces ouvrages en marbre (1760-1775) qui relèvent davantage d'un courant romantique que de celui du temps de leur création.

Les tapisseries qui pendent de la voûte accentuent le caractère somptueux de l'intérieur. La plupart d'entre elles ont un caractère allégorique ; en les observant, on peut essayer de deviner le principe moral traité.

★★ **Cloître** – La **porte romane★** qui relie le cloître à l'intérieur de la cathédrale, réalisée dans un marbre particulièrement blanc, présente au tympan le Christ en majesté ; remarquer aussi le souci du détail dans les sculptures des chapiteaux. Le cloître surprend par ses grandes dimensions (45 m de côté) et par son originalité, empreinte d'harmonie. La construction, commencée vers la fin du 12e s., s'est achevée au 13e s. Voûté sur croisée d'ogives, selon le premier style gothique, il a conservé la tradition romane pour les ornements sculptés, bien que l'influence arabe soit sensible dans la décoration des arcs polylobés. De plan quadrangulaire, le cloître compte quatre galeries comportant six arcs en lancette ; dans chaque arc s'inscrivent trois arcs en plein cintre soutenus par des colonnes géminées en marbre. Les deux oculi ajourés ouverts dans chaque lancette témoignent également de l'influence arabe, comme la bande d'arcatures polylobées qui borde le toit et la tour, visible depuis l'angle nord-est.

Les chapiteaux décorés de scènes bibliques, de légendes mythologiques et de motifs floraux sont très intéressants, mais, par sa singularité, le chapiteau situé à l'angle nord-est et représentant la « procession des rats » ressort de l'ensemble.

★ **Museu Diocesà** – Les œuvres du musée diocésain sont réparties dans les différentes dépendances capitulaires. L'ensemble est extraordinaire, par la qualité et l'abondance des pièces exposées. Dans les salles, le visiteur pourra contempler des objets liturgiques très variés, des peintures, des retables et d'innombrables bas-reliefs, le tout d'une grande valeur artistique. L'ancien

**dortoir des chanoines** montre un pan de mur romain percé d'une grande fenêtre. Au fond de la salle, une tapisserie relate l'histoire de Samson ébranlant les colonnes du temple des Philistins. Il est amusant d'observer l'expression des personnages, qui, loin d'être apeurés, ont des visages joyeux. Sont également exposés divers objets (poteries, piédestaux et monnaies) datant de l'époque romaine.
La **chapelle du Corpus Christi** abrite nombre d'objets religieux, notamment la pièce n° 105, un **ostensoir★** d'une grande richesse ornementale, réalisé à partir de pièces d'or. On trouve également le **relief de saint Jérôme**, œuvre du 16e s. en albâtre polychrome, pièce d'une grande finesse où l'auteur a parfaitement su exprimer la souffrance du saint.
L'ancienne **salle capitulaire** est ornée de la tapisserie **La Bonne Vie★** (15e s.), probablement réalisée à Arras, capitale de l'Artois, autrefois réputée pour ses tapisseries.

### Antic hospital plan II D1

*Pl. de les Coques.*
L'ancien hôpital Ste-Thècle (12e-14e s.) est actuellement le siège du conseil comarcal. Le bâtiment surprend par la juxtaposition d'éléments modernes et anciens, comme la façade et le portail roman.

### Museu d'Art Modern plan II D1

*Carrer Santa Anna, 8 - ✆ 977 235 032 - www.altanet.org/MAMT - mar.-vend. 10h-20h, sam. 10h-15h, 17h-20h, dim et j. fériés 11h-14h - fermé lun., 1er et 6 janv., 1er Mai, 11 sept., 25-26 déc. - gratuit.*
Inauguré en 1991, ce musée présente une harmonieuse collection d'objets de style Art nouveau. Le sculpteur tarragonais **Julio Antonio** (1889-1919), auteur du monument aux héros de 1811, sur la Rambla, y est bien représenté.

### Quartier juif

Du quartier juif ne subsistent que les arcades gothiques de la **plaça dels Àngels** (plan II D1) et quelques rues au tracé labyrinthique, comme celle de Santa Anna.

## À voir aussi Plans de ville

### Patrimoine moderniste

Il existe à Tarragone bon nombre de bâtiments modernistes parmi lesquels se distinguent les maisons résidentielles de la **Rambla Nova** (plan II C1), le **marché central** (1905, sur la plaça Corsini, au sud-ouest de la Rambla Nova, plan I B1) et l'**Escorxador**, l'ancien abattoir (1902, actuel siège du rectorat de l'université Rovira i Virgili, au nord-est de la ville-haute, plan II D1). Les plus représentatives ont été réalisées par **Josep Maria Pujol** (1897-1939), qui dessina le plan d'agrandissement de la ville en 1922.

### El Serrallo plan I A1

*Au sud-ouest du centre-ville, de l'autre côté de la ligne de chemin de fer. Accès en bus (ligne 2 ou 5) ou à pied (comptez 20mn à l'aller, 30-40mn au retour, ça grimpe !)*
Cet ancien quartier de marins-pêcheurs, créé en bord de mer au milieu du 19e s., rassemble quelques-uns des meilleurs restaurants de poissons et fruits de mer de la ville et une criée aux poissons renommée s'y tient tous les jours.

Constitué d'une poignée de ruelles serrées autour de l'église de Sant Pere, El Serrallo devient, à la nuit tombée, un quartier récréatif animé, très prisé des locaux.

**Museu del Port de Tarragona** – *Moll de Costa - lun.-sam. 10h-14h, 16h-19h, dim. et j. fériés 11h-14h - 2 €.* Installé dans une dépendance de l'ancienne gare maritime, ce musée relate l'histoire du port de Tarragone depuis l'époque romaine, à l'aide de panneaux, de maquettes et de documents. La partie la plus intéressante est consacrée à la pêche, avec présentation des différents types d'embarcations, de filets et de techniques utilisés.

# À proximité Carte de région

## ★★ Aquedücte de les Ferreres (Aqueduc des Forgerons) C2

*4 km au nord par la N 240 en direction de Valls et Lérida (Lleida). Bus ligne 5 depuis la station Portal del Roser, près de la pl. Imperial Tàrraco, arrêt Pont del Diable - 1,20 €, payable au conducteur.*

Cet **aqueduc romain** (1er s.), plus connu localement sous le nom de « pont du Diable », se situe dans une épaisse forêt de pins. Une agréable promenade *(30mn)* permet d'y accéder. De dimensions considérables – deux niveaux d'arcades, culminant à 27 m et s'étirant sur 217 m –, il est dans un parfait état de conservation. L'utilisation de pierres sans mortier laisse à penser qu'il fut l'un des premiers aqueducs construits sous le règne d'Auguste en Hispanie.

## ★★ Mausoleu de Centcelles (Mausolée de Centcelles) C2

*5 km au nord. Sortir par l'ouest en suivant l'avenue de Roma (dir. València/Reus). Après avoir franchi le riu Francolí, tourner à droite et suivre la N 241 jusqu'à Constantí ; de là, prendre à droite la route de Centcelles, puis un chemin (500 m environ). Juste avant d'arriver à Centcelles, tourner à gauche. ✆ 977 523 374 - ♿ - mar.-sam. 10h-13h30, 15h-18h, dim. et j. fériés 10h-14h - fermé lun., 1er janv., 1er Mai, 25-26 déc. - 1,80 € (-16 ans gratuit). La visite prévoit la projection d'un film sur le thème de la coupole.*

Les conditions climatiques, la situation géographique de la campagne tarragonaise et l'importance de Tarraco favorisèrent la construction de nombreuses villas rurales à caractère résidentiel. L'ensemble archéologique de Centcelles constituait l'une de ces implantations, prospères jusqu'au 4e s. de notre ère, époque à laquelle on construisit le grand mausolée.

On suppose que cette construction monumentale était la tombe de l'empereur Constant, fils de Constantin le Grand, qui mourut en Gaule en l'an 350. Sa fonction de mausolée impérial explique ses dimensions importantes et la qualité des mosaïques, qui constituent les plus anciens exemples d'art funéraire chrétien.

C'est un bâtiment de plan carré aux volumes très marqués. À l'intérieur se trouve une vaste pièce circulaire, surmontée d'une grande coupole de 11 m de diamètre. À la base s'ouvrent quatre niches en demi-cercle et une crypte. Cette construction est reliée à une salle quadrilobée.

**★★ La coupole de mosaïques** – Découvertes tout à fait par hasard en 1877, les mosaïques polychromes de Centcelles constituent un fantastique témoignage de l'enracinement du christianisme à la fin de l'Empire romain. Malgré la perte d'une grande partie de l'ensemble, ce qu'il en reste est d'une extraordinaire beauté.

Sur la partie basse apparaît le cycle de la chasse aux cerfs. Outre l'élégance des chevaux et des cavaliers, remarquez la forme des tuniques et la grâce des animaux en mouvement. L'expression du personnage (probablement le défunt) qui regarde vers le ciel, l'air absent, est surprenante.

Différentes bordures géométriques séparent la partie de chasse des scènes de l'Ancien et du Nouveau Testament. Les seize panneaux formant cette belle frise sont d'une qualité nettement supérieure à celle du cycle de la chasse. La technique est beaucoup plus soignée, le dessin est mieux exécuté et les tesselles dorées, symboles d'opulence, sont nombreuses. Admirez le plafond représentant Daniel dans la fosse aux lions : on ne voit qu'une partie du visage du prophète et la tête du lion au regard surpris.

Dans la partie supérieure, huit panneaux représentent les quatre saisons sous la forme de petits amours portant les objets symboliques des activités agricoles.

**Pedrera del Mèdol** (Carrière d'El Mèdol) C2

*7 km au nord-ouest, sur l'aire de service del Mèdols. Quitter Tarragone par l'AP 7 ou par la N 340 direction Barcelone. 977 242 220 - tlj sf lun. 10h-16h, dim et j. fériés 10h-15h - fermé 1er et 6 janv., 1er mai, 25-26 déc. - gratuit.)*

Aux alentours de Tarraco, de nombreuses carrières approvisionnaient les chantiers de la ville. L'une des plus actives était celle d'El Mèdol, située près de la via Augusta. Juste au centre de cette ancienne carrière se dresse une impressionnante aiguille de 16 m de haut, indiquant le niveau initial de la roche avant les opérations d'extraction. On remarque également les nombreuses marques sur les parois, témoignant des manœuvres employées pour déplacer les énormes blocs de pierre.

Vous trouverez d'autres vestiges romains à proximité de Tarragone, notamment la **villa romaine dels Munts★** *(p. 451)*, l'**Arco de Barà★** *(p. 450)* et la **tour des Scipions★** *(p. 452)*, traités dans le chapitre « Costa Daurada ».

## NOS ADRESSES À TARRAGONE

Voir aussi nos adresses sur la **Costa Daurada** *(p. 455)*.

### TRANSPORTS

**Aéroport Reus-Tarragone** – *977 779 800*. Une quatre voies assure la liaison Reus-Tarragone.

**Gares ferroviaires** – *977 240 202 - www.renfe.es*. Tarragone dispose de deux gares ferroviaires :

La **gare du centre-ville** *(pl. de la Pedrera, à proximité du port)* est desservie plusieurs fois par les trains régionaux au départ de Barcelone. Comptez 1h par le *Catalunya Exprès*. La ligne longeant le bord de mer permet de rejoindre les stations balnéaires de la Costa Daurada ; une autre ligne s'enfonce dans l'arrière-pays vers Lérida.

La **gare Camp de Tarragona** *(située à Perrafort/La Secuita, 15 km au nord de la ville par la N 240 en direction de Valls)*, inaugurée en 2006, est desservie par l'**AVANT** (train à grande vitesse, version catalane de l'AVE), notamment depuis Madrid (2h30), Saragosse (1h15), Lérida (25mn) et Barcelone (35mn). Mais en raison de sa situation excentrée, les Tarragonais préfèrent emprunter le train régional lorsqu'ils se rendent à Barcelone. Accès en bus avec la compagnie Plana depuis la gare routière.

**Gare routière** – *Pl. Imperial Tàrraco - ☎ 977 229 126*. La compagnie **Plana** permet de rallier toutes les localités de la Costa Daurada *(☎ 977 214 475 - www.autocarsplana.com)*. **Hife** dessert Tortosa, Lérida et Valence *(☎ 902 119 814 - www.hife.es)*. **Vibasa** propose des départs quotidiens pour Poblet et Lérida *(☎ 902 101 363 - www.vibasa.es)*. **Penedès** relie Tarragone à El Vendrell *(☎ 977 660 821 - www.autocarsdelpenedes.com)*.

**Location de voitures** – **Avis** *: pl. de la Pedrera, 2 - ☎ 977 211 701 -* **Europcar** *: av. Roma, 20 - ☎ 977 233 811 - www.europcar.es -* **Hertz** *: Comerç, 3 bxs - ☎ 977 244 181 - www.hertz.es.*

## VISITE

**Tarragona Card** – *☎ 977 250 795 - www.tarragonaturisme.cat - 14 €*. Cette carte valable 48h, en vente dans les offices de tourisme *(répertoriés en début de chapitre)*, inclut l'accès aux musées, monuments, transports urbains, offre des réductions pour la navette de l'aéroport et dans certains restaurants, bars, commerces et loisirs (Port Aventura notamment).

## HÉBERGEMENT

L'hébergement bon marché est rare à Tarragone et, en été, il est recommandé de réserver sa chambre deux semaines à l'avance. Les campings de bord de mer peuvent constituer une solution alternative, à quelques kilomètres seulement de Tarragone, notamment au nord-est du côté de l'Arrabassada (sur la N 340[A], direction Barcelone).

### PREMIER PRIX

**Hotel Plaça de la Font** – Plan II - *Pl. de la Font, 26 - ☎ 977 246 134 - www.hotelpdelafont.com - 20 ch. : 55/70 € ☕ - rest. 14 € (fermé dim)*. Sur la place du même nom, un petit hôtel aux chambres élégantes, toutes dotées de balcons ouverts sur l'animation des lieux. Agréable terrasse sur la place pour prendre le petit-déjeuner ou un rafraîchissement.

### BUDGET MOYEN

**Hotel Sant Jordi** – Plan I - *Vía Augusta, 185 - 2 km à l'est par la rte de Barcelone - ☎ 977 207 515 - www.hotelsantjordi.info - fermé de mi-déc. à mi-janv. - P ▤ - 39 ch. : 59/86 € - ☕ 5,35 €*. Établissement familial en front de mer. Le personnel vous réservera un accueil convivial. Ses prestations ne sont pas luxueuses mais largement suffisantes pour vous assurer un séjour des plus agréables et paisibles.

**Urbis** – Plan II - *Reding, 20 bis - ☎ 977 240 116 - urbis@tinet.fut.es - ▤ - 44 ch. : 65/100 € ☕*. Situé aux abords du palais des congrès, sobre établissement familial avec des chambres confortables malgré leur petite taille et équipées de salles de bains au goût du jour.

**Hotel Astari** – Plan I - *Via Augusta, 95 (à l'entrée est de la ville, par la route de la Costa Daurada) - ☎ 977 236 900 - www.hotelastari.com - P ▤ - 80 ch. : 72/95 € - ☕ 7,20 €*. Cet hôtel moderne est décoré avec soin jusque dans le détail. Les chambres spacieuses et confortables présentent un

6

ameublement et des salles de bains modernes. Personnel aimable et superbe piscine.

#### POUR SE FAIRE PLAISIR

**Husa Imperial Tarraco** – Plan II - *Pg. de les Palmeres - ✆ 977 233 040 - www.husa.es - P - 145 ch. : 61/174 € - 14 € - rest. 21 €.* Au bout de la Rambla Vella, dominant la mer et les ruines de l'amphithéâtre romain, ce grand établissement en demi-lune profite de vues superbes sur la Méditerranée. Les chambres sont confortables et décorées avec goût. Une bonne adresse.

### RESTAURATION

**Spécialités** – Tarragone propose une cuisine populaire accommodant des produits de la mer d'excellente qualité. Ne quittez pas la ville sans avoir goûté au *romesco*, sauce typique à base d'amandes, de noisettes, de piments et d'huile d'olive. D'autres plats comme le *rossejat*, composé de riz ou de vermicelle, cuisinés dans un fumet de poisson, le riz noir *(arròs negre)* et la *zarzuela*, sorte de bouillabaisse catalane, méritent aussi le détour. Signalons également les *cocas de recapte*, à base de pâte à pain farcie de légumes, de saucisses et de sardines, cuite au four.

Les **vins** du Tarragonais, appréciés déjà au temps des Romains, ont une flatteuse réputation. En plus des vins de table de qualité, Tarragone produit une grande variété de vins vieux et des mistelles à déguster avec les meilleurs desserts.

#### BUDGET MOYEN

**El Tiberi** – Plan II - *Martí d'Adernyà, 5 - ✆ 977 235 403 - fermé dim. soir., lun. - 15/35 €.* Belle sélection de spécialités catalanes salées et sucrées présentées sur un grand buffet, dans un décor champêtre. Excellent rapport qualité-prix.

**Ca'l Joan** – Plan I - *Espinach, 2 (El Serrallo) - ✆ 977 219 223 - www.caljoan.com - fermé lun, Sem. sainte et 3 sem. en oct. - 16,50/35 €.* Devenant peu à peu une institution du quartier des pêcheurs de Tarragone, cet établissement sert une cuisine de la mer traditionnelle (goûtez le riz à la lotte et aux clovisses).

**Rustic** – Plan II - *Martí d'Ardenya, 7 - ✆ 977 234 851 - fermé dim. soir et lun. - 20/24 €.* Dans un décor qui justifie son nom (pierres apparentes, outils paysans), ce restaurant propose, entre autres, différentes variétés de riz *(arrosses)*.

**Taller de Cuina Mari Carmé** – Plan I - *Espinach, 23 (El Serrallo) - ✆ 652 523 452 (port.) - www.carmenarjona.es - 25/30 €.* Il s'agit avant tout d'un atelier de cuisine où l'on vient suivre des stages sur des thèmes divers. Mais on peut aussi y dîner (sur réservation) et déguster ainsi les tapas et les plats favoris de Mari Carmé Arjona, spécialiste reconnue du fameux *romesco*.

#### POUR SE FAIRE PLAISIR

**Sol Ric** – Plan I - *Via Augusta, 227 - 1,9 km à l'est par la rte de Barcelone - ✆ 977 232 032 - www.restaurantesolric.es. fermé dim. soir, lun., du 20 déc. au 20 janv. - - menus 18/28 €, carte env. 30/35 €.* Restaurant familial aux salles spacieuses décorées dans un style rustique. L'agréable terrasse arborée est l'endroit idéal pour savourer ses plats par une chaude journée d'été. Spécialités de riz *(arrosses)*. Bon niveau de service.

**El Terrat** – Plan II - *Pons d'Icart, 29 - ✆ 977 248 845 - www.elterratrestaurant.com - fermé 15 j. en janv.-fév. et août-sept. - 32/40 €.*

En retrait de la Rambla Nova et à deux pas du palais des Congrès, un bon restaurant de cuisine traditionnelle, très apprécié des Tarragonais.

**Aq** – Plan II - *Les Coques, 7 - ✆ 977 215 954 - www.aq-restaurant.com - fermé dim. et lun, fêtes de Noël et 1re quinz. de juil. - 33/44 €.* Installé dans une belle demeure du 15e s. face à la cathédrale, ce restaurant propose une cuisine créative s'inscrivant dans le cadre de la gastronomie locale. Carte renouvelée chaque semaine et sélection de vins du Penedès.

**Barhaus** – Plan II - *Sant Llorenç, 22 - ✆ 977 244 770 - fermé dim., de mi-août à fin août - ▤ - menu 36 €, carte 35/45 € env.* Ce restaurant bénéficie d'un très bel emplacement à l'intérieur du collège des Architectes, à un jet de pierre de la cathédrale. La salle affiche une décoration inspirée du Bauhaus qui se marie harmonieusement au cadre médiéval. Cuisine de marché avec quelques touches de fantaisie.

**Palau del Baró** – Plan II - *Santa Anna, 3 - ✆ 977 241 464 - www.palaudelbaro.com - fermé dim. soir et lun. - menus 12/15 € - carte 35/50 €.* L'ancien palais d'une noble famille de la ville, doté d'un beau jardin, abrite ce restaurant élégant à la carte volontiers inventive.

**Manolo** – Plan I - *Gravina, 61 (El Serrallo) - ✆ 977 223484 - fermé dim. soir et lun. - 41/56 €.* Cuisine de la mer (poissons, crustacés et fruits de mer), cela va de soit pour le restaurant le plus prestigieux du quartier des pêcheurs. Salle à manger agréablement décorée, doublée d'un bar, envahi à l'heure des tapas. Ne manquez pas de déguster la sauce *balandra*, typique des pêcheurs.

## PETITE PAUSE

**Plaça de la Font** – Sans aucun doute, le principal point de rencontre au cœur de la ville. Cette place piétonne, où abondent terrasses, bars à tapas, cafétérias, glaciers et petits restaurants, vibre surtout en fin d'après-midi et en début de soirée.

**Sirvent** – *Pl. de la Font, 12 - ✆ 977 245 396.* Un grand choix de glaces en coupe ou en cornet mais aussi des jus de fruits frais. Autre adresse tout au bout de la Rambla Nova.

**Pla de la Seu** – *Pla de la Seu, 5 - ✆ 977 230 407.* La terrasse du café fait face à la cathédrale, parfait pour marquer une pause et prendre un rafraîchissement avant ou après la visite du monument.

## ACHATS

**Quartiers commerçants** – Entre la Rambla Nova et Rambla Vella, tout autour de la plaça Jacint Verdaguer, s'étend une vaste zone piétonne, où se côtoient commerces traditionnels, boutiques plus actuelles (vêtements essentiellement) et grands magasins. Les amateurs d'**antiquités** prendront plaisir à chiner dans les boutiques de la carrer Major.

**Cuadras Xarcuteria** – *Rambla Nova, 65 - ✆ 977 242 822.* Cette charcuterie est l'une des plus célèbres de Tarragone pour la qualité de ses produits. Elle propose également d'autres spécialités catalanes, comme les fruits secs, les olives, les vins, les liqueurs, les huiles d'olive et le fameux riz du delta de l'Èbre. Passage obligé pour les gourmets.

**Mosaic** – *Major, 19 - ✆ 977 234 246.* Petite boutique située dans une des rues les plus commerçantes de la ville. Vous y trouverez des céramiques et des biscuits fabriqués par des artisans locaux qui puisent leur inspiration dans l'épique passé romain de Tarragone. Une bonne adresse pour l'achat d'un cadeau original.

### EN SOIRÉE

Au cours de votre séjour, pour profiter pleinement de la riche activité culturelle de Tarragone, procurez-vous le guide *Públics*, édité par la mairie et distribué gratuitement tous les mois.

**Marina du port de plaisance** – *Port Esportiu*. Le quartier nocturne en vogue. La tournée des « grands ducs » est à vous jusqu'au petit matin, vous pourrez écumer endroits et ambiances variés.

### AGENDA

**Carnaval et Vendredi saint** – Les fêtes de Tarragone débutent en janvier avec les **Tres Tombs**, où défilent des chevaux et des voitures. Après le carnaval commence la Semaine sainte, manifestation religieuse de grande tradition dans la ville. C'est le Vendredi saint qu'a lieu l'une des plus célèbres processions de Catalogne : de nombreux chars portant des statues représentant des scènes de la Passion défilent ainsi qu'une cohorte romaine reconstituée de façon très convaincante.

**Saint-Jean** – *24 juin*. Kermesse et veillée traditionnelle.

**Saint-Pierre** – *29 juin*. Fêtes du quartier maritime d'El Serrallo. C'est alors que commencent les festivals d'été qui se tiennent dans l'Auditori Municipal.

**Santa Tecla** – *10 j. autour du 23 sept.* C'est la grande fête de Tarragone. La ville se transforme en une scène débordant de musique et de couleurs. Les habitants se pressent dans les rues pour voir les différents personnages du bestiaire médiéval, les brigands de Serralonga avec leurs espingoles, les « diables », les « Turcs et chevaliers » en train de danser... Spectacles et concours de *castells* *(voir ci-après)* se succèdent.

**Concours de castells de Tarragona** – *1er dim. d'oct., années paires*. Tous les deux ans est organisé dans les arènes, aujourd'hui rénovées et couvertes, un concours unique au monde, où sont échafaudés les « châteaux » humains les plus spectaculaires. Tarragone possède en effet quatre groupes de *castellers* très importants.

Pour plus d'informations sur la tradition des *castellers*, rendez-vous carrer Santa Anna, face au musée d'Art moderne, au siège des Xiquets de Tarragona, une des *colles* (équipes) locales, qui présente une petite **exposition** sur l'art des *castells*.

Par ailleurs, un **monument aux Castellers** se dresse sur la Rambla Nova, à quelques mètres de la plaça Imperial Tàrraco.

*Lire aussi « Des traditions profondes » dans le chapitre « Comprendre la Catalogne », p. 59, et l'encadré sur les castells de Valls ci-contre.*

# Valls

25 092 Vallencs – Province de Tarragona

NOS ADRESSES PAGE 425

**S'INFORMER**

**Office de tourisme** – *Pl. del Pati - 977 612 530 - www.valls.cat - mai-sept. : 10h-14h, fermé dim. et j. fériés ; oct.-avr. : 10h30-13h30, 17h-20h, dim. 10h-14h, fermé lun.*

**SE REPÉRER**

Carte de région C1 (p. 402-403) – *carte Michelin Regional 574 I33*. Située dans l'arrière-pays de la Costa Daurada, Valls est à une vingtaine de kilomètres des plages et de Tarragone par la N 240. La région est parfaitement desservie par le réseau routier (l'autoroute AP 7 et les routes nationales longeant le littoral mènent vers Barcelone ou Tarragone), ce qui explique l'essor commercial de la ville et la fréquentation de ses marchés.

**À NE PAS MANQUER**

Les *calçots*, spécialité culinaire de Valls (entre décembre et mars).

**ORGANISER SON TEMPS**

Valls est une étape idéale avant d'attaquer la Route des monastères cisterciens (Poblet, Santes Creus et Vallbona de les Monges). Vous trouverez à l'office de tourisme quantité d'informations utiles pour votre périple.

**Ville ouverte et prospère, Valls est enclavée entre deux torrents affluents du Francolí, le Sant Francesc et la Farigola, dans un relief accidenté, où foisonnent chaînons montagneux et vallées, d'où son nom : Valls. Ne possédant pas d'attrait particulier, Valls dispose néanmoins de trois atouts : son folklore, ses commerces et ses spécialités culinaires.**

### LE BERCEAU DES « CASTELLS »

On décerne à la ville ce titre honorifique. Pendant près de 200 ans, Valls a fait vivre la tradition de ce folklore original et unique au monde *(voir p. 59)*. Actuellement, on élève des *castells* aux quatre coins de la Catalogne et même dans le Roussillon. Le dimanche suivant le 21 octobre, on célèbre la Santa Úrsula, fête *castellera* par excellence, au cours de laquelle s'opposent les deux principales équipes locales, ou *colles* : la Colla Vella et la Colla Nova. L'énorme rivalité entre ces deux groupes les amène à prendre des risques considérables, notamment à réaliser le « quatre de neuf », c'est-à-dire neuf étages d'hommes avec quatre hommes par étage. Ceux qui ne pourraient pas venir pour la Santa Úrsula peuvent être rassurés : Valls organise de nombreuses fêtes et les *castellers* saisissent toutes les occasions pour montrer leur savoir-faire. Le dimanche suivant la Saint-Antoine, a lieu la Fête des Tres Tombs, l'une des plus populaires de toute la Catalogne.

**LA « CALÇOTADA DE VALLS »**

Si les *castells* sont la fierté de la ville, il en est de même pour ses *calçots,* sorte d'oignons tendres et doux. De décembre à mars, dans la plupart des restaurants de la région, a lieu le célèbre rituel de la *calçotada*. Le menu est délicieux et original. On commence par les *calçots a la brasa*, grillés au feu de sarments et servis sur des tuiles, qu'on accompagne de *salvitxada,* sauce préparée à base d'amandes effilées, de tomates, d'ail, de piments forts de Murcie et d'autres ingrédients. Mais attention ! Avant de goûter ce mets succulent, observez la façon d'émonder les *calçots* : ce n'est pas si facile ! Ensuite viennent les côtes d'agneau, la *botifarra* et la *llonganissa* de Valls (des saucisses à la viande de porc) avec le traditionnel aïoli et le pain paysan, le tout arrosé d'un bon vin rouge du pays. Au dessert, on propose des oranges, des pâtisseries ou de la crème catalane, ainsi que le *cava*, le café et les liqueurs. Le secret de cette spécialité unique, qui attire des milliers de gourmets, est très simple : une bonne *calçotada* doit se savourer, selon le rite et dans les règles.

# Se promener

## ★ LE QUARTIER ANCIEN

*Accès par la carrer Jaume Huguet.*

Il garde son caractère médiéval, et si les murailles ont disparu, les rues tracées à leur emplacement en rappellent les noms : Muralla del Castell, de Sant Francesc, del Carme et de Sant Antoni.

### ★ Teatre Principal

Édifié en 1884 selon les plans d'Ignasi Jordà, il présente un grand intérêt artistique et compte au nombre des théâtres classiques les plus originaux de Catalogne.

### Plaça del Pati

Cette vaste place rectangulaire est l'ancienne place d'armes du château archiépiscopal. C'est ici que se tiennent les plus remarquables défis des *castellers* *(voir encadré p. 423)*. À l'angle de la carrer de la Cort, remarquez la **Casa Vives Pi**, remodelée en 1917 dans le style moderniste par l'architecte vallenc Cèsar Martinell.

### Carrer de la Cort

Principale rue de l'ancien centre médiéval, elle relie la plaça del Pati à l'église de Sant Joan.

**Capilla del Roser** (chapelle du Rosaire) – Elle possède deux merveilleux **plafonds d'azulejos vernissés★** de 1605, où sont représentées des scènes de la bataille de Lépante. L'un montre le pape Pie V octroyant la bannière de la chrétienté à Don Juan d'Autriche ; l'autre relate une scène de la bataille navale (observez les voiles des bateaux et la couleur rougeâtre de la mer, teintée de sang).

**Maison natale de Narcís Oller** – Cet écrivain vallenc (1846-1930), auteur de *Pilar Prim* et *La Fièvre d'or,* est considéré comme le créateur du genre romanesque catalan.

**Église de Sant Joan** – Cette église de style gothique tardif à façade Renaissance fut reconstruite après 1936. Elle abrite un grand retable baroque et l'**autel de Sant Aleix** (1769), œuvre du sculpteur Lluis Bonifaç (1730-1786), enfant de la ville.

## Plaça de l'Oli

*Accès depuis l'église de Sant Joan par la carrer Major puis la carrer dels Mercades à gauche.*

Petite place à portiques, où l'on célèbre traditionnellement la Gran Festa de la calçotada *(voir encadré et « Agenda »)*.

## NOS ADRESSES À VALLS

### HÉBERGEMENT, RESTAURATION

#### BUDGET MOYEN

**Hotel Félix** – *1,5 km au sud par la N 240 - ✆ 977 609 090 - www.felixhotel.net - ▤ - 53 ch. : 50/89 € - ☕ 8 € - rest. 37 €.* Plusieurs types de chambres, de la single au bungalow. Restaurant **(La Casa Félix)** spacieux proposant des salles pour le service de restauration et l'organisation de banquets. Il combine à merveille les spécialités catalanes et la gastronomie internationale. Votre attention sera attirée par ces énormes tonneaux qui abritent des salles privées. À goûter absolument : les fameux *calçots*.

#### POUR SE FAIRE PLAISIR

**Masía Bou** – *1,8 km au nord-ouest par l'ancienne N 240 - ✆ 977 600 427 - www.masiabou.com - fermé mar. en été - ▤ - menus 25/29 €.* Table réputée dans la région, dirigée depuis 1929 par la même famille. Salle à la décoration soignée. Cuisine catalane. On y savoure les célèbres *calçotadas* sur l'agréable terrasse ombragée.

### AGENDA

**Gran Festa de la Calçotada** – *Dernier dim. de janv.* Une journée entière consacrée à la tradition des *calçots (voir encadré)*. Démonstrations et concours culinaires, dégustations, marché, spectacles et défilé costumé.

**Firagost** – *Déb. août.* L'une des plus importantes foires commerciales de Catalogne.

**Fête des Tres Tombs** – *1er dim. suivant le 13 juin.* Fête traditionnelle au cours de laquelle est lancée dans les rues de la ville une cavalcade de chevaux. Celle de Valls est l'une des plus réputées de Catalogne.

**Santa Úrsula** – *1er dim. suivant le 21 oct.* Fête *castellera* par excellence au cours de laquelle s'opposent les deux principales équipes de *castells* de la ville.

# Monastère de Santes Creus

★★★

Province de Tarragona

NOS ADRESSES PAGE 430

### S'INFORMER

**Office de tourisme** – *À l'entrée du monastère - ✆ 977 638 141 - été : 10h30-13h30, 16h30-19h, dim. et j. fériés 10h-14h, fermé lun. ; hiver : 10h-11h30, 15h30-16h30, dim. et j. fériés 10h-14h.*

### SE REPÉRER

Carte de région C1 (p. 402-403) – *carte Michelin Regional 574 H34.* Les monastères de Santes Creus, Poblet *(p. 437)* et Vallbona de les Monges *(p. 397)* composent la **Ruta del Cister**. Santes Creus est à 7 km au nord de l'autoroute AP 2 – E 90. Le chemin le plus rapide est de quitter l'autoroute par la sortie n° 10, puis de suivre la C 37 sur 8 km et tourner à droite à El Pont d'Armentera pour rejoindre la TP 2002, qui mène à Santes Creus, 4 km plus loin.

### ORGANISER SON TEMPS

Comptez environ 2h de visite. Si vous prévoyez également de vous rendre aux monastères de Vallbona de les Monges et de Poblet, il est plus intéressant d'acheter le billet combiné.

**Au cœur d'une luxuriante et profonde vallée, le superbe ensemble cistercien de Santes Creus (Sainte-Croix) s'étale sur la rive gauche du fleuve Gaià. Les anciennes dépendances monastiques, réhabilitées et transformées en logements, forment aujourd'hui le petit village du même nom. Ce site serein est planté de peupliers, de vignes, d'oliviers et entouré d'épaisses forêts.**

## Découvrir le monastère Plan du site

*✆ 977 638 329 - www.larutadelcister.info - mar.-dim. 10h-17h (juin-sept. 18h30) - fermé lun (sf j. fériés), 1er et 6 janv., 25-26 déc. - 4,50 €, mar. gratuit ; billet combiné 9 €. La visite débute par la projection d'un spectaculaire documentaire sur l'histoire du monastère et la vie quotidienne en son sein, dans l'ancien réfectoire et le scriptorium.*

Selon l'activité et les besoins du monastère, les différents bâtiments furent construits du 12e au 18e s. Comme le monastère de Poblet, il possède trois enceintes, autrefois fortifiées, mais il ne reste des murailles, dont la construction fut ordonnée par Pere IV le Cérémonieux en 1376 et 1380, que les murs de l'église et la façade est du cloître, surmontés d'une ligne de créneaux.

Par la porte de l'Assomption, œuvre baroque du 18e s. qui se trouve sur la plaça de Sant Bernat, on accède à la plaça Major. C'est là que s'élèvent les anciennes dépendances, aux murs décorés de fines **sgraffites**. À droite de la plaça Major se dresse l'ancien palais abbatial, et, au fond, le cloître et l'église (12e et 13e s.), dont l'austère façade n'est ornée que d'un portail en plein cintre et d'une immense baie gothique qui en occupe tout le fronton et accroche le regard.

Détail sculpté du grand cloître de Santes Creus.
*P. Escudero / hemis.fr*

### ★★★ Grand cloître

Le majestueux cloître gothique est l'un des joyaux du monastère, combinant harmonieusement les idéaux cisterciens et la volupté de la nature.

Sa construction débuta en 1313, à l'emplacement d'un ancien cloître dont subsistent le **lavabo** et la salle capitulaire. Le maître d'origine anglaise Reinard (Reginald) Fonoll, qui introduisit en Catalogne les formes flamandes, travailla les très délicates sculptures décoratives.

Différemment ornées sur chacun des quatre côtés du cloître, huit baies ogivales découpées à jour telle une dentelle et soutenues au centre par de fines colonnettes ouvrent les grandes galeries quand les petites n'en comptent que sept. Au nord, la décoration adoptée reprend un motif très fréquent en Catalogne : la rose soutenue par des arcatures. Sur les côtés est et sud, on a utilisé des formes réticulées. Sur le côté ouest, les ajours de ligne flamande montrent l'influence de Fonoll. La décoration des chapiteaux et des impostes constitue un bel éventail de l'iconographie gothique : faune, flore, motifs bibliques, sujets satiriques, histoires mythologiques et scènes de mœurs. Les scènes représentées ont été traitées avec une grâce et une imagination admirables, la qualité du grès permettant aux sculpteurs de fournir un authentique travail d'orfèvre. Le récit de la création d'Adam et Ève (à l'angle sud-ouest), celui des vices, évoqués par des animaux monstrueux et fantastiques (côté sud), l'allusion au maître sculpteur avec le ciseau et la masse dans les mains (côté est) et les chapiteaux aux décorations végétales du côté nord, en face de l'escalier du dortoir, forment un ensemble particulièrement riche et représentatif.

Le cloître, en outre, est un véritable panthéon de la noblesse catalane. Dans ses murs s'alignent les tombeaux des familles Montcada, Cervelló, Cervera, Castellet et autres protecteurs du monastère.

Juste à côté de la porte d'entrée de l'église, on peut voir une statue polychrome de la Vierge (14ᵉ s.), une autre représentant Jésus, trois anges portant les instruments de la Passion et un moine agenouillé.

### ★★ Salle capitulaire

S'ouvrant sur le cloître par un superbe portail et deux baies romanes, c'est l'une des pièces les mieux conservées. Elle servait aux réunions des moines qui prenaient place sur les bancs adossés aux murs. C'est une salle carrée avec des voûtes divisées en neuf tronçons, s'appuyant sur quatre colonnes centrales. Les chapiteaux, tous différents, portent une décoration végétale très simple, en accord avec l'esprit de Cîteaux. L'harmonie entre les murs, les voûtes et les arcs donne à la pièce sa grande pureté architecturale, les différents éléments ayant été travaillés avec un sens aigu des proportions. Les pierres tombales des abbés de Santes Creus sont insérées dans le pavement.

### Dortoir

À côté de la salle capitulaire, un escalier monte au dortoir (12e s.). Cette vaste salle rectangulaire est couverte d'une charpente soutenue par onze arcs diaphragmes, appuyés à leur tour sur des consoles encastrées dans le mur. Le dortoir était relié à l'église par la partie supérieure du cloître, de façon à pouvoir se rendre directement aux prières de minuit.
Actuellement, il est utilisé comme salle de concert.

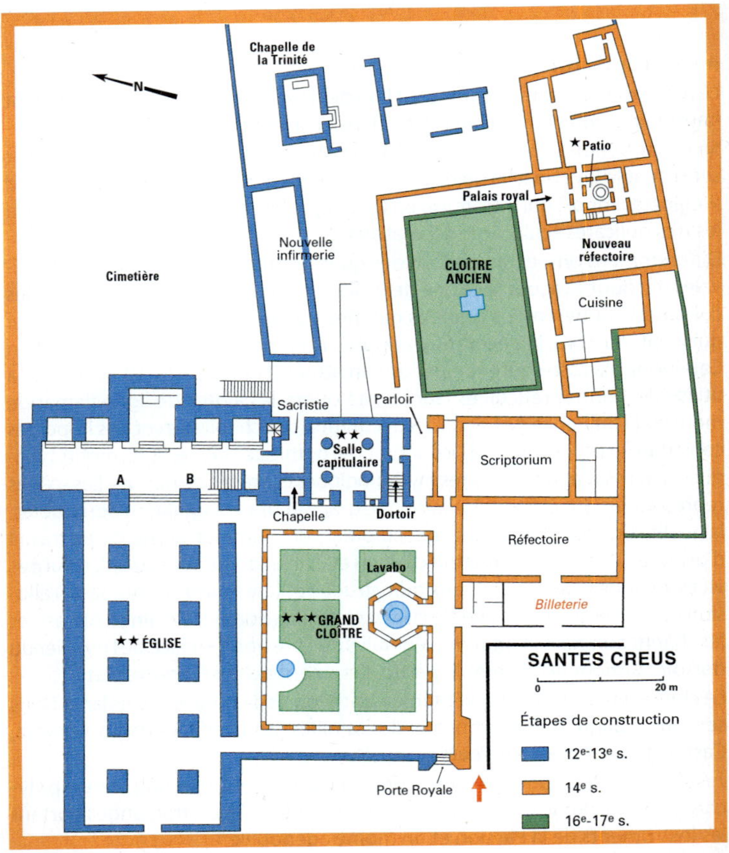

### LE POUVOIR POLITIQUE DE SANTES CREUS

Le monastère de Santes Creus fut fondé en l'an 1150 grâce à la donation par la famille Montcada *(voir p. 170)* de terres situées à Valldaura, dans le Vallès occidental, près de Sant Cugat del Vallès. Mais la communauté cistercienne, qui y fonctionnait dès 1152, rechercha un endroit plus écarté et s'installa à Santes Creus en 1158.

Dès sa fondation, le nouveau monastère manifesta un grand dynamisme, bien que l'élan définitif n'ait été impulsé qu'au 13e s. sous la direction de deux abbés : **saint Bernard Calbó**, conseiller du roi Jaume Ier, qu'il accompagna lors des conquêtes de Majorque et de Valence, et l'**abbé Gener** (1265-1293), qui obtint la protection de Pere III. Santes Creus joua un rôle prépondérant dans la fondation (1319) de l'ordre militaire de Montesa, qui se substitua à celui des Templiers sur une partie du territoire catalano-aragonais. Ses abbés participèrent activement à la vie politique catalane : conseillers des souverains ou présidents de la Generalitat, ils furent souvent partie prenante lors de conflits armés. Dans le domaine culturel, le monastère fut au 16e s. un intense foyer d'études humanistes, disposant d'une très riche bibliothèque.

La décadence intervint au début du 19e s. et fut rapide. Fermé pendant la révolution libérale de 1820-1823, le monastère vit ses biens vendus aux enchères et fut sécularisé en 1835 avant d'être incendié et saccagé.

En fondant la paroisse de Santes Creus, l'ancien moine Miquel Mestre en engageait la réhabilitation. En 1931 fut constituée l'Association (Patronato) de Santes Creus, puis furent créées en 1947 les Archives bibliographiques (Arxiu Bibliogràfic), et, en 1975, l'Œuvre culturelle Santes Creus, qui lança les Cycles annuels de musique classique et sacrée, le cours international d'été de chant grégorien, des concerts d'orgue, et différentes activités culturelles.

*Pour plus de détail sur l'ordre cistercien, voir le chapitre « Art et culture » p. 70 et l'encadré p. 438.*

### Ancien cloître

Il porte ce nom parce qu'il occupe la place du premier cloître (12e s.). Construit au 17e s., il est d'une grande sobriété, formé d'arcs diaphragmes partant très près du sol. La simplicité de l'architecture, la petite fontaine et les huit cyprès caractérisent la sérénité de ce havre de paix.

### Cellier

Construit au 17e s., il est éclairé par des baies étroites et élevées. Un soubassement d'azulejos (carreaux de faïence émaillée) décore les murs où s'adossaient les convives habillés de blanc.

### Palais royal

À Santes Creus comme à Poblet, le monastère incluait un logis royal. Le palais conserve son magnifique **patio★** (14e s.) dont il faut signaler la rampe, avec ses deux très beaux groupes sculptés – remarquez le lion tenant dans ses griffes une gazelle et un sanglier –, et la galerie supérieure, où onze colonnes, formées de colonnettes adossées, soutiennent des arcs brisés.

### Chapelle de la Trinité et cimetière

Cette petite église romane (12e s.) est l'un des plus anciens bâtiments de Santes Creus. Les voûtes unies reposent sur une moulure de pierre très simple. À l'intérieur se trouve une statue en bois du 16e s.

Depuis le cimetière, présidé par une croix en pierre, on observe la **rosace★** de l'abside centrale de l'église, une des images les plus singulières du monastère. Son remplage de pierre est formé d'arcs en plein cintre et d'un délicat vitrail du 13e s. Sa taille (6,30 m de diamètre) et sa situation inhabituelle en font une œuvre exceptionnelle.

### ★★ Église

Sa construction débuta en 1174 selon le schéma cistercien classique : plan en croix latine, trois vaisseaux et cinq chapelles absidiales de plan rectangulaire. La nef centrale présente une voûte sur croisée d'ogives, et les arcs qui la supportent reposent sur d'élégants modillons cannelés. L'austérité est le mot d'ordre de cet ensemble. La tour-lanterne du 14e s., visible de l'extérieur, les verrières du bas, avec la rosace de l'abside cachée derrière le retable du maître-autel, constituent les seuls écarts ornementaux.

★★ **Mausolée de Pere III le Grand** (A) – Situé dans la partie dite de l'Évangile, le tombeau de Pere III est le seul qui n'ait pas été pillé. Il est constitué par un petit temple gothique de plan rectangulaire dont la voûte repose sur quatre colonnes composites. La décoration est somptueuse. À travers le remplage des arcs reposant sur des meneaux, on voit la voûte peinte en bleu et constellée d'étoiles de couleur or. Dans les angles apparaissent les symboles des quatre évangélistes et, sur chacun d'eux, se dresse un svelte pinacle. Ce merveilleux ensemble est complété par dix chapiteaux, délicatement décorés de motifs végétaux et d'êtres fantastiques. Le petit temple couvre la grande urne, en porphyre rouge, qui contient les restes royaux. Avec les deux lions en pierre blanche qui la soutiennent, elle aurait été rapportée d'Égypte par **Roger de Llúria**. Une lourde dalle en jaspe, ornée de sculptures inspirées de la vie des saints – bien remarquer les expressions des visages et les mouvements des vêtements –, couvre cette pièce singulière.

À côté du tombeau du roi, encastré dans le pavement, se trouve celui du grand amiral Roger de Llúria. Une dalle funéraire signale sa sépulture.

**Mausolée de Jaume II et de Blanche d'Anjou** (B) – La richesse ornementale est moins opulente que celle du tombeau de Pere III. Un pavillon d'arcs en ogive couvre l'urne de marbre blanc, où les gisants des monarques sont vêtus de robes cisterciennes. Aux pieds du roi se tient un lion, et à ceux de la reine un chien, symboles respectifs de la force et de la fidélité. On dit qu'il existe une remarquable ressemblance entre ces sculptures et les personnages réels.

## NOS ADRESSES À SANTES CREUS

#### RESTAURATION

##### BUDGET MOYEN

**Hostal Grau** – *Pere El Gran, 3 - ✆ 977 638 311 - www.hostal-grau.es - fermé dim. soir, lun., de mi-déc. à mi-janv. - ▤ - 22/34 €.* Restaurant familial avec bar à l'entrée. Salle très soignée où sont servis des plats typiquement catalans comme les *calçots* (*voir p. 424*). Chambres modestes et tranquilles, à prix raisonnable.

# Montblanc

★★

7 305 Montblanquins – Province de Tarragona

NOS ADRESSES PAGE 436

### S'INFORMER

**Office de tourisme** – *Antiga Església de Sant Francesc - ☎ 977 861 733 - www.montblancmedieval.org - lun.-sam. 10h-13h30, 15h-18h30, dim. et j. fériés 10h-14h - fermé 25 et 26 déc. et 1er janv.*

**Visites guidées de la ville** – *En juil.-août les sam. et dim. sur réservation (5 €) avec dégustation de* cava *à la coopérative.*

### SE REPÉRER

Carte de région C1 (p. 402-403) – *carte Michelin Regional 574 H33.* Située sur une petite colline (350 m) près de la confluence des rivières Francolí et Anguera, la ville de Montblanc est bien desservie : l'autoroute AP 2 et la N 240 la relient à Lérida (65 km au nord-ouest) et à Tarragone (35 km au sud, via Valls).

### À NE PAS MANQUER

La vue depuis les murailles.

### ORGANISER SON TEMPS

Comptez une journée de visite. Montblanc constitue en outre une base idéale pour rayonner entre les monastères de la Ruta del Cister : Poblet est à 10 km à l'ouest *(voir p. 437)*, Vallbona de les Monges à 21 km au nord-ouest *(p. 397)*, et Santes Creus à 31 km à l'est *(p. 426)*.

**Cette ravissante ville fortifiée domine, depuis son emplacement privilégié, un paysage de terres fertiles (vignobles et amandiers), et de collines tapissées de pinèdes, avec en toile de fond les montagnes. Les fermes environnantes apportent une touche humaine à cette contrée dépeuplée, où il n'est pas rare de trouver un vieux moulin sur le cours du Francolí. Le charme secret de Montblanc se cache à l'intérieur de ses murailles, au cœur de ses rues tortueuses et immuables, où furent écrites quelques-une des plus belles pages de l'histoire médiévale de la Catalogne. À chaque détour de rue, monuments et recoins pittoresques dévoilent la grandeur artistique de la ville.**

## Se promener Plan de ville



### ★★ L'ENCEINTE FORTIFIÉE

L'ensemble, composé de rues sinueuses, d'escaliers abrupts et d'arcades qui relient les maisons les unes aux autres, est surprenant. On peut difficilement oublier la silhouette de la ville fortifiée et ses puissants créneaux.

**Les murailles** (Muralles)

Leur érection fut ordonnée par Pere IV le Cérémonieux au 14e s. et le chantier, fut mené à bien par les habitants de Montblanc et d'autres villages voisins.

Jusqu'au 15e s., l'enceinte demeura en bon état, mais la guerre civile, qui éclata sous le règne de Joan II (1462), et celle des Moissonneurs causèrent les premiers dommages, que la guerre de Succession aggrava. Actuellement, seuls les deux tiers de l'enceinte d'origine sont en parfait état. Il s'agit d'une construction de 1 500 m de long dont les 32 tours carrées à créneaux renforcent l'aspect défensif. Des quatre portes que comptait l'enceinte, il n'en reste que deux : celle de Sant Jordi au sud, et celle de Bover au nord-est.

### Couvent de Sant Francesc 2

*À l'extérieur des murailles, au sud.*

Cet ancien couvent servait, avant de disparaître, de fabrique d'alcool. Il ne reste plus que l'église, édifice de style gothique (14e s.), où l'on remarque

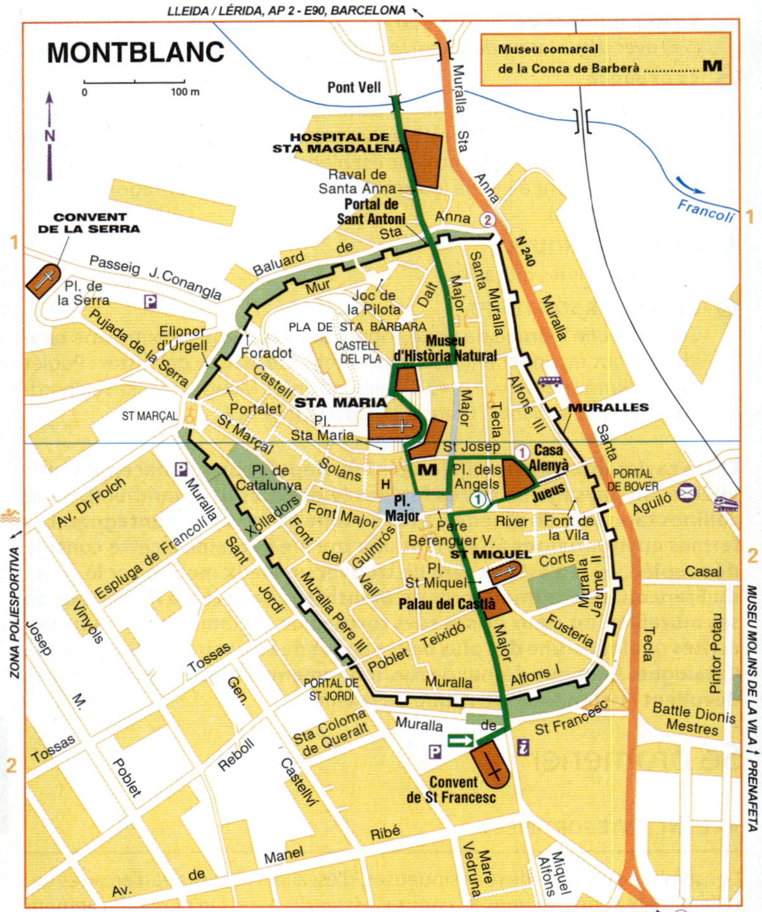


SE LOGER

Fonda dels Àngels ............ 1

SE RESTAURER

El Call de Montblanc............ 1

El Molí del Mallol ............ 2

Les Espelmes ............ 4

## UNE CITÉ ROYALE

La ville de Montblanc s'édifiait à l'origine entre les fleuves Anguera et Francolí sur un site appelé d'abord Duesaigües, puis Vila-Salva. En 1163, le roi Alfons Ier le Chaste ordonna son transfert vers la colline de Santa Bàrbara, de l'autre côté de la rivière, afin de créer une cité forte et dynamique en mesure de s'opposer aux seigneurs féodaux. En peu de temps, la ville s'agrandit, et on y construisit des églises, des couvents, de belles maisons, des bains publics et un château.

Le 14e s. vit la période la plus faste de la ville, qui tenait ses propres foires tout en étant le centre de grands événements politiques. En effet, les rois Jaume II en 1307, Alfons III en 1333 et Pierre III en 1370 y réunirent les Corts *(voir p. 103)*.

En 1387, le roi Joan Ier créa, en faveur de son frère Martí, le **duché de Montblanc**. Le titre de duc de Montblanc devint l'apanage des héritiers de la couronne catalano-aragonaise et passa ensuite aux mains de la maison d'Autriche, qui le conserva jusqu'à son extinction.

La communauté juive y était florissante et, jusqu'au 14e s., obtint des monarques de nombreux privilèges, telle l'autorisation de s'habiller à sa manière et de créer son cimetière. En 1489, lorsque l'Inquisition entra dans la ville, les Juifs partirent vers Minorque.

Les épidémies de la fin du 15e s. anéantirent la population et la ville entra dans une période de décadence qui dura jusqu'au 18e s. Au 19e s., une fois surmontés les dommages de la guerre de Succession (1714), la ville retrouva un certain dynamisme, renforcé aujourd'hui par sa vocation touristique.

encore quelques éléments romans, telle la porte en plein cintre. L'édifice, couvert d'une voûte à lancettes, est d'un plan très simple : une nef à abside hexagonale et quatre chapelles latérales.

*Pénétrer dans l'enceinte fortifiée par la porta de Sant Francesc et emprunter la carrer Major.*

### ★ Église de Sant Miquel 2

Cette petite église, construite au 13e s., a été le témoin des événements les plus passionnants de l'histoire de Montblanc. Ses murs ont été le cadre de quatre états généraux (1307, 1333, 1370, 1414) et d'importants congrès ecclésiastiques.

Malgré cela, Sant Miquel conserve un air dépouillé et accueillant. La simplicité de sa façade romane se retrouve à l'intérieur, réalisé dans un style gothique aux lignes fines et équilibrées. Superbe plafond *artesonado (éclairage 1 €)*.

### Palau del Castlà 2

*Pl. Sant Miquel, face à l'église.*

Ce palais était la demeure du représentant du roi et, au 15e s., au rez-de-chaussée se trouvait la prison.

*Poursuivre sur la carrer Major puis emprunter à droite la carrer River.*

### Casa Alenyà 2

*À l'angle de la carrer Sant Josep.*

Cette demeure massive de style gothique (14e s.) est l'une des surprises que recèle le quartier ancien. Actuellement en cours de restauration, elle présente des fenêtres trilobées d'une délicatesse étonnante.

### Carrer dels Jueus 2

Cette rue est l'un des rares témoignages de la prospérité du Call, le quartier juif d'antan.

### Plaça Major 2

Cette place est le centre névralgique de la ville. Ses **arcades** recèlent nombre de boutiques et de cafés qui y installent leur terrasse les soirées d'été. Parmi les édifices qui encerclent la place, on remarquera l'hôtel de ville et la maison gothique des Desclergue.

### ★ Museu comarcal de la Conca de Barberà 2 M

*Josa, 6 - ✆ 977 86 03 49 - www.mccb.cat - mar.-sam. 10h-14h, 16h-19h, dim. et j. fériés 10h-14h - 2,90 € (-18 ans 1,50 €).*

Installé dans une maison du 17e s. qui appartenait à la famille Josa, ce musée contient d'importants vestiges archéologiques et ethnographiques de la région. On remarque la singulière collection de flacons en céramique venant d'une pharmacie de Montblanc (18e s.).

### ★★ Église de Santa Maria 1

*Tlj 11h-13h, 16h-18h. Possibilité de monter au clocher : 2 € (-12 ans gratuit).* Juchée sur une butte (100 m) d'où l'on domine toute la ville, Santa Maria est le symbole du grand prestige atteint autrefois par Montblanc. L'intérieur – un seul vaisseau avec onze chapelles latérales entre les contreforts – semble être conçu pour une cathédrale. L'abside, ample et solennelle, a une belle ligne. La façade primitive, considérée comme la partie la plus réussie du bâtiment, fut détruite en 1651. La façade actuelle, inachevée, de style baroque, est composée de trois corps avec les images des apôtres et du Père éternel. On y conserve d'intéressantes œuvres d'art, tels le somptueux **orgue★★** de 1607, l'un des plus importants de Catalogne, le retable gothique de saint Bernard et saint Barnabé, en pierre polychrome (14e s.), un élégant ostensoir en argent, et de nombreuses enluminures du 15e s. Du haut du clocher, vue superbe sur les toits de la cité médiévale.

### Museu d'Història natural de la Conca de Barberà - CIAR - Museu d'Art Frederic Marès 1

*Pedrera, 2 (suivre les indications « Museu CIAR ») - ✆ 977 860 349 - www.mccb.cat - mar.-sam. 10h-14h, 16h-19h, dim. et j. fériés 10h-14h - 2,90 €.*

Associé à un Centre d'Interprétation de l'art rupestre (CIAR), ce musée présente le milieu physique de la *comarca*, entaillé de profonds ravins *(barrancs)*, et des reconstitutions d'art rupestre, tel qu'il était pratiqué par les premiers habitants de la région.

Situé au premier étage *(insistez pour vous faire donner accès aux lieux)*, le musée d'art présente des pièces de la magnifique **collection Marès** *(voir p. 142)*. Ces œuvres furent léguées à la ville en 1975 en souvenir du long séjour que le sculpteur-collectionneur effectua entre 1945 et 1952 afin de restaurer le panthéon royal de Poblet. Les peintures et sculptures religieuses du 16e au 19e s. sont remarquables, tout comme les splendides sculptures en bois du 14e s. On admire également quelques œuvres de l'Anglais **Reinart (Reginald) Fonoll**, qui s'illustra à Santes Creus, et de **Damià Forment**, auteur du retable de Poblet.

*Sortez de la cité fortifiée par la carrer Major et le Portal de Sant Antoni, au nord.*

### ★ Hospital Santa Magdalena 1

*Raval de Santa Anna.*

L'élément le plus remarquable en est le **cloître** (15e s.), de transition gothique-Renaissance. Malgré sa taille réduite, l'effet architectural est formidable et la verticalité du rez-de-chaussée, aux colonnes striées et arcs en ogive, s'interrompt subitement à l'étage.

### Pont Vell (Vieux Pont) 1

Il relie le quartier d'El Raval au couvent de la Mercè. Construit au 12e s., il compte quatre grands arcs et contreforts latéraux, ornés d'éléments sculptés.

## À voir aussi Plan de ville

### ★ Couvent de la Serra 1

*Au nord-ouest de la cité fortifiée par la Pujada de la Serra.*

Cet ancien couvent de clarisses, fondé par la princesse byzantine Eudoxie Lascaris, épouse (en 1281) d'Arnaud Roger, comte de Comminges et de Pallars, se trouve sur une petite colline depuis laquelle on contemple un splendide **panorama**. On ne compte pas les papes et les rois qui ont protégé ce sanctuaire abritant la *Mare de Déu de la Serra*, œuvre en albâtre du 15e s., l'une des images de la Vierge les plus populaires et les plus vénérées.

### Museu Molins de la Vila Hors plan

*À 1 km à l'est de la localité en direction de Prenafeta par la TV 2421 - ✆ 977 860 349 - www.mccb.cat - visite guidée sur réservation, horaires et tarifs variables.*

Le musée, avec ses deux **moulins**, permet d'appréhender le fonctionnement des moulins hydrauliques. Le plus grand se nomme le molí de la Volta (14e s.), tandis que le plus ancien est le molí Xiquet (13e s.).

## NOS ADRESSES À MONTBLANC

### HÉBERGEMENT

#### PREMIER PRIX

**Fonda dels Àngels** – *Pl. Els Àngels, 1 - 977 860 173 - www.fondadelsangels.com - fermé 1re quinz. sept., vac. de Noël - - 9 ch. : 40 € - 5 € - rest. env. 15/21 €.* Cette petite pension de famille est installée au cœur du quartier juif dans une maison gothique qui a conservé une délicate fenêtre en ogive. Chambres simples et agréables. Son restaurant, fréquenté par une clientèle locale, sert des recettes maison.

### RESTAURATION

La région a deux spécialités : les vins blancs (appellation d'origine Conca de Barberá) très appréciés, et, surtout, les *merlets* et les *montblanquins*, délicieuses friandises à base d'amandes et de sucre.

#### PREMIER PRIX

**El Call de Montblanc** – *Sant Josep, 15 - 977 860 120 - www.elcalldemontblanc.com - fermé dim. soir - menus 11,50/20 €, carte 30/35 €.* Face à la Casa Alenya, dans une belle demeure médiévale rénovée de l'ancien quartier juif, un bar au rez-de-chaussée et une salle de restaurant à l'étage. La spécialité des lieux est la célèbre *calçotada* de Valls *(voir encadré p. 424)*.

#### POUR SE FAIRE PLAISIR

**Les Espelmes** – *Fontscaldes - 5 km au sud-est de Montblanc par la N 240 - 977 601 042 - www.lesespelmes.com - fermé merc., juil. - - 27/40 €.* Séduisant établissement qui sait conjuguer la beauté de son cadre avec la qualité de la cuisine traditionnelle catalane (*calçotadas* réputées). Il compte trois salles à manger parfaitement aménagées et une terrasse ouvrant sur un merveilleux panorama.

**El Molí del Mallol** – *Muralla Santa Anna, 2 - 977 860 591 - www.mallol.eu - fermé dim. soir, lun. soir - - carte à partir de 38 €.* Le restaurant est installé dans un ancien moulin. La salle spacieuse est coiffée de grands arcs en plein cintre en brique apparente. Vous pourrez y déguster une cuisine typiquement catalane.

### AGENDA

**Setmana Medieval de Sant Jordi** – *À partir du 23 avr.* Les rues de la ville sont le cadre magnifique de la Semaine médiévale, où l'on représente notamment la légende de saint Georges. Un marché médiéval très couru s'installe pour l'occasion.

**Festival international de la céramique** – *Dernier w.-end de sept.* De nombreux artisans travaillent sur place et des milliers d'œuvres sont exposées.

# Monastère de Poblet

★★★

Province de Tarragona

NOS ADRESSES PAGE 446

### S'INFORMER

**Office de tourisme** – *Pg Abat Conill, 9 - ☏ 977 871 247 - www.larutadel cister.info - lun.-sam. 10h-13h30, 15h-18h, dim. 10h-14h.*

### SE REPÉRER

Carte de région C1 (p. 402-403) – *carte Michelin Regional 574 H33.* Situé dans la province de Tarragone, entre Lérida (63 km au nord-est), Reus (39 km au sud) et Tarragone (46 km au sud-est), Poblet est facilement accessible en voiture : de Lérida, suivre la N 240 vers le sud (57 km), puis tourner à droite sur la T 700, en direction de L'Espluga de Francolí. De Tarragone, suivre la N 240 en direction de Lérida et bifurquez à gauche sur la T 700. Les monastères de Poblet, de Vallbona de les Monges (31 km au nord-ouest, p. 397) et de Santes Creus (41 km au sud-est, p. 426) composent la **Ruta del Cister**.

### À NE PAS MANQUER

Le cloître avec ses combinaisons d'architectures romane et gothique.

### ORGANISER SON TEMPS

Si vous prévoyez de visiter également les monastères de Vallbona de les Monges et de Santes Creus, pensez à acheter le billet combiné.

**Ce monastère, protégé derrière les montagnes de Prades, dans un beau site boisé où l'on entend les échos des nombreuses sources, est l'ensemble architectural le plus important et le mieux conservé de l'art cistercien en Catalogne. Le paysage environnant est une vraie merveille. Le bois de Poblet, au sud-ouest, théâtre d'importantes chasses royales, est un massif forestier à la végétation épaisse. Aux alentours de l'abbaye, près d'un petit ruisseau, se dressent, blancs et élancés, les célèbres peupliers de Poblet, qui donnent leur nom au monastère – Poblet, « populetum » en latin, signifie peupleraie. La sensation de calme et de spiritualité rend plus compréhensibles les idéaux cisterciens.**

## Découvrir Plan du site

*☏ 977 870 254 - www.poblet.cat - visites guidées (en français à 16h) lun.-sam. 10h-12h40, 15h-17h25 (17h55 de mi-mars à mi-oct.), dim. et j. fériés 10h-12h25, 15h-17h25 - fermé 1er et 6 janv., Jeu. et Vend. sants, 26 déc. - 6 € ; billet combiné 9 €.*

L'ensemble, érigé entre les 12e et 18e s., constitue un véritable musée architectural. Réalisés selon plusieurs styles, les bâtiments de Poblet sont un modèle d'une pure et grande simplicité. Obéissant aux idéaux cisterciens *(voir encadré « Les cisterciens en Catalogne »)*, le monastère possède trois parties bien différenciées.

La première enceinte, fortifiée, était consacrée aux activités du monastère (jardins, terrains cultivés, dépôts, ateliers, logements pour les paysans et

ouvriers,etc.). Dans la deuxième se trouvaient les dépendances nécessaires aux relations entre le monastère et le monde extérieur, et la troisième enceinte, enserrée dans une muraille défensive, était le lieu de clôture monastique abritant les éléments de grande valeur artistique.

## PREMIÈRE ENCEINTE

### Porte de Prades

On accédait à la première enceinte, protégée par une muraille de 5 m de haut et 2 km de long, par cette porte en forme d'arc en plein cintre uniquement décorée d'une image de la Vierge, patronne du monastère.

Une fois passé la porte, à gauche, se trouve la maison (1531) destinée au moine-portier, avec un petit patio où l'on peut voir le blason de l'abbé Lerín et de belles décorations de chapiteaux.

### ★★ Chapelle Sant Jordi

La merveilleuse chapelle Saint-Georges, bâtie par ordre d'Alfons IV le Magnanime après la conquête de Naples en 1443, se trouve à droite des dépendances agricoles (forge, écuries et logements des ouvriers).

Malgré sa taille réduite – 9 m de long par 5 de large –, c'est l'un des bâtiments les plus remarquables de Poblet. La voûte intérieure en berceau brisé témoigne du degré de perfection atteint par l'architecture gothique tardive. À l'extérieur, les éléments décoratifs, fins et délicats, produisent un bel effet. Admirez notamment l'écu du roi couronné par le dragon, détail qui se répète dans tout le monastère.

### LES CISTERCIENS EN CATALOGNE

C'est en 1112 que Bernard, jeune noble désireux de renouer avec la règle établie par saint Benoît, entre au monastère de Cîteaux. Trois ans plus tard, il fonde son propre monastère à Clairvaux, où il édicte la règle cistercienne, aussi austère que rigoureuse, en réaction au laisser-aller de Cluny. Les monastères de l'ordre essaiment rapidement à travers toute l'Europe, et notamment en Catalogne, sur les terres récemment reconquises aux musulmans. L'idéal de tout monastère cistercien était de créer un petit univers autarcique, un milieu où la discipline, l'ordre et la sécurité étaient au service de Dieu et de ses serviteurs, les moines.

*Voir aussi le chapitre « Art et culture » p. 70.*

Vue d'ensemble du monastère de Poblet.
*P. Escudero / hemis.fr*

## DEUXIÈME ENCEINTE

### Porte dorée

En face de la chapelle Sant Jordi se trouve la porte où le cortège royal descendait de cheval pour, sous un dais, être conduit jusqu'à la grande église. Cette porte doit son nom au roi d'Espagne Felipe II, qui, à l'occasion de sa visite en 1564, fit dorer les plaques de bronze couvrant les vantaux.

Bien qu'entreprise au milieu du 15e s., la construction ne s'acheva probablement qu'à la fin du siècle, comme l'atteste la présence des armoiries d'Aragon et de Catalogne, de Sicile et de Castille en usage depuis les règnes de Joan II et de Ferdinand le Catholique. Ce dernier fit une dernière visite à Poblet, après la conquête de Grenade et la découverte du Nouveau Monde (1492).

La porte, avec ses créneaux et ses mâchicoulis, est un bel exemple d'architecture militaire. L'intérieur est une agréable pièce aux sièges de pierre, au-dessus desquels il y eut deux fresques représentant des épisodes de la création du monastère.

### ★ Plaça Major

Après la Porte dorée, on parvient à cette place irrégulière bordée de très intéressants bâtiments, telle, à gauche, la **chapelle Santa Caterina** (12e s.), œuvre d'une grande simplicité architecturale à laquelle sont accolés les bâtiments destinés à la menuiserie, l'hospice pour les pèlerins et les magasins. À droite apparaissent les vestiges du Palais abbatial (16e s.) et la grande **croix en pierre** de l'abbé Guimerà, de même époque. À l'extérieur de cette deuxième enceinte, dans la zone des jardins, se trouve le Nouveau Palais de l'abbé (16e et 17e s.), relié à la troisième enceinte par un passage couvert.

C'est de la plaça Major que l'on a la meilleure vision de l'aspect monumental de Poblet. Là, au milieu de cet immense espace, le visiteur peut regarder à loisir, face à lui, la grande muraille qui entoure le monastère, et les deux constructions les plus emblématiques de Poblet : la façade baroque de l'église et la Porte royale.



## TROISIÈME ENCEINTE

**Pere IV le Cérémonieux** fit construire, à partir de 1336, la muraille qui enserre le monastère proprement dit. Cette imposante fortification, aux dimensions extraordinaires (608 m de long, 11 m de haut et 2 m de large), est dotée de créneaux, d'un chemin de ronde et de treize tours.

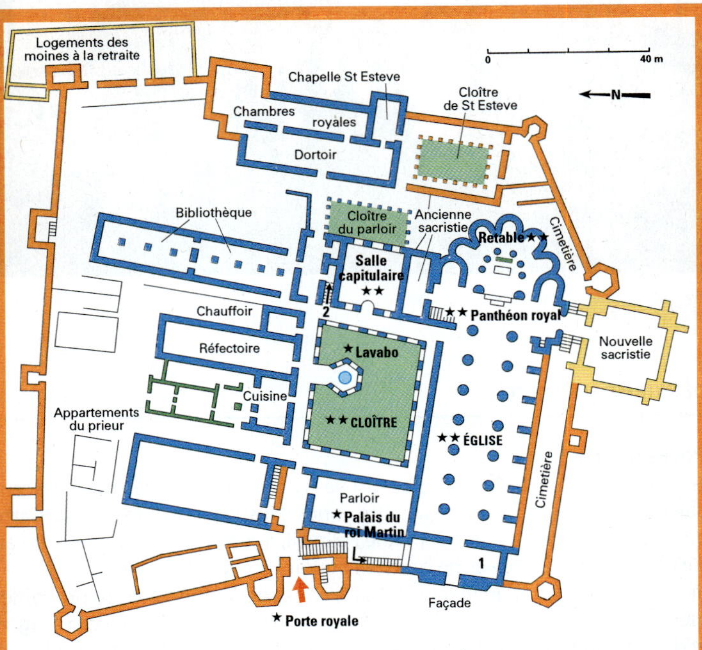


SANTA MARIA DE POBLET: TROISIÈME ENCEINTE

Étapes de construction: 12e-13e s. · 14e s. · 16e s. · 17e-18e s.

## Façade baroque de l'église

Il était rare qu'une église cistercienne possédât une façade vers l'extérieur. Poblet n'échappait pas à la règle, mais le duc de Cardona, au 17e s., en fit construire une donnant accès au narthex de la grande église.

Sur le corps central apparaissent, entre les colonnes, les statues de saint Benoît et de saint Bernard. Au-dessus de la porte architravée, dans une niche, se trouve une statue de la Vierge. Cinquante ans après sa construction, en 1720, on perça des deux côtés deux oculi encadrés de doubles colonnes torsadées à cannelures, d'architraves et de hauts pinacles. Quoique bien structuré, cet ensemble tranche sur l'aspect austère de Poblet.

## ★ Porte royale

C'est par là que l'on franchit la troisième enceinte, à l'intérieur de laquelle se trouvent les dépendances monastiques. Le monument, de grandes dimensions, est en parfait état de conservation. Son aspect austère et seigneurial est renforcé par le peu d'ornements qu'il présente : les armoiries de Pere IV, les « quatre barres » (aujourd'hui il n'y en a plus que trois), et une inscription latine qui dit : « Cette construction fut entreprise au temps de Pere, roi d'Aragon ». Les deux magnifiques tours qui l'encadrent, les mâchicoulis et les meurtrières lui donnent un aspect plus proche de la porte d'un château que de celle d'un monastère.

## ★ Palais du roi Martin

Après la Porte royale apparaissent à droite les escaliers qui conduisent à ce beau palais de style gothique flamand. Martí l'Huma (Martin l'Humain) le fit construire en 1392, sur l'aile ouest du cloître, mais sa mort le laissa inachevé. Il faut remarquer l'élégance des grandes fenêtres à ogives, apportées de Gérone. La partie extérieure est décorée d'arcs fins trilobés qui brisent la monotonie du mur et contrastent avec les ajours des fenêtres.

**Parloir** (Locutori)

Cet ancien dortoir des frères convers (14e s.), puis pressoir, se trouve dans la partie inférieure du palais du roi Martin. C'est une vaste pièce où les voûtes se fondent sans supports dans les murs.

**★ Cellier**

Au sous-sol du dortoir des vieux moines se trouve le magnifique cellier gothique (13e s.), voûté sur croisée d'ogives retombant sur des piliers octogonaux. Sa simplicité est sa principale réussite artistique. Il a été aménagé en salle de concert.

**★★ Cloître**

On parvient au cloître par un hall rectangulaire, dont les arcs de la voûte sur croisée d'ogives reposent sur des consoles ornées de l'écusson de l'abbé Ponce de Copons. Grand bâtisseur, il voulut en laisser un témoignage et fit sculpter, sur toutes les œuvres qu'il fit exécuter, un écusson avec une coupe, symbole de son nom.
Le cloître est un superbe exemple de transition du roman au gothique : la galerie romane adossée à l'église est voûtée dans le style ogival gothique, qui domine dans les trois autres galeries.

**LE LIEU DE RETRAITE SPIRITUELLE DES ROIS D'ARAGON**

L'histoire de Poblet remonte à l'an 1151. En effet, après la reconquête de la Catalogne, le comte Ramon Berenguer IV céda à l'**abbaye** française **de Fontfroide**, près de Narbonne, une terre sur la Conca de Barberà pour y établir un monastère cistercien. La première communauté à s'y installer, en 1153, était composée de douze moines. Le système économique, établi sur l'exploitation fermière, s'appuyait sur l'acquisition de droits seigneuriaux portant sur différents villages. Grâce aux donations des rois et de la noblesse, le monastère, au moment de sa plus grande splendeur (14e s.), outre le droit de nommer les maires d'une dizaine de bourgades, avait juridiction sur sept baronnies et soixante-dix villages.
Les premiers protecteurs du monastère furent les rois de la couronne catalano-aragonaise. Lorsque la Cour se déplaçait de Saragosse à Barcelone, Poblet était, avec **Santes Creus** *(voir p. 426)*, une de ses étapes préférées. Les monarques firent de cette abbaye leur lieu de retraite spirituelle et, plus tard, avec Pere IV le Cérémonieux, Poblet devint le panthéon de la dynastie.
Il perdit de son importance à partir du 16e s. et une série d'événements acheva de le ruiner : la Guerra del Francés, la suppression des ordres religieux pendant la période constitutionnelle (1820-1823), et, enfin, la loi de 1835, qui décréta la vente des biens ecclésiastiques. La restauration de Poblet fut réalisée à l'initiative du diplomate et homme d'affaires **Eduardo Todà i Güell** (1855-1941), qui créa en 1930 le Patronato de Poblet. Peu après la guerre civile, en 1940, l'abbé général de l'ordre de Cîteaux rétablit la vie monastique. Actuellement, une trentaine de moines maintiennent les idéaux cisterciens et font de Poblet un important centre spirituel.

En le parcourant dans toute son ampleur (40 m x 35 m), on peut admirer la belle simplicité de l'architecture cistercienne. Les arcs trilobés et polylobés, dans les galeries gothiques, créent un beau contraste avec l'austérité de l'aile romane. Les beaux **chapiteaux★** ornés de motifs végétaux et géométriques sont dignes d'intérêt.
Le **lavabo★** est de style roman. À l'intérieur, une fontaine en marbre à trente jets laisse couler de fins filets d'eau qui résonnent dans le silence.

### Cuisine

Située au nord du cloître, c'est un espace monumental voûté sur croisée d'ogives. On y voit les fourneaux pour les grandes marmites en cuivre, une immense cheminée latérale, des moulins en pierre et le tour qui servait pour passer les plats dans le réfectoire attenant.

### Réfectoire et chauffoir

Bâti au 12e s., le réfectoire, face au lavabo du cloître, est toujours utilisé par les moines. Il s'agit d'une salle rectangulaire (33,5 m x 8,25 m), dont la grande voûte à ogives s'appuie sur trois arcs de décharge. Éclairé par douze fenêtres, l'intérieur est austère et bien proportionné. Pendant que les moines mangent en silence, depuis la chaire du lecteur, accessible par un escalier encastré dans le mur, on lit des psaumes et des passages de la Bible.
La fontaine octogonale, au centre de la salle, permet le rituel lavement des mains.
À côté du réfectoire se trouve le chauffoir (13e s.), pièce de taille plus réduite dotée d'une cheminée, où les moines les plus âgés ou malades venaient se réchauffer.

### Bibliothèque

On aperçoit au passage cette salle longue et étroite en forme de vestibule, toujours utilisée par les moines d'aujourd'hui, comme en témoigne la présence d'ordinateurs. Construite au 13e s., la bibliothèque était, jusqu'au 17e s., le scriptorium, où les copistes reproduisaient des manuscrits anciens. C'est une salle très agréable, divisée en deux parties, dont les voûtes en ogive reposent sur une rangée centrale de colonnes cylindriques.
Des 40 000 volumes qu'elle contenait, seuls sont conservés quelques incunables, le reste étant éparpillé dans des musées, monastères et collections particulières.

### ★★ Salle capitulaire

On y accède depuis le cloître par une porte romane, décorée d'archivoltes et de chapiteaux à ornements végétaux.
Cette salle (13e s.) est l'un des joyaux du monastère, tant sa simplicité et son harmonie sont fascinantes. Quatre colonnes octogonales, très élancées, soutiennent les neuf voûtes en palmiers, fréquentes dans l'architecture cistercienne. Au fond, les grandes fenêtres tamisent la lumière projetée vers le dallage, où sont encastrées onze pierres tombales d'abbés de Poblet. Les chapiteaux, très bien conservés, confèrent à l'ensemble une remarquable touche d'élégance.

### ★★ Église

L'art cistercien atteint une grande perfection avec l'église Santa Maria. La sévérité des murs, l'équilibre des dimensions, et le mariage du roman et du gothique font de cette église un lieu où le visiteur ressentira une inoubliable impression de paix et d'équilibre.

**UN RETABLE PROBLÉMATIQUE**

C'est l'abbé Caixal qui passa commande du grand retable en marbre à **Damià Forment**. Cet artiste, originaire de Valence, était le plus célèbre sculpteur du royaume catalano-aragonais et avait de nombreuses commandes. Néanmoins, Forment s'engagea auprès de l'abbé, confiant en la collaboration de ses nombreux ouvriers. Le contrat stipulait que le retable devait être réalisé « à la romaine », c'est-à-dire tout en marbre de la meilleure qualité et selon l'iconographie retenue par les moines eux-mêmes. En 1529, une fois l'œuvre terminée, l'abbé de Poblet accusa le sculpteur de ne pas avoir utilisé du bon marbre, de présenter quelques répétitions et déficiences dans la taille et d'avoir confié le travail à ses collaborateurs. Une poursuite fut engagée, et Martí Díaz de Liatzasolo, sculpteur rival de Forment, se prononça également sur la mauvaise qualité du retable. Le dénouement ne pouvait être que défavorable pour l'artiste valencien : Forment ne perçut ni la mule ni une partie de la somme qui avaient été prévues.

Le plan est basilical, avec trois vaisseaux séparés par des piliers cruciformes aux colonnes adossées. Commencée au temps d'Alfons Ier (1162-1196), la nef de l'Épître fut reconstruite par l'abbé Copons (1316-1348) qui bâtit également la **tour-lanterne** octogonale visible de l'extérieur. L'importance de la communauté nécessitant un plus grand nombre d'autels, on construisit un chevet à deux absides et un élégant déambulatoire à cinq absidioles, fait inhabituel dans les églises cisterciennes.

À l'entrée, on ajouta le narthex (1275), contre le mur duquel on bâtit plus tard la façade baroque. C'est par là que les fidèles accédaient à l'église. Le seul décor conservé est celui de l'**autel du Saint Sépulcre** (1), œuvre de style Renaissance, en marbre.

**Intérieur** – Une grande pureté habite cet espace grave et solennel, d'où tout indice d'ostentation a été banni. Les chapiteaux sont dépourvus de toute décoration, même végétale, et la nudité des éléments architecturaux est saisissante.

La nef centrale, voûtée en berceau, s'appuie sur de simples arcs de décharge, et les bas-côtés sont voûtés sur croisées d'ogives. Entre les contreforts du bas-côté droit, sept chapelles furent ouvertes au 14e s. Un escalier relie le bras gauche du transept au dortoir des moines.

★★ **Grand retable** – Dans l'austérité de Poblet, ce grand retable, de style Renaissance et d'inspiration italienne, produit un effet déconcertant. Sculpté en 1527 par Damià Forment dans un marbre très blanc, il se compose de quatre registres horizontaux : le premier et le troisième présentent des scènes de la vie de Jésus, le deuxième est consacré à sainte Marie qu'encadrent d'autres saints et saintes, et le quatrième représente les douze apôtres autour du Christ. Une crucifixion couronne cette magnifique pièce, où moulures, frises et corniches reprennent parfois les mêmes motifs décoratifs. *(Voir aussi encadré)*.

6

★★ **Panthéon royal** – Sa situation est surprenante : deux immenses arcs surbaissés (14e s.) construits entre les piliers de la croisée supportent les tombeaux d'albâtre.

Les effigies royales se situent sur la partie supérieure des tombeaux, dont les parties latérales représentent de hauts faits. Les sépultures ont beaucoup souffert du vandalisme en 1835, et c'est le sculpteur **Frederic Marès** *(voir p. 142 et 434)* qui restaura l'ensemble à partir de 1945, lui rendant son aspect magnifique.

Du côté de la chapelle de l'Épître, dans le premier tombeau repose Jaume Ier le Conquérant, représenté vêtu en roi et en moine ; au centre, Pere IV le Cérémonieux et ses trois épouses : Marie de Navarre, Éléonore de Portugal et Éléonore de Sicile ; le troisième tombeau, qui était destiné en principe à Martí l'Huma, contenait les restes de Fernando Ier et de son épouse Éléonore de Castille, mais ces derniers se trouvent actuellement à Medina del Campo. Dans le sarcophage le plus proche de l'autel fut enterré Alfons Ier le Chaste. Dans le suivant reposent Joan Ier et ses deux épouses, Marthe d'Armagnac et Yolande de Bar, et dans le troisième, les parents de Ferdinand le Catholique, Joan II et Juana Enríquez. Alfons IV le Magnanime et Martí Ier l'Huma sont inhumés ailleurs dans l'église.

**Dortoir** (2) – Cette immense salle de 87 m de long et 10 m de large se trouve au-dessus de la salle capitulaire, du parloir et de la bibliothèque. Dix-neuf grands arcs diaphragmes soutiennent la couverture en bois à double pente.

# À proximité Carte de région

## L'Espluga de Francolí C1

*4 km au nord par la T 700.*

Le tracé sinueux de la route des Masies traverse de beaux paysages où les suaves volumes des montagnes alternent avec les vastes plaines à l'épaisse végétation.

La ville produit des pâtisseries exceptionnelles : les *carquinyolis* et les gaufres de l'Espluga, connues dans toute la Catalogne.

**Ancienne église de Sant Miquel** – C'est un sobre bâtiment de transition du roman au gothique (13e s.). La frise du portail est ornée de créatures fantastiques.

**Ancien hôpital** – Cet échantillon du gothique civil conserve un magnifique patio (14e s.). Il héberge l'office de tourisme et la bibliothèque municipale.

★ **Museu de la Vida Rural** (Musée de la Vie rurale) – *Ctra de Montblanc, 35 - 977 870 576 - www.museuvidarural.com - - tlj sf lun. 10h30-13h30, 16h-18h, dim. et j. fériés 10h30-13h30 - 5 € (enf. 2,50 €) ; 10 € billet combiné avec le Cova-Museu de la Font Major et le Museu del Vi.* Le musée sur trois niveaux est consacré au monde rural. Il nous explique la nature des différents travaux des champs, la vie et les coutumes familiales, les travaux domestiques et les métiers traditionnels. À noter la remarquable collection de **sculptures de Josep Traitéa**, qui représente une intéressante page d'ethnographie rurale, et la non moins étonnante collection de crèches.

**Cova-Museu de la Font Major** (Grotte-musée de la Font Major) – *977 871 220 - www.covesdelespluga.info - - tlj sf lun. 10h30-13h30, 16h-18h (juil.-août 16h30-19h30) - 5,30 € (enf. 3,30 €) ; 10 € billet combiné avec le Museu de la Vida Rural et le Museu del Vi.* La découverte de cette grotte, explorée sur près de 3 600 m, remonte à 1853. Redécouverte en 1953, elle fait l'objet depuis 1990 de fouilles systématiques qui ont permis de mettre au jour des restes néolithiques témoignant de son éventuelle occupation vers 4660 av. J.-C.

**Celler - Museu del Vi** (Cellier - Musée du vin) – *Carrer Josep Maria Rendé, 5 - 977 871 711 - www.doconcadebarbera.com - lun.-vend. 9h-12h30, 15h30-18h, dim et j. fériés 10h-13h30 - 2,45 € (-7 ans gratuit) ; 10 € billet combiné avec le Museu de la Vida Rural et le Cova-Museu de la Font Major.* Ce grand cellier moderniste à trois vaisseaux, surnommé « cathédrale du vin » par le dramaturge Ángel Guimerà, fut dessiné par Lluís Domènech i Montaner puis construit en 1913 par son fils, Pere Domènech i Roura.

### Prades B1

*20 km au sud par la T 700.*

*Pl. Major, 2 - 977 868 302 - été : mar.-sam. 9h-14h, 16h-19h, dim. 9h-14h ; hiver : sam. 9h-14h, 16h-18h, dim. 9h-14h. Nombreux dépliants détaillant le tracé des randonnées et leur niveau de difficulté.*

On arrive à Prades par une **route★★** sinueuse et pentue, qui offre de spectaculaires **panoramas★** sur la *comarca* de la Conca de Barberà et le ravin de Castellfollit. Le chemin serpente entre les forêts de pins noirs et les châtaigniers, s'enfonçant dans les montagnes qui cernent le village.

Le bourg, ancienne capitale du comté de Prades, est à 950 m d'altitude. Il présente un important ensemble monumental bâti avec la belle et caractéristique pierre rougeâtre qui a valu à la ville le nom de « Vila Vermella », la Ville rouge.

Actuellement, Prades est un important centre résidentiel, apprécié pour son climat et son paysage. Elle accueille, en automne, un grand nombre d'amateurs de champignons, qui trouvent dans ces montagnes un véritable et singulier « paradis ».

On peut voir les **portes** de la ville et la place aux Arcades, dont la célèbre **fontaine** sphérique de style Renaissance est reproduite au Poble Espanyol de Barcelone.

**Ermitage de l'Abellera** B1 – *2 km à l'ouest.* Construit au 16e s. sous une grotte, c'est un pittoresque **mirador★★** sur ce paisible paysage. D'ici, Prades offre une image exceptionnelle. Le village, caché au cœur des montagnes, n'est plus qu'une tache de couleur rouge. Les nombreux précipices, aux profils verticaux, se dressent en murailles inexpugnables. Les cours d'eau semblent se rétrécir jusqu'à leur disparition dans des gorges insondables.

*Pour poursuivre vers Siurana, voir p. 489.*

## NOS ADRESSES À POBLET

### HÉBERGEMENT

#### À Poblet

**PREMIER PRIX**

**Fonda Cas Pairal Espasa** – *Sant Roc, 1 - ℘ 977 868 023 - 18 ch. : 23-35 €/pers - rest. 21 €.* Chambres calmes et confortables. Cuisine familiale à base de produits régionaux.

**BUDGET MOYEN**

**Monestir** – *Les Masies de Poblet, 1 km à l'est - ℘ 977 870 058 - www.hotelmonestir.com - 30ch. : 85/98 € ☕.* Le doyen des hôtels du village occupe une ancienne demeure. Chambres confortables aux plafonds singulièrement hauts.

**La Masía del Cadet** – *Les Masies de Poblet, 1 km à l'est - ℘ 977 870 326 - www.masiadelcadet.com - 12 ch. : 100 € ☕. rest. 21 € (fermé dim. soir et lun.).* Dans un vieux mas isolé et rénové, des chambres confortables et un restaurant proposant des plats régionaux traditionnels.

#### À L'Espluga de Francolí

**PREMIER PRIX**

**Hotel L'Ocell Francolí** – *Pg Cañellas, 2-3 - ℘ 977 871 216 - www.ocellfrancoli.com - fermé de déb. janv. à mi-janv. - 12 ch. : 49/55 € - ☕ 6,50 € - rest. 19 €.* Petit hôtel central installé dans une ancienne auberge. Chambres confortables malgré la taille assez réduite des salles de bains. Cuisine régionale.

### RESTAURATION

Certains des hôtels ci-dessus disposent d'un restaurant.

#### À Poblet

**POUR SE FAIRE PLAISIR**

**Fonoll** – *Pl. Ramon Berenguer IV, 2 - ℘ 977 870 333 - www.hostalfonoll.com - fermé jeu. et de fin déc. à fin janv. - 30/35 €.* Restaurant familial accueillant situé en face du monastère. Cuisine catalane traditionnelle.

#### À Prades

**BUDGET MOYEN**

**L'Estanc** – *Pl. Major, 9 - ℘ 977 868 167 - fermé merc. et 15 janv. - 15 févr. - 23/32 €.* Au cœur du village, ce restaurant est apprécié pour sa cuisine élaborée à partir de produits de qualité.

# Costa Daurada

★★

Province de Tarragona

## NOS ADRESSES PAGE 455

### S'INFORMER

**www.costadaurada.info** – Rens. pratiques sur la Costa Daurada.

Les offices de tourisme des différentes localités sont répertoriés au fil des circuits.

### SE REPÉRER

Carte de région p. 402-403, – *carte Michelin Regional 574 I-K 31-34*. Le littoral le plus méridional de la Catalogne est orienté nord-est/sud-ouest, et s'étire sur 150 km entre Cunit (4,5 km au sud-ouest de Vilanova i la Geltrú) et la province de Castelló.

La Costa Daurada est desservie par un bon réseau routier. L'autoroute AP 7, dite de la Méditerranée, ainsi que la N 340 (très encombrée en toutes saisons, notamment de camions) longent le littoral de Barcelone au delta de l'Èbre. Depuis l'intérieur des terres, la principale voie de communication est l'autoroute A 2 reliant Lérida à l'autoroute AP 7 à hauteur d'El Vendrell.

### À NE PAS MANQUER

Les plages, parmi les plus belles de Catalogne, en particulier autour d'El Vendrell.

### ORGANISER SON TEMPS

Comptez deux journées au minimum pour visiter les principaux sites, une semaine si vous souhaitez profiter des plages. N'hésitez pas à vous déplacer en train d'une station balnéaire à l'autre, ce qui vous fera gagner de précieuses heures d'embouteillages.

### AVEC LES ENFANTS

Les plages, l'Aqualeón Parc à Albinyana, où les animaux sauvages se promènent en semi-liberté, et, bien entendu, Port Aventura.

**C'est sous cette belle appellation de « côte dorée » que le littoral de la province de Tarragone voit se succéder de superbes plages aux eaux calmes et peu profondes. Hiver comme été, la Costa Daurada jouit d'un climat méditerranéen particulièrement doux, qui a favorisé le développement de nombreux centres touristiques. Certes, ce « boom touristique » a favorisé un développement immobilier pas toujours respectueux de l'environnement, altérant par endroits la beauté du cadre naturel. Malgré tout, les tons dorés du sable fin resplendissent sous un ciel d'un bleu si soutenu qu'il semble avoir été peint, et l'atmosphère est toujours si pure qu'elle procure une agréable sensation de paix.**

# Circuits conseillés Carte de région

## D'EL VENDRELL À CAMBRILS

*70 km – prévoir une journée sans les visites de Reus, Tarragone et Port Aventura. Circuit tracé sur la carte de région p. 402-403.*

Ce circuit part du pays du Baix Penedès et parcourt le Camp de Tarragona, vaste plaine côtière ceinturée par la cordillère prélittorale. L'altitude de l'ensemble montagneux s'amenuise à mesure que l'on approche de la mer pour céder la place aux grandes plages. À l'intérieur des terres, tout promontoire permet d'apprécier en de vastes panoramas les aspects contrastés de la région.

### El Vendrell D2

*Av. Brisamar 1 - 977 680 010 - www.elvendrellturistic.com - été : lun.-sam. 9h-14h, 16h30-20h30, dim. 10h-14h. Possibilité de visites guidées : circuit culturel incluant tous les musées de la ville (8 €), circuit Pau Casals (8 €) et circuit Art (6 €).*

El Vendrell est une ville de l'intérieur, qui, néanmoins, comprend trois importants quartiers situés en bord de mer : Sant Salvador, Coma-ruga et El Francás *(voir plus loin).*

★ **Museu Deu** – *Pl. Nova - 977 666 308 - ♿ - tlj sf lun. mat. et apr.-midi, dim. et j. fériés mat. - fermé 1er janv., 25-26 déc. - 4,15 € (-12 ans gratuit).* Le musée se trouve sur la plaça Nova, où trône une fontaine ornée d'une sculpture à l'effigie du grand violoncelliste Pau Casals. Ce singulier musée, né de la donation de M. Deu Font, témoigne de la personnalité de ce collectionneur dont les centres d'intérêts étaient très éclectiques. On peut encore voir son bureau et sa chambre.

Les différentes collections, fort bien présentées, rassemblent des pièces d'un indéniable intérêt : des peintures figuratives de la fin du 19e et du 20e s., des sculptures religieuses des 16e et 17e s. essentiellement (beau Christ du 12e s.), des pièces de cristal modernistes, des ivoires, ainsi que nombre de tapis.

À un jet de pierre, dans la rue de Santa Anna se dressent la **maison natale de Pau Casals** *(au n° 2)* et la **Casa-Museu de Àngel Guimerà** *(au n° 8)*, où vécut le poète et dramaturge (1845-1924). *Santa Ana - 977 665 642 - fermé jusqu'à début 2011 pour rénovation et agrandissement.*

**Plaça Vella** – Cette place est dominée par l'hôtel de ville et l'**église de Sant Salvador** (18e s.), bâtiment néoclassique au clocher octogonal, qui abrite le précieux orgue baroque sur lequel **Pau Casals** s'initia à la musique.

**Fundació Appel.les Fenosa** – *Major, 25 - www.fenosa.org - mar.-sam. 11h-14h, dim. 11h-14h.* Cette fondation est installée dans l'ancien atelier d'été du sculpteur barcelonais **Ap.pelles Fenosa** (1899-1988), ami de Picasso, qui s'exila longuement en France après la guerre civile. Il est notamment connu pour avoir réalisé, à la demande du Comité de Libération du Limousin, le Monument aux Martyrs d'Oradour-sur-Glane, aujourd'hui exposé à Limoges. La fondation présente une collection de terres cuites, de plâtres et quelques bronzes monumentaux de l'artiste.

*Prendre la C 51 au nord-ouest (en direction de Valls), puis tourner à gauche en direction d'Albinyana.*

### Aqualeón Parc, à Albinyana C-D2

*977 687 656 - www.aqualeon.es - de mi-juin à mi-sept. : 10h-18h - fermé de mi-sept. à mi-juin - 22 € (-12 ans 17 €).*

Ruelle d'Altafulla.
*R. Tomlinson / Age Fotostock*

Dans cette réserve d'animaux en semi-liberté, les enfants observeront avec intérêt les mouvements lents des girafes, les lions, les tigres et d'autres espèces exotiques. Pour éviter les risques inutiles, il est interdit de descendre de voiture.

*Retourner à El Vendrell puis prendre la C 31 en direction du littoral.*

### Calafell D1-2

*Sant Pere, 29 - La Platja de Calafell - 977 692 981 - www.calafell.org - été : lun.-vend. 8h-20h ; sam. 10h-14h, 17h-20h ; dim. et j. fériés 10h-14h, 18h-20h ; hiver : lun.-ven. 8h-20h ; sam., dim. et j. fériés 10h-14h - fermé 25 déc. et 1er janv.*

Cette ville est perchée sur les derniers contreforts de la chaîne littorale, non loin de la côte. Le château partiellement entouré de murailles auquel on accède par des ruelles étroites est son principal attrait. À côté se trouvent deux bâtiments emblématiques de la cité : l'ancienne **église romane** de type lombard (11e s.), avec une crypte et des vestiges de fresques, et le **comunidor**, curieuse construction destinée à conjurer les sorcières, les démons et les tempêtes.

*Prendre la petite route côtière.*

### Sant Salvador D2

Le quartier côtier le plus ancien et le plus important d'El Vendrell borde sa longue plage de sable fin. De Sant Salvador ont été exportées, au 18e s., de grandes quantités d'eau-de-vie. Hors saison, comme c'est le cas dans d'autres stations balnéaires, la plupart des appartements et des villas fermés lui valent un air un peu fantomatique, impression qui se dissipe naturellement dès les premiers beaux jours. Pau Casals avait élu cet endroit pour y passer ses vacances d'été.

★ **Villa Casals** (Museu Pau Casals) – *Av. Palfuriana, 67 - 977 684 276 - www.paucasals.org - été : mar.-sam. 10h-14h, 17h-21h, dim. et j. fériés 10h-14h ; reste de l'année : mar.-vend. 10h-14h, 16h-18h, sam. 10h-14h, 16h-19h, dim. et j. fériés 10h-14h - fermé lun., 1er et 6 janv., 1er Mai, 25-26 déc. - 6 € (+65 ans 3 €).* Cette villa,

6

commandée en 1909 par **Pau Casals** (1876-1973), abrite aujourd'hui un musée consacré à cette grande figure de la musique, qui fut sans nul doute l'un des violoncellistes les plus admirés du 20e s.

La visite, avec un bel accompagnement musical, commence par une projection de vidéos *(en catalan, espagnol et anglais)* retraçant la vie, l'œuvre et la personnalité de celui que l'on surnomma le « Catalan universel ». Le magnifique salon de musique, décoré de beaux tableaux de l'époque (Casas, Martí Alsina, Mir, etc.), présente des violoncelles et des partitions ayant appartenu à l'artiste ; on assistera même à l'une de ses interprétations musicales exécutée en 1950. Tout au long de sa vie, Pau Casals est demeuré fidèle à son engagement inébranlable en faveur de la liberté, qui le contraignit à l'exil après la guerre civile. Il vécut à Prades, dans le Roussillon français, où il créa un festival de violoncelle réputé, mais conserva jusqu'à sa mort un amour profond pour sa terre natale. *(Voir aussi « Comprendre la région », « Quelques grandes figures catalanes »).*

### Coma-ruga D2

Dans le prolongement de Sant Salvador, la plage de ce quartier d'El Vendrell est l'une des plus fréquentées de la Costa Daurada. C'était autrefois une zone marécageuse riche en sources minérales. Au début du siècle, la fréquentation des bains de Coma-ruga a marqué le début du tourisme à El Vendrell.

### El Francàs D2

C'est une grande plage familiale, aux eaux peu profondes, bordée d'hôtels et de logements formant un ensemble bigarré.

*Prendre la N 340 qui longe le littoral et qui passe par l'arc de Barà.*

### ★ Arc romà de Barà (Arc romain de Bara) D2

Tout comme la N 340 aujourd'hui, la via Augusta, axe principal de liaison entre Rome et Cadix, franchissait l'arc de Barà (1er s.) qui a subi plusieurs transformations. Cette porte monumentale possède une arche unique ; ses proportions et son agencement sont remarquables. Bâti avec des pierres de taille du pays, l'arc répond aux caractéristiques des édifices de ce genre érigés pour commémorer une victoire ou pour délimiter un point précis. Huit pilastres striés, surmontés de chapiteaux corinthiens, soutiennent l'entablement, dont la frise porte une inscription dédiée au consul Lucius Licinius Saura, qui avait financé des réformes au 2e s.

*Suivre la N 340 puis, 4 km après l'arc, prendre sur la gauche la petite route côtière (N 340A).*

### Torredembarra C2

*Av. Montserrat 28 - ✆ 977 644 580 - www.torredembarra.org - lun.-vend. 8h30-14h30, sam. 9h30-13h.*

Située sur la rive gauche du Gaià, sur un espace plat mais légèrement incliné vers la mer, cette ville touristique connut une grande prospérité au 18e s. grâce au commerce vinicole avec l'Amérique.

Le principal attrait de Torredembarra est sa longue plage de sable fin, l'une des plus fréquentées de la Costa Daurada, dont la présence a suscité l'apparition de nombreux hôtels, immeubles, restaurants et campings.

Le village proprement dit se trouve à l'écart de la plage, à l'intérieur des terres. Il est couronné par la plaça del Castell, où se dresse l'église, une grosse tour robuste et l'ancien **château** (16e s.) remanié, qui accueille aujourd'hui l'hôtel de ville. Le grand hall d'entrée, qui conserve de solides piliers et des arcs en plein cintre de style Renaissance, mérite le coup d'œil.

## UNE CÔTE PLEINE D'ATTRAITS

Interrompue par les embouchures du Gaià, du Francolí et de l'Èbre, cette frange maritime présente un profil aux contours arrondis, généralement peu escarpés. Bien que l'ensemble présente une réelle unité géographique, des sites tels que le delta de l'Èbre, le cap de Salou et les contours rocheux et accidentés de la région d'Altafulla se distinguent par leur grande beauté. Les stations balnéaires les plus fréquentées sont Calafell, Torredembarra, Altafulla et, plus particulièrement, Cambrils et Salou – toute proche du parc à thème de Port Aventura.

L'intérêt de la Costa Daurada ne se limite cependant pas aux activités de bord de mer ; certaines villes et villages côtiers ne manquent pas d'intérêt, à commencer bien entendu par la capitale de la province, Tarragone. L'intérieur des terres mérite également quelques excursions, que cela soit vers les villes (Tortosa, Reus, Valls, Montblanc), les massifs montagneux (Montsant, Els Ports) ou les remarquables monastères cisterciens (Poblet et Santes Creus), perdus au cœur d'épaisses forêts.

### Altafulla C2

*Pl. dels Vents, s/n - ✆ 977 650 752- www.costadaurada.org - juin-sept. : 11h-13h, 17h-21h ; fermé d'oct. à mai.*

Le paysage jusque-là plat et sablonneux de la Costa Daurada change dès que l'on arrive à Altafulla. Cette bourgade côtière est protégée au nord par le promontoire dels Munts, constitué de sédiments marins et de matériaux apportés par le Gaià.

La silhouette du village, dominé par son château et son église, est très caractéristique. Les grandes maisons anciennes se concentrent dans le vieux quartier, au labyrinthe de ruelles étroites d'aspect médiéval.

Sa longue plage **(Platja Larga)** s'étire entre le promontoire dels Munts et un escarpement sur le flanc duquel s'accroche le château des marquis de Tamarit. La promenade du bord de mer conserve le charme des anciennes bourgades côtières où s'alignent en front de mer des maisons basses, dont certaines servaient d'entrepôts aux pêcheurs.

★ **Villa romaine d'Els Munts** – *Sur la N 340, suivre les indications « Platjes » et « Vila romana dels Munts ». ✆ 977 652 806 ou 977 251 515 - tlj sf lun. 10h-13h30, 15h-18h, dim. 10h-14h - fermé 1er janv., 1er Mai, mar. de Pâques, 11 Nov., 25 déc. - 1,80 € (-16 ans gratuit).* La villa bénéficie d'un **site★★** privilégié, sur une colline doucement inclinée vers la mer, les champs cultivés couvrant le versant opposé. Construite au 1er s., elle connut sa période faste au 2e s. lorsqu'elle fut occupée par un haut dignitaire de Tarraco qui mena à bien d'importants travaux d'agrandissement et d'embellissement. À l'époque, cette résidence, alternative à la maison urbaine, se composait d'une vaste demeure, de plusieurs jardins et de deux centres thermaux, l'un près de l'habitation et l'autre sur la plage, en sus des dépendances agricoles.

Aujourd'hui, on peut voir des vestiges des chambres de la maison et du long portique en forme de L qui longe un jardin. Au nord de ce site, dans la zone rurale, se trouvaient le dépôt d'eau et la citerne, tandis qu'au sud se tiennent les anciens **thermes★**, de structure très complexe avec hypocaustes, tepidaria, frigidaria et piscines. On peut imaginer sans difficulté dans quelle opulence vivaient les propriétaires de la villa.

La plupart des pièces de la villa étaient pavées de mosaïques polychromes et les murs étaient revêtus de peintures murales, en partie encore conservées.

*Poursuivre vers Tarragone par la N 340 A.*

★ **Torre dels Escipions** (Tour des Scipions) C2
Chez les Romains, il était habituel d'enterrer les morts près des voies ou des chemins d'une certaine importance. En Hispanie, le monument mortuaire le plus usuel était la tour funéraire.
La tour des Scipions (1er s.), aux sobres proportions et construite sur plan carré, possède trois corps superposés en ordre décroissant. Le corps supérieur présente un bas-relief représentant deux personnages ; à l'intérieur se trouvait la chambre funéraire contenant les cendres des défunts. Le deuxième corps montre deux personnages symétriques représentant Attis, divinité d'origine phrygienne associée au culte funéraire. Pendant longtemps, on a pensé, de façon erronée, que ces deux bas-reliefs représentaient les frères Scipion, qui avaient participé aux premières campagnes militaires romaines en Hispanie, d'où le nom donné au monument.

★★ **Tarragone** *(voir p. 404)* C2

★ **Reus** *(voir p. 484)* C2

★ **Salou** C2
*Depuis Reus, accès direct par la C 14 (6 km) ; depuis Tarragone (10 km), prendre la N340 A, puis à gauche la C 318 qui traverse la zone industrielle.*
*Pg Jaume I, 4 - ✆ 977 350 102 - www.salou.org - 10h-13h30, 17h-20h30. Le site www.estacionautica.info indique les activités nautiques proposées à Salou, Cambrils et Mont-roig del Camp.*
À l'ouest de Tarragone se trouve la ville côtière de Salou, centre touristique le plus actif de la Costa Daurada, dont la situation géographique à l'abri du **cap de Salou** – magnifique site à la végétation dense – est exceptionnelle. Protégée des tempêtes de l'est, elle est ouverte aux courants du sud-ouest qui ont déposé sur ses plages un sable fin et doré. Le village de pêcheurs a développé ses commerces autour de la rue de Barcelone puis s'est étendu vers l'ouest jusqu'à Cambrils et vers le nord-est, par le passeig de Jaume Ier, jusqu'à la limite de Tarragone. Cette croissance parallèle à la côte a donné à la ville son aspect de large avenue de bord de mer.
Le principal attrait touristique de Salou réside en ses plages, tantôt vastes étendues de sable, tantôt petites criques cachées derrière le cap de Salou.
L'endroit le plus fréquenté est le **passeig de Jaume Ier**★, qui court parallèlement à l'immense plage du Levant. Cette promenade, très belle les soirs d'été, garde le souvenir des premiers touristes de Salou, qui, attirés de Reus et de Barcelone au début du siècle par un paysage et un climat exceptionnels, ont transformé l'ancien village en un centre résidentiel de grand prestige. Le **Xalet Bonet**, édifice moderniste construit en 1919 par Domènec Sugranyes i Gras, un disciple d'Antoni Gaudí, est l'un des témoignages de cette première époque touristique.
À l'époque médiévale, la situation privilégiée de Salou avait déjà été reconnue. C'est en effet de là que Jaume Ier partit en septembre 1229 à la conquête de Majorque, événement commémoré par le **monument** élevé au roi sur la promenade qui porte son nom.
Le voyageur qui, après une journée de plage, voudra en savoir un peu plus sur cette belle ville devra y pénétrer et visiter la **Torre Vella**, vieille tour de 1530 qui défendait la ville des attaques des pirates turcs et algériens, et qui abrite maintenant un centre culturel et un petit musée consacré à l'émail contemporain.

Le soir, d'une terrasse face à la mer, on pourra observer la vie nocturne de Salou, connue pour être l'une des plus vivantes et cosmopolites de toute la Costa Daurada, pendant la période estivale en particulier.

★★★ **Port Aventura** C2

*2 km au nord de Salou par la route de Vila-seca- Av. Pere Molas, km. 2 - ✆ 902 202 220 - www.portaventura.com - ♿ - mai-oct. : tte la journée ; reste de l'année : se renseigner - fermé de mi-janvier à mars - 44 €/j. (juniors et seniors 35 €), tarifs modulables en fonction de la date de réservation).*

Le parc à thèmes du Resort Universal Mediterranea invite à un amusant voyage dans un monde aventurier. Sur 117 hectares, le visiteur explore cinq « pays » qui sont autant de thèmes : la Méditerranée, la Polynésie, la Chine, le Mexique et le Far West, auxquels s'ajoute un parc aquatique. Outre les attractions, les animations et les spectacles, chaque « pays » comprend plusieurs restaurants de cuisines typiques et boutiques de souvenirs.

**Mediterrània** – Toute la culture et les saveurs de la Méditerranée sont concentrées dans ce petit port aux rues blanches.

★ **Polynesia** – Depuis la gare du Nord (Estació del Nord), un sentier s'enfonce entre les plantes exubérantes et les petites îles de rêve. L'attraction phare est le **Tutuki Splash**★★. Cette barcasse polynésienne pénètre dans les entrailles d'un volcan, puis… se précipite dans une cataracte impressionnante à plus de 55 km/h… Éclaboussements et émotions garantis ! Le spectacle du **Makamanu Bird Show** met en scène des oiseaux aux mille couleurs qui réalisent des acrobaties invraisemblables.

★★ **China** – Dans le village chinois de **Ximpang** se trouve le temple de **Jing Chou**, où a lieu le spectacle de la **Fantaisie magique de la Chine**. La grande muraille isole la plus impressionnante des attractions de Port Aventura : le **Dragon Khan**★★★ qui compte parmi les montagnes russes les plus spectaculaires du monde, avec ses huit loopings et sa vitesse de pointe à 110 km/h !

★★ **México** – Des ruines mayas au Mexique colonial, du rythme entraînant des *mariachis* au goût relevé de la cuisine mexicaine… on ne manquera pas **le Train du Diable**★.

★★ **Far West** – À **Penitence**, un vieux village décoloré, les plus incroyables fantaisies de l'Ouest américain deviennent réalité. Tourner dans un western, devenir un cow-boy accompli, danser dans un saloon… On pourra participer à un rafting d'enfer dans les **Grand Canyon Rapids**★★ sur des bouées gonflables avant de monter à bord des deux wagonnets du **Stampida**★, qui se livrent une compétition féroce sur des montagnes russes en bois. Après un détour par le **Sea Odyssey**, spectaculaire simulateur sous-marin, on pourra regagner Mediterrània à bord de la vieille **locomotive de l'Union Pacific**.

**Port Aventura Aquatic Park** – *À côté de Port Aventura - ✆ 902 202 220 - 10h-19h (hiver : seult la zone Gran Caribe) - adultes (13-59 ans) : 24 € ; enf. (5-12 ans) et plus de 60 ans : 19 €.* Ce magnifique parc aquatique nous plonge dans l'atmosphère d'une île des Caraïbes.

★ **Cambrils** *(voir p. 458)* C2

## DE CAMBRILS À SANT CARLES DE LA RÀPITA

*75 km – prévoir une journée. Circuit tracé sur la carte de région p. 402-403.*

La route N 340 file à mi-chemin entre la mer, toute proche, et la cordillère littorale omniprésente sur tout le trajet. Se succèdent d'innombrables plages aux eaux limpides et transparentes.

On traverse certains centres touristiques comme **Miami Platja** (B2), ensemble coloré de campings et d'immeubles, et **L'Hospitalet de l'Infant** (B2) et sa magnifique plage. Moins réjouissant, la route passe aux abords de la centrale nucléaire de Vendellós, à 25 km de Cambrils.

En arrivant à **L'Almadrava** (B2), le paysage change et les longues plages se muent en petites criques, entourées de villas. Les amateurs de motocyclisme ne manqueront pas de visiter le **circuit de Calafat**, théâtre d'importantes compétitions dans cette discipline.

### L'Ametlla de Mar B2

Centre touristique offrant une gamme complète de services, L'Ametlla est aussi un village qui vit de la mer et conserve le charme d'une bourgade côtière.

La pêche rythme la vie du village. L'après-midi, quand les petits bateaux de pêche amènent le poisson à la Bourse où se déroulent les ventes à la criée, le village prend un air de fête.

Une agréable promenade en corniche, protégée par une balustrade, longe une grande partie de la façade maritime de la localité.

Sur la commune se succèdent les plages de gros sable et de galets, et dans les criques, les pinèdes, la garrigue méditerranéenne et, parfois, les oliviers descendent jusqu'au rivage, comme sur la plage du **Torrent del Pi**.

Peu après avoir traversé **El Perelló**, la route, qui s'est écartée de la mer, offre, si l'on regarde bien, une première vue de la plaine du delta de l'Èbre.

### L'Ampolla B3

*20 km au sud de L'Ametlla*. Du village touristique et côtier, situé au sud du **cap Roig**, et antichambre du delta de l'Èbre, on distingue le tracé si fin que les terres planes de l'embouchure du fleuve dessinent sur la mer. La plage de l'Ampolla, près du cap, abrite des coins de grande beauté. Les ports de plaisance et de pêche se trouvent au centre de la localité.

*Continuer sur la N 340. Après 10 km, la C 42 sur la gauche conduit à Tortosa.*

### ★ Tortosa *(voir p. 469)* A-B3

### ★★ Delta de l'Èbre *(voir p. 463)* B3

La N 340 longe le delta de l'Èbre, traversant des localités sans grâce comme L'Aldea ou Amposta, posée sur la rive gauche du fleuve.

### Sant Carles de la Ràpita *(voir « Delta de l'Èbre » p. 464)* B3

## NOS ADRESSES SUR LA COSTA DAURADA

Voir aussi nos adresses à **Cambrils**, dans le **delta de l'Èbre**, à **Reus**, à **Tortosa** et à **Tarragone**.

### TRANSPORTS

**En autocar** – La compagnie **Plana** dessert toutes les localités de la Costa Daurada *(977 214 475 - www.autocarsplana.com)*. La compagnie **Hife** possède plusieurs lignes reliant les principales stations balnéaires au reste de la Catalogne *(902 119 814 - www.hife.es)*. La compagnie **Hispania** a de nombreuses lignes régionales *(977 754 147)*. La compagnie **Mon-bus** relie toutes les heures El Vendrell à l'aéroport de Barcelone *(938 937 511)*.

**En train** – **Renfe** - *902 240 202 - www.renfe.es*. La principale station de la Costa Daurada, **Salou**, est à 1h35 de Barcelone, 40mn de Calafell, 20mn d'Altafulla, 10mn de Tarragone, 15mn de L'Hospitalet de l'Infant et 30mn de L'Ampolla.

### HÉBERGEMENT

#### Circuit d'El Vendrell à Cambrils

PREMIER PRIX

**Hotel Yola** – *Via Augusta, 50 - Altafulla - 977 650 283 - www.hotelyola.com - - - 39 ch. : 32/42 € - rest. 15 € - fermé oct. - mars*. À une minute de la plage, chambres claires meublées simplement. Toutes ouvrent sur le jardinet et la petite piscine. Accueil chaleureux.

**Hotel Sant Jordi** – *Av. de Sant Jordi, 24, Montbrió del Camp (8 km au nord-ouest de Cambrils par la T 312) - 977 826 719 - www.hotelstjordi.com - P - 23 ch. : 54/60 €* . On est accueilli par une peinture murale représentant saint Georges combattant le dragon. Les chambres claires et confortables invitent à la détente, à quelques minutes des plages. Très bon rapport qualité-prix.

BUDGET MOYEN

**Hotel Morros** – *Pérez Galdós, 15 - Torredembarra - 977 640 225 - www.morros.es - P - 76 ch. : 60/65 € - 6 €*. La proximité de la plage, à quelques mètres de distance, est son premier atout. Chambres fonctionnelles et salles de bains modernes. Son agréable terrasse face à la mer ouvre sur de spectaculaires couchers de soleil.

**Hotel Victoria** – *Ctra Barcelona, 98 - Segur de Calafell - 977 162 002 - fermé de mi-déc. à déb. janv. - P - 32 ch. : 42/75 € - rest. 15 €*. Les chambres sont très spacieuses bien que très simples. Le sauna, le Jacuzzi, la salle de gymnastique et la piscine chauffée sont les plus de sa prestation.

**Hotel Rural L'Olivera** – *Nou, 14 - Albinyana (à 6 km d'El Vendrell par la C 51) - 977 687 076 - www.lolivera.com - 7 ch. : 75/85 € - rest. 30 €*. Aménagées dans trois belles maisons mitoyennes en pierre, les chambres sont aux couleurs de la Méditerranée. Propriétaires attentifs : possibilité de petit-déjeuner au lit !

POUR SE FAIRE PLAISIR

**Hotel Caspel** – *Alfons IV el Magnànim, 9, dans le prolongement du passeig Jaume I vers la platja dels Capelans - Salou - 977 380 207 - www.hotel-caspel.com - - 95 ch. : 65/135 € - rest. 16 €*. Hôtel de plage, les chambres affichent un ameublement et une décoration du meilleur goût. Les espaces

6

communs et récréatifs ne manquent pas avec, notamment, ses deux piscines. Un bon choix pour repos, soleil et distraction !

UNE FOLIE

**Hotel Termes Montbrió** – *Nou, 38 - Montbrió del Camp - 8 km au nord-ouest de Cambrils par la T 312 - ✆ 977 814 000 - www.rocblanchotels.com* - P - *207 ch. : 185/229 €* - *rest. 34/37 €*. Cet hôtel se compose de plusieurs bâtiments du début du 20e s. qui rappellent le style de Gaudí. Entouré de jardins et d'un bois superbes, il est également doté de piscines où sont dispensés des soins thermaux. Le mariage du luxe et du confort !

### Circuit de Cambrils à Sant Carles de la Ràpita

Pour l'hébergement à Sant Carles de la Ràpita, voir le chapitre du delta de l'Èbre, p. 467.

PREMIER PRIX

**Hotel Del Port** – *Major, 11 - L'Ametlla de Mar - ✆ 977 457 043 - www.hoteldelportametlla.cat* - *16 ch. : 50/69 €*. Sur le port de pêche, établissement simple aux chambres modernes.

BUDGET MOYEN

**Hotel Llorca** – *Rosec, 1 - L'Hospitalet de l'Infant - ✆ 977 823 109 - www.hotelllorca.com* - P - *15 ch. : 65/75 €*. Sur le front de mer, dans un établissement à l'architecture très méditerranéenne, des chambres basiques mais bien entretenues. Salle de restaurant en été, avec vue sur mer.

**La Panavera** – *Pl. del Forn, 25 - El Perelló - 7 km au nord de L'Ampolla - ✆ 977 490 318 - www.hostallapanavera.es.* - *6 ch. : 75/100 €*. Ce vieux moulin à huile dispose de chambres accueillantes, bien décorées, avec du mobilier ancien restauré.

POUR SE FAIRE PLAISIR

**Hotel Pino Alto** – *Urb. Pino Alto - L'Hospitalet de l'Infant - 1 km au nord-ouest - ✆ 977 811 000 - www.hotel-pinoalto.com - de mi-avr. à mi-oct.* - *137 ch. : 66/188 €* - *rest. 18 €*. Confortable hôtel dont le plan en amphithéâtre permet à la majorité de ses lumineuses chambres d'ouvrir sur la terrasse intérieure avec jardin, pelouse et vastes piscines. Mobilier aux tons clairs, salles de bains modernes.

## RESTAURATION

### Circuit d'El Vendrell à Cambrils

**Les spécialités d'El Vendrell** – On peut y déguster le *xató*, plat composé de scarole, de morue émiettée, de thon, d'anchois frais et d'olives, le tout accompagné d'une sauce aux piments forts et fruits secs grillés, proche du *romesco*. Ce plat peut être arrosé d'un vin blanc du Penedès.

BUDGET MOYEN

**La Masía de l'Era** – *Sant Joan, 64 - La Riera de Gaià - 18 km au sud-ouest d'El Vendrell par l'A 7 - ✆ 977 655 402 – fermé lun. et mai ou juin selon les années - menu 10 €, carte 25/30 €*. Séduisante ferme catalane restaurée. Nombreuses petites salles décorées dans le style catalan à base d'objets anciens et d'outils de labour. Le troisième étage, mansardé, a encore plus de charme. Cuisine catalane où figure en bonne place le fameux *xató*. Service soigné et simple.

**El Molí de Cal Tof** – *Santa Oliva, 2 - El Vendrell - ✆ 977 662 651 - www.elmolidecaltof.com - fermé lun. (sf férié) - menu 16 €, carte 20/35 €*. Cuisine typique de la région servie dans un ancien moulin agréablement aménagé. La carte saisonnière privilégie en hiver les viandes à la braise.

POUR SE FAIRE PLAISIR

**Joila** – *Av. Generalitat, 24 - Comaruga - El Vendrell - ✆ 977 680 018 – fermé dim. soir, lun., 4 sem. à partir du 25 déc. - ▤ - menus 18/22 €, carte 35/45 € env.* Restaurant central tenu par une famille. Doté d'une agréable terrasse et d'une cafétéria à l'entrée, il compte plusieurs salles bien meublées (esprit maritime). Son offre gastronomique s'articule autour de la cuisine méditerranéenne.

**Vil.la Alexander** - *Pg. Jaume I, 3 - Salou - ✆ 977 353 683 - www.villaalexander.es - ▤ - menus 19/36/50 €.* En plein cœur de la station, un lieu où se mêlent harmonieusement le style moderniste et le design le plus actuel. Cuisine classique de la mer, basée sur la fraîcheur et la qualité des produits, à laquelle s'ajoutent quelques recettes « d'auteur ». Belle carte de vins.

**Albatros** – *Brusel.les, 60 - Salou - ✆ 977 385 070 - fermé 2-20 janv., dim. soir et lun. sf j. fériés. - ▤ - 30/39 €.* Un grand classique de Salou, dont le propriétaire est aux fourneaux. La cuisine ne cesse de s'améliorer, vous en savourerez les recettes élaborées. Terrasse animée les nuits d'été.

**El Celler de l'Arbocet** – *Baix, 11 - L'Arbocet - 8 km au nord-ouest de Cambrils par la T 312 puis prendre à gauche (6 km) - ✆ 977 837 591 - ▤ - 35/45 €.* Établissement familial et convivial installé dans une noble demeure. Dans les salles, murs en pierre rustiques et poutres en bois. Le premier étage est préféré pour sa cheminée. La cuisine fait la part belle aux recettes locales.

**Masía de la Platja** – *Vilamar, 67 - Calafell Platja - ✆ 977 691 341 - www.masiadelaplatja.com - fermé mar. et merc. sf en été, et 3 sem à partir de Noël - menu 33 €, carte 35/50 €.* Une affaire familiale qui attire, depuis bientôt cinquante ans, une clientèle d'habitués venue savourer le *rossejat* maison et d'autres recettes traditionnelles de pêcheurs.

**Bruixes de Burriac** – *Hotel Gran Claustre - Del Cup, 2 - Altafulla - ✆ 977 651 557 - www.granclaustre.com - fermé dim. soir et lun. - menu 40 €.* Le restaurant de cet hôtel, installé dans un ancien monastère, propose une cuisine méditerranéenne revue au goût du jour. L'une des adresses montantes de Catalogne, terre de gourmets exigeants. Réservation vivement recommandée.

## Circuit de Cambrils à Sant Carles de la Ràpita

Pour la restauration à Sant Carles de la Ràpita, voir le chapitre du delta de l'Èbre (p. 468).

PREMIER PRIX

**Vistamar** – *Mar, 24 - L'Hospitalet de l'Infant - ✆ 977 823 000 - ▤ P - fermé en oct. - menu 12 €.* Restaurant-pizzeria posé juste en face de la plage, avec jolie vue sur la mer et les montagnes de Vandellós. Salades, pâtes et pizzas en portions copieuses. Dans une salle attenante, buffet à midi. L'établissement fait également hôtel *(72 ch. : 64/158 €)*, dont le principal intérêt réside dans sa situation.

BUDGET MOYEN

**Censals** – *N 340, km 1105 - El Perelló - L'Ampolla - ✆ 977 490 059 - ▤ - 18/38 €.* Cuisine méditerranéenne et internationale soignée, réputée pour ses riz *(arrosses)*, ses fruits de mer et ses desserts maison. Trois salles à manger, dont une réservée aux banquets.

**Club Náutic Casa Montero** – *Sur le port de L'Ampolla - ✆ 977 593 336 - fermé lun. en hiver - menus*

*20/35 €.* Originaires d'Albacete, les propriétaires proposent une cuisine de marché aux accents castillans. Pour autant, poissons et produits locaux – en particulier ceux provenant du proche delta de l'Èbre – ne sont pas négligés. Vue imprenable sur le port de plaisance.

POUR SE FAIRE PLAISIR

**La Llotja** – *Sant Roc, 23 - L'Ametlla de Mar - ✆ 977 457 361 - de mi-juin à mi-sept : fermé lun. ; reste de l'année : ouv. le midi du merc. au dim. et le soir du vend. au sam. - menu-dégustation 42 €, carte 35/45 €.* Tout proche du port, ce petit restaurant sert une cuisine de qualité, parfois teintée d'originalité.

**Mar Blava** – *Port Esportiu - L'Hospitalet de l'Infant - ✆ 977 820 206 - fermé dim. soir, lun., de fin déc. à fin janv. - ▤ - 40/45 €.* Petit restaurant convivial et très réputé auprès des locaux, situé sur le port de plaisance, dans un secteur touristique entre bars et glaciers. Sobre mais coquette, la salle affiche un niveau de service correct et une carte typique du marché.

ACTIVITÉS

**Creuers Costa Daurada** – *✆ 977 363 167 - www.creuerscostadaurada.com.* Au départ de Salou et de Cambrils, excursions à l'Ametlla de Mar (23 à 38 €, avec ou sans repas), au delta de l'Èbre (37 €), à la crique Calafat (23 à 38 € avec ou sans repas), etc. Vision sous-marine.

# Cambrils

★

31 720 Cambrilsins – Province de Tarragona

NOS ADRESSES PAGE 461

**S'INFORMER**

**Office de tourisme** – *Passeig de les Palmeres, 1 - ✆ 977 792 307 - www.cambrils-turisme.com.*

**SE REPÉRER**

Carte de région C2 (p. 402-403) – *carte Michelin Regional 574 I33.* Cambrils, l'un des grands centres touristiques de la Costa Daurada, se trouve à l'ouest du cap de Salou, à 7 km de la station balnéaire du même nom, la plus active de ce littoral.

**À NE PAS MANQUER**

L'ambiance coloniale et exotique du parc Samà.

**ORGANISER SON TEMPS**

Rapidement accessible depuis Tarragone, Cambrils constitue une belle escapade à la journée. Prévoyez une voiture pour profiter des nombreuses curiosités aux alentours.

Le parc Samà, à Cambrils.
*L. Campion / MICHELIN*

**Ce village de pêcheurs très dynamique est devenu, à l'instar de tant d'autres villages du littoral catalan, un important centre touristique. Il n'en conserve pas moins le charme d'une localité maritime aux loisirs multiples qui se concentrent surtout autour du port. Le centre-ville est la zone la moins touchée par l'urbanisation galopante et se compose de rues étroites et pittoresques où se pressent boutiques et restaurants. La plage et le port sont bordés par une longue et plaisante promenade, le passeig de Miramar.**

## Visiter

### Museu Agrícola de Cambrils

*Sindicat, 2 - ✆ 977 360 719 - juil.-août : mar.-sam. 10h-13h30, 17h-20h30, dim. et j. fériés 11h-14h ; reste de l'année : sam. 10h-13h30, 17h-20h30, dim. et j. feriés 11h-14h - fermé 1er et 6 janv., 1er Mai, 25-26 déc. - 1,20 €.*

Installé dans une ancienne cave moderniste construite par **Bernardí Martorell i Puig** en 1921, ce musée agricole présente différents outils utilisés pour l'élaboration du vin, notamment un petit moulin.

### Museu Molí de les Tres Eres

*Via Augusta, 1 - ✆ 977 794 528 - www.cambrils.org/mhc - juil.-août : mar.-sam. 11h-14h, 17h-20h, dim. et j. fériés 11h-14h ; reste de l'année : sam. 10h30-13h30, 15h30-17h30, dim. et j. fériés 10h30-13h30 - fermé 1er et 6 janv., 1er Mai, 25-26 déc. - 1,20 € (+1,20 € mécanisme moulin).*

Cet ancien moulin a été réhabilité pour accueillir une petite exposition retraçant l'histoire de la région de Cambrils. Au nombre des objets romains, mis au jour en particulier dans la villa de la Llosa à deux pas du front de mer, on remarquera un joli lampadaire en bronze.

## À proximité Carte de région

### ★ Parc Samà C2

*4 km au nord par la T 312 en direction de Montbrió del Camp - Carretera de Vinyols, s/n - ✆ 977 826 514 - www.parc-sama.es - ouv. tlj sf en cas de pluie ou de vent violent : 10h-17h30 (20h aux beaux jours) - 3,80 €.*

Josep Fontseré, qui réalisa des ouvrages aussi importants que le parc de la Ciutadella et le marché du Born *(voir « Barcelone »)*, a construit en 1882 ce surprenant ensemble architectural pour Salvador Samà, marquis de Marianao. C'est un endroit sans aucun rapport avec l'environnement rural où il se situe. Le visiteur sera surpris par l'existence, en plein milieu de la campagne tarragonaise, d'un magnifique lac artificiel entouré de beaux jardins plantés d'espèces tropicales et méditerranéennes les plus diverses. Une **demeure** d'aspect colonial témoigne du passé de la famille Samà à Cuba, où elle réalisa le chemin de fer reliant Marianao à La Havane.

### Mont-roig del Camp B2

*11 km au sud-ouest par la N 340 direction Valence, puis, à droite, la T 323.*

L'une des communes les plus étendues de la *comarca* du Baix Camp, Mont-roig dispose d'un littoral moderne avec des quartiers urbanisés longeant la plage **(Mont-roig Bahía)**. Le village, situé dans l'arrière-pays, est flanqué des montagnes de Colldejou et de Llaberia, qui offrent un paysage exceptionnel. Il s'agit d'une contrée peu peuplée mais riche de couleurs d'une grande pureté, aussi n'est-il pas surprenant que **Joan Miró** y ait longuement séjourné, laissant en témoignage de la beauté des lieux quelques tableaux aussi importants que *Mont-roig, l'église et le village* (1919) et *La Masía* (1921-1922).

### ★ Mola de Colldejou B2

*23 km au sud-ouest. À Mont-roig del Camp, prendre la T 323 en direction de Colldejou. Dans un virage, avant d'arriver à La Torre de Fontaubella, quitter la voiture et continuer à pied, pendant 45mn environ, par un sentier balisé.*

Du sommet du massif (914 m), où subsistent les vestiges d'une construction arabe, on peut par ciel dégagé contempler un magnifique **panorama★★** sur la Costa Daurada. Les chaînes du Priorat d'un côté et de Llaberia de l'autre se fondent avec le bleu de la Méditerranée. Ceux qui aiment la marche ne seront pas déçus de la promenade, la Costa Daurada offrant depuis ce point un de ses visages les plus passionnants et les plus méconnus.

### LA ROUTE DES PEINTRES

En empruntant la « route des Peintres », vous pourrez voir les paysages qui enthousiasmèrent Miró, Picasso et Mir, qui vécurent un moment dans la région. Depuis Mont-roig del Camp, associé à **Joan Miró** depuis le séjour qu'il fit dans un manoir, prendre les routes T 310 puis la C 44 en direction de la belle localité de **Tivissa** pour rejoindre Ginestar, dans la vallée de l'Èbre. De là, vous traverserez le fleuve pour gagner l'étonnante cité de **Miravet** *(voir p. 482)*, dont le château des Templiers environné de ruelles a inspiré plusieurs toiles de **Joaquim Mir**. De là, en suivant la route T 324 jusqu'à El Pinell de Brai, qui compte une cave moderniste *(voir p. 481)*, puis la T 333, on gagne **Horta de Sant Joan** *(voir p. 476)*, où, dit-on, **Pablo Picasso** et son ami Manuel Pallarés découvrirent le cubisme.

**★★ Château-monastère d'Escornalbou, à Riudecanyes** B2

*26 km au nord-ouest. Prendre la T 312 jusqu'à Montbrió del Camp, puis la T 313 jusqu'à Riudecanyes. Puis, une route signalisée (5 km) mène au monastère. 977 834 007 - mar.-sam. 10h-13h, 15h-17h (16h-19h en été) - fermé lun., 1er janv., 25 déc. - 4 € (sem.)/5 € (w.-end).*

Sur le territoire de Riudecanyes, dans un superbe **site★★** sur la colline Santa Bàrbara, se trouve cet ancien monastère, fondé au 12e s. par le roi Alfons Ier. En 1910, après les vicissitudes les plus diverses – il subit l'abandon, la spoliation et même un tremblement de terre –, **Eduardo Todà i Güell** mena à terme un important travail de restauration des ruines du monastère afin d'y aménager son logement, lui donnant son aspect actuel.

De l'ensemble se détache l'**église★**, édifice illustrant la transition entre l'art roman et le gothique (13e et 14e s.), qui rappelle par sa sobriété et son harmonie celles des monastères cisterciens de Santes Creus et de Poblet. Une des galeries de l'ancien **cloître** a été transformée en mirador et dispense une **vue★★** étendue sur la Costa Daurada. À l'intérieur de la résidence d'Eduardo Todà i Güell sont conservés les meubles d'origine, d'intéressants panneaux d'azulejos d'époques diverses (cuisine), de même qu'une partie de la riche **bibliothèque** de Todà.

Cent mètres plus haut, la chapelle Santa Bàrbara offre de magnifiques **perspectives★** sur cette région accidentée. Le moment idéal pour visiter les lieux est le printemps, lorsque la végétation environnante s'épaissit. Le paysage prend alors des tons très vifs et la couleur rougeoyante caractéristique d'Escornalbou retrouve une texture spéciale.

## NOS ADRESSES À CAMBRILS

Voir aussi nos adresses sur la **Costa Daurada** *(p. 455)*.

### HÉBERGEMENT

#### BUDGET MOYEN

**Camping Cambrils Park** – *Ctra Salou-Cambrils, km 1 - 977 351 031 - www.cambrilspark.es - fermé de mi-oct. à déb. avr. - 850 pl. : 15/58 €/parcelle + 6 €/adulte et 4 €/enf., bungalows 65/120 €.* Camping luxueux aux tarifs conséquents. Bungalows spacieux et confortables, parcelles ombragées (évitez celles du fond, proches de la route). Les enfants apprécieront le miniparc aquatique avec des animaux géants en guise de fontaines. Les parents pourront bronzer tranquillement sur la pelouse qui entoure l'immense piscine.

**Hotel Can Solé** – *Ramon Llull, 19 - 977 360 236 - www.hotelcansole.com - fermé vac. de Noël - 26 ch. : 50/63 € - rest. 15 €.* Situé au centre du village, ce petit hôtel convivial, aux chambres correctes et nettes, possède un agréable restaurant au rez-de-chaussée. L'été, sa terrasse coiffée de parasols permet de goûter à une cuisine simple.

### RESTAURATION

Il serait impardonnable de ne pas goûter à la riche gastronomie locale, notamment aux hors-d'œuvre et au *menjar de tresmall*, plat cuit au four, composé d'une grande variété de poissons et de fruits de mer, accompagné du traditionnel aïoli (le *tresmall* – trémail – est un filet constitué de trois maillages différents permettant d'attraper toutes sortes de poissons).

### BUDGET MOYEN

**Rovira** – *Diputació, 6 - ✆ 977 360 900 - fermé mar. en hiver et déc.-janv. - menu 21,50 €.* Une institution locale dirigée par la même famille depuis trois générations. Cuisine sans prétention mais savoureuse à base des recettes locales et ambiance familiale.

**Macarrilla** – *Barques, 14 - ✆ 977 360 814 - fermé mar., de mi-fév. à fin fév., de mi-nov. à fin nov. - ▤ - env. 25/28 €.* Restaurant central tenu en toute simplicité par une famille. Sa salle qui jouit d'une entrée indépendante est bien aménagée et séparée du bar. Une adresse agréable pour goûter un bon repas en se détendant.

### UNE FOLIE

**Rincón de Diego** – *Drassanes, 7 - ✆ 977 361 307 - www.rincondediego.com - fermé dim. soir, lun., de mi-déc. à mi-janv. - ▤ - menus 36/89 €, carte 44/69 €.* Les maîtres des lieux sont en salle et aux fourneaux,

ce qui explique le sérieux de l'établissement qui s'articule autour de son élégante salle à manger, de son salon privé, et d'un espace aménagé en cave à vins. On y déguste une cuisine de la mer traditionnelle revisitée avec brio.

**Can Bosch** – *Rambla Jaume I, 19 - ✆ 977 360 019 - www.canbosch.com - fermé dim. soir, lun., de mi-déc. à mi-janv., 1 sem. en juin - ▤ - 45/65 €.* Le mariage de la cuisine traditionnelle et d'une bonne dose de créativité. Plats méditerranéens et recettes de la mer où le riz, les poissons et les fruits de mer comblent les palais d'une clientèle fidèle. Salle à manger moderne décorée avec des détails avant-gardistes.

# Parc naturel du Delta de l'Èbre

**Parc natural del Delta de l'Ebre**

★★

Province de Tarragona

NOS ADRESSES PAGE 467

### S'INFORMER

**Offices de tourisme** – Chaque localité du delta et de ses abords immédiats (Sant Carles de la Ràpita, L'Ampolla, Amposta, etc.) possède un office de tourisme fournissant des informations sur le parc (itinéraires à pied, à vélo, etc.). Nous les avons répertoriés au fil du circuit.

**Centres d'information du parc** - **Écomusée du parc** – *Martí Buera, 22 - Deltebre - ✆ 977 489 670 ;* **Casa de Fusta** - *El Poblenou del Delta - ✆ 977 261 022 - www.parcsdecatalunya.net - lun.-sam. 10h-14h, 15h-18h (19h mai-sept.), dim. et j. fériés 10h-14h.*

### SE REPÉRER

Carte de région B3 (p. 402-403) – *carte Michelin Regional 574 J-K 32.* Situé à l'extrême sud de la Catalogne, à 75 km de Tarragone, le delta de l'Èbre s'avance dans la mer sous la forme d'un vaste cap triangulaire. L'autoroute A 7 et la N 340 longent les limites du parc à l'intérieur des terres. Sant Carles de la Ràpita, au sud-ouest du parc, est le point de départ le plus commode pour découvrir le delta dans toute sa splendeur ; mais on peut aussi emprunter à Amposta la TV 3454 pour Deltebre, sur la rive gauche de l'Èbre, ou la TV 3403 pour Sant Jaume d'Enveja, sur l'autre rive.

### À NE PAS MANQUER

L'étang de l'Encanyissada, paradis des oiseaux migrateurs.

### ORGANISER SON TEMPS

Nous vous proposons dans ce chapitre un circuit d'une demi-journée en voiture, mais pour profiter plus pleinement de cet écosystème particulier et de la sérénité des lieux, n'hésitez pas à louer un vélo et à faire étape dans l'un des villages. Avant d'entreprendre la visite, rendez-vous dans l'un des points d'information *(voir « S'informer » ci-dessus)*, pour vous procurer un plan détaillé des sentiers, routes et principales curiosités.

L'aube et la fin de journée sont des moments privilégiés pour surprendre les oiseaux dans leur élément. De nombreuses espèces sont visibles toute l'année, même si les plus fortes densités seront observées lors des migrations. De nombreux miradors ont été installés à travers le delta, et des jumelles seront d'un secours précieux.

### AVEC LES ENFANTS

Une excursion en bateau sur le fleuve.

**À son embouchure, l'Èbre forme un large delta qui constitue la zone humide la plus étendue de la Catalogne. Ce delta est né du dépôt d'une énorme quantité d'alluvions transportées par le fleuve. Une flore et une faune uniques se sont ainsi développées sur ce territoire comparable à la Camargue, où la terre et l'eau semblent se confondre.**

## Circuit conseillé Carte de région

### DE SANT CARLES DE LA RÀPITA À DELTEBRE

*51 km - une demi-journée. Circuit tracé sur la carte de région p. 402-403.*
Ce circuit permet de faire le tour des sites les plus intéressants du delta de l'Èbre.

### Sant Carles de la Ràpita B3

*Pl. Carles III, 13 - 977 744 624 - www.turismesantcarlesdelarapita.org - 9h-15h, fermé w.-end et j. fériés.*
De cette importante station balnéaire, on retiendra le passé historique et la curieuse géographie. Dans la seconde moitié du 18e s., le roi d'Espagne Charles III envisagea la construction d'un grand port sur le delta de l'Èbre et décida d'élever une ville appelée en son honneur Sant Carles, sur l'emplacement d'un village de pêcheurs, la Ràpita. On entreprit la construction d'**édifices néoclassiques** comme l'Església Nova, ou la Glorieta, mais la mort du roi et le désordre économique et administratif de la fin du règne mirent un terme aux travaux et la grande ville portuaire demeura inachevée.
La commune de Sant Carles se découpe en deux zones bien distinctes : la partie continentale et la péninsule de la Banya (« corne » en catalan), reliée aux terres du delta par l'isthme d'El Trabucador. Au large de Sant Carles, abrité par la péninsule, le **port naturel dels Alfacs** est l'un des plus sûrs du littoral catalan.
Sant Carles enfin est renommé pour sa cuisine, qui fait entrer le *llagostí* (langoustine) dans la préparation de délicieuses tapas et de plats sophistiqués.

### FAUNE ET FLORE DU DELTA

Couvrant une superficie de 7 736 ha de terres planes, le parc fut créé en 1983 afin de protéger la flore et la faune tout en favorisant le développement agricole de la zone. En effet, les trois quarts du delta sont désormais occupés par les rizières, les exploitations maraîchères et les vergers. Plus de 300 espèces d'oiseaux ont sur ces terres leurs propres colonies en permanence, et de nombreux oiseaux migrateurs y font étape lors de leurs déplacements. La richesse piscicole est aussi exceptionnelle (loups, langoustes, daurades et anguilles).

Les rizières du delta de l'Èbre.
P. Escudero / hemis.fr

*Quitter Sant Carles par le port de pêche* (port pesquer) *en suivant la direction « Delta del Ebre ». La route, étroite – attention aux croisements, parfois délicats –, est tracée sur une digue.*

## El Poblenou del Delta B3

Ce village blanc, d'allure très andalouse, fut fondé en 1955 pour accueillir des travailleurs – ou « colons » – recrutés pour assainir les terres du delta et les rendre propices à la riziculture. Aujourd'hui, restaurants, chambres d'hôte et loueurs de vélos ont investi ce village aux rues fleuries et ombragées de palmiers.

*Dans El Poblenou, prendre la route signalisée « Casa de Fusta », tracée sur une digue à travers la lagune de l'Encanyissada. Au croisement (1 km), prendre à gauche.*

## Casa de Fusta (Centre d'information) B3

*2 km d'El Poblenou. ✆ 977 261 022 - ♿ - lun.-sam. 10h-14h, 15h-18h (19h mai-sept.), dim. et j. fériés 10h-14h - fermé 25-26 déc., 1er janv. - 1,20 €.*

Installé dans un relais de chasse en bois des années 1960 et dans une *barraca*, maison traditionnelle à toit de roseaux, ce centre d'information présente une exposition permanente sur les lagunes. La Casa de Fusta constitue également un bon point de départ pour la découverte, à pied, à vélo ou en barque *(location sur place)* de la lagune de l'**Encanyissada**, la plus vaste du delta (1 192 ha). Ponctué de roselières et dominé au loin par le clocher de l'église blanche d'El Poblenou, ce vaste plan d'eau offre un refuge paisible aux canards colverts, aux hérons pourpres, aux martinets et aux flamants roses.

*Revenir à El Poblenou.*

## D'El Poblenou à Els Eucaliptus B3

*Prendre la direction de la lagune de la Tancada.*

La route longe la lagune de la **Tancada**, site de choix pour l'observation des flamants roses, avant d'atteindre la mer *(8 km après El Poblenou).*

Sur la droite, une longue langue de sable de 6 km, praticable en voiture par temps sec, conduit aux salines de la **punta de la Banya**. Côté mer s'étend une immense plage sauvage et superbe, la **platja del Trabucador**.

*Revenir à la route d'El Poblenou et poursuivre vers le nord-est en suivant la direction « Urbanització els Eucaliptus ».*

On aperçoit de-ci de-là quelques *barracas* en plus au moins bon état. Aux abords de la station d'Els Eucaliptus, vous aurez peut-être l'occasion d'apercevoir un troupeau de taureaux *bravos*, le seul en terre catalane, utilisé lors des *correbous* (lâchers de taureaux dans les rues) très appréciés dans la basse vallée de l'Èbre.

### Els Eucaliptus B3

Une longue plage, un hôtel, quelques petits immeubles, un camping et des guinguettes composent cette petite station balnéaire, probablement la moins sophistiquée de tout le littoral catalan.

*Revenir vers l'intérieur des terres par la TV 3405 puis tourner à droite vers Sant Jaume d'Enveja.*

### Sant Jaume d'Enveja B3

Ce village posé sur l'Èbre est un passage incontournable pour rejoindre la partie nord du delta. Les trois bacs, qui permettaient jusqu'alors de traverser le fleuve *(3€/véhicule)* afin de gagner Deltebre sur la rive opposée, devraient être remplacé par un pont en 2011.

Si vous avez le temps, vous pouvez, depuis Sant Jaume, longer le fleuve et le canal latéral jusqu'à son embouchure à l'est, pour découvrir l'**illa de Buda** (île devenue presqu'île) et l'**illa de Sant Antoni**, qui comptent parmi les zones les plus sauvages du delta *(attention, l'accès est limité, surtout en période de vacances)*.

Depuis l'illa de Buda, un autre bac permet de traverser le fleuve et de gagner la petite station de **Riumar** *(retour sur Deltebre par la T 340)*.

### Deltebre B3

Sur la rive nord du fleuve, ce gros bourg, qui dépendait de Tortosa jusqu'en 1977, vit pour l'essentiel de la pêche, de l'ostréiculture et de la riziculture.

**Écomusée du parc naturel** – *Dr Martí Buera, 22 - ✆ 977 489 679 - lun.-sam. 10h-14h, 15h-18h (19h mai-sept.), dim. et j. fériés 10h-14h - 1,20 € (-8 ans gratuit).* Installé dans une maison traditionnelle, il invite à découvrir l'habitat naturel du delta ainsi que les modes de vie traditionnels de la région (pêche, rizières et cultures maraîchères). À l'extérieur, les jardins présentent la flore du delta.

### Le nord du Delta B3

Depuis Deltebre, vous pouvez facilement gagner en voiture le nord du delta et rejoindre **L'Ampolla** *(voir p. 454)* par la TV 3401.

La **punta del Fangar**, qui fait le pendant en quelque sorte à la punta de la Banya, constitue une spectaculaire destination de promenade à vélo à la journée *(accès par une piste sablonneuse)*. Cette zone désertique d'une incroyable beauté permet d'observer les viviers qui peuplent la baie et, parfois, des mirages… À mi-chemin, vous pouvez faire une pause en bordure de la lagune d'**El Canall Vell** pour observer les flamants qui ont l'habitude d'y nicher.

## NOS ADRESSES DANS LE DELTA DE L'ÈBRE

Voir aussi nos adresses d'hébergement et de restauration à **Tortosa** *(p. 475)* et sur la **Costa Daurada** *(p. 455)*, notamment à **L'Ampolla**.

### TRANSPORTS

L'ensemble des points les plus intéressants du delta sont facilement accessibles en voiture (puis à pied depuis un parking). Aux beaux jours, le vélo reste la manière la plus agréable de le découvrir en profitant pleinement des paysages, à votre rythme. Le circuit vélo le plus prisé est **« la Route des lagunes »**, passant par la Casa de la Fusta et les lagunes de l'Encanyissada et de la Tancada (26 km au départ de la Casa de la Fusta, 45 km au départ d'Amposta).

Quelques loueurs de vélos :

**Deltaventur** - *voir ci-après « Activités ».*

**Natura & Aventura** - *voir ci-après « Activités ».*

**Delta del Ebre** – *Sant Jaume, s/n - Amposta - ✆ 625 518 385 - www.lagrobotiga.com.*

**Lo Mas de la Cuixota** – *Partida de la Cuixota - El Poblenou del Delta - (derrière la Casa de Fusta) - ✆ 619 755 975 - www.ebre.com/estany.*

**Delta Natura** – *Unió, 76 - Sant Jaume d'Enveja - ✆ 977 468 190.*

### HÉBERGEMENT

#### À Sant Carles de la Ràpita

POUR SE FAIRE PLAISIR

**Hotel Miami Mar** – *Pg Marítim, 18 - ✆ 977 745 859 - www.miamicanpons.com - P - 24 ch. : 96/177 € - rest. 22 €.* Un grand classique de la région, désormais entièrement rénové. Aménagement fonctionnel, décoration contemporaine et chambres confortables donnant toutes sur la mer. Le restaurant Miami Can Pons propose des recettes à base de produits du delta.

#### Dans le delta

BUDGET MOYEN

**Casa de Pagés L'Esquerra de Gabriel** – *Rte d'Amposta à Sant Jaume d'Enveja (TV 3405), 3,2 km - ✆ 977 700 532 ou 625 518 385 - www.ebre.com/edegabriel.* Une ancienne demeure au calme, qui servait jadis de refuge aux travailleurs des rizières. La maison comporte 4 chambres (8 pers.), mais doit être louée entièrement *(288 €/w.-end, 880 €/sem.).* Cuisine équipée et salon.

**Casa rural Mas del Tancat** – *Camí dels Panissos - accès depuis la rte d'Amposta à Sant Jaume, km 3,2 - ✆ 656 901 014 - - 5 ch. : 55 € - 6 € - dîner 15 €.* Jolie *masía* blanche en pleine nature, avec des chambres restaurées, une salle à manger, cheminée et terrasse.

**Delta Hotel** – *Av. del Canal - Deltebre - ✆ 977 480 046 -www.deltahotel.es - P - 24 ch. : 60/84 € - 7 € - rest. 14,75 €.* Sa situation en plein cœur du delta de l'Èbre lui vaut son cadre unique, dans une ravissante lagune naturelle que vous pourrez arpenter en barque. Les espaces à vivre se fondent avec la salle à manger en un vaste vaisseau et les chambres proposent un niveau de confort moderne mais sans grand luxe.

**Mediterrani Blau** – *Encanyissada, 1 - Urbanització Eucaliptus - ✆ 977 479 310 - www.mediterraniblau.com - P - 20 ch. : 70/99 € - rest. 15/20 €.* À quelques minutes de la lagune de Tancada et à 100 m de la plage, cet hôtel reconstruit en 2004

6

dispose de chambres modernes et confortables. Le restaurant sert une bonne cuisine de la mer, notamment une grande variété de riz *(arroses)*, dans une grande salle claire.

POUR SE FAIRE PLAISIR

**Hotel l'Algadir del Delta** – *Ronda del Pins, 27 - El Poblenou del Delta - ✆ 977 744 559 - www.hotelalgadirdelta.com - 11 ch : 90/115 € ☕ - rest.18/37 €.* Malgré sa création récente, El Poblenou est sans doute le village le plus typique du delta. Ce petit hôtel inauguré en 2007 s'insère parfaitement bien dans ce cadre de maisonnettes blanches. Recettes à base de produits locaux au restaurant.

### RESTAURATION

## À Sant Carles de la Ràpita

POUR SE FAIRE PLAISIR

**Can Vicent** – *Carmé, 28 (face au port) - ✆ 977 741 613 - tlj sf dim. soir - 25/40 €.* Une salle accueillante et une terrasse ombragée pour déguster dans une ambiance maritime des langoustes aux fines herbes et aux amandes, ou des gambas farcies aux *rovellons*, ces délicieux champignons orange des montagnes catalanes.

## Dans le delta

PREMIER PRIX

**Can Paquita** – *Ronda dels Pins, 5 - El Poblenou del Delta - ✆ 977 741 452 - fermé mar. en hiver.* Petit restaurant convivial fréquenté aussi bien par les touristes que les habitants du delta. Cuisine familiale et spécialités locales (paellas, riz noir, anguille…). .

**Rull** – *Av. Esportiva, 155 - Deltebre - ✆ 977 487 729 - fermé 25 déc. et 1er janv. - 12/28 €.* Le restaurant de ce petit hôtel moderne propose une cuisine typique de la région préparée avec soin.

BUDGET MOYEN

**Ca'l Faiges** – *Ronda dels Pins, 13 - El Poblenou del Delta - ✆ 977 742 703 - fermé lun. et en janv. - en hiver, ouvert seulement le midi.* Agréable salle de restaurant et patio. Spécialités de poissons et de riz.

### ACTIVITÉS

**Deltaventur/Turisport** - *Av. Sant Jaume, 87-89 - Amposta - ✆ 607 950 408 - www.deltaventur.com.* Randonnées pédestres, excursion en voilier, spéléologie ou escalade… Location de vélos (toute l'année).

**Natura & Aventura** - *Pl. del Cóc, 18 - Sant Carles de la Ràpita - ✆ 977 742 987 - www.naturayaventura.com.* Visites guidées du delta de l'Èbre à pied, à vélo, en bateau. Location de vélos (toute l'année).

**Creuers Delta de l'Ebre** – *✆ 977 480 128 - www.creuersdeltaebre.com - rens. à Sant Carles de la Ràpita, à l'office de tourisme, et sur le quai réservé aux promenades en bateau.* Plusieurs embarcations relient Sant Carles de la Ràpita à l'embouchure du fleuve. Ces promenades réservent de magnifiques vues de l'Èbre. Sur le trajet, on longera l'**illa de Gràcia**, imposante langue de terre qui précède l'**illa de Buda**.

**Santa Susana** – *Ctra Far de Buda - Deltebre - ✆ 629 204 117 - www.stasusana.com.* Depuis Deltebre, vous pouvez également naviguer jusqu'à l'embouchure de l'Èbre à bord du bateau restaurant *Santa Susana*.

# Tortosa

★

35 143 Tortosins – Province de Tarragona

## NOS ADRESSES PAGE 475

### S'INFORMER

**Office de tourisme** – *Pl. Carrilet, 1 - ☎ 977 449 648 - www.tortosaturisme.cat - mai-sept. : mar.-sam. 10h-13h30, 16h30-19h30, dim. 10h-13h30 ; reste de l'année : mar.-sam. 10h-13h30, 15h30-18h30, dim. 11h-13h.*

### SE REPÉRER

Carte de région A-B3 (p. 402-403) – *carte Michelin Regional 574 J31.* Au sud de la Costa Daurada *(voir p. 447)*, Tortosa domine une terre fertile où le gris des collines contraste avec les tons verdoyants de la vallée. Son emplacement sur l'Èbre, à proximité de son embouchure, en a fait durant des siècles une ville stratégique, chargée de défendre le seul pont de la région. De Tarragone, prenez la N 340 vers le sud puis la C 42 (90 km) ou l'A7 (87 km). De Lérida, quittez la ville vers le sud et empruntez la C 12 (120 km).

### À NE PAS MANQUER

La fête de la Renaissance, en juillet.

### ORGANISER SON TEMPS

Une journée suffit à la visite de Tortosa. Vous pouvez facilement organiser une excursion depuis le delta de l'Èbre si vous y séjournez.

### AVEC LES ENFANTS

N'oubliez pas de leur faire goûter les *pastissets*, des friandises garnies de cheveux d'ange, spécialités de la ville.

**Paisible ville traversée par l'Èbre, Tortosa a accumulé un riche patrimoine monumental au fil des siècles. En son point culminant, où très probablement était située l'acropole romaine, se trouve la Suda, ancien château arabe aujourd'hui aménagé en parador. Ses belvédères offrent une superbe vue panoramique sur la ville et le paysage environnant, avec ses oliviers en terrasses sur les zones les plus élevées, et, dans les secteurs les plus proches du fleuve, ses orangers, ses pêchers, son maïs et ses primeurs, protégés des vents marins par des rangées de cyprès.**

### UNE CITÉ BELLIQUEUSE

Tortosa intéressa beaucoup les Romains : Jules César lui octroya le rang de municipe et Octave celui de colonie (Julia Augusta Dertosa). Les Arabes, l'ayant conquise en 714, construisirent la Suda. En 1148, Ramon Berenguer IV occupa la ville et y maintint un gros contingent de Juifs et de Maures, population qui dynamisa la ville dans le domaine culturel *(voir ci-après le collège de Sant Lluís)*. Le dernier siège subi par Tortosa, et le plus sanglant, s'acheva le 24 juillet 1938. Ce fut la bataille de l'Èbre, où tombèrent au moins 150 000 victimes *(voir aussi « Gandesa » p. 479)*.

# Se promener Plan de ville

## LA VIEILLE VILLE

*Départ de la pl. del Paiolet, au débouché du pont sur l'Èbre.*

À une centaine de mètres en amont, émergeant des eaux du fleuve, le spectaculaire **Monument aux Combattants de la bataille de l'Èbre** rappelle la dureté des combats de 1938. Inaugurée en grande pompe en 1966 par Franco en personne, la sculpture fut débarrassée, après la mort du dictateur, des symboles du camp vainqueur dont elle était dorée en abondance. Sa présence demeure cependant toujours contestée.

*Remonter le cours du fleuve en suivant la rambla Felip Pedrell.*

### Antic Escorxador Municipal A1-2

*Rambla F. Pedrell, 5 - horaires fluctuant selon les expositions - fermé lun.*

Parmi les remarquables **édifices modernistes** conservés par la ville, ne manquez pas ces anciens abattoirs, aujourd'hui réhabilités en espace d'expositions temporaires d'art moderne et contemporain. Notez en particulier, sur les façades, l'alternance de la pierre, de la brique rouge et de la céramique polychrome.

*Revenir en arrière et prendre sur la gauche la Costa dels Capellans puis à droite la carrer Croera.*

### ★ Palau Episcopal A2

*✆ 977 440 700 - lun.-vend. 10h-13h - fermé w.-end et j. fériés - gratuit.*

Ce magnifique édifice gothique fut construit entre les 13e et 14e s. La façade s'ouvre par une porte en plein cintre surhaussée et par deux niveaux de fenêtres. Après être passé sous les deux arcs en plein cintre, vous pénétrez dans le grand patio gothique catalan du 14e s. C'est par un escalier saillant, très caractéristique, que vous accéderez ensuite au premier étage où se trouve une galerie d'arcades et de fines colonnes. À ce niveau, remarquez la **chapelle gothique**★, véritable petit chef-d'œuvre. Le passage du plan carré à la voûte étoilée octogonale est réalisé au moyen de trompes angulaires. À cette structure raffinée s'ajoutent des nervures, dont les supports sont ornés de personnages sculptés. Admirez les motifs ornementaux des fausses fenêtres.

### ★★ Cathédrale A2

*✆ 977 446 110 - mar.-sam. 10h-13h, 16h-18h, dim. 12h-14h - 3 € (+65 ans 2 €).*

Ce superbe monument, consacré à la Vierge, se dresse juste au-dessous de la Suda. Il a été construit à partir de 1347 dans le style gothique français sur l'emplacement du forum romain et d'un sanctuaire roman, dont il ne reste aucun vestige. Les travaux se prolongèrent jusqu'aux 16e et 17e s., adoptant alors le style propre au gothique catalan.

★ **Façade** – La façade baroque (18e s.), divisée en cinq sections par d'énormes pilastres, présente une richesse décorative exceptionnelle : chapiteaux aux motifs végétaux, colonnes galbées et reliefs flamboyants.

Cet ensemble relève pleinement du style baroque, où les formes les plus fantaisistes côtoient des éléments architecturaux d'une grande simplicité.

★★ **Intérieur** – De lignes sobres, il est formé de trois vaisseaux séparés par des piliers à base polygonale. Les deux étages de la nef centrale sont soutenus par de très hautes arcades, et les collatéraux, très hauts également, se rejoignent

# TORTOSA

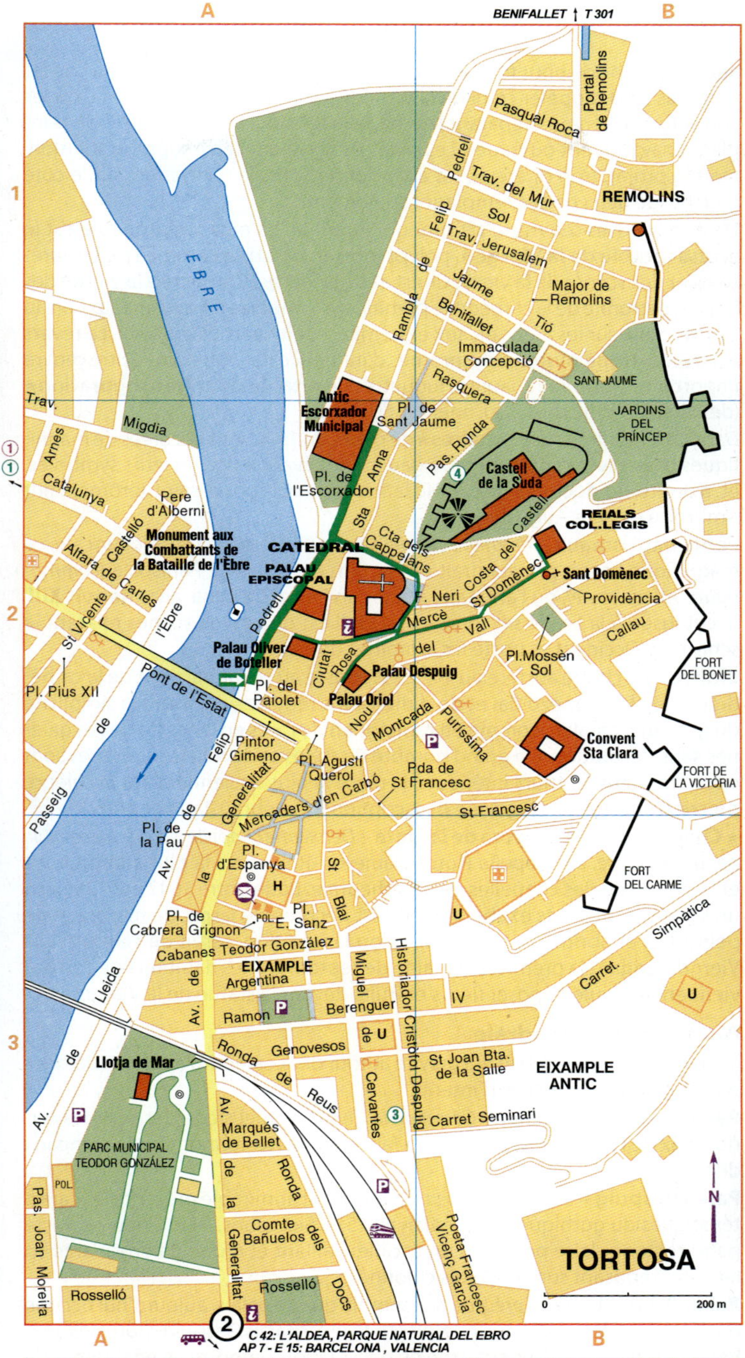


SE LOGER
Corona Tortosa .................. 1
Hotel Berenguer IV.......... 3
Parador de Tortosa .......... 4

SE RESTAURER
Rosa Pinyol ..................... 1

autour de l'abside pour former un double déambulatoire. L'aspect du chevet n'est pas sans rappeler celui de la basilique Santa Maria de Manresa, où les contreforts intérieurs séparant les chapelles absidiales sont ajourés de remplages savamment ouvragés. Les plans prévoyaient cette superbe solution, mais le projet, trop onéreux, fut abandonné après la réalisation, sur le côté gauche, de deux de ces remplages seulement.

De nombreuses œuvres d'art ornent l'intérieur. La plus remarquable est le **grand retable de la Vierge★**, polyptyque en bois polychrome (1351) représentant des scènes de la vie du Christ et de la Vierge. Consacré à la Vierge des Étoiles, patronne de la cathédrale primitive, il comporte cinq panneaux : un au centre, deux sur les côtés et, aux extrémités, deux parties mobiles. Le revers est décoré de peintures polychromes d'influence italienne. Une autre œuvre importante, attribuée à Jaume Huguet, est le **retable de la Transfiguration★** (deuxième moitié du 15e s.), finement décoré.

Dans la nef centrale, deux **chaires★** de pierre du 15e s. sont décorées de magnifiques bas-reliefs, représentant, à gauche, les évangélistes et leurs symboles, et, à droite, les docteurs de l'Église latine : saint Grégoire, saint Jérôme, saint Ambroise et saint Augustin.

**Fonts baptismaux** – *Première chapelle à droite*. Selon la tradition locale, ce magnifique bassin proviendrait des jardins du palais de Peñíscola *(communauté valencienne)*, où l'antipape aragonais Pedro de Luna, alias **Benoît XIII**, vécut jusqu'à la fin de ses jours en 1423. Il est décoré de scènes relatant le schisme d'Occident et porte les armoiries du pape.

**Cloître** – Ce cloître austère du 14e s. est adossé au collatéral droit de la cathédrale. De plan trapézoïdal et de dimensions réduites, il a toute la simplicité du gothique catalan, comme en témoignent les arcs en lancette de ses galeries sans décoration. Un grand nombre de stèles et de reliefs funéraires sont encastrés dans les murs intérieurs, la pièce la plus ancienne étant la célèbre **pierre trilingue** (6e s.), gravée d'inscriptions en hébreu, latin et grec.

★ **Chapelle Nostra Senyora de la Cinta** – *Deuxième chapelle à droite, accessible depuis le cloître*. La chapelle Notre-Dame-du-Ruban est la plus somptueuse et la plus riche des chapelles de la cathédrale. Bâtie entre 1642 et 1725 dans un style baroque très exubérant, elle est décorée de jaspe, de marbre et de peintures, et abrite le cordon qui, selon la tradition, servit de ceinture à la Vierge. Pendant la première semaine de septembre, les habitants de Tortosa viennent en foule déposer fleurs et fruits devant la statue de la Vierge.

## Autour de la cathédrale A2

Le petit quartier médiéval qui gravite autour de la cathédrale abrite quelques **palais gothiques** dignes d'intérêt.

**Palau Oliver de Boteller** – *Carrer de la Ciutat*. Actuel siège des services territoriaux de la Culture, il arbore une façade massive surmontée de créneaux décoratifs.

**Palau Despuig** – *Carrer de la Rosa*. Ce bâtiment admirable présente les caractéristiques du gothique civil catalan au 15e s. Signalons, à l'intérieur, le vaste patio rectangulaire pourvu d'un escalier saillant et d'une galerie d'arcs en lancette reposant sur de sveltes colonnes.

**Palau Oriol** – *À côté du précédent*. Il semble que ce palais, aujourd'hui occupé par le conservatoire de musique, ait été relié au palais Despuig. Outre les analogies des façades, le mur gauche du palais Oriol comporte en effet une série d'arcs aveugles qui pourraient correspondre à une ancienne galerie.

*Monter vers les collèges royaux par les carrer de la Rosa, de la Mercè et Sant Domènec.*

Patio du collège de Sant Lluís, à Tortosa.
*R. Manent / MICHELIN*

★ **Reials Col.legis** (Collèges royaux) B2

*Sant Domènec, 12 - ✆ 977 449 648 - mar.-sam. 10h-13h30, 15h30-18h, dim. 11h-13h30 - gratuit - visites guidées possibles le sam. matin (s'adresser sur place au Centre d'Informació del Renaixement).*

L'empereur Charles Quint créa en 1564 ce bel ensemble de style Renaissance, qui abrite les collèges de Sant Lluís, Sant Jordi et Sant Domènec.

Ce faisant, le monarque prétendait ainsi encourager le développement culturel de la ville et, en même temps, former les « nouveaux chrétiens », essentiellement des musulmans convertis. Les collèges servent aujourd'hui de cadre au **Centre d'Informació del Renaixement** (Centre d'Interprétation de la Renaissance), qui organise des expositions thématiques.

★ **Collège de Sant Lluís** – Dans cet établissement, construit à partir de 1564 et appelé auparavant Sant Jaume et Sant Maties, on formait de jeunes musulmans convertis.

Le **portail** de la façade principale a un caractère nettement symbolique. Il est organisé en trois registres : le registre inférieur est l'entrée proprement dite, le registre central porte le blason impérial avec l'aigle bicéphale flanqué de deux sphinx symbolisant la connaissance, et le registre supérieur comporte deux niches abritant les statues de saint Jacques et de saint Mathias, patrons de l'institution. L'ensemble fut conçu comme un arc de triomphe, symbolisant l'alliance de la raison et de l'esprit avec les valeurs strictement militaires.

Le **patio**★★, de plan rectangulaire, est l'une des œuvres les plus attrayantes de la Renaissance en Catalogne. Il comporte trois niveaux : aux deux premiers, les arcades sont en plein cintre ; au dernier, les arcs sont en anse de panier. En dépit de l'équilibre et de l'harmonie du bâtiment, c'est dans la décoration, à base de sculptures en relief, que son originalité est le plus évidente. Les personnages offrent une variété inépuisable d'attitudes et d'expressions. Du centre du patio, appuyé à la fontaine, le visiteur aura l'impression d'être observé par une multitude de personnages inconnus.

★ **Collège de Sant Jordi i Sant Domènec** – La façade Renaissance est le seul vestige de l'ancien établissement dominicain. Elle présente deux parties dont la première est structurée comme un arc de triomphe aux colonnes doriques adossées. Une frise, portant l'inscription latine *Domus sapientiae* (Maison de la connaissance), indique le caractère de ce bâtiment.

### Église de Sant Domènec B2

*Visite sur demande à l'office de tourisme - ✆ 977 44 96 48.*

Cette église, bâtie au 16e s., faisait partie des collèges royaux. La façade est de facture classique, les éléments décoratifs sont typiques de la Renaissance hispanique : bustes dans des médaillons, statues d'anges ornant les archivoltes et motifs héraldiques dans la partie supérieure du portail.

## À voir aussi Plan de ville

### Couvent de Santa Clara B2

*Pujada Santa Clara, s/n - vend.-sam. 10h-13h, 16h30-18h.*

Ce couvent du 14e s. possède un beau **cloître gothique** présentant des analogies architecturales avec les autres monastères franciscains de Catalogne.

### L'Eixample A3

*Au sud de la vieille ville.*

On peut rejoindre ce quartier moderne, ponctué de résidences modernistes, par la sympathique **carrer de Sant Blai**, piétonne et commerçante. L'Eixample s'organise autour de l'**avinguda de la Generalitat**, que borde le marché couvert (très animé et coloré le matin), de facture moderniste. L'avenue conduit au beau **parc municipal Teodor González**, traversé par la ligne de chemin de fer et dans lequel se dresse la Llotja de Mar.

**Llotja de Mar** – Ayant été, pendant un certain temps, le lieu où l'on fixait le prix du blé pour l'ensemble du bassin méditerranéen occidental, la **Bourse de commerce maritime**, témoignage de la puissance commerciale de la ville, est également connue sous le nom de **Porxo del Blat** (porche du Blé).

C'est un bâtiment, typique du gothique catalan (14e s.), à deux nefs rectangulaires séparées par trois grandes arcatures en plein cintre qui lui donnent un aspect sobre. Situé auparavant dans la rue de la Llotja, il a été transféré en 1933 à l'emplacement qu'il occupe actuellement.

### Quartier de Remolins B1

*Au nord-est de la ville.*

Ses ruelles labyrinthiques portent des noms qui indiquent l'ancienneté de leurs origines. Les Travessera de Jerusalem, Travessia del Mur, etc., témoignent du passé juif de Tortosa, et, malgré le peu de vestiges, ces ruelles évoquent l'une des périodes historiques les plus importantes de la ville.

## NOS ADRESSES À TORTOSA

Voir aussi nos adresses sur la **Costa Daurada** *(p. 455)* et dans le **delta de l'Èbre** *(p. 467)*.

### TRANSPORTS

**Gare ferroviaire** – *Francesc Vicenç Garcia, 4 - ℘ 977 240 202 - www.renfe.es.* Tortosa est à 2h25 de Barcelone et 1h de Tarragone.

**Bus** – La compagnie **Hife** relie Tortosa aux principales villes de Catalogne et d'Espagne - *℘ 902 119 814 - www.hife.es.*

**Location de voitures** – **Ebe-rent** : *Rosselló, 6 - ℘ 977 443 399* ; **VH10** : *Av. Generalitat, 122 - ℘ 977 510 100.*

### HÉBERGEMENT

#### BUDGET MOYEN

**Hotel Corona Tortosa** – *Pl. Corona d'Aragó, s/n - ℘ 977 580 433 - www.hotelcoronatortosa.com - - 72 ch. : 65/115 € - 8,50 €.* À 10mn de la vieille ville à pied. Des chambres spacieuses pour un excellent rapport qualité-prix. Accueil agréable.

**Hotel Berenguer IV** – *Historiador Cristófol Despuig, 36 - ℘ 977 449 580 - www.hotelberenguer.com - 54 ch. : 72/95 € - 15 €.* Dans le quartier de l'Eixample, un hôtel moderne, tranquille et fonctionnel, aux chambres dotées d'un confort contemporain plus que convenable.

#### POUR SE FAIRE PLAISIR

**Parador de Tortosa** – *Castell de la Suda - ℘ 977 444 450 - www.parador.es - - 72 ch. : 127/137 € - 15 € - rest. 29,96 €.* Aménagé dans le château de la Suda, sa silhouette se découpe majestueusement sur la ville et la fertile vallée de l'Èbre. Grâce aux travaux de réhabilitation, ses dépendances et ses chambres jouissent d'un excellent niveau de confort. Remarquez la beauté des baies gothiques du restaurant.

### RESTAURATION

#### POUR SE FAIRE PLAISIR

**Rosa Pinyol** – *Hernán Cortés, 17 (à l'angle de l'av. Catalunya) - ℘ 977 502 001 - fermé dim., lun. soir, 1 sem. juil., de mi-sept. à fin sept. - - 35 € env.* Restaurant familial et accueillant installé dans un bâtiment moderne. On y accède par un patio. Cuisine de marché tout à fait correcte et belle carte de vins.

### ACHATS

**Spécialités** – Tortosa s'enorgueillit de ses pâtisseries d'exception. Vous ne manquerez pas de goûter aux **pastissets** (friandises garnies de cheveux d'ange) ou aux **garrofetes del Papa**, délicieux biscuits qui doivent leur nom au pape Benoît XIII, qui résida non loin, à Peñíscola.

**Carrer Sant Blai** – Rue centrale où se rassemblent les meilleures pâtisseries de la ville. L'une des plus traditionnelles est **La Inglesa** *(au n° 6)*, ouverte depuis 1870 ; **La Petja** *(au n° 39)* et **La Pallares** *(n° 19)* sont également très prisées.

**Marchés** – En dehors du marché couvert de l'Eixample, vous pourrez remplir votre panier de fruits frais des vergers d'Horta en vous rendant le lundi sur l'av. Cristòfol Colom, rive droite de l'Èbre, et le samedi, pg Joan Moreira, sur l'autre rive.

### AGENDA

**Foire de l'huile d'olive** – *Fév.*

**Festival de musique sacrée** – *Avr.*

**Fête de la Renaissance** – *Juil.* Durant 4 jours, toute la ville s'habille en costume d'époque, les bistrots débordent dans les rues et de nombreux spectacles retracent l'histoire de la ville au 16e s.

**Festival de jazz** – *Juil.*

# Horta de Sant Joan

★★

1 305 Hortalans – Province de Tarragona

## NOS ADRESSES PAGE 478

### S'INFORMER

**Office de tourisme** – *Pl. Catalunya, s/n - ✆ 977 435 043 - www.hortadesantjoan.es et www.terra-alta.org - été : merc., dim. et j. fériés 10h-14h30, jeu.-sam. 10h-14h30, 17h-20h30, fermé lun.-mar. ; hiver : merc. 10h-14h30, jeu. sam. 10h-13h30, 17h-18h30, fermé dim.-mar. et j. fériés.*

### SE REPÉRER

Carte de région A2 (p. 402-403) – *carte Michelin Regional 574 J30*. À 37 km au nord-ouest de Tortosa, dans la province de Tarragone, Horta est tout proche des frontières de la province de Teruel (Aragon). Éloigné des grands axes de communication, le village se dresse dans une zone paisible. Pour y accéder depuis Tortosa, suivez la C 12 vers le nord (16 km), puis prenez à gauche la N 230 (6 km). Au premier croisement, tournez à gauche sur la T 333 (13 km). Enfin, bifurquez à droite sur la TV 3341 (2 km).

### ORGANISER SON TEMPS

Profitez des premières heures de la matinée pour partir en randonnée (à pied ou à vélo), et prenez le temps, en soirée, de parcourir les bucoliques vergers sillonnés de petits sentiers.

**Horta de Sant Joan est une commune de montagne qui s'échelonne sur une petite croupe, occupant un site magnifique à l'abri des derniers contreforts des Ports de Beseit. Depuis les vignobles étendus à ses pieds, on observe les plus beaux paysages. Là, la pureté de l'air et le relief capricieux des montagnes entourant Horta éveillent une sensation particulière, la même que transmet le fameux tableau « Horta d'Ebre ou de Sant Joan », peint par Picasso en 1909.**

## Se promener

La partie haute du village est un sinueux ensemble de magnifiques rues médiévales, à arcades parfois, et de places isolées comme celles de Sant Salvador ou de la Església. Sur cette dernière se dressent l'édifice Renaissance de l'hôtel de ville et l'**église gothique de Sant Joan Baptista** (14e s.).

### ★ Centre Picasso

*Antic Hospital - ✆ 977 435 330 - www.centrepicasso.cat - horaires restreints, se renseigner - fermé lun., 8 sept., 25 déc. - 2,50 €.*

Installé dans un ancien hôpital Renaissance, il recèle d'intéressantes œuvres du maître, qui séjourna à Horta à deux reprises. La première, en 1898, pour répondre à l'invitation de son ami **Manuel Pallarés**, et la seconde, en 1909, avec Fernande Olivier, sa femme. Picasso sut restituer la rigoureuse beauté du site.

### Ecomuseu dels Ports

*Picasso, 8 - ✆ 977 435 686 - www.elsports.org - lun.-sam. mat. et apr.-midi, dim. mat. - 2 € (-12 ans gratuit).*

Au premier étage, les conditions de vie et de travail dans la région sont relatées à travers une courte exposition et un documentaire audiovisuel de 30mn. Le second étage offre une vue panoramique sur les alentours.

**Montagne Santa Bàrbara**
Du village, une courte promenade suffit à gagner le sommet (795 m) de cette montagne ponctuée de grottes pittoresques et de chapelles érémitiques. Belle **vue** sur les environs. En chemin, on peut visiter le **couvent de la Máre de Déu dels Ángels**, ancien monastère franciscain du 16e s., dont l'église fut construite par les Templiers au 13e s. Il subsiste une partie du cloître, de forme carrée avec cinq arcs de chaque côté.

# À proximité Carte de région

## ★★ PARC NATUREL DELS PORTS DE TORTOSA-BESEIT A2-3

Culminant à 1 447 m au mont Caro, le massif dels Ports est découpé de nombreuses failles étroites et profondes. Les rivières ont creusé dans le calcaire des gorges spectaculaires, petit paradis pour les amateurs de canyoning et de spéléologie.
Au nord du parc, les blocs arrondis des Roques de Benet se prêtent à la pratique de l'escalade. De nombreux sentiers (pédestres ou VTT) sillonnent le massif. Les plus sportifs peuvent suivre le **GR 171**, qui le traverse du nord au sud en partant de **Prat de Comte** *(12 km à l'est d'Horta par la T 330 et la T 333)* et qui croise le GR 7.
À VTT, un bel itinéraire permet de découvrir le sud du parc jusqu'au mont Caro. Long de 70 km (dénivelé de 2 150 m), il est réservé aux bons cyclistes. Le point de départ se situe à **Fredes** *(63 km au sud-ouest de Tortosa par la C 12 au sud-est, puis la T 331 à Vinallop, la TP 3311 jusqu'à La Sénia, puis la TV 3102 vers Morella et enfin la CV 106 vers le nord)*. Le chemin n'étant que partiellement balisé, ne partez pas sans carte détaillée !

### ★★ Roques de Benet A2-3
*3 km au sud-est de Horta par un chemin forestier.* Ces blocs monolithiques de forme arrondie, visibles depuis une grande partie de la Terra Alta, sont le point de départ d'une excursion, possible aussi en voiture, aux Ports de Beseit.

### ★ Ports de Beseit A3
*8 km au sud. À partir des Roques de Benet, prendre un chemin de terre.*
Ce massif de roche calcaire relie la cordillère prélittorale aux chaînes ibériques. Il s'étend à travers toute la *comarca*, à la confluence de l'Aragon, de la communauté valencienne et de la Catalogne. Entre ces montagnes abruptes, coupées de défilés et de ravins, s'enfoncent des chemins étroits, parfois impraticables. Le paysage est exceptionnel. Les vents violents qui soufflent à cette altitude supérieure à 1 000 m ont ciselé les blocs granitiques, leur donnant des formes capricieuses. À part quelques buissons résistants et le pin rouge, très commun dans ces régions montagneuses, toute présence végétale a disparu. Les seuls occupants de la zone sont la chèvre hispanique *(capra hispanica)*, les sangliers (la Réserve nationale de chasse des cols de Tortosa-Beseit protège les deux espèces) et les vautours. Quand la nuit tombe, il devient difficile de s'orienter et il est préférable de quitter ces lieux qui prennent un aspect inquiétant.

## NOS ADRESSES À HORTA DE SAN JOAN

**HÉBERGEMENT, RESTAURATION**

**PREMIER PRIX**

**Hotel Miralles** – *Av. de la Generalitat, 19 - ✆ 977 435 114 - www.hotelmiralles.com - fermé 25 déc. - P - ♿ - 48 ch. : 30/50 € ☕ - rest.11/15 €.* Hôtel familial situé au centre de cette petite agglomération pleine de charme. Chambres sobres et fonctionnelles. Un bon choix pour celui qui aspire au repos dans une région de beaux paysages naturels. Vaste restaurant.

**Mas del Cigarrer** – *Ctra de Bot à Horta de Sant Joan, s/n - ✆ 977 435 153 - www.masdelcigarrer.net - ✕ - fermé lun.-merc. et jeu. soir (sf juil.-août) - 65 €/ch. dble (formule w.-end 120 €) - ☕ 8 € - menu 13 €.* Chambres confortables et appartement familial aménagés dans un ancien mas catalan rénové. Le restaurant est aménagé dans une bâtisse neuve, mais à l'aide de matériaux anciens. Cuisine de marché copieuse et savoureuse (viandes grillées au feu de bois).

# Gandesa

3 028 Gandesencs – Province de Tarragona

## NOS ADRESSES PAGE 483

### S'INFORMER

**Office de tourisme** – *Av. de Catalunya 3 - ✆ 977 420 910 - www.gandesa.altanet.org - lun.-sam. 10h-14h, 16h-20h, dim. 10h-14h.*

**www.terresdelebre.org** – Rens. pratiques sur la vallée de l'Èbre.

### SE REPÉRER

Carte de région A2 (p. 402-403) – *carte Michelin Regional 574 I31.* Gandesa se situe dans la province de Tarragone, à 38 km au nord de Tortosa, desservi par la C 12 puis la C 43. Au nord-est, la N 420 mène vers Reus (70 km).

La **Ruta de la Pau** (Route de la paix) est un circuit en boucle de 74 km, reliant les lieux phares de la plus grande bataille de la guerre civile espagnole.

### À NE PAS MANQUER

Visitez l'une des nombreuses caves de Gandesa et profitez-en pour découvrir le vin éponyme, au goût très sec.

### ORGANISER SON TEMPS

Le Centre d'études de la bataille de l'Èbre à Gandesa constitue un excellent point de départ, vous y récolterez toutes les informations et cartes nécessaires à votre découverte.

**Associé au vin, le nom de Gandesa renvoie aussi au souvenir tragique de la plus grande bataille de la guerre civile espagnole. Entre juillet et novembre 1938, environ 150 000 soldats et civils périrent dans la bataille de l'Èbre, opposant les troupes franquistes à l'armée gouvernementale.**

**Centre névralgique de l'affrontement, Gandesa est depuis devenu le point de départ de la Ruta de la Pau (Route de la paix), un circuit commémorant ces heures sombres. La ville mérite aussi un arrêt pour son centre ancien, qui présente un grand intérêt architectural avec ses maisons des 18e et 19e s.**

## Se promener

### ★ Centre d'Estudis de la Batalla de l'Ebre

(Centre d'études de la bataille de l'Èbre)

*Av. de Catalunya, 3-5 - ✆ 977 420 760 - www.usuaris.tinet.org/cebe - mar. 16h-20h, merc.-vend. 10h-14h, 16h-20h, sam. 10h30-14h, 16h-20h, dim. et j. fériés 10h30-14h.*

Huit salles évoquent l'histoire de la bataille de l'Èbre en reprenant différents thèmes : équipement des soldats, vie dans les tranchées, aviation, soins aux blessés... Des petites scènes reconstituées permettent d'appréhender le quotidien des soldats, tandis qu'un documentaire audiovisuel retrace l'horreur des combats. La dernière salle, présentant les grands titres de la presse espagnole tout au long de la bataille, est particulièrement intéressante.

### LA BATAILLE DE L'ÈBRE

En juin 1938, avec le succès de son offensive dans la région de Valence, Franco est en passe de réussir à couper le territoire républicain en deux parties. La contre-offensive sur l'Èbre avait pour but d'empêcher le général rebelle de s'emparer de la troisième grande ville du pays et redonner l'avantage aux troupes républicaines. Dans la nuit du 25 au 26 juillet, *el ejército del Ebro* (« l'armée de l'Èbre ») franchit le fleuve en plusieurs points stratégiques et s'enfonce rapidement dans le territoire tenu par les franquistes. Cette offensive constitue donc le dernier espoir de la République. En Catalogne, tous les hommes entre 18 et 40 ans sont mobilisés. Déserteurs et prisonniers de droit commun sont souvent amnistiés en échange de leur participation à la bataille.

Mais après les premiers et rapides succès, au cours desquels de nombreux soldats franquistes sont capturés, la désorganisation de l'intendance et le manque de munitions commencent à avoir raison des soldats gouvernementaux et des miliciens. Le général Franco, qui dans un premier temps croyait à une simple diversion, se déplace personnellement sur le front et installe son QG au cœur de la serra de Pàndols.

Les franquistes reprennent l'offensive dès le 1er août, et l'initiative des opérations à partir du 15. Leur nette supériorité matérielle leur permet d'occuper de nombreuses positions sans avoir à livrer de durs combats. En septembre, la Société des Nations impose le retrait des Brigades internationales, affaiblissant encore plus les républicains. En octobre 1938, l'assaut final est lancé sur la serra de Cavalls et la bataille de l'Èbre s'achève en novembre, laissant, selon les sources, 100 000 à 150 000 morts dans les deux camps. Ce fut la plus longue et la plus importante bataille de la guerre d'Espagne.

En arrivant de Tortosa par la route, le décor dramatique et très tourmenté des terres longeant l'Èbre permet d'imaginer sans peine la difficulté des combats dans les environs, ou dans les serras voisines de Pàndols ou de Cavalls.

### ★ Cave moderniste

*977 420 017 - www.coopgandesa.com - mat. et apr.-midi, dim. et j. fériés mat. - fermé 1er janv., 25 déc. - gratuit.*
Réalisée en 1919 par **Cèsar Martinell** (1888-1973), ses voûtes plates et ses arcs paraboliques sont remarquables.

### Église de l'Assumpció

L'église actuelle, construite aux 17e et 18e s., correspond à une extension d'un temple roman. Il reste de l'ancien édifice le magnifique **portail★** avec cinq archivoltes soutenues par des colonnes à chapiteaux. Le mélange d'éléments romans et d'ornements d'inspiration mauresque donne à l'ensemble une splendeur particulière.
Selon la tradition, c'est devant ce portail que se seraient mariés le prince Joan, fils du roi Jaume II, et Éléonore, fille de Ferdinand IV de Castille. La réalité de cette union paraît d'autant plus douteuse que le prince – on ne sait pour quelles raisons – renonça à son héritage en 1319 pour entrer dans les ordres – il devint évêque de Tarragone –, et qu'Éléonore épousa son frère cadet, le futur roi Alfons III.

## Circuit conseillé Carte de région

### ★ LA RUTA DE LA PAU (La Route de la paix) A2

*55 km, boucle autour de Gandesa – une demi-journée. Circuit tracé sur la carte de région p. 402-403.*
*La Route de la paix désigne également une boucle pédestre de 74 km. Son signalement correspond à celui des PR ou des GR, assorti d'une colombe blanche. Le temps total de marche est estimé à 20h30, divisé en cinq étapes. Pour se procurer le topoguide, se reporter à « Nos adresses », rubrique « Activités ».*
*Depuis le centre de Gandesa, descendre l'avinguda de Catalunya. Bifurquer à gauche au niveau de l'hôtel Piqué, puis suivre la direction de Vilalba (TV 7231). Un peu après la borne km 5, bifurquez sur une piste partant en épingle à cheveux et suivez-la sur 2 km.*

### Trincheras de Mas d'en Grau (Tranchées du Mas d'en Grau) A2

Ces tranchées se trouvent à proximité immédiate d'un parking sommaire aménagé au milieu des arbres. La plupart des traces de la bataille ont aujourd'hui disparu et il ne reste guère plus que quelques amas de pierre pour signaler les anciennes positions républicaines.
Le site offre cependant une très belle vue sur la vallée de Vallcanyelles.
*Revenir à la TV 7231 et poursuivre vers Vilalba dels Arcs. 2 km plus loin, au niveau du carrefour des Quatre-Chemins, prenez la direction de Vilalba. Arrêtez-vous juste après le carrefour dans un petit chemin grimpant sur la droite.*

### Quatre Camins de Vilalba dels Arcs A2

À proximité du carrefour des Quatre-Chemins, cette croix a été érigée en mémoire des victimes des combats. Plus en contrebas, une allée bordée de pierres tombales s'enfonce dans les champs.
*Poursuivre vers Vilalba dels Arcs et traverser le village en suivant la direction « Els Barrancs, espai històric ». 2,5 km plus loin, quitter la route et emprunter la piste qui conduit au site.*

### ★ Els Barrancs A2
Bien mieux conservées que celles du Mas d'en Grau, les **tranchées** de Vilalba furent occupées sans combat par les franquistes après le retrait des troupes républicaines. Situées sur une crête, elles forment des réseaux sinueux parmi lesquels on peut encore déambuler pour visiter quelques postes de guet.
*Revenir au carrefour des Quatre-Chemins et prendre à gauche la TV 7333 en direction de La Fatarella (12 km).*

### ★ La Fatarella A2
Particulièrement bien conservée, cette agglomération perchée à flanc de colline peut donner une idée de ce à quoi ressemblaient les petits villages de montagne d'avant-guerre.
De nombreuses troupes républicaines passèrent par la route d'Ascó, à proximité du village, pour aller prendre leurs positions.
*Revenir à l'entrée de La Fatarella et prendre la route en direction de Móra.*
500 m plus loin sur la gauche, on peut découvrir un dédale de tranchées dont un petit périmètre, incluant abris et guérites, est bien conservé.
*Redescendre la montagne sur 6 km et à la première intersection, à hauteur de Camposines, bifurquer à droite sur la N 240 en direction de Corbera d'Ebre, situé 7 km plus loin.*

### ★★ Corbera d'Ebre A2
*Dans le village, suivre les indications « Poble Vell ».*
L'ancien village de Corbera d'Ebre comptait 2 500 habitants avant la guerre. Il fut entièrement rasé par l'artillerie et les bombardements, incessants tout au long de la bataille. Il ne subsiste aujourd'hui que des maisons en ruines massées autour de l'église de Sant Pere, dont le clocher est resté bravement dressé, bien que portant encore les terribles cicatrices du passé.
Parmi les ruines ont été disposées 26 lettres construites avec les pierres du village, chacune assortie d'un poème, et dont l'ensemble forme l'*Abecedari de la Llibertat*.
*Rejoignez Gandesa à 6 km par la route principale.*

## À proximité Carte de région

### El Pinell de Brai A2
▶ *10 km au sud-est de Gandesa par la C 43 puis la petite TV 3023 à gauche.*
Ce village abrite une **cave coopérative★** *(celler cooperatiu),* surnommée la « cathédrale du vin ». Réalisée en 1918 par Cèsar Martinell, comme celle de Gandesa, cette cave moderniste possède de larges nefs qui s'appuient sur des arcs elliptiques. Sur la façade, une belle et divertissante frise en céramique est l'œuvre du peintre noucentiste **Xavier Nogués** (1873-1941). *✆ 977 426 234 - www.lacatedraldelvi.org - visite guidée, été : mat. et apr.-midi ; reste de l'année : mat. et apr.-midi, dim. mat. - 3,50 €.*

### La Fontcalda A2
▶ *12 km au sud par la C 43, puis à gauche par une petite route qui s'enfonce dans la serra de Pàndols.*
Les amoureux de tranquillité et de paysages spectaculaires seront séduits par ce sanctuaire au cœur de la **serra de Pàndols**. Situé dans une petite gorge du Canaletes, il possède aussi une source thermale. En chemin, vous pouvez faire un léger détour par le point culminant de la serra, la cote 705, haut lieu de combats de la bataille de l'Èbre. Par beau temps, depuis le Monument à la Paix, la vue porte jusqu'aux contreforts pyrénéens.

### ★ Miravet B2

*À 28 km de Gandesa. Prenez la C 43, puis la C 12 à gauche en direction de Móra d'Ebre, et à nouveau à gauche pour traversez l'Èbre par le bac (« pas de barca », 8h30-13h30, 15h-18h (19h en été), voitures 2 €, piétons 0,65 €). Depuis Tortosa comptez 37 km par la C 12 et le bac. Si vous venez de la N 420 (Tarragone-Saragosse), bifurquez à gauche après Móra d'Ebre en direction de Benissanet et Miravet.*

*Pl. Major, 1 - ✆ 977 407 134 - mai-juin, sept. : 10h30-14h ; juil.août : 10h30-14h, 17h-20h30, fermé lun. sf août ; oct.-avr. : 11h-13h, 16h-18h, dim. et j. fériés 10h-14h, 16h-18h, fermé lun. (sf j. fériés), 24-31 déc.*

Ce petit village de 799 habitants, bercé par les eaux calmes de l'Èbre, est dominé par un château imposant et hautain, considéré comme le meilleur exemple d'architecture militaire laissé par les Templiers en Catalogne. Son emplacement stratégique lui valut le rôle majeur qu'il joua à l'époque médiévale.

★ **Château** – *✆ 977 407 368 - juin-sept. : mar.-dim. 10h-13h, 16h-19h ; reste de l'année : 10h-13h, 15h-17h - fermé lun. (sf j. fériés), 1er janv., 25 déc. - 2,40 €.* Dressée sur une butte de 220 m, cette singulière forteresse d'origine arabe fut rénovée par les Templiers. Elle leur fut cédée après 1153, année de la reconquête du village par les catalans, à laquelle ils avaient largement contribué. Au début au 14e s., quand le pape Clément V décida, à la demande de Philippe le Bel, d'abolir cet ordre jugé trop puissant, tous les Templiers catalans se réfugièrent à Miravet. Le roi Jaume II assiégea le château durant plus de dix mois jusqu'à la capitulation des chevaliers du Temple, en décembre 1308. La **visite** du château est un voyage dans le temps qui ramène à l'époque des Templiers. Par des passages cachés à l'intérieur des murs, on accède aussi bien à la salle d'armes qu'à n'importe quelle tour de guet. Ces belvédères offrent un magnifique **panorama** sur l'Èbre qui se resserre au passage de la serra de Cardó.

**Village** – Miravet conserve une certaine saveur médiévale, que l'on goûte pleinement en flânant dans ses ruelles tortueuses. En quittant la ville médiévale, on atteindra le **quartier des potiers**, où se fabriquent des objets en terre argileuse de la région, comme les typiques cruches de Miravet.

À la belle saison, il faut savourer les fruits délicieux que donnent les champs de cette rive de l'Èbre.

**Promenades en barque** – Des promenades sur l'Èbre sont proposées depuis l'embarcadère situé en contrebas du château.

### Móra d'Ebre B2

*24 km au nord-est de Gandesa par la N 420. Accès de Miravet par la TV 3023 via Benissanet.*

Cette ville, située sur la rive droite de l'Èbre et capitale de la Ribera d'Èbre, est un important noyau commerçant, dont le marché, chaque vendredi, est le plus fréquenté de la région. Son pittoresque quartier ancien déploie un labyrinthe de ruelles étroites.

## NOS ADRESSES À GANDESA

### TRANSPORTS

**Gare routière** – *Catalunya, s/n - ✆ 977 421 511.* Trois bus par jour depuis Tortosa (deux le dimanche).

### HÉBERGEMENT

#### PREMIER PRIX

**Hotel Piqué** – *Catalunya, 68 - ✆ 977 420 068 - www.hotelpique.com - P ▤ - 50 ch. : 50/55 € - ☕ 3 € - rest. 9 €.* L'hôtel est divisé en deux parties, l'une possédant des chambres rénovées et fonctionnelles ; l'autre, moins chère, aux chambres plus vieillottes.

### RESTAURATION

#### BUDGET MOYEN

**Can Manolo** – *Germandad, 28 - ✆ 977 421 177 - mar.-dim. : 9h-0h ; fermé lun. sf j. fériés - env. 15 €.* Dans le vieux centre de Gandesa, ce petit restaurant traditionnel concocte d'excellentes viandes *a la brasa*.

### ACTIVITÉS

**Les randonnées sur « La Ruta de la Pau »** – Le Conseil comarcal de la Terra Alta *(à la sortie de Gandesa en direction d'Horta de Sant Joan)*, a édité un livret très complet sur la Route de la paix, présentant les lieux d'intérêt et les itinéraires de randonnées, via les PRC 27 et 98 ou les GR 171 et 1713. Ce carnet *(en catalan ou en castillan uniquement)* peut également être acheté dans les librairies de Gandesa.

**Natura Bike** – *Carretera de Pinell - Prat de Comte - Pinell de Brai - ✆ 977 426 047 - www.naturabike.org.* Location de vélos et excursions à la journée.

# Reus

★

107 118 Reusencs – Province de Tarragona

NOS ADRESSES PAGE 490

### S'INFORMER

**Office de tourisme** – *Edifici Gaudí Centre - Pl. Mercadal, 3 - ✆ 977 010 200 - http://turisme.reus.cat - oct.-juin : lun.-sam. 10h-20h, dim. et j. fériés 11h-14h ; reste de l'année : lun.-sam. 10-14h, 16h-19h, dim. et j. fériés 11h-14h.*

**Visites guidées** – L'office de tourisme organise la visite de deux édifices modernistes emblématiques de la ville ordinairement fermés au public : l'institut Pere Mata et la Casa Navàs *(juil.-sept. : lun.-sam. (sf j. fériés) 12h, en français).*

**Route du modernisme** – Circuit balisé à travers le centre-ville à la découverte des principaux édifices modernistes.

### SE REPÉRER

Carte de région C2 (p. 402-403) – *carte Michelin Regional 574 I33.* Reus se signale par son intense activité commerciale due à sa situation au carrefour de toutes les routes reliant l'arrière-pays catalan à la Méditerranée. La ville se trouve à 12 km au nord-ouest de Tarragone. Un aéroport (relié à quelques villes européennes), une gare ferroviaire (train à grande vitesse AVE) et une gare routière achèvent d'en faire une destination bien desservie.

### SE GARER

Dans les rues étroites du centre historique, les embouteillages sont redoutables ! Mieux vaut donc laisser votre véhicule dès votre arrivée dans l'un des nombreux parkings payants situés le long des *ravals* qui ceignent le centre de la cité.

### À NE PAS MANQUER

Le circuit moderniste.

### ORGANISER SON TEMPS

Une journée suffira amplement à la visite de Reus, mais tâchez néanmoins d'y passer une soirée pour profiter de l'ambiance animée de ses rues, en particulier le week-end.

**Établie dans la plaine du Camp, proche des premiers chaînons des montagnes de Prades, Reus se distingue par son intense activité commerciale et par un réel essor culturel incarné par le Centre de Lectura, institution libérale fondée en 1859, qui recèle une précieuse bibliothèque et d'intéressantes œuvres d'art. Malgré la proximité de la mer, la ville natale d'Antoni Gaudí réussit à se préserver de l'agitation qui s'est emparée des localités touristiques de la Costa Daurada. Elle ne manque toutefois pas de visiteurs, qui viennent admirer l'un des plus impressionnants ensembles d'immeubles modernistes de Catalogne.**

# Découvrir Plan de ville

## ★ LA VILLE MODERNISTE

*Environ 2h30 de visite.*

L'importante croissance économique de Reus, à la fin du 19e s. et au début du 20e s., a favorisé la construction d'un important ensemble de bâtiments modernistes, réalisés, pour certains, par le célèbre architecte **Lluís Domènech i Montaner**, mais aussi par d'autres architectes de cette école, moins connus.

Au centre du noyau urbain se trouve la **Casa Navàs★★** (B2 - *pl. Mercadal - en cours de restauration, visite guidée organisée par l'office de tourisme).* Construite en 1901, elle évoque les palais gothiques vénitiens. Les éléments les plus intéressants sont le porche, la façade ornée de sculptures réalisées par un cousin de Gaudí, et l'intérieur qui conserve le mobilier d'époque et la riche décoration de mosaïques et de verrières.

Les autres réalisations de **Domènech i Montaner** sont la **Casa Rull** (1900 - A2) et sa façade ornée de lions ailés, et la **Casa Gasull** (1911 - A2), que l'on reconnaît aux mosaïques des fenêtres et à ses sgraffites, toutes deux situées sur la carrer de Sant Joan.

Dans le même goût moderniste, Juan Rubió i Bellver construisit en 1911 les **laboratoires Serra** *(au nord-ouest du centre-ville)* et, en 1924, la **Casa Quadrada** (B2). Pere Caselles réalisa en 1892 la **Casa Punyed** (B2) et en 1893 la **Casa Homdedéu** (C2).

Hors de la ville *(sortir de Reus à l'ouest par le camí de l'Aleixar)* se trouve l'**Institut Pere Mata★★** (1897-1912), sanatorium psychiatrique où Domènech i Montaner éprouva le système de pavillons indépendants qu'il appliqua plus tard à l'hôpital Sant Pau de Barcelone. De style islamique, ils sont décorés de superbes mosaïques florales. (*Visite guidée organisée par l'office de tourisme).*

Enfin, pour compléter vos connaissances sur le modernisme, rendez-vous au **Gaudí Centre** B2 *(Pl. Mercadal, 3 - www.gaudicentre.cat - juil.-août : lun.-sam. 10h-20h, dim. et j. fériés 11h-14h ; reste de l'année : lun.-sam. 10h-14h, 16h-19h, dim. et j. feriés 11h-14h - 6 €, -14 ans et + 65 ans 4 €).* Hommage de Reus à son fils le plus illustre, ce centre d'interprétation propose un parcours ludique et interactif à travers les réalisations du génial architecte. Le tout est complété par un audiovisuel présenté sur un écran à 360°.

### JOAN PRIM I PRATS (1814-1870)

Sa carrière militaire commence avec le conflit de succession qui éclate à la mort de Fernando VII (1814-1833). Il y gagne ses premiers galons et reçoit quelques années plus tard le titre de comte de Reus pour avoir contribué au renversement du régent. Ses ambitions l'amènent tantôt à se ranger du côté de la reine Isabel II (il participe aux expéditions du Maroc en 1859 et du Mexique en 1862), tantôt à s'opposer aux ministères en place. Mais ces manœuvres hasardeuses le contraignent à fuir le pays à plusieurs reprises, et même à se mettre un temps au service de l'Empire ottoman. Choisi comme ministre de la Guerre après la révolution de 1868, il suggère de remplacer les Bourbons par une dynastie étrangère. Il lance la candidature Hohenzollern, qui fut à l'origine de la guerre franco-prussienne de 1870, avant de prendre parti pour le duc d'Aoste. De coup d'éclat en coup d'éclat, il meurt finalement à Madrid dans un attentat.

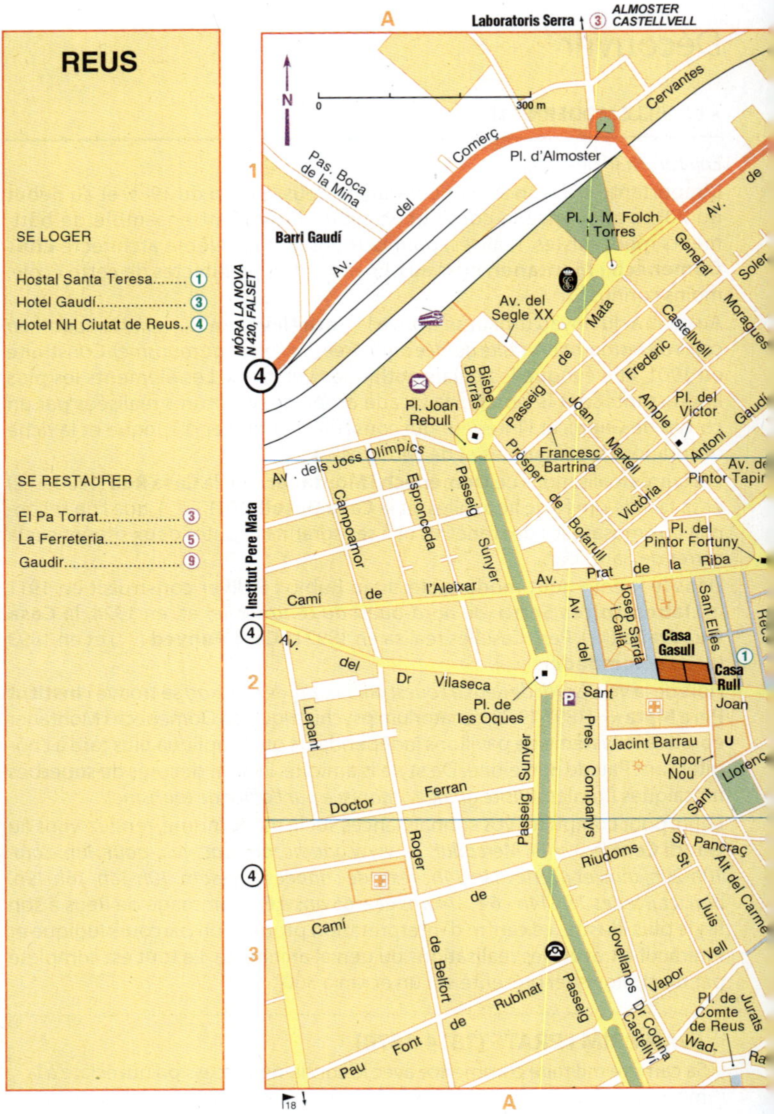


# Se promener Plan de ville

## Quartier ancien

Les restes du quartier ancien ne sont pas nombreux. Subsistent quelques vestiges de l'ancien quartier juif dans le carreró dels Jueus, et, sur la plaça del Castell, se dresse le seul témoignage de la Reus médiévale : une construction fortifiée qui abrite les Archives historiques.

L'**église de Sant Pere** (B3), du 16<sup>e</sup> s., présente une svelte nef gothique.

487

# REUS

★ **Palau Bofarull** B2

*Carrer Llovera.*

Construit en 1760, il présente une superbe façade dont la porte est entourée d'éléments baroques et rococo (remarquez les atlantes qui soutiennent le blason). À l'intérieur, la salle néoclassique présente une riche décoration de peintures à fresque, en hommage à Carlos III et à Carlos IV. Signalons également, pour leur mérite artistique, les plafonds, attribués à Flaugier.

### Plaça de Prim B2

Dominée par la **statue équestre** (1887) **du général Prim** (1814-1870), enfant illustre de la ville, elle concentre, avec la plaça del Mercadal *(voir ci-après)*, l'activité nocturne et culturelle de Reus.

★ **Teatre Fortuny** – Le théâtre fut construit en 1882 à l'initiative des bourgeois de Reus, qui souhaitaient conférer à la ville une aura culturelle à la hauteur des autres villes catalanes. Sa façade affiche un style néobaroque très prononcé.

### Plaça del Mercadal B2

Reliée à la plaça de Prim par la carrer Monterols, piétonne et commerçante, la plaça del Mercadal s'impose comme la place la plus animée de la ville.

## À voir aussi Plan de ville

### Museu de Reus B2

*Plaça de la Llibertat, 13, et Raval de Santa Anna, 59 - ✆ 977 345 418 - http://museus.reus.net/msv - mar.-sam. 10h-14h, 17h-20h - fermé lun., 1er et 6 janv., 29 juin, 25 sept., 25-26 déc. - 2 € (-16 ans gratuit).*

Il comporte deux sections, installées dans deux bâtiments : le musée d'Art et d'Histoire, plaça de la Llibertat, et le musée Salvador Vilaseca, sur le raval de Santa Anna.

**Museu d'Art i Història** – La section d'Art et Industries populaires expose entre autres les œuvres de peintres reusencs. Influencé par Delacroix et Géricault, **Marià Fortuny** (1838-1874) manifeste un vif intérêt pour les thèmes orientalistes. Les collections de céramique (16e et 17e s.), œuvres des célèbres potiers de Reus, et celles d'art populaire ne manquent pas d'intérêt. Signalons également au rez-de-chaussée une pièce consacrée à l'huile d'olive et ses techniques d'élaboration. La visite se termine à l'étage avec quelques œuvres gothiques.

**Museu Salvador Vilaseca** – La section d'archéologie présente les collections léguées par l'archéologue **Salvador Vilaseca** (1896-1975), parmi lesquelles se détachent les statues romaines de Bacchus et Cybèle.

### Barri Gaudí A1

*Au nord-ouest de la ville, en quittant Reus vers Falset.* On aperçoit sur la droite le quartier Gaudí, ensemble urbain réalisé à partir de 1968 par **Ricardo Bofill**.

Siurana.
*L. Campion / MICHELIN*

## Excursion Carte de région

### ★ Falset B2

*30 km à l'ouest de Reus. Sortir par le nord-ouest, puis prendre la N 420.*
Le chemin est fascinant. Les paysages se succèdent, sans cesse changeants à mesure que la **route★** s'approche de Falset. Une fois passé le col de la Teixeta, les vastes plaines du Baix Camp laissent la place aux terres rouges du **Priorat**.

Falset, capitale du pays, est une petite ville calme et agréable qui conserve un noyau ancien, composé de quelques intéressants édifices, tels le **château**, fortifié au 18e s., et le **palais des ducs de Medinaceli** (1630), de style Renaissance, qui héberge aujourd'hui la mairie. Se promener dans ces ruelles silencieuses, s'arrêter devant chaque maison ancienne, modestement blanchie à la chaux, représentent quelques-uns des attraits de ce village dont le vrai charme est son excellente cuisine.

### ★ Siurana B1

*36 km. Sortir de Reus par le nord-ouest en direction de Falset. Au bout de 8 km, prendre à droite la C 242 jusqu'à Cornudella de Montsant.*
Pour arriver à Siurana, le visiteur bénéficiera d'un **circuit★★** très attrayant. Après avoir emprunté à Cornudella la route de Prades, vous prendrez, à moins de 1 km à droite, la route *(7,3 km)* qui va vers le ravin de l'Estopinyà, avant de grimper vers le sommet de l'éperon rocheux où se trouve le pittoresque village de Siurana. Il est situé sur un **emplacement★★★** surprenant. Juché à 737 m d'altitude, sur une falaise de roche calcaire, ce village est un extraordinaire mirador sur les terres du Priorat et un lac de retenue. Ses maisons sont disposées sur un petit plateau, groupées en pittoresques ruelles autour du clocher rougeâtre de l'église romane.

Les **panoramas★★** que l'on découvre sont impressionnants. Le río Siurana se faufile dans de profonds défilés et la présence humaine semble pratiquement bannie. On a l'impression d'être loin de tout, témoin privilégié du silence saisissant et de la beauté captivante de l'endroit.

Le secteur offre quelques beaux sites naturels, comme le refuge du Centre Excursionista de Catalunya et le **Salt de la Reina Mora**, un précipice où, selon la légende, une reine arabe préféra se jeter plutôt que de tomber aux mains des chrétiens, laissant marquées sur les pierres les dernières empreintes de son cheval. À mi-hauteur de ce précipice de 100 m, un étroit sentier signalisé conduit à la Trona, un beau rocher suspendu qui dispense, sous un autre angle, des **vues** également merveilleuses.

Au pied du village se trouve le **Pantà de Siurana**, barrage dont le lac de 86 ha offre des coins secrets d'une grande beauté.

### Escaladei B2

*34 km au nord-ouest de Reus. Après avoir parcouru la N 420 sur 18 km, prendre à droite au coll de la Teixeta la TP 7403.*

★ **Cartoixa d'Escaladei** (Chartreuse d'Escaladei) – *977 827 006 - juin-sept. : mar.-dim. 10h-13h, 16h-19h30 ; oct.-mai : mar.-dim. 10h-13h, 15h-18h - fermé lun., 1er et 6 janv., 26 déc. - 3 € (-18 ans gratuit).* Au pied de la serra del Montsant, à 2 km (route non revêtue) de Conreria d'Escaladei, hameau de la commune de **La Morera de Montsant**, se trouvent les ruines de la **chartreuse de Santa Maria d'Escaladei**, centre spirituel du Priorat. Selon une légende, le monastère tirerait son nom d'une vision : sur le lieu même où se trouve Escaladei, un berger aurait vu, une nuit, un escalier emprunté par les anges pour monter au ciel, d'où le nom « escalier de Dieu ». Il s'agit de la plus ancienne chartreuse de toute la péninsule, fondée en 1167. Malgré la dégradation des ruines, on distingue le portail classique desservant la seconde enceinte et l'église de Santa Maria. On s'intéressera en particulier à la minutieuse reconstitution d'une **cellule**★, élément clé de toutes les chartreuses puisque les moines effectuaient la plupart de leurs tâches dans les murs du monastère. Chacune est dotée d'un potager individuel cultivé par les chartreux.

★★ **Serra del Montsant** – Elle permet de nombreuses excursions, depuis l'Escaladei ou de La Morera del Montsant. Le nom de cette montagne – le mont Saint – lui vient de son importante tradition érémitique. Lorsqu'on monte par les chemins qui la parcourent, on observe les grottes qu'occupèrent pendant des siècles les ermites, qui, par leur présence, permirent l'établissement de la chartreuse. Vu de loin, le Montsant forme un massif dénudé, couleur carmin. Sa présence apporte une grande solennité au paysage, mais contribue également à maintenir la qualité des vins en protégeant les vignobles des vents du nord et du froid.

## NOS ADRESSES À REUS

### HÉBERGEMENT

### À Reus

PREMIER PRIX

**Hostal Santa Teresa** – *Santa Teresa, 1 - entrée au 1er étage - 977 316 297 ou 619 245 642 (port.) - www.hostalsantateresa.com - - 15 ch. : 45 €.* Bien situé en plein centre-ville, l'établissement propose des petites chambres propres et claires disposant toutes d'une douche privée. Accueil souriant.

**Hotel Gaudí** – *Arrabal de Robuster, 49 - 977 345 545 - www.gargallohotels.com - - 87 ch. : 50 € - 10 € - rest. 15 €.* Hôtel moderne et confortable au centre de la localité. Les chambres lumineuses ont tout pour vous garantir le repos.

POUR SE FAIRE PLAISIR

**Hotel NH Ciutat de Reus** – *Av. Marià Fortuny, 85 - 977 345 353 - www.nh-hotels.com - 76 ch. : 66/163 €* . Moderne et assez central, il propose les prestations habituelles de cette chaîne hôtelière de qualité.

### À Falset

BUDGET MOYEN

**Hotel Sport** – *Miquel Barceló, 6 - 977 830 078 - www.hostalsport.*

*com* - ▤ - *32 ch. : 85 €* ☕ - *rest. env. 30 €*. Ancienne hôtellerie totalement rénovée. Chambres exquises. Dans les parties communes très plaisantes, les détails rustiques ponctuent la décoration, conférant à l'ensemble chaleur et intimité.

## RESTAURATION

**Spécialités** – Vous serez surpris par l'étonnant mélange de saveurs du *llebre amb xocolata* (lièvre au chocolat). Le chocolat entre aussi dans la composition des *cargols dolços i coents* (escargots sucrés et piquants), qui font le délice des gourmets les plus exigeants. En dessert, n'oubliez pas le *mostillo*, sirop obtenu après la cuisson de noix dans du moût de raisin, ainsi que le pain de figues. Les gourmands goûteront également les *panellets*, friandises de Toussaint, et le *menjar blanc*, dessert aux origines médiévales aux amandes crues, amidon, sucre, farine de riz, lait, cannelle et vanille. Enfin, sachez que les noisettes de Reus sont également réputées.

### À Reus

#### PREMIER PRIX

**La Ferreteria (Tapas)** – *Pl. de la Farinera, 10 - ☎ 977 340 326 - menu 13/15 €*. Des bouteilles de vin, des centaines de tiroirs tapissant les murs : quoi de plus normal pour une ancienne quincaillerie reconvertie en *cervecería* ! On y déguste à toute heure d'excellentes tapas et charcuteries.

#### POUR SE FAIRE PLAISIR

**El Pa Torrat** – *Av. de Reus, 24 - Castellvell del Camp - 2 km au nord de Reus par la rte d'Almoster - ☎ 977 855 212 - fermé mar., j. fériés soir, 25 déc., de mi-août à fin août* - ▤ - *32/43 €*. Établissement familial spécialisé dans les arômes et les saveurs traditionnelles catalanes. Clientèle locale fidèle.

**Gaudir** – *Pl. Mercadal, 3 (au 4e ét. du Gaudí Centre) - ☎ 977 127 702 - www.gaudirestaurant.com - 45/61 €*. Bien situé, il propose une excellente carte de spécialités locales.

## PETITE PAUSE

**Soler Pont** – *Pl. de la Llibertat, 4 - ☎ 977 31 40 50 - tlj sf mar. 8h30-14h, 16h30-21h*. Difficile de choisir tant les pâtisseries et les chocolats maison sont appétissants.

## ACHATS

☺ Pour faire des achats, Reus est l'endroit idéal : ses nombreux commerces vont de la petite boutique aux établissements de grand renom (**carrer Monterols** et **carrer Llovera**). En octobre, **Expo-Reus** est l'une des principales foires commerciales de Catalogne.

**Vins du Priorat** – La chartreuse d'Escaladei encouragea très tôt la culture de la vigne. La composition des sols et la climatologie confèrent au vin ses qualités caractéristiques. La *llicorella* (ardoise du Priorat), réduit considérablement la quantité produite, mais les raisins sont plus gros, ont plus d'arôme et une teneur en alcool plus élevée, allant parfois jusqu'à 22 degrés.

**Aguiló Vinateria** – *Miquel Barceló, 11 - Falset - ☎ 977 830 776*. Boutique consacrée au monde du vin, avec une attention particulière aux crus catalans. L'appellation contrôlée Priorat y est représentée par nombre de petits viticulteurs. Les robustes vignes de raisin noir mazuela sont la clé de ces vins de haute tradition.

BENAURATS LA VOSTRA RECOMPENSA ES GRAN
BENAURATS ELS QUI PLOREN

# La principauté d’Andorre 7

Andorre-la-Vieille.

*W. Walton / Age Fotostock*

# La principauté d'Andorre

**Principat d'Andorra**

★

83 137 Andorrans

## NOS ADRESSES PAGE 502

### S'INFORMER

**Office du tourisme de la mairie d'Andorre-la-Vieille** – *Pl. de la Rotonda - AD 500 - Andorra la Vella - ☎ 376 873 103 - www.andorralavella.ad - de mi-déc. à mi-janv. et en août : 9h-21h ; reste de l'année : 9h-13h, 15h-19h.*

**Office du tourisme de la principauté d'Andorre** – *26 av. de l'Opéra - 75001 Paris - ☎ 01 42 61 50 55 - www.andorre.fr - tlj sf w.-end : 9h-17h30.*

**Visites guidées** – Plusieurs sites ne sont accessibles qu'en visite guidée. Prenez contact pour réserver car elles peuvent être en catalan, en français ou en espagnol : *☎ 376 839 760 - reserves.museus@andorra.ad.* Andorre propose différents circuits à thèmes comme la Route du fer, le circuit de l'Habitat rural, les circuits de chacune des sept communes. Se renseigner auprès des offices de tourisme.

### SE REPÉRER

Carte de région (p. 493) – *carte Michelin Regional 574 E 34-35.* Depuis la France, il n'y a qu'une route, la N 22 qui passe par le poste-frontière du Pas de la Casa. Depuis l'Espagne, une seule route également, la N 145, qui vient de La Seu d'Urgell à 9 km. La principauté s'étend sur 468 km$^2$.

### À NE PAS MANQUER

Le panorama depuis le port d'Envalira ; les églises romanes (particulièrement Sant Miquel d'Engolasters) ; la visite d'une maison traditionnelle andoranne *(casa)* et, pour les amateurs, le musée national de l'Automobile. Détente assurée au centre Caldea *(voir « Nos adresses », rubrique « Activités »).*

### ORGANISER SON TEMPS

Quel que soit votre programme, il vous faudra compter avec les embouteillages, particulièrement inextricables en été. Si vous le pouvez, pour ne pas repartir trop déçu, prévoyez une petite randonnée en montagne.

### AVEC LES ENFANTS

Le musée de la Microminiature ; le musée national de l'Automobile ; le centre Caldea.

**Longtemps calée sur le paisible rythme agropastoral, la vie andorrane se voit aujourd'hui bouleversée par une circulation trépidante et une expansion immobilière anarchique aux abords des routes, résultat de l'afflux toujours croissant de consommateurs de produits détaxés et de skieurs. Néanmoins, en dehors de l'axe principal, le territoire a conservé de magnifiques paysages qu'il est toujours agréable d'explorer.**

# Circuits conseillés Carte de région

## VALLÉE DU VALIRA D'ORIENT

*30 km, du Pas de la Casa à Andorre-la-Vieille – comptez une demi-journée à une journée. Circuit tracé sur la carte de région p. 493.*

### Pas de la Casa

Alt. 2 085 m. Simple poste-frontière, ce village, le plus élevé de la principauté, est devenu un centre important de ski. L'agglomération est principalement composée de grands complexes hôteliers et de boutiques hors taxes : il y règne tout au long de l'année une intense animation, accompagnée, en particulier l'été, d'embouteillages impressionnants.

Onduleuse et sinueuse, la route serpente à travers les montagnes avant d'atteindre le Port d'Envalira. La montée offre de très belles vues sur l'étang et le **cirque de Font Nègre**.

### LE GOÛT DE LA LIBERTÉ

« Le grand Charlemagne, mon père, des Arabes me délivra. » C'est par ces mots que débute l'hymne andorran qui, fièrement, poursuit : « Seule, je reste l'unique fille de l'empereur Charlemagne. Croyante et libre, onze siècles, croyante et libre je veux être entre mes deux vaillants tuteurs et mes deux princes protecteurs. »

La coprincipauté d'Andorre a vécu jusqu'en 1993 sous le régime du paréage hérité du monde féodal. Dans un tel contrat, deux seigneurs voisins délimitaient leurs pouvoirs et leurs droits sur un territoire qu'ils tenaient en fief en commun. L'acte de paréage, signé en 1278 par l'évêque d'Urgel et Roger-Bernard III, comte de Foix, instituait ceux-ci comme coprinces. Les évêques d'Urgel restent toujours coprinces, mais la suzeraineté des comtes de Foix, par l'intermédiaire d'Henri IV, a été transmise au chef de l'État français.

En 1993, les Andorrans se sont dotés, par référendum, d'une nouvelle constitution conférant à la principauté sa pleine souveraineté. La langue officielle est le catalan, mais le français et l'espagnol sont également utilisés. La principauté est devenue pays membre de l'ONU. Les Andorrans sont avant tout « avides, fiers, jaloux » de leur liberté et de leur indépendance. Le Conseil général tient ses sessions à la Casa de la Vall. Il assure la représentation mixte et paritaire de la population nationale et des sept paroisses. Les Andorrans ne sont soumis ni aux impôts directs ni au service militaire ; ils bénéficient de la franchise postale en régime intérieur.

La vie, toute patriarcale, était naguère consacrée en grande partie à l'élevage et à la culture. Entre les hauts pâturages d'été et les hameaux, on trouve encore les *cortals* formés de granges ou bordes. Sur les *soulanes* subsistent des cultures en terrasses. Les plantations de tabac constituent la culture dominante dans la vallée de Sant Julià de Lòria, à 1 600 m d'altitude. Les premières voies carrossables ouvrant l'Andorre au monde extérieur ne furent créées qu'en 1913 côté espagnol et en 1931, côté français.

# L'art roman en Andorre

## COMMENT LE DÉCOUVRIR ?

L'Andorre conserve sur son territoire de belles églises romanes (11e-12e s.) dont certaines possèdent encore une partie de leurs fresques mais elles ne sont ouvertes qu'en juillet et août *(se renseigner auprès du Patrimoine culturel d'Andorre - ✆ 376 844 141 - www.patrimonicultural.ad).*
L'idéal est de commencer par le **Centre d'interprétatió Andorra Romànica** à La Massana *(✆ 376 839 555 - juin-sept : 9h30-13h30, 15h-18h30, dim. 10h-14h - fermé lun. - gratuit).* Ce centre présente l'art roman d'Andorre à travers des objets, des photographies et une vidéo, *Les Clés de l'art roman.*
Une visite en bus permet de découvrir deux ou trois églises durant l'été mais également à d'autres périodes de l'année *(se renseigner auprès de l'office du tourisme d'Andorre).*

## LES ÉGLISES ROMANES

L'**église de San Joan de Caselles**, à Canillo, est l'une des plus intéressantes avec les œuvres du Maître de Canillo *(voir p. 497).*
À Encamp, on peut visiter l'église de **Santa Eulàlia** qui possède le clocher roman le plus haut d'Andorre (23 m) et celle de **Sant Romà** *(p. 497).*
À Escaldes-Engordany, **Sant Miquel d'Engolasters** se distingue par sa forme rectangulaire, son haut clocher-tour et ses têtes sculptées romanes au centre des arcs des fenêtres (rare). De ce site, belle vue panoramique sur la capitale.
À Andorre, **Santa Coloma** est la seule église romane à posséder un clocher circulaire de style lombard. De ces peintures, il ne reste sur place que l'Agnus Dei. Elle abrite également une sculpture en bois du 12e s. de Notre-Dame du Bon Remède et un retable baroque. **Sant Esteve** n'a plus que son abside romane, deux retables baroques et quelques peintures du 17e s.
Proche de Sant Julià de Lòria, **Sant Cerni de Nagol** possède encore de belles peintures romanes d'un style original, influencé par l'art des miniatures. Son clocher plat et son architecture sont caractéristiques de l'art roman andorran. De cette église s'offre une magnifique vue sur la vallée.
À La Massana, l'église **Sant Cristòfol d'Anyós** occupe un emplacement stratégique au-dessus de la vallée. Ses peintures romanes furent pillées au début du 20e s. Elle conserve néanmoins des peintures et un retable du 16e s.
À Pal, l'église **Sant Climent** est au centre de ce beau village ancien. Son clocher lombard, fait unique à Andorre, conserve des fenêtres à double géminées. Remarquez sa cuve baptismale en granit, sa sculpture romane de Notre-Dame du Bon Remède, ses deux croix processionnelles et son retable du 18e s.
À Ordino, l'église **Sant Corneli et Sant Cebrià** renferme l'une des plus petites Vierges romanes en bois d'Andorre (44 cm) et des retables baroques. Ses grilles en fer forgé proviennent des forges d'Ordino. Sur la place de l'église se dresse un petit porche, le **comunidor**, qui servait pour les cérémonies contre les tempêtes.
À La Cortinada, l'église **Sant Martí** abrite des peintures murales du Maître de La Cortinada (fin 12e s.) ainsi que de belles grilles en fer forgé, des retables et un autel du 17e s.

## Port d'Envalira

*Le Port d'Envalira peut être obstrué par la neige, mais sa réouverture est assurée dans les 24h. Un tunnel permet d'éviter ce col.*

Alt. 2408 m. C'est le plus haut col pyrénéen franchi par une véritable route. Plusieurs stations-service s'y disputent la vente d'essence, à des prix défiant toute concurrence. Le Port d'Envalira marque la ligne de partage des eaux entre la Méditerranée (Valira) et l'Océan (Ariège) et offre un **panorama★★** sur les montagnes de l'Andorre, atteignant 2942 m, dans le lointain à l'ouest, à la Comapedrosa.

Au cours de la descente, on découvre, s'épanouissant au sud, le cirque des Pessons.

## Église de Sant Joan de Caselles

Cette église romane constitue l'un des types les plus accomplis du style roman en Andorre, avec son clocher à trois étages de baies. Autrefois isolée, elle est désormais entourée d'un décor peu heureux d'immeubles et de boutiques hors taxes.

À l'intérieur, derrière la pittoresque grille de fer forgé et découpé du chœur, apparaît un retable peint, œuvre du Maître de Canillo (1525), *Vie et visions apocalyptiques de saint Jean*. Lors de la dernière restauration (1963), on a pu rétablir une **Crucifixion★** romane : les morceaux épars d'un Christ en stuc ont été recollés sur le mur, à leur emplacement d'origine, après dégagement de la fresque complétant la scène du Calvaire.

## Canillo

L'église collée au rocher est surmontée du plus haut clocher d'Andorre. À côté se détache, en blanc, l'ossuaire (dont les cellules abritent les caveaux funéraires), construction fréquente dans les pays de civilisation ibérique.

**Museu de les Dues Rodes (M2R)** (Musée des Deux-Roues) – *Av. General de Canillo - ✆ 376 853 444 - www.m2r.ad - mar.-sam. 15h-19h, dim. 10h-13h - 3 € (-12 ans gratuit).* En 1885, Gottlieb Daimler eut l'idée de transformer un simple vélo en motocyclette. Depuis, cet engin n'a cessé de se perfectionner et son style de s'adapter au goût du jour. Présent dans la vie quotidienne, il a désormais son musée qui témoigne, à travers de nombreux spécimens, de son évolution.

**Nostra-Senyora de Meritxell** (Notre-Dame de Meritxell) – *Meritxell - ✆ 376 839 760 - ♿ - lun.-sam. 9h-13h, 15h-18h, dim. 9h-13h - visite guidée en été - gratuit.* L'ancien sanctuaire incendié fut restauré en 1994 : il abrite une exposition permanente qui raconte la dévotion du peuple d'Andorre pour la patronne de la principauté. Une nouvelle église, construite en 1976 par l'architecte **Ricardo Bofill** dans un style moderne assez éclectique, sert désormais de sanctuaire national. Elle abrite une réplique de la statue originale de la Vierge de Meritxell qui n'a pas survécu à l'incendie.

Avant Encamp, par un raidillon, on surmonte le verrou des **Bons**, **site★** d'un hameau groupé sous les ruines du château qui défendait le passage et la chapelle Sant Romà.

## Encamp

Ce village rassemble deux églises intéressantes. **Santa Eulàlia** possède le clocher roman le plus haut d'Andorre (23 m), un porche du 14e s. et des retables baroques. **Sant Romà** abrite des reproductions de peintures romanes et gothiques.

★ **Casa Cristo - Museu etnogràfic** – *Cavallers, 2 - ✆ 376 833 551 - visite guidée juil.-août : lun.-sam. 9h30-13h30, 15h30-19h30, dim. 10h-14h ; reste de l'année : mar.-vend. 9h30-13h30, 15h-18h30, sam. 10h-14h, 16h-20h - 3 € (-12 ans gratuit).* Cette demeure, qui a conservé son mobilier d'origine, est aujourd'hui devenue musée. Ses deux étages habitables, son rez-de-chaussée réservé aux bêtes et aux outils, son garde-manger et son grenier témoignent de façon touchante de ce que fut la vie d'une modeste famille andorrane au 19e s. et au début du 20e s. : des conditions de vie difficiles pour cette famille dont le père journalier complétait ses maigres revenus par un peu d'agriculture et d'élevage.

★ **Museu Nacional de l'Automòbil** (Musée national de l'Automobile) – *Av. Coprincep-Episcopal, 64 - ✆ 376 839 760 - ♿ - 9h30-13h30, 15h-18h30, dim. 10h-14h - fermé lun. - 3 € (-18 ans 1,50 €).* Répartie sur les cinq étages d'un ancien garage, la collection offre un voyage sur plus d'un siècle d'histoire de l'automobile, avec 88 voitures, 105 vélos et 68 motos. Au rez-de-chaussée, la *Pinette*, machine à vapeur, est la plus ancienne pièce du musée (1885). Elle est entourée de modèles pimpants aux carrosseries brillantes, aux cuirs patinés, aux bois dorés ou vernis : Tipus de 1898 (premier modèle des frères Lumière), Mercedes Simplex (1904), De Dion-Bouton (1906), Delahaye quatre cylindres (1909) ou encore Hispano-Suiza (1927). Aux 1er et 2e étages sont stationnées des voitures de course (Soriano-Pedroso, 1922 ; Bugatti, 1923 ; Selex, 1971), d'autres automobiles de ville, des vélos (fin 19e s.) de une à quatre roues et des motocyclettes anciennes. Au sous-sol, voyez la Rolls-Royce (Phantom II, 1926), la Hotchkiss (1951), la Cadillac (1933) et, plus récentes, la Triumph TR 6 (1968), la Chevrolet (1976), la Ferrari 328 GTS (1986) ou l'étonnante Jaguar décapotable E.E (1962), fabriquée en quatre exemplaires.

*Sortez d'Encamp.*

Après Encamp, on peut apercevoir le bâtiment des machines de l'ancienne **Radio Andorre**, flanqué d'un clocher néoroman inattendu. Nul, dans les Pyrénées, n'a oublié le fameux slogan « Aquí, Radio Andorra » de cette radio indépendante (1939-1981), qui symbolisa la neutralité du peuple andorran durant la seconde guerre mondiale et la résistance de la langue catalane durant les années du franquisme.

### Escaldes-Engordany

À partir d'Escaldes, la route s'enfonce dans l'agglomération d'Andorre-la-Vieille, qui regroupe la majorité de la population andorrane.

**Museu de Maquetas** (Musée des Maquettes) – *Av. Carlemany 30 - ✆ 376 802 255 - ♿ - 9h30-13h30, 15h-19h, sam. 9h30-13h30 - fermé dim., 1er janv., 8 sept., 25-26 déc. - gratuit.* Au 3e étage du Centre d'art d'Escaldes-Engordany, dans un bâtiment des années 1930, une grande salle abrite une trentaine de maquettes réalisées par Josep Colomé, représentatives de l'architecture romane en

#### LES ARMES DE LA VALLÉE

Apposées sur la Casa de la Vall d'Andorre, elles illustrent le régime de coprincipauté : à gauche, la mitre et la crosse d'Urgel et les quatre « pals » (bandes) de gueules de la Catalogne ; à droite, les trois « pals » du comté de Foix et les deux « vaches passantes » du Béarn. Ces armes ornent aujourd'hui les plaques d'immatriculation.

Les Andorrans se répartissent dans sept « paroisses » ou communes : Canillo, Encamp, Ordino, La Massana, Andorra la Vella, Sant Julià de Lòria et Escaldes-Engordany.

Centre thermoludique de Caldea.
J. Sierpinski / hemis.fr

Andorre : pont de la Tosca et place Sainte-Anne à Escaldes, Casa de la Vall à Andorra la Vella, église de Sant Andrea del Prat à La Massana, Casa d'Areny-Plandolit à Ordino.

**Museu del Perfum** (Musée du Parfum)– *Centre Júlia, av. Carlemany, 115 - ✆ 376 801 931 - www.museudelperfum.net - visite guidée sur réservation ou libre avec audioguide - mar.-vend. 10h-13h, 16h-20h, sam. 10h-14h, 16h-20h, dim. 10h-13h - 5 € (-12 ans 2,50 €).* Essences et arômes ont de tout temps passionné l'être humain qui n'a cessé d'en explorer les multiples facettes. De ces recherches sont nés des parfums qui ont révélé des hommes de talent – Coty, Guerlain, Dior et tant d'autres. Pour ces parfums, des artistes comme René Lalique ont créé de magnifiques flacons, coffrets et boîtes dont le musée conserve de nombreux exemplaires. Et pour clore la visite, vous pourrez tester votre nez en essayant de reconnaître certaines fragrances.

## Andorre-la-Vieille (Andorra la Vella)

Capitale des vallées d'Andorre, la ville est une métropole du négoce, bruyante et touchée par une circulation dense. À l'écart des voies fréquentées par les visiteurs venus faire leurs emplettes, le noyau d'Andorre-la-Vieille garde ses ruelles et quelques maisons anciennes.

**Casa de la Vall** (Maison de la vallée) – *Carrer de la Vall - ✆ 376 829 129 - visite guidée sur réservation obligatoire - mai-nov. : mar.-sam. 10h-14h, 15h-18h - fermé lun., 1er et 6 janv., 14 mars, lun. de Pâques, lun. de carnaval, 1er Mai, 15 août, 8 sept., 1er nov., 8, 21, 25-26 déc. - gratuit.* Siège du Parlement de la principauté et du palais de justice des Vallées, c'est le lieu où se discutent les intérêts du pays. La Maison de la vallée est l'une des constructions les plus anciennes de la principauté. Construite en 1580, elle devint dès 1702 la propriété du Conseil général qui y tient depuis lors ses séances. Ce bâtiment massif doit son allure d'ensemble à des aménagements du 16e s. Restaurée en 1963, son appareil défensif a été complété par une deuxième échauguette d'angle, au sud. Son plan quadrangulaire avec trois galeries et son portail qui s'ouvre sous de longs et lourds claveaux sont typiques des constructions nobles aragonaises.

L'intérieur doit sa noblesse à ses plafonds et à ses lambris. Au 1er étage, la salle de réception, jadis réfectoire, est ornée de peintures murales du 16e s. La salle du Conseil conserve la fameuse « armoire aux sept clés » munie de sept serrures différentes (chacune des paroisses détient une clé), qui abrite les précieuses archives.

## ★ VALLÉES DE GRAN VALIRA ET VALIRA DEL NORD

*9 km, de Sant Julià de Lòria à La Cortinada – comptez une demi-journée à une journée. Circuit tracé sur la carte de région p. 493.*

### Sant Julià de Lória

★ **Museu del Tabac** (Musée du tabac) – *Dr Palau, 17 - 376 741 545 - www.museudeltabac.com - ♿ - visite commentée, il est conseillé de réserver - mar.-sam. 10h-20h, dim. 10h-14h30 - fermé lun. - 5 € (-8 ans gratuit).* Il occupe l'ancienne manufacture de tabac de la famille Reig. Sur quatre étages, vous découvrirez les ateliers dans lesquels ouvriers et ouvrières travaillaient les feuilles de tabac. De la récolte de la plante à son séchage, de sa fermentation à son hachage, de la fabrication des cigares et des cigarettes au conditionnement, vous vivrez l'épopée du tabac, sa commercialisation, la contrebande qui en résulta et l'importance de cette activité pour les Andorrans aux siècles précédents. Des vidéos commentées par d'anciens ouvriers vous accompagnent tout au long de votre parcours, illustrant en particulier le fonctionnement des machines et la fabrication traditionnelle des cigares et des cigarettes.

### Gargantas de Sant Antoni (Gorges de Sant Antoni)

Depuis le pont sur le Valira del Nord, on aperçoit à droite le vieux pont en dos d'âne de Sant Antoni qu'utilisait l'ancien chemin muletier qui rejoignait La Massana. D'époque médiévale, il fut restauré au 19e s.
*Avant La Massana, tourner à gauche vers Sispony.*

### La Massana

★ **Casa Rull de Sispony** – *Carrer Major à Sispony, La Massana - 376 839 760 - www.museus.ad - visite guidée ou avec audioguide (1h) - mar.-sam. 9h30-13h30, 15h-18h, dim. et j. fériés 10h-14h - fermé lun. - 3 € (-10 ans 1,50 €).* Distribuée sur quatre étages et seize pièces sobrement aménagées dont sept chambres, la Casa Rull figurait parmi les maisons les plus riches de la paroisse de La Massana. Bâtie au 17e s., elle subit quelques modifications en fonction des besoins de la famille. Dans le cellier ou la cuisine, le salon ou le grenier, on découvre avec plaisir outils des champs, garde-manger, tonneau à vin, bât, pétrin, lessiveuse. Deux diaporamas évoquent la vie difficile des habitants d'Andorre, des éleveurs et des agriculteurs.

**Farga Rossell** (La forge Rossell) – *À la sortie de La Massana en direction d'Ordino - 376 839 760 - www.fargarossell.ad - ♿ - visite guidée sur réservation - lun.-vend. 9h30-13h30, 15h-18h30, dim. 10h-14h - 4 €.* Après un spectacle son et lumière dans la charbonnière, retraçant l'histoire du fer et l'évolution des techniques, la visite se poursuit au cœur de la forge. Construite sur les bords du Valira del Nord, la forge a utilisé sa force motrice à partir de 1846 et fut l'une des dernières à fermer ses portes en 1876. Sa visite, très instructive, explique le fonctionnement de la forge mue par la force de l'eau. Ne ratez pas pour finir la démonstration du martinet, marteau employé pour les finitions particulières.

Par la vallée d'Arinsal, belle vue sur les sommets de la Comapedrosa.
*Par La Massana, gagner Ordino.*

### Ordino

*Laisser la voiture dans le village haut, sur la place près de l'église.*
Bourg pittoresque dont on parcourra les ruelles en contrebas de l'**église**. Cette dernière a gardé de belles grilles en fer forgé et découpé, que l'on découvre encore dans plusieurs sanctuaires proches des anciennes forges catalanes, et un étonnant retable. Centre culturel de la principauté, la ville compte plusieurs musées.

★ **Casa Areny-Plandolit** – *376 839 760 - visite guidée (45mn, réservation conseillée) - mar.-sam. 9h30-13h30, 15h-18h30, dim. 10h-14h, fermé lun. - 3 €.* Typiquement catalane (1676) avec son balcon en fer forgé long de 18 m, elle fut la demeure de la famille Areny i Plandolit dont faisait partie le baron Guillem, riche maître de forges catalanes. Au rez-de-chaussée, on trouve les celliers, au 1er étage, la salle principale (« salle d'armes »), la cuisine (beaux carreaux de céramique bleue et jaune au-dessus de l'évier), la chambre à coucher en alcôve attenante à une petite chapelle privée, la bibliothèque et la salle à manger au décor de style Art nouveau.

**Museu Postal d'Andorra** (Musée postal d'Andorre) – *Camí de Segudet, carrer Major, fermette del Raser - 376 839 760 - ♿ - 9h30-13h30, 15h-18h30, dim. 10h-14h - fermé lun. - 2,40 € (-10 ans 1,50 €).* Un diaporama retrace de façon chronologique l'histoire postale en Andorre : l'acheminement du courrier à dos de mulet, à cheval, à pied, le déploiement des chemins carrossables et le développement des transports. Au même étage, l'exposition de lettres, de cartes, de sacoches de facteurs et de sacs postaux s'articule autour d'un guichet reconstitué. Au sous-sol, collection de timbres andorrans (1928-2004) et outils divers pour la fabrication de timbres.

**Museu de la Microminiatura** (Musée de la Microminiature) – *Edifici Maragda - 376 838 338 - ♿ - 9h30-13h30, 15h30-19h, dim. et j. fériés 9h30-13h30 - 4 € (6-12 ans 3,50 €), billet combiné avec le Museu Iconogràfic de Sant Jordi i del Christianisme.* Dans un petit espace, au diapason de son sujet, le musée abrite des miniatures de Nikolaï Siadristy (artiste originaire d'Ukraine) à contempler au microscope : la caravane (dans le chas d'une aiguille), la paix dans l'univers (composition en or, dans un pépin de raisin), la fleur… Une vidéo présente la démarche de l'artiste, qui s'inscrit contre les grands travaux architecturaux.

**Museu Iconogràfic de Sant Jordi i del Christianisme** (Musée iconographique de Saint-Georges et du Christianisme) – *Même adresse et mêmes conditions de visite que le musée de la Microminiature - possibilité de visite guidée (1h).* Il renferme quelque 80 icônes religieuses orthodoxes (17e -19e s.) provenant essentiellement de Russie, d'Ukraine, de Bulgarie et de Grèce : Vierge à l'Enfant, scènes évangéliques, saint Georges terrassant le dragon, sainte Élisabeth, saint Nicolas. Sculptures de Christ en bois polychromés (14e -19e s.).

### La Cortinada

Site agréable. En contrebas de l'église et du cimetière à ossuaires, remarquez une ancienne maison de notable à galeries extérieures et à pigeonnier.

**Centre de nature de La Cortinada** – *Casa Masover - 376 849 849 - ♿ - mar.-vend. 10h-13h, 15h-17h, sam. 10h-13h, 15h-18h - fermé dim. et lun. - gratuit.* À travers des photographies, des textes détaillés et diverses animations, découvrez la faune et la flore d'Andorre, ses paysages et son évolution.

**Meule et scierie de Cal Pal** – *376 878 173 - ♿ - visite libre ou guidée - ouv. uniquement en juil.-août : mar.-sam. 9h30-13h30, 15h-18h30, dim. et j.fériés. 10h-14h - fermé lun. - 3 € (6-12 ans 2 €).* La visite guidée de cet ensemble, qui date de la fin du 16e s., étayée de démonstrations et complétée par une vidéo, vous fera découvrir le principe de la scie hydraulique et de la meule.

**Museu del Pin** (Musée du Pin's) – *376 749 000 - mar.-dim. 10h-13h, 16h-19h - fermé lun. et en mai - gratuit.* Pour les passionnés de pin's, ce musée installé dans l'hôtel Sant Miquel, présente une collection de plus de 100 000 exemplaires. Au passage, petite leçon de français : on y apprend que dans notre langue, pin's devrait se dire « épinglette ».

### ESTANY D'ENGOLASTERS (LAC D'ENGOLASTERS)

*9 km puis 30mn à pied AR, au départ d'Escaldes – comptez 2h. Circuit tracé sur la carte de région p. 493.*

*Sortir d'Escaldes, à l'est d'Andorre, par la route de France ; à la sortie de l'agglomération, prenez à droite en arrière la route de montagne d'Engolasters.*

Sur le plateau de pâturages d'Engolasters, annexe sportive d'Andorre-la-Vieille, se dresse la fine tour romane de l'**église de Sant Miquel**.

Du terminus de la route, franchir la crête, sous les pins, pour redescendre aussitôt (à pied) au barrage. L'ouvrage a élevé de 10 m le niveau du lac (alt. 1 616 m), où se reflète la forêt sombre. À l'extrémité opposée se dressent les antennes de Radio Andorre *(voir p. 498)*.

## NOS ADRESSES EN ANDORRE

### HÉBERGEMENT

#### Circuit de la vallée du Valira d'Orient

**PREMIER PRIX**

**Hotel Florida** – *La Llacuna, 15 - Andorre-la-Vieille - 376 820 105 - www.hotelflorida.ad - fermé mi-juin. - 27 ch. : 56 €.* Fonctionnement familial dans cet hôtel à la façade moderne. Parties communes un peu réduites, chambres fonctionnelles et parquetées, petit gymnase et sauna.

**BUDGET MOYEN**

**Hotel Coray** – *Caballers, 38 - Encamp - 376 831 513 - fermé nov. - 85 ch. : 48/68 € - rest. 10,50 €.* Hôtel bien situé sur les hauteurs de la localité. Parties communes actuelles et chambres fonctionnelles donnant, pour la plupart, sur les champs environnants. Vaste et lumineuse salle à manger où l'on propose principalement les repas sous forme de buffet.

**Hotel Guillem** – *Els Arinsols, 10 - Encamp - 376 733 900 - www.hotelguillem.net - 42 ch. : 74 € - rest. 14 €.* Cet hôtel calme et bien situé dans un cadre agréable offre tout le confort possible : piscine, salle de gymnastique, tennis, massages etc.

**Hotel Univers** – *René-Baulard, 13 - Encamp - 376 731 105 - www.hoteluniversandorra.com - - P - 31 ch. 65/75 € - rest. 14 € (fermé nov.).* Situé sur les berges du Valira d'Orient et tout près du futuriste hôtel de ville, sympathique établissement aux chambres de bon confort. Dans la petite salle à manger, correctement dressée, vous dégusterez une cuisine traditionnelle bien mitonnée.

**Hotel Espel** – *Pl. Creu Blanca, 1 - Escaldes-Engordany - 376 820 855 - www.hotelespel.com - fermé mai - - 84 ch. : 67/111 € - rest. 16 €.* Après des travaux importants, l'hôtel offre des installations modernes et confortables. Chambres avec parquet et mobilier fonctionnel. Restauration simple proposant seulement un menu.

### Circuit des vallées de Gran Valira et Valira del Nord

**BUDGET MOYEN**

**Hotel Coma Bella** – *Bosque de La Rabassa - Sant Julià de Lòria - alt. 1300 - ✆ 376 742 030 - www.hotelcomabella.com - fermé 19-29 avr.et 1er-25 nov. - P - 30 ch. : 60/92 € ☕ - rest. 13 €.* Belle situation dans la forêt de La Rabassa pour cet hôtel très reposant. Chambres correctes et vastes parties communes. Le restaurant offre une jolie vue sur les sommets environnants.

**Hotel Coma** – *Ctra Gral d'Ordino - Ordino - ✆ 376 736 100 - www.hotelcoma.com - 48 ch. : 70/100 € ☕ - rest. 20 €.* Bien placé, cet établissement accueillant dispose de chambres confortables, avec petites terrasses privées. Nombreuses prestations.

**RESTAURATION**

### Circuit de la vallée du Valira d'Orient

**POUR SE FAIRE PLAISIR**

**La Borda Pairal 1630** – *Dr-Vilanova, 7 - Andorre-la-Vieille - ✆ 376 869 999 - fermé dim. soir et lun. - 25/38 €.* Vieille ferme andorrane en pierre de pays, ayant conservé son décor rustique. Bar et restaurant avec cave à vins ouverte. Salle de banquets au premier étage.

**Can Benet** – *Antic carrer Major, 9 - Andorre-la-Vieille - ✆ 376 828 922 - fermé 15-30 juin. et lun. - ♿ - 🚭 - 35/46 €.* Petit espace doté d'un bar d'accueil au rez-de-chaussée. À l'étage, salle principale de style andorran avec ses murs en pierre et son plafond en bois.

**Borda Estevet** – *Ctra de La Comella, 2 - Andorre-la-Vieille - ✆ 376 864 026 - P - env. 40 €.* Dans les beaux murs de pierre d'une ancienne grange, plusieurs salles à manger au décor rustique, avec mobilier andorran et cheminée. Cuisine du marché et catalane.

**Taberna Angel Belmonte** – *R. Ciutat-de-Consuegra, 3 - Andorre-la-Vieille - ✆ 376 822 460 - www.tabernaangelbelmonte-com. 40/56 €.* Un lieu agréable aux airs de taverne. Beau décor où domine le bois et mise en place impeccable. À la carte, produits du terroir, poissons et fruits de mer.

### Circuit des vallées de Gran Valira et Valira del Nord

**POUR SE FAIRE PLAISIR**

**El Rusc** – *La Massana - ✆ 376 838 200 - fermé 15 juin-15 juil., dim. soir et lun. - P - 40/58 €.* Jolie maison locale abritant une belle salle à manger rustique. Plats traditionnels, spécialités basques et cave assez complète.

**ACHATS**

La principauté d'Andorre a depuis longtemps acquis une vocation commerciale. Les boutiques et grands magasins offrent un large choix de produits à des prix compétitifs. Horaires habituels d'ouverture : 9h-13h, 16h-20h (vac. scol. 21h).

Au retour en France ou en Espagne, la douane contrôle la quantité et la valeur des produits achetés en Andorre non soumis aux droits et taxes : par exemple, par personne, 1,5 l d'alcool titrant plus de 22° ou 3 l d'alcool titrant moins de 22°, 300 cigarettes, 75 g de parfum, 375 ml d'eau de toilette, etc.

Sachez que les véhicules sont systématiquement fouillés à la sortie de la principauté, tant du côté espagnol que du côté français. Vous pouvez également être arrêtés un peu plus loin par des douaniers « volants ».

## ACTIVITÉS

### Ski

L'Andorre possède deux grands ensembles de ski alpin et une station de ski de fond. Possibilité en outre de faire de la moto-neige, des raquettes, du *mushing*, du véloski, du *speedriding*, du vol panoramique…

**Domaine skiable Granvalira** – *www.grandvalira.com*. Ce vaste domaine est l'association de deux stations : **Soldeu El Tarter** et **Pas de la Casa-Grau Roig**. Alt. 1 710-2 640 m. 110 pistes (193 km) tous niveaux, réparties sur 1 150 ha et desservies par 67 remontées mécaniques.

**Domaine skiable Vallnord** – *www.vallnord.com*. Là encore, il s'agit de l'association de deux stations : **Pal Arinsal** et **Ordino-Arcalís**. Alt. 1 550-2 560 m. 66 pistes (89 km) et 41 remontées mécaniques réparties sur 1 149 ha.

**Domaine skiable La Rabassa Naturlandia** – *Sant Julià de Lòria - www.naturlandia.ad*. Alt. 1 960-2 160 m. Station de ski de fond totalisant 15 km de pistes. En été, nombreuses activités de loisirs, notamment le **tobotronc**, toboggan géant de 5,2 km.

### Thermalisme

**Caldea** – *Parc de la Mola, 10 - AD 700 Escaldes - Engordany - ✆ 376 800 995 - www.caldea.com - août et vac. scol. de printemps : 9h-0h ; reste de l'année : 9h30-23h (sam. 0h) - 34 € (3h), 84 € (3 j., 3h/j.), 127 € (5 j., 3h/j.).* À 1 000 m d'altitude, puisant l'eau thermale d'Escaldes-Engordany à 68 °C, Caldea est un grand centre aquatique (ou plutôt « thermoludique » pour reprendre l'expression locale), conçu pour le bien-être et le plaisir. L'ensemble architectural, conçu par le Français Jean-Michel Ruols, se présente sous la forme d'une gigantesque cathédrale de verre à l'allure futuriste. L'éventail des possibilités est très large : bains indo-romains, hammam, Jacuzzis, lits à bulles, marbres chauds, fontaines de brumisation, etc. Restaurant gastronomique, galerie commerciale, bar panoramique à 80 m et possibilité de logement sur place.

### Randonnée

En Andorre, il existe de nombreux sentiers de randonnées avec refuges, des murs d'escalade et des via ferrata. Plusieurs itinéraires sont possibles dans la **vallée glaciaire du Madriu** (Encamp, Andorre-la-Vieille, Escaldes-Engordany et Sant Julià de Lòria). Classée Patrimoine mondial de l'Unesco, elle s'étend sur 4 247 ha, avec des sommets à 2 500 m d'altitude *(itinéraires ✆ 376 841 352)*. Nombreuses possibilités également dans le **Parc naturel de Sorteny** de la vallée d'Ordino *(itinéraires ✆ 00 376 737 080)* et dans le **Parc naturel des Vallées du Comapedrosa** *(itinéraires ✆ 376 736 900)*.

## AGENDA

**La fête nationale** – 8 sept. La fête de la Vierge de Meritxell témoigne de l'enracinement de la foi dans le cœur des Andorrans. La messe se déroule en présence du clergé du pays et des autorités. Comme tout *aplec* (pèlerinage) catalan, elle est suivie de repas champêtres sur les prairies des alentours.

# Notes

# INDEX GÉNÉRAL

**Barcelone** : villes, curiosités et régions touristiques.
**Gaudí, Antoni** : noms historiques ou termes faisant l'objet d'une explication.
**Les sites isolés** (châteaux, abbayes, grottes...) sont répertoriés à leur propre nom.

## A



## B

# INDEX GÉNÉRAL

## C

## D

# INDEX GÉNÉRAL

## N



## O



## P

## Q-R

## U



## V-W



## X



## Z

# INDEX GÉNÉRAL

## CARTE GÉNÉRALE

Premier rabat de couverture

## CARTES DES RÉGIONS



## PLANS DE VILLE



## PLANS DE MONUMENTS ET SITES



## CARTES THÉMATIQUES

# LÉGENDE DES CARTES ET PLANS

## Curiosités et repères

Itinéraire décrit, départ de la visite
Église
Mosquée
Synagogue
Monastère - Phare
Fontaine
Point de vue
Château - Ruine ou site archéologique
Barrage - Grotte
Monument mégalithique
Tour génoise - Moulin
Temple - Vestiges gréco - romains
Temple : bouddhique - hindou
Autre lieu d'intérêt, sommet
Distillerie
Palais, villa, habitation
Cimetière : chrétien - musulman - israélite
Oliveraie - Orangeraie
Mangrove
Auberge de jeunesse
Gravure rupestre
Pierre runique
Église en bois
Église en bois debout
Parc ou réserve national
Bastide

## Sports et loisirs

Piscine : de plein air - couverte
Plage - Stade
Port de plaisance - Voile
Plongée - Surf
Refuge - Promenade à pied
Randonnée équestre
Golf - Base de loisirs
Parc d'attractions
Parc animalier, zoo
Parc floral, arboretum
Parc ornithologique, réserve d'oiseaux
Planche à voile, kitesurf
Pêche en mer ou sportive
Canyoning, rafting
Aire de camping - Auberge
Arènes
Base de loisirs, base nautique ou canoë-kayak
Canoë-kayak
Promenade en bateau

## Informations pratiques

Information touristique
Parking - Parking - relais
Gare : ferroviaire - routière
Voie ferrée
Ligne de tramway
Départ de fiacre
Métro - RER
Station de métro (Calgary, ...) (Montréal)
Téléphérique, télécabine
Funiculaire, voie à crémaillère
Chemin de fer touristique
Transport de voitures et passagers
Transport de passagers
File d'attente
Observatoire
Station service - Magasin
Poste - Téléphone
Internet
H Hôtel de ville - Banque, bureau de change
J POL. Palais de justice - Police
GNR Gendarmerie
T U M Théâtre - Université - Musée
Musée de plein air
Hôpital
Marché couvert
Aéroport
Parador, Pousada (Établissement hôtelier géré par l'État)
A Chambre d'agriculture
D Conseil provincial
G Gouvernement du district, Délégation du Gouvernement Police cantonale
L Gouvernement provincial (Landhaus)
P Chef lieu de province
Station thermale
Source thermale

## Axes routiers, voirie

Autoroute ou assimilée
Échangeur : complet - partiel
Route
Rue piétonne
Escalier - Sentier, piste

## Topographie, limites

Volcan actif - Récif corallien
Marais - Désert
Frontière - Parc naturel

# Comprendre les symboles utilisés dans le guide

## LES ÉTOILES

★★★ **Vaut le voyage** ★★ **Mérite un détour** ★ **Intéressant**

## HÔTELS ET RESTAURANTS

| | |
|---|---|
| *9 ch.* | Nombre de chambres |
| ☕ 7,5 € | Prix du petit-déjeuner en sus |
| 50 € ☕ | Prix de la chambre double, petit-déjeuner compris |
| bc | Menu boisson comprise |
| ▤ | Air conditionné dans les chambres |
| ✕ | Restaurant dans l'hôtel |
| 🍷 | Établissement servant de l'alcool |
| | Piscine |
| CC | Paiement par cartes de crédit |
| | Carte de crédit non acceptée |
| P | Parking réservé à la clientèle |

## SYMBOLES DANS LE TEXTE

| | |
|---|---|
| | A faire en famille |
| | Pour aller au-delà |
| | Promenade à pied |
| | Randonnée à vélo |
| ♿ | Facilité d'accès pour les handicapés |
| A2 B | Repère sur le plan |

*Manufacture française des pneumatiques Michelin*
Société en commandite par actions au capital de 304 000 000 EUR
Place des Carmes-Déchaux - 63000 Clermont-Ferrand (France)
R.C.S. Clermont-Fd B 855 200 507


Dépôt légal : 10 2010 – ISSN 0293-9436
Compograveur : Michelin, Paris
Imprimeur : Book Partners China, Chine
Imprimé en Chine : 09 2010